August Dillmann

Hiob

August Dillmann

Hiob

ISBN/EAN: 9783743364998

Hergestellt in Europa, USA, Kanada, Australien, Japan

Cover: Foto ©ninafisch / pixelio.de

Manufactured and distributed by brebook publishing software (www.brebook.com)

August Dillmann

Hiob

Kurzgefasstes

exegetisches Handbuch

zum

Alten Testament.

Zweite Lieferung.

Hiob

von

August Dillmann.

Vierte Auflage.

LEIPZIG
VERLAG VON S. HIRZEL
1891.

HIOB.

VON DER DRITTEN AUFLAGE AN

ERKLÄRT

von

D^R. AUGUST DILLMANN,
ORD. PROFESSOR DER THEOLOGIE ZU BERLIN.

VIERTE AUFLAGE.

LEIPZIG
VERLAG VON S. HIRZEL
1891.

Das Recht der Uebersetzung ist vorbehalten.

Vorwort.

Obwohl meine Erklärung des B. Ijob vom Jahr 1869 schon seit längerer Zeit im Buchhandel vergriffen war, musste doch der Neudruck derselben bis jetzt zurückgestellt werden, weil ich wegen der mir zugefallenen Ausarbeitung der Erklärung des Jesaja, welche dringlicher erschien, die nöthige Zeit nicht fand, denselben vorzubereiten.

Seit dem Jahr 1869 hat sich viel verändert: die damals herrschende theologische Richtung hat einer andern Platz gemacht; das Recht u. die Pflicht der Kritik ist in weiteren Kreisen anerkannt; der Zug nach genauerer u. eindringenderer Durchforschung des einzelnen u. einzelnsten ist wie in andern Gebieten, so auch in der Exegese zur Geltung gekommen; über das B. Ijob speciell u. einzelne dasselbe betreffende Fragen ist, wie ein Blick auf das Literaturverzeichniss S. XXXIX f. lehrt, viel geschrieben u. verhandelt worden, was in einem Handbuch Berücksichtigung finden musste. Deshalb konnte ich mich nicht damit begnügen, an der vorigen Ausgabe blos da u. dort nachzubessern, sondern ich fühlte mich vor die Nothwendigkeit gestellt, meine damalige Erklärung einer vollständig neuen Durcharbeitung zu unterziehen. Ich kann nicht sagen: Umarbeitung. Denn im allgemeinen ist auch gegenüber von den neuerdings hervorgetretenen Strömungen mein Standpunkt, den ich als Erklärer einnehme, derselbe geblieben, den ich in der Vorrede zu der dritten Auflage 1869 ausgesprochen habe. Durch die seither gemachten Versuche, einer wesentlich höheren Schätzung des LXX Textes des B. Ijob Bahn zu brechen, bin ich in meiner Überzeugung von dem fast durchgängigen Vorzug des hebräischen Textes nicht erschüttert worden; auch von dem jetzigen, fast krankhaften Streben, die Entstehung der ATlichen Schriften möglichst tief in der Zeit herabzurücken oder einheitliche Werke in eine Menge loser Bestandtheile aufzulösen, fühle ich mich sehr wenig angezogen; umgekehrt haben auch die wiederholten Anstrengungen, die Elihureden u. die Schilderung der ägyptischen Thiere als alte Bestandtheile des Buches zu erweisen, mich nicht zu einer andern Ansicht zu führen vermocht. Meine Gesammtauffassung von der

Anlage, Kunst u. Bedeutung des Gedichtes ist dieselbe geblieben. Aber im einzelnen habe ich mich doch theils durch die Einwendungen der Gegner, theils durch eigene erneute Prüfung veranlasst gesehen, manche meiner früheren Aufstellungen (zB. über die Abfassungszeit des Buchs, oder bezüglich der Beurtheilung von Cap. 24. 27 f., oder über die Unversehrtheit des Textes mancher Stellen) zu modificiren, oder auch (zB. über Cp. 19) zu präcisiren. Ausserdem habe ich Wort für Wort u. Vers für Vers des Textes erneuter Erwägung unterzogen, die alten Übersetzungen, soweit sie für die Textesfeststellung oder die Auslegung von Werth sind, eingehender berücksichtigt, über die neueren Erklärungen u. Hypothesen Bericht erstattet, u. soweit sie mehr als blos luftige Einfälle zu sein schienen, mich mit denselben auseinandergesetzt, auch die Namen der Vertreter der abweichenden Erklärungen reichlicher u. sorgfältiger als in der 3ten Auflage (für deren Ausarbeitung mir eine zu kurze Frist gesteckt gewesen war) beigefügt. Nur die Sachparallelen aus der classischen Literatur habe ich auch diesmal selten verzeichnet; bezüglich ihrer muss ich auf *Hitzig* verweisen, der sie in Fülle beibrachte. Ebenso lexikalische Excurse habe ich mir nur bei wenigen selten vorkommenden Ausdrücken, deren Bedeutung erst festzustellen war, erlaubt, sonst aber dieselben, als nicht in einen Commentar gehörig, absichtlich vermieden. Der Stoff, den ich neu zu verarbeiten hatte, war ohnedem schon sehr angeschwollen. Dass es mir gleichwohl gelungen ist, den Umfang des Buches gegenüber der dritten Auflage nicht zu überschreiten, wurde nur dadurch ermöglicht, dass ich manches von dem, was 1869 zu sagen nöthig war, jetzt als unnöthig streichen konnte, auch in der Kunst, „kurzgefasst" zu schreiben, einige Fortschritte gemacht habe, wie ich hoffe, nicht auf Kosten der Deutlichkeit.

Für den hebräischen Text wurde die *Bär*'sche Ausgabe zu Grund gelegt. Die *Gesenius*'sche Grammatik ist nach der 25. Auflage 1890 (von *Kautzsch*) citirt.

Mit dem Wunsche, dass sich meine Arbeit für eine Reihe von Jahren wieder als ein brauchbares Handbuch bewähren möge, übergebe ich sie hiemit dem Wohlwollen der Leser.

Berlin im September 1891.

Der Verf.

EINLEITUNG.

1.

Die Art des Buches. Das Buch Ijob, obgleich es eine Erzählung enthält, ist doch kein Geschichtsbuch, sondern ein Dichterwerk, u. hat als solches in der hebr. Bibel in deren 3. Theil, unter den Ketubim, u. zwar in der Reihe der übrigen Dichterbücher seinen Platz erhalten, nämlich in den deutschen hebr. Mss. u. in den Ausgaben nach den Ps. u. Prov. als das dritte, in den spanischen hebr. Mss. sowie nach dem Talm. u. der Massora zwischen den Ps. u. Prov. als das zweite (wogegen es in der griech., lat. u. deutschen Bibel noch vor den Psalmen stehend die Reihe der Dichterbücher eröffnet, u. in der syrischen gar zwischen Pent. u. Jos. gestellt ist). Sachlich gehört es näher mit den Denkmalen der israelitischen Weisheitslehre zusammen, also mit Prov. u. Qoh., auch einzelnen Psalmen, sofern es wie diese aus dem Kreise der Weisen (Prov. 1, 6. 22, 17. 24, 23) des Volkes hervorgegangen ist, jener eigenthümlichen Classe von Männern, die man auch als die Denker im Volke bezeichnen kann. Sie sollten u. wollten nicht, wie die Priester u. Profeten (Jer. 18, 18; vgl. Ez. 7, 26. Ij. 12, 20), im Namen Gottes durch Weisungen über Recht u. Brauch, oder auf Grund neuer Willensoffenbarungen Gottes an der Erziehung des Volkes arbeiten u. seine öffentlichen, namentlich religiösen Angelegenheiten leiten. Vielmehr ihrem eigensten Erkenntnisstrieb folgend, standen sie forschend (Ij. 5, 27 8, 8) u. denkend, beobachtend u. sinnend den Erscheinungen der Sinnenwelt u. dem Getriebe des menschlichen Lebens gegenüber, u. verwendeten hinwiederum den auf solchem Weg erworbenen Schatz von Wissen u. Erfahrung, um Suchenden Rath zu ertheilen, Regeln des Verhaltens aufzustellen, Maximen des Handelns zu empfehlen, schwierige auftauchende Erkenntnissprobleme aufzuhellen. Obwohl mit ihrem Volk, u. so auch mit Priestern u. Profeten, auf dem gleichen Grund der Jahvereligion stehend, haben sie doch einen freieren u. weiteren Gesichtskreis, u. kommt darum auch in ihren Lehren gegenüber von dem specifisch Israelitischen u. Nationalen das allgemein Menschliche (zB. Ps. 49, 2 f.) mehr zur Beachtung u. Geltung. Alle die uns erhaltenen Weisheitsschriften sind aus dieser Geistesrichtung hervorgegangen. In ihrer literarischen Art aber sind sie doch wieder unter sich verschieden, u. nimmt das B. Ijob unter ihnen seine eigenthümliche Stellung ein. Es ist nicht, wie die Prov., blos eine Sammlung von vielen einzelnen durch die Weisen zu Tag geförderten Grundsätzen u. Lebensregeln, Weisheitssprüchen u. Lehrreden, sondern ein einheitliches Ganze, worin ein wichtiges Problem der Forschung einer zusammenhängenden Besprechung u. Darstellung unterzogen ist. Auch wird der Gegenstand nicht, wie im Qoh., in Form einer theoretischen Erörterung behandelt, so dass das Buch eine Lehrabhandlung wäre, sondern der Lehrstoff wird an dem Leben u. der Geschichte einer bestimmten Persönlichkeit vorgeführt; statt blosser Lehre gibt es ein lebensvolles anschauliches Bild in vollendeter dichterischer Anlage u. Ausführung, u. in u. an diesem Bilde entwickelt sich der Lehrstoff. Wo aber der Dichter so gleichsam sich selbst entäussert, nicht wie im Lied u. in der Spruchrede in seinem eigenen Namen oder unmittelbar seine Empfindungen u. Gedanken ausspricht, sondern diese in Personen u. Lebensthatsachen verkörpert selbst reden u. sich entwickeln lässt, da hat er schon die Stufe einer künstlicheren Dichtungsart erstiegen. Das Buch Ijob ist ein kunstvolles, episch u. dramatisch gehaltenes Lehrgedicht.

2.

Inhalt und Gegenstand im allgemeinen. Ijob, ein Patriarch der grauen Vorzeit, aus einem aramäisch-arabischen Volksstamm, fromm u. gerecht wie keiner seines gleichen, wird von Gott plötzlich aus höchster Höhe äusseren Glücksstandes herabgestürzt u. mit einer der furchtbarsten Krankheiten, der Elephantiasis, welche in ganz besonderem Sinne als ein Schlag Gottes galt, behaftet. Nachdem er diese Schickungen schon eine geraume Zeit, u. zwar trotz der Verzweiflung seines Weibes, mit musterhafter Geduld u. Ergebung getragen hat, besuchen ihn 3 Freunde. Zwischen ihnen u. ihm knüpft sich ein länger dauerndes (s. 23, 2) Gespräch über den Sinn u. Zweck dieser Heimsuchung an, welches den grössten Theil des B. ausmacht. Während sie in ihren Reden den plötzlichen Schicksalswechsel als eine heilsame Zucht Gottes zur Läuterung von den ihm wie jedem Menschen anhaftenden Sünden, weiterhin sogar als eine wohlverdiente Strafe für schwere Vergehungen verstehen lehren wollen, u. ihn deshalb zur Busse u. Bekehrung ermahnen, findet er ein solches Leiden ausser allem Verhältniss zu seiner etwaigen Schuld, unerträglich schwer, kann überhaupt keinerlei Sünde, durch die er sich's zugezogen haben könnte, in sich entdecken, wird vielmehr durch ihre Zumuthung innerlich ganz verwirrt u. an den Rand der Verzweiflung gebracht, so dass er, weil er sich von Gott unschuldig verfolgt glaubt, gegen diesen in heftigster Empörung anstürmt, in bedenkliche, verwegene Reden gegen ihn u. seine Gerechtigkeit ausbricht. Doch gewinnt solche Stimmung nicht dauernd in ihm die Oberhand: durch die kräftige Gegenwirkung der im innersten Grund seines Herzens lebenden Gottesfurcht, u. geleitet von dem Bewusstsein seiner Unschuld, das je härter sie ihn beschuldigen desto machtvoller in ihm hervortritt, lernt er allmählig ihre ganze Auffassung seines Falles als einen blossen Wahn erkennen, u. fasst in gleichem Schritt damit wieder Zutrauen zu Gott als seinem Freund u. Zeugen seiner Unschuld, der von ihm nicht lassen könne, u. ihm sein Recht noch thun müsse. Verstehen kann er freilich nicht, warum Gott ihm so Schweres aufgelegt hat; sein Leiden ist u. bleibt ihm, wie so vieles andere im Weltlauf, das man auch nicht begreifen kann, ein unerklärliches Räthsel, das er aufs neue klagend Gott vorhält. Dieser Tapferkeit, welche auch unter dem unerklärlichsten Leiden u. unter der ungerechtesten Verkennung durch die Menschen Stand gehalten hat, ohne am Glauben Schiffbruch zu leiden, erscheint endlich Gott im Sturmeswetter, u. führt ihm in Reden voll Majestät zwar zunächst die Vermessenheit u. Ungebührlichkeit seines Haderns zu Gemüth, aber nachdem der Dulder darauf hin willig u. schnell alles irrtümlich Geredete widerrufen u. bereut hat, verurtheilt Gott ausdrücklich seine Freunde wegen ihrer unrechten Reden, erkennt ihn als seinen Knecht an, befreit ihn von seinen Leiden u. entschädigt ihn für alles Verlorne mit einem neuen erhöhten Glück, das er noch eine lange Lebenszeit hindurch unangefochten auf Erden geniessen darf. Hiernach ist der Gegenstand, von dem das B. handelt, *das Leiden des Gerechten im Zusammenhang mit der ganzen Frage von der Bedeutung des Übels für das sittliche Leben des Menschen u. in der göttlichen Weltregierung.*

3.

Wichtigkeit dieses Gegenstandes. Um zu verstehen, wie ein Weiser diesen Gegenstand zum Vorwurf eines grossen Lehrgedichtes nehmen konnte, muss man die anderweitige Auffassung des Übels bei dem alten Volke sich vergegenwärtigen. Die dem ganzen Alterthum u. so auch den Israeliten geläufige nächste Ansicht von dem den Menschen treffenden, namentlich schweren u. plötzlichen, Übel war, dass es Zeichen des Missfallens der Gottheit u. Strafe für seine Vergehung sei, wie man umgekehrt ein ruhiges Glück gerne als Zeichen des göttlichen Wohlgefallens betrachtete. Diese Auffassung, welche in dem menschlichen Gewissen ihren Anknüpfungspunkt hat, erscheint im Mosaismus sogar als einer der Grundpfeiler der Religion, u. behauptet im allgemeinen betrachtet bis auf einen gewissen Grad ihre Wahrheit u. Berechtigung auch noch innerhalb der höchsten Religionsstufe. Da nun aber weiter durch solche Übel der noch nicht ganz gesunkene Mensch innerlich geweckt, zur Einkehr in sich selbst u. zur Umkehr vom bösen Weg getrieben wird, so schliesst sich an jene nächste als eine weitere Bedeutung des Übels die an, dass es in der Hand Gottes ein Hemmungsmittel gegen die Sünde, eine Zucht des Menschen (מִישָׁ֗ר oder מוּסָ֗ר) zur Besserung, u. insofern nicht vom zürnenden, sondern vom gnädigen Gott geschickt sei, um ihm den Sündenweg zu verleiden, u. eines höhern Segens würdig zu machen (5, 17 ff. 8, 5—7. 11, 13 ff. 22, 21 ff. 33, 14—30. 36, 8—15). Das ist schon eine feinere Auffassung, an deren Hervorbildung wesentlich die Profetie betheiligt ist, die aber sonst sich einfach an die vorige anschliesst. Sofern Gott nicht

den Tod des Sünders will, sondern dass er lebe, ist auch in der Regel
die Strafe oder die Genugthuung für das verletzte Recht nicht alleiniger
Zweck der Verhängung der Übel, sondern der Besserungszweck ist damit verbunden. Der Glaube an eine in diesem Sinn vergeltende u. erziehende Gerechtigkeit ist durch die Profetie bald geläufiger geworden;
wie er die Seele der profetischen Geschichtsbetrachtung war, so tritt er
auch in den Psalmen allenthalben hervor, u. die Freunde Ijob's machen
ihn zur Grundlage ihrer Reden. Wo es sich um die Betrachtung der
Geschicke des Volkes im ganzen handelte, wie bei den Profeten, liess
sich diese Auffassung in der Regel ungezwungen durchführen, aber im
Leben der einzelnen musste sie sich einer schärferen Beobachtung als
nicht durchaus zureichend erweisen, weil die Erfahrung nicht immer
zu diesen Regeln stimmte. Der eine Hauptwiderspruch gegen das
Vergeltungsdogma ist das äussere Glück der Unfrommen, von dem die
Erfahrung aller Zeiten Beispiele aufweist (12, 6. 21, 7 ff. 24, 1 ff.
Jer. 12, 1), die aber in Zeiten der Auflösung der öffentlichen Ordnung
u. Zucht, wo nicht einmal die Verbrecher alle zur Rechenschaft gezogen werden, noch viel greller u. häufiger hervortreten. Da musste
man schon um den Grundsatz aufrecht zu erhalten, auf eine plötzliche Wendung in der Zukunft hoffen, die ihn noch bewahrheiten
werde (zB. 8, 11 ff. 15, 29 ff. 18, 5 ff., u. häufig in Prov. u. Ps.)
wenigstens in einem vorzeitigen u. schlimmen Tod des Bösen, oder
nach seinem Tod in der Wegraffung seines Geschlechtes u. seiner
Hinterlassenschaft (4, 8—11. 15, 32 ff. 18, 15 ff. 21, 19 ff.), oder
auch was schon ein höherer Standpunkt war, man musste die Wahrheit eines solchen Glücks bestreiten, weil die es begleitende Angst eines
quälenden bösen Gewissens (15, 20 ff.) oder die innere Unseligkeit
(27, 8—10) dasselbe aufhebe. Immerhin war aber für die Glaubenden das Glück der Bösen der mindere Widerspruch: man konnte es
Gott überlassen, sein Recht zur Geltung zu bringen. Schwerer war
der andere Widerspruch, nämlich die Leiden der Frommen. Zwar wird
gerade der Fromme zunächst geneigt sein, jede besonders schwere
Heimsuchung als ein Zuchtmittel Gottes zu begreifen u. an sich wirken
zu lassen: eine Menge von Psalmgebeten geben davon Zeugniss. Aber
wenn trotz aller Selbstdemüthigung keine Errettung kommt u. der
Arme gar in seinem Leiden erliegen muss, oder wenn das Unglück
ganz überwältigend schwer u. massenhaft über einen, der schon einem
leisen Wink Gottes zu folgen bereit gewesen wäre, hereinbricht, oder
wenn in allgemeinen Plagen die Unschuldigen mit dem Schuldigen dahingerafft werden (9, 22 f.), wenn es Menschen gibt, die ihr Leben
lang nichts Gutes zu geniessen bekommen (21, 25) oder der Gewalt
grausamer Unterdrücker unrettbar dahingegeben sind (24, 5 ff.), wie
dann? Da konnte man das Walten Gottes als ein gerechtes nicht mehr
verstehen; das Fundament der ganzen Religion schien erschüttert. Vor
solchen Räthseln stehend sah sich der forschende Geist gedrungen, nach
tieferen, ausreichenderen Erkenntnissen zu suchen. Kam doch noch
etwas hinzu, was die Schwierigkeit der Frage erhöhte. Im Volk hatte
man sich an jenen Vergeltungsgrundsatz in seiner äusserlichsten Fassung

so gewöhnt, dass man aus einem besonders plötzlichen u. schweren Unglück auf eine schwere Verschuldung des Betroffenen schliessen zu dürfen meinte, ein Wahn, der sich mit grosser Zähigkeit bis in die neutestamentlichen Zeiten hinein forterhielt (Luc. 13, 1—4; Joh. 9, 2). Ein solcher Grundsatz konnte nicht blos den Unglücklichen veranlassen, gegen sich selbst ein Unrecht zu begehen, u. ihn zur Verzweiflung bringen, sondern musste auch seinen schon an sich schweren Leiden einen neuen Stachel hinzufügen, insofern sein Leiden scheinbar gegen ihn zeugte (10, 17. 16, 8), u. er den Leuten als ein von Gott gekennzeichneter Sünder gelten musste, also zu allem hin auch noch der Ehre seines guten Namens verlustig gieng. Man kann sich unter solchen Umständen nicht wundern, dass gerade dieser Gegenstand ein von den Weisen viel versuchtes Problem war. Wie in den Prov. manche Lehrer in ihrer Art sich damit beschäftigen, wie die Lehrdichter von Ps. 37. 49. 73, ebenso nach dem Exil wieder die Leute zu Maleachi's Zeit (Mal. 2, 17. 3, 14. 18) und der Vrf. des Qoh. sich mit den Zweifeln an der Wirklichkeit der sittlichen Weltordnung Gottes abmühten, so hat auch unser Dichter in den Erfahrungen u. Nothständen seiner Zeit Veranlassung gehabt, diese ganze Frage seiner Forschung zu unterwerfen, u. nach neuen Erkenntnissen zu suchen, die er dem Glauben seiner Zeitgenossen als Stützen bieten könnte.

4.

Die Gedanken des Dichters und der Zweck seiner Dichtung. Ohne Frage hat der Dichter die bis dahin geltende Weise, das Leiden mit der göttlichen Gerechtigkeit in Übereinstimmung zu bringen, für ungenügend erkannt, u. neue oder bisher zu wenig beachtete Gesichtspunkte zum Verständniss der Sache mitzutheilen gehabt, sonst hätte er sein Werk darüber nicht gedichtet. Zwar war er weit entfernt, die vergeltende Gerechtigkeit Gottes überhaupt zu leugnen oder nur zu bezweifeln. Wenn der Held seines Werks vom Glauben an dieselbe so wenig lassen kann, dass er sie vielmehr gerade für sich, wenn er in seinem Leiden untergienge, in Anspruch nimmt (16, 18—17, 3. 19, 26 ff.), wenn er ausdrücklich rühmt, sein Leben lang sich von demselben haben leiten zu lassen (31, 3 ff.) und in seiner Anfechtung freigeisterisches Denken weit von sich weist (21, 16), wenn er vor seiner Erlösung alle geäusserten Zweifel unbedingt widerrufen muss (42, 2—6), wenn er endlich die göttliche Gerechtigkeit als eine den siegreichen Kämpfer krönende zu erfahren bekommt (42, 7 ff.), so kann der Dichter nicht, wie man schon behauptet hat, die Unhaltbarkeit der Vergeltungslehre überhaupt haben nachweisen wollen. Wohl aber wollte er 1) *gegen deren Missverstand und Missbrauch kämpfen*, der darin bestand (s. oben), dass man aus dem Schicksal eines Menschen auf seine sittliche Würdigkeit oder Unwürdigkeit, sogar aus der Grösse seines Unglücks auf die Grösse seiner Schuld schloss, wollte das Recht des Leidenden, nicht ohne weiteres nach seinem äusseren Ergehen beurtheilt zu werden oder sich selbst beurtheilen zu müssen, feststellen. Denn 2) wenn auch das Walten eines gerechten Gottes nicht zu bezweifeln steht, so muss doch nicht alles, was den Menschen trifft, von Gottes Vergeltungsgerechtigkeit gethan sein, u. sind die Wege Gottes mit dem Menschen nicht so beschränkt einfach, dass sie nach einer einzigen Regel begriffen werden könnten. Auch die Betrachtung der Leiden als Zuchtmittel reicht nicht aus, obwohl der Dichter auch diese Bedeutung derselben nicht leugnen will, ja sogar durch die Art, wie er die angeborne Schwachheit u. Sündhaftigkeit der Menschen wiederholt einschärft (4, 19. 5, 7. 15, 16. 25, 6; 14, 4; 7, 20. 10, 14. 13, 23. 26), sie in ihrem Werth u. Recht anerkennt. Vielmehr gibt es nach ihm auch *ein Leiden des Unschuldigen*, welches weder aus seinen Sünden, noch aus seiner Sündhaftigkeit erklärt werden kann. Dieser Satz ergiebt sich aus 1, 1. 8. 27, 2—6. (s. S. 229) 42, 7 mit Sicherheit, u. nur weil er diesen Satz durchführen wollte, hat der Vrf. als Dichter einen auch nach göttlichem Urtheil tadellosen vollkommenen Mann zum Helden seines Stückes gemacht. 3) Fragt man aber, wie ein solches mit Gottes Gerechtigkeit sich vertrage u. warum es verhängt werde, so weist der Dichter zwar nicht (wie der Vrf. von Jes. 40—66) auf die Möglichkeit eines Leidens für andere hin, wohl aber gibt er durch die Art, wie sein Held leidet, kämpft u. siegt, zu verstehen, dass gerade im Kampf mit solchen äusseren Bedrängnissen die innere Gottesfurcht des Menschen in ihrer Echtheit u. Lauterkeit, in ihrer durch zeitliche Güter oder Übel unantastbaren Hoheit, in ihrer alle Versuchungen überwindenden Kraft sich bewähre, u. dadurch nicht nur selbst an Stärke wachsen, sondern auch den Bewährten einer um so reicheren Entfaltung der lohnenden Gerechtigkeit Gottes würdig machen solle. Man kann das im Anschluss an den Prologen des B. ein *Prüfungsleiden* nennen, natürlich nicht in dem groben Sinn, dass Gott mit dem Menschen ein Experiment mache (*Merx* S. XVIII, welcher darin einen Verstoss gegen die göttliche Gerechtigkeit findet), nennt es aber besser ein *Bewährungs-* oder *Förderungsleiden*. Dass der Dichter das Leiden Ijobs so beurtheilt wissen will, gründet sich nicht blos auf den Prologen u. Epilogen, sondern ergibt sich auch aus dem Haupttheil des B., sofern hier eben zur Anschauung gebracht wird, wie der Glaube Ijobs sich aus den Zweifeln u. Irrungen sieghaft durchringt, trotz aller Unbegreiflichkeit der Wege Gottes er von Gott nicht lässt, sondern sein Vertrauen auf ihn immer fester wird (10, 9 f. 14, 15. 16, 19 ff. 19, 25 ff. 28, 28; 17, 9), u. es zuletzt nur der Erscheinung u. Zusprache Gottes bedarf, um seinen Glaubenssieg zu vollenden. Seine Frömmigkeit ist schliesslich nicht blos als eine echte u. uneigennützige (1, 10 f. 2, 4 f.) erwiesen, zur Beschämung des Satans u. zur Ehre Gottes, sondern durch die Anfechtung gewachsen; die Leidensprüfung war das Mittel dazu. Diese Auffassung des Leidens als eines Mittels zur Kräftigung u. reicheren Entfaltung der Gottesfurcht ist eine sehr wichtige Erkenntniss, u. bezeichnet einen guten Schritt vorwärts nach der N.T.lichen Schätzung der Übel u. Leiden hin. Sie ist allerdings vom Dichter nirgends (ausser etwa 17, 9) mit klaren Worten ausgesprochen; auch Gott in seinen Reden lässt er nur von einem wohlbedachten Plan (38, 2), den er mit lj. hatte, sprechen, ohne zu sagen, worin dieser bestehe, aber aus dem ganzen Aufbau seines Gedichtes gibt der Vrf. doch zu verstehen, dass ihm jener Gedanke vorschwebte. Und allerdings ist dieser Gedanke vom Dichter nicht bis in seine letzten Consequenzen durchdacht, darum auch nicht gegenüber vom letzten u. grössten der Übel, dem Tod, durchgeführt, im Gegentheil ist schon durch 2, 6 dieses Äusserste ausgeschlossen, u. im Ausgang des Stückes der diesseitige Schauplatz durchaus inne gehalten, aber wenigstens vorübergehend ist auch dieser Fall, dass ein unschuldig Leidender in seinem Leiden stirbt, ins Auge gefasst, u. geahnt, wie dann die Gerechtigkeit Gottes sich bewähren müsste (19, 25 ff.). Es ist keine theoretische oder dialektische Lösung des Problems, was der Vrf. versuchte; durch Abschnitte wie Cp. 28. 38 ff. schliesst er sogar jeden Gedanken daran ausdrücklich aus. Wohl aber weist er an dem Falle Ijobs nach, wie ihm praktisch sein Leiden zur Bewährung und Förderung diente. In diesem Sinn ist es gemeint, wenn die dem Vrf. eigenthümliche Auffassung des Leidens in der Formel des Bewährungsleidens zusammengefasst wird. Dagegen wäre die Formel *Zeugnissleiden* (das Gott um seiner eigenen Ehre willen zufügt u. durch dessen geduldiges Ertragen der Mensch die angetastete Ehre Gottes retten soll, *Godet*) zu einseitig, weil bloss auf 1, 11. 2, 5 gegründet, u. mit Cp 3 ff. nicht in Einklang. Aber freilich 4) solcher Kampf des Menschen gegen die ihn bedrängenden Leiden ist schwer; gerade an den unschuldig Leidenden tritt die Versuchung, im Glauben zu wanken, am nächsten heran, zumal da, wo die Erkenntniss noch mit falschen Vorstellungen über das Leiden u. Übel zu ringen hat: leicht kehrt sich sein Geist in Verzagtheit u. Trotz gegen den Gott, mit dem er bisher gegangen war. Unschuldig zu leiden ist eben die schwerste Probe für den Menschen. Auch die *Schwierigkeit dieses Kampfes u. seine Gefahren* wollte der Dichter aufweisen u. an einem Beispiel zeigen, wie es in jedem, so auch im unschuldigen Leiden darauf ankomme, demüthig sich zu fügen, auch wo man die Gründe noch nicht sieht, doch die unendliche Überlegenheit des Weisen u. Allmächtigen über alles menschliche Verstehen sich vorzuhalten (40, 4 f. 42, 2—6), u. unter allen Umständen treu gegen sich selbst u. sein Gewissen, u. treu gegen Gott, von der Gottesfurcht nicht zu lassen (17, 9. 28, 28). — Will man die hier hervorgestellten Grundgedanken u. Zwecke des Gedichtes zusammenfassen, so lässt sich etwa sagen, dass der Vrf. an einem bestimmten Falle praktisch u. theoretisch zeigen wollte, wie auch unschuldiges Leiden mit der göttlichen Gerechtigkeit vereinbar sei. Dass es sich aber im B. gar nicht um dieses Problem, sondern um das Wesen der falschen u. wahren Gottesfurcht handle, in dem die unlautere, selbstsüchtige u. tugendstolze Frömmigkeit erst durch Unglücksschläge u. innere Kämpfe zu einer piété vraie et pure, celle qui aime Dieu pour lui même, en raison de sa grandeur et sa majesté souveraine, geläutert werden musste (*Doret*), widerlegt sich durch den oben gegebenen Nachweis, u. beruht auf Verkennung des Sinnes u. der Tragweite von C. 4—28, des Haupttheiles des Buchs.

Aber auch sonst ist die Abzweckung des B. sehr abweichend bestimmt worden. Es war eine Nachwirkung der älteren kirchlichen Betrachtungsweise, welcher Ijob und seine Leiden ein Typus Christi u. seines Sühneleidens war, wenn noch *Augusti* (Einl. in A. T. 1827) u. *Schärer* meinten, der Dichter wolle das Ideal eines frommen, standhaften, gottergebenen Dulders darstellen, während doch Ij. keineswegs in allem als mustergiltig gezeichnet wird. Richtiger sagen andere (*Schlottmann, Keil* Einl., zum Theil auch *Hengstenberg*), der Verf. wolle den Kampf und Sieg des Frommen in der schwersten Anfechtung an einem Lebensbild darstellen (s. oben No. 4). Aber das genügt nicht. Wenn er nicht auch die Erkenntniss seiner Leser hätte fördern u. über das Verhältniss des Übels zum sittlichen Wesen des Menschen Belehrung ertheilen wollen, so würde man nicht einsehen, warum er sein Stück zum grössten Theil in Streitreden über Grund u. Zweck des Leidens hätte verlaufen lassen. Ebenso wird die Bedeutung des Redekampfes Cp. 4—28 für das Ganze zu sehr unterschätzt, wenn man (*v. Hofmann, Volck*) ohne Rücksicht auf die während desselben sich vollziehende innere Kräftigung Ijobs das Hauptgewicht auf die Gotteserscheinung am Ende legt, als sollte der Gedanke durchgeführt werden, dass der (ausserisraelitische) angefochtene Gerechte nur in einer persönlichen Offenbarung Jahve's Lösung des Räthsels, Ruhe u. Frieden finden könne. — Viel häufiger freilich wird umgekehrt zu ausschliesslich das Augenmerk auf das gerichtet, was in den Reden zur theoretischen Lösung des vorliegenden Räthsels beigebracht ist. Da dies (s. oben No. 1 u. 2) vorwiegend negativer Natur ist, u. sowohl die Streitreden mit der Anerkennung der Unbegreiflichkeit der Wege Gottes enden, als auch Gott selbst in seinen Reden nur einschärft, dass ein „Rath" seinerseits vorliege, aber nicht angibt, worin er besteht, so hat man geurtheilt, dass der Vrf. überhaupt keine Lösung gebe, sondern sich mit der Hervorstellung des Widerspruchs zwischen der Realität der Facta u. den Ansprüchen des Gewissens u. Herzens begnüge (*Renan*), zum Theil auch die Fähigkeit und Denkkraft des Dichters in Frage gestellt (*J. Holtzmann, Merx,* s. dagegen *Budde*[1] 50f.); zumeist aber die Lehre des Gedichtes dahin bestimmt, dass der Mensch auch unschuldig zu leiden bekommen könne, dass er aber dann nicht murren, über die Gründe grübeln u. um sein Recht rechten, sondern mit Vertrauen auf die unergründliche Weisheit Gottes gläubig u. ergeben das, was Gott füge, tragen und an der Gottesfurcht festhalten solle (*Stuhlm., Bertholdt, Eichh., v. Cölln, Knob., Umbr., de Wette, Hirz., Sims., Hupf., Hitz., Stud.* a.). Demnach brächte der Verf. zur Erklärung des Leidens des Unschuldigen gar nichts bei u. verlegte sogar (*Hitz.*) jeder Speculation darüber den Weg. Wer den Prolog u. Epilog als jüngere Zusätze verwirft, der wird so urtheilen müssen. Hält man aber an der Ursprünglichkeit derselben fest, wie man muss (s. § 8) u. die meisten jetzt thun, so hat man kein Recht, bei der Bestimmung des Lehrgehalts die erzählende Umrahmung des Redetheils für blosses Beiwerk, u. namentlich die glänzende Wiederherstellung Ijobs am Ende für bloss „durch die poetische Gerechtigkeit erfordert" (*Hirz. Hitz. Reuss* a.),

d. h. zur Befriedigung des Gefühls des Lesers dienend, zu erklären. Sicher hat der Vrf. keine allgemein gültige Lösung des Räthsels geben wollen. Er konnte u. durfte das nicht, denn bei jedem einzelnen Gerechten wird u. muss' sich der „Rath" Gottes mit ihm wieder individuell gestalten. Mit vollem Recht hat er darum, was in dem Falle Ijobs zu sagen war, nicht zum Gegenstand der didaktischen Erörterung gemacht, wohl aber durch Darstellung dessen, was vor, in u. nach dem Kampf mit ihm vorgieng, zur Anschauung gebracht. Dem verständigen Leser kommt es zu, das herauszufinden. Es ist nicht Sache eines guten Kunstdichters, die Idee seines Stückes mit dürren Worten auszusprechen.

Bei der hier vorgetragenen Bestimmung des Lehrgehalts des B. ist von den Elihureden Cp. 32—38 abgesehen, weil sie kein ursprünglicher Bestandtheil desselben sind (S. 273 ff.). Wer ihre Ursprünglichkeit festhält, wird ihnen folgerichtig die Abzweckung zuschreiben müssen, die didaktische Lösung des Problems zu geben, welche nun lautete: „Gott sandte Hiob dem gerechten (dessen Sünde nur im tiefsten Grunde des Herzens schlummerte), das Leiden, um die Sünde dadurch an die Oberfläche zu rufen u. als Thatsünde zu Hiobs Bewusstsein zu bringen, damit er die erkannte Sünde bereue u. von sich thue, u. so geläutert u. gefördert aus dem Kampfe hervorgehe" (*Bud.*[1] 44; ähnlich schon *Schlo. Kmph. Hgst.* a.). Er würde aber damit den Dichter mit seiner eigenen Schilderung der Frömmigkeit Ijobs in Widerspruch bringen.

Schliesslich ist hier noch der völlig abweichenden Auffassung derer Erwähnung zu thun, welche in Ijob nicht ein Individuum, sondern die Personification des Volks Israel und seiner Leiden im assyrischen (*H. v. d. Hardt*) oder babylonischen (*Cler., Bernst.*) Exil, oder in der ägyptischen Knechtschaft (*JDMich.*), oder zur Zeit Nehemjas (*Warburton*) verstehen wollten. Die Unhaltbarkeit dieser Umdeutung liegt auf der Hand, da das Volk Israel in keiner Periode seiner Geschichte als ein unschuldig leidendes dargestellt werden konnte. Sie ist darum neuerdings dahin modificirt worden (*Seinecke, Hoekstra*), dass nicht das Volk, sondern der fromme Kern des exilischen Volkes, der Knecht Jahve's, in der Person des Ijob gezeichnet werde. Die Menge der angeblich dafür beweisenden Gründe im einzelnen gewürdigt und widerlegt zu haben, ist das Verdienst der Abhandlung von *Kuenen* in Th. Tijds. VII, auf die hier verwiesen werden muss. In der That gibts keine einzige Stelle im B., welche solche Umdeutung erforderte oder auch nur erlaubte. Schon der vom Dichter gewählte Schauplatz seines Helden lässt diese Umdeutung als Illusion erscheinen. Von einem stellvertretenden Leiden nach Art des Knechtes Gottes ist im B. keine Spur zu finden. Es fehlt allerdings nicht an Stellen, in welchen der nationale Untergrund des Gedichtes durchschimmert (s. § 5), wie es auch solche gibt, in denen Ijobs Leid sich zum Leid der Menschheit überhaupt zu erweitern im Begriff ist. Aber weder diese noch jene berechtigen zu der Behauptung, dass der Vrf. mit Bewusstsein in der Person Ijob das Collectivum des Volkes oder der Menschheit habe abbilden wollen. Jeder ernstliche Versuch, die concret individuellen Züge, mit denen der Dichter das Bild seines Helden gezeichnet hat, ins allgemeine zu verwaschen, führt in die geistloseste, willkürlichste Allegorie hinein. Über die specielle Frage, ob literarische Abhängigkeit von Jes. 40—66 stattfinde, s. § 9.

5.

Stoff der Dichtung. Um seine Gedanken sammt allen Gründen, auf denen sie ruhen, u. sammt all den feinen Beziehungen, durch welche sie mit andern anerkannten Wahrheiten zusammenhängen, dichterisch anschaulich darzustellen, nahm der Vrf. ein Stück Leben, eine Geschichte zu Hilfe; diese Geschichte war ihm der Rahmen, in den er seine Ideen einformte. Ein Theil der Juden (wohl auch *Joseph* c. Ap. 1, 8), Kirchenväter (mit Ausnahme von Theodor Mopsu.) u. die Gelehrten der protest. Orthodoxie bis in das vorige Jahrhundert hinein haben von einem sehr beschränkten Bibelglauben ausgehend das B. Ijob für die treue Nacherzählung von etwas wirklich Geschehenem gehalten (noch *Spanheim* 1671: *ni historia sit, fraus scriptoris*); zur Begründung dieser Ansicht hat man seit *A. Schultens* viel auf die Zusammenkünfte arabischer Weisen, bei denen sie in erhabenster Poesie aus dem Stegreif redeten (Maqâmen), hingewiesen. Aber dass hier nicht eigentliche Geschichte vorliege, ergibt sich, abgesehen von der Scene im Himmel (C. 1 f.) u. der Gotteserscheinung, aus der dichterischen Vollendung der Reden (es „redet sich nicht also in der Anfechtung", *Luth.* Tischreden), aus der poetischen Durchsichtigkeit u. Absichtlichkeit der gemeldeten Thatsachen (zB. genau sich entsprechende Verhältnisse des Glückes Ijob's im Prol. u. Epil., die runden Zahlen, der Verlust der 4 weit von einander entfernten Heerden u. Kinder zu gleicher Zeit), aus der erhabenen Gotteserkenntnis u. echt alttestamentlichen Sittlichkeit, welche hier vor Mose u. ausserhalb Israels sich aufthut, aus dem ganzen Problem des Gedichts. Andererseits geht man aber zu weit, wenn man behauptet, dass die Fabel des Stücks vom Dichter frei erfunden sei (*Cler., Bernst.* a.; zuletzt besonders *Hngst.* I, 37 ff.; *Merx* S. XXXIV ff.; *Reuss* Hiob 1888 S. 11 f., der die Geschichte Hiobs für eine grossartig angelegte Parabel erklärt). Wäre das der Fall, dann müsste man erwarten, dass auch der Name des Helden, seines Landes u. drgl. poetisch durchsichtiger wäre, als sie sind (s. S. 1f. 20f.); dass z. B. mit איוב auf עצה *Rath* angespielt werden soll (*Stier, Derenb.*), werden nicht viele wahrscheinlich finden. Das reine Erfinden von Geschichten u. Ausstatten derselben mit allen Merkmalen der Thatsächlichkeit lag dem Geist des höheren Alterthums noch fern (*Ew.*[2] 15f.); auch die classischen Dichter haben mit ihren Dramen sich an gegebene Sagenstoffe angeschlossen. Mit einem erfundenen Helden hätte der Dichter die Wirkung seines Gedichtes auf die Zeitgenossen verfehlt, weil jeder ihm entgegenhalten konnte: einen solchen Mann mit solchem Geschick hats nie gegeben. Die Art, wie Ezechiel (Ez. 14, 14. 20) den Ijob mit Noah und Daniel zusammenstellt, beweist, mag er unser B. schon gekannt haben oder nicht, jedenfalls so viel, dass er ihn nicht als ein Geschöpf der Dichterphantasie, sondern als einen Mann der Vorzeit angesehen hat. Dass der Mann wirklich gelebt hat, folgt daraus nicht, u. die Versuche der Späteren, ihn zu einer geschichtlichen Person zu stempeln (s. S. 360 f. über die Nachschrift in der LXX), haben keinen Werth. Wohl aber folgt, dass er im Munde der Leute oder wenigstens gewisser Kreise des Volks gelebt hat, oder dass man von ihm sich erzählte, u. also der Dichter, wenn er ihn zum Helden seines Gedichtes machte, einem vorhandenen Sagenstoff (gleichgültig, wie u. wo derselbe sich zuerst gebildet hat) folgte. U. mehr als das soll hier nicht bewiesen werden. So urtheilen mit Recht die meisten, so schon *Luther* (in den Tischreden: ich halt das B. Iliob sei eine Historie u. darnach in ein Poema gebracht, das einem widerfahren sei, doch nicht mit solchen Worten, wie es beschrieben ist). Im einzelnen freilich genauer zu sondern, was in der Erzählung überliefert war (zB. *Ew.*^{2} 19 ff.) u. was erst der Dichter gestaltet habe, ist nicht mehr möglich, u. auch nicht nöthig. Die wesentlichen Züge: die hohe Frömmigkeit u. das grosse Glück des Mannes, sein unerwartetes Leidensgeschick, seine Geduld u. seine Wiederherstellung mögen zugleich mit seinem Namen überkommen sein. Ohne Zweifel auch, dass er dem höhern Alterthum u. den „Söhnen des Ostens" (1, 3) angehörte. Denn allerdings war es „feinsinnige Absicht des Dichters", den Streit über eine gemeinmenschliche Grundfrage, zugleich über eine Hauptlehre des Gesetzes nicht innerhalb Israels führen zu lassen, aber daraus folgt nicht, dass ér erst den Helden in die vor- u. ausserisraelitische Sphäre zurückverlegt habe (*deWette* in Daub u. Creuzer's Studien III. 241 ff; *Merx* S. XV), sondern man erkennt nur daraus, warum er gerade jenen Mann (vgl. 1 Reg. 5, 10. Ob. 8. Jer. 49, 7) zum Helden wählte. Dagegen kann der Grund dieser Wahl nicht in dem Vorsatz, das Problem vom Standpunkt allgemeiner u. ausstertheokratischer Gotteserkenntniss zu lösen (*Hgstb.* Beiträge II. 302 ff.), gefunden werden; noch wird es für richtig gelten können, dass das Problem gar nicht auf dem Boden des Mosaismus erwachsen, sondern eine Frucht altsemitisch-patriarchalischer Frömmigkeit war (*Del.*^{2} 9 f.; *Zöckl.* 18; *Volck*). Denn in seiner Schärfe, wornach es sich um das Recht des Gerechten auf Glück handelt, ist das Problem allerdings erst in Israel gereift; von dem, was in Isr. von den Wegen Gottes offenbar geworden ist, abstrahirt der Dichter nicht willkührlich, sondern benutzt es reichlich (s. § 3 u. 4); die Frömmigkeit geht über die einfache patriarchalische doch vielfach hinaus (zB. 1, 5. 31, 1 f. 24. 26 f. 29), u. die Höhe der Gotteserkenntniss ist in die alte Zeit erst zurückgetragen.

In der That was der Dichter der Ijobsage entnommen hat, ist nur das Kleid, die äussere Ausstattung seines Werks; den Stoff desselben hat er wesentlich aus seiner Gegenwart geschöpft, u. es fehlt nicht an Stellen, wo dieser Stoff den äussern Rahmen sprengen zu wollen scheint. Wenn Ijob über des Lebens Mühsal u. Flüchtigkeit in jenen ergreifenden Tönen klagt, die in jeder Menschenseele wiederklingen (3, 20 ff. 7, 1 f. 6. 17. 9, 25 f. 14, 1 f. 19), wenn er immer wieder auf das gemeinschädliche Treiben der habsüchtigen gewaltthätigen Frevler, dem die niedrige Classe anheimgegeben ist (3, 17 f. 5, 15. 9, 24. 12, 6. 24, 2 ff., vgl. 20, 19 ff.) zurückkommt u. Blicke in die Verbrecherwelt eröffnet

B

(24, 13 ff.), wenn er von der Verzweiflung unter den alle unterschiedslos dahinraffenden Gottesgerichten redet (9, 22 f.) u. die Gefangenführung ganzer Völker sammt ihren Fürsten, Priestern u. Räthen so anschaulich schildert (12, 16 ff.), wenn er Gottestage herbeiwünscht, welche der allgemeinen Verwirrung ein Ende machen (24, 1), wenn er hinter sich u. seinen 3 Freunden zwei sich bekämpfende Parteien durchblicken lässt (17, 8 f., vgl. 18, 2 f. 22, 19), wenn er sich mit seinem Leiden zum Völkerspott hingestellt, dem Hohn u. roher Misshandlung verächtlicher Menschenclassen ausgesetzt fühlt (17, 6. 16, 9 ff. 30, 1—10), wenn er die Unglücksmächte, die Gott gegen ihn losliess, wiederholt mit den Heerschaaren vergleicht, welche Stadt oder Festung bestürmen u. erobern (10, 17. 16, 13 f. 19, 11 f. 30, 12—14), so hört man doch wohl aus solchen Klagen des aussätzigen Mannes die schweren Zeiten heraus, unter deren Druck der Dichter schreibt, u. fühlt, wie mit dem Räthselgeschick des Helden sich all der Jammer mischt, den der Dichter selbst als Weiser beobachtet, als Mensch u. Bürger erlebt hat. Überallher strömten die Elemente auf ihn ein, die ihn zur Erwägung der Schicksalsidee bestimmten, u. sie reflectiren sich unwillkürlich wieder in seinen Erörterungen. Dass schliesslich alles sich ihm zu dem individuellen Problem des leidenden Gerechten zuspitzt, mag in seiner persönlichen Lebenserfahrung oder in dem Geschick ihm nächststehender Personen begründet sein. S. auch *PKleinert* S. 268 ff.; *Cheyne* Job a. Sol. 63 ff.

6.

Anlage der Dichtung. Um seine Gedanken überzeugend durchzuführen, stellte der Dichter seinen Helden als einen nicht blos nach menschlichem, sondern auch nach göttlichem Urtheil in Frömmigkeit u. Gerechtigkeit unvergleichlichen Mann dar, der gleichwohl plötzlich in das denkbar schwerste Unglück gestürzt wurde. Man mag dies als eine blos dichterische Möglichkeit, als einen im Leben nicht leicht vorkommenden Fall ansehen (wie denn schon der Vrf. der Elihu-Reden sich darein nicht finden konnte); für die Zwecke des Dichters war es durchaus nothwendig, diesen äussersten Fall zu setzen. — Zur Besprechung u. Entscheidung der Frage sodann, ob denn wirklich Leiden eines Unschuldigen an sich denkbar u. auch nach Gottes Sinn möglich sei, bedurfte er redender Personen. Und zwar da über den Sinn Gottes nur Gott selbst, u. über Bewusstsein u. Gewissen eines Leidenden nur der Leidende selbst am besten sich erklären können, so konnte es nicht vermieden werden, diese beiden Hauptbetheiligten redend einzuführen. Ausser ihnen hatte er aber noch andere Personen nöthig, welche mit jenen im Gespräch ihre Ansichten u. Gründe hervorlocken, beziehungsweise bestreiten sollten: der Satan mit Gott, die Freunde mit dem Helden. Diese einfachen Mittel genügten ihm, u. je einfacher, desto schöner. — Da es sich um einen Vorgang des Lebens, eine Geschichte, handelt, so war die Erzählung die durch die Sache geforderte Form der Darstellung, dichterisch schildernde (epische) Erzählung allerdings, aber doch Erzählung, u. zwar in Prosa, denn eine andere Ausdrucksweise auch für die dichterische Erzählung kannten die Hebräer nicht. Die Erzählung ist daher der äussere Rahmen, in dem das Werk gehalten ist: mit Erzählung beginnt es C. 1 f. (der sogenannte Prolog), mit Erzählung schliesst es C. 42, 7 ff. (der sog. Epilog); auch zwischen hinein tritt sie immer wieder hervor, wo nicht gesprochen wird. In diese das Ganze umschliessende Erzählung fallen die Reden der Redenden, in welchen der Gegenstand erörtert wird, hinein. — Diese Reden werden nicht blos wie in einem gewöhnlichen Wortwechsel leicht hingeworfen u. im Tone des Alltagslebens geführt, sondern dem feierlichen Ernst der Sache, zum Theil auch dem Pathos der Betheiligten entsprechend (s. S. 22) sind sie in gehobener Dichtersprache gehalten in Form der dichterischen Spruchrede, in der auch sonst die Weisen ihre Erzeugnisse vortragen, inhaltlich wohl durchdacht, voll schwerwiegender Gedanken, jede den jedesmaligen Gedankenkreis erschöpfend, zu einem Ganzen abgerundet. Auch stellen sie nicht etwa blos ein ordnungsloses Hin und Her (eine stete Wiederholung von Behauptung u. Gegenbehauptung, bei der nichts herauskommt, Reuss 14 f.) dar, sondern bewegen sich in geordnetem Fortschritt, u. enthalten zugleich von da an, wo sie an Stelle der Erzählung eintreten, bis dahin wo sie wieder in Erzählung ausmünden, die innere Fortbewegung der zwischen den betreffenden Personen sich begebenden Geschichte. — Endlich da die hier vorgeführte Geschichte eine Kampfesgeschichte ist, so verläuft das Ganze in den 3 Momenten: Anknüpfung, Verwicklung, Lösung.

In der Anknüpfung des räthselhaften Falles (C. 1—3) wird kurz die Frömmigkeit u. das Glück des Helden gezeichnet, in einen himmlischen Vorgang zwischen Gott u. dem Satan, in welchem über Ijob's Geschick Beschluss gefasst wird, der Einblick geöffnet, u. dann in rascher Folge die Verwüstung des Glückes u. die glaubensvolle Ergebung des Dulders geschildert, welche auch durch des Weibes Hohn sich nicht irre machen lässt, u. erst nach der Ankunft der 3 Freunde durch deren unheimliches Schweigen zu einem Ausbruch verfänglicher Klage u. dumpfer Verzweiflung gedrängt wird. Durch diesen Ausbruch ist die folgende Verwicklung motivirt. Im Leser aber ist die volle Theilnahme für den Helden, in dessen Geschick der Himmel selbst eingreift, erweckt, u. auch seinem nun beginnenden Kampf u. Streit gesichert.

Die Verwicklung (C. 4—28) gestaltet sich dadurch, dass die Freunde sich in's Gespräch mit Ijob einlassen, zu einem Redestreit zwischen ihm u. ihnen, aber dieser Redestreit stellt auf Seiten Ijob's zugleich einen innern Seelenkampf dar, in welchem er aus den Irrwegen des Wahnglaubens u. der Verzweiflung sich erst wieder zur Besonnenheit u. zum rechten Glauben emporarbeiten muss. Näher sind es zwei Ansichten über das Geschick Ijobs, welche in diesem Kampfe hart auf einander stossen, u. aus denen sich die Wahrheit herauswinden soll. Die eine ist die bisher gewöhnliche Ansicht vom Leiden als einer Strafe oder auch Zucht Gottes, zugleich die Ansicht der Menge; deshalb stellt der Dichter nicht blos einen, sondern 3 Anwälte derselben auf in den 3 Freunden, welche somit das Gewicht der Mehrzahl u. der hergebrachten gangbaren Lehre geltend zu machen haben. Einstimmig machen sie es geltend, u. nur so weit es unbeschadet dieser Einstimmigkeit möglich war, hat der Dichter sie auch individuell etwas verschieden gezeichnet: Eliſaz ist der älteste (15, 10), reicher Erfahrung (4, 8. 12. 5, 3. 15, 17 f.), der Wortführer, der immer zuerst redet u. den Ton angibt, ein Mann fast profetischer Würde, besonnen u. mässig; Bildad, jünger, hält an Weisheit, Kampfesgewandtheit u. maassvollem Takt die Mitte zwischen dem ersten u. dritten; Ṣofar der jüngste ist der hitzigste, leidenschaftlichste u. derbste, aber auch an eigenen Gedanken dürftigste, der am frühesten verstummt. Alle 3 aber sind sittlich ernste, von Eifer für den alten Glauben u. die reine Lehre (11, 4) erfüllte, aber auch mit Zähigkeit an den überlieferten Dogmen festhaltende u. zuletzt eigensinnig in ihrer Meinung sich verhärtende Männer, darum zugleich Typen für eine zu jeder Zeit in den verschiedenen, namentlich kirchlichen Kreisen vertretene Classe von Menschen. Während sie anfangs nur schüchtern u. schonend dem schwer leidenden Mann ihres Herzens Meinung zu eröffnen wagen, gehen sie im Verlauf durch sein Widerstreben gereizt u. durch seine Anwandlungen von Unglauben sicherer gemacht, immer offener u. schonungsloser vor, bis sie zuletzt auch vor den lieblosesten u. ungegründetsten Beschuldigungen nicht mehr zurückschrecken. Gegen sie steht der Held des B., welcher die neue Lehre des Dichters bewahrheiten soll, allein, wie ja jede neue Erkenntniss zuerst in einem Geist herausgeboren werden muss, ehe sie Gemeingut vieler werden kann. Er ist aber sich selbst anfangs über seinen Fall noch unklar, ist innerlich von dem Wahne, dass solche Schläge nur vom zürnenden Gott zugefügt sein können, noch nicht los, u. doch sagt ihm sein Gewissen, dass kein Grund zu solchem Zorn, keine entsprechende Schuld an ihm sei. Erst dadurch, dass sie ihn zu ihrer Ansicht herüberzuziehen suchen, wird in ihm die Überzeugung, dass er schuldlos leide, recht wach, u. hat nun freilich zunächst die Folge, dass er an Gottes Gerechtigkeit irre wird, sich für einen in grundloser Feindschaft verfolgten hält, u. bald mit innerer Empörung wider einen solchen Gott allmächtiger Willkür anstürmt, ihm sein Thun als unwürdig u. widerspruchsvoll vorwirft, ihn vor die Schranken eines Gerichtes ruft, bald nach solchen unmächtigen Ausbrüchen wieder in sich zusammensinkt, u. verzweiflungsvoller wehmüthiger Klage sich hingibt. Während nun aber gerade in solchen Irrreden des Helden die andere Partei neue Stützen ihrer Ansicht von seiner Schuld findet, u. ihn immer schärfer u. offener mit der Zumuthung, seine Schuld einzugestehen, bedrängt, wird er, verlassen von aller Hilfe u. verkannt von den Menschen, immer mehr zu Gott als seinem einzigen Freund u. Hoffnungsgrund hingeführt; in demselben Maass, als er zu ihm wieder Vertrauen fasst, wird es ihm auch klarer, dass er nicht um einer Schuld willen leiden lasse, bis er zuletzt, der Unhaltbarkeit der Lehre der Freunde völlig sicher, in dem Entschluss, an der Gottesfurcht unter allen Umständen festzuhalten, einigermaassen zur Ruhe kommt. Auf diesem Fortschreiten einerseits des Ij. von der Unklarheit, dem Zweifel u. der Verzweiflung zur Klarheit, zum Vertrauen, zur Siegesgewissheit, andererseits der Freunde von der behutsamen Vorsicht u. schonenden Milde zu unbesonnener Rücksichtslosigkeit, eigensinniger Verhärtung u. liebloser Ungerechtigkeit beruht der Fortschritt des Kampfes, der mit ihrer Niederlage endigt. Er vollzieht sich in 3 Wendungen oder Unterredungen: in jeder derselben geht das Wort der Reihe nach bei den Dreien herum, so dass Ij. jedesmal dem Vorredner antwortet, u. nur in der letzten verstummt der letzte der Freunde, so dass dort Ijobs letzte Rede vielmehr als Schluss- u. Siegesrede zum ganzen Gespräch erscheint. In der ersten der 3 Wendungen ist die Verwicklung im Zunehmen; in der zweiten, gerade beim mittleren Gespräch derselben, erreicht sie ihre höchste Höhe, von da an beginnt die Entwirrung, welche in der dritten sich vollendet, u. den Sieg Ijobs über sich selbst u. sie ergibt. Das Genauere über den Gang des Ganzen u. den Inhalt der einzelnen Reden s. in den Einleitungen zu denselben.

Nachdem Ij. auch aus diesem Kampfe mit dem Wahnglauben und der Verzweiflung seinen Glauben u. seine Gottesfurcht nicht blos unversehrt, sondern innerlich gekräftigt herübergerettet hat, kann die Lösung folgen. Dazu geschieht 1) der erste Schritt, indem der Held, auf den noch immer die Last des dunkeln Geschickes drückt, in einer langen Rede (Selbstbetrachtung) das schwere Räthsel, dass er aus seinem früheren Gnadenstand u. Glück in sein jetziges Elend gestürzt wurde, obwohl er in Gedanken, Wort u. That keine, auch nicht die feinsten Abweichungen vom Wege Gottes sich erlaubt zu haben feierlich versichern kann, voll Sehnsucht nach einer göttlichen Entscheidung Gott darlegt (C. 29—31), worauf dann 2) Gott dem geprüften Manne erscheint, aber zunächst nur, um durch die Majestät seiner Erscheinung u. sein erhaben göttliches Reden dahin zu wirken, dass er in freier Bereitwilligkeit seine vermessenen sündigen Reden, die er in der Hitze des Kampfes gethan, zurücknimmt u. bereut, u. so dem Sieg der reinen Gottesfurcht zum Durchbruch zu verhelfen (Cp. 38—42, 6). 3) Erst dem so Gedemüthigten u. durch Busse Geläuterten gibt er nun auch ausdrücklich gegen seine Freunde Recht, rettet ihn u. schenkt ihm neues, grösseres Glück (42, 7—17). Mit dieser thatsächlichen Entscheidung sind auch die theoretischen Fragen gelöst: der Beweis ist hergestellt, dass auch ein Unschuldiger leiden könne zu seinem eigenen Heil, zur Förderung seiner Glaubenskraft u. Frömmigkeit.

7.

Die Kunst der Dichtung. Ohne Frage ist die Anlage des B. eine echt künstlerische u. fast dramatische. Obwohl statt der eigentlichen Handlung am Anfang u. Ende des Stückes die dichterische Erzählung eintritt, u. in seiner weiten Mitte dasselbe nur in Reden verläuft, so entwickeln sich doch gerade in diesen Reden tief erregte seelische Vorgänge, die in gewissem Sinn für Handlungen gelten können. Im ganzen Gedicht spinnt sich die Geschichte eines inneren geistigen Kampfes ab; es ist darin eine stetig fortschreitende Verwicklung bis zu einem Höhepunkt u. von da an eine stufenweise sich anbahnende Lösung; ein Grundgedanke, ohne irgendwo ausdrücklich in Worten ausgesprochen zu sein, tritt als Ergebniss aus dem ganzen vor. Die darin auftretenden Personen vertreten gewisse Ideen, auch der Satan u. das Weib; selbst die 3 Freunde sind unter sich individuell unterschieden (S. XX; s. auch *Hitz.* XXIX, nam. *Bud.*[1] 147f. gegen *Ren. Matth. Holtzm.* a.); sogar Ansätze, sie durch ihre Sprechweise auseinander zu halten, sind gemacht (s. über יָרֵא, נִגְבְּהִי, כֹּפֶן bei Elifaz zu 4, 6. 7. 22. 2; über die blumige, sententiöse Redeweise des Bildad s. S. 68. 158; 2mal beginnt er mit עַד־אָנָה 8, 2. 18, 2; er allein gebraucht בְּלִי, אֵיפֹה, שַׁבְטִי; über Sofars derbe, unedle Bilder s. zu 11, 12. 20, 7. 14 f. 20. 23). Zwischen den menschlichen Hauptsprechern ist Licht u. Schatten nicht so vertheilt, dass der eine nur Wahres, die andern nur Unrichtiges vorbrächten, vielmehr haben alle bis auf einen Grad Recht u. Unrecht, namentlich die ersten Reden der Freunde sind so hoch u. fast unangreifbar gehalten, dass der Leser noch schwankt, ob er ihnen nicht mehr Beifall geben soll als dem Helden, u. erst allmälig kehrt sich das volle Wesen beider Theile hervor, so dass nun über die Sympathie der Betrachtenden kein Zweifel mehr sein kann; Gott endlich, welcher sprechend nur die reine Wahrheit vertreten kann, gibt gerade über die eigentliche Grundfrage keine lehrhafte Entscheidung, so dass trotz seines Eingreifens nicht durch eine einzelne Person, sondern nur durch das Zusammenwirken aller der beabsichtigte Gedankengehalt zum Vorschein kommt. Auch Ort u. Zeit der Handlung, wie sie ihm durch die Fabel vorgeschrieben waren, sind vom Dichter kunstvoll durchgeführt. Sicher kann das Werk seinen Ursprung innerhalb des israelitischen Volks nicht verleugnen: seine Beziehungen auf die Lehren u. Forderungen der Jahvereligion (vgl. Ausdrücke, wie 6, 10. 21, 14. 22, 22. 23, 11 f. 31, 7; Schilderungen wie 22, 6—9. 29, 12—17. 31, 1 ff. u. die Bemerkungen dazu S. 264), Reflexe der nationalen Verhältnisse, unter deren Einfluss der Dichter schrieb (s. § 5 u. 9) sind leicht herauszufühlen; sie durften gar nicht ängstlich vermieden werden, wenn die Wirkung des Gedichts auf die Zeitgenossen nicht abgeschwächt werden sollte. Aber jeder grobe Anachronismus, jede offenbare Einmischung ausschliesslich israelitischer Dinge, Sitten u. Einrichtungen ist dem B. fern; die Art u. die Verhältnisse der 4 Männer sind durchaus gemäss der Erzväterzeit (mit deutlicher Anlehnung an die Genesis: hohes Lebensalter, Art des Reichthums, Priesterthum des Hausvaters, Brandopfer, Geldstück Qesita, Traumoffenbarung; musikalische Instrumente 21, 12. 30, 31 vgl. Gen. 31, 27. 4, 21) gezeichnet; wo sie sich auf geschichtliche Beispiele geradezu berufen, da sind es Beispiele aus der Urzeit (wie 22, 15 f.); was sie von Gott u. göttlichen Dingen sagen, ist anscheinend nur aus der guten alten Überlieferung, aus der Natur u. der allgemeinen Menschengeschichte geschöpft; Gott heisst ihnen mit den allgemeinen u. alten Namen אֵל, אֱלוֹהַּ, שַׁדַּי (der specifisch israelitische Name יהוה schlüpft nur 2 mal durch aus besonderen Gründen 1, 21. 28, 28; über 12, 9 s. d., auch אֲדֹנָי nur 2mal 20, 29. 38, 7, doch s. 2, 9 f.; einmal tritt קֹדֶשׁ ein, wo auf das Gesetz angespielt wird, 6, 10); ihr

Vorstellungskreis ist fast mehr allgemein semitisch als kenaanäisch-hebräisch; der Schauplatz des Stückes ist am Rand der Wüste (zB. 1, 15. 17. 19), u. dem entsprechen ihre Bilder u. Beispiele (zB. 6, 18 ff. 31, 32; 11, 12. 24, 5). Mit Rücksicht auf alle diese Eigenthümlichkeiten kann man dem Gedicht dramatische Art nicht absprechen. *Luther* sagte: es ist schier, wie man ein Spiel agiret; *Leibnitz* fand es opernartig; *Etc.* bezeichnete es als das göttliche Drama der alten Hebräer; ähnlich *Hupf., Del.* a.; in Anbetracht des titanischen Ringens des Helden gegen sein dunkles Geschick u. den dahinter verborgnen Gott nannte es *Brenz* eine Tragödie, ähnlich *Beza, Mercerus* (s. *de Wette* Einl." § 348). Damit ist freilich zu viel gesagt: der Dialog des B. enthält nur innere, psychologische Fortentwicklung; die äussere Handlung, die dem Drama wesentlich ist, fällt nicht in diesen hinein, sondern geht in der Erzählung daneben her. Andererseits gehört die Erzählung nothwendig dazu, u. würde darum die Bezeichnung des Stückes als eines Dialogen oder einer Maqâme (*Mx.*) der Eigenthümlichkeit desselben nicht entsprechen. Man mag es ein episch dramatisches Lehrgedicht nennen.

Als Lehrdichter, der Weisheitserkenntnisse vorträgt, hat der Vrf. natürlich in derselben Form gedichtet, wie die andern „Weisen", in Form des lehrhaften rhythmischen Spruches, u. kann insofern sein Gedicht mit den lyrischen u. dramatischen Dichtungen anderer Völker nicht verglichen werden. Aber dass in diesem Weisen zugleich ein wirklicher Dichter, ein Dichter von Gottes Gnaden, steckte, das haben die competentesten Richter aller Zeiten anerkannt, u. kann ihm durch moderne Bekrittlung (wie dass er mehr „ein berechnender, speculirender Rhetoriker mit pathetischer Einbildungskraft" gewesen sei, *GHoffm.* 30) dieser Ruhm nicht geraubt werden. Wirklich in Frische u. Kraft dichterischer Anschauung u. Empfindung, in Reichthum u. Pracht der Bilder, in unerschöpflicher Fülle der Gedanken, in Feinheit der psychologischen Auffassung u. der Naturbeobachtung, in der Malerei der mannigfaltigsten Vorgänge der Natur oder Menschenwelt, in Fähigkeit dieselbe Sache in immer neuem Kleid vorzuführen, in der Kunst, je nach den verschiedenen Stimmungen der Redenden Ton u. Farbe zu wechseln, der Wehmuth u. Klage, dem Zorn u. der Leidenschaft, dem Hohn u. der Bitterkeit, dem Sehnen u. Hoffen, der Ruhe u. Befriedigung auf gleiche Weise gerecht zu werden, ganz besonders auch die Majestät, Würde, Kraft u. Klarheit des redenden Gottes treffend zu zeichnen, endlich in Herrschaft über die Sprache, in Schönheit, Wucht u. Gedrungenheit des Ausdrucks stellt er sich als Dichter den besten Mustern alter Zeiten ebenbürtig zur Seite. Bis in die Einzelheiten hinaus ist sein Werk künstlerisch vollendet. Jede der vielen Reden des B. ist ein Meisterwerk für sich u. voll feiner Beziehungen auf die andern.

Ein durchgebildeter Sinn für richtiges Maass u. Ebenmaass zeigt sich wie im ganzen Aufbau des Stücks, so in seinen einzelnen Theilen u. Theilchen. Der kurze, meist zweigliedrige Vers, jede Hälfte aus 3—4 Worten bestehend, ist mit grosser Kunst durch alle die Dichterreden des B. hindurchgeführt, weshalb schon *Hieron.* meinte, es sei in

Versus hexametri geschrieben. In ähnlicher Weise kunstvoll ist die Structur der einzelnen Reden, sofern auch für die logisch-rhythmischen Absätze innerhalb derselben oder wenigstens der Haupttheile derselben, möglichst Gleichmässigkeit oder auch Symmetrie des Umfangs angestrebt wird. Mag man jenen Absätzen den Namen Strophe oder Wende zu- oder aberkennen, sicher ist, dass solche regelmässige strophische Gliede- rung in jeder Rede sich wahrnehmen lässt (s. die Analyse im Commentar); einigemal (Cp. 3. 30) ist sie durch äussere Zeichen markirt. Aber nur eine möglichst gleichmässige Gestaltung derselben lässt sich behaupten. In einigen, nam. kürzern Reden ist sie ganz (Cp. 8. 11. 26) oder fast (Cp. 18. 30) gleichmässig; in der Mehrzahl, nam. längeren Reden, wechselt das Schema, zum Theil nach dem Gegenstand (zB. Cp. 38 f.) oder nach der Stimmung. Andere sehr auffallende Wechsel mögen auf Störung des Textes beruhen (s. Erkl.); alle darauf zurückzuführen u. demgemäss den Text zu corrigiren (*Mx.*), muss ebenso abgelehnt werden, wie die Correctur aller zu langer oder zu kurzer Stichen (*Bick.*). Eine gewisse Freiheit, ein Übergreifen des Gedankens über die strenge Form lässt sich im (lyrischen) singbaren Lied der Hebräer nicht verkennen; in einem blos gelesenen Lehrgedicht ist sie (trotz *Mx.* LXXVII) noch er- klärlicher. An der Thatsache selbst, näml. möglichste aber nicht durch- gängige Gleichmässigkeit, wird auch nichts geändert, mag man die Verse (*Ew. Hupf. Schl. Ri.* a.) oder die Stichen (*Del. Mx.*) bei der Rechnung als die rhythmischen Einheiten zu Grund legen. (In der Erkl. wurde diesmal, abweichend von der 3. Aufl., die letztere Weise befolgt, weil sie ein genaueres Bild des Umfangs ergibt, auch die recipirte Versabthei- lung nicht immer zutreffend ist, zB. 11, 6. 16, 4 u. s.)

8.

Die Einheit des B., die eingeschobenen u. überarbeiteten Stücke u. die Textüberlieferung. a) An der wesentlichen Einheit des Gedichtes hat man früher nicht gezweifelt. Wohl aber haben ein- zelne Abschnitte desselben längst Anstoss erregt, theils mit Recht, theils mit Unrecht. Vor allem wurde der Prolog Cp. 1 f. u. Epilog C. 42, 7 ff. angefochten. Da diese Stücke in der Form der Darstellung u. theil- weise auch im Inhalt eigenthümlich sind, so hat man damals, als man noch die Reden für wirklich von Ij. u. seinen Freunden gehaltene nahm, vermuthet, diese Stücke werden erst von einem späteren Geschichtschrei- ber beigefügt sein (zB. *Schult., Carpz.*). In neuerer Zeit, als man jene Vorstellung nicht mehr theilte, glaubte man in der Beurtheilung des Leidens Ijobs, Einführung des Satans, Erwähnung der Opfer u. anderen Dingen bedeutende Abweichungen von dem übrigen B. zu entdecken (zB. *Hasse,* Mag. für bibl. or. Lit. I. 162 ff.; *Stuhlm., Bernst., v. Cölln* Bibl. Theol. I. 295; *Knob.* de carm. I. arg. 1835, auch in Stud. u. Krit. 1842, S. 485 ff.), u. erklärte sie deshalb für einen jüngeren Zu- satz. Aber ein Widerspruch gegen die Idee u. Absicht des Dichters liegt nur dann vor, wenn man diesem unrichtig den Zweck unterschiebt, die Vergeltungslehre ganz zu beseitigen u. von der Ergründung der

göttlichen Fügungen abzumahnen. Auch das göttliche Urtheil, dass die
Freunde nicht wie Ij. recht von Gott geredet haben (42, 7), verträgt
sich sehr wohl mit dem göttlichen Tadel Ijobs (38, 2. 40, 2. 8).
Warum jene Stücke in Prosa geschrieben sind, ist § 6 gezeigt. Sofern
in ihnen der Dichter, nicht Ijob u. seine Freunde sprechen, kann auch
der Gebrauch des Namens Jahve nicht auffallen. Die Opfer sind nichts
specifisch theokratisches, daher ihre Erwähnung 1, 5. 42, 8 ganz u.
gar nicht befremdlich, wogegen in den Reden von Opfern zu sprechen
kein Anlass vorlag. Dass der Ausbruch der Verzweiflung Ijob's C. 3
nach seiner früheren ergebenen Fassung (1, 21 f. 2, 10) psychologisch
wohl begründet ist, ist zu 3, 1 f. gezeigt. Wie fein gedacht u. wie
nothwendig für das Ganze die Eröffnung der himmlischen Scene zwischen
Gott u. dem Satan sei, ist S. 6, u. wie die Satansidee keineswegs aus
persischen Religionsvorstellungen aufgenommen sei, S. 7 f. erklärt. Da
der Satan in C. 1 f. nur aus dichterischen, nicht aus dogmatischen
Gründen eingeführt ist, so kann seine Nichtberücksichtigung in den Verhandlungen mit den Freunden u. in den Reden des erscheinenden Gottes
nicht verwundern. Auch ist jene Einfügung des himmlischen Eröffnungsstücks im Prologe kein ästhetischer Fehler: der Dichter wusste es durch
seine dramatische Kunst zu bewirken, dass trotz der vorläufigen Aufklärung über den Zweck Gottes der Leser dennoch mit reger Theilnahme
die folgende Entwicklung begleite, u. der ganze Redestreit ist so kunstvoll gedichtet, dass man mit wahrer Spannung von den Beweisgründen
des einen immer wieder denen des andern sich zuwendet. Wichtiger
wäre, wenn bezüglich des Verlustes der Kinder Ijobs zwischen den Erzählungsstücken u. den Reden ein Widerspruch wäre: wie es sich aber
vielmehr damit verhalte, s. zu 19, 17 In Wahrheit bemerkt man dagegen zwischen den genannten Theilen des B. mancherlei Wechselbeziehungen (s. die Nachweisungen bezüglich der Krankheit bei 2, 7, bezüglich der Ausässigkeit bei 1, 3; bezüglich der Kinder vgl. 8, 4. 29,
5. 18, des Weibes vgl. 19, 17. 31, 10; über Vorausweisungen auf den
Epilogen s. die Bemerkungen zu 13, 10. 16, 21. 22, 30), sowie Berührungen im Sprachgebrauch (zB. 1, 1. 8. 12, 4; 1, 6. 38, 7; 1, 11.
6, 28. 21, 31; 1, 19. 29, 5; 1, 22. 24, 12. 6, 6; 2, 3. 9. 27, 5 f.
31, 6; 2, 3. 8, 18. 10, 8). Ohne die beiden Erzählungsstücke fehlte
es an jedem Anhaltspunkt zum Verständniss des Leidens Ijob's: man
wüsste nicht, ob sein Leiden auch nach dem Sinn des Dichters ein
unschuldiges sein soll: man bliebe über den „Rath" Gottes bei Verhängung desselben gänzlich im Dunkeln, weil man von Gott nicht einmal eine annähernde Entscheidung zwischen ihm u. seinen Freunden
hätte, u. über sein Endgeschick gar nichts erführe. Das ganze Gedicht
wäre nach seinem Sinn u. Zweck unverständlich, oder es würde sich
eine Idee ergeben, welche in einem Kunstwerk zu verherrlichen nicht
der Mühe werth war. (Sonst s. jetzt auch *Bud.*[1] 29 ff. 36 ff. 55 ff.).
Mit *Bernst.*, *Heil.* u. a. aber anzunehmen, dass die Vor- u. Schlussbemerkungen anfänglich nicht ganz gefehlt haben, aber kürzer u. anders
gestaltet gewesen seien, dazu fehlt es an jedem einleuchtenden Grunde.
— Anstoss erregte ferner längst mit Recht Cp. 27, 11—28, 28, theils

weil 27, 11—23 im Munde Ijobs unerträglich ist, theils weil Cp. 28 nach vorn hin zusammenhangslos dasteht. Wie man deshalb entweder sie für unecht erklärt, oder durch Zutheilung an einen andern Sprecher Abhilfe zu schaffen versucht hat, ist S. 246 f. auseinandergesetzt, eben dort aber u. S. 233 f. zugleich gezeigt, dass es genügt, 27, 13—23 als secundär anzuerkennen, alles andere aber sich dann sehr gut zum übrigen B. fügt. — Dagegen ist allerdings der Abschnitt C. 32—37, enthaltend die Elihu-Reden, aus dem ursprünglichen Werk ganz auszuscheiden. Diese Reden, wie sie sich durch Sprache, Dichtkunst u. Gehalt als von einem andern Dichter abstammend erweisen, sind im Zusammenhang des Gedichts nicht blos völlig entbehrlich, sondern ruhen auch auf einer Beurtheilung des Falles Ijob's, welche der des ursprünglichen Gedichts entgegen ist. Sie zeigen eine andere theologische Auffassung des Problems, verrathen eine gewisse Ängstlichkeit des Denkens von Gott u. göttlichen Dingen, u. sind darum, wiewohl sie im einzelnen Schönes, Richtiges, theologisch Wichtiges u. Tiefgedachtes enthalten u. als Bestandtheil der Bibel ihren unbestreitbaren Werth haben, doch als Zusatz eines spätern Lesers zu betrachten, welcher der Ijobischen Sache eine andere Beleuchtung zu geben versuchte, aber an poetischer Kraft u. Hoheit das ursprüngliche Werk nicht erreichte. Siehe weiter S. 273 ff. (u. vgl. jetzt auch *Klein*. 293 ff.). — Auch die Schilderung der ägyptischen Thiere C. 40, 15—41, 26 kann trotzdem, dass hier das Urtheil der Kritiker meist noch günstiger lautet, doch nicht als vom Hauptdichter stammend anerkannt werden, s darüber S. 341 ff. — Noch viel weiter freilich greifen die kritischen Operationen *Grill's*, welcher ausser den Elihu-Reden u. der Schilderung der ägyptischen Thiere auch 12, 4 —13, 2. 24, 5—9. 14—21. 26, 2—27, 1. 27, 7—31, 1 als secundäre Zuthaten ausscheiden will. Aber was von ihm gegen C. 12. 24. 26 geltend gemacht wird, kann theils als richtig überhaupt nicht anerkannt werden (s. S. 224), theils erledigt es sich durch Annahme von Textverderbniss oder von Überarbeitung durch eine jüngere Hand (s. S. 104. 209). Bezüglich Cp. 27 f. genügt, wie oben gesagt, eine viel einfachere Hypothese zu 27, 13—23 (S. 234 u. 247). Fällt aber damit die Verwerfung von 27, 7—12 u. C. 28 weg, dann liegt auch kein hörbarer Grund mehr vor, die schönen Stücke Cp. 29 u. 30 preiszugeben, wohl aber entscheidet der ganze Aufbau des Gedichtes dagegen (s. S. 248 f.). Was gegen *Grill*, gilt auch gegen *Merx* u. *Bickell*, die betreffend des grössern Theils von Cp. 24 ähnlich wie er urtheilten.

b) Ganz anders stellten sich zur Frage nach der Einheit des B. einige andere Gelehrte. *Studer* (mit Berufung auf *de Wette* in Ersch u. Gruber Encycl. Sect. II Bd. 8 S. 298) findet in dem Buch eine bunte Reihe verschiedenartiger, ihrer Tendenz nach sich widersprechender Bestandtheile, u. nimmt eine allmählige Entstehung desselben an. Den Grundstock habe eine אִישׁ תָּם (31, 40) betitelte Schrift C. 3, 3 — 27, 6 u. C. 31 gebildet, mit dem Zweck, die Unzulänglichkeit der bisherigen Vergeltungslehre zu beweisen, ohne eine positive Lösung des Problems, nur mit der Ahnung einer jenseitigen Rechtfertigung der im

Leben verkannten Unschuld; die Einleitung dazu habe Cp. 29 f. gebildet, worin der Held über seine Person u. sein Geschick den nöthigen Aufschluss gebe (als könnte ein Buch, wie 29, 2 ff. beginnen, oder C. 3 sich an C. 30 anschliessen, oder 31, 35 ff. ohne Fortsetzung bleiben!). Ein Besitzer der Handschrift dieser Reden, dem der Angriff auf die Vergeltungslehre anstössig war, schrieb am Ende C. 28 dazu, um durch Verweisung auf die Beschränktheit des menschlichen Erkennens alles Grübeln niederzuschlagen. Ein anderer dichtete zum gleichen Zweck die Gottesreden C. 38 f. dazu (ohne C. 28 aufzunehmen). Ein dritter fand es unnöthig u. unwürdig, Gott zur Entscheidung eines menschlichen Streites auftreten zu lassen, u. schrieb statt der Gottesreden (die er schon kannte) die Elihu-Reden. Ein vierter, der die Leiden als Prüfungsleiden auffasste, machte den Prolog Cp. 1 f. Ein fünfter, der den Prolog schon kannte (nicht aber das Elihustück), schrieb C. 41 f. sammt dem Epilogen, um die orthodoxe Vergeltungslehre ganz u. voll zu restituiren, u. schob zugleich 27, 7—23 ein, um den Ijob ganz ins orthodoxe Fahrwasser zurücklenken zu lassen. Derselbe nahm, um nichts, was zur Widerlegung der Hauptschrift dienen konnte, zurückzulassen, die in andern Exemplaren vorgefundenen Cp. 28. 38, 1—40, 5 auf. So entstand das orthodoxe B. Ijob, würdig zur Aufnahme in den Kanon. — In demselben Fahrwasser bewegt sich MVernes (Revue de l'hist. des religions, I^e Année, tom. 1. 1880, p. 232), welcher meint, die älteste Schichte sei die alte Sage, wie sie der Prolog u. Epilog gebe, wornach Ijob für das Bestehen der Prüfung mit neuem Glück gesegnet worden sei; dieser Ansicht vom Leiden gegenüber habe (im 4. oder 3. Jahrhundert) der Vrf. von Cp. 3 —31 (exc. 19, 25—29. 27, 7—23 u. C. 28, die jüngere Zusätze seien) zeigen wollen, dass Gott in der Vertheilung der Lebensgüter ungerecht sei; endlich in noch späterer Zeit seien die Elihu- u. Gottes-Reden dazu geschrieben worden. — Sogar TKCheyne (l. a. S., p. 66 ff.) spricht sich für eine allmählige Entstehung des B. aus, indem er annimmt, zuerst sei die Prosaschrift Cp. 1 f., nach welcher der Gerechte for the glory of God and of humane nature leide, erschienen (nicht vor der Chaldäerzeit); mit Beziehung darauf habe der Hauptdichter den Dialog geschrieben; von andern Dichtern (vielleicht auch von demselben, nur Cp. 32—37 sicher von einem andern) seien nach u. nach a) Cp. 28, b) Cp. 32—37, c) Cp. 38—40, 14. 42, 1—6, d) Cp. 40, 15—41, 26, e) der Epilog hinzugefügt, ohne sie aber enger mit den schon vorhandenen Theilen zu verschmelzen; in seiner gegenwärtigen Form sei das Buch eine sehr confuse Theodicee; thue man die nichtursprünglichen Theile weg, so sei der Haupttheil der Ausdruck der sich widerstreitenden Gedanken eines ernsten, warmfühlenden Mannes über die grosse Frage des Leidens. So weit damit ein Einblick in den Gang der Ausarbeitung des Gedichtes durch den Dichter eröffnet werden soll, wird man sich doch besser mit Vermuthungen darüber bescheiden, bis einmal des Dichters hinterlassene Papiere bekannt werden. Sofern aber die Meinung ist, dass eine ganze Reihe verschiedener Dichter dazu Beiträge geliefert haben, fällt diese Hypothese derselben Beurtheilung anheim, wie die Studer's u. Vernes'. An Stelle des zweckvollen Schaffens setzt man das zufällige Werden; der eine Grosse muss weichen, damit die vielen Kleinen Platz haben. Man findet überall Widersprüche, weil man sie sucht, u. dann zerfällt auch das schönste Kunstwerk in Atome. Die erste Pflicht des Auslegers ist, blos scheinbare Widersprüche auszugleichen. Dass u. wie das im vorliegenden Fall möglich ist, ist oben gezeigt. Dem ursprünglichen B. Cp. 38 f. aberkennen, heisst einer Statue den Kopf abschlagen. Im übrigen s. auch *Bud.*[1] 1—37.

c) Allerdings aber wird, auch wer an der wesentlichen Einheit des B. festhält, zugeben müssen, dass dasselbe nicht mehr unversehrt erhalten ist. Von dem Elihu-Stück ist schon geredet. Es ist eingeschoben, um allerlei Anstössigkeiten des Gedichtes entgegenzutreten u. dasselbe für den gemeinen Mann erbaulicher zu machen (s. S. 276 f.). Aber nur als Ergänzung des älteren B. ist es gedacht, nicht als ein statt Cp. 38—42 anzusetzender Schluss, denn die durch Cp. 1—31 geforderte faktische Lösung des Problems kann durch die blos theoretische Lösung eines Menschen nicht ersetzt werden; ausserdem s. die Bemerkungen S. 314. In derselben Richtung, wie die Einschiebung der Elihureden liegt die Um- oder Überarbeitung einiger gegen die gewöhnliche Vergeltungstheorie gerichteten Stellen in den Reden Ijobs, nämlich Cp. 27, 13—23. 24, 13—25. 21, 30 (s. S. 234. 217—9. 198), ob durch denselben Vrf., wie das Elihustück, oder durch andere, steht dahin (über 38, 13b. 14b. 15. 23 aber s. S. 326). Was unter den paläst. Juden angefangen war, ist dann in kleinerem Maassstab in der griech. Bearbeitung fortgesetzt, in welcher manche kühne Rede gegen u. über Gott gemildert oder beseitigt, zugleich der Dulder Ijob von zu schwerer Verschuldung in Worten entlastet wird. — Anderer Art als diese Correcturen sind die mehr unschuldigen Zuthaten, durch welche der ursprüngliche Text, übrigens im Geiste des alten Dichters, bereichert werden sollte. Dahin gehört vor allem die Schilderung der ägyptischen Thiere, wohl auch 28, 15—20 (S. 242) u. vielleicht 39, 13—18 (S. 334); sonst s. noch die Bemerkungen zu einzelnen Stellen (wie 2, 1. 10, 9. 12, 3. 5. 8 f. 22. 13, 17. 15, 29 f. 18, 10. 24, 13. 30, 3. 39, 30), wo vielleicht (wie 28, 15—19 sicher) Zusätze eingedrungen sind, wie umgekehrt andere (zB. 5, 6 f. 12, 11 f. 22, 19 f.) vielleicht Lücken haben. Gerade in solchen spruchartigen Reden, in welchen die einzelnen Verse relativ selbständig neben einander stehen, sind sowohl kleine Zusätze als Einbussen am leichtesten möglich (s. auch in einem jüngeren Stück 40, 22. 24). Aber sie sind als solche selten mit Sicherheit wieder zu erkennen. Einigen Anhalt gibt, ausser dem Sinn u. Zusammenhang, auch der Rhythmus u. Strophenbau, aber nach dem S. XXIV Gesagten doch keinen genügend zuverlässigen. Noch seltener helfen die LXX. Denn diese ohne den Halt einer exegetischen Überlieferung u. ohne genügende Sprachkenntniss aus einem etwas verwilderten Text gemachte Übersetzung, welche auf wörtliche Wiedergabe gar keinen Anspruch macht, u. je grösser die Schwierigkeiten der Vorlage werden, desto mehr mit Auslassung oder freier (zum Theil durch apologetische Interessen geleiteter) Umbildung sich behilft, enthält zwar noch vereinzelt bessere Lesarten, lässt aber in allen schwierigeren Stellen im Stich, u. beweist nur, dass die Zusätze oder Auslassungen oder sonstigen Verderbnisse (zB. 17, 2. 5. 16. 19, 24. 26. 29. 20, 2 f. 35, 15. 36, 16—19) oder Umstellungen (zB. 31, 38—40; s. auch 36, 13—15) im hbr. Text bereits vor der Zeit, da sie gemacht wurde, eingedrungen waren. Merx hat nur in sehr eklektischer Weise den LXX Text zu rechtfertigen gewagt, aber selbst in den Stellen, die er ausgewählt, meist nicht mit Erfolg. Der durch die palästinischen Schriftgelehrten fortgepflanzte u. castigirte Text verdient gegenüber vom griechischen fast überall den Vorzug, u. kommt dem vom Schriftsteller geschriebenen verhältnissmässig am nächsten.

9.

Das Zeitalter des Dichters. Die älteren Kritiker, die eine buchstäblich wahre Geschichte in dem B. fanden, haben die Abfassung in der Zeit des Helden selbst oder sehr nahe daran vermuthet, u. theils die vormosaische Zeit im allgemeinen (*Carpz. Eichh. Stuhlm. Jahn* a.; noch *E. v. Bunsen* Einheit der Relig. 1870. I. 420 ff.), theils die mosaische als Entstehungszeit bestimmt; einige haben den Mose selbst für den Verf. gehalten (Talm. Baba Bathra f. 15ᵃ, einzelne Rabb., *JDMich.*, noch *Haneberg, RStier* Reden Jesu IV. 1846 S. 51; *Ebrard; JGräber* in Beweis des Glaub. V. 1869 S. 433 ff.), u. andere haben sich gedacht, das B. werde aus dem Arabischen (*Spanh., JGerhard, Calov, Kromayer*) oder Idumäischen (*Herder, Ilgen*) oder Nahoritischen (*Niemeyer*) übersetzt sein. Derartige Meinungen können heutzutage nur noch als Sonderbarkeiten gelten. Mit der Anerkennung, dass das B. ein Dichterwerk sei, ist ihnen Grund u. Boden entzogen. Gegen die Möglichkeit einer Übersetzung spricht der sprachliche Charakter; gegen ein so hohes Alter zeugt (ausser sachlichen Einzelheiten, wie Ophirgold 22, 24. 28, 16) schon die Kunst des B. u. der darin behandelte Gegenstand, welcher in dieser Weise überhaupt nur gedacht werden konnte, nachdem das Volk schon lange unter der Zucht des Gesetzes gelebt u. die Auflösung des einfachen alten Glaubens schon begonnen hatte. — Aber auch der Ansatz im salomonischen Zeitalter (zB. *Greg. Naz.* Or. IX, *Luth., Död., Stäudl. Augusti*), noch in neuerer Zeit mit grossem Eifer vertheidigt (von *Hüv., Hahn, Keil, Welte, Vaih., Schlo. Del. Zöckl., v. Hofm.*, wogegen *Hengst.* die Zeit zwischen Salomo u. Amos vorzieht), kann nicht mehr ernstlich in Betracht kommen (s. auch *Rie.* 301 ff.). Mit der Wendung, dass ein Meisterwerk von der Art des Ijob nur in der Blüthezeit der hebr. Dichtkunst entstanden sein könne, ist hier nichts zu entscheiden; noch weniger kann als zugestanden gelten, dass das salomonische Zeitalter den Höhepunkt der hebr. Poesie u. Literatur bezeichne. Die Bekanntschaft des Dichters mit allerlei merkwürdigen Naturprodukten, zB. Ophirgold, spricht nur gegen vorsalomonische, aber nicht gegen nachsalomonische Zeit. Die literarische Abhängigkeit des Amos, Jesaja u. des Ḥizqia-Liedes (Jes. 38) vom B. Ij. ist so wenig evident, dass vielmehr die meisten mit Recht das umgekehrte Verhältniss annehmen; auch würden sie immer noch einen langen

Spielraum nach Salomo gestatten. Der angeblich alterthümliche Scheolglauben des B. findet sich ebenso noch im Qoh. u. Sir. Vielmehr aber weist eine ganze Reihe von Zeichen auf eine viel spätere Zeit hin. a) In der die Weisheitslehre der ersten Jahrhunderte der Königszeit vertretenden älteren Spruchsammlung (Prov. 10—22, 16) wird der alte einfache Glaube an das Walten der vergeltenden Gerechtigkeit Gottes (s. § 3) noch ganz unbefangen vorgetragen; durch gegentheilige Erfahrungen, an denen es niemals, also auch damals nicht fehlte (was *Barth* S. 2 einwendet), liess man sich nicht weiter irre machen; erst der jüngere Theil der Proverbien lässt sich auf Bekämpfung u. Lösung der aufgetauchten Zweifel ein, u. übereinstimmend damit tritt gegen das Ende der Königszeit die Vergeltungsfrage als eine die Geister lebhaft beschäftigende allenthalben hervor (Dt. 7, 10. Hab. 1, 12f. Jer. 12, 1f. 31, 29f. Ez. 18). Ein Buch, welches das Problem in seiner weiten Verzweigung u. mit Berücksichtigung aller schon gemachten Beschwichtigungsversuche aufnimmt u. behandelt, kann nur der jüngeren Entwicklung angehören. b) Unstreitig gehörte der Dichter zu den „Weisen" (§ 1); mehr als mit irgend einem andern Buch berührt er sich in seinen Sprüchen (zB. 8, 13^b. 15, 7. 16. 18, 5f. 21, 17. 26, 6. 28, 28. 29, 23f.) u. Ausdrücken (wie תֻּשִׁיָּה, אַבְדּוֹן, זֵד, רֵעַ, נָעַץ u. a.; s. *Ros.* Schol. 38) mit den Prov.; er ist in den Erzeugnissen derselben zu Hause. So kennt er auch das Theologumen von der Weisheit als göttlichem Weltprincip (C. 28 vgl. 15, 7f.), welches, wie allgemein zugestanden wird, erst in einem jüngeren Stadium der Entwicklung der Weisheitslehre auftritt (vgl. Prov. 8, 3, 19f.). Auch dies weist wieder auf die spätere Zeit. Dabei kann die Frage, ob der Dichter Prov. 1—9 schon gekannt u. benützt habe, hier unerörtert bleiben. Dass zwischen B. Ij. u. Prov. 1—9 ein näheres Verwandtschaftsverhältniss stattfindet, ist unzweifelhaft (vgl. P. 3, 8^b. Ij. 21, 24^b; P. 3, 11f. Ij. 5, 17f.; P. 3, 19f. Ij. 28, 26f.; P. 3, 23ff. Ij. 5, 22ff.; P. 4, 12. Ij. 18, 7; P. 7, 4. Ij. 17, 14; P. 7, 23. Ij. 16, 13. 20, 25; P. 8, 14. Ij. 12, 13; P. 8, 25. Ij. 15, 7. 38, 6; P. 8, 27 Ij. 26, 10; P. 8, 29. Ij. 38, 10f.; P. 9, 12^a Ij. 22, 2$_b$; ausserdem vgl. P. 3, 14f. 8, 11. 19 mit dem Einsatz Ij. 28, 15—19). Auf welcher Seite aber die Abhängigkeit zu suchen sei, ist nicht sicher zu entscheiden. Für die Priorität des Ij. treten zB. *Ew.*, *Ri.* 304, *Gieseb.* 32, bes. eingehend *Seyring* 11ff., für die der Prov. zB. *Hitz.* XLI, *Merx* XLIIff., *Barth* 12f., *Bud.*^{2} 219, *Cheyne* 85 u. a. ein; unbefangen betrachtet erscheint Prov. 8 entwickelter als Ij. 28, 24ff. (s. S. 245f.), u. Prov. 3, 19f. steht an seinem Platz ganz abgerissen da; von der Combination der objectiv göttlichen u. der subjectiv anzueignenden praktischen Weisheit, welche sich durch Pr. 1—9 hindurchzieht, ist im Ij. noch nichts zu verspüren; von einer Polemik des Ijobdichters gegen Pr. 1—9 (*Mx.*) kann füglich nicht geredet werden. Aber sei dem so oder so, da die Abfassungszeit von Pr. 1—9 nicht sicher ist, jedenfalls vor Ḥizqia (*Barth*) nicht fällt, so lässt sich weder im einen noch im andern Fall eine bestimmte Zeitgrenze für die Abfassung des Ij. daraus erschliessen. c) Frühestens auf die spätere Königszeit führen auch die eigenthümlichen Vorstellungen von den Engeln (als fürbittenden 5, 1, dem göttlichen Gericht unterworfenen 21, 22. 25, 2, irrthumsfähigen 4, 18. 15, 15; vgl. auch ihre Benennung mit קְדֹשִׁים 5, 1. 15, 15), u. die Satansidee (Cp. 1f.), denn so viel steht fest (gegen *Barth* S. 2), dass dieselben erst in den jüngeren, nam. nachexilischen Schriften geläufiger werden, während sie in den sicher älteren (denn Gen. 6, 1—4 gehört nicht hieher) nicht vorkommen. d) An allerlei andern, zum Theil noch bestimmteren Zeichen fehlt es nicht. Der Vrf. kennt u. benützt die Genesis, wenigstens die Schriften BC (EJ) in derselben (S. XXII; vgl. auch 42, 2 mit Gen. 11, 6); ebenso wohl auch den Amos (2, 9. 4, 13. 5, 8; vgl. Ij. 18, 16. 9, 8f.), Hosea (5, 14. 6, 1. 10, 18. 18, 12, vgl. Ij. 10, 16. 5, 18. 4, 8. 14, 17; doch kommen die meisten dieser Wendungen auch sonst, zB. Dt 32, vor) u. Jesaja (2, 10. 12ff. 19, 5. 13f. vgl. Ij. 40, 13. 11. 14, 11. 12, 24f.; *Barth* verweist auch auf die Wörter מִפָּץ, נֵגַע, בְּלִי, פֶּגַע, אֵגֶם oder עֵגֶם in beiden Schriften). Er kennt den profetischen Kunstausdruck „Tag Gottes" (24, 1). Nach 15, 19 sind schon die Barbaren durchs Land gezogen. Die Schilderungen in C. 24 u. Stellen wie 9, 24. 12, 6 weisen auf Zeiten hin, da es mit der Ordnung im Staat schlecht bestellt war u. die öffentlichen Verhältnisse zusehends verworrner wurden. In 12, 14—25 wird die Vernichtung von Staaten u. Reichen, die Gefangenführung ganzer Völker u. ihrer Häupter mit so lebendigen Farben geschildert, dass man vermuthen muss, Vrf. habe wenigstens die assyrischen Eroberungszüge schon erlebt, denn derlei Katastrophen sind nicht so alt, als die geschichtliche Erinnerung (*Schlo. Barth*), sondern im Vorderasien zuerst durch die Assyrer so vollbracht. Der Schriftgebrauch für Gerichtszwecke, für den Process (31, 35f.) u. das Urtheil (13, 26), wird als selbstverständlich vorausgesetzt (natürlich nach heimischer, nicht nach ägyptischer Sitte); in früherer Zeit findet sich davon keine Spur, dagegen vgl. Jer. 32, 10ff. Der Gestirndienst, dessen verführerischen Reizen Ijob widerstanden zu haben sich rühmt (31, 26f.), ist erst von der Zeit des Aḥaz ab, noch stärker seit Manasse im Volke heimisch geworden (S. 269). — Auf Grund solcher Zeichen wurde der Dichter vielfach in die Zeit Ḥizqia's (*Codurc., Renan* hist. du p. d'Isr. III. 77; *Reuss*), oder nach den assyrischen Stürmen u. Jesaja, ums J. 700, oder in die erste Hälfte des 7. Jahrhunderts gesetzt (*Ros.*[2] *Stick. Ew. Heil. Bleek Böttch. Magn., Nöld.* AT. Lit. 1868 S. 191; *Rie.* 306; *Schrad.* in *de W* Einl.[8] 555; *Merx* S. XLII, *Barth* 16, *Vo.*; *Hitz.* XLIII zwischen Jeremja u. Jesaja).

Aber man wird noch tiefer herabzugehen haben in die chaldäische Zeit. Auf diese führt zwar nicht sicher die Erwähnung der Chaldäer 1, 17 (s. S. 13), auch nicht die Stelle 12, 6 (s. S. 106), weil unsicher ist, ob darin eine politische Anspielung beabsichtigt wird, wohl aber andere, sprachliche, sachliche u. literarische Erwägungen. Die *Sprache* nämlich, obwohl noch durchaus auf ihrer classischen Höhe u. mit bewunderungswerther Virtuosität gehandhabt, ist zwar keineswegs in dem Grade aramäisch gefärbt, wie es *Bernst.* 49—79 dargestellt hat, denn die Verwendung vieler aramäischen Wörter (zB. חֹב, חֶלֶד, חָנָה, בּוּשׁ, פֶּה, פָּזַן, מִלֵּל, מִלָּה, סַד, קָמַט, שָׂגָא, שְׂהֵר, אֶפְרָד) beruht ebenso wie die vielen nur aus dem Arabischen bekannten und wie die Masse der Hapaxlegomena des B. theils auf dialektischer Eigenthümlichkeit (s. § 10), theils auf dem rhythmischen Bedürfniss nach Variation. Aber unleugbar bietet sie auch manche Erscheinungen, welche den sinkenden oder jüngeren Hebraismus (um die Wende des 7 und 6. Jahrhunderts) charakterisiren, wie die Wörter קבל in Prosa, גזר *bestimmen*, הֵתֵל ,מִנָּה ,חָתַם, *Tyrann* עָרִיץ, סְעִיף, קְצִיר *Zweige*, שְׂעִפִּים *Gedankenverzweigung*; פִּלָּגָה, תַּכְלִית; בְּעֻתִים, הֲשִׁיבוֹת *Antworten*; (עַשְׁתּוּת 12, 5 und אַחֲוָה 13, 17, לְהֵן 30, 24; aber alle drei Stellen sind verdächtig), Aussprachen wie רֵעַ 4, 10 u. קֵרוֹב 10, 1 (für רֵעַ und קָרוֹב), die übrigens nur erst im Beginn begriffene Verwendung des ל für den Accusativ (5, 2. 8, 8. 9, 11. 12, 23. 19, 28. 21, 22), vielleicht auch der einigemal vorkommende Plur. auf ־ין (s. zu 4, 2. 24, 22. 31, 10), der aber auch im alten nordpalästinischen Dialekt (Jud. 5, 10) gelegentlich vorkommt u. im alten Moab heimisch war. Weniger Gewicht ist Orthographien wie 6, 27 8, 8. 15, 7. 21, 23. 39, 9; 8, 21 beizulegen, da sie zum Theil erst durch Abschreiber hereingekommen sein können. — In *sachlicher* Beziehung ist zu beachten, einmal dass nach § 5 (S. XVIII) schwere nationale Unglücksschläge auf dem Gemüth des Dichters gelastet haben, also entweder die Zertrümmerung des Nordreichs durch die Assyrer (*Hitz.*, *Reuss*, die darum einen Efraimiten als Dichter annahmen) oder die letzten Katastrophen über Juda, was im Zusammenhalt mit den anderen Gründen das Wahrscheinlichere ist, u. sodann dass die Vergeltungsfrage nachweislich (S. XXX) gerade in den letzten Zeiten des jüdischen Staates Gegenstand vielfacher Erörterung war, u. zwar nicht blos angehend die Nation, angeregt besonders durch das Schicksal Josia's u. die neue ägyptische u. chaldäische Knechtschaft trotz der deuteronomischen Reichsverbesserung (Hab. 1), sondern auch betreffend die Individuen. Denn wenn die Profeten dieser Zeit mit Emphase versichern, dass jeder durch seine Schuld stirbt (Jer. 31, 30) u. der Gerechte durch seine Treue oder Gerechtigkeit lebt (Hab. 2, 4. Ez. 18, 9. 17 u. ö.), so wurde für einen Weisen, der an der Hand der Erfahrung diese Lehre durchdachte, der Zweifel an der Richtigkeit derselben brennend, u. der Versuch, das Räthsel mit seiner Erkenntniss zu durchleuchten u. in seiner Weise zu lösen, ihm fast aufgedrungen. — Endlich in *literargeschichtlicher* Beziehung kommen die unleugbaren Wechselbeziehungen zwischen Ij. u. den Schriften Deut., Jer., Thren., Jes. 40—66 in Betracht. Ob Ij. 5, 14. 2, 7 auf Dt. 28, 29. 35 zurückgehen oder umgekehrt, ist nicht auszumachen, u. würde, da Dt. 28, 20 ff. stark überarbeitet ist, nicht viel daraus zu folgern sein (wie aus dem gleichen Grund auch nicht aus Dt. 4, 32 mit Ij. 8, 8. 20, 4); dagegen scheint allerdings Dt. 17, 2—7 in Ij. 31, 28 vorausgesetzt zu sein, — Unter den Parallelen mit Jer. sind Jer. 15, 18 mit Ij. 6, 15 ff., Jer. 49, 19 mit Ij. 9, 19; Jer. 17, 1 mit Ij. 19, 24 nicht von Belang; sicherer ist, dass gerade Jeremja von denselben Stimmungen u. Zweifeln (12, 1) angefochten war, welche den Ijob (12, 6. 21, 7; 23, 4. 13, 3. 15) quälen, u. er mit ähnlichen Worten (20, 7 f.) über Verspottung u. Vergewaltigung klagt, wie Ij. (12, 4. 19, 7), u. vollends die Verfluchung seiner Geburt bei Jer. 20, 14—18 ist Ij. 3, 3—10 so ähnlich, dass nothwendig die eine Stelle von der andern abhängen muss. Während man früher die Abhängigkeit meist bei Jer. suchte, hat man neuerdings (*Kmph.* in *Bleek* Einl.³ 666; *Wellh.* in Schürer's Theol. Lit. Ztg. 1877 S. 77; *Klein.* 272; *Cheyne* J. a. S. 86; *GHffm.* 30) das umgekehrte Verhältniss zu erweisen gesucht, u. namentlich damit begründet, dass die Worte des Profeten einfach u. natürlich, Erguss eigenster schmerzlicher Empfindung seien, u. es eines Geistes, wie Jer., unwürdig sei, in dem Moment tiefster innerer Erregung seinem Schmerz durch Citat einer Dichterstelle Ausdruck zu geben. Aber woher weiss man, dass die Worte 20, 14—18 in jenem Moment gesprochen (um nicht zu sagen: geschrieben) sind? Sie stehen dort hinter V. 13 völlig abgerissen (*Stade* in ZATW. 1886. VI. 153 erklärt sie für eine Interpolation), sind irgend woher nachgetragen. Wie Jer. naturwahr jenen Gedanken ausdrückt, zeigt Jer. 15, 10; dass er in noch heftigerer Erregung auch seinen Geburtstag verflucht habe (20, 14), ist denkbar; aber dass er auch den Mann verflucht, der seinem Vater die Freudekunde von seiner Geburt gebracht (V. 15) u. ihm zumuthet, er hätte ihn bei seiner Geburt tödten sollen (V. 17), ist zumal bei einem Profeten höchst erstaunlich. Dazu kommt die frostige Anwünschung des Schicksals von Sodom u. Gomorrha an den Mann (V. 16), die Zusammenknäulung heterogener Anschauungen, (welche Ij. 3, 11 f. 16 in gutem Zusammenhang stehen) in V. 17; u. endlich, dass auch V. 18 (vgl. Ij. 10, 18. 3, 10) u. 16ᵇ, hinter 16ᵃ ganz fremd, (vgl. Ij. 15, 21) mit Ij. zusammenklingt. Muthet man einem grossen Dichter, was doch der der Jobeide unstreitig war, zu, dass er sein Gedicht mit einem Plagiat begonnen, bei andern zusammengesuchte Gedanken u. Ausdrücke dazu verwendet habe? Die Priorität von Jer. 20, 14—18 ist sehr unwahrscheinlich (s. noch *Küper* Jeremias L. S. vindex 1837 S. 164 f.; *Hngst.* I. 61; *Hitz.* Jer.² 154; *Matth.* I S. CLXXII); die Stelle erscheint eher, wie eine schriftstellerische Einlage in Jeremja's Buch, vielleicht erst durch einen Sammler eingefügt, jedenfalls schon mit Beziehung auf Ij. gestaltet. Nicht ausgeschlossen ist u. auch nach den andern oben angegebenen Parallelen wohl denkbar, dass der Dichter Motive für sein Gedicht von Erlebnissen, Stimmungen u. Äusserungen Jeremja's hergenommen haben kann. — Klarer liegt der Fall bezüglich der Klagelieder. Der Zusammenklänge zwischen Thr. u. Ij. sind viele, in Bildern u. Ausdrücken (zB. Th. 2, 4. 3, 12 f. Ij. 6, 4. 7, 20. 16, 12 f.; Th. 3, 2. Ij. 19, 8. 12, 25; Th. 3, 7—9. Ij. 3, 23. 13, 27. 19, 7 f. 30, 20; Th. 3, 14. 63. Ij. 30, 9; Th. 3, 15ᵃ Ij. 9, 18; Th. 3, 46. 2, 16. Ij. 16, 9 f.). Bei dem mosaikartigen Charakter der Thren., in welchen von überallher Reminiscenzen zusammengehäuft sind, wird man ohne zwingende Gründe die Originalität des Ijobdichters nicht preisgeben dürfen. — Über Ez. 14, 14. 20 ist schon oben (S. XVI) gesprochen: seine Erwähnung Ijobs kann, aber muss nicht auf Kenntniss des B. Ij. ruhen (was *GHffm.* 22 f. als muthmasslichen Inhalt einer dem Ez. vorliegenden älteren Ijoberzählung gibt, ist seine eigene freie Dichtung). — Mit Jes. 40—66 sind viele Berührungen, zB. נצא Ij. 7, 1. 14, 14. Jes. 40, 2; Phrasen wie Ij. 9, 8 u. Jes. 44, 24; 30, 21ᵃ u. Jes. 63, 10;

40, 14 u. Jes. 59, 16. 63, 5; 13, 19 u. Jes. 50, 8; Bilder u. sprichwörtliche Redensarten 14, 2 u. Jes. 40, 7; 3, 23 u. Jes. 40, 27; 15, 35 u. Jes. 59, 4 (aber schon Ps. 7, 15); 13, 28 u. Jes. 50, 9, aus denen an und für sich über die Priorität nichts zu entnehmen ist. Aber dass Jes. 51, 9 f. nur eine historisirend profetische Umdeutung der mythologischen Aussagen Ij. 26, 12 f. ist, wird ausser Zweifel sein. Dass der Knecht Jahve's, ein personificirtes Idealwesen, vom Profeten mit Zügen ausgestattet ist, die von persönlichen Erlebnissen einzelner Dulder hergenommen sind, dürfte allgemein zugestanden werden. Ebenso ist Ijob eine vom Dichter geschaffene Person mit nationalem Hintergrund (§ 5). Warum nun, wo die Schilderung beider zusammentrifft (wie Jes. 50, 6. Ij. 16, 10. 19, 18. 30, 10; Jes. 53, 9. Ij. 16, 17. 27, 4), der Dichter vom Profeten geborgt haben soll (*Kuen.* Th. Tijds. VII. 540 f.), ist nicht einzusehen, um so weniger, da auch aus anderen Gründen so gut als gewiss ist, dass in Jes. 53 anderweitige Vorlagen stark benützt sind (s. auch *Cheyne J.* a. S. 84). In der Vorliebe für Betrachtungen über die unvergleichliche Erhabenheit Gottes (zB. Jes. 40) u. die souveräne Allgewalt, mit der er in Natur u. Menschenwelt schaltet (zB. Jes. 40, 23 f. 44, 25. 50, 2. 51, 15), steht bekanntlich der exilische Prof. unter den Profeten einzig da; er greift damit hinüber in das eigenste Gebiet der Weisen, welche denkend die Erkenntniss des Wesens Gottes auszubauen sich angelegen sein liessen. Die Jobeide ist ganz voll von solchen Betrachtungen. Dass der Weise, der sie verfasst, erst vom Prof. (u. nicht vielmehr dieser von jenem) angeregt war, ist so wenig wahrscheinlich, als es gewiss ist, dass einst auch schon Jesaja selbst mit seiner Betonung der Weisheit Gottes von den Weisen gelernt hat (s. *Dillm.* Jes.⁵ 261). Zu beachten ist endlich noch, dass trotz der allseitigen Erörterung der Bedeutung des Leidens im B. Ij. doch auf ein Sühneleiden nirgends reflectirt wird. Von verschiedenen Seiten kommt man zu dem Schluss, dass Jes. 40—66 (vom J. 545 abwärts) vom Vrf. der Jobeide noch nicht benutzt ist. Von den *Psalmen* wird in dieser Übersicht aus begreiflichen Gründen abgesehen. In Anbetracht der erörterten sprachlichen, sachlichen u. literarischen Gründe setzt man am besten die Abfassung des B. Ij. in die Zeit des Jojaqim oder Ṣedeqia (so *Matth.* I. S. CLXXII—IX; *Kosters* in Th. Tijds. 1876 X. 115; *Kuenen* Godsd. v. Jsr. I. 458 f.; *P Klein.* 273; *Preiss* 70; auch schon *Hirz.* will, aber aus anderen Gründen, die Zeit nach der Deportation des Joahaz), höchstens in den Anfang des bab. Exils (*Bud.*¹ 31). Tiefer in das bab. Exil hinein rückten es andere, mit unzulänglicher Begründung (zB. *Cler. Grot. Bernst. deW Umbr. Ges.*), *Bunsen* (BW. VI. 757) neuerdings auch *Cheyne* (J. a. S. 74).

Erst nach dem Exil, am Ende des 6. oder im Laufe des 5. Jahrhunderts das Buch anzusetzen (*Vatke* Bibl. Theol. I. 563, Einl. A.T. 545 ff., *Zunz* gott. Vortr. 158. *Köster, E. Meier, Kuenen* Th. Tijds. VII. 538 ff. vgl. Godsd. II 242 f.; *G. Hoffm.* 34) ist durch nichts gefordert, durch vieles widerrathen. Die angelogischen Vorstellungen des B. zwingen nicht dazu (S. 7 f.). Die angebliche Abhängigkeit desselben von Jes. 40 ff. sowohl bezüglich der Gesammtidee wie einzelner Redewendungen u. sachlicher Eigenthümlichkeiten ist schon oben (S. XVf. u. XXXIV), als nicht vorhanden nachgewiesen. Als Hauptgrund wird in *Vatkes* Fusstapfen wieder dafür geltend gemacht der allgemeine Monotheismus des B., der ohne Spur eines Kampfes gegen das Heidenthum sich schon so entwickelt zeige, dass er mit einer billigeren Beurtheilung des Gottesglaubens der Heiden Hand in Hand gehe, u. daher ganz unbefangen sogar Ausländern, dem Ij. u. seinen 3 Freunden beigelegt werde. Aber der Monotheismus liegt mindestens seit dem 8. Jahrh., zumal im Deuter., völlig ausgebildet vor. Daraus, dass die Profeten bis auf den Vrf. von Jes. 40 ff. herunter alle gegen heidnisch gesinnte Schichten des Volkes kämpfen, weil das ihres Amtes war, folgt doch nicht, dass ausser ihnen alle anderen polytheistisch dachten, u. dass alle, welche diesen Kampf nicht führen, weil er ihres Amtes nicht war, erst der nachexilischen Zeit angehören. Nach diesem Constructionsschema müssten alle die späten Psalmen, in welchen gegen die Götter gekämpft wird, vorexilisch oder exilisch, die vielen rein monotheistischen, das ganze Proverbienbuch nachexilisch sein. Dass die Juden der nachexilischen Zeit das sittlich-religiöse Leben der Heiden billiger beurtheilten, ist gegen die bekannten Thatsachen; das Gegentheil ist richtig, zumal seit Esra. Nicht dass die Heiden, obwohl sie ihre Götter anders benennen, doch im Grunde Jahve verehren, ist Mal. 1, 11 ausgesprochen, sondern dass es allerwärts unter den Völkern schon (proselytische) Bekenner Jahve's gebe; nur Abtrünnige, nur die Gesetzlosen der Seleucidenzeit konnten jene Anschauung hegen. Meint man durchaus eine gewisse Weitherzigkeit gegenüber von der Heidenwelt als Erklärungsgrund für die monotheistische Haltung der 4 Redner im B. Ij. nicht entbehren zu können, so hat man ja solche gerade bei Jeremja (Jer. 2, 10f. 25, 9. 27, 6; noch Jes. 44, 28. 45, 1. 46, 11). In Wahrheit aber liegt der Grund gar nicht in einer gewissen Toleranz, sondern der Vrf. schliesst sich auch hierin, wie sonst, an die Genesis an, in welcher die Anschauung von einem einfacheren Gottesglauben in der Patriarchenzeit (s. *Dillm.* Gen.⁵ zu Gen. 14, 18), aus welchem die besonderen Religionen durch Differenzirung des אל sich erst herausentwickelt haben, oft genug zu Tage tritt, vgl. selbst noch bei Bileam Num. 22, 8. 9 ff. Die Stelle Ij. 24, 13 gehört wahrscheinlich erst der Überarbeitung an, u. beruht übrigens nicht nothwendig (*G. Hffm.* 33) auf mazdajasnischen Einflüssen, so wenig als Jes. 45, 7. Dagegen liegen die Gründe, welche eine so späte Datirung des B. verbieten, auf der Hand. Eine Sprache von der Kraft, Fülle, Gedrungenheit u. classischen Eleganz, wie sie in Ij. erscheint, konnte in der Zeit des Absterbens des hebr. Idioms nicht mehr geschrieben werden, ist wenigstens thatsächlich von keinem der sicher nachexilischen Schriftsteller mehr geschrieben worden, je weiter abwärts desto weniger. Eine Heldengestalt, wie die Ijobs, mit ihrem titanenartigen Trotz, ihrer verwegenen kühnen Sprache gegen Gott ist in den gedrückten, in religiöser Beziehung immer ängstlicher werdenden Zeiten des neuen Jerusalems (s. schon Zach. 1, 2—6) undenkbar; undenkbar auch die unbefangene Verwendung mythologischer Bilder u.

Anschauungen (s. § 10.); auch 31, 26f. ist damals nicht mehr motivirt. Schon bei Zacharja (1, 10f. 3, 1f. 6, 5) ist der Prolog des B. benützt u. nachgeahmt. Es müsste wunderbar zugehen, wenn dieser Profet, der fast in jedem Satz sich an ältere Schriften anlehnt, doch in jenen Stellen das Original enthalten sollte. In der That ist der Satan des Zach., welcher das Volk anfeindet u. Gottes Plan entgegentritt (s. S. 9), über den des Ij. schon hinausgewachsen; Strafvollstrecker (*GHff.*) ist er auch in Ij. nicht, sondern nur Ankläger u. Werkzeug zur Ausführung des göttlichen Plans. Dass der Vrf. רוּחַ 31, 36 aus Zach. 6, 11. 14 genommen habe (*GHff.*), kann man doch nicht annehmen, wenn man ihm nicht einen ungewöhnlichen Mangel an Verstand zuschreiben will. — Nur erwähnt sei hier noch, dass in *Stade* Gesch. d. V. Isr. II. (1888) 348—52 *OHoltzmann* das B. Ij. kurzer Hand in die ptolemäische Zeit verweist u. eine Nachbildung des Platonischen Dialogs darin vermuthet. Warum auch nicht? Haben doch auch die Franzosen ihre *MVernes*, *Havet* u. s. w.

In welcher Zeit die Zusätze zum B. gemacht seien, lässt sich nicht bestimmen. Den Dichter von C. 40, 16—41, 26 braucht man nicht erheblich später zu setzen, da er doch die Sprache noch gewandt handhabt. Ägypten muss er gekannt haben, hat aber nach 40, 23 doch eher in Palästina geschrieben. Die Elihureden, die einen ängstlicheren Geist, eine weniger reine Sprache u. geringere stylistische Kraft bekunden, werden der nachexilischen Zeit, etwa dem 5. Jahrhundert zuzuweisen sein. Um's Jahr 400 setzt sie *Kosters* Th. Tijds. X. 135; *Hitz.* XXXVII f. in die Zeit nach Alexander M.

10.

Person u. Vaterland des Dichters. Auch über diese, wie über sein Zeitalter ist keine Überlieferung auf uns gekommen; wie der anderer Dichter u. Weisen, blieb auch sein Name der Nachwelt verschwiegen. Alle Vermuthungen darüber sind vergeblich. Wenn *J. Bunsen* auf Baruch, den Schüler Jeremjas, u. *Bat. Wright* (s. *Cheyne* J. a. S. 75) auf Jeremja selbst riethen, so geschah das nur auf Grund der § 9 besprochenen Wechselbeziehungen zwischen B. Ij. einerseits u. Jer. u. Thren. andererseits. Aber mag auch ewiges Dunkel seinen Namen bedecken, sein Werk zeugt dafür, dass er ein Weiser im echten u. edelsten Sinne des Wortes war. Der, welcher in seinem Lehrgedichte eine solche Fülle von Gedanken u. grossen Wahrheiten niederlegen, die Herrlichkeit des göttlichen Wesens u. Wirkens, die Wunder der Natur, das Thun u. Treiben der Menschen so meisterhaft schildern, die Gefühle, Empfindungen u. Leidenschaften derselben, ganz besonders die inneren Vorgänge in der Seele eines schwer Leidenden mit solcher psychologischen Wahrheit nachzeichnen, vor allem aber der Kraft u. Seligkeit der Gottesfurcht ein solches Denkmal setzen konnte, der muss selbst viel gedacht u. beobachtet, viel gekämpft u. gelitten, aber auch viel Gnade erfahren haben. Reiche Kenntnisse in den verschiedenen Zweigen des menschlichen Wissens leuchten aus seinem Buche hervor; das ganze All mit seinen grossen Theilen, der ordentliche u. ausserordentliche Lauf der Naturkräfte, die Pflanzenwelt u. die Thierwelt liefern ihm Stoffe für seine Dichtung; das Leben der Stämme, Völker u. Staaten mit ihren bunten Wechseln wird von ihm verwerthet. Namentlich bemerkt man, dass er allerlei ausländische Dinge berührt (8. 11. 9, 26. Cp. 28), auch Mythen weiterer Volkskreise (3. 8. 7, 12. 9, 13. 25, 2. 26. 12f.), so wie auf die Sternkunde Bezügliches (9, 9. 38, 31—33), Dinge, die in andern biblischen Schriften abseits liegen bleiben oder nur selten erwähnt werden, u. gerne stellt man sich vor, dass er nicht bloss in seinen heimathlichen Umgebungen sinnig beobachtet, sondern auch von weltkundigen gereisten Männern (21. 29) viel gehört, ja wohl auch selbst fremde Länder gesehen hat. Diese Annahme wird aber auch genügen, um einzelne Anspielungen auf Ausländisches, die in seinem Buche vorkommen, zu erklären; es ist nicht nöthig, ihn im Auslande wohnhaft zu denken. Wegen vieler Hinweisungen auf ägyptische Dinge, die im B. vorkommen sollen, glaubte *Hirz.* u. besonders *Hitz.* S. XLIXf. (vgl. Jesaja 1833, S. 285) annehmen zu müssen, dass er in Ägypten sein Gedicht verfasst habe, u. zwar als efraimitischer Flüchtling nach der Katastrophe Samarias (*Hitz.*), oder als judäischer Mitexulant des Königs Joahaz (*Hrz.*). Aber diese Menge ägyptischer Beziehungen wird zu Unrecht angenommen: Cp. 3, 14. 7, 12. 29, 18. 31, 35f. u. was alles sonst *Hitz.* anführt, enthalten nichts davon; auch von Cp. 28 ist es (trotz םיראי V. 10) nicht sicher. Stichhaltig ist, wenn man die Thierschilderung 40, 15—41, 26 ausscheidet, nur 8, 11—13. 9, 26, also nicht mehr, als man schon im 8. Jahrhundert (Jes. 18f.) u. noch mehr von Pharao Nekho ab in Palästina wissen konnte u. wusste. Selbst wenn man die Schilderung des Flusspferdes u. Krokodils von ihm ableiten wollte, würde die Annahme, dass er bei einem zeitweiligen Aufenthalt oder auf Reisen sie kennen gelernt hatte, genügen. In der That weist nichts mit Nothwendigkeit darauf hin, dass er ausserhalb Palästina's geschrieben hat. Im Gegentheil setzt er überall dieselben klimatischen (Schnee 9, 30. 24, 19. 38, 22; Reif u. Eis 38, 29f.; Regen, Spätregen 5, 10. 24, 8. 29, 23. 38, 25. 28. 34. 38; Gewitter 38, 25. 35) u. ökonomischen (Wein, Honig, Milch, Öl 15, 33. 20, 17. 24, 6. 11. 18. 29, 6; Schafschur 31, 20; Ackerbau 5, 23—26. 31, 38. u. ö.; Spreu, die der Wind davon nimmt 21, 18) Verhältnisse voraus (vgl. auch zu 9, 8f. die sonstigen Parallelen), wie die anderen palästinischen Schriftsteller des AT. Auch auf Assyrien oder Babylonien weist nichts hin; vielleicht auch ein Zeichen, dass er innerhalb der 2 letzten Jahrzehnte des judäischen Reiches schrieb. Aus dem Umstand, dass sein Werk so vieles aram. u. arab. Sprachgut aufweist, hat man schliessen wollen, dass er entfernter von Jerusalem u. in einem Gebiete wohnte, das der aramäisch.-arab. Sprachgrenze näher lag; am natürlichsten nimmt man dann den tieferen Süden oder Südosten als sein Wohnland an, wo ihm auch die Beobachtung des Lebens der Wüste (ihrer Thiere, Karawanen, Beduinenhorden) näher lag, (so *Stick.* 273, *Vaihinger* in Stud. u. Krit. 1846. I. 178, *Böttch.*

Lehrb. der hebr. Spr. § 29 u. 36, *Barth*). Doch ist das unsicher. Namentlich ist in Anschlag zu nehmen, dass auch der Einsatz 40, 15—41, 26 vieles, u. selbst die Elihureden neben ihrer stärkeren aram. Färbung, mit der es eine andere Bewandtniss hat (S. 276), noch einiges derartige (33, 25. 37, 21) darbieten. Die hebr. Dichtersprache scheint überhaupt aus Provinzialismen viel aufgenommen zu haben; diese nach ihren lokalen Unterschieden näher zu bestimmen, haben wir die Mittel nicht.

Litteratur zum B. Ijob.

Commentare u. *Übersetzungen* mit Einleitungen u. Anmerkungen. Die älteren findet man in *Rosenmüllers* Scholien u. vollständiger (bis 1865) bei *Matthes* I. S. CCV ff. verzeichnet. Unter ihnen seien hier, weil in der Erklärung öfters angeführt, nur folgende erwähnt: † *Bolducius* Comm. in Jobum Vol. 1 et 2. Par. 1631. 38. — † *Ph. Codurcus* Scholia s. Annotationes in Jobum. Par. 1651. — *H. Grotius* Annot. ad. V. T., tom. 1. 398 ff. Par. 1644. — *Seb. Schmid* Comm. in libr. Jobi, 2 Vol. Argent. 1670. — *Clericus* V. T. libri hagiographi, Amstel 1731. — *A. Schultens* lib. Jobi c. nova vers. et comm. perpetuo, 2 Vol., Lugd. Bat. 1737 (an dessen arabisirende Richtung sich weiterhin anschlossen J. J. *Reiske* Conjecturae in Jobum et Proverbia, erst nach seinem Tod Lips. 1779 gedruckt, u. *Schnurrer* Animadv. ad quaedam loca Jobi, Tub. 1781/2). — Vom laufenden Jahrhundert sind die hauptsächlichsten a) aus Deutschland: *Stuhlmann* Hiob, Hamb. 1804. — *Schärer* das B. Hiob, 2 Thle., Bern 1818. — *Röckel* Hiob, Berl. 1821; 2⁰. 1830. — *Umbreit* das B. Hiob, Heidelb. 1824, 2⁰. 1832. — *Köster* das B. Hiob, u. d. Prediger Sal., nach ihrer strophischen Anordnung, Schlesw. 1831. — *H. Ewald* die Dichter des A. B. III, Gött. 1836; 2⁰. 1854. — *Arnheim* (jüd.) d. B. Hiob, Glogau 1836. — *L. Hirzel* Hiob (2. Lief. des kurzgef. exeg. Handb. zum A. T.), Leipz. 1839, 2⁰ durch *J. Olshausen* 1852. — *Stickel* das B. Hiob, Leipz. 1842. — *Vaihinger* d. B. Hiob, Stuttg. Tüb. 1842; 2⁰. 1846. — *Heiligstedt* Comm. gramm. hist. criticus in Jobum, Leipz. 1847. — † *Welte*, d. B. Hiob, Freiburg 1849. — *H. A. Hahn*, Commentar über d. B. Hiob, Berl. 1850. — *E. Is. Magnus*, Philol. krit. Comment. zum B. Hiob, 2 Thle., Halle 1850/1. — *Schlottmann*, d. B. Hiob, Berl. 1851. — *A. Ebrard*, d. B. Hiob als poet. Kunstwerk, Landau 1858. — *Frz. Delitzsch*, d. B. Hiob, mit Beiträgen von Fleischer u. Wetzstein, Leipz. 1864; 2⁰. 1876. — *A. Kamphausen*, in Bunsen's Bibelwerk Abthl. I, Bd. 3, 1865. — *Hengstenberg*, d. B. Hiob erläutert (opus posthumum), 2 Thle., Berl. 1870. 75. — *Merx*, das Gedicht von Hiob, Jena 1871. — *Zöckler* in Lange's theol.-homil. Bibelwerk A. T. Bd. 10, Bielef. 1872. — † *Zschokke*, d. B. Hiob, Wien 1875. — *Hitzig*, d. B. Hiob, Leipz. Heidelb. 1874. — *Studer*, d. B. Hiob, Brem. 1881. — *E. Reuss* La S. Bible, Anc. Test. Partie 6, Par. 1878; u. Hiob, Braunschw. 1888. — *W. Volck* in Kurzgef. Kommentar zu d. hl. Sch., A. T., 7 Abthl., Nördl. 1889. — *G. Hoffmann*, Hiob, Kiel 1891. — — b) aus Frankreich. *E. Renan* Le livre de Job, Par. 1859. u. öfters. — † *Le Hir* Le livre de Job, (opus posth.), Paris 1873. — † *Knabenbauer* Commentarius in l. Jobi, Par. 1886. — — c) aus Holland: *J. C. Matthes* het boek Job vertaald en verklaard, Deel 1 en 2, Utrecht 1865; 2⁰. Deel 1 Gröningen 1877. — — d) aus England u. Amerika, ausser den Arbeiten von *S. Lee* (1837) u. *Carey* (1858) besonders *A. B. Davidson*, Comm. on Job. Vol. 1, Edinb. 1862, u. in Cambridge-Bible: Job, Cambr. 1884. — *F. C. Cook* (in Speakers Commentary Vol. IV.) 1873. — *S. Cox*, Comm. on the b. of Job, Lond. 1880. — *G. Gilbert* the poetry of Job, Chicag. 1889.

Übersetzungen zu erbaulichen, theologischen, ästhetischen Zwecken erschienen z. B. von *Justi* 1840, *L. Haupt* 1847, *Hosse* 1849, *Spiess* 1852, *Diedrich* 1858, *Hayd* 1859, *Berkholz* 1859, *Jahr* 1865, *F. W. S. Schwarz* 1868, *H. V. Andreae* 1870 *Bickell*. Dichtungen der Hebr., Th. II, Insbr. 1882.

Auch an *Beiträgen* zur Erledigung isagogisch-kritischer u. exegetisch-theologischer Fragen, bezüglich des ganzen Buchs oder einzelner Theile desselben, ist,

Literatur zum B. Ijob.

zumal aus neuester Zeit, eine grosse Menge zu verzeichnen: *F. Spanheim,* historia Jobi 1672. — *D. Ilgen,* Jobi carm. Hebr. natura et virtus 1789. — *Bernstein,* Inhalt, Zweck u. gegenwärtige Beschaffenheit des B. Hiob in *Keil* u. *Tzschirner's* Analekten I, 3. 1813. — *Knobel* de carm. Jobi argum., fine ac dispos. 1835. — *Gleiss,* Beitr. zur Krit. des B. H., Hamb. 1845. — *Hupfeld,* Commentatio in quosdam Jobeidos locos 1853, in Zeitschr. f. christl. Wiss. 1850 No. 35 ff. — *G. Baur,* B. Hiob u. Dante's göttl. Komödie in Theol.-Stud. u. Krit. 1856. — *Fries* über den grundlegenden Theil des B. Hiob, im Jahrb. f. deutsche Theol. 1859. — *Rabiger,* de libri Jobi sententia primaria, Vratsl. 1860. — *Simson* zur Kritik des B. Job 1861. — *Sennecke,* der Grundgedanke des B. Ijob 1863. — *Fr. Böttcher* in Exeg. krit. Ährenlese, Leipz. 1849, u. Neue ex. krit. Ährenlese, Abth. 3, Leipz. 1865. — *Riehm,* über das B. Job. in Ztsch. f. luth. Theol. u. K. 1866 S. 287 ff. — *H. Schultz* zu den kirchlichen Fragen der Gegenwart, No. 3 d. B. Hiob, Frkf. 1869. — *A. Vogel* quid de fato senserint Judaei etc., Diss., Gryphisw. 1869. — *E. Reuss,* d. B. H., ein Vortrag, Strassb. 1869. — *J. Bunsen* im 6. Bd. seines Bibelwerks 1870, bearb. v. *J. Holtzmann* S. 741 ff. — *W. Volck* de summa carm. J. sententia, Dorp. 1870. — *B. Schmitz,* der Ideengang d. B. H., Gymn.-Progr., Greifsw. 1870. — *Hoekstra,* Job de Knecht van Jehovah, in Theol. Tijdschr. V. 1871. — *Kuenen,* Critische Bijdragen u. s. w., ebendort VII. 1873 S. 492—542. — *J. Deutsch* de Elihui sermonum origine, Bresl. 1873, Diss. — *Godet* in Etudes Bibl., Par. 1873, 2⁰ 1874. — *Studer* über die Integrität des B. H., in den Jahrb. f. protest. Theol. 1875 S. 688 ff. — *J. Holtzmann,* das B. H. u. das relig. Bewusstsein der Gegenwart, in der deutschen Warte VIII. 1875. — *J. Barth,* Beiträge zur Erkl. des B. Job, Leipz. 1876. — *Budde,* Beiträge zur Kritik des B. H., Bonn 1876, u. die Capp. 27 u. 28 des B. H., in ZATW. II. 1882 S. 193 ff. (jenes von uns als *Bud.*[1], dieses als *Bud.*[2] citirt). — *Giesebrecht,* der Wendepunkt des B. H., Diss., Berl. 1879. — *M. Bölicke,* die Elihu-Reden, Halle 1879, Diss. — *J. Derenbourg,* Refléxions détachées sur le livre de Job, in Revue des Etudes Juives I. 1880 S. 1 ff. — *M. Doret* Une hypothèse sur l'idée mère du livre de Job in Révue de Théol. et de Philos., Laus. 1880. — *Green* the argument of the B. of J. unfolded, NYork 1881. — *T. K. Cheyne* Job and the second part of Isaiah in The Prophec. of Isaiah[3] (1884) Vol. II. 259 ff., u. Job and Solomon, Lond. 1887. — *P. Kleinert* das specifisch Hebräische im B. H., in Th. Stud. u. Krit. 1886 S. 267 ff. — *Ch. H. H. Wright,* Biblical essays, Edinb. 1886 S. 1—33. — *G. G. Bradley* lectures on Job 1887. — *Preiss* Zum Buche Hiob, in Theol. Studien u. Skizzen aus Ostpreussen 1889. — *Seyring,* Die Abhängigkeit der Sprüche Salomos Cp. 1—9 von Hiob, Diss., Halle 1889. — *Grill,* Zur Kritik der Composition des B. H., Tüb. 1890, Progr.

Beiträge zur Kritik des hebr. u. griech. Textes finden sich bei *De Lagarde* Prophetae Chaldaice, Lips. 1872, S. L f. — *Bickell* de indole ac ratione Versionis Alexandrinae in interpretando libro Jobi, Marb. 1863; auch Carmina Vet. Test. metrice, Oenip. 1882 S. 151—87. — *Hatch* Essays in Bibl. Greek, Oxf. 1889 S. 214—245. — *A. Dillmann,* Textkritisches zum B. Ijob in Sitz. Ber. der K. Akademie d. Wiss., Berl. 1890 S. 1345—73.

1. Die Anknüpfung. Cap. 1—3,

oder:

der Prolog Cap. 1. 2 u. die erste Rede Ijobs Cap. 3.

1. Ijob's Frömmigkeit und Glück, Cap. 1, 1—5.

V. 1 macht uns bekannt mit seiner Person, näher seinem Wohnort u. Namen, u. seinem tadellosen Wandel. איש היה] Wortstellung wie 2 Sam. 12, 1; Est. 2, 5. בארץ־עוץ] ἐν χώρᾳ τῇ Αὐσίτιδι, LXX. ʿÛṣ als *Volk* wird Gen. 10, 23 zu den Aramäern, bestimmter Gen. 22, 21 zu den Naḫoräern gerechnet. Über seine Wohnsitze wissen wir nichts genaueres. Auch die Keilinschriften geben darüber keine Aufklärung, selbst wenn es sich bestätigen sollte (*Frd. Delitzsch* in ZKF. II. 96 f.), dass der von Salmanassar II auf den Thron des Landes Patin erhobene Sâsi Sohn eines ʿÛṣiten war. Von einem *Lande* ʿÛṣ ist die Rede in Jer. 25, 20, wo in der Aufzählung von Völkern, zwischen den Ägyptern u. Philistern „alle Könige des Landes ʿÛṣ" (u. zwar עוץ mit Art.) erwähnt werden, aber nur im hebr., nicht im griech. Text, u. Thr. 4, 21, wo die Tochter Edom angeredet wird als „die im Lande ʿÛṣ wohnende", aber auch hier fehlt עוץ in LXX, u. es ist nicht klar, ob damit Idumaea selbst unter das Land ʿÛṣ subsumirt, oder die Ausbreitung Edoms über das Land ʿÛṣ vorausgesetzt wird. Zudem ist zweifelhaft, ob in diesen Stellen Land ʿÛṣ ein geographischer Begriff sein oder nur von ʿÛṣiten besetzte oder besetzt gewesene Gebiete bedeuten soll. Fragt man also, was sich der Verf. des B. Ijob unter dem Lande ʿÛṣ gedacht hat, so wird man von seinen eigenen Andeutungen ausgehen müssen. Er rechnet den Ijob (1, 3) zu den בְּנֵי־קֶדֶם d. h. „den Söhnen des Morgenlandes", womit die östlich u. nordöstlich von Palästina wohnenden Völker arabischer u. aramäischer Abkunft, also gewöhnlich die Stämme der arabischen Wüste (Gen. 25, 6; Jud. 6, 3. 7, 12. 8, 10; Jer. 49, 28; Ez. 25, 4. 10), aber auch die Bewohner der syrischen Wüste mit Einschluss des Euphratlandes (Gen. 29, 1; Num. 23, 7) bezeichnet werden. Also wird auch sein Land ʿÛṣ östlich von Palästina zu suchen sein. Dazu stimmt, dass (1, 15. 17) es den Einfällen der Sabäer u. Chaldäer ausgesetzt erscheint. Ferner wird es von den Wohnsitzen der 3 Freunde

Ijobs (2, 11), also namentlich des Têmâniten Elifaz u. des Šuchiten Bildad nicht zu weit entfernt gelegen haben. Endlich muss es zu ausgedehntem Ackerbau (1. 3. 14), fester Ansiedlung (1, 4. 18f. 31, 32) u. städtischem Leben (29, 7) geeignet gewesen sein. Nach diesen Andeutungen ist an Idumaea selbst (*Herd.*, *Eichh.* Einl.[4] V. 131; *Raum.* a.), dessen Bewohner nie עוץ בני heissen u. auch Jer. 25, 20f. von עוץ unterschieden werden, nicht zu denken; dass auch unter den Horitern der Name עוץ vorkam (Gen. 36, 28), macht Edom noch nicht zu ʿÛṣ. Aber auch die Bestimmung ἐν τῇ Αὐσίτιδι ἐπὶ τοῖς ὁρίοις Ἰδουμαίας καὶ Ἀραβίας, welche der Verf. des apokryphen Zusatzes in 42, 18 LXX gibt (so *Ges. Etv.* a.), ist nicht wohl annehmbar, weil die östlich u. südlich an Idumäa (im alten Sinn des Wortes) angrenzende Wüste keinerlei Land für ansässiges Leben u. Ackerbau bietet. Eher könnte man (auch wegen הַשּׁוּחִי 2, 11) an die nordöstlich von Edom gelegenen Länderstrecken denken, zumal da Jos. ant. 1, 6, 4 (Hieron. quaest. in Gen. 10, 23) den Οὖσος als Gründer von Trachonitis u. Damask kennt. Demgemäss wollte man (*Boch. JDMich.* a.) die Ghûta bei Damask (als wäre עוץ = arab. el-Ghûṭa), oder die Dîret et-Tulûl (ZDPV. XII. 225 ff.) östlich von Damask (*Hitz.*), die aber (nach *Wetzst.*) keine feste Ansiedlung erlaubt, verstehen. Eine bis in das 4. Jahrhundert n. Ch. (Onom. unter Καρναείμ ed. *Lag.*[1] 268. 108, vgl. Silviae peregr. ed. *Gamurrini* 56 ff. 62) zurück verfolgbare Überlieferung der Christen u. Muslim lokalisirt den Wohnsitz Ijobs in dem haurânischen fruchtbaren Landstrich el-Bethenije (Nuqra), wo es noch, südlich von Nawâ, ein gefeiertes Kloster Ijobs gibt; ihre Richtigkeit vertheidigten *Fries* (Stud. u. Krit. 1854), besonders *Wetzstein* (bei *Del.* Job[2] S. 551—604), *Del. Vo.* Aber diese den Israeliten wohlbekannte Landschaft führt im AT. andere Namen, u. ihre Bewohner waren für sie keine עוץ בני; auch 1, 15. 17 spricht dagegen. Man wird die Lokalität östlicher, etwa an den (S. oder N.) Ostrand des Gebel ed-Drûz oder Ḥaurân setzen müssen, vorausgesetzt, dass der Verf. selbst eine klare Vorstellung mit dem Lande ʿÛṣ verbunden hat. Noch weiter nördlich, etwa bei Palmyra (*FrdDel* in ZKF II. 97) sie anzusetzen, würde sich mit Jer. 25, 20. Thr. 4, 21 schwer vereinigen lassen. Die dem Laut nach verschiedenen Αἰσεῖται des Ptolemaeus (5, 19, 2) lässt man besser aus dem Spiel. שמו אי] untergeordneter Nebensatz: *Ijob sein Name* d. i. *Namens Ijob*. Der Name איוב scheint vom Dichter nicht ersonnen, sondern überkommen; nirgends im Buch legt er ihm eine besondere Bedeutung bei. Auch wird er nicht erst in der Sage für ihn geprägt sein, denn eine für sein Wesen bezeichnende Bedeutung des Namens lässt sich darin nicht finden. Die von vielen (*Bernst. Ges. Umbr. Hirz. Häv.* a.) angenommene Bedeutung „der Angefeindete, feindlich Verfolgte (von Gott oder vom Satan)" hat gegen sich, dass die Form קטּול meist activen, nur in ילוד passiven Sinn trägt, u. ist zu unbestimmt, weil die Hauptsache, näml.: von wem angefeindet? darin fehlt. Im activen Sinn aber „der Angreifer" (*M.c.*) wäre er noch untreffender, da Ijob vielmehr der Angegriffene ist. Auch wenn man, weil Ij. ein Ostländer war, seinen Namen aus dem arab. אאב (= איב) ableitete, u. אי = arab. awwâb als „den nach arger Verzweiflung in sich Gehenden, zu Gott sich Zurückwendenden" erklärte (*Kromeyer* de usu ling. arab. 72; *JDMich. Eichh. Ros. Ew. Hitz.*), so gilt wieder, dass nur die eine Seite des Wesens Ijob's bezeichnet wäre, u. auch diese mangelhaft, da man wichtige Bestimmungen erst hinzudenken muss. Die Schreibung *Hiob*, in Abweichung von Ἰώβ, Job der LXX u. Vulg., hat Luther eingeführt, wahrscheinlich um der naheliegenden Aussprache Job mit Jod (hebr. יה Gen. 46, 13) entgegenzutreten. Da das semitische י nicht so scharf consonantisch ausgesprochen wird, wie unser deutsches ijj, so kommt man der Aussprache des Namens am nächsten durch Ijob oder Iob. ויהי] *Ges.* 112, 3ª⁷; Angabe über seinen Charakter u. sein Verhalten, in 4 Beschreibewörtern, zerfallend in 2 Paare, welche hier durch ן, V. 8 u. 2, 3 ohne ן mit einander verbunden sind: *tadellos u. rechtschaffen, (und) gottesfürchtig u. Böses meidend*. תָּם] *ganz, vollständig*, ist im sittlichen Sinn *tadellos, unsträflich;* nicht bloss (*Del. Hitz. Vo.*) *redlich, aufrichtig;* s. 8, 20. 9, 20ff. — יָשָׁר] *gerade*, ist subj. *redlich*, obj. der in der geraden Richtung, in der Sitte bleibt, *sittlich, rechtschaffen.* Diese seine sittliche Vollkommenheit ist aber verknüpft mit Gottesfurcht (Religiosität), welche sich hinwiederum im Weichen vom Bösen (Prov. 3, 7 14, 16 u. ö.) äussert. Mehr sagt der Dichter hier nicht über ihn; ein Beispiel seines gottesfürchtigen Sinnes bringt er sogleich V. 4f., u. welcher Art seine Sittlichkeit war, lässt er Ijob selbst beschreiben Cap. 29 u. 31. — V. 2 u. 3. Sein Glück als Folge seines Verhaltens u. diesem entsprechend (Iprf. cons.). Erster Hauptbestandtheil desselben V 2 sein Familienglück, sein *Kinderreichthum*, über dessen hohe Bedeutung, zumal nach althebräischer Anschauung, auch Ij. 21, 8. 11. 29, 5; Ps. 127 u. 128 u. a. zu vergleichen steht (dagegen Jes. 56, 5). Auch galten Söhne noch mehr, als jetzt, für weit erwünschter denn Töchter (Ps. 127, 3ff.), daher hier das Verhältniss beider wie 7 zu 3. Zweiter Bestandtheil desselben V. 3 sein *Reichthum u. Ansehen*. Obgleich Ijob nicht als wandernder Beduine sondern als ansässiger Fürst zu denken ist (1, 4. 18. 29, 7. 31, 32). der ausgedehnten Ackerbau trieb (1, 14. 5, 23. 31, 8. 38ff.), so wird doch, nach der Sitte jener Gegenden, sein Reichthum nach der Grösse und Menge seines Heerdenbesitzes (מִקְנֶה) mit der dazu gehörigen Dienerschaft geschätzt. S. dasselbe bei Abraham Gen. 12, 16. Die Zahlen 7 + 3 (wie V. 2) u. 5 + 5 zeigen die Dichtung. צֶמֶד] *Joch* d. i. Paar; nach Paaren wird gerechnet, weil die Rinder zum Ackerbau gebraucht wurden V. 14. אֲתוֹנוֹת] *Eselinnen;* die weibl. Thiere sind hier allein genannt (anders Gen. 12, 16. 32, 16) als der zahlreichere u. werthvollere Theil dieser Art von Viehbesitz; sie werden im Vorzug vor den männlichen gehalten nicht der Milch wegen, welche die Semiten nicht trinken, sondern der Züchtung wegen, u. ist jetzt der Preis einer Eselin in Syrien das dreifache vom Preis eines Esels (*Wetzst.* bei *Del.*² 46). Auf die Zahl der männl. Thiere, die dazu gehörten, lässt sich schliessen. עֲבֻדָּה] nicht Ackerbau (*Trg.*), sondern *Dienerschaft, Gesinde*, wie Gen. 26, 14 (Bildung wie פְּקֻדָּה). Das Gesinde ist, weil wesentlich zur Besorgung des Viehes dienend (V. 15—17), erst nach dem Vieh genannt, wie Gen. 12, 16. 20, 14 u. ö. גדול] *gross* (Gen. 26, 13 f.), nicht bloss reich u. vermöglich, sondern auch angesehen, was eine Folge des Reichthums ist (vgl. 29, 7—10. 20 ff.). בני קדם] s. zu V. 1. — V. 4 f. heben noch beispielsweise einen einzelnen Zug von Ijob's zarter Frömmigkeit hervor, so aber dass dadurch zugleich dem Verständniss der Erzählung seines Unglücks (V. 13. 19) vorgearbeitet wird. Die Verba stehen in Prf. cons., welches hier die Dauer u. Wiederholung in der Vergangenheit ausdrückt, obgleich V. 5ᵃ die Rede in das gewöhnliche erzählende Tempus zurückfällt (*Ges.* 112, 4ᵈ). והלכו] *u. sie pflegten hinzugehen*; die Söhne wohnten in verschiedenen Häusern u. mussten darum jedesmal erst zusammenkommen. משתה] eig. *ein Trinken*, ist nicht die gewöhnliche, tägliche Mahlzeit, sondern Gastmal, Schmauss, bei dem man besser u. reichlicher isst u. trinkt als sonst, u. kann schon aus diesem Grunde nicht an tagtägliche Zusammenkünfte der Kinder Ijobs zur gemeinschaftlichen Mittagsmalzeit u. an eine das ganze Jahr durch sich wiederholende wöchentliche Runde in den Häusern der 7 Söhne gedacht werden (LXX, *Hrz. Del. Kmph. Hitz. Hgst.* a.); das wäre eine Üppigkeit gewesen, an die in der Familie eines lj. nicht zu denken war; auch die besondere Einladung an die Schwestern hätte dann keinen Sinn mehr, wenn die Sache *tägliche* Gewohnheit war. Es kann nur von ausserordentlichen Gastmalen die Rede sein. Dass die Veranlassung dazu nicht angegeben ist, thut nichts zur Sache. Im übrigen hat man sich (V. 5) diese Festmale so zu denken, dass sie jedesmal mehrere, wahrscheinlich 7 Tage dauerten, der Reihe nach abwechselnd zwischen den 7 Häusern der 7 Brüder. Darum ist es nicht wahrscheinlich, dass Geburtstage der Söhne die Veranlassung waren (*Ros. Schl. Zö.* a.), als wäre der Geburtstag eines jeden der 7 Söhne (warum nicht auch der Töchter?) durch ein 7 tägiges Fest gefeiert worden. Auch an das 7 tägige Frühlings- und Herbstfest als Anlass zu denken (*Ew. Ha. Heil.*)., wird durch V. 5ᵇ widerrathen. Es wird genügen anzunehmen, dass die 7 Brüder ab u. zu solche 7 tägige Mahlrunden hielten, ein Zeichen der Liebe und Eintracht unter den Kindern Ijobs. בית איש יומו] *im Hause eines jeden an seinem Tage*; בית st. c. und Acc. loci; יומו Acc. der Zeit (*Ges.* 118, 2 f.); gemeint ist: bei einem jeden an dem Tage, da ihn die Reihe traf. Wollte man den יום eines jeden als seinen Geburtstag (3, 1) fassen, so wäre, da die 7 Geburtstage über das ganze Jahr vertheilt zu denken sind, die V. 5 erwähnte Runde „der Tage des Festmals" entweder eine über das ganze Jahr vertheilte, u. in diesem Fall wäre nicht zu begreifen, warum Ijob mit der Entsündigung zuwartete, bis die Jahresrunde vorüber war, oder wäre sie als mehrtägige Feier jedes einzelnen Geburtstages zu verstehen, aber dann hätte der Vrf. sich incorrect ausgedrückt, weil er V. 4 die Mehrtägigkeit der Feier eines יום oder Geburtsfestes nicht meldete, u. doch sie V. 5 als bekannt voraussetzte. ושלחו] *sie sandten u. riefen* d. i. liessen einladen; die Schwestern lebten bei der Mutter, aber die Brüder vergassen sie nicht. שלשת] vor dem Fem. wie Gen. 7, 13; Zach. 3, 9 u. ö. (*Ges.* 97, 1). — V. 5. Die Tage des Gastmales waren Gelegenheiten, wo die in der Frömmigkeit noch nicht so fest gewordenen Kinder, im Übermaass der Freude u. Lust, gegen Gott sich versündigen konnten, u. Ijob als Muster eines Familienhauptes beeilt sich, die möglicherweise zugezogene Schuld durch Sühnung von ihnen wegzuschaffen. כי הקיפו] *wann* d. i. so oft als *den Kreislauf gemacht hatten* d. h. umgelaufen waren. וישלח] *da sandte er*, um sie zu rufen, da der, für welchen das Reinigungsopfer zu bringen war, persönlich zugegen sein sollte. ויקדשם] *und heiligte* d. h. *weihte sie* (Ex. 19, 10. 14; Jos. 7, 13; 1 Sam. 16, 5) durch äussere Reinigung (vgl. Gen. 35, 2) u. innere Vorbereitung auf die heilige Opferhandlung; nicht gemeint ist *entsündigte*, so dass der folgende Satz nur die nähere Erklärung davon wäre. והשכים] Prf. cons., wie V. 4; dass er schon früh Morgens opferte, beweist seinen Eifer, mit dem er die Entsündigung betrieb. — מספר כלם] *nach ihrer aller Zahl*, Acc. der nähern Bestimmung (*Ges.* §. 118, 2) vgl. Ex. 16, 16. *Brandopfer* bringt er (wie 42, 8), nicht Sündopfer; das ist der patriarchalischen Zeit gemäss; das Brandopfer, die älteste u. in ihren Zwecken allgemeinste, umfassendste Opferart; das Sündopfer (in LXX willkürlich eingefügt) kommt im AT. erst innerhalb des Mosaismus vor. Ebenso ist es der ältern Sitte angemessen, dass Ijob, das Haupt der Familie, die priesterlichen Verrichtungen selbst ausübt. כי אמר] zu solchem Thun fühlte sich Ijob veranlasst durch die Erwägung, dass seine Söhne gesündigt u. Gott in ihrem Herzen verabschiedet haben; ohne eine bestimmte Sünde von ihnen erfahren zu haben, nur auf die Vermuthung hin, dass sie eine Sünde begangen haben könnten, findet er es nöthig, so zu handeln. בֵּרֵךְ] *segnen, grüssen*, wird auch von Abschied-Nehmenden ausgesagt (Gen. 47, 10; 1 R. 8, 66), daher weiter: einem *Lebewohl sagen*, ihm *absagen, aufkünden* (Ij. 1, 11. 2, 5. 9). Freilich kommt בֵּרֵךְ 1 Reg. 21, 10 auch da vor, wo man fast nothwendig קִלֵּל oder נִאֵץ erwartet, u. liegt es darum nahe zu vermuthen (*Geiger* Urschr. 267 f.), dass erst spätere Leser בֵּרֵךְ in allen diesen Stellen als euphemistische Correctur für קִלֵּל oder נִאֵץ angebracht haben; *Mx* (XLVIII f.) will überall קִלֵּל wiederherstellen. Aber wenigstens 1, 5 u. 2, 9 passt nur בֵּרֵךְ, u. dadurch wird es auch 1, 11. 2, 5 gestützt. Auch Ps. 10, 13 spricht nicht dafür, dass dort in V. 3 ברך Correctur für נאץ ist. U. es wird sich immer noch fragen, ob man nicht schon frühe die Euphemie בֵּרֵךְ sogar für קִלֵּל (1 Reg. 21) sich angewöhnt hat. Hier an unserer Stelle handelt es sich sicher nicht um ein *Fluchen* oder auch nur um eine unziemliche Rede gegen Gott, sondern um ein Verabschieden Gottes *im Herzen*, eine gottentfremdete Stimmung, ein leichtsinniges Gottvergessen u. ausser Acht setzen im Sinnentaumel; aber auch dieses schon achtet der in göttlichen Dingen so fein fühlende Mann (31, 24 ff.) für eine, Sühnung heischende, Sünde. יעשה] *er pflegte zu thun*, Ges. 107, 1ᵇ. כל־הימים] *allezeit, immer*, d. h. nicht das ganze Jahr hindurch an jedem 8. Tag (*Del. Hitz. Hngst.* a.), sondern so oft durch ein solches 7 tägiges Gastmal die Veranlassung sich ergab. — Wo nun solche Frömmigkeit u. gewissenhafte Sorge, auch in seinem ganzen Hause die Sünde fern zu halten, statt fand, da konnte man menschlicher Weise erwarten, dass hier auch das Glück dauernd wohnen werde, erwarten wenigstens auf dem Standpunkt der Erkenntniss, wo man das äussere Ergehen für entsprechend der sittlichen Würdigkeit, oder Frömmigkeit u. Glück für unzertrennliche Wechselbegriffe hielt. Aber im Himmel wird anders beschlossen. Daher

2. *Ijobs Unglück im Himmel beschlossen, auf Erden ausgeführt, von Ijob mit musterhafter Geduld und Ergebung getragen,*
Cap. 1, 6—2, 10.

Wider Erwarten der Menschen u. unverständlich für sie bricht schwerstes Unglück über den frommen Mann herein. Von wem das komme, konnte für einen Gläubigen nicht zweifelhaft sein; aber warum es komme, das war für den Dulder u. seine Zeitgenossen das schwere Räthsel, mit dessen Ergründung sie sich in heissen Kämpfen abmühen mussten. Auch der Leser des Buches würde über die Gründe dieser Schickung völlig rathlos sein und könnte den verschlungenen Irrpfaden der kämpfenden Parteien nicht mit überlegenem Urtheil, sondern nur mit unbehaglicher Unsicherheit folgen, wenn der Dichter blos erzählt hätte, in welches Unglück der Mann unerwartet gestürzt wurde. Es war darum ein richtiges Gefühl, das den Dichter leitete, hier schon dem Leser die göttlichen Gründe dieser Schickung anzudeuten u. ihm damit einen Leitstern an die Hand zu geben, an dem er in der Verwirrung der folgenden Kämpfe sich immer wieder zurechtfinden könnte. Er thut es, indem er einen Einblick eröffnet in himmlische Vorgänge, in welchen der göttliche Rathschluss über Ijob zu Stande kommt, um dann sofort ausgeführt zu werden. Eben so fein gedacht ist es vom Dichter, dass er das Unglück, das Ijob zu tragen bekommt, nicht auf einmal ihn treffen lässt, sondern in zwei auch der Zeit nach etwas auseinanderliegenden Schickungen: die erste Schickung raubt ihm den grössten Theil seines Reichthums u. seiner Kinder, die zweite stürzt ihn in die furchtbarste, zugleich hoffnungslose Krankheit. Beide Schickungen haben verschiedene Art, verwunden andere Seiten des Gemüthes, u. nach allen Seiten soll es durchgeprüft werden. Zwischen beiden ist ein Ruhepunkt, eine Strecke Zeit, in welcher das Gemüth des Betroffenen sich sammeln, u. seine Stellung zu Gott sich zurechtlegen kann. Und wie die zweite eine Steigerung der ersten ist, so steigert sich das zweitemal die Tugend, die sie trägt.

a) Die erste Unglücksschickung 1, 6—22.

α) *Im Himmel beschlossen* 1, 6—12. Der Verf. will hier dem Leser einen Blick eröffnen in die Gründe des göttlichen Verhängnisses über Ijob; er will es aber thun nicht als trockener Lehrer, sondern als Dichter, in concreter anschaulicher Form. Er entwirft einen Vorgang, wie Jahve umgeben von den himmlischen Geistern in einer menschenähnlichen Berathschlagung mit dem Widersacher über Ijob's Frömmigkeit u. deren Charakter verhandelt u. auf dessen Anregung ihm ihn in die Hand zu geben beschliesst, dass er seine Frömmigkeit durch Verhängung schweren Missgeschickes auf die Probe stelle. Einen solchen Vorgang, eine himmlische Rathsversammlung, einen סוד (15, 8; vgl. Jer. 23. 18; Ps. 89, 8), zu denken, war im Volke Israel längst nicht mehr ungewöhnlich; die Profeten waren mit solchen Anschauungen vorangegangen (zB. Jes. 6; besonders 1 R. 22, 19—22). Aber neu ist u. kommt hier überhaupt zum erstenmal vor die Figur des Satan, die in dieser himmlischen Scene auftritt. Ausgehend von den durch das N. T. u. die christliche Glaubenslehre geläufig gewordenen Vorstellungen vom Satan hat man auffallend gefunden, dass derselbe hier unter den übrigen Engeln in die himmlische Versammlung kommt, u. man hat deshalb zB. in gnostischer Weise zwischen die Zeit der Abfassung des Buchs u. die Zeit Christi eine innere u. äussere Entwickelungsgeschichte des Satans, ein allmäliges tieferes Sinken u. eine schliessliche Veränderung seiner Stellung zu Gott verlegen wollen (*Beck* christl. LehrWiss. l. 249), oder sich auf eine blosse dichterische Einkleidung zurückgezogen (*Hgst.* l. 72). Man hat auch befremdlich gefunden, dass diese Satansidee, in früheren Büchern nie erwähnt, hier auf einmal als eine fertige auftrete, und hat deshalb Einflüsse der zarathustrischen Religion angenommen, auch die nachexilische Abfassung des Buchs oder doch des Prologen (*Bernst. Ges. Vatke* a.) daraus erschliessen wollen. Die Sache wird sich aber anders verhalten. Die christliche Satansidee bietet zwei Seiten dar. Die eine, wornach er die persönliche Zusammenfassung aller widergöttlichen Mächte in der Welt, Fürst der bösen Geister u. eines Reiches des Bösen ist, ist im AT. noch nirgends entwickelt; es finden sich Ansätze dazu, wenn Gen. 3 die Einführung der Sünde in die Menschheit von einer aussermenschlichen Macht schlauer Gedanken abgeleitet wird, u. in anderer Weise wieder in den alten Volksvorstellungen von den Dämonen u. Kobolden, welche dann von den persischen Zeiten an durch äussere Einflüsse mit erneuter Kraft aufleben, aber solche Ansätze sind noch nirgends zu der Vorstellung eines persönlichen Hauptes alles Bösen fortgebildet (Sap. 2, 24 gibt gegenüber vom A. T. eine neue Vorstellung). Nach der andern Seite seiner Idee aber ist der Satan Ankläger u. Versucher der Menschen, vor allem der Gläubigen, u. diese Seite nur ist im A. T. ausgebildet, wie auch sein Name aussagt. Als solcher ist derselbe ein Werkzeug der göttlichen Vorsehung u. hat eine bestimmte Dienstleistung in der Weltregierung Gottes, wie die andern Engel; die Satansidee ist aus dem Engelglauben des A. T. hervorgewachsen, u. muss zunächst im Zusammenhang mit diesem verstanden werden. Freilich nicht in der Weise, dass man anzunehmen hätte, alle Engel als depotenzirte Götter (Elohim) seien von Natur Widersacher Gottes, u. somit Satan unter Engeln nicht etwa ein böser unter guten, sondern dasselbe was sie, Typus der Engel überhaupt, von dem erst später gute Engel unterschieden worden seien (*Kosters* in Theol. Tijds. S. 118f.), denn dies stünde in hellem Widerspruch mit der ATl. Anschauung von den Engeln. Vielmehr erscheinen diese durchaus als Werkzeuge oder Vermittler der göttlichen Allwissenheit, Allgegenwart, Allwirksamkeit, u. es war dem

Israeliten geläufig, namentlich wo er nicht nach dem reinen Denken, sondern nach volksthümlicher oder dichterischer Art reden wollte, diesen Mittelursachen zuzuschreiben, was er sonst auch unmittelbar auf Gott selbst zurückführte. Und unsere Stelle hier verhält sich am Ende zu Gen. 22, 1 ff. nicht anders, als sich 1 R. 22, 19 ff. zu Jes. 19, 14. Ijob 9, 24. 12, 24 f. u. a. verhält. Der Satan hat hier nur das zu vermitteln, was Gen. 22, 1 ff. von Gott selbst gethan wird, u. war seine Einführung für den Dichter um so mehr nahe gelegt, als es diesem zugleich darauf ankam, den Widerstreit der Gefühle in Gott bei der Verhängung der Prüfung über Ij. in anschaulicher Weise hervortreten zu lassen. Dass er denselben schlechtweg unter dem Namen „der Widersacher" einführt, daraus erkennt man freilich, dass die Vorstellung solcher im Dienste Gottes das Böse allenthalben auspähender u. vor Gott anklagender u. selbst den Mangel an vollendeter Tugend mit scharfem Auge wahrnehmender Engel (solcher עוּף מַזְכִּירֵי Ez. 21, 28. 29, 16; 1 R. 17, 18) nicht mehr ganz unbekannt war. Aber wir stehen mit diesem Buche überhaupt schon in einer Zeit, in welcher der alte Engelglaube in einer fortbildenden Bewegung begriffen war, wie denn auch hier zum erstenmal fürbittende (5, 1 vgl. 33, 23), irrthumsfähige (4, 18. 15, 15), dem richterlichen Einschreiten Gottes unterworfene (21, 22. 25, 2) Engel, wie bald auch Todes- u. Unglücksengel (33, 22. Ps. 78, 49) erscheinen. Ferner kann man leicht begreifen, dass wenn einmal jene Funktionen gewissen Engeln als stehendes Geschäft zugeschrieben wurden, ihnen dann auch eine innere Freude, eine geheime Lust an ihrem Geschäft beigelegt wurde, so dass späterhin die Idee böser Engel sich leicht daran anknüpfte. Auch in unserm Buche erscheint allerdings der Satan nicht mehr als bloss gleichgültiger *censor morum* oder Staatsanwalt Gottes, wie man in *Herder's* Zeit wohl meinte, sondern als einer, der mit Eifer u. Behagen sein Geschäft treibt. Aber hätte ihn der Dichter schon als den gefallenen bösen Geist u. Fürsten des Bösen gekannt (*Del. Hyst. Vo.* a.), so hätte er auch als Dichter ihn nicht mitten unter den übrigen Engeln im Himmel erscheinen lassen, um dort mit ihnen seinen Bericht abzustatten u. Aufträge in Empfang zu nehmen. Davon ist doch sehr verschieden, wenn er auch im NT. noch (Apoc. 12, 9 f. Luc. 10, 18) als κατήγωρ vor Gott Zutritt hat. Am allerwenigsten wird man diesen Widersacher, der hier noch durchaus Engeldienste thut, für eine Nachbildung des Angra-Mainjus, mit dem er nichts Gemeinsames hat, oder gar des Typhon halten dürfen; noch wird man darum, weil ein Dichter seinen Erkenntnissen gemäss den Widersacher noch unter den Engeln im Himmel sich bewegen lässt, sich einbilden müssen, dass auch in Wirklichkeit der Teufel damals noch eine andere Stellung zu Gott hatte, als späterhin. — V. 6. וַיְהִי הַיּוֹם] gew. *u. es geschah eines Tags* (*Ges.* 126, 4) oder *den Tag* d. i. *damals* (*Ew.* 277ᵃ), vielmehr aber: *u. es kam der Tag* (ebenso 1, 13. 2, 1. 1 Sam. 1, 4. 14, 1. 2 Reg. 4, 18), sc. da das geschah, was folgt. — בְּנֵי הָאֱלֹהִים] *die Gottessöhne*, wie 38, 7; Gen. 6, 2 (auch Ps. 29, 1. 89, 7; Dan. 3, 25) eine alte Bezeichnung der *Engel*, als Wesen himmlischer, göttlicher Art, welche in vollkommnerer

Weise an der göttlichen Natur Theil nehmen, *Söhne*, also gleichsam abgeleitet göttliche Wesen, welche wo sie auf Erden erscheinend Dienst thun, gewöhnlich Boten oder Diener Gottes (4, 18) heissen. לְהִתְיַצֵּב וגו׳] *um sich zu stellen* über (so fern der Herr sitzt) d. h. *vor Jahve*, um ihm als Diener sich zu Diensten zu stellen, ihm aufzuwarten u. seine Befehle zu vernehmen (wie 2, 1; Zach. 6, 5; ähnlich עָמַד עַל־ 1 R. 22, 19; vgl. wegen עַל noch Gen. 18, 8). Zu Grund liegt die Anschauung eines irdischen Herrschers, vor den seine Diener von Zeit zu Zeit kommen, um ihm Rechenschaft zu geben u. seine Aufträge in Empfang zu nehmen; so kamen auch sie von ihren verschiedenen Orten her. הַשָּׂטָן] nicht הַשֹּׁטֵן zu lesen (*Schult. Herd.* a.) u. περιοδεύτης zu übersetzen (von שׁוּט V 7), sondern wie jetzt anerkannt ist, von שָׂטַן (= שָׂטַם 16, 9. 30, 21) befeinden, feindlich verfolgen u. Widerstand leisten, also der *Widersacher*. Jeder Mensch, der einem andern feindlich entgegentritt, ihm Schwierigkeiten bereitet oder ihn anfeindet, kann sein שָׂטָן genannt werden (1 S. 29, 4; 2 S. 19, 23; 1 R. 5, 18 u. ö.); auch der Engel, der Bileam hindernd den Weg verlegte, heisst so Num. 22, 22. 32; speciell führt diese Benennung der *Ankläger* vor Gericht Ps. 109, 6, wie das Verbum selbst für *anklagen* gebraucht wird Zach. 3, 1, mag die Anklage begründet oder grundlos sein; weshalb im Griech. ὁ κατήγωρ Apoc. 12, 10 und (ob mit besonderer Beziehung auf die Grundlosigkeit der Anklagen? s. *Hatch* Essays in Bibl. Greek 1889 S. 46f.) gewöhnlich ὁ διάβολος entspricht. Als die specielle Bezeichnung eines die Sünden u. Mängel der Menschen ausspähenden u. sie vor Gott gegen sie geltendmachenden Engels kommt das Wort hier zum erstenmal vor u. darnach Zach. 3, 1, beidemal aber noch mit dem Artikel u. als *nom. appell.*; erst 1 Chr. 21, 1 steht es ohne Artikel, wie ein n. prop. Und während der Ankläger hier noch unter die übrigen Engel hineingestellt, u. wesentlich nur das Werkzeug Gottes ist, erscheint er dagegen Zach. 3 für sich, losgetrennt von den andern Engeln u. Dinge anstrebend, die nicht in Gottes Plan liegen, daher von ihm zurückgewiesen, während 1 Chr. 21, 1 aus einem unlebendiger gewordenen Gottesbegriff heraus auf ihn eine Handlung übertragen wird, die in der Parallelstelle 2 S. 24, 1 dem zürnenden Gott selbst zukommt, näml. den David zu einer Gott missfälligen Handlung zu reizen, welche der Anlass zu einer Unglücksverhängung über Israel werden konnte. בְּתוֹכָם] *in ihrer Mitte*, mitten unter ihnen, als einer derselben, nicht: *in ihre Mitte* (*Umbr.*). — V. 7. Gott, der mit Ijob etwas im Sinn hat, leitet durch eine Frage an Satan die Verhandlung ein. מֵאַיִן תָּבֹא] *woher kommst du?* nämlich jetzt eben, weshalb Impf. מִשּׁוּט וגו׳] *vom Streifen durch die Erde u. vom Umherwandeln auf ihr* (שׁוּט wie Num. 11, 8 u. 2 S. 24, 2), jenes flüchtiger zum Aufsuchen, dieses gemächlicher zum Beobachten. Dabei liegt nicht etwa der Nachdruck auf הָאָרֶץ, als ob er sonst auch wohl auf andern Himmelskörpern wäre, sondern auf dem durch die zwei Verba ausgedrückten Begriff, u. die Meinung ist, dass er kein bestimmtes einzelnes Geschäft auf Erden verrichtet, sondern nur dem Spähen obgelegen habe. — V. 8. Seinem Vorhaben gemäss lenkt Gott das Gespräch auf Ijob. שִׂים לֵב] *das Herz d. i. den Sinn* richten, *animadvertere*, *Acht haben auf*, hier mit עַל, aber 2, 3 mit אֶל construirt. כִּי] begründet wird nicht der Titel עַבְדִּי, sondern das, dass Gott nach diesem Manne besonders fragt (*Hrz.*). Gott nennt den Ij. mit dem höchsten Ehrennamen *Diener Gottes*, erkennt ihn als einen ausgezeichneten, auf Erden unvergleichlichen Frommen an u. bestätigt damit das vom Dichter V. 1 mit denselben Worten über ihn ausgesprochene Urtheil, was allerdings von Wichtigkeit ist. Zugleich ist die Frage so gehalten, dass des Fragenden Überzeugung hervorleuchtet, der Widersacher werde an diesem Mann wenigstens nichts Schlimmes gefunden haben. — V. 9 f. Der Widersacher, da er die unvergleichliche Frömmigkeit Ijobs nicht in Abrede stellen kann, sucht sie wenigstens als eine unlautere, weil eigennützige u. selbstsüchtige, zu bemängeln. Er meint: *fürchtet* (Part.) *Ijob Gott umsonst?* d. h. (חִנָּם *gratis*) ohne Lohn und vielfachen Nutzen, wie es V. 10 sofort erklärt wird. אִם] für אִם־לֹא wie Ps. 6, 4; *du* ist mit Nachdruck gesagt: *hast nicht du selbst* (der allmächtige Gott, dessen Schutz nicht vergeblich ist) *einen Zaun gezogen um* (oder: umhegt) *ihn u. sein Haus u. alles, was er hat, rings herum?* שׂוּךְ] *sepire* wie Hos. 2, 8. בְּעַד] *um;* das hinten beigefügte מִסָּבִיב steigert: *ringsherum*, ohne auch nur eine Lücke zu lassen, durch welche etwas Schädliches eindringen könnte. Das Bild ist hergenommen von der Einhegung eines Gartens oder Feldes zum Schutz gegen die Thiere. *seiner Hände Werk*] wie Ps. 90, 17. Dt. 2, 7. 14, 29 u. ö., ist allgemeine Bezeichnung aller der Unternehmungen u. Beschäftigungen des Menschen, seines ganzen Vornehmens; zu eng (*Hitz.*): *seine Feldfrucht*. מִקְנֵהוּ] V. 3 f. פָּרַץ] *durchbrechen*, intr., so wie ein Fluss den Damm oder eine Heerde die Hürden (Mich. 2, 13), daher gemeinhin auch *sich ausbreiten*, sich schrankenlos mehren (Gen. 28, 14. 30, 30 u. ö.). — Man bemerke hier gegenüber einem viel verbreiteten Tadel der AT.lichen Frömmigkeit u. Sittlichkeit, dass es allerdings auch im AT. auf das Motiv derselben ankommt, u. eine eigennützige Frömmigkeit u. Sittlichkeit nicht die wahre ist. — V. 11. Der Widersacher räth, dem Ij. den Lohn seiner Frömmigkeit zu entziehen, so werde es ein klägliches Ende mit derselben nehmen. נָגַע] mit בְּ wie 19, 21 u. mit אֶל 2, 5, *etwas anrühren*, oder *antasten*, um es zu beschädigen oder zu vernichten. אִם־לֹא] in der Betheurung mit ausgelassenem Nachsatz (*Ew.* 356) soviel als *wahrhaftig;* so im Munde Satans richtiger, als das zweifelnde *ob nicht?* (*Hölem. Vo.*). יְבָרֲכֶךָּ] V. 5; auch hier wäre יְקַלֶּלְךָ (*Mx.*) viel zu stark. עַל־פָּנֶיךָ] *auf dein Gesicht hinauf*, wie 6, 28. 21, 31 (Jes. 65, 3), sonst auch אֶל־פָּ Ij. 2, 5. 13, 15, u. בְּפָנַי 16, 8, soviel als „offen u. frei heraus, ohne Scheu u. nicht bloss innerlich, im Herzen", vgl. solche Absagereden 21, 14. 22, 17. Falsch *Böttch.* NÄ. III. 39: ehe du dich umgewandt, *ungesäumt*. Indem der Widersacher Gott diesen Rath ertheilt, erscheint er als Versucher des Menschen. — V. 12. Jahve geht auf die Zumuthung des Widersachers ein, u. erlaubt ihm, auf die vorgeschlagene Art den Ij. zu prüfen, näml. indem er ihm all sein Eigenthum nehme, dagegen den Mann selbst, seine Person, nicht antaste. Selbstverständlich handelt es sich dabei nicht um eine blosse Wette, in der ausgemacht werden soll, wessen

Beurtheilung Ijobs die richtige sei. Aus dem Wesen der beiden Verhandelnden folgt, dass tiefere Absichten zu Grund liegen, freilich andere bei Gott, andere beim Satan. Dieser erwartet und wünscht, dass Ij. in der Probe falle; von seiner Seite ist es eine Versuchung im bösen Sinn. Gott aber kennt seinen Diener besser, er erwartet und will, dass er in der Probe bestehe; von seiner Seite ist es Prüfung zur Bewährung u. Förderung. Denn über der Tugend im Glück u. mit äusserem Lohn steht eine höhere, schwerer zu erringende, die Tugend im Unglück u. ohne äusseren Lohn. Diese u. damit eine höhere Stufe zu erreichen, zugleich seine Frömmigkeit als eine echte zu bewähren, soll ihm Gelegenheit gegeben werden. Darum lässt es Gott nicht blos zu, sondern ist es Gottes Absicht gemäss, dass der Satan Ijob ins Unglück stürze. Damit wird nicht vom Dichter die göttliche Gerechtigkeit geläugnet (*M.c.* XVIIf.), wohl aber ein anderer Beweggrund Gottes, als die blosse Vergeltungsgerechtigkeit, angedeutet, näml. sein Liebeswille. אצי] u. *hinausging* der Widersacher, er ging sofort hinaus; die Eilfertigkeit, mit der er ans Werk geht, ist dadurch gut gezeichnet.

β) *auf Erden ausgeführt*, 1, 13—19. Der Satan darf dem Ij. „alles was er hat" nehmen, u. er thut es auch. Zu diesem Besitz wird aber nicht gerechnet, was er an liegenden Gütern u. in seinem eigenen Hause (an Schätzen 22, 23—25 u. Menschen 19, 15—17) hat, sondern nur das, was vom Dichter schon V. 2—4 als sein Eigenthum beschrieben ist: die erwachsenen schon selbstständig gewordenen Kinder u. der Heerdenbesitz sammt dem dazu gehörigen Gesinde. All das nimmt ihm der Widersacher an éinem Tag, um die Versuchung „so überraschend u. schwer als möglich" zu machen. Da aber jene verschiedenen Arten werthvollen Besitzes an verschiedenen Orten zerstreut sind, so gruppirt der Dichter die Darstellung der Verluste in 4 Abtheilungen, den schwersten darunter zuletzt bringend: 1) Rinder mit Eselinnen, 2) Kleinvieh, 3) Kamele, die Knechte in diese 3 Abtheilungen vertheilt, u. 4) die Kinder. Bei jeder der 4 Arten ist zugleich eine andere Mittelursache thätig, aber auch hier ist eine gewisse Symmetrie der Darstellung eingehalten, worin man deutlich die Dichtung erkennt: bei der ersten u. dritten Gruppe sind die wirkende Ursache Menschen, bei der zweiten u. vierten himmlische Kräfte. Die Kunde von diesem vierfachen Verluste kommt ihm schnell u. plötzlich hintereinander, ohne dass er nur Zeit hätte, sich dazwischen zu besinnen. Um das auch in der Darstellung hervortreten zu lassen, wie Schlag auf Schlag ihn trifft, hat der Dichter absichtlich eine gewisse Gleichmässigkeit der Formeln eingehalten. — V. 13 gibt die Zeitbestimmung für alles Folgende. היום ויהי] V. 6. V.b ist ein einleitender Zustandssatz, zu dem der Hauptsatz V. 14 folgt: *während seine Söhne u. Töchter im Hause ihres erstgeborenen Bruders assen u. Wein tranken*, d. h. schmausten. Dieser Tag ist gewählt einmal als erster Tag der siebentägigen Runde, wo eine Verschuldung der Kinder (s. 8, 4) nach dem Sinne von V. 4f. kaum schon eingetreten sein konnte; sodann zur Erklärung der Möglichkeit, wie alle 7 Söhne u. 3 Töchter auf einmal umkommen konnten. — V. 14f. *Der erste Schlag*: der Verlust der Rinder u. Eselinnen.

mit Knechten. וּמַלְאָךְ בָּא] *u. ein Bote kam*, d. i. *da kam ein Bote*. Das ist der Hauptsatz zu dem Zustandssatz V. 13; er ist nicht, wie gewöhnlich u. wie V. 15, durch Impf. cons. eingeleitet, sondern durch ו u. vorausgesetztes Subject, wie וְזֶה בָּא V. 16ff. u. ähnlich V. 19; die Plötzlichkeit des Eintretens wird dadurch malerischer ausgedrückt (*Ew.* 341ᵈ). הבקר היו וגו׳] ein vorausgesetzter Zustandssatz, zu dem V. 15 mit ותפל der Hauptsatz folgt: *die Rinder pflügten eben u. die Eselinnen weideten zu ihrer Seite, da fielen die Sabäer ein*. היו] c. Part. zum Ausdruck der in der Vergangenheit dauernden Handlung (*Ges.* 116, 4. A. 2). חרשות] Plur., weil בקר collect., u. fem., weil gemischten Geschlechts (vgl. Gen. 33, 13. Jer. 50, 6; anders 1 Chr. 27, 29), aber sofort nachher (ידיהם) masc., wie oft pron. m. auch das fem. vertritt (*Ges.* 135, 5), ebenso 39, 3f. 42, 15. עַל־יְדֵיהֶם] *zu ihren Seiten*, (Jud. 11, 26. Num. 34, 3), wogegen *auf ihren Plätzen* (*Böttch.* nach Num. 2, 17. Dt. 23, 13) den Dual gegen sich hat. — V. 15. Der Volksname שבא als Fem. verbunden wie Jes. 7, 2. 21, 2 (*Ges.* 122, 3ᵃ), wogegen gleich nachher in הכו mit Plur. masc. ותפל] von einem plötzlichen Überfall, wie Jos. 11, 7 (vgl. Jud. 7, 12. Gen. 25, 18). — *Sabäer* sind am bekanntesten als ein im südlichen Arabien ansässiges (Gen. 10, 7. 28) u. weithin handeltreibendes Volk (Ij. 6, 19). Dasselbe hatte der nach Syrien hin führenden Handelsstrasse entlang seine Stationen u. colonialen Ansiedlungen. Möglich dass schon der Verf. von Gen. 25, 3, der sie von Qetura u. näher mit Dedân zusammen von Joqšân ableitet, solche nördlich angesiedelte Bruchtheile der Sabäer im Auge hat. In der Rolle räuberischer Beduinen, die ihnen hier zugewiesen ist, finden wir sie sonst nirgends im AT. Aber es ist sehr wohl denkbar, dass nach den Eingriffen der Assyrer in die innerarabischen Verhältnisse ein oder der andere Zweig dieser nördlich wohnenden Sabäer heruntergekommen u. dem Beduinenleben verfallen ist. Möglich wäre freilich auch, dass der Verf. Sabäer als allgemeinen Namen für Araber gebrauchte. Die LXX geben hier u. V. 17 statt des n. pr. ein n. app. (s. darüber *Bick.* 14). הנערים] hier u. V. 16 f. die Hirtenjungen oder *Knechte* bei der Heerde, anders V. 19. לְפִי חֶרֶב] *nach* (gemäss) *der Schärfe des Schwertes*; soviel das Schwert nur fressen, d. i. hauen kann, schonungslos. וָאִמָּלְטָה וגו׳] *u. nur ich allein rettete mich es dir anzusagen*, d. h. dass ich es dir ansagen konnte (*Hgst.*: sollte); über das hinten durch ־ָה verstärkte Ipf. cons. in der 1 p. S. vgl. *Ges.* 49, 2. Es versteht sich von selbst, dass der מלאך V. 14 eben dieser Entkommene (V. 15) ist; *Chrysostomus* (hom. 2 et 3 de patient. Jobi) hatte den Einfall, der מלאך sei der Satan gewesen, der sich das Vergnügen gemacht habe, dem Ij. die Unglücksbotschaft selbst zu überbringen (*Welte*). — V. 16. *Der zweite Schlag*, der Verlust des Kleinvieh's mit Knechten. — עוד וגו׳] noch dieser redend u. dieser kam d. h. *während dieser noch redete, kam ein anderer*; s. zu V. 13 f. זה—זה] *dieser — jener; der eine — der andere* (21, 23. 25). Die wirkende Mittelursache ist hier eine himmlische Kraft, die also dem ausführenden Engel zur Verfügung stand. *Feuer Gottes*, sofern es vom Himmel *fällt*, kann nicht der glühendheisse, schwefelige Wüstenwind Samûm (Ps. 11, 6) sein, der allerdings Menschen und Thiere plötzlich tödten kann, (*Umbr. Schl. Ew.*), auch schwerlich (*Del.*) Feuer- u. Schwefelregen (s. 18, 15; Gen. 19, 24 vgl. mit Ps. 11, 6), weil der mehr der Sage als der Wirklichkeit angehört, Vrf. auch Schwefel nicht nennt, sondern (*Ros. Hrz. Hitz. Hgst.* a.) wiederholte Blitze (1 R. 18, 38; 2 R. 1, 12); gerade Kleinviehheerden können sie sehr verderblich werden (Ps. 78, 48). — V. 17. *Der dritte Schlag*, der Verlust der Kamele mit Knechten. Die wirkende Ursache sind hier wieder, wie V. 15, Räuber, diesmal *Chaldäer*. Diese hat man früher im Norden gesucht, u. konnte dafür geltend machen, dass Gen. 22, 21 f. unter den naḫoräischen Aramäern wie עוּץ, so auch כֶּשֶׂד (nicht כַּשְׂדִּים) aufgeführt wird. Aber wo כַּשְׂדִּים im AT. vorkommt, sind doch immer die babylonischen gemeint, u. aus der Keilschriftliteratur weiss man jetzt, dass dieselben längst (jedenfalls schon vor dem 9. Jahrhundert) dort wohnten (*Schrad.* KAT.² 129 ff.), u. zwar im südlichen Stromland, gegen das persische Meer hin. Aus ihnen stammte die Dynastie, welche das neubabylonische Reich gründete. An solche von ihren Sitzen am unteren Eufrat aus die Wüste durchstreifende chald. Horden (nicht an die regulären Heere des neubab. Reiches) ist auch hier zu denken. Einen Schluss auf die Abfassungszeit des Buches erlaubt aber ihre Erwähnung nicht, da solche Horden sowohl vor der Gründung des Reichs, als auch während der Dauer desselben u. selbst nach seinem Ende vorhanden gewesen sein können. ‏ישׂימו‎] *stellten drei Heereshaufen auf*, näml. um die Heerden u. Hirten von drei Seiten zugleich anzugreifen u. so den schnelllaufenden Kamelen das Entkommen unmöglich zu machen, eine auch Jud. 7, 16; 1 S. 11, 11. 13, 17 erwähnte Kriegssitte (*Hrz.*), vgl. noch Gen. 14, 15 u. Jud. 9, 34. ראשים] *Köpfe* für *Heerhaufen* ist ein technischer Ausdruck (a. a. O.); ebenso פשט, *ausziehen*, dann *plündern, ausplündern* (1 S. 30, 14. Hos. 7, 1) ein gewöhnlicher Ausdruck für *Raubüberfälle machen, mit einem Raubzug überfallen* (seq. Acc. oder אֶל oder בְּ, oder aber עַל, Jud. 9, 33. 44. 1 Sam. 23, 27). — V. 18 f. *Der vierte Schlag*, der Verlust der 10 Kinder. עַד זה מדבר] *während dieser redete*. So nach den Mass., u. in der That kann עַד *während* bedeuten (*Ew.* 217ᵉ), auch seq. Part. (Neh. 7, 3), aber beabsichtigt ist sicher u. darum zu lesen עֹד, trotz der script. def. (s. 2, 3. 9 u. *Ges.* th. 998), s. auch 8, 21. Durch die Variation des Ausdrucks einen Abschnitt anzudeuten, weil jetzt der schwerste Verlust komme (*Schl. Hgst.*), kann blos jüdischen Lesern, nicht dem Dichter in den Sinn gekommen sein. — V. 19. ‏והנה וג'‎] der Hauptsatz (s. zu V. 14): *da siehe kam ein starker Wind*. ‏מעבר המדבר‎] *von jenseits der Wüste*, d. h. *über die Wüste herüber*. Gemeint ist die grosse arabische Wüste, deren westliche Grenze das Land ʿUṣ berührte. Die ihr gegenüberliegende Seite (Osten) ist der קֶדֶם. Die Heftigkeit dieser Wüstenstürme ist bekannt (Hos. 13, 15. Jer. 4, 11. 18, 17). Wenn er *an die vier Ecken des Hauses* rührt oder sie erfasst, so müssen wir ihn als einen Wirbelsturm denken. ‏ויגע‎] das fem. geht hier im Verlauf ins masc. über, wie 1 Reg. 19, 11, nicht weil רוּחַ als wirkender männlich angeschaut wurde (*Hitz. Del.*), vielmehr s. auch Ez. 2, 9. Jer. 20, 9 (*Ew.* 174ᵉ).

בנים־] sind hier (wie 29, 5) die jungen Leute, die Kinder Ijob's, Söhne u. Töchter, wie בנים auch Ruth 2, 21 die Mädchen einschliesst, u. בן im Pent. oft gen. fem. ist.

γ) *von Ijob mit musterhafter Geduld u. Ergebung getragen* 1, 20—22. Als Ij. diese vierfache Unglückspost vernommen, zwischen deren einzelnen Theilen er nicht einmal Zeit hatte, sich zu besinnen, überwältigt ihn der natürliche Schmerz, den er auch nicht verbirgt, sondern in den äusseren Zeichen tiefster Trauer ausdrückt (s. 2, 8. 12f.. *Win.* RW.³ II. 630ff.). Er steht also auf vor Gemüthsbewegung, zerreisst den מעיל das obere Unterkleid, u. Abzeichen vornehmerer Personen (auch 2, 12. 29, 14), scheert das Hauptthaar, u. wirft sich zur Erde. Aber er verweilt nicht lange in dumpfem Schmerz, sondern die gottergebene Fassung kehrt in ihm wieder, gewinnt auch über den Schmerz die Oberhand. Und wenn er aus Schmerz zu Boden fiel, so verwandelt sich ihm dies in ein Zeichen der Anbetung (וישתחו) vor der göttlichen Majestät, deren gewaltigen Arm er gefühlt hat, u. er spricht die erhabenen Worte V 21, die eben darum dichterisch gehalten sind: *nackt gieng ich hervor aus meiner Mutter Leib u. nackt kehr' ich dahin zurück; Jahve gab u. Jahve nahm, Jahve's Name sei gepriesen.* Sie sind der Ausdruck der vollkommensten Ergebung in den Willen Gottes u. zugleich einer richtigen Schätzung der irdischen Güter. יצתי] defectiv für יצאתי; ähnliche Fälle 32, 18; Num. 11, 11 (*Ges.* 74, A. 4). שמה] nicht geradezu hinweisend auf die Erde (*Böttch. Del.*), sondern zurückweisend auf בטן אמי, sofern Mutterleib u. Schooss der Mutter Erde mit einander verglichen werden (Ps. 139, 15. 13; Sir. 40, 1), u. nun das 2. mal durch eine leichte dichterische Umbiegung für Mutterleib sein Gegenbild eintritt (vgl. die Wiederholung in Qoh. 5, 14, wo aber שמה weggelassen ist). Andere erklären: *dorthin*, woher ich, aus Mutterleibe kommend, kam, nämlich in den Zustand des Nichtseins, vgl. 30, 23. Ps. 9, 18 (*Ha. Hupf.*), aber diese Gedankenvermittelung erscheint zu undichterisch, weil zu abstract. Geschmacklos u. gegen die Schriftanalogie war es, wenn Ältere (*JDMich., Knapp* a.) auch בטן אמי als Schooss der Erde auffassten u. die Lehre von der Präexistenz der Seelen in der Tiefe der Erde hier finden wollten. — Ijob also ist hier so gross u. so fromm, dass er den Gütern des Lebens, die er in der Geburt nicht mitgebracht hat, die er im Tode nicht mitnehmen kann, und die er darum als freie Gaben Gottes anerkennt, schon jetzt, da Gott sie ihm zu nehmen beschloss, innerlich entsagen kann ohne langen Kampf, sogar Gott noch preisen kann wie für's Geben, so beim Nehmen. Damit hat der Dichter eine Höhe der Gesinnung gezeichnet, welche jedem Israeliten als ein zu erringendes Ideal vorschweben soll, u. sie zugleich in einem schönen Kernspruch ausgedrückt, den jeder Israelit aus vollem Herzen nachzusprechen lernen soll. Daher ist es wohl zu erklären, dass er hier die Schranken, die er sonst seinem Helden gezogen hat, durchbrochen u. ihm den bedeutungsvolleren israel. Gottesnamen יהוה in den Mund gelegt hat (vgl. 12, 9; auch 28, 28). יברך] natürlich im entgegengesetzten Sinn von V. 11, aber vielleicht mit Beziehung auf Satans Worte; statt Gott *aufzukündigen*, bricht Ij. vielmehr in eine neue *Verkündigung* seines Lobes aus (*Hrz.*). Dass Ij. hätte auch seine Sünden bekennen sollen (*Hgst.*), ist nicht im Sinn des Dichters gesprochen. — V. 22 gibt der Vrf. sein Urtheil über Ijob's Verhalten, das für die Gesammtauffassung seines Falles von Wichtigkeit ist. Demnach hat Ijob *in allem diesem* d. h. nicht blos, was ihm widerfuhr (LXX *Schl. Hitz. Del.* a.), sondern auch, was er that, sprach u. dachte (*Mat.*), sich nicht vergangen. Freilich, dass das, was er V. 20 sprach, keine Versündigung war, war selbstverständlich, aber Vrf. will zugleich erinnern, dass nicht etwa sonst etwas, das man als unziemlich bezeichnen könnte, von ihm verschwiegen worden sei. Auch seine Äusserungen des Schmerzes u. der Trauer (V. 20) waren keine Sünde; es wird keine stoische Apathie verlangt. תִפְלָה] von תָּפֵל, ist *Fadheit, Geschmacklosigkeit*, tropisch *Ungereimtheit* u. ein solcher Gegenstand, *etwas Fades, Abgeschmacktes*, vgl. 24. 12; Jer. 23, 13 (Adj. תָּפֵל Ij. 6, 6). וְלֹא נָתַן וגו׳] sprachlich möglich (vgl. Jer. 13, 16, Ps. 68, 35) wäre: *er legte Gott keine 'ת bei* d. h. schmähte Gott nicht (*Peš. Saad. Olsh.*) oder minder stark: beschuldigte ihn keines ungereimten Verfahrens in seiner Weltregierung (*Hrz. Sti. Schl. Del. Mat. Hitz.* a.). Aber sachlich ist diese Fassung bedenklich, weil Gott Abgeschmacktheit oder Ungereimtheit zuzuschreiben, eine sehr schwere, grobe Sünde wäre (weshalb jene Erkl. meist zu *Ungebühr, Fehl, Unziemliches* abschwächen), u. die Nichtbegehung einer solchen durch Ijob sich nach V. 20. 21ᵃ von selbst verstand. Andere wollten: neque stultum quid contra Deum locutus est (*Vulg. Trg. Ros., Röd.* in *Ges.* th. 1516; *Zöckl.* a.), aber aus der Redensart נָתַן קוֹל oder נָתַן בְּקוֹל u. der mehrdeutigen Stelle Gen. 49, 21 lässt sich nicht folgern, dass נָתַן *von sich geben* d. h. *aussprechen* bedeuten konnte. Dagegen ist sach- u. sprachgemäss: *er reichte* Gott nicht eine Geschmacklosigkeit, d. h. nichts Geschmackloses *dar*, was Gott als ungeniessbar, d. h. unannehmbar, missfällig hätte zurückweisen müssen (*Ew. Ha. Hgst.*), d. h. gab ihm keinen Anlass zum Missfallen. Der allgemeine Ausdruck נתן ist gewählt, weil er aussagen will, dass Ij. weder handelnd, noch redend u. denkend etwas derartiges begangen habe. — So ist also Ijob bestanden in dieser Prüfung.

b) Die zweite Unglücksschickung Cap. 2, 1—10.

Die Erzählung dieser zweiten, noch schwereren Prüfung entwickelt sich ebenso, wie die der ersten. α) *Der himmlische Beschluss* V. 1—6. V. 1. וַיְהִי הַיּוֹם] 1, 6. Übrigens ist V. 1—3ᵃ fast wörtlich aus 1, 6—8 wiederholt, der epischen Haltung des Prologs gemäss. Die Abweichungen sind theils sprachlich, sofern מִזֶּה אֵי V. 2 statt מֵאַיִן, u. אֶל V. 3 statt עַל, theils sachlich, sofern V. 1 vom Widersacher diesmal ausdrücklich hervorgehoben ist, dass auch er kam, um sich vor Gott zu stellen, näml. weil er jetzt einen ganz bestimmten Anlass dazu hat; jedoch in LXX fehlte einst להתיצב על יי׳ 2⁰. — V. 3. וְעֹדֶנּוּ וגו׳] *und noch* (trotz der Unglücksschickung) hält er fest an seiner תֻּמָּה d. h. behauptet er seine Tadellosigkeit; תֻּמָּה (auch 27, 5. 31, 6; Prov. 11, 3) ist die Eigenschaft des תָּם 1, 1. וַתְּסִיתֵנִי וגו׳] nicht *und doch*

(*Del.*), oder *während* (*Hitz.*) oder *obgleich* (*Reu.*), sondern folgernd *so dass du mich gegen ihn gereizt hast, ihn zu verderben ohne Grund*. Praep. בְּ bei הסית im feindlichen Sinne, wie 1 S. 26, 19. 2 S. 24, 1. בַּלַּע] *verderben, zu Grund richten*, wie 8, 18. 10, 8 (37, 20); hier ist gemeint: „sein Glück zertrümmern, ihn seiner Habe berauben" (*Hrz.*). חִנָּם] umsonst (1, 9), hier *ohne Grund*, ohne dass er es verdient hat, wie 9, 17 1 Sam. 19, 5, da ja der Grund, den der Widersacher angab, der eigennützige Charakter der Frömmigkeit Ijob's, als nicht vorhanden sich ergab. Gott spricht, als hätte er sich verleiten lassen, u. empfände er jetzt Mitleid mit Ijob, weil er ihm umsonst wehe gethan. Das ist nicht Zeichen der Verwirrung des Dichters, wo sich's um Erklärung des Unglücks handelt (*Mx.* XIX), sondern Gott geht, indem er so spricht, auf die Anschauungsweise des Widersachers ein. Aber von Gottes Standpunkt war die Heimsuchung nicht Folge einer Reizung oder Verleitung, sondern freier, wohlbegründeter Wille, u. war nicht umsonst, sondern diente wirklich zur Steigerung der Tugend u. Frömmigkeit, wie zur Beschämung der Feinde. — V. 4. Der Widersacher lässt sich nicht rühren, auch durch die erlittene Niederlage nicht auf einen andern Sinn bringen; er ist der Meinung, die Probe sei erst halb gemacht. עוֹר בְּעַד־עוֹר] *Haut um Haut!* Der Sinn dieses sprichwortartigen Satzes ist aus V. 6 (wo auch בְּעַד wiederkehrt) im allgemeinen deutlich, u. deshalb unannehmbar die Erklärung (*Stud.*): „seine Haut giebt einer nur um die Haut dessen hin, der sie ihm entreissen möchte", oder (*Olsh.*): „wie du ihm, so er dir; so lange du seine (Haut d. i.) Person nicht antastest, wird er auch (deine Haut d. i.) dich persönlich nicht angreifen"; die Ausdrucksweise wäre auch, gegenüber von Gott, unschicklich. Für das genauere Verständniss ist zu beachten, dass nicht praep. בְּ pretii oder תַּחַת (28, 15. Gen. 30, 15 u. ö.), sondern בְּעַד gebraucht ist, welches ἀμφί (1, 10. 3, 23. 9, 7) oder περί für d. h. *zum Schutz von*, ὑπέρ (6, 22. 42, 8. 10) oder *um willen* (Prov. 6, 26), einmal (Jes. 32, 14) auch *für* (*gleich*) bedeutet, u. V. [b] jedenfalls ὑπέρ ausdrückt. Diesem Sinn des בְּעַד geschähe nun wohl Genüge, wenn man (*Trg., 1E. Raš. Schl. Del. Vo.*) erklärt: „man gibt ein Stück Haut oder ein Glied hin, um ein anderes Stück Haut oder Glied zu schützen oder zu erhalten (zB. man hält, um den Kopf zu schützen, den Arm vor, *Raš.*); um so mehr wird einer alle seine Habe drangeben, um sein Leben zu schützen oder zu erhalten"; aber עוֹר bedeutet nur entweder die lebendige *Haut* χρώς (synekdochisch auch den ganzen Leib 18, 13. 19, 26), oder die abgezogene Haut, *Fell* (δέρμα, βύρσα), nicht aber *Glied* oder gar Stück Haut, d. h. בְּעַד עוֹר. Versteht man aber (*Mx.*): „ein Fell sitzt um ein (anderes) Fell herum; das erste ist dem Ij. abgezogen, das zweite hat er noch; das Hemd sitzt näher als der Rock", so statuirt man ein unwahres Bild (Mensch mit 2 Fellen bekleidet), oder nimmt עוֹר in 2erlei Bedeutung (Kleidungsstück u. Leibeshaut). Deshalb wird man doch (*Ew. Hrz. Stick. Ha. Hitz. Hyst.*) *Haut um Haut* erklären müssen als *Gleiches um Gleiches*: von zwei gleichwerthigen Dingen gibt man eines statt des andern, u. so gibt der Mensch auch seine Habe gerne hin, um das andere Gut, das ihm ebensoviel werth ist, sein eigenes Selbst, Leben u. Gesundheit, behalten zu dürfen, also statt des andern u. zum Schutze des andern. Warum nennt er aber für 2 gleichwerthige Dinge gerade עוֹר u. עַד, für welches die Bedeutung *Waare* (*Hitz.*) reine Fiction ist? Entweder, weil ein Sprichwort es so mit sich brachte, oder weil in der Anwendung allerdings die Haut Ijob's (sein Leib) unter dem einen der beiden verstanden wird. Nur muss man nicht (*Ephr. S., Ros. Hupf.*) so weit gehen, dass man den andern עוֹר auf die Haut d. i. das Leben seiner Kinder u. Thiere deutet. וכל וג׳] ist nicht steigernd gesagt (*Del.* a.), sondern fügt durch *und* die Erklärung des zuvor allgemein Ausgedrückten bei: *alles was der Mann* (Mensch) *hat, gibt er um* seine Seele d. i. *sein Leben*; so lange er noch dieses Hauptgut der Gesundheit hat, hat er noch immer die Hälfte seines Besitzes, u. wird sich darum hüten, mit Gott zu brechen; die Eigennützigkeit seiner Frömmigkeit ist noch immer nicht widerlegt. — V. 5. *Aber* ein anderes Ergebniss wird sich herausstellen, wenn Gott ihm auch dieses Gut antastet, u. darum der Rath, es zu thun. Sonst s. 1, 11. — V. 6. Gott geht auf dieses Ansinnen ein, in demselben Sinn u. aus denselben Gründen, wie das erstemal: *siehe er* (mit seinem Fleisch u. Gebein d. i. seinem ganzen Leib) *ist in deiner Hand*; mit der Beschränkung: *nur seine Seele* d. i. *sein Leben nimm in Acht!* — β) *die Ausführung* V. 7. V^a. wie 1, 12^b. ויך וג׳] *u. schlug den Ij. mit bösem Geschwür von seiner Fusssohle an bis zu seinem Scheitel*, d. h. am ganzen Leibe, wie Dt. 28, 35. שחין] Entzündung, entzündetes Geschwür u. Geschwüre, wird zwar 2 R. 20, 7 von den Pestbeulen gebraucht, aber Lev. 13, 18 ff. von den Beulen, mit denen der Aussatz anfängt, u. diese Aussatzbeulen werden hier durch das beigesetzte רע als die bösartigen bezeichnet. Es ist gemeint die schlimmste Art des Aussatzes, wahrscheinlich dieselbe, die Dt. 28, 27 שחין מצרים heisst, der in Ägypten endemische Aussatz (Plin. h. n. 26 § 7 f.), aber auch anderwärts vorkommend, *lepra nodosa* oder *tuberculosa*, der knollige Aussatz, von den Griechen *Elephantiasis* genannt (wegen der schrundigen, an Farbe der Elephantenhaut ähnelnden Haut u. der oft zu Klumpen in Gestalt von Elephantenfüssen aufschwellenden Beine). Diese Krankheit ist, wie schon *Origenes* (c. Cels. 6, 5) wusste, unter Ijob's Krankheit zu verstehen (*JDMich.* Einl. AT. J. 57 ff.). Sie ist zwar besonders in den heissen südlichen Ländern Ägyptens, Arabien, Ost- und Westindien zu Hause, kommt aber auch (zum Theil in abweichenden Formen) in nördlichern Klimen vor, u. ist mit den andern Formen des Aussatzes noch jetzt in Norwegen nicht selten. Beschreibungen der Krankheit findet man bei *Win.* RW[3]. I. 115 f.; *Ri.* HWB. 120 ff., u. von Beobachtern derselben in *Bruce* Reisen (deutsch) III. 41 ff.; V. 262; in *Description de l'Egypte* t. XIII p. 174 ff., u. zugleich mit Abbildungen in *Danielsen et Boeck*, traité de la Spédalskhed ou Elephantiasis des Grecs, Paris 1848, u. *Hecker* Elephantiasis oder Lepra Arabica, Lahr 1838 (vgl. die Zeugnisse arabischer Ärzte, bei *Stick.* 169 f.); auch in den neueren Lehrbüchern der Pathologie zB. von *Perls*[2] 1886 S. 244 f. Die grauenhaften Verwüstungen des menschlichen Leibes durch diese Krankheit machen es begreiflich, dass der Morgenländer sie als die furchtbarste aller Krankheiten fürchtet. Bei dem höchsten Grad der Ausbildung fallen ganze Glieder (Finger, Zehen, Hände, Füsse) allmählig ab, daher die Araber sie auch *el-ǵudâm* die Verstümmlungskrankheit nennen. Sie galt für ansteckend, obgleich sie es nach den neuern Beobachtungen nicht zu sein scheint (wohl aber meist anererbt); sie ist in der Regel unheilbar, obgleich auch Fälle der Heilung vorkommen; in ihrem Verlauf ist sie eine der langwierigsten Krankheiten, u. kann sich durch 10—20 u. mehr Jahre hinziehen. Die im B. Ijob angedeuteten Symptome: anfangs heftiges Jucken der Haut (2, 8), das Rissigwerden der Haut u. die knolligen Beulen, welche bald eiternde Flüssigkeit ergiessen, bald hart u. krustig werden u. selbst Maden erzeugen (7, 5), der stinkende Athem (19, 17), wohl auch das thränende u. fast seine Sehkraft verlierende Auge (16, 16), die schwärzliche schrundige Haut u. die innere Hitze in Gebeinen u. Eingeweiden (30, 30. 27), die Gefahr der Abtrennung von Gliedmassen (30, 17. 30), die Abzehrung des Leibes (19, 20. 30, 18), bei der zuletzt kaum das Zahnfleisch übrig bleibt (19, 20), der Trübsinn u. die fortwährende Unruhe u. Angst bei Tag u. Nacht mit schreckhaften Träumen u. Beklemmung durch Athmungsbeschwerden (7, 4. 13—15. 30, 17), das alles sind Erscheinungen, die auch sonst in den Beschreibungen des knolligen (freilich zum Theil auch des glatten oder unästhetischen) Aussatzes erwähnt werden. וַיְ] wie Ex. 18, 13f.; die orient. Lesart ist וַיֵּ; so auch Qerê (Dt. 28, 35. Jes. 1, 6. 2 Sam. 14, 25). לְהִתְגָּרֵד] *Ges.* 10, 2 A. b. — γ) *Ijob's Verhalten, seine treue Standhaftigkeit*, V. 8—10. — V. 8. Er nahm sich eine *Scherbe, um sich damit zu kratzen*, weil die Krankheit, nam. im Anfang, ein heftiges Jucken auf der Haut verursacht, die Finger aber selbst auch bald angegriffen werden. Derartige besondere Schabewerkzeuge aus allerlei Stoffen, mit denen sich die Aussätzigen kratzen oder den Eiter wegschaffen, sind auch sonst im Orient nachgewiesen (*Cler.*; *Chardin* Itin. Pers. II. 342). וְהוּא וגו] Zustandssatz: *während er mitten in der Asche sass*, Zeichen der tiefsten Trauer (42, 6. Jer. 6, 26. Jon. 3, 6) über dieses furchtbare Geschick. Den V.b zu V. 9 zu ziehen (*Hitz.*), ist unpassend. Die LXX mit ihrem καὶ ἐκάθητο ἐπὶ τῆς κοπρίας ἔξω τῆς πόλεως fanden darin zugleich die Andeutung von seiner Absonderung aus der menschlichen Gesellschaft (s. V. 12, u. über κοπρία die von *Wetzst.* bei *Del.*² 62f. gegebene Beschreibung einer hauranischen *mezbele*, eines Dünger- u. Aschenhaufens vor den einzelnen Ortschaften, wo auch die von ekelhaften Krankheiten Befallenen Tag u. Nacht liegen). — V. 9. Die Krankheit war schon so weit entwickelt, dass sie als das Übel, das in besonderem Sinne ein *Schlag Gottes* (19, 21) hiess, als die schlimmste Art desselben erkannt u. ihr wahrscheinlicher Ausgang schon vermuthet werden konnte (die LXX, erklärend, schicken χρόνου δὲ πολλοῦ προβεβηκότος voraus). Das genügte, um zwar nicht Ij. selbst, aber sein Weib zum Wanken zu bringen. Sie, der schwächere Theil (Gen. 3, 1ff.), gibt nicht blos alle Hoffnung auf u. sich selbst der Verzweiflung hin, sondern wird auch zur Versucherin des Mannes, indem sie ihm das zu thun räth, was Satan be-

absichtigt hatte, zur diaboli adjutrix (*Augustin*), impiae carnis praeco
(*Brenz*). צְרָךְ וגי] vgl. V. 3; der Satz hätte auch als einfache Behauptung seinen guten Sinn, wird aber besser als eine Frage der
Verwunderung aufgefasst (*Ges.* 150, 1): *noch immer hältst du fest
an deiner Unsträflichkeit!* Aber עֲדָיָן für עֹדְךָ (*Mx.*), ohne Subjectsausdruck wäre unrichtig. בָּרֵךְ אֱלֹהִים וָמֻת] *lass Gott fahren u. stirb!*
d. h. höre doch endlich auf, auf deinen Gott zu vertrauen, ihn zu loben
u. zu preisen (1, 21), u. mache dich auf den Tod gefasst, denn etwas
anderes siehst du doch nicht vor dir (*Hrz.*). Möglich wäre: *preise
nur immerfort Gott!* Du wirst schon sehen, was dein Lohn ist, der
Tod (*Ha.*). Aber die scharfe Abweisung, die sie von Ijob V. 10 erfährt, spricht für die erste Erklärung. Dagegen *fluche* (s. 1, 5) *Gott,
damit du stirbst!* (*Mx.* XLVIII) taugt nicht, weil nicht selbstverständlich ist, dass קֵלֵּל אֱלֹהִים sofortigen Tod zur Folge hat. Bei den LXX
folgt hier noch eine längere Rede des Weibes, matt u. ohne Werth,
der kraftvollen Kürze der Worte des V. 9 u. der kurzen Haltung des
ganzen Prologen durchaus entgegen. — V. 10. Ij. bleibt auch gegenüber von dieser Versucherin erhaben-ruhig u. fest. Er weist sie ab:
wie eine der Närrinnen redet, redest du. אַחַת] 2 Sam. 13, 13. נָבָל]
thöricht, Thor, gew. im ethisch-religiösen Sinn: der in göttlichen Dingen
unwissend ist u. falsch denkt, darum auch den rechten Weg nicht geht,
sondern wider die Sitte handelt, das Gegentheil von חָכָם, dessen erster
Grundsatz Gottesfurcht ist; auch hier ist נבלה Närrin oder Thörin,
welche von Gott nichts mehr wissen will, Atheistin oder Heidin (Ps.
14, 1). Ijob weist also ihre Rede als gottlos zurück, u. bezeichnet es
als sich von selbst verstehend, dass der Mensch aus Dankbarkeit gegen
den Gott, der ihm so viel Gutes gegeben, auch das Üble willig annehme: *auch das Gute nehmen wir von Gott an, u. das Böse sollten
wir nicht annehmen?* קִבֵּל] *annehmen*, mehr aramäisch als hebr., in
Prosa sonst nur in nachexilischen Büchern, aber im Spruch, wie hier,
auch Prov. 19, 20. גַּם] steht hier ganz richtig (wir nehmen ja auch
das Gute an), u. ist nicht etwa nur, zum 2. Satz gehörig, an die Spitze
gestellt (*Del.*; *Ges.* 153); noch weniger ist für אֶת גַּם zu lesen גַּם אֵת
u. zu רע־־ זu ziehen (*Mx.*), wo es ganz überflüssig wäre. וְאֶת הָרָע וגי]
ist Fragesatz ohne הֲ (wie V. 9). Das Fragewort erscheint nam. dann
entbehrlich, wenn der Fragsatz wie folgernd durch וְ an etwas Vorhergehendes angelehnt wird, im Sinne der Verwunderung u. des Zweifels
(10, 9; Jud. 11, 23. 14, 16; Jer. 25, 29. 49, 12; Ez. 20, 31, oder
statt וְ durch גַּם u. אַף Zach. 8, 6; Ij. 14, 3). Ijob zweifelt keinen
Augenblick; es kommt ihm gar nicht in den Sinn, irre zu werden an
Gott. בכל־זאת וגי׳] ist, wie 1, 22, ein Schlussurtheil des Dichters, wichtig
für die Beurtheilung des Folgenden. Das בשפתיו soll nicht andeuten, dass er
sich in seinem Herzen, seinen Gedanken schon verfehlte (*Trg.*), sondern ist
bemerkt im Gegensatz zu C. 3ff., wo er sich allerdings mit seinen Lippen,
mit Worten verfehlte. Nachdem Ij. auch in dieser 2. Prüfung bis dahin
vollkommen bestanden ist, u. seine musterhafte Treue bewährt hat, wird nach
einiger Zeit die Lage verändert durch den Besuch dreier Freunde, C. 2,
11—13, welcher zum ersten Ausbruch der Klage Ijobs C. 3 Veranlassung gibt.

3. *Der Besuch und Ijob's erste Klage*, Cap. 2, 11—3, 26.

Dass zwischen V. 10 u. 11 eine ziemliche Zeit verflossen zu denken ist, ergibt sich aus V. 12 u. C. 7, 3 ff., C. 19 u. 30, wornach seine Krankheit schon weit vorgeschritten ist. V. 11. *Die 3 Freunde Ijob's* (d. h. die 3, die er als seine eigentlichen Freunde u. Genossen hatte), kommen auf die Kunde von seinem schweren Unglück aus verschiedenen, auch fernen Gegenden zusammen, um gemeinschaftlich ihn zu besuchen. הבאה] *das gekommen war*; ohne zwingenden Grund ist hier, wie oft, von Mass. das Prf. statt des Part. punktirt, s. Gen. 18, 21. Jes. 51, 10 (*Ges.* 138, 3). ויועדו יחד] nicht: *und sie verabredeten sich untereinander* (*Hrz. Schl.*), noch weniger *condixerant enim* (*Vulg.*), sondern (Neh. 6, 2. 10): *u. sie traten verabredetermaassen zusammen.* לבא] *um zu kommen*; בא wie Jes. 7, 24. Gen. 37, 30 u. s. לנוד לו] *ihm ihr Beileid zu bezeugen*, wie 42, 11, u. וי Beileid 16, 5. *Elifaz*] ist ein alter edomitischer Personenname (Gen. 36, 4. 10. 12), u. ist demnach auch sein Gentilicium *der Têmanite* nicht von Têmâ im Osthaurân (*Wetzst.* bei *Del.*² 590), sondern vom edom. Têmân (s. Gen. 36, 11. 15) abzuleiten. Für einen Weisen wie Elifaz passt das gut, da die Temanier oder Edomiten auch Jer. 49, 7. Bar. 3, 22 f. Ob. 8 f. (doch wohl nicht erst auf Grund des B. Ijob) wegen ihrer Weisheit gerühmt werden. *Bildad*] nur im B. Ij., mit qedarenischem *Bir-Dadda* zusammengestellt (*FrdDel.* Par. 298; *ZKF.* II. 165 ff.), als בן דד (*Halévy* Rech. Bibl. VII. 275) oder בל ידד (*Nöld.* in ZDMG. XLII, 479, vgl. אלדד u. אלידד Num. 11, 26 f. 34, 21) erklärt. Er ist ein *Šuḥite* d. h. zugehörig zu *Šuaḥ*, einem qeṭuräisch-arabischen Stamm (Gen. 25, 2. 6), dessen Wohnsitze auf dem rechten Eufratufer etwa zwischen der Mündung des Beliḥ u. Ḫabôr jetzt keilinschriftlich nachgewiesen sind (*Schrad.* KGF. 142 f. 222; *FrdDel.* Par. 297 f., in ZKF. II. 91 f.). *Ṣofar*] nur im B. Ij. (u. Gen. 36, 11 LXX Σωφάρ für hebr. צפו) heisst הנעמתי d. i. *der zu Naʿama gehörige*. An das jüd. Städtchen Naʿama Jos. 15, 41 (*Hgst.*, *Reuss* 13), das keinerlei Bedeutung hatte, ist wohl nicht zu denken. Man erwartet eher einen Stammnamen Naʿama; ein solcher ist aber bis jetzt nicht bekannt. Die Correctur הרעמתי (Gen. 10, 7. Ez. 27, 22), der von *Raʿma* (*Dozy* Israel. te Mekka 76) würde schon tief nach Arabien hinein führen. Die LXX geben hier u. weiterhin Μιναῖος. Mit Μιναῖοι übersetzen sie 1 Chr. 4, 41 die מעינים u. 2 Chr. 26, 7 die מעונים des hebr. Textes, haben sie auch 2 Chr. 20, 1 richtig statt des sinnlosen עמונים, wogegen sie Jud. 10, 12 *Μαδιάμ* für מעון geben. Die Mináer glaubt man jetzt auch aus Inschriften derselben (s. aber auch ZDMG. XLIV. 505 ff.) zu kennen als ein Volk, das eine Zeit lang (nach *EGlaser's* Behauptung noch vor den Sabäern) in Arabien das vorherrschende war u. die ganze Weihrauchstrasse bis nach Syrien in Händen hatte; noch Eratosthenes bei Strabo 16, 4, 2 verzeichnet Μιναῖοι in Arabien. Die im AT. LXX vorkommenden Mináer müssen östlich oder südlich von Edom gewohnt haben (noch gibts eine Station Maʿân 15 km. von Petra); ob sie aber coloniale

Überreste jenes südarabischen Volks waren, ist noch sehr fraglich. Ein solcher Μιναῖος würde der Lage nach passen. Ob aber מציני die urspr. Lesart war, ist sehr zweifelhaft: נעמתי könnte nur absichtliche Correctur sein, aber warum solche? u. möglich wäre ja auch, dass die LXX ein Na'ama im minäischen Gebiet noch kannten u. den bekannteren allgemeinen Namen für den besonderen setzten. — V. 12. Die Freunde erblicken den Ijob schon *von ferne*: er lag also wohl als Aussätziger ausserhalb seiner Wohnung (LXX 2, 8: ἔξω τῆς πόλεως) an einem besondern Ort im Freien (mit nothdürftigem Obdach). ולא הכירהו] *u. sie erkannten ihn nicht* (wieder); so entstellt war er schon (הכיר auch 4. 16. 7, 10. 24, 13. 17). Sie brachen darob in lautes Weinen aus, zerrissen ihr Gewand (wie 1, 20), u. *sprengten* d. i. warfen *Staub über ihre Häupter, zum Himmel auf:* man warf den Staub in die Luft aufwärts, dass er auf das Haupt herabfiel, zum Zeichen, dass man von oben her d. i. durch göttliche Schickung bis zum Staube sich erniedrigt fühle in Trauer (Ez. 27, 30; Thr. 2, 10; Jos. 7, 6; 1 S. 4, 12; 2 S. 13, 19). — V. 13. ואין וגו׳] *ohne dass einer ein Wort zu ihm redete*. Dass sie 7 Tage u. 7 Nächte, eine volle Woche, stumm bei ihm sassen, ist nicht Zeichen der Trauer (etwa wie man um Todte 7 Tage trauert 1 S. 31, 13. Gen. 50, 10. Sir. 22, 10); vielmehr der Eindruck der Veränderung, die sie hier vorfanden, war für sie so überwältigend, dass sie erschüttert u. in die Betrachtung des Elends versunken sich erst in dieser Lage zurechtfinden mussten, ehe sie an's Reden denken konnten (Ez. 3, 15). So erklärt der Vrf. selbst: *weil sie sahen, dass der Schmerz sehr gross war*, zu gross, als dass der Trost u. die Weisheit, die sie im Sinne hatten, hier ausreichten. Aber gerade dieses bedeutungsvolle Schweigen wird für Ij. der Anlass zu unbedachtsamem Reden; in so fern kann man immerhin die Anwesenheit der Freunde für ihn eine Versuchung nennen. Dass aber nun zusammen 7 Versuchungen (*Del.*) zu zählen seien: vier in C. 1, eine in 2, 7, eine in 2, 9 f. u. eine hier tritt im Text nicht hervor u. ist eine Fiktion. — C. 3, 1. יומו] *seinen Tag* d. i. nach V. 3 seinen Geburtstag. — V. 2 ויען] *und er versetzte*, sofern ענה so viel ist, als: auf eine Veranlassung hin das Wort nehmen; veranlassend sind aber nicht blos vorhergehende Äusserungen eines andern, sondern auch Thatsachen, Umstände, hier die Anwesenheit der schweigenden Freunde. Zur Bezeichnung des dichterischen Redens (*Stick.* 281) soll ויען nicht dienen. ויאמר] Mil'el, u. doch mit Patach hinten; so immer im B. Ijob (4, 1. 6, 1. 8, 1 u. s. w.), wo es am Ende des V. steht. — Dass Ij., nach Trost verlangend, das unheimliche Schweigen bricht, ist natürlich; dass sein so lange gehemmter innerer Schmerz, wenn er einmal losbricht, um so gewaltsamer sich äussert, ist psychologisch richtig; dass er aber, während er bisher mit keinem Wort (1, 22. 2, 10) sich verfehlt hat, nun mit einemmal in eine Verwünschung seiner Geburt u. eine verzweiflungsvolle Klage ausbricht, kann auffallend erscheinen, u. ist sogar schon als ein Widerspruch gegen die Erzählung des Prologen geltend gemacht worden. Aber diese Verwünschung beweist doch nur, dass die glaubensvolle Ergebung jetzt von ihm gewichen ist, nicht dass er sie nicht zuvor gehabt hat oder auch wieder erringen kann. Diese Änderung der Seelenstimmung ist vielmehr der Anfang zu den inneren Geisteskämpfen, deren Entwicklung der Dichter in seinem Werke darlegen will. Auch wird sie dem wohlbegründet erscheinen, welcher bedenkt, dass jedes Leiden, je länger es dauert, desto schwerer wird u. die Kräfte des Gemüthes aufzehrt (6, 12), dass aber in diesem Fall ganz besonders der Anblick der stumm bleibenden Freunde ihm das Entsetzliche seiner Lage nur um so deutlicher zum Bewusstsein bringen u. ihn bei jenen schon die Gedanken im Hintergrund vermuthen lassen musste, gegen die sein Innerstes sich sträubte. So erzeugen denn gerade diese 7 Tage die trübe Stimmung in ihm, u. dass er ihr sich hingibt, sie in einer Rede gewaltsam ausbrechen lässt, das wird für ihn das erste Glied einer Kette neuer Leiden u. Kämpfe, der Anfang der folgenden Verwicklung.

Cap. 3, 3—26 *Ijobs erste Klage.* Die epische Ruhe, mit welcher bisher der Held geduldet u. der Dichter erzählt hat, weicht von hieran dem dramatischen Pathos; in schwerwiegenden gewaltigen Reden gibt Ijob u. geben auch die Freunde ihren Empfindungen u. Gedanken Ausdruck, u. der ganze nun beginnende Kampf der Geister verläuft in diesen Reden. Es ist die gehobene Dichterrede, die sie reden, entsprechend ihrer erregten Stimmung; nur in den die einzelnen Reden einleitenden Erzählungsworten spinnt sich der prosaische Faden des Prologen fort. Die Massoreten haben die dichterische Accentuation des Buches von C. 3, 3 an begonnen u. bis 42, 6 fortgesetzt, aber sonderbarer Weise auch die einleitenden prosaischen Worte ihr unterworfen. — Ijob fängt hier, wo er zum erstenmal seinem inneren Schmerz u. einem trüben Unmuth sich hingibt, an a) mit einer Verwünschung der Anfänge seines Lebens, seines Geburtstages u. seiner Empfängnissnacht, u. bietet gegen sie, als seine ärgsten Feinde, alle Mächte auf, dass sie sie vernichten, sie auf immer finster, öde u. freudenlos machen, V. 3—10. Aber b) sich besinnend, dass diese Geburt nicht mehr rückgängig zu machen ist, wünscht er wenigstens gleich nach der Geburt gestorben zu sein u. verliert sich in eine bitterwehmüthige Sehnsucht nach der beneidenswerthen Ruhe der Todten V. 11—19, bis er endlich c) auch dies als vergeblich erkennend, u. der wirklichen Lage näher kommend, mit der vorwurfsvollen Frage schliesst, warum die leben müssen, die vor Kummer nichts sehnlicher wünschen, als den Tod, warum vor allem er, der einem räthselvollen, aussichtslosen, ruhelosen Leiden hingegebene? V. 20—26. Die ganze Klage ist die hochpathetische Ausführung des Wunsches nie geboren zu sein (Jer. 15, 10), des Verlangens nach dem Tode; vgl. weiter Jer. 20, 14—18. Gegen Gott unmittelbar kehrt sie sich nicht; auf ihn weist sie nur erst am Ende (V. 20) von ferne als auf den Urheber dieses Geschickes hin, ohne ihn zu nennen; sie unterscheidet sich dadurch wesentlich von seinen folgenden Reden, wo der innere Gram viel verfänglicher sich äussert, u. gibt sich nur als ein erster Schritt auf einer gefährlichen, abschüssigen Bahn. Die stürmische Erregung, aus welcher heraus Ij. gleich Anfangs sein Dasein verwünscht, ist gewaltig; sie geht aber nicht gleichmässig durch die ganze Klage hindurch, sondern wird in den 2 letzten Absätzen ruhiger, wenn auch nicht minder bitter, u. ist in ihrem Ausgang, wo sie in die Schilderung seines gegenwärtigen Zustandes übergeht, darauf angelegt, das Mitleid der Freunde zu gewinnen. Die 3 Absätze treten klar hervor, u. sind die 2 letzten sogar durch das gleiche Anfangswort (למה) gekennzeichnet. Dass die Stichenzahl der 3 Absätze allmählig abnimmt (20, 18, 14) entspricht der Abnahme des Ungestüms. Der erste Absatz hat 2, 6, 6, 6, der zweite 6, 6, 6, der dritte 6, 6, 2 Stichen. Den V. 10 mit 11 u. 12 zusammenzunehmen (*Stick. Del.*), ist handgreiflich unrichtig.

1) Verwünschung seiner Geburt u. Empfängniss, V. 3—10. Von seiner gewaltigen Dichterkraft hat der Dichter hier eine besonders glänzende Probe gegeben: der hocherregten Empfindung Ijob's belebt sich hier alles zu persönlichen Wesen, zu concreten plastischen Gestalten. Auch der Rhythmus ist hier voller: V. 4—6. 9 erscheinen in rhythmischen Triaden (3 gliedrige Verse), während der 2. u. 3. Absatz in Dyaden verläuft. a) Zunächst werden der Tag der Geburt u. die Nacht der Empfängniss zusammen verwünscht V. 3, u. dann in Ausführung von V. 3ᵃ jener Tag im besondern V. 4f. — V. 3. *Untergeh' der Tag, da ich geboren ward!*] nicht: *werden sollte* (*Raš.*; *Ew.* 136ᵇ; *Hitz. Mx.* a.); der jährlich wiederkehrende Geburtstag ist gemeint. אֹבַד] s. *Ges.* 68, 1. יוֹם] ohne Artikel, nach Dichterart (*Ew.* 277ᵇ), zumal vor dem abgekürzten Rel.-Satz. אִוָּלֵד] Impf. zur lebhaften Vergegenwärtigung des Vergangenen, wie V. 11. 10, 10. 15, 7 (anders *Böttch.* N. Ä. III. 39); Jer. 20, 14 steht prosaischer יֻלַּדְתִּי. אָמַר] *welche sprach* (לילה ist masc.), nicht: *in welcher man sprach* (LXX Peš. Vulg.), womit die dichterische Schönheit verloren gienge. Die Nacht ist als ein lebendes Wesen geheimnissvoller Art gedacht (wie Ps. 19, 3); als solches konnte sie Zeugin seiner Empfängniss sein. הֹרָה] *conceptus est*; nicht synon. von ילד (*Saad. IE.* a.). Selbst wenn man mit LXX הֹרָה läse, oder הֹרָה als Plusq. (empfangen *war* ein Knabe) nähme, um Tag u. Nacht zusammen als das νυχθήμερον der Geburt verstehen zu können, würde doch dazu die folgends durchgeführte scharfe Unterscheidung des Tags u. der Nacht nicht stimmen. Und übrigens ist es ganz treffend, dass Ij. nicht zufrieden mit der Verwünschung des Geburtstages selbst seine Erzeugung verwünscht (s. Ps. 51, 7). Dass die Nacht weiss, was in ihr vorgeht, ist dichterisch nicht zu beanstanden. Wenn er aber beiden, dem Tag u. der Nacht, hier die Vernichtung wünscht, so kann er das, weil er beide als Wesen denkt, die nicht bloss einst gelebt haben, sondern noch immer lebend, jährlich in ihrer Reihe wiederkehren. — V. 4f. Die besondere Verwünschung des Tages, als Ausführung von 3ᵃ. היום ההוא] LXX falsch ἡ νὺξ ἐκείνη. *jener Tag werde Finsterniss!*] da es zu viel gewünscht ist, dass der Geburtstag gänzlich ausgestrichen werde aus der Reihe der Tage, so soll er wenigstens, so oft er wiederkehrt, das entbehren, was ihn zum Tage macht; das helle Licht, soll Finsterniss werden (*Hrz.*), ein *dies ater*. *nicht frage nach ihm Gott droben*] Gott, oben in der Höhe thronend (31, 2. 28), soll von da aus sich um diesen Tag nicht kümmern, sich

seiner nicht annehmen (Dt. 11, 12), so dass er ohne Licht bleibt; vorausgesetzt ist dabei, dass jeder einzelne Tag seine Tageshelle einer besondern Fürsorge Gottes verdankt. תופע] *glänze auf über ihm!* LXX ἔλθοι εἰς αὐτήν (ob תאתה?). נהרה] *Tageshelle, Lichthelle* (arab. *nahâr*), nur hier. „Eine der vielen, diesem Buch vorzugsweise eigenthümlichen Femininformen der Nomina; vgl. נויה V. 5; מסלה 4, 6; ילדה 4, 15; תהלה 4, 18; רצה 5, 8; חדל 6, 10; זעף 8, 6; שפה 15, 4; ניר 20, 25; נמצה 39, 19" (Hrz.). — V. 5. יגאלהו] אל nicht = בל besudeln (Aq. Trg. Vulg. IE.), sondern *einlösen* u. *zurückfordern*; sie sollen, wenn er als Tag auftaucht, wie nächste Verwandte von ihm, ihr Verwandtschaftsrecht geltend machen, ihn als ihr Eigenthum, als ihnen angehörig zurückfordern oder in Anspruch nehmen. צלמות] von den alten Übers. u. den Mass. überall als Comp. aus צל u. מות σκιὰ θανάτου aufgefasst, von den Neueren (Ew. Olsh. Hupf. Del. a.) צלמות eig. *Schwärze* (von צלם) gelesen. Thatsache ist, dass צלמות dichte Finsterniss, wie sie in Scheol u. Grab ist, bedeutet (Ges. th. 1169), u. sonst als stärkeres Synon. von חשך u. אפל erscheint, andererseits dass in der lebendigen Sprache für Orkusfinsterniss schwerlich *Schatten des Todes* gesagt wurde, da dem Orientalen der Schatten Bild des Erquickenden ist. עננה] nur hier, ein Massenwort: *Gewölke.* כמרירי יום] *ihn mögen schrecken Tagsverdüsterungen!* d. h. jede Düsterheit, welche einen Tag zum Schreckenstag machen kann, zB. Verfinsterung der Sonne! So die meisten Neueren, indem man eine Steigerungsform כמרירי von √כמר *verbrannt, geschwärzt sein* (vgl. كمر) annimmt, dieselbe aber nicht כמרי (so noch Ges. th. 693; Ha., Schl.), sondern besser כמרירי (Ew. 157ᵃ; Olsh. 187ᵇ) ausspricht. Die Mass. (wie schon Aq. Trg. Pes. Vulg.; noch Hgst.) wollen כ u. מרירי *wie (gleichsam) bittere Dinge eines Tages*, soll heissen Unglücksfälle, wie sie nur immer einen Tag treffen können (Saad. Gluth- u. Pestwinde des Tages, nach Dt. 32, 24), aber כ beim Subj. des Satzes ist unerträglich u. mit Am. 8, 10 nicht zu rechtfertigen; חשך וצלמות als Subj. zu denken, geht schon wegen des dazwischen liegenden Versgliedes nicht (Hrz.). Die LXX mit καταραθείη (var. κα[ι]ταραχθείη) ἡ ἡμέρα lassen כמרירי aus. Correcturen wie כמרירי יום = כמרדי אור 24, 13 *wie Feinde der Tageshelle* (Hitz.) oder כמרי (sic) *Tagespriester* (Mx.) erbringen keinen passenden Sinn. b) V. 6—10. Verwünschung der Nacht (in Ausführung von V. 3ᵇ) doppelt so lang, als die des Tages, weil sie es eigentlich ist (V. 10), welche dem Ij. das Dasein gab (Hrz.). V. 6. *Jene Nacht — Dunkel nehme sie hin!* Dunkel soll sie fassen, in seinen Besitz nehmen u. als sein Eigenthum behalten (vgl. 5ᵃ)! אל־יחד] *sie freue sich nicht unter des Jahres Tagen*, näml. ihres Daseins! יחד mit Hilfspatach (Ges. 75 A. 3ᵈ) von חדה (Ex. 18, 9). Aber חדה ist sonst den B. Ij. fremd; die alte Übers. verstanden יחד (Gen. 49, 6) von יחד: *sie vereine sich nicht mit den T. d. J.!* reihe sich nicht in sie ein! (Hitz. Stud. Mx. Reu.). Freilich weniger schön u. kräftig. *sie komme nicht in die Zahl der Monde!* d. h. der zu den Monden gehörigen Tage (LXX). — V. 7. גלמוד] auch 15, 34. 30, 3; *steinhart* d. h. nicht *solitaria* (Vulg.), *lautlos stille* (Hitz.), sondern *unfruchtbar* (Jes. 49, 21,

vom Weibe): nichts soll mehr in dieser Nacht sein Dasein empfangen
u. entstehen. — *nicht komme ein Jubel,* Jubelruf, *in sie!*] Hochzeits-
jubel, Geburtsjubel. — V. 8. *Verfluchen mögen sie die Tagsverwün-
scher, welche bereit (befähigt) sind, den Drachen aufzuregen!* Wie
er selbst sie verflucht hat, so bietet er die Zauberer gegen sie auf,
dass sie mit ihren Kräften sie zu einer finstern Fluchnacht machen.
Der Dichter greift auf den Volksglauben zurück. Die אררי יום sind eine
Klasse von Menschen, denen man die Kraft u. Kunst zuschrieb, einem
Tage etwas anthun, ihn zu einem *dies ater, infaustus* machen zu können,
wie denn Glaube an Zauberei viel verbreitet war (*Win.* RW.³ II. 718 f.).
ארריי־יום] Adj. mit Art., stellvertretend für Rel.-Satz (*Ew.* 335ᵃ). ערד]
dichterisch für לכרד (*Ew.* 285ᶜ), wie oft nach ergänzungsbedürftigen
Verben (zB. 4, 2. 15, 22. 27, 1); nach עתיד nur möglich, sofern es
participiale Bedeutung hat (etwa = יָרֵד); hier auch wegen der Paronomasie zu אררי. לויתן] eig. *flexuosus,* ist zwar 40, 25 ff. (Ps. 74, 14)
das Krokodil oder (Ps. 104, 20) ein Wasserungeheuer, dagegen Jes. 27, 1
u. hier ein schlangenartiges Ungeheuer, keineswegs die gemeine Schlange.
An gewöhnliche Schlangenbeschwörer (frühere Erkl., noch *Umbr. Hgst.*)
kann darum nicht gedacht werden. *Die den Livjathan aufzuregen
fähigen* müssen solche sein, die auf den Tag oder die Nacht einen
Einfluss ausüben können. Man hat (s. schon *v. Bohlen* das alte Indien II.
290 f.) an ein schlangenartiges Ungeheuer, etwa Drachen, zu denken,
welches Sonne u. Mond verfolgt, u. wenn es sie erreicht, durch seine
Umstrickung die Verfinsterungen jener Gestirne bewirkt (entsprechend
dem indischen *râhu, kêtu*). Manche der alten Völker dachten sich auf
diese Weise die Entstehung der Eklipsen; auf einen solchen Volksglauben
bezieht sich hier der Dichter, s. weiter 26, 13, wo derselbe Volksglaube
wieder benutzt ist, nur dass dort das mythische Wesen נָחָשׁ בָּרִחַ heisst
(vgl. Jes. 27, 1 נחש ברח לויתן). Dass aber dieser Drache als Sternbild
gedacht werde (*Hrz. Ha. Schl.* a.), ist nicht beweisbar u. ist unwahrscheinlich. Welche den Livjathan aufzuregen verstehen, sind demnach
solche, welche Verfinsterungen der Sonne oder des Mondes bewirken
können. — V. 9. *Kein Morgen mehr soll auf sie folgen! Finster seien
die Sterne ihrer Dämmerung!* נֶשֶׁף] ist nicht urspr. *intempesta nox*,
u. hat mit arab. *naša/a* (*Hitz.*) nichts zu thun, sondern bedeutet *Dämmerung*, sowohl die abendliche (24, 15. Prov. 7, 9. 2 Reg. 7, 5) u.
die sinkende Nacht (Jes. 5, 11. 21, 4), als die Morgendämmerung (Ij.
7, 4. Ps. 119, 147), dann wohl auch nächtliche Dunkelheit überhaupt
(Jer. 13, 16). Man kann hier letzteres annehmen (LXX *Vulg. Ros.
Hitz.*), oder das erste (*Schl. Hrz.*), am besten das zweite (*Peš. Umbr.
Ew. Del. Hgst.* a.), wegen V. ᵇᶜ, so dass nicht von den Abends aufgehenden u. die Nacht erhellenden Sternen die Rede ist, sondern von
den Morgensternen, welche als Vorboten des Morgens gegen die Dämmerung hin sonst erscheinen. יקו לאור] *sie hoffe auf Licht,* näml. des
Morgens, vgl. Jer. 13, 16. ואין] *u. Nichtsein!* d. h. *und es sei nicht
vorhanden,* es komme nicht! ואל־יראה] der Jussiv der ל״ה wird nicht
immer durchgebildet (*Ges.* 109 a. A.); ראה mit ב = mit Affekt, hier
mit Genuss auf etwas sehen, sich an einem Anblick erfreuen. *Wimpern*

der Morgenröthe] auch 41, 10, d. i. die ersten Strahlen der aufgehenden (ihre Augen aufschlagenden) Morgenröthe. Sonst ist es die Sonne, welche als Auge vorgestellt wird (χρυσέας ἁμέρας βλέφαρον Soph. Antig. 103), u. deren Strahlen Augenwimpern genannt werden (s. *Schult.* z. d. St., u. *Ges.* th. 1003). — Ewig morgenlos soll diese Nacht bleiben, d. i. zuletzt s. v. a. (V. 6) sie soll nie mehr in dem Reigen der mit einander wechselnden Nächte u. Tage erscheinen. — V. 10 bringt den Grund zu diesen vielfachen Verwünschungen nach. כי] *weil sie die Pforten meines Mutterleibes nicht verschloss,* d. h. diesen an der Empfängniss verhinderte, unfruchtbar machte, wie Gen. 16, 2; 1 S. 1, 5; בטני dichterisch kurz für בטן אמי. ויסתר] *u. so verbarg Mühsal* (עמל Arbeit, Mühe, Leid, Ungemach) *vor meinen Augen.* Der V. bildet zugleich den Übergang zu den folgenden Fragen.

    2) Der sehnsüchtige Wunsch, gleich nach der Geburt gestorben zu sein, V. 11—19. Nur weil sie die Anfänge waren zu dem mühsalvollen Leben, hat er jenen Tag u. jene Nacht verwünscht; um ihm des Lebens Mühsal zu ersparen, hätte aber genügt, wenn er wenigstens gleich nach der Geburt gestorben wäre. Dieser schon nüchternere Wunsch beschäftigt ihn hier, u. mit wahrer Sehnsucht malt er die süsse Ruhe sich aus, welche in der Unterwelt alle ohne Unterschied geniessen dürfen. Dass er so schwelgt in einem Gedanken, der dem gesunden u. glücklichen Menschen der schrecklichste ist, das zeigt die Bitterkeit seiner Stimmung von einer neuen Seite. a) V. 11—13: warum durfte er nicht gleich nach der Geburt sterben, dass er Ruhe gefunden hätte? — V. 11. *Warum sterbe* d. h. *starb* (s. zu V. 3) *ich nicht vom Mutterschosse aus?* entweder als ich noch in diesem war (LXX *Vulg., Saad., Schl. Del. Hgst.*; *Mx.* unnöthig ברחם), wie Jer. 20, 17, so dass V. b weiter führte, oder sofort von Mutterleib ab, gleich bei der Geburt (*Hrz. Ew. Ha. Hitz.* a.), so dass V. b die Erläuterung bringt. Letzteres ist wegen der asyndetischen Anreihung des V. b wahrscheinlicher. Mit nachwirkender Negation (*Ges.* 152, 3): *bin herausgegangen u. verscheide* d. h. verschied sofort, nachdem ich aus Mutterschooss gekommen? מן] auch 10, 18. 13, 19. 14, 10. 27, 5. 29, 18 (34, 15. 36, 12). Er wäre auch gestorben, wenn nicht bei der Geburt ihm hilfreiche Pflege zu Theil geworden wäre, also V. 12: *warum kamen Knie mir entgegen u. was* (warum) *Brüste, dass ich sog?* קדמוני] sc. der Helferin oder des Vaters, die das neugeborne Kind aufnahmen. Die Sitte der Entbindung einer Frau auf die Knie einer andern (*Stade* in ZATW. VI. 143 ff.) braucht man hieraus ebensowenig zu folgern, als es nöthig ist, an den Akt der Anerkennung durch den Vater (*Hrz.* a.) zu denken. Sonst s. Gen. 30, 3. 50, 23. Jes. 66, 12. ומה שדים] sc. קדמוני; nicht aber (*Hyst.*): *was sind Brüste* (im Verhältniss zu mir), *dass ich* (daraus) *sauge?* כי] ist hier כי der maassgebenden Folgerung (*Ew.* 337ª), wie 6, 11. 7, 17 10, 6. 13, 26. 15, 13 f. 16, 3 u. s. אינק] Ipf. im selben Sinn, wie V. 11, wogegen קדמוני, weil dem Saugen vorausgehend, richtig im Prf. steht; ähnlich V. 13 u. 23, 3. — V. 13 begründet den in den Fragen liegenden Wunsch. כי] *denn*; nicht versichernd *ja* (*Del. Vo.*), so wenig als 6, 3.

13, 19 (es geht kein Bedingungssatz voraus, wie 8, 6. 11, 15; Gen. 31. 42. 43, 10; Num. 22, 29; 1 S. 14, 30; 2 S. 2, 27). עתה] *nun, dann*, in diesem Fall; es ist, wie אָז, das Zeichen der Bedingtheit einer Aussage, und ist, wie im Nachsatz einer Bedingung (s. die eben angeführten Stellen), so auch dann gebräuchlich, wenn die Bedingung nicht ausdrücklich vorher gesetzt war, wie 13, 19; Ex. 9, 15; 1 S. 13, 13; 2 R. 13, 19 (*Ew.* 358ᵃ); die Verba sind dann im Deutschen in den Subjunctiv zu setzen: *denn dann läge ich* (eig.: *hätte ich mich gelegt*) *u. rastete* (s. zu V. 12); *wäre eingeschlafen, dann* (d. i. in diesem Fall) *wäre Ruhe mir*. ינוח] unpersönlich wie Jes. 23, 12; Neh. 9. 28. Gemeint ist die Ruhe der Todten, nicht sowohl im Grab (*Del.*), als in der Unterwelt, denn darauf weist die V. 14 ff. vorausgesetzte Vereinigung aller an *einem* Orte hin. — b) V. 14—16. Diese Ruhe genösse er vereint mit denen, die im Leben am glücklichsten gewesen, oder wäre im Nichtsein gleich denen, die nie das Licht des Lebens erblickt haben. — V. 14f. schliessen sich an den Satz V. 13 an. עם] *bei* ihnen u. *wie* sie. יעצי ארץ] nicht einerlei mit מלכים (*Hgst.*), sondern Staatsräthe, höchste Beamten eines Reiches, vgl. 12, 17. Jes. 1, 26. 19, 11. הבנים חרבות למו] *welche Trümmer sich aufbauten*, d. h. Prachtbauten, die schon zu Trümmern geworden sind, nicht aber (*Umbr. Ges. Schl. Ha. Hgst. Zö. Vo.*) die Trümmer zu werden bestimmt sind, denn etwas, was erst חָרְבָּה werden soll, nennt man noch nicht חָרְבָּה. Wollte man (*Ros. Well. Barth*) nach Jes. 58, 12. 61, 4. Ez. 36, 10. 33. Mal. 1, 4 solche verstehen, welche verödete Städte oder Häuser wiederaufbauen, so würde der Satz hier sehr müssig sein, weil derartiger Wiederbau weder ein Zeichen von Macht und Glück (s. dagegen 15, 28), noch ausschliesslich Sache von Königen u. Räthen ist; speciell an edomitische Häuptlinge zu denken, welche in dem durch das Exil verödeten Land Juda das gethan hätten (*Hoekstra, Sein.*, s. Theol. Tijds. VII. 517f.), ist reine Willkühr. Ebensowenig können *öde*, menschenleere *Bauwerke* Bezeichnung von Grabkammern, Todtenhäusern (*Hitz. Del.*²) sein, u. bedeutet auch חָרְבָּה nie eine von Haus aus öde, sondern nur eine verwüstete Örtlichkeit. An *Pyramiden* (die aber zu יעצי ארץ nicht einmal passen) dachte *Hrz.* (als könnten diese Steinhaufen genannt werden u. חרב Steinhaufen bedeuten!) u. *Ew.*, indem er חרבה vermittelst Lautwechsels mit dem (erst arab., nicht ägyptischen) Wort *hirâm, ahrâm* Pyramiden zusammenbrachte, wie schon früher arab. *mihrâb* (*Schult.*) u. *haram* (*JDMich.* Suppl. 905) herangezogen wurden, aber auch damit käme man nur zu geheimen Gemächern, Heiligthümern, die nicht hergehören. Die LXX mit οἳ ἐγαυριῶντο ἐπὶ ξίφεσιν (הַחֹגְרִים בַּחֲרָבוֹת) oder חֲגָאִים) ergeben nichts passendes. Die Correctur הַבֹּנִים חָרְבוֹת עוֹלָם die uralte Trümmer d. h. längst in Trümmer zerfallene Städte oder Paläste aufgebaut haben (*Cheyne* in Hebraica 1888. IV. 123) bessert im Grunde nichts. Der Anstoss liegt in חרבות, u. wohl möglich ist, dass erst ein Leser dies für ein anderes Wort einsetzte, gewiss nicht für רחבות *Strassenplätze, Gassen* (*Böttch.* de inferis § 298), eher für אַרְמְנוֹת *Paläste* (*Olsh.*), nur dass dieses Wort sonst dem B. Ij. fremd ist. —
V. 15. אשר להם זהב] rel.: *denen Gold war*, die Gold besassen, d. i. reiche.

הם ממלאים־] *die ihre Häuser mit Silber füllten.* Dass die Häuser von den Todtenhäusern, Mausoleen (Jes. 14, 18), u. das Füllen derselben mit Silber von den kostbaren Beilagen der Leichen zu verstehen sei (*Hrz. Hitz.*), ist durch nichts angezeigt (s. vielmehr 22, 18). Nicht auf die Beschaffenheit der Ruhestätten der Todten kommt es nach dem Zusammenhang an, sondern auf die grossen Unterschiede der Lebensverhältnisse der Lebenden, die am Ruheort der Todten aufgehoben sind. Bei den im Leben Mächtigsten u. Reichsten würde er Ruhe haben. — V. 16. Er fährt nicht fort נפל אם u. s. w., weil man denen, die nie gelebt haben, keine Ruhe in der Unterwelt zuschreiben kann, sondern setzt eine neue Aussage, die, an V. 13 anknüpfend, wie jene, hypothetisch aufzufassen ist: *oder verscharrter Fehlgeburt gleich würde ich nicht sein* (hätte ich kein Dasein, vgl. 10, 19), *gleich Kindern, die das Licht nie sahen.* Hinter V. 10 (*Stud.*) stände der V. sehr übel, ebenso hinter V 12 (*Reisk. GHffm.*); ihn noch von למה V. 11 abhängig zu machen: *oder (warum) war ich nicht wie ein 'נ 'ט* (*Barth*), ist wegen der dazwischen liegenden V 12—15 unmöglich. נפל] wie Ps. 58, 9; Qoh. 6, 3; die Fehlgeburt wird sogleich verscharrt, u. so ist hier טמון zu verstehen, vgl. Gen. 35, 4; Ex. 2, 12 u. ö.; im 2. Gl. sind gemeint todtgeborne Kinder, vgl. zu אור hier u. V. 20, das vollere אור חיים 33, 30. לא אהיה] in לא היה *die nicht gewesen ist* zu ändern (*Hitz.*), ist unnöthig. Dass er das fortgesetzte Nichtsein der Fehlgeburten u. Todtgebornen der Ruhe in der Unterwelt bei denen, die im Leben die glücklichsten waren, gleichstellt, beweist, dass er jene Ruhe kaum höher anschlägt als das Nichtsein. — c) V. 17—19. Dort u. dort erst ist Ruhe für alle ohne Unterschied. — V 17. שם] d. i. bei den Todten, in der Unterwelt. חדלו רגז] *haben aufgehört zu toben* oder *eingestellt das Toben;* חדל hat hier seine Ergänzung im Acc. bei sich (vgl. Jes. 1, 16). יגיעי כח] *die an Kraft Abgemüdeten, Erschöpften;* sonst יגעי לב] der Frevler (eig.: der Schmutzigen d. i. Schuldigen) ist die leidenschaftliche Erregtheit, ruhelose Zornmüthigkeit, mit der sie andere drücken u. quälen; die an Kraft Ermatteten sind wohl eben die durch jenen לב der Frevler Leidenden u. Erschöpften. — V. 18. Der Gegensatz zwischen Quälern u. Gequälten geht auch hier durch, aber die Theilnahme des Sprechenden gilt vorzüglich den Gequälten. יחד] *allzumal,* so viele ihrer sind, wie 24, 4 (*Hrz.*). לא שמעו 'נ] fügt bei, wovor sie jetzt sicher sind. קול] sofern der Dränger oder Frohnvogt mit Schreien u. Fluchen die Gefangenen zur Arbeit treibt. — V. 19. Der Gegensatz von Drängern u. Drängenden geht in den Gegensatz von Hohen u. Niederen, Herren u. Dienenden über. שם הוא] nicht: *dort er,* d. h. *ist dort* (LXX *Vulg., Hrz. Schl. Hgst. Mr.*), denn nicht, dass alle dort zusammenkommen, wird in V. 17—19 ausgesagt: dies ist vielmehr vorausgesetzt, u. ausgesagt wird, dass das Unterscheidende ihrer bisherigen Lebenslagen dort aufhöre; sondern הוא ist hier mit Nachdruck gesagt u. bedeutet *derselbe = idem,* ὁ αὐτός (wie Jes. 41, 4; Ps. 102, 28, u. wie das äth. **ውእቱ**፡ Lex. Aeth. p. 918f.): *Klein u. Gross ist dort derselbe* (*Umbr. Ew. Stick. Böttch. Hitz. Del.*). Nur bei dieser Fassung, wonach שם blosse Nebenbestimmung ist, schliesst sich auch der 2. Halbvers richtig an; im andern Fall hätte שם wiederholt werden müssen. ‎‎[ובאדני] über den Plur. *Ges.* 124, 1.

3) Die klagende Frage, warum er, der Lebensüberdrüssige, leben müsse, V. 20—26. Vergeblich ist es, zu wünschen, längst gestorben zu sein, vergeblich das Schwelgen im Gedanken an die Ruhe der Todten: ja dieser Gedanke regt nur um so mehr den Schmerz über die gegenwärtige Lebensplage auf. Und so bricht er nun in die vorwurfsvolle Frage aus, warum die leben müssen, die vor Kummer nichts sehnlicher wünschen als den Tod, warum vor allem er, der mit aussichtslosem Elend eingeengte u. mit ruhelosem Schmerz geplagte. a) V. 20-22: wie schon V. 17 ff. seine Betrachtung das Loos anderer Menschen hereinzog, so hält sich auch hier die Frage zunächst in diesem erweiterten Gesichtskreis. — V. 20. *Warum gibt er Mühsalvollem Licht?* Subj. ist der, der allein Licht geben kann, Gott; aber man bemerke, dass er ihn nicht nennt, aus Scheu, geradezu gegen ihn zu klagen, sondern nur auf ihn hindeutet, vgl. 24, 22 f. (etwas anders verhält es sich in den Stellen 8, 18. 12, 13. 16, 7. 20, 23. 22, 21. 25. 2. 27, 22. 30, 19). ‎[אור] V. 16. ‎[מרי נפש] *seelenbetrübte*, wie 1 S. 1, 10; Prov. 31, 6. — V. 21. ‎[המחכים] schliesst sich an ‎[מרי נפש] an, wie auch ‎[השמחים] V. 22. Die Part. lösen sich im 2. Glied, wie gewöhnlich, in Vrb. fin. auf (*Ges.* 116 A. 7). ‎[ואיננו] vgl. V. 9. ‎[ויחפרהו] *und* (in Folge ihrer Sehnsucht) *nach ihm graben*, vor Schätzen d. i. *mehr* (eifriger) *als nach Schätzen*; über das Iprf. cons., auf die Gegenwart bezüglich, s. *Ges.* 111, 4, 2ᵈ; ‎[חפר] mit Acc. der Sache, die ausgegraben wird, wie Ex. 7, 24; die Bedeutung *graben* kann hier, wo von Schätzen die Rede ist, (mit *Vulg.* LXX) beibehalten werden, u. gibt ein volleres Bild, als wenn man (mit *Trg.*) die abgeleitete (durch 11, 18. 39, 29 gesicherte) Bedeutung *ausspähen, erspähen* vorzieht. Die Meinung ist: welche den Tod als ein wahres Kleinod ansehn, u. alle Mühe aufwenden, es zu erringen. — V. 22. ‎[שָׂמֵחַ] dient als Part., *Ew.* 169ᵃ. ‎[אלי־גיל] *bis zum Jubel*, genau wie Hos. 9, 1; also ‎[אל], dichterisch ‎[אלי] (aber nur im B. Ij., 4 mal), steigernd, vgl. 5, 5; auch ‎[ישישו] ist Steigerung von ‎[שמחים]. — b) V. 23—26: Nun erst verengt sich seine Betrachtung u. richtet sich auf ihn selbst. — V. 23. ‎[לגבר] schliesst sich an V 20 an: *einem Manne* (er meint damit sich selbst), *dessen Weg verborgen ist*, nicht sowohl: dessen Lebensweg durch Unglück verdunkelt ist, als vielmehr ganz eigentlich: der nicht mehr weiss, wo er gehen soll, denn auch das 2. Gl. bleibt in derselben Anschauung: *u. um den Gott einen Zaun gezogen* (den Gott umzäunt) *hat*, dass er nicht mehr hinauskann, vgl. 19, 8. Thr. 3, 7. Zu ‎[סכך] Hiph. u. ‎[בעד] vgl. ‎[שי] 1, 10, wo aber ein Umzäunen zum Schutz, nicht zur Abschneidung des Auswegs gemeint war. Gezeichnet wird somit in diesem V. die räthselvolle, aussichtslose Lage des Mannes. Dass V.ᵇ auf 1, 10 Bezug nehme u. auch hier ‎[ויסך] das schützende Umhegen bezeichne (*M.c.* LVII), widerlegt sich durch V.ᵃ, u. wird schon dadurch auch die Umstellung des V. hinter V. 25 hinfällig. — V. 24. ‎[כי] *denn*; die Aussage von V. 23 wird begründet, u. so weit sie bildlich ist, erläutert; indem er aber hier von sich in der 1. Pers. spricht, gibt er

zugleich zu verstehen, wen er unter לבי V. 23 meinte. כי] nicht temporal *vor m. Brod* d. h. ehe ich esse (*Vulg., Umbr. Ha. Schl. Hgst. Kmph.* a.), denn warum blos vorher u. nicht auch nachher? auch ist לחם kein n. actionis; wohl auch nicht comparativ (34, 19) „noch *vor meiner Speise stellt mein Seufzen sich ein,* u. (nicht minder regelmässig) *wie das Wasser ergiesst sich mein Gestöhn,* d. h. Seufzen u. Stöhnen werden mir fast noch regelmässiger zu Theil, als mein tägliches Brod, sind mir gewiss, wie Speis' u. Trank" (*Hrz. Mat. Mx. Stud.*). Allein eine Steigerung ist frostig; kräftiger ist die Vergleichung, s. Ps. 42, 4. 80, 6; darum ist es besser, לפני in der nach 4, 19 u. 1 Sam. 1, 16 kaum zu bestreitenden Bedeutung *pro* d. i. *für*, oder *statt* zu nehmen (*Ew. Del. Hitz. Vo.*), wogegen allerdings die schon von *Schult.* versuchte Begriffsvermittlung לפני *ad modum, ad instar, sicut* nicht haltbar ist. ויתכו] Iprf. cons., neben תבא, von der fort u. fort sich wiederholenden Handlung, wie V. 21; über das masc. vor Plur. fem. s. *Ges.* 145, 7 A. 1. שאגתי] *Gebrüll* (4, 10), vom *Stöhnen* oder *Schmerzensschrei* des Leidenden, wie Ps. 22, 2. 32, 3. Dass übrigens mit כמים auf seinen täglichen Trank angespielt werde, ist wegen ויתכו nicht zu denken; יתכו zu streichen (*Bick.*), ist willkührlich. — V. 25. Die Aussage des V. 24 wird begründet. פחד ו'] ein Beben habe ich gebebt u. sofort hat es mich getroffen; eine Art abgekürzten Bedingungssatzes (*Ew.* 357[b]; *Ges.* 159, 2[f]), gleichbedeutend mit: *bebe ich vor etwas* (*Ew.* 281[a]), *so trifft es mich,* wie das 2. Gl. hinzufügt: u. *wovor ich graue, das stellt sich mir ein.* Habe ich nur an seine Qual gedacht, dass ich möchte von ihr verschont bleiben, gleich ist sie da (*Hrz.*). Die Auffassung der Verba als historischer Tempora (LXX *Vulg. Peš., Mx. Hitz.*), wonach Ij. sagte, dass das Unheil, das er in seinem Glück gefürchtet (1, 5), nun thatsächlich ihn betroffen habe, scheitert an יָבֹא. ויאתיני] für gew. וַיֶאֱתָיֵנִי (*Ges.* 75 A. 4); der Acc. ־ני, wie bei בוא 15, 21. 20, 22 u. ö. — V. 26. Noch habe ich nicht Frieden, Rast u. Ruhe gefunden, da stellt (schon neue) Qual sich ein; nur kurz sind die Unterbrechungen des Schmerzes, nicht lang genug, um dadurch zu einiger Ruhe zu kommen. נחתי] Pausalform. רגז] wie V. 17, aber anders gewendet; hier ist es die ungestüme Erregung, die Unruhe u. der Ansturm des Schmerzes. — Dass mit den 3 ersten Verben nicht auf die 3 Unglücksschläge 1, 14f. 16. 17, u. mit dem vierten auf 1, 19 angespielt wird (*Trg. Hitz.*), ergibt sich daraus, dass dann 2, 7 gar nicht berücksichtigt wäre. Ebenso wenig aber will Ij. sagen, dass obwohl er keiner fleischlichen Sicherheit sich hingegeben habe, dennoch der Zorn (Gottes) ihn betroffen habe (*Mx.*, wohl auch schon LXX *Vulg.*), denn weder passt שקטתי, נחתי, רגז zu diesem Sinn, noch ist hier zum Schluss ein solcher vereinzelter Rückblick auf den Beginn seiner Heimsuchung wohl angebracht. — Mit dieser Schilderung seines aussichtslosen, schmerzensvollen Zustandes schliesst er seine Rede, aber er hat genug gesprochen, um zu zeigen, dass für den Augenblick sein Gottesvertrauen zurückgedrängt u. eine andere Stimmung in ihm herrschend geworden ist. Durch diese seine Rede wird nun auch den Freunden der Mund geöffnet;

während eine gewisse Scheu sie bisher zurückhielt, haben sie jetzt Veranlassung sich auszusprechen, sowohl über diesen Ausbruch der Verzweiflung Ijob's, als über den Sinn, in welchem sie sein Leiden auffassen zu müssen glauben.

II. Die Verwicklung, Cap. 4—28,

oder:

der Redestreit Ijob's und seiner 3 Freunde.

Erstes Gespräch: Cap. 4—14.

Für die Lage u. Seelenstimmung Ijob's, welche diesen Ausbruch der Klage bei ihm veranlasst hat, haben die Freunde kein Verständniss; sie wissen es nicht anders, als dass eine so gänzliche u. plötzliche Zertrümmerung bisherigen höchsten Glückes nicht unverschuldet über einen Menschen komme, u. dass, wenn sie komme, sie eine demüthige bussfertige Stimmung in ihm erzeugen sollte, welche Ijob's Klage völlig vermissen lässt. Statt ihn also die Trostworte hören zu lassen, nach denen er verlangte, halten sie es für ihre Aufgabe, ihn vor Stimmungen u. Reden, wie er sie kund gegeben hat, zu warnen, ihn von anerkannten allgemeinen Glaubenswahrheiten aus zur Anerkennung der eigenen Sündhaftigkeit u. der göttlichen Gerechtigkeit in seinem Leiden hinüberzuleiten, u. durch hoffnungerregende Schilderungen eines ihm winkenden erneuten Glückes ihn zur bussfertigen Unterwerfung unter die züchtigende Hand Gottes zu bewegen. Solche Zusprache, Anfangs mild schonend u. fast schüchtern, im Verlauf aber schärfer u. offener vorgetragen, ist aber das gerade Gegentheil von dem, was er zu hören begehrte. In dieser Weise sich sein Leiden zu erklären, hatte er wohl für sich schon versucht, aber sein innerstes Wesen sträubte sich dagegen, u. weil er eine bessere Erklärung nicht fand, war er endlich in jenen Unmuth hineingerathen. Wenn er nun von seinen Freunden, erfahrnen Männern, alles Ernstes solche Anmuthung zu hören bekommt, so findet er sich zunächst in ihnen völlig getäuscht, u. wird, je dringlicher sie werden, desto gereizter u. bitterer gegen sie. Aber auch seine innere Schwermuth u. Verwirrung wird dadurch, statt gehoben, vielmehr gesteigert. Weil er da göttliche Vergeltungsgerechtigkeit anerkennen soll, wo er keine finden kann, wird er an Gott selbst irre: der Gott der Liebe u. des Rechts, an den er bisher glaubte, wird ihm zu einem grundlos den Menschen verfolgenden u. quälenden Wesen allmächtiger Willkühr, gegenüber von dem er bald in machtloser innerer Empörung wild ausstürmt, bald in Mitleid erregenden Flehworten

Gnade u. Schonung erbittet. So wird er gerade durch die Zusprachen der Freunde auf der gefährlichen Bahn, die er mit der ersten Klage betreten, weiter geführt: seine Reden wider Gott werden verfänglicher, verwegener, streifen hart an die Grenze des Unglaubens u. der Empörung; die Klagen über sein dunkles Geschick gestalten sich noch schwermüthiger u. trostloser; die innere Anfechtung wie die Verfeindung mit den Freunden ist im Zunehmen. Nur éin Punkt ist es, der ihm in diesen seine Seele durchtobenden Stürmen fest bleibt, u. je mehr alles andere wankt, ihm desto fester wird, das Bewusstsein seiner Unschuld. Wie er mit diesem als der rechten Waffe alle Anmuthungen der Freunde mannhaft abwehrt, so gibt es ihm auch in der schrecklichsten Verwirrung immer noch Halt u. Hoffnung, u. wird ihm dann weiterhin der feste Grund, von dem aus er sich die rechte Fassung in Gott wieder zurück erobert. Darum kann man es auch als Zweck u. Ziel dieses ersten Kampfes bezeichnen, jene persönliche Gewissheit seiner Unschuld ihm recht sicher zu machen, u. ihm den hohen Werth des Gutes, das er in ihr besitzt, zu klarem Bewusstsein zu bringen.

1. *Elifaz und Ijob*, Cap. 4—7.

a) Die Rede des Elifaz, Cap. 4 u. 5.

El., als der älteste an Erfahrung u. Weisheit reichste unter den Dreien, nimmt zuerst das Wort, u. sucht in einer kunstvoll angelegten, mancherlei Gesichtspunkte darbietenden Rede so schonend als möglich dem Ij. beizukommen (vgl. 15, 11). Er ist zwar von dem unauflöslichen Zusammenhang zwischen dem äussern Ergehen u. der sittlichen Würdigkeit eines Menschen so überzeugt u. erfüllt, dass er auch hier schon nicht umhin kann, ihn zum Mittelpunkt seiner Rede zu machen, aber er gibt dieser Aufstellung die mildeste Fassung, in der jeder Unbefangene ihm nur beistimmen kann, u. was darin Herbes für Ijob liegt, weiss er ihm, am Anfang u. am Ende, durch anerkennende, hoffnungerregende Worte zu versüssen. Dass er, wenn er frei heraus reden wollte, noch anderes u. schärferes zu sagen hätte, gibt er nur erst zu verstehen (4, 8—11. 5, 3—5). Doch hat die ganze Art, wie er redet, etwas Kaltes u. Gemessenes; es ist weniger der theilnehmende, mitfühlende Freund, als der väterliche Berather u. anscheinend überlegene Weise, der aus ihm spricht; er redet von oben herunter, auf Grund eines schon fertigen Dogma's, u. nimmt sich nicht die Mühe, in das Eigenthümliche der Lage Ijob's sich hineinzuversetzen. Anknüpfend an die trostlose Klage Ijob's spricht er ihm 1) sein Befremden darüber aus, dass er, der früher andern Leidenden Trost u. Stärkung zuzusprechen wusste, nun da das Leiden an ihn gekommen, so hoffnungslos sei, erinnert ihn an den Hoffnungsgrund, den er in seiner Frömmigkeit habe, u. gibt ihm zu bedenken, dass erfahrungsmässig noch kein Frommer im Unglück umgekommen sei, wohl aber die Bösen durch Gottes Zorn dem sichern u. plötzlichen Verderben anheimfallen, 4, 2—11. Nachdem er so durch *Zurechtweisung u. Zuspruch* sich den Weg gebahnt, hält er ihm 2) seinen Hauptsatz, der ihm durch höhere Offenbarung feststeht, zur Beurtheilung des Leidens Ijob's, entgegen, den Satz, dass vor Gott kein Mensch rein u. gerecht sei, darum auch keiner von Leiden verschont zu werden Anspruch habe, unmuthige Klagen aber thöricht, sündhaft u. schwerster Strafe verfallen seien 4, 12—5, 7; u. macht von dieser *lehrhaften Ausführung* endlich 3) in einem wohlwollenden Schluss die Anwendung durch die *Ermahnung*, sich an Gott, der den Leidenden Hilfe zu schaffen vermag, zu wenden, u. in Demuth die zu seinem eigenen Besten verhängte Züchtigung Gottes an sich wirken zu lassen; er stellt ihm in diesem Fall sichere Rettung aus aller Noth u. ein erneutes herrliches Lebensglück in Aussicht 5, 8—27. Der 1. Theil umfasst 2 × 10 Stichen, der 2. Theil in 2 Abschnitten a) 2 × 11, b) 11 + 4 Stichen; der 3. Theil in 2 Abschnitten a) 8 + 10, b) 2 × 10 Stichen; dazu kommt 5, 27 ein Distichon als Schluss. Ob die in Theil 2. b, β u. 3. a, α bemerkbare Ungleichheit der Stichenzahl auf den Vrf. oder auf Textesstörungen zurückgehe, lässt sich nicht mehr ausmachen. Das Schema 3 × 8, 2 × 7, 5 × 8 (*Mx.*) ruht auf Textänderungen u. Verkennung der Sinneinschnitte.

1) Zurechtweisende Zusprache an Ijob wegen seiner trostlosen Klage. 4, 2—11. — a) V. 2—6. Sich entschuldigend, dass er das Wort nehme, verweist El. den trostlos gewordenen Ij. auf die Art, wie er früher die Leidenden zu trösten u. zu stärken wusste, u. fragt ihn, ob denn nicht seine Frömmigkeit ihm ein Grund der Hoffnung u. des Vertrauens sei. — V. 2. Das 1. Gl. ist durch ה in Frage gestellt; die Kraft der Frage trifft aber das zweite der beiden parataktisch zusammengestellten Verben (vgl. Num. 16, 22. Jer. 8, 4), u. stellt das erste die Bedingung zum zweiten dar, wie 4, 21 (*Ges.* 150, 2ᵉ): *wirst du, versucht man ein Wort an dich, verdriesslich werden* (es übel nehmen)? El. möchte durch seine Rede den Freund nicht verletzen. נִסָּה] nicht Niph. (das nie vorkommt), sondern Pi. Prf. 3 m. S. *man hat versucht*. Mit einem Acc. verbunden erscheint dieses Verb. allerdings nur noch Qoh. 7, 23, jedoch ist auch Dt. 28, 56 ähnlich, u. wäre auch hier נַסֵּה zu lesen möglich. Die alten Übers. freilich (ausser *Trg.*), auch die Mass. nahmen נסה = נשׂא (wie Ps. 4, 7) = *aussprechen* (27, 1. Ps. 15, 3. 81, 3. Ex. 23, 1), u. (נָשָׂא) wäre dann entweder 1 p. Pl. Impf. Qal *wir* (vgl. 5, 27) *sprechen aus* (*Böttch.* NÄ. III. 40), oder 3 p. m. S. Prf. Niph. *es wurde ausgesprochen*. Indessen kommt נשׂא c. דבר nie vor, auch ein Niph. in diesem Sinn ist sonst nicht nachzuweisen, u. übrigens wäre ein Prf. im Bedingungssatz erwünschter. Dass ה für אם *wenn* stehen könne (*Hitz.*), ist unerweislich, u. die Fassung *versucht man ein Wort zu dir, so beschwert es dich* auch dem Sinn nach unpassend. Das gleiche gilt von *versucht man ein Wort an dich, der du müde bist* (*Hgst.*)! Aber auch *wagen wir ein Wort an dich, so dir verdriesslich?* (*Ew.* in JB. IX. 37) oder gar *darf man ein Wort an dich wagen, das dich schmerzt?* (*Mx.*) geht nicht an, weil נַגֵּד oder נְסַפֵּר erfordert würde, u. לאה c. Acc. unerweislich ist. וַיֶּעְצַר] härtere Aussprache für וַיַּעְצֹר (*Ges.* 28, 2); der Infin. ohne ל (s. zu 3, 8) hängt von יכל ab, u. steht des Nachdrucks wegen voraus; עצר mit בְּ,

zurückhalten mit etwas, wie 12, 15. 29, 9. מִלִּין] aram. Plur. (*Ges.* 87, 1ᵃ) für מִלִּים, von מִלָּה; in unserem Buch häufiger (es kommt 13 mal vor, darunter 6 mal bei Elihu), als מִלִּים (das nur 10 mal vorkommt). — V. 3. יִסַּרְתָּ] *du hast zurechtgewiesen*; dieses Perf. ist das massgebende Tempus; die folg. Iprf. drücken die Wiederholung in der Vergangenheit aus. כֹּרְעִים] näml. die, im Glauben oder in der Geduld wankend wurden. *schlaffe Hände*] sind Zeichen der Muthlosigkeit u. Verzagtheit (2 S. 4, 1. Jes. 35, 3): denen, die muthlos im Leiden die Hände sinken liessen, gabst du Stärkung durch freundlichen Zuspruch. — V. 4. כּוֹשֵׁל *wer strauchelte*, u. בִּרְכַּיִם כֹּרְעוֹת *sinkende Knie* (Jes. 35, 3): gemeint sind solche, die unter der Last der Leiden sich nicht mehr aufrecht zu erhalten vermögen oder auch in der Versuchung zu fallen drohen. — V. 5. Mit diesem seinem Benehmen gegenüber von andern Leidenden steht sein jetziges Verhalten in eigener Sache in befremdlichem Gegensatz. כִּי] ist nicht affirmativ *ja* (*Del.*²), auch nicht conditional *wenn* (*Hgst.*) oder temporal (*Hrz. Ha. Schl.*), denn dann würde כִּי עַתָּה *nun da* gestellt sein, sondern causal: *weil* oder *dass es nun an dich kommt, so wirst du verdriesslich.* LXX u. Vulg. lassen es aus. Das Fem. תָּבוֹא u. וַתֵּלֶא entspricht hier unserem Neutr. (*Ges.* 144, 2); תָּבוֹא עָדֶיךָ *es reicht bis zu dir*, rührt dich an (vgl. Jud. 20, 41). וַתִּבָּהֵל] von Schrecken bestürzt werden, dass man die Fassung verliert (21, 6. 23, 15). — V. 6. Wie die Trostgründe, mit denen er einst andere tröstete, auch ihn jetzt aufrecht erhalten sollten, so müsste auch seine bisher bewiesene Frömmigkeit, an der er doch noch festhalten werde, ihm ein Grund des Vertrauens u. ein Anker der Hoffnung auf einen guten Ausgang sein, dass er nicht der Verzweiflung sich hingäbe. יִרְאָה] gebraucht El. in allen seinen 3 Reden für יִרְאַת אֱלֹהִים *Gottesfurcht* (15, 4. 22, 4, wie man auch יִרְאַת אֱלֹהִים zu יִרְאָה abkürzte Hos. 4, 6). כִּסְלָה] ist hier *Vertrauen, Zuversicht*, wie כֶּסֶל 8, 14. 31, 24; nicht aber grundlose Zuversichtlichkeit, *Thorheit* Ps. 85, 9 (LXX, als würde er ihm vorwerfen, dass seine bisherige Gottesfurcht nur Thorheit u. Sünde gewesen sei). In V.ᵇ entspricht תֹּם דְּרָכֶיךָ dem Subj. יִרְאָתְךָ, u. תִּקְוָתְךָ dem Praed. כִּסְלָתְךָ in der Weise, dass nun der dichterischen Abwechslung wegen das Praed. vorausgestellt, u. dann erst durch וְ der Folge (*Ges.* 143 A. 2) das Subj. nachgebracht wird: *deine Hoffnung* — (nun die, ist die nicht) *die Unschuld deiner Wege?* Die Construction ist aber hart, u. hat auch in 36, 26 keine vollkommene Analogie. Will man emendiren, so wäre nicht תִּקְוָתְךָ תֹּם דְּרָכֶיךָ (*Hupf. Mx.*), sondern unter Wahrung des Chiasmus תֹּם דְּרָכֶיךָ תִּקְוָתְךָ herzustellen. Im übrigen ist dieses Trostwort des El. zweischneidig; es liegt darin auch: wenn du verzweifelst, so hast du keine Gottesfurcht. — b) V. 7—11. In Anknüpfung an den Satz von der Gottesfurcht als Hoffnungsgrund gibt er ihm zu bedenken, dass ein Frommer noch nie im Unglück umgekommen sei, vielmehr, nach seiner Erfahrung, nur die Schuldigen dem sicheren u. plötzlichen Untergang anheimgegeben werden. — V. 7. זְכָר] bekommt durch folg. נָא, dem das Verb. eig. relativisch sich anreiht, mehr Gewicht (*Ew.* 325ᵃ) u. den Sinn: *wer je! wo ist einer, der ?* ebenso 13, 19. 17, 3. נִכְחָדוּ] *nicht sind verleugnet* (*Mx.*), sondern *vernichtet*

worden, wie 15, 28. 22, 20, beidemal bei Eliſas. — V. 8. כאשר ראיתי]
wie oder *so viel ich gesehen habe* (so weit meine Erfahrung reicht),
die Unheil pflügen u. Mühsal säen, die ernten es; nicht aber mit
Anknüpfung an das Vorhergehende: *wie ich* (umgekehrt) *die, die Unheil pflügen u. s. w., es ernten sah* (Hrz. Schl.), denn solche Unterordnung eines Impf. als Praedicatsobject wäre nicht hebr., sondern
arabisch (*Ew.* 284ᵇ); auch nicht: *so oft ich Unheil pflügende u.
Mühsal säende sah — sie ernteten es* (Umbr. Del. Hitz.), denn so
nackt, ohne ו cons., konnte in diesem Fall der Nachsatz nicht eingeführt werden (2 Sam. 20, 13 beweist hier nichts). און] *Nichtigkeit*,
sowohl *Sünde, Frevel*, als deren Folge: *Unheil*. עמל] wie 3, 10. Die,
welche durch Sünde Unheil als ihren Acker pflügen u. als ihre Saat
ausstreuen, ernten Entsprechendes, kommen im Unglück um. Zu den
Bildern vgl. Hos. 8, 7. 10, 13. Prov. 22, 8; die innere Nothwendigkeit,
mit welcher aus der Ursache die Folge sich entwickelt, wird dadurch
anschaulich gemacht. — V. 9 erklärt, worin diese Ernte bestehe. Die
נשמה, *der Athem, Hauch* Gottes ist hier (vgl. Ps. 18, 16) nach V.ᵇ sein
Zornhauch; מן ist in beiden Gliedern causativ, wie 7, 14. (Zu Grund
liegt die Anschauung von Pflanzen, die ein glühend heisser Hauch oder
Wind versengt). — V. 10f. (von *Mx.* seiner Strophentheorie zu lieb
als nicht hergehörig ausgeschieden) führen diesen Satz weiter aus in
dem anschaulichen Bilde einer Löwenfamilie, welche so gewaltig u.
fürchterlich sie war, doch durch einen plötzlichen Schlag unschädlich
gemacht, vernichtet oder zerstreut wird: *Löwengedröhne u. Brüller-
stimme u. junger Leuen Gebiss ist ausgeschlagen: da verkommt der
Leu aus Mangel an Raub, u. der Löwin Jungen zerstreuen sich.*
נתעו] Niph. von נתע, aram. Aussprache für נתץ (vgl. Ps. 58, 7); es passt
als Aussage eigentlich nur zum letzten Subj., muss aber (per Zeugma,
s. 10, 12) auch für die beiden ersten Subjecte, zu denen man eher ein
Verbum wie *verstummte* erwartet, gelten. Das Perf. steht mit gutem
Grund: der Dichter versetzt sich hinein in das noch ungebrochene
Treiben der Löwen (Bösen), wie sie brüllend mit ihren Zähnen ihre
Beute zerfleischten; diesem Treiben ist plötzlich ein Ende gemacht (Prf.),
u. wie es nun mit ihnen steht, schildert V. 11 im Part. u. Impf. (d.
i. Praes.). Weniger gut würde V. 10 sich an V. 9 anschliessen, wenn
man (Ha.) erklärte: Leugebrüll u. Löwenstimme! (sc. vernimmt man),
aber (plötzlich) sind die Zähne der Starken ausgeschlagen, d. h. hat es
damit ein Ende. Der Löwe im alten Orient noch sehr verbreitet, führt
hier die Namen אריה, שחל u. ליש; die כפירים sind die ausgewachsenen
Jungen in ihrer Vollkraft; dass לביא auch die Löwin bedeutet, hat Hgst.
umsonst geleugnet, s. *Ges.* th. 738. Der alte Löwe, schon zuvor auf
die Hilfe der כפירים angewiesen, kommt um (אבד; nicht mit *Hitz.* in
Prf. zu verwandeln), u. die Familie zerstreut sich. מבלי] *aus Mangel*;
auch *ohne* (4, 20. 6, 6. 24, 7f. 31, 19). — V. 8—11 ist Ausführung
des Satzes vom sicheren u. plötzlichen Untergang der Bösen. Scheinbar ist dieser Satz nur als die Kehrseite von dem Satze V. 7 hereingekommen; allein dass ihn El. so weit ausführt, lässt Absicht erkennen,
u. verräth Hintergedanken, die er nur noch nicht offen auszusprechen

wagt. Im Verlauf des Streits treten sie in den Vordergrund. Für jetzt soll das Hauptgewicht noch auf die erste Seite des Satzes fallen, näml. dass ein Frommer im Elend nicht umkommt. Freilich reicht er damit nicht aus, denn es drängt sich sogleich die weitere Frage auf, warum denn Gott überhaupt das Unglück über ihn verhängt habe; auf diese Frage muss er weiter eingehen u. damit der Klage Ijob's auf den Grund kommen. Das thut er im zweiten Theil,

2) Cap. 4, 12 — 5, 7, indem er lehrhaft ausführt, dass kein Mensch vor Gott rein u. gerecht sei, folglich bei dieser allgemeinen Sündhaftigkeit auch keiner umsonst u. unschuldig leide, es also thöricht u. verderblich sei, unmuthigen Klagen sich hinzugeben. a) 4, 12—21: zunächst setzt er die Wahrheit, deren er in einer nächtlichen Offenbarung gewiss geworden ist, auseinander, dass es unter den Menschen einen Reinen u. Gerechten vor Gott nicht gebe. α) V. 12—16: Es ist ein wichtiger Hauptsatz der Offenbarungsreligion, den El. hier dem Ijob zu beherzigen geben will; als eine Offenbarungswahrheit soll er auch erscheinen, aber auf Mose u. die Propheten kann sich El. nicht berufen; er beruft sich auf eine Kunde, die ihm selbst aus der höhern Welt zugekommen, nicht eine klare helle profetische Offenbarung durch den göttlichen Geist, sondern eine niedere in einem nächtlichen Gesicht, wie das dem patriarchalischen Zeitalter u. aussertheokratischen Leuten ziemt. Damit sie aber auch dem Ijob sich ebenso tief einpräge, wie er selbst nachdrücklichst davon ergriffen wurde, gibt er ihm zunächst V 12—16 eine Beschreibung von der geheimnissvollen schauerlichen Art, wie diese Wahrheit an ihn kam. Für uns ist die Beschreibung merkwürdig, weil wir von der Art, wie das Alterthum sich solche Visionen dachte, sonst wenig genauere Darstellungen haben. — V. 12. *Und zu mir her* (wurde gestohlen d. i.) *kam verstohlen* (geheimnissvoll) *ein Wort, mein Ohr vernahm ein Geflister davon.* ואלי] ו *und*, zum bisher Vorgetragenen etwas Neues hinzufügend. אל] voraufgestellt, weil das *ihm* persönlich kund Gewordene im Gegensatz steht zu dem, was auch Ij. erfahrungsmässig wissen konnte (V. 7). יגנב] im Praes. lebhaft vergegenwärtigend, was nach V.ᵇ ff. in die Vergangenheit fällt; ähnlich Jud. 2, 1. 1 Reg. 21, 6 (*Del.*). Zur Prägnanz גנב seq. אל vgl. 13, 13 u. a. (*Ges.* 119, 4). שמץ] auch 26, 14, ist *das leise Flistern, Gelispel, susurrus*, ψιθυρισμός (*Sym. Vulg.*), im Geez ሩምዕ፥ (Lex. Aeth. c. 1091); nicht: *eine Wenigkeit, minimum* (*Trg. Peš.* u. Rabb.). מנהו] nur hier für מִמֶּנּוּ, wie מִנִּי 21, 16. 30, 10 (*Ges.* 103, 2); מן nicht partitiv (*Del.*), sondern causativ (V 13): davon veranlasst oder herrührend. Sonst s. V 16. — V 13 ff. geben die genauere Beschreibung des V. 12 erwähnten Vorgangs; auch die Zeitbestimmung V. 13, selbst schon eine genauere Angabe, ist deshalb nicht zu V. 12 (*Hitz.*) zu ziehen, sondern zu V 14. — V 13. *In dem Gedankengewirre aus Nachtgesichten, wann tiefer Schlaf auf Menschen fällt.* Der Satz ist allgemein gehalten, noch nicht mit besonderer Beziehung auf Elifaz, u. soll nur die Zeit beschreiben, nicht aber andeuten (*Schl.*), dass die Offenbarung sich ihm an schon zuvor gehegte Gedanken über

die Sache anknüpfte. שְׂעִפִּים] auch 20, 2 (sonst שַׂרְעַפִּים) sind die verschlungenen u. sich durchkreuzenden Vorstellungen u. Gedanken; מִן bezeichnet sie als aus nächtlichen Gesichten (von חִזָּיוֹן), Traumgesichten herrührend. Dass 'מח dem 'בש coordinirt sei (*Hitz.*: zu der Gedanken Zeit u. von Nachtgesichten her), oder וְ für בְּ (LXX *Bick.*) zu lesen sei, ist nicht richtig, denn 'ש'ל für sich sind keine Traumbilder. Also: während der Geist mit solchem wirren in Traumgesichten entstehenden Gedankenspiel beschäftigt ist, oder nach V.b zur Zeit des Tiefschlafs der Menschen d. h. in den Mitternachtsstunden (vgl. 33, 15, wo die Stelle nachgeahmt ist). — V. 14. *kam Schauer mich an u. Zittern, u. durchschauerte die Menge meiner Gebeine*, so viel ihrer waren. קְרָאַנִי] von קרא = קרה. וְרַעֲדָה] Subj. dazu ist פַּחַד, welches über das 2. Subj. (רֹב עַצְמוֹתַי) vorherrscht, s. Prov. 27, 9. 29, 15 (*Ew.* 339c). — V. 15. Die Erscheinung kommt näher; zugleich wird die Schilderung lebhafter, sie fällt in das Praes. hinein: *u. ein Wehen zieht an mir vorüber* (nicht bloss: *über mein Gesicht hin, Hgst.*) *es sträuben sich meines Leibes Haare*. רוּחַ] nicht *ein Geist* (*Umbr. Ha. Ew. Hgst. Zöck.*), da רוּחַ für sich (auch 1 Reg. 22, 21) nicht so gebraucht wird, sondern das Wehen, der unheimliche Luftzug, der die Erscheinung begleitet (vgl. 1 Reg. 19, 12. Act. 2, 2); zum Masc. s. Ex. 10, 13. Qoh. 1. 6. תְּסַמֵּר] *horrescit* (inchoa., *Ew.* 120d), nach andern intens.: *mächtig starren*. שַׂעֲרָה] Jud. 20, 16 n. unit., sonst (1 Sam. 14, 45 u. ö.) Massenwort (wie עֲנָנָה 3, 5), u. so hier. Unpassend *Sturmwind* (שְׂעָרָה 9, 17) *machte mir mein Fleisch erstarren* (*Mx.* LXVI nach *Trg.*), s. vielmehr V. 16b. — V. 16. יַעֲמֹד] *es steht*, näml. nicht der רוּחַ (*Hgst.*), sondern das unbekannte Etwas, das in dem Wehen sich bemerklich gemacht hatte; es steht still, um zu reden (vgl. 1 S. 3, 10). Das Aussehen davon (מַרְאֵהוּ) kann er nicht genauer erkennen, daher er es auch nicht beschreiben oder benennen kann. אֶרְאֶה וְאֵין מַרְאֵהוּ] (LXX, *Mx.*) zu Gl.b gezogen, macht dieses zu lang. תְּמוּנָה לְנֶגֶד עֵינַי] *eine Gestalt vor meinen Augen*, ist Appos. zu dem Subj. von יַעֲמֹד; es ist unnöthig, es als vollen Satz für sich, mit Ergänzung von *war* oder *schwebte*, (*Del.*) zu nehmen. Zuletzt lässt sich aus dieser Erscheinung ein leises Geisterwort vernehmen: *ein Säuseln u. eine Stimme höre ich*. Nämlich דְּמָמָה ist hier nicht *Stille*, u. nicht Satz für sich: *es war still u. ich hörte eine Stimme* (*Luth. Mat. Mx.*); auch ist die Meinung nicht: *Schweigen u. eine Stimme* d. h. ein Ineinander von beiden, eine leise Stimme *hörte ich* (*Trg., Schl. Hgst.*), denn Schweigen hört man nicht. Für die Bedeutung *hauchartiges Säuseln* entscheidet 1 R. 19, 12; richtig αὔραν καὶ φωνήν LXX (*Vulg. Peš.* IE., *Hrz. Ew. Del. Hitz.* a.). *Gelispel und Stimme* d. h. *mit Stimme*, ist kein leeres Gelispel, sondern ein in artikulirten Tönen sich kundgebendes (*Hrz.*). — Zu bemerken ist die Kunst, mit der der Dichter in wenigen Zügen das Unheimliche, Geisterhafte, Schauerliche der ganzen Erscheinung, ihr allmähliges Näherkommen u. endliches Lautwerden zu zeichnen weiss. Zugleich ist die Schilderung darauf berechnet, den Ijob selbst (überhaupt den Hörer) feierlich ernst zu stimmen, u. auf den Inhalt der Offenbarung zu spannen. — β) V. 17—21. Der Inhalt dieser nächtlichen Offenbarung. „Der eigentliche Satz, um den es sich handelt, ist in V. 17 ausgesprochen, V. 18—21 enthalten den Beweis dafür" (*Hrz.*). — V. 17. Der Hauptsatz, welcher wenig variirt 15, 14 u. 25, 4 wiederkehrt. Die comparativische Auffassung des מן *ist ein Mensch gerechter als Gott* u. s. w.? (*Vulg. Luth.*; noch *Del. Hitz. Hgst.*), obwohl nach 1 S. 24, 18. Hab. 1, 13 (vgl. Ij. 32, 2) sprachlich näher liegend, ist mit Recht fast allgemein aufgegeben, weil der Satz, dass der Mensch nicht gerechter sei als Gott, 1) eine Wahrheit des gesunden Menschenverstandes ist, die keiner Offenbarung bedurfte, 2) zu der Beweisführung V. 18 ff. nicht passt, 3) den Ij. nicht trifft, denn wenn er über sein Schicksal murrte so sagte er damit nicht, dass er gerechter urtheile als Gott, sondern höchstens, dass Gott ihn nicht gerecht behandle. In den Zusammenhang passt nur ἐναντίον τοῦ Κυρίου (LXX), u. ist also מן s. v. a. *von Seiten* oder *vom Standpunkt* Gottes aus angesehen (wie vielleicht Gen. 38, 26), u. statt עם (9, 2. 25, 4) gewählt wegen אם; nöthigenfalls wäre עם wiederherzustellen. — V. 18 ff. Dafür wird ein Beweis beigebracht in Form eines Schlusses *a majori ad minus*. Vgl. 15, 15. 25, 5 f. — V. 18. Dass unter den *Dienern* u. *Boten* nicht Menschen, sondern höhere Wesen, also Engel (s. 1, 6) zu verstehen sind, folgt theils aus der Natur des Schlusses, theils aus 15, 15. Selbst auf sie, die er doch mit seinem Dienste betraut, traut er nicht, näml. weil auch sie nicht schlechthin zuverlässig sind, nicht unveränderlich in ihrer Tugend. Auch *in sie setzt er* d. h. schreibt ihnen bei (שים mit ב wie 1 S. 22, 15), als möglich bei ihnen, תהלה. Dieses Hap. leg., über dessen Bedeutung sichere Überlieferung fehlt (σκολιόν LXX, *pravitas Vulg.*, שטיא *Trg.*, ܠܐ ܫܦܝܪ *Peš.*, ματαιότης *Sym.*), kann grammatisch nicht mit הלל zusammengebracht werden, so dass es *Thorheit* bedeutete (*Ges.* th. 382; *Hrz. Stick. Schl. Mat. Hgst.*), braucht aber auch nicht durch תפלה 24, 12 *Abgeschmacktheit* (*Hupf.*) ersetzt zu werden, was hier viel zu stark wäre. Es wird etwa *Irrthum*, *Fehler* bedeuten (*Ew. Ha. Hitz. Del.* a.), nur nicht von arab. *wahila* (*Schnurr.*) oder arb. *taliha* (*Hitz.*), sondern von תהל abzuleiten, für welches durch äth. ተዓለ፡ oder ተኀለ (*Lex. Ae.* c. 552), vielleicht verwandt mit *wahila*, die Bedeutung *errare* gesichert ist. Selbst die Engel achtet Gott für irrthumsfähig. Es wird damit nicht die Wirklichkeit des Falls der Engel, sondern nur eine Möglichkeit ausgesagt. Selbst den Engeln, diesen übermenschlichen Wesen, haftet die Schranke des geschöpflichen Geistes an; auch ihnen kommt unveränderliche Vollkommenheit u. Irrthumslosigkeit nicht zu. Immerhin eine merkwürdige Aussage, zumal wenn man sie mit 21, 22 u. 25, 2 combinirt; zugleich wird daraus klar, dass der Ausdruck בני אלהים (5, 1. 15, 15) auch von den Engeln nur relativ zu verstehen ist. — V. 19. *Und* (nun) *die, die Häuser von Lehm bewohnen*, (deren Grund im Staube ist d. h.) *die auf Staub gegründet sind, die man zermalmt* (für eine Motte d. h.) *als wären sie Motten!* ergänze aus V. 17: sollten gerecht u. rein sein vor Gott? אף] *und*, voller אף כי *und dass* (9, 14. 15, 16. 25, 6) = *geschweige denn*, oder *wie viel weniger* nach verneinenden, u. *wie viel mehr* nach bejahenden Sätzen (*Ew.* 354°). *Die Häuser von Lehm* sind natürlich hier nicht die Wohnhäuser der

Menschen (*Hitz.*), sondern die aus Erde (Gen. 2, 7. 3, 19) gebildeten
Menschenleiber, groben irdischen Stoffes (Sap. 9, 15. 2 Cor. 5, 1). Die
solche Häuser bewohnen, sind aber *alle* Menschen, u. *alle* müssen hier
gemeint sein, nicht etwa blos die Ärmeren, in ärmlichen Wohnungen
wohnenden. אשר־יסודם] da man eigentlich nur dem Haus einen יסוד
zuschreiben kann, so wird das Suff. auf בתי חמר sich beziehen, nicht
(*Schl. Hgst. Hitz.*) auf die שכנים (doch s. 22, 16); die Leiber, u. damit freilich auch ihre Träger, haben ihren Grund im Staube, in der
Erde d. h. sie sind an die Erde gebannt, können nicht davon loskommen.
U. endlich, wie sie irdischen Stoffes u. an die Erde gebannt sind, so
sind sie auch zerbrechlich, leicht zerstörbar (3. Gl.). ידכאום] Relativsatz; Suff. auf die Bewohner der Lehmhäuser bezüglich; Subj. unbestimmt (wie 6, 2. 7, 3. 18, 18 u. s.), im Deutschen am besten durch
die Passivconstruktion wiederzugeben. לפני־עש] zu לב־ s. 3, 24 (LXX:
σητὸς τρόπον); die Vergleichung trifft das Obj., nicht das Subj. (*Vulg.
Hgst. Hitz.*) von ידכאום; einer Motte kann man auch nicht vergleichungs-
weise das Zerstossen oder Zermalmen zuschreiben, wohl aber das Zer-
malmtwerden, sie ist das, was am leichtesten zermalmt werden kann
(vgl. 27, 18); dass sonst oft die Motte Bild des (langsam) Zerstörenden
ist (Hos. 5, 12; Ij. 13, 28; Jes. 50, 9. 51, 8), kommt hier nicht in
Betracht. Sprachlich möglich wäre (8, 12): *vor der Motte*, d. h. noch
schneller u. leichter als die Motte (nicht aber: mit noch mehr Recht
als d. M., *Ha.*); aber wozu solche unwahre Hyperbel? Mottenfrass
(*Kmph.*) bedeutet עש nicht, u. von בן עש (*Mx.*, der כבני עש lesen will)
spricht man sonst nicht. — Im ganzen V. werden die Menschen als
die Irdischen, an die Erde Gebannten u. als die Hinfälligen den über-
irdischen Wesen entgegengesetzt. Am Irdischen haftet der Begriff der
Beschränktheit u. Unreinheit (15, 15. 25, 5f.), u. als Gebrechliche,
Schwache vermögen sie noch viel weniger, als die Himmlischen, der
Sünde zu widerstehn, vgl. Ps. 103, 15ff. In dieser letztern Richtung,
als die Hinfälligen, beschreibt er sie noch weiter V. 20f. — V. 20.
Vom Morgen bis zum Abend d. h. in kürzester Frist, in Tagesfrist
(wie Jes. 38, 12), nicht (*Umbr. Ha. Mx.*) die ganze Zeit über, fortwährend. יכתו] *sie werden zerschlagen*, potential (wie ידכאום V. 19);
Hoph. von כתת (*Ges.* 67, 5 A.), wie Jer. 46, 5. Mich. 1, 7. מבלי משים]
ohne (V. 11) *einen, der Acht gibt*, d. i. ohne dass einer Acht gibt;
schwerlich: im Unverstand (*Vulg. Ew.*), nach ולא בחכמה V. 21), vielmehr: unbeachtet, ohne dass jemand drauf merkt; so unwichtig sind
sie. שם] abgekürzt aus לב שם (1, 8), wie 23, 6. 24, 12. 34, 23. —
V. 21. *Nicht wahr? wird ausgerissen ihre Sehne in ihnen, sterben
sie dahin u. nicht in Weisheit?* Der Satzbau ist wie der von V. 2.
נסע] Niph. von נסע *ausreissen, losreissen* (Nagel aus der Wand Jud. 16, 14,
Zeltpflock Jes. 33, 20; Thürpfosten Jud. 16, 3), hat aber nie die Bedeutung: *wegraffen, entraffen*. יתרם] נהמן זwar die Verss. fast
alle, die Rabb. u. noch Neuere als *Rest* (wie 22, 20) oder *Vorzug,
Bestes* (*Ros. deW. Wlt. Schl. Hgst. Stud.*): wird nicht ihr Bestes weggerafft mit (in, an) ihnen? aber weder das Verb. נסע, noch die Praep. ב,
noch die Satzfügung passt dazu, u. die Wegraffung des Besten mit ihnen

Ijob 4. 21—5, 2.

gehört gar nicht in den Zusammenhang (*Geist* aber — *Stud*. — kann יתר nicht bedeuten); passend ist nur die Bedeutung *Sehne, Saite* (s. weiter 30, 11), u. durch בָּם (vgl. 20, 2. Hab. 2, 4) ist sie als eine *in ihnen* bestimmt. Zu Grunde liegt die Vergleichung der Seele im Körper mit dem Zeltstrick (wofür sonst מֵיתָר oder חֶבֶל gebräuchlich ist), der das Zelt (den Leib) ausgespannt oder stehend erhält, u. durch dessen Ausreissung der ganze Bau zusammenfällt (*JDMich. Hrz. Del.* nach Jes. 38, 12), ähnlich wie 27, 8 vom Herausziehen der Seele aus dem Leib die Rede ist, oder sonst das Leben verglichen wird mit einem Faden oder Gewebe, die beim Tode abgeschnitten werden Jes. 38, 12. Ij. 6, 9. 27, 8; oder mit einer an einer Silberschnur aufgehängten goldenen Lampe Qoh. 12, 6. Die Lesung יְתֵדָם *ihr Zeltpflock* (*Olsh*.) gibt ein minder feines Bild, u. *Nagel des Webstuhls* (Jud. 16, 14), der den Einschlag des Gewebes festhält (*Hitz*.), müsste als solcher genauer bezeichnet sein. Etwas völlig anderes ἐνεφύσησε γὰρ αὐτοῖς καὶ ἐξηράνθησαν aus Jes. 40, 24 geben LXX. — Nur ein Ausreissen dieser Lebenssehne bedarf es, so sterben sie, u. *zwar nicht in Weisheit*, nicht im sittlich religiösen Sinn (36, 12), sondern: im Unverstand u. daher auch unvorbereitet (*Del.*). Bis hierher geht der Inhalt der nächtlichen Offenbarung. Die starke Hervorhebung des irdischen, schwachen u. hinfälligen Wesens der Menschen soll Ijob zur Demüthigung dienen, ihn auf seine Stellung zu Gott hinweisen. — b) 5, 1—7: die Folgerungen, die sich aus jener Offenbarungswahrheit für Ij. ergeben. α) V. 1—5: ist kein Mensch vor Gott gerecht u. rein, so ist Unmuth über ein Leiden, das man zu tragen bekommt, nicht blos unberechtigt u. nutzlos, sondern thöricht, sündlich u. strafwürdig; nur der Thor murrt gegen Gott, aber zu seinem eigenen Schaden, denn die Erfahrung lehrt, dass er dafür dem göttlichen Vernichtungsgericht verfällt. — V. 1. *Rufe doch!* gibt es einen dir antwortenden d. h. *wird jemand dir antworten? u. an welchen von den Heiligen willst du dich wenden?* Versuch's einmal mit Rufen um Hilfe gegen vermeintliches Unrecht bei einem, der seiner Stellung nach vor Gott für dich eintreten könnte, du wirst finden, dass keiner dein Rufen erhört. Als solche, die ihrer Stellung nach das könnten, sind die קדשים genannt, d. h. die Engel wie 15, 15 (Zach. 14, 5; Ps. 89, 6. 8; Dan. 4, 14). *Heilige* heissen sie nicht als die sittlich vollkommenen (s. dagegen 4, 18), sondern als die über die Irdischen (4, 19 f.) hocherhabenen, hehren, dem hl. Gott zunächst u. in seinem Dienst stehenden (*Hgst*. 93; *Baud*. Stud. II. 125). Sie erscheinen als Fürsprecher, welche die Anliegen der Menschen vor Gott bringen u. für sie vermitteln; eine Thätigkeit, die sich an ihr allgemeines Geschäft, zum Heil der Menschen, nam. der Frommen, zu wirken, leicht anschliesst, aber doch hier zum erstenmal ihnen bestimmt zugeschrieben wird (vgl. weiter 33, 23; Zach. 1, 12 ff.). Ein Vorwurf darüber, dass Ij. an die קדשים, statt an Gott selbst (V. 8), sich wende (*Kost*. Theol. Tijds. X. 116 f.), soll hier nicht gemacht werden. Ebensowenig ist der V. mit 4, 21 näher zu verbinden u. auf künftige Anrufung in der letzten Todesnoth (*Hitz*.) zu deuten. — V. 2. כי] *denn*, zur Begründung der auf 1ᵇ zu gebenden verneinenden Antwort, oder *vielmehr*, wie 22, 2. 31, 18 u. ö. לֶאֱוִיל] לְ dient hier zur Einführung des nachdrücklich vorangestellten Obj., vgl. 21, 22. Jes. 11, 9 (*Ew.* 292c); insofern immer noch verschieden vom aram. Acc. Zeichen לְ (*Ges.* 117, 1 A. 8). (Übrigens הרג mit לְ auch 2 S. 3, 30). *Einen Thoren*, der ohne die rechte Einsicht in seine Stellung zu Gott, über sein Geschick unmuthig klagt, *bringt der Unmuth vollends um, u. Unverständigen tödtet* קִנְאָה d. i. nicht *Neid* beim Glück anderer (*Schl.*), sondern *Eifern* oder Erciferung, Erregung des Gemüthes zum Zorn u. Groll. Nicht Rettung, sondern Tod bringt es ihm. כַּעַשׂ im B. Ij. (auch 6, 2. 10, 17. 17, 7) für das gew. כַּעַס. — V. 3—5 belegt El. seinen Spruch V. 2 mit einem Beispiele, von dem er selbst Zeuge war (vgl. 4, 8—11). V. 3. אֲנִי רָאִיתִי] *ich selbst sah* (habe es nicht blos vom Hörensagen) *einen Thoren*, der gottlos genug war mit Gott unzufrieden zu sein (nach V. 2), *Wurzel schlagen* wie eine wuchernde Pflanze, d. h. in scheinbar dauerndem u. zunehmendem Glücksstand (Jes. 27, 6); *da verfluchte ich seine Stätte plötzlich*, näml. nicht voraus ihm seine endliche Strafe vorhersagend (*Ew. Schl.*), weil sonst der Nachdruck auf den wirksamen Fluch des El., nicht auf das Thun Gottes fiele, sondern nachträglich, weil ihn plötzlich von Gott die verdiente Strafe getroffen hatte (vgl. Ps. 37, 35 f.); plötzlich musste u. konnte ich seine Stätte als die heillose Stätte eines Sünders verwünschen, nachdem Gott durch sein Gericht sie thatsächlich als eine solche dargestellt hatte. מַשְׁרִישׁ] דְּשִׁישׁ (*GHffm.*) hat פִּתְאֹם gegen sich. נָוֵה] *Wohnstätte* (nicht *Hirtenaue*) u. der ganze Wohnbezirk, wie 5, 24. 18, 15, u. יַעֲקֹב] נָוֶה 8, 6. ἐβρώθη LXX, וַיֵּרַע (*Mx.*), zu נָוֵה nicht passend. — V. 4 f. schildern im Praes. die noch fortdauernden Folgen des Gerichts, wie sie an seinen Söhnen u. seiner Hinterlassenschaft nachwirken. Fern sind nun seine Söhne von יֶשַׁע *Hilfe, Rettung, Heil* wie V. 11. וְיִדַּכְּאוּ] *sie müssen sich zertreten lassen*, Hithp., wie 34, 25; דכא Pi. wird auch Prov. 22, 22 von der Misshandlung u. Unterdrückung vor Gericht gebraucht (*Hrz.*). בַשַּׁעַר] *im Thor* d. h. vor Gericht, weil auf dem Thorplatze Gericht gehalten wurde (*Win.*[3] II. 616); ebenso 29, 7. 31, 21. Falsch LXX ἐπὶ θύραις ἡσσόνων. וְאֵין מַצִּיל] *Zustandssatz: indem kein Retter ist*, näml. aus den Händen der Misshandelnden. — V. 5 betrifft das Schicksal seiner hinterlassenen Habe. אֲשֶׁר] nicht *dieweil, indem* (*Del.*), denn es ist keine Begründung von V. 4, sondern Pron. rel. (wie 8, 14): *er, dessen Ernte* ein Hungriger d. i. *Hungrige* nun *verzehren* (vgl. 20, 22. 31, 8); wer Lust hat, macht sich darüber her, weil weder Eigenthümer, noch Obrigkeit sie mehr schützt. וְאֶל־מִצִּנִּים יִ׳] *u. selbst aus den Dornen heraus sie nehmen*, also selbst hinter der Dornhecke hervor, mit denen er seinen Acker geschützt hatte, die Ernte holen. אֶל] steigernd, wie 3, 22 (*Ew.* 219c). צִנִּים] Prov. 22, 5; an צִנָּה *Schild* dachten *Aq. Sym. Trg. Vulg.*, welche bewaffnete Feinde zum Subj. von יִקָּחֵהוּ machen; *Mx.* will אֵל מִשַּׁל יִ׳ *Gott* (!) *nimmt es aus den Körben* (nach arab. ṣinn Brotkorb, hbr. צִנְצֶנֶת), u. *GHffm.* אֵל מִצָּאנָם u. den *Widder* (blos den?) aus ihrer (!) Heerde nimmt. וְשָׁאַף יִ׳] *u. Schlinge erschnappt ihre Habe*, nach der mass. Lesart; שׁאף mit Acc. des Erschnappten wie 7, 2; Am. 8, 4 u. s. (vgl. Am. 2, 7); חַיִל *opes, Ver-*

mögen, u. Suff ם‎- bezüglich auf den אישׁ‎ u. seine Kinder; צמים‎ ist durch 18, 9 gesichert in der Bedeutung *Schlinge, Fallstrick*. Das soll sein Schlinge des Verderbens (*Schl. Böttch. Hgst. Vo.*) oder des Diebes (*Hitz.*), Gierigen (*Mat.*) oder abstr. pro concr., der Ränkedreher (*Del.*), Räuber (*Trg., Rabb., Stud.*). Aber kaum wird man der Schlinge ein אישׁ‎ zuschreiben können, u. das sächliche Subj. ist nach dem persönlichen חילם‎ auffallend. Die meisten Verss. (*Aq. Sym. Pes. Vulg.*) drücken den Begriff *Durstige* aus; das wird hier durch רעב‎ in Gl. 1 u. durch צמא‎ (weniger freilich durch das Obj. חילם‎) empfohlen (*Ros. Stick. Ew. Hrz. Mx. Del.*² a.). Gelesen wird dann צְמֵאִים‎ = צַמְאִים‎ (*Ew.* 73°), aber der Sing. צמא‎ (*Ges.* 145, 7) will dazu nicht passen, u. müsste צָמֵא‎ hergestellt werden. Die LXX übergehen das Wort. *GHffm.* ändert חילם‎ in חֵלֶב‎ u. übersetzt צמא‎ als שׁמן‎; *Bick.* will für Gl. 2 u. 3: וְיִלְכְּדֵהוּ‎ שׁאף צמא‎. — Nachdem er ihm so, durch den Gang der Rede daraufgeführt, das verdiente Ende eines Thoren u. Gottlosen schon zum 2. mal (vgl. 4, 8—11) vorgehalten hat, wendet er sich β) V. 6 f. von der Abschweifung wieder zurück zu dem Hauptgedanken, dass der Mensch über Leiden nicht unmuthig werden dürfe, weil sie von seiner irdischen (u. darum sündlichen) Natur unzertrennlich seien. Dieser Absatz (nur 4 Stichen) ist auffallend kurz (s. S. 33). Aber V. 6—10 (*Stick.*) oder 6—11 (*Del.*) zusammennehmen heisst Ungleichartiges verbinden. — V. 6. כי‎] *denn*, sofern der Satz, dass es Thorheit ist über Ungemach sich zu beklagen, mit einer allgemeinen Wahrheit begründet wird: *denn nicht geht aus dem Staube Unheil auf u. aus dem Erdboden wächst nicht Mühsal*, d. h. און‎ u. עמל‎ (wie 4, 8) wachsen nicht wie Unkraut aus der Erde hervor, sind nichts dem Menschen äusserliches, von aussen her kommendes, ohne dass er wüsste, wie u. warum es für ihn erwächst. — V. 7. כי‎] *vielmehr*, vgl. V. 2. ילד‎] nach den Mass. jûllád zu lesen, soll wie Jud. 18, 29 Perf. Pu. sein; aber der Sinn fordert eine sich wiederholende Thatsache, u. ist nach Ketib (LXX) Impf. Niph. יִוָּלֵד‎ zu sprechen. *Vielmehr der Mensch wird zum Mühsal geboren* d. h. es ist in der angebornen Natur des Menschen begründet, näher: „es liegt in seiner Natur durch die Sünde das Elend herbeizuführen" (*Hrz.*), ohne dass man deswegen mit *Böttch.* יוֹלִד‎ lesen müsste; als Mensch ist er nicht rein u. gerecht, sondern sündig (4, 17) u. vermöge dieses seines Wesens kann er dem Ungemach nicht entgehen. „Der Ausdruck ist von El. mit Absicht gewählt, um Hiob desto leichter auf den richtigen Standpunkt zu stellen, aus dem er sein Leiden betrachten soll, schonend zugleich, da Hiob sich weniger persönlich verletzt fühlen kann, wenn er sich nur einem allgemeinen Gesetze unterworfen sieht" (*Hrz.*). ובני‎] *und* d. h. *wie der Flamme Funken in die Höhe fliegen*, wie es in der Natur der Feuerfunken liegt, aufwärts zu fliegen (*Trg. II, IE. Qi. Raś.; Hrz. Del. Hgst. Mat. Mx. Vo.*). Das ו‎ ist das ו‎ der Gleichung, das aus Prov. 25—29 bekannt ist, u. im B. Ij. auch 12, 11. 14, 12. 19 vorkommt. בני רשׁף‎] *Söhne der Flamme* oder *Gluth* (Cant. 8, 6) d. i. Funken, insofern sie von der Flamme ausgehen, erzeugt werden (wie 41, 20 Söhne des Bogens u. Thr. 3, 13 Söhne des Köchers für Pfeile). יגביהו עוף‎] *sie machen hoch* *fliegen*, d. h. sie fliegen aufwärts; Inf. עוּף für gew. לעוּף (*Ges*. 114, 1°); wie die Flamme aufwärts brennt, so fliegen auch, wenn kein conträrer Luftzug oder anderes Hinderniss da ist, die Funken aufwärts, also ihrer Natur nach. Im Syrischen ist ܙܠܝܩܐ *Funke*. Die durch die Verss. (LXX *Aq. Sym. Vulg. Peš*.) in Umlauf gekommene Deutung der בני רשף auf *Raubvögel* (*Ges. Umbr*. a.) ist blos aus עוּף יגביהו errathen, u. sprachlich unbegründet, denn wiewohl רשף (Ps. 78, 48) auch von der Blitzes-Flamme gesagt wurde, so bedeutet darum בני רשף noch nicht *Söhne des Blitzes* oder *Blitzesschnelle*, u. selbst diese wären noch nicht Raubvögel. *Adelsöhne* d. i. Adler (indem רשף = arab. *šaraf* sei) hat *Hitz*. erfunden. *Feurige Pfeile*, bereit auf den Schuldigen herabzufahren (*Cheyne* in ZATW. XI. 184) vertragen sich weder mit יגביהו עוּף. noch mit V.ᵃ Dass *Dämonen* (*Trg*. I) oder *Engel* (*Schl. GHffm*.) Flammensöhne heissen konnten, ist aus Jud. 13, 20. Ps. 104, 4 nicht zu beweisen. Auch *Phöbussöhne* (*Ew*. Lehre der Bibel II. 293), als Anspielung auf den Flug Phaëtons (über den semit. Gott רשף = Apollo s. CIS. P. 1 tom. 1 p. 36 ff.; *Brugsch* Gesch. Äg. 199 f.; *Mordtmann* in ZDMG. XXXII. 556 ff.) gehören nicht her. Man erwartet in der Gnome vielmehr eine aus der sinnl. Erfahrungswelt hergenommene Thatsache als Bestätigung der ethischen Wahrheit. *Stick*: „der Hitze Funken fliegen hoch empor = und doch ein so heftiges, zorniges Wüthen!" u. *Böttch*. NÄ. III. 41 f.: „ob auch die Söhne der Gluth d. h. die Zornigen noch so hoch aufsprühn im Zorn!" Die Erwähnung genügt. — Hiemit ist El. auf den Sinn seines Hauptsatzes 4, 17 zurückgekommen, u. der 2. Theil ist in sich geschlossen.

3) Cap. 5, 8—26. Nachdem El. dem Ijob gezeigt, wie wenig sein Unmuth über sein Leiden gerechtfertigt sei, ertheilt er ihm in dem ermahnenden Theil Rathschläge, wie er sich vielmehr verhalten solle, u. weist ihn auf die Bedingungen hin, unter welchen bei ihm sich noch alles zum Besten wenden werde. — a) V. 8—16: Ijob sollte vertrauensvoll an Gott, den gewaltig u. unerforschlich wirkenden, sich wenden, der die Frevler vernichtet, aber den Bedrängten u. Leidenden Hülfe schafft. — α) V. 8—11: Rath, vertrauensvoll sich an Gott zu wenden, u. Schilderung des wunderbaren segensreichen Wirkens Gottes, durch das er allen Bedürfnissen, wie in der Natur, so in der Menschenwelt, zu Hilfe kommt. — V. 8. *Aber* (2, 5) *ich, ich wende mich* sc. wenn ich an deiner Stelle bin, also: würde (3, 16. 14, 14 f. 34, 14 f.) *mich wenden an Gott*. דרש אל] sich fragend, bittend u. Hilfe suchend wenden an; אֶל wie Jes. 8, 19. 11, 10 u. s.; vgl. auch Ij. 8. 5. אָשִׂים] selten u. jünger (s. 3, 4) für דָּבָר, sei es *Rede* (*Vulg. Hitz*.), sei es *Sache*, Rechtssache (so fast alle Erkl.). שׂים אל] nicht *anheimstellen* (*Stick. Hrz. Del. Hgst*. a.), was עַל erforderte, sondern *bringen an* jem., ihm *vorlegen* (*Ges. Schl. Mc. Reu.*) sc. die Sache, oder *richten an* jem. (*Vulg. Saad. Hitz*.) sc. die Rede; LXX ἐπικαλέσομαι. Er hat mit Cp. 3 sich nicht bittend an Gott gewandt. — V. 9 ff. Um diesen Rathschlag zu unterstützen, schildert er nun das wunderbar mächtige Walten Gottes: an Gott muss man sich wenden, weil er allein die Macht hat, an ihn darf man sich wenden, weil er

überall, auch in der grössten Noth, zu helfen vermag. עשֹׂה] Appos. zu אלהים V. 8. ואין חקר] Zustandssatz: indem nicht ist Erforschung d. i. *unerforschlich*. Der Satz kehrt wieder 9, 10. — V. 10. Ein Beispiel davon, näml. wie er die dürstende Erde mit Regen u. Quellwasser versorgt, eine in heissen Ländern noch höher geschätzte Wohlthat (vgl. Jer 14, 22. Ps. 147, 8). הנתן] *er der gibt*; der Art. beim Part. markirt einen neuen Ansatz in der Beschreibung. חוצות] hier nicht *Gassen* (Pes. Hgst.), sondern was draussen vor den Wohnplätzen ist (18, 17), *Fluren* u. Triften (Prov. 8, 26. Ps. 144, 13). מים] auf die Quellen u. fliessenden Wasser zu beziehen, vgl. 104, 10. — V. 11. Der Zweck solchen Waltens, durch Inf. c. ל eingeführt. Zwar übersetzen LXX *Vulg.*, als hiesse es הַשָֹּם, u. wollen auch Neuere (*Mr. Stud. Reu.* a.) לָשׂוּם als Gerundium im Abl. (*Ges.* 114, 2 A. 5) *indem er setzt* nehmen. Aber שָׂגְבוּ im 2. Gl. nöthigt nicht dazu, denn dort ist der Zwecksatz durch eine Aussage über schon Erreichtes fortgesetzt, oder ist ושׂגבו = ו — לשׂגב (*Hitz.*; *Ew.* 346ᵇ). Genau, wie hier, 28, 25. Gott waltet so in der Natur, um Niedrigen u. Traurigen Erhöhung u. Hilfe zu schaffen. Dass er gerade dieses Ziel hervorhebt, geschieht mit Beziehung auf die Lage Ijobs. למרום] *zur Höhe* d. i. *hoch*; zur Sache s. 1 Sam. 2, 8. קדרים] *squalidi, pullati* d. h. in Trauer befindliche (30, 28; Ps. 35, 14. 38, 7); es bezieht sich aber nicht blos auf die schwarze Kleidung, sondern mehr auf die Vernachlässigung der Reinigung u. des Putzes in der Trauer. שׂגבו] ist hier poetisch kühn mit Acc. *loci* verbunden, *erstiegen, erklommen* oder *wurden emporgehoben zu*, so fern sie es doch nur durch die Macht Gottes thun konnten. ישע] wie V. 4. Dieser Vers 11 macht zugleich den Übergang zu β) V. 12—16, wo er weiter schildert, wie dieser wunderbare Gott mit überlegener Macht u. Weisheit allen bösen Übermuth, alle menschliche Klugheit zu Schanden macht, u. der unterdrückten Unschuld zu ihrem Recht verhilft, — zur Warnung vor allem Eigendünkel, aber auch zum Trost in unverdienten Leiden. — V. 12. Die Schilderung geht im Part. ohne Art. fort, wie V. 9. לא] *so dass nicht*, cons. *Ew.* 345ᵃ. תושׁיה] ein Wort der Weisheitsschulen, ausser Jes. 28, 29 u. Mich. 6, 9, nur in Prov. u. B. Ijob vorkommend, ist zwar etymologisch unklar, denn mit יֵשׁ (*Hitz.* zu Prov. 3, 21) hat es nichts zu thun, auch wohl nicht mit اسا, واسي, اسو (*Del.* zu Prov. 2, 7); seine Bedeutung aber ist sicher, näml. die Eigenschaft des überlegt handelnden, *Besonnenheit, Verständigkeit, Vernunft* (Ij. 11, 6. 12, 16. 26, 3. Prov. 3, 21. 8, 14. Jes. 28, 29); auch 6, 13. Prov. 2, 7 genügt das, u. braucht man nicht *dauerndes Heil* oder *Glück* auszulegen. Demnach hier: *ihre Hände bringen nicht zu Stand* Vernunft d. h. *Vernünftiges*, klug Ausgedachtes (*Vulg.*: quod coeperant; LXX ἀληθές). תושׁיה] Schreibung wie 17, 5 (*Ges.* 75 A. 6). — V. 13. Er macht nicht blos menschliche Klugheit zu Schanden, sondern gerade die Schlauheit der Listigen wird in seiner Hand das Mittel, durch das er sie ins Unglück stürzt. חכמים] hier nicht im ethisch-religiösen Sinn, sondern *klug, kundig, erfahren, listig.* נפתלים]

von עָרַם; nach andern von עָרְמָה mit Rückfall in עֹרֶם vor Suff., s. 11, 9 (*Ew.* 257ᵈ; *Ges.* 91, 1 A. 2). Die Worte sind angeführt 1 Cor. 3, 19. וַיִּלָּכֵד] *u. der Rath* (Plan) Verschmitzter (Prov. 8, 8; unpassend *Hgst.*: Verkehrter) *wird übereilt,* überstürzt (3 p. f. s. Prf. Niph.), in der Ausführung durch Gottes Fügung, u. so vereitelt. *Zu Boden fallen* (Hitz.) bedeutet נמהר nirgends. — V. 14. Die schmähliche Rathlosigkeit u. Verwirrung derer, welchen Gott den Plan durchkreuzt hat: *bei Tage* (am hellen Tag) *stossen sie auf Finsterniss, u.* (der Nacht gleich) *wie in der Nacht tappen* (tasten hin u. her, משש Pi.) *sie am Mittag* (in den beiden Zeiten vor u. nach dem höchsten Sonnenstand). Vgl. 12. 24 f. Jes. 19, 13 f.; ähnliche Schilderungen Dt. 28, 29 u. Jes. 59, 10. — V 15 f. Die segensreichen Folgen dieses Machtwirkens Gottes für die Bedrängten (vgl. V. 11). V. 15. Die nächste Folge, näml. die Rettung der Opfer jener Schlauen (die demnach als gewaltthätige Machthaber zu denken sind): *u. so rettet er* (s. über Impf. cons. zu 3, 21) *vom Schwert, aus ihrem Munde, u. aus des Starken Hand den Armen.* Dass hier der Text nicht ganz in Ordnung ist, ist leicht fühlbar. Weil im 1. Gl. ein Obj. fehlt, u. den 2 Nomina mit מִן nur eines mit כֵּן im 2. Gl. entspricht, auch חרב ohne jede nähere Bestimmung ist, wurde (*app. Ew.*) מֵחֳרָב *Verwüsteten, Verheerten* für מֵחֶרֶב vorgeschlagen, aber dieses Verb. (Qal, Hiph., Niph.) wird nur von Städten u. Ländern sammt ihren Bewohnern, nicht von einzelnen Menschen ausgesagt. Besser liest man (mit hbr. Cod., auch *Trg. Peš. Vulg.*) מֵחֶרֶב פִּיהֶם *vom Schwert ihres Mundes* (zu verstehen nach Ps. 57, 5. 59, 8. 64, 4 von Drohungen, falschen Anklagen, bösen Reden, Befehlen u. s. w.), nicht aber מֵחֶרֶב מִפִּיהֶם *vom Schwert ihrer Mörder (Hitz.),* weil auch wenn מְפִיהֶם = מַפְאִיהֶם (Dt. 32, 26) sein könnte, doch die Bedeutung rein erdichtet ist. Die mass. Lesart wäre zu erklären, entweder (*Ros. Umbr.*): *vom Schwert* (das) *aus ihrem Munde* (geht), aber dafür stand ja eben מחרב פיהם zu Gebot; oder *vom Schwert d. h. von ihrem* (schwertgleichen) *Mund* (Ha. Del. Hgst. Vo. Böttch. NÄ. III. 42), nicht aber *von Schwert, Rachen, Hand,* dreierlei Bezeichnungen der Gewalt (*Hrz. Schl. Barth*), weil sonst מֵחַרְבָּם stehen müsste. מִיַּד חָזָק] Jer. 31, 11. — V. 16. Die entferntere Folge u. zugleich das Schlussergebniss dieser ganzen Machtentwicklung Gottes: *u. so entsteht dem Geringen Hoffnung,* näml. von Gott gerettet zu werden, wenn er sich an ihn wendet; *die Bosheit aber schliesst* (eigtl.: hat geschlossen, näml. wann Gott so eingegriffen hat) *ihr Maul* (wiederholt Ps. 107, 42), verstummt voll Ärger und Scham, weil überwunden, während die Unschuld triumfirt. עֹלָתָה] für עַוְלָתָה, u. dieses aus rhythmischem Grund gewählt für עֲוֶל (über die verdoppelte Femininendung *Ew.* 173ᵍ). קָפַץ פֶּה] Jes. 52, 15; etwas milder ist der Ausdruck Ij. 21, 5. — Also zu diesem Gott, der so der Gebeugten sich annimmt, die Bedrängten rettet, die Erniedrigten erhöht, würde El. vertrauensvoll seine Zuflucht nehmen. — b) V. 17—26. Ja Ijob darf, so schliesst er mit einer neuen überraschenden Wendung die Rede, sein Leiden, als eine Züchtigung Gottes, sogar für ein Glück ansehen, denn auch ihm steht, wenn er es an sich wirken lässt, noch Errettung u. Erhöhung, ein beglücktes Leben u. ein Ende in Ruhe u.

Frieden bevor. α) V. 17—21: Glücklich der welchen Gott züchtigt, denn den, der sich züchtigen lässt, wird er wieder heilen u. ihn in allen ferneren Nöthen wunderbar schützen u. bewahren. — V. 17. הִנֵּה] fehlt in einigen hbr. MSS., *Vulg. Pes.*, wird von *Mx.* gestrichen. In der That scheint es rhythmisch überschüssig (s. aber 3, 7), u. könnte als prosaische Einleitung zu den folg. Stichen zu betrachten sein. Denn wirklich wendet sich El. von hier ab wieder direct an Ij., u. zwar mit dem neuen Satze, der Perle der ganzen Rede, dass die Leiden eine Zucht Gottes, u. zwar des liebenden gnädigen Gottes, zur Besserung u. zum Heile des Menschen seien, ein Satz, der in dieser Schärfe (auf Grund unserer Stelle?) nur noch Prov. 3, 11f. (Hebr. 12, 5) u. Ps. 94, 12 ausgesprochen wird, u. der dann von Elihu Cap. 33, 36 weiter ausgeführt wird: **Heil dem Menschen, den Gott züchtigt** (mit Schlägen wie 13, 10; blosser Verweis ist nicht gemeint), u. der diese Zucht nicht verschmäht (nach Gl. 2)! *u. die Zurechtweisung des Allmächtigen verschmähe nicht!* weil sie ein Glück ist nach dem 1. Gl. Verschmähen würde er sie durch Unmuth u. Widersetzlichkeit; annehmen wird er sie durch bussfertigen, ergebenen, demüthigen Sinn. אַל־] in Poesie abgekürzt aus אַל־נָא; s. weiter zu Gen. 17, 1. — V. 18. Begründung: „denn es bleibt ja für den, der sie nicht verschmäht, nicht bei der Züchtigung allein, sondern es folgt auf sie die Heilung" (*Hrz.*). הוּא] *Er* d. i. ein u. derselbe thut beides. יִרְפָּא] Pausalform für יִרְפָּא (*Ew.* 93ᵃ), um so mehr möglich, als dieses Verbum dem intr. Begriff *Arzt sein* nahe kommt. תִּרְפֶּינָה] von רָפָא = נָשָׂא, *Ges.* 75 A. 21ᶜ. Sachparallele Hos. 6, 1; Dt. 32, 39. — V. 19ff. schildern das neue Glück, das dem durch die Zucht Gebesserten u. wieder Geheilten zu Theil wird: mit grosser Lebhaftigkeit wird dasselbe gezeichnet, um in Ijob ein Verlangen darnach zu erregen u. ihn so zur Selbstdemüthigung zu bewegen. Zunächst wird es beschrieben als Rettung u. Bewahrung in allen Nöthen u. Gefahren. V. 19. *In sechs Nöthen — u. in sieben*, d. h. in 6 bis 7, in unbestimmt vielen, so viele auch über dich kommen mögen; die 2. Zahl tritt zur ersten, um ihr die Bestimmtheit zu nehmen, ebenso Prov. 6, 16; 7 u. 8 Mich. 5, 4. Qoh. 11, 2; 3 u. 4 Am. 1f. Prov. 30, 15. 18. 21 (Ex. 20, 5). Man braucht im Folgenden nicht gerade genau 6 oder 7 Nöthen aufgezählt zu suchen oder zu finden. — V. 20f. zunächst nennen beispielsweise einige solcher allgemeiner Calamitäten; V. 20 Hungersnoth u. Krieg. פָּדָה] er hat dich losgekauft d. i. *er erlöst dich*; Prf. der Gewissheit (*Ges.* 106, 3ᵇ); nachher fällt das Impf. wieder ein, vgl. 11, 20. 18, 6. 19, 27. יְדֵי] Hände d. i. *Gewalt*, vgl. Ps. 63, 11. Jer. 18, 21. Jes. 47, 14 u. a. — V. 21. Bei Zungengeissel (Sir. 26, 6) d. h. *bei der Zunge Geisselschlag wirst du geborgen sein*; gemeint ist Verläumdung, Lästerung, vgl. Jer. 18, 18 (sonst wird die Zunge auch mit schneidenden Werkzeugen verglichen, s. zu V. 15). תֵּחָבֵא] statt תִּסָּתֵר, was man erwarten könnte (*Hrz.*), im Sinne von שׂוּם מַחְבֵּא, gewählt, weil nachher תִירָא folgt. Zur Erklärung s. Ps. 31, 21. An שׁוּט *umherschweifen* denkt *Sal. b. Parch.*, u. *GHffm.* will geradezu לָשׁוֹן *Verläumder* lesen. שֹׁד] V. 22 richtiger שׁוֹד geschrieben, *Verwüstung, Verheerung* zB.

durch Überschwemmung, Hagel u. s. w.; das Wort bildet eine Assonanz zu שׁוֹד. Ein שׁוֹד = שֹׁד = שׁדּ *Geisselung* bis zum Tod (*Hitz.*) gibts nicht; GHffm. corrigirt שֵׁד *Dämon*. כִּי] *wann, quum* (nicht: *si, wenn*). — β) V. 22—26: weitere Schilderung seiner Bewahrung u. seines Lebensglücks bis in's höchste Alter u. bis zu einem guten Ende. — V. 22. Mit neuem Ansatz werden hier zwei der schon genannten Nöthen (שֹׁד 21ᵇ u. כָּפָן 20ᵃ) noch einmal genannt, um steigernd hinzuzufügen, dass er ihrer sogar lachen, spotten wird, näml. im Gefühle seiner Sicherheit. כָּפָן] das im Aram. gewöhnliche Wort für hebr. רָעָב *Hungersnoth, Theuerung*, ebenso 30, 3. שְׂחֹק] mit לְ ist *verlachen, verspotten*, wie 39, 7. 18. 22. 41, 21. — Im 2. Gl. wird ein neues Übel genannt: *wilde Thiere*, im alten Palästina eine schwer empfundene Plage, zB. Lev. 26, 6, weshalb Ez. Schwert, Hunger, reissende Thiere u. Pest als die 4 Hauptplagen zusammenstellt (Ez. 5, 17 14, 21 u. s.). אַל־תִּירָא] *du musst* oder *darfst dich nicht fürchten* (*Ges.* 109, 1 A. 2).— V. 23. Begründung der beiden Glieder des V. 22. Des Mangels u. Hungers kann er lachen, weil er mit den Steinen des Feldes einen Bund hat, dass sie von seinem Acker ferne bleiben u. ihn nicht unfruchtbar machen (vgl. 2 R. 3, 19. 25; Jes. 5, 2; Matth. 13, 5), u. vor den wilden Thieren braucht er für sich u. sein Eigenthum (seine Heerden u. Felder) nicht zu fürchten, weil sie *ihm befreundet sind* oder *in Frieden gesetzt mit ihm*, dass sie ihm nichts Böses anthun. Zu V. 22f. vgl. Hos. 2, 20. 23ff. Jes. 11, 6—8. Ez. 34, 25, wo Ähnliches für die messianische Zeit dem ganzen Volk verheissen ist. — V. 24ff. Schon der Friede mit der äussern Natur V. 23 ist eines der positiven Güter seines neuen Glückes; dazu fügt er noch in weiterer Verheissung häuslichen Wohlstand V. 24, zahlreiche Nachkommenschaft V. 25, langes Leben V. 26. — V. 24. וְיָדַעְתָּ] Prf. cons. Das Wissen hier u. V. 24 hervorgehoben, weil im *Bewusstsein* des Besitzes der Güter das Glück sich vollendet (*Hitz. Schl.*). אֹהֶל] poetisch für Haus (in dem Ij. wohnt) u. wie בַּיִת einschliessend den ganzen Haus- und Besitzstand (ebenso 8, 22. 11, 14. 12, 6. 15, 34. 18, 6. 14f. u. ö.). שָׁלוֹם] sei es Adj. *wohlbehalten* (Gen. 43, 27 2 S. 20, 9), sei es Subst. *Friede, Wohlsein* (21, 9. Prov. 3, 17). *Und du wirst mustern* (überblicken, durchgehen) *deine Stätte* (V. 3) d. h. Behausung, Anwesen mit Einschluss der ganzen Habe, also auch der Heerden. וְלֹא תֶחֱטָא] *u. wirst nicht fehl gehen*, d. h. nichts verfehlen (Prov. 8, 36), oder vermissen, alles vorfinden. Verkehrt *Hgst.* „u. sündigst nicht". — V. 25. צֶאֱצָאִים] *Sprossen, Sprösslinge*, sowohl des Erdbodens 31, 8, als auch, wie hier, des Leibes, Nachkömmlinge 21, 8. 27, 14. *wie das Kraut der Erde* sc. so zahlreich u. üppig gedeihend, vgl. Ps. 72, 16. — V. 26. *Du wirst in reifem Alter in's Grab eingehen*. כֶּלַח] nur hier u. 30, 2. Die Bedeutung *Vollkraft, Rüstigkeit* (*Del. Hgst. Vo.*) ist durch die etymol. Combinationen *Fleischer's* (bei *Del.*² 90) nichts weniger als erwiesen, u. würde zwar 30, 2, nicht aber hier passen, da V.ᵇ u. die Natur der Sache (42, 17 Gen. 25, 8) widerstreitet, u. ist deshalb auch die Correctur בְּלֵחַ vgl. Dt. 34, 7 (*Mx.*) verfehlt. Hier passt nur *volle Reife, ausgereiftes Alter* (LXX umschreibend, *Trg.*

Saad. Qi., Ges. Stick. Ew. Schl. Ha. Mat. Hitz. a.), u. lässt sich, wenn כלח eine härtere Form von כלה (wie כֶּלַח 39, 16 von כָּלָה) war, von *Vollendung* aus leicht ableiten volle Reife sowohl der Jahre, als auch der Kraft (wenn man 30, 2 letzteres vorzieht). *Runzeln* (GHffm.) passen zu 30, 2 gar nicht. ':כ ג־ישׂ] *wie ein Garbenhaufe* (s. über גדישׂ Ges. th. 269) *aufsteigt* d. h. nicht: *aufgehäuft wird* (Umbr. Ha.), sondern *hinaufgebracht wird* auf die hochgelegene Tenne, oder *eingebracht wird zu seiner Zeit*, d. h. wann die Ähren vollreif geworden sind. Der Vergleichungspunkt ist das Heimgehen in voller Altersreife, u. damit zusammenzustellen ist, was von den Erzvätern in der Gen. gerühmt wird, dass sie alt u. lebenssatt ihre Tage endigten (Gen. 15, 15. 25, 8. 35, 29, auch Ij. 42, 17). — V. 27. Schlusswort, wie 18, 21. 20, 29. 26, 14. *Sieh* (dies ist's, was wir erforscht haben d. h.) *dies haben wir* (ich u. meine Freunde) *erforscht, so ist's; vernimm es u. du* (deinerseits, wie wir es erforscht haben) *merk' es dir!* Es ist nicht ein plötzlicher Einfall, sondern die Frucht des Forschens (Erfahrens u. Denkens), auch nicht blos seine Ansicht, sondern zugleich die der 2 andern Freunde, darum von Ij. wohl zu beherzigen.

Diese Rede des Elifaz ist nicht nur in rhetorischer Hinsicht sehr fein u. kunstvoll angelegt, sondern auch in ihrem Gedankengehalt sehr reich, so reich, dass auch die folgenden Redner aus ihr schöpfen können, u. in den einzelnen Sätzen oder Wahrheiten, die sie durchführt, unanfechtbar. Was er über die allgemeine Sündhaftigkeit der Menschen u. über die Nothwendigkeit der Leiden für dieselben sagt, sind Grundsätze, die das ganze A. T. predigt, u. denen auch Ijob nicht widerspricht, der sich nirgends Sündlosigkeit zuschreibt. Auch seine Sätze über den Besserungszweck des Leidens sind, so im allgemeinen gehalten, unverwerflich, u. was er, allerdings aus seiner beschränkten Vergeltungstheorie heraus, über die Bestrafung der groben Sünder einflicht (4, 8—11. 5, 3—5), ist hier noch nicht so schroff u. einseitig hingestellt, dass die ausnahmslose Gültigkeit dieser Regeln behauptet würde. Mit dem Satze 4, 6 u. mit seiner Verheissung erneuten herrlichen Glückes nach überstandenen Leiden nimmt er sogar weissagend voraus, was durch den Verlauf der Geschichte bestätigt wird. Er hat scheinbar in allem Recht. Und gewiss mit vollem Bewusstsein hat ihn der Dichter gerade mit einer solchen Rede in den Streit eingeführt. Denn nur so kann eine wahre Verwicklung mit Ij. sich entspinnen, u. nur so kann auch den Gegnern Ijobs die Aufmerksamkeit der Leser gesichert werden. Und dennoch leidet diese Rede an einem schweren Mangel: sie hält sich vorwiegend an allgemeine Wahrheiten u. geht auf die besonderen Verhältnisse Ijob's nicht ein. Sie erwägt nicht den Grad der Leiden Ijob's u. zeigt kein Mitleid mit ihm, sondern nennt seine Klage fast geradezu die Klage eines Thoren (5, 2); sie erwägt nicht die grosse Thatsache seines bisherigen reinen Lebens u. ergebenen Duldens, u. unterscheidet ihn nicht von dem grossen Haufen der gemeinen Menschen; sie heisst hoffen u. in die Zukunft blicken, wo doch allem menschlichen Ermessen nach Hoffnung u. Zukunft schon verloren ist; vor allen Dingen, sie ist hinterhaltig u. versteckt, sie lässt noch

Schlimmeres durchblicken, was der Redner nur noch nicht auszusprechen wagt. Und hier eben, an diese Mängel der Rede, knüpft nun die Erwiederung Ijob's an.

b) *Die Antwort Ijob's*, Cap. 6 u. 7.

Ijob's Leiden ist so gross u. so ausgezeichnet vor dem anderer Menschen, dass es sich aus allgemein menschlicher Unreinheit nicht erklärt, u. dass Unmuth u. Klagen darüber nicht blos nicht befremdlich, sondern ganz natürlich sind, zumal wenn schon die Kraft zum Ertragen zu schwinden beginnt; die Verweisung auf die Zukunft verschlägt nichts mehr, wenn das Übel so weit vorgeschritten ist, dass menschlicher Weise nichts mehr zu hoffen ist. Also Trost kann Ijob in Elifaz Rede nicht finden. Wohl aber fühlt er sich verletzt, ja empört durch dieses unerwartete Benehmen von Freunden, durch das fast absichtliche Nichtbeachten seiner ganz eigenthümlichen Lage, durch den Mangel an mitleidsvoller Theilnahme, vor allem durch die Hindeutungen auf eine Schuld u. die Anmuthung einer Bekehrung. Seine innere Trostlosigkeit ist durch jene Rede nicht gemildert, sondern gesteigert: weil sie keinen Trost geben, ist's ihm, als gäbe es für ihn überhaupt keinen Trost, u. wird ihm alles nur um so dunkler u. räthselvoller; auch die Zumuthung der Bekehrung an einen, der keines Abfalls von Gott sich bewusst ist (6, 10), muss die innere Qual u. Verwirrung noch erhöhen. So wirkt denn die Rede des El. das Gegentheil dessen, was beabsichtigt war: Ijob von den Freunden getäuscht u. über Gottes Absicht eher beunruhigt, als aufgeklärt, kommt von seinem trostlosen Unmuth nicht zurück, sondern sucht ihn vor sich u. den Freunden zu rechtfertigen, gibt sich ihm auf's neue hin, lässt ihn in sich wachsen u. klagt schon schlimmer. Nachdem er 1) seine, ihm von El. gerügte, unmuthige Klage mit der Grösse u. Unverständlichkeit seines Leidens, die ihm den Wunsch nach einem baldigen Ende auspressen, gerechtfertigt hat, 6, 2 —10, weist er 2) die ganze von den Freunden ihm gewordene Zusprache als nicht zutreffend (6, 11—13) u. grundlos (6, 24), ja als unfreundliche Härte u. Täuschung der Freundschaft in bittern Worten zurück, welche er nur zuletzt zu der wehmüthigen Bitte um freundlichere Gesinnung mässigt 6, 14—30, u. gibt sich nun 3) weil ihm nichts von wirklichem Trost geboten wurde, einer trostlosen Klage hin, in welche er nicht blos seinen eigenen qualvollen u. hoffnungslosen Krankheitszustand, sondern auch die Mühseligkeit des menschlichen Lebens überhaupt u. die Behandlung der Menschen von Seiten Gottes hereinzieht, C. 7. Diese Klage bildet das eigentliche Gegenstück gegen das verheissungsvolle Zukunftsbild, das ihm El. gezeichnet hat. — Der 1. Theil enthält $7 + 6 + 7$ Stichen, der 2. Th. in 2 Abschnitten a) $6 + 8 + 6$, b) $6 + 8 + 6$, der 3. Th. in 2 Abschnitten a) $6 + 7 + 8 + 3$, b) $8 + 8 + 7$ Stichen. (Die 3 Stichen von 7, 4 dürfen nicht mit *Del. Mx.*, ohne Correctur des Textes, auf 2 herabgemindert werden).

1) Cap. 6, 2—10: Rechtfertigung seiner unmuthigen Klage mit

der Grösse u. Unverständlichkeit seines Leidens, die ihm sogar den Tod zum Gegenstand heissester Wünsche machen. α) V. 2—4: Der ihm vorgeworfene Unmuth u. etwa gethane unbedachte Rede sei durch die Übergewalt seines Leidens u. die darin verborgenen Schrecken Gottes hervorgerufen. — V. 2. Er beginnt mit dem Wunsche, dass sein *Unmuth* (den ihm El. vorgeworfen hat 5, 2 vgl. 4, 5) einerseits u. sein Unglück andererseits mit einander abgewogen würden; man würde finden, ist die Meinung, dass sein Unmuth seinem Unglück noch nicht gleichkomme, jedenfalls nicht grösser sei. לוּ] hier Wunschpartikel: *o dass!* שָׁקוֹל] Inf. abs. (Qal vor Niph. s. *Ges.* 113, 3 A. 4) will auf das Wägen den Nachdruck legen. וְהַיָּתִי] הַיָּה nur hier, mit Qerê הַוָּתִי, wie das Wort 30, 13 im Sing. u. sonst immer im Plur. (הַוּוֹת 6, 30) geschrieben ist: Absturz, Verderben, *Unglück* (s. darüber *Ges.* th. 370; *Hupf.* zu Ps. 5, 10; *Fleischer* bei *Del.*² 94f.). יִשְׂאוּ] mit unbestimmtem Subj. (wie 4, 19) statt unseres Passivs; es bedeutet hier: *aufnehmen* (wie נשא) auf der Wage. יַחַד] *zusammen, zumal, zugleich damit* (17, 16; Ps. 141, 10. Jes. 42, 14. 45, 8) nämlich mit dem כַּעַשׂ; nicht aber (*Kmph. Hgst.*): *allzumal, sämmtlich* (mein sämmtliches Unglück), in welchem Falle nicht sowohl 3, 18. 31, 38. 38, 7 (wo es bei einem Plur. steht), als 10, 8 zu vergleichen wäre; schon die Wortstellung widerspricht. Da die Stelle offenbar an 5, 2 anknüpft, u. darum כעש nicht in einem andern Sinne als dort, also nicht als Kummer gleichbedeutend mit הַיָּה (*Kmph.*) genommen werden kann, u. da sonach Verschiedenartiges auf die Wagschalen kommt, so muss der Wunsch auf die Abwägung u. Vergleichung beider mit einander gehen, nicht aber auf die Wägbarkeit derselben (o dass mein Kummer u. sämmtliches Leiden gewogen werden könnte! wägbar wäre!) — V. 3. כִּי עַתָּה] Begründung jenes Wunsches: *denn nun* d. h. so wie es jetzt bei mir steht, vollends nachdem auch ihr von mir abgefallen seid; nicht: *denn dann* (*Hitz.*) oder *ja dann* (*Del.*), wie 3, 13. 13, 19 als Zeichen der Bedingtheit der Aussage, weil *dann wäre* schwerer nicht so viel als *dann würde sich zeigen, dass schwerer ist*, sein kann; auch nicht: *doch nun* (*Kmph.*). מִחוֹל יַ׳] *ist es schwerer als Sand der Meere* d. h. unermesslich schwer; Meeressand sonst Bild der Menge, hier (wie Prov. 27, 3; Sir. 22, 15) der schwersten Last; *Meere* = das Weltmeer nach seinen einzelnen Theilen, im poet. Styl häufig für pros. יִכְבָּד] Subj. zu יִכְבָּד ist nicht כַּעַשׂ V. 2, sonst würde er ja sich selbst anklagen, sondern unbestimmt: *es* (sc. die Leidenslast). Diese Schwere des Leidens ist der Grund davon, dass seine Worte לָעוּ *irre redeten u. reden.* לָעוּ] vorn betont, kommt nicht von לָעָה, denn die Zurückziehung des Tones in diesem Fall kommt nur vereinzelt u. aus besondern Gründen vor (*Ew.* 92ᵉ), sondern von לוּעַ לָעַע oder לוּעַ = لغا لغى *kindisch, unachtsam reden,* ڶۏۏ: *lallen, stammeln,* was hier poetisch von den Worten, statt vom redenden Menschen ausgesagt wird. Unpassend *GHffm.*: *darum belecken* (! d. h. bekritteln) sie meine Worte. Er gibt vielmehr, wie V. 2 seinen כעש, so hier zu, dass seine Worte unbedacht sein mögen (vgl. V. 26), aber sagt, das Übermaass des Leidens presse sie ihm aus. — V. 4. Begründung von 3ᵃ: *denn des Allmächtigen Pfeile sind bei mir, deren Gift mein Geist einsaugt; die Schrecken Gottes bestürmen mich.* Die *Pfeile* Gottes sind in der Dichtersprache des AT. die Krankheiten, Schmerzen u. Plagen, womit er die Menschen trifft Ps. 38, 3 (Ps. 7, 14; Dt. 32, 23; Ez. 5, 16), vgl. Ij. 16, 12f. עמדי] *bei mir.* LXX u. Peš.: ἐν τῷ σώματί μου; Vulg.: *in me*, und so die meisten: *mihi adhaerent, stecken in mir;* aber עמדי ist nicht geradezu בי; עמי scheint gewählt, weil die Pfeile oder vielmehr Pfeilwunden (s. 34, 6), die er an sich trägt, nicht blos an seinem Körper, sondern auch innerlich, in seinem Bewusstsein fortwährend bei ihm sind (vgl. 9, 35. 10, 13 u. a.). Die Pfeile u. damit auch die Wunden sind *vergiftet;* dieses brennende Gift heisst hier wie Ps. 58, 5. Dt. 32, 24. 33 חֵמָה (vgl. auch Ij. 21, 20). Aber חמתם ist nicht Subj. (*deren Gift aufsaugt,* das soll heissen: *verzehrt meine Lebenskraft*, LXX Peš. Vulg., Ros.), sondern Obj.; Subj. ist רוּחִי; u. dieses bedeutet nicht sowohl *Lebenskraft* (denn wenn er blos an die leiblich verzehrenden Wirkungen gedacht hätte, hätte er בְּשָׂרִי oder נַפְשִׁי sagen können), als vielmehr *Geist* (20, 3): die Gedanken, die er sich über diese Pfeile Gottes als Waffe des zornigen Gottes machen muss, sind das Gift, das sein Geist einsaugt. Dahin zielt auch das 3. Gl.; denn *Schrecken* oder Schrecknisse Gottes nennt er seine Leiden eben mit Beziehung auf die Angst u. Bangigkeit, die ihn im Gedanken daran befallen. יערכוני] nicht: setzen mich in Rüstung, bringen mich zur Wehre (*Böttch.* NÄ. III. 42f.), sondern mit ausgelassenem מלחמה (wie Jud. 20, 30. 33. 1 S. 4, 2) u. poetisch mit Acc. (*Ew.* 282ᵃ) statt mit עם oder לקראת des Feindes: *sie bestürmen, bekämpfen mich* (Vulg. Saad.; *Ges.* u. fast alle Neueren). Aus arab. ʿaraka (*Barth*) ergäbe sich der gleiche Sinn, denn *sie vernichten mich* (*Barth* nach Ps. 88, 17) wäre zu stark. Möglicherweise stand urspr. יעכרוני *conturbant me.* Ein unpassendes Bild gäbe יערכוני (Mx.); die LXX geben für Gl. 3: ὅταν ἄρξωμαι λαλεῖν κεντοῦσί με. — Also nicht die Leiden an sich, sondern noch mehr die Gedanken darüber, die Einbildung, dass der zornige Gott sie geschickt, machen die Last so unerträglich schwer (vgl. 23, 16f.). — β) V. 5—7: Ohne genügende Ursache würde er nicht klagen; still eine Kost hinzunehmen, vor der einem graut, sei eine widernatürliche Forderung. — V 5. So wenig als ein Thier kläglich schreit, wenn es sein Futter hat, so wenig oder noch weniger würde er, der vernünftige Mensch, Klage erheben ohne Grund: *schreit ein Wildesel* (s. 39, 5—8) *bei frischem Gras, oder brüllt* (1 S. 6, 12) *ein Rind bei seinem Futter* (Mengfutter, farrago 24, 6; Jes. 30, 24)? נהק] wie 30, 7 — V. 6. „Kann man einem zumuthen, ungeniessbare Speise sich wohl schmecken zu lassen, sich damit zufrieden zu geben?" (Hrz.). *Isst man Fades* (s. 1, 22) *ohne Salz* d. h. Fades, das nicht gesalzen ist? *oder ist Geschmack im Eiweiss?* ריר] ist schleimartige Flüssigkeit (Speichel 1 S. 21, 14). חלמות] wird meist (*Trg. Saad., Rabb., Luth., Ew. Ha. Schl. Hitz. Hgst. Reu. Vo.*) nach dem talm. חלמון als *Eidotter*, u. 'ח ריר als *Eidotterschleim, Eiweiss* erklärt. Doch ist Eiweiss den *alten* Hebräern, die keine Hühnerzucht hatten, schwerlich geläufig gewesen. Deshalb ist vielleicht vorzuziehen 'ה = ܠܡܟܣܐ (Pes.), ein Pflanzenname, näml. *anchusa* (*PSmith* I. 1284), aber von den späteren Glossatoren als ܐܠܬܐܝܐ *althaea*, *Malve* gedeutet, dagegen in der Vers. arab. mit خَمْقَا *Portulak* übersetzt (*Löw* Aram. Pflanznm. S. 361). Ein Pflanzenname passte gut; רִיר kann den schleimigen Saft derselben (nicht: Brühe) bedeuten; aber der Name der Pflanze ist eben unsicher: Portulak- oder Burzelkrautschleim (*Ges. Del. Böttch. Stud.*), *Kohlschleim* (*Mr.*). (Über die sonderbare Übers. des *Hier.* s. *Ges.* th. 480). Dass er unter den faden Speisen seine Leiden versteht, geht hervor aus V. 2—4, wo diese das Hauptobject der Rede waren, u. aus V. 8—10, wo er eben wegen der Last dieser Leiden sich den Tod wünscht. Das Bild ist correkt (9, 18; Jer. 9. 14): das Leiden ist eine von Gott gereichte Speise, die der Mensch sich aneignen u. innerlich verarbeiten soll; dem Ij. aber ist sein Leiden, weil übergross, unverständlich, also die Speise fade, ungeniessbar. Die Deutung der Speise auf die Reden der Freunde (LXX umschreibend; ältere Erkl., noch *Rüetchi* in Stud. u. Krit. 1867 S. 130; *Hgst.*) verstösst gegen den Zusammenhang. — V. 7. Ausdrückliche Zurückweisung solcher Kost: *meine Seele weigert sich, es anzurühren*; *derlei ist mir wie verdorbene Speise.* In der Doppelheit der Aussage liegt ein klarer Gedankenfortschritt, welchen man verderbt, wenn man (*Vulg. Luth. Ros. Del. Hitz.*) Gl. 1 relativ fasst (*was meine Seele anzurühren sich weigerte, das ist* u. s. w.); ohnedem hätte die Construction nur an Jes. 48, 14 eine Analogie, u. Gl. 2 gäbe keinen erträglichen Sinn. Zum Prf. מאנה s. Ps. 77, 3. לנגע בֿ] das Obj. ist ausgelassen (*Ew.* 303ᶜ), weil aus dem vorigen selbstverständlich, die dargebotene Kost, näml. die durch die Bilder V. 6 bezeichneten Leiden (vgl. V. 4). Auf sie weist er im 2. Glied hin durch das vorangestellte הָמָּה *sie*, d. i. *derlei* Dinge. Sie sind כְּדְוֵי לַחְמִי *wie die Krankheit meines Brodes* d. i. wie wenn mein Brod, meine Speise krank d. i. verdorben, faul wäre, die ich darum nicht anrühren würde (vgl. דָּוָה von Sachen Jes. 30, 22). דְוֵי] ist st. c. von דְוָי (*Ew.* 213ᵉ); nicht Pl. m. st. c. von דָּוֶה (*Cocc. Schult. Del.*): *sicut fastidiosa cibi mei*, ekelhafte Dinge an meiner Speise, denn dafür erwartete man דְוָיִם בְּלַחְמִי. Ebensowenig darf דְוַי *Krankheit* in Eckelhaftigkeit u. concr. *Eckelhaftes* abgewandelt u. unter כְּדְוֵי לַחְמִי etwa die Exkremente (*Hrz.*[1] *Ha. Stud.*) oder die Menstruirende bei der Mahlzeit (*Trg.*) verstanden werden. Auch kann *die Krankheit meines Brodes* nicht „die Krankheit, die mein täglich Brod (3, 24) ist" (*Umbr. Hrz.*[2]) sein. Die Bedeutung „Brocken meiner Speise" (*Hitz.*) ist aus dem arab. *kudjah* nicht herauszuklauben. Die Änderung מִדְוַי prae angustia (*Vulg.*) taugt nichts; auch כְּדֵי (*Ros. Wlt. Mal.*) wäre nur zulässig, wenn es „*wie mein täglich Brod*" bedeuten könnte; ganz abseits liegt דְיוֹ לְחִכִּי *wie Tinte meinem Gaumen* (*GHffm.*) u. כְּרֵיחַ שָׁחַל *wie des Löwen Stank* (*Mr.*), auf Grund von ὥσπερ ὀσμὴν λέοντος LXX. was jedoch nur Glosse zu βρόμον γὰρ ὁρῶ τὰ σῖτά μου (dieses selbst freie Übersetzung von כְּדְוֵי כִּי לַחְמִי הֵמָּה oder הֶמְיָה) ist, vielleicht mit Anspielung auf Löwenkrankheit = Elephantiasis bei den Syrern (*Bick.* 22; *PSmith* I. 378f.). — So gänzlich zuwider u. unannehmbar sind ihm seine Leiden, weil er sie nicht verstehen kann u. sie nicht verdient zu haben weiss. — γ) V. 8—10: so schwer sei seine Leidenslast, so widrig seine Leidenskost, dass er durch den Tod davon erlöst zu werden als seinen höchsten Wunsch hegen u. als einen wahren Trost betrachten müsse. Im Gedanken daran wird seine Rede heftig erregt. — V. 8. ‏מי־יתן‎] die bekannte Wunschformel (*Ges.* 151, 1), von der sämmtliche Verba (Optative) V. 8—10 abhängen. *Meine Bitte, meine Hoffnung,* näml. die ich längst hegte, denen ich auch Cp. 3 Ausdruck gegeben, u. auf die ich hiemit zurückkomme. ‏תקותי‎] wofür ‏תאותי‎ zu lesen (*Hupf. Mx. Stud.*) kein Grund vorliegt, enthält eine feine Beziehung auf das, was El. ihm als Hoffnung dargestellt hat 4, 6. 5, 16; ‏בוא‎ aber ist hier *sich erfüllen.* — V. 9 gibt den Inhalt der Bitte u. der Hoffnung an: *und* (dass doch) *Gott wollte u. mich zermalmte, losmachte seine Hand u. mich abschnitte!* ‏הואיל‎] seq. ‏ו‎, vgl. *Ges.* 120, 2ᵃ. ‏נתר‎] ‏נתר‎ *springen* (37, 1); *aufspringen* u. *abspringen* (*abfallen* im Aram.); im Hiph. entweder: *aufspringen machen,* mit Heftigkeit auffahren lassen die bisher unthätige Hand; oder eher (nach Jes. 58, 6; Ps. 105. 20. 146, 7) *abspringen lassen, entfesseln, losmachen* die bisher gebundene Hand. ‏ויבצעני‎] *mich,* d. i. mein Leben oder Seele, s. zu 4, 21. — V. 10. ‏ותהי וגו'‎] Opt. consec. (*Ew.* 347ᵃ) wie 13, 5. 21, 2: *u. so* (oder *dass*) *noch mein Trost* mir *würde!* „der Trost, durch den Tod seinen Leiden ein baldiges Ende gemacht zu sehen" (*Hrz.*): der einzige Trost, der ihm in seinem Leiden noch übrig bleibt. ‏ואסלדה‎] nicht geradlinige Fortsetzung des vorigen Wunsches, sondern abgebrochener Ausrufesatz, seiner Aufregung entsprechend, worin er angibt, was er thun würde, falls 10ᵃ einträte: *u. aufhüpfen* (vor Freude) *wollte ich* (mitten) *in dem schonungslosen Schmerz!* Diese durch LXX *Trg.* an die Hand gegebene Erklärung des Hap. leg. ‏סלד‎ kann auch durch arab. *salada* hart auftreten, terram pedibus pulsavit equus gestützt werden (*Ges.* th. 955). Das talmud. ‏סלד‎ *brennen* gehört nicht hieher, u. für die Bedeutung *ausdauern* fehlt der Beweis. Die Erkl. (Älterer u. *Schl.*): *obgleich ich auffahre vor Schmerz* verstösst gegen die Grammatik, da ‏ואם‎ kein Zustandssatz ist. ‏לא יחמל‎] wie 16, 13. 27, 22. Jes. 30, 14; relativisch mit ausgelassenem adverbialem ‏אשר‎ = *womit* er nicht schont (*Ew.* 331ᶜ); es ist nicht nöthig (*Umbr. Stick. Hitz.*) anzunehmen, ‏חילה‎ sei vorn betont, darum als musc. gedacht, u. Subj.: *der nicht schont.* — *denn nicht habe ich verleugnet des Heiligen Worte!* d. i. Gebote, den vom hl. Gott geoffenbarten Weg (vgl. 23, 11 f.) wissentlich hintangesetzt. Dieses Wort, kraftvoll an den Schluss des Abschnittes gestellt, gibt zunächst den Grund an, warum Gott wenigstens jene seine Bitte gewähren sollte, enthält aber zugleich eine kurze u. scharfe Zurückweisung des geheimen Gedankens in Elifaz' Rede, woraus· erst recht klar wird, dass er, Ijob, Grund zum ‏כעש‎ habe, u. warum er alle Rathschläge des El. verwerfen müsse; es macht dadurch auch den Übergang zum 2. Absatz. Nach einer vielvertretenen Erklärung (noch *Schl. Hupf. Del. Hitz. Hgst. Stud. Vo.*) würde das 3. Gl. den Inhalt der ‏נחמה‎ angeben: „so wäre es noch mein Trost — *dass* ich nicht verleugnet habe" (vgl. Ps. 119, 50), als würde er ahnen, dass er bei länger andauerndem Leiden sich eine solche Verlengnung zu Schulden kommen liesse. Damit würde aber ein dem Zusammenhang fremder Nebengedanke in die Rede hereingeworfen; auch würde mit der Aufregung, die sich im 2. Gl. kund gibt, eine solche kühle Reflexion schlecht stimmen.

2) Cp. 6, 11—30: Zurückweisung der ihm von den Freunden gewordenen Zusprache u. der ganzen ihm bewiesenen wenig freundschaftlichen, ja lieblos harten Gesinnung. — a) 6. 11—20. gegliedert in 6, 8, 6 Stichen: in Anbetracht seiner gebrochenen Kraft u. seines hoffnungslosen Zustandes muss er den Rathschlag, auf die Zukunft zu hoffen, zurückweisen, u. ihnen offen sagen, dass er sich in seinen Erwartungen von ihrer Freundschaft völlig getäuscht findet. — α) V 11—13: zu der Hoffnung u. Geduld, zu der El. ihn aufgefordert, hat er weder Kraft noch Grund. — Diese 3 Verse, von manchen (*Ha. Hgst. Mr. Reu.*) zum 1. Theil gezogen, werden besser als Einleitung zu der Zurückweisung der Elifaz'schen Vertröstung auf die Zukunft (5, 18—26. 4, 7) aufgefasst. — V 11. *Was ist meine Kraft, dass* (כי s. zu 3, 12) *ich ausharren, u. was mein Ende, dass ich mich gedulden sollte?* Die *Seele* (sonst den *Zorn* Prov. 19, 11. Jes. 48, 9) lang machen d. h. hinhalten, also zuwarten, Geduld haben. Die Kraft zum Harren ist erschöpft, u. das in Aussicht stehende Ende ist der sichere, baldige Tod. Die Bedeutung *Ziel* (*Hitz.*) ist für קץ nicht zu erweisen. — V. 12. Ausführung von 11ª: *oder ist Kraft der Steine meine Kraft? oder ist mein Fleisch* ehern d. i. *von Erz?* — V. 13 Ausführung zu 11ᵇ. האם] nur noch Num. 17, 28, ist keinenfalls verstärktes ה oder אם (*Ges.* 150, 2ᵇ), denn „ist denn gar keine Hilfe in mir" (*Schl.*) ist das Gegentheil des erwarteten Sinns, u. die Bedeutung von לא (*Del.*) hat ה selbst nicht, also auch nicht verstärktes ה. Auch ist אם nicht Bedingungspartikel: *ob — ich noch harren kann — wenn alle Hilfe für mich verloren ist?* (*Köst. Ha. Hitz.*), denn aus V. 11 אל zu ergänzen, hindert der zwischenliegende V. 12. Am einfachsten nimmt man האם = הלא, sofern אם von seinem Gebrauch im Schwur die Bedeutung *fürwahr nicht* angenommen hat (*Ew.* 356ª): *ist fürwahr nicht Nichtsein meiner Hilfe* in mir oder besser: *an mir, bei mir?* = es ist ja nichts zu helfen mehr an mir; *u. vernünftiger Rath* (gew.: *Heilsbestand*, s. zu 5, 12) *von mir fortgestossen?* sein Zustand ist hoffnungslos, u. darum alle Vertröstung auf die Zukunft unzutreffend, nichtig. עז] עז herzustellen (*Mx.*) berechtigt der ganz abweichende LXX Text nicht. — β) V. 14—17: das Mitleid, worauf er als Unglücklicher Anspruch hatte, haben sie ihm verweigert, seine Hoffnung auf dasselbe getäuscht wie Trugbäche. — V. 14. *Dem Verzagenden von seinem Freunde Liebe* wird oder gebührt *u. dem, der* (d. i. auch wenn er) *die Furcht vor dem Allmächtigen aufgibt* (so auch *Hirz. Schl. Ha. Kmph. Zöckl. Reu.*). Das 1. Gl. ist ein allgemeiner Satz (wie 12. 5. Prov. 10, 13ᵇ). der angibt, was der Regel nach geschieht u. geschehen soll. למס] von מסס (wie סם von סמם), nicht aber *Frühner* (*Hitz.*, was selbst מס, coll., nicht bedeutet); חסד Freundlichkeit u. Nachsicht, die theilnehmend auf die Lage des Freundes eingeht; daran

hess es eben El. fehlen, sofern er kein Wort wirklichen Mitleids für den Dulder hatte; es ist durchaus in der Ordnung, dass Ijob das rügt. Die Regel, die damit gegeben wird, ist nach Prov. 17, 17, nicht (*Del.*) nach Judä 22 f. zu beurtheilen. — Die Erklärung (*Schnur. Del.*[1] *Hgst.* a.) des 2. Gl.: *sonst könnte er die Gottesfurcht aufgeben*, ist sprachwidrig, sofern י die Bedeutung *alioqui* nicht haben kann (Ps. 51, 18. 55. 13. 143, 7; Gen. 31, 27 ist es das consecutive י). Vielmehr muss, wenn die Lesart richtig ist, dieser Satz Fortsetzung des מָה sein (*Ew.* 350ᵇ). Ijob sagt aber damit nicht, dass er die Gottesfurcht aufgegeben habe, sondern setzt nur diesen Fall als einen äussersten, in welchem der Freund auch noch Liebe schuldig sei. Immerhin ist die Construction hart (weshalb *Ew.*[2] vermuthete, dass zwischen Gl. a. u. b 2 Zeilen ausgefallen seien). Dem wäre abgeholfen, wenn man (*SSchmid, Hitz. Del.*[2]) חסד nach Prov. 14, 34 (25, 10) als *Schimpf* fasste: *trifft den מָס von seinem Freunde Schimpf, so gibt er die Gottesfurcht auf*. Aber der Gedanke ist zu beanstanden, u. der Verf. gebraucht חסד (10, 12) in anderem Sinn. Die Correctur מֹנֵעַ für למס (*Mx.*: wer seinem Nächsten Güte vorenthält, verlässt zugleich die Gottesfurcht) gibt die Übersetzung des *Trg. Vulg. Peš.* wieder; sie beruht aber bei ihnen nicht auf der Lesart מנע, sondern auf einem übelverstandenen למס, was noch viele hbr. MSS. haben, u. als Einleitung zu V. 15 passt dieser Gedanke nicht, auch nicht als Begründung (*GHffm.*) zu V. 13. — V. 15 ff. mit nachdrücklich vorangestelltem אחי setzen der Regel V. 14 das wirkliche Benehmen *seiner Freunde* entgegen: *sie* haben seine Hoffnung auf Milde u. Liebe getäuscht. Diese Täuschung wird anschaulich gemacht durch das Bild eines Giessbachs, χειμάρρους, oder Bergwassers, das im Frühjahr von dem sich auflösenden Schnee u. Eis stark anschwillt u. voll daherrauscht, in der Hitze des Sommers aber völlig austrocknet, so dass V. 18—20 Reisezüge, die es auf ihrem Wege aufsuchen, um Wasser daraus zu schöpfen, aufs jämmerlichste getäuscht werden. Ein solches Bergwasser heisst darum anderwärts ein אַכְזָב Trugbach Jer. 15, 18 (Jes. 58, 11). Dieses Bild wird hier mit epischer Behaglichkeit gezeichnet. — V 15. *Meine Brüder* (d. i. Freunde, wie oft, u. Plur., weil El. im Namen aller drei 5, 27 gesprochen hat) sind untreu geworden oder *trügten wie ein Bach, wie das Bett* (Jes. 8, 7) *von Bächen, welche übertreten*, überschwellen. Andere (*Umbr. Hrz. Del. Stud. Reu.*) nehmen יעברו = *welche verschwinden* (s. 11, 16. 30, 15) oder *enteilen* (*Hitz.*); allein wohl mag *Wasser* vorübergehen u. so verschwinden, nicht aber ein *Bach*; für Versiegen eines Bachs oder See's hat der Hebr. andere Ausdrücke als עבר; an versiegende Bäche schlössen sich die präsentischen Tempora V. 16 schlecht an; der Vergleichungspunkt muss nicht schon V. 15 erschöpft sein, sondern kommt erst durch V. 16 f. zur vollen Herausstellung. Darnach taugt auch nicht *wie ein Rinnsal der Bäche schwinden sie*, die Freunde (*Hgst.*), oder gar, mit der Correctur יַעֲבֹרוּנִי, *sie gehen wie der Thäler Bach* (!) *an mir vorbei* (*Mx.*). — V. 16. Fortsetzung: *welche trübe* (schmuzig trübe 5, 11) *sind von* (מִנִּי poet. für מִן 7, 6. 9, 3 u. s.) *Eis; auf die nieder der Schnee sich birgt,* praegnant (*Ges.* 119, 4): der schmelzende Schnee verbirgt sich gleichsam, indem er *auf* (s. Jes. 24, 22) die Bäche herabläuft als Wasser. (*Stickel's* הרמו *rollen* ist unnöthig u. unbeweisbar.) — V. 17. Der Gegensatz: die vollen Wasser sind plötzlich versiegt, daher die Verba im Perf. נצמתו] st. c. zum folg. יזרבו, *zur Zeit dass, wann* oder *sobald als* (*Ges.* 155, 4). יזרבו] זרב nur hier; weder aus וְרָב *einengen* (*JDMich. Eichh. Umb. FdDel.* Prol. 36 f.), noch aus arab. *zariba* u. jüd. aram. זרב Ithpe. *zerfliessen, verlaufen* (Qi., *Ges.* th. 428 f.; *Mx.*) zu erläutern, weil in beiden Fällen nur ein matter Sinn sich ergäbe, auch nicht *überfluthen* (*Hitz.*, ohne jede sprachliche Unterlage u. dem erforderten Sinn entgegen), sondern wahrscheinlich (*Gekat. Ew. Hrz. Del.* u. die meisten) dasselbe, was צרב (Ez. 21, 3; Prov. 16, 27) *brennen, sengen*. Also: wenn sie versengt, *von der Gluth der Sommerhitze getroffen werden, sind sie* plötzlich *vernichtet, wenn's heiss wird, versiegt von ihrer Stelle weg.* בְּחֻמּוֹ] Inf. mit Suff. von חמם; das Suff. nicht auf עת zu beziehen (*Hrz. Hitz.*), sondern *es* (*Ew.* 295ᵃ). — γ) V. 18—20: Reisezüge, die auf ihrem Wege daran kommen, werden mit ihrer Hoffnung, dort Wasser zu finden, getäuscht u. kommen elendiglich um. — V. 18. אָרְחוֹת] ist st. c. Pl. von אֹרַח *Weg*, oder wie V 19, von אֹרְחָה oder אֹרְחָה *Reisegesellschaft*, wofür Gen. 37, 25. Jes. 21, 13 אֹרְחוֹת, אֹרְחוֹת punktirt ist (vgl. Ij. 31, 32). Aber *es krümmen* (winden) *sich die Pfade ihres* (der Bäche) *Weges* (Laufes); *sie* (die Bäche) *steigen hinauf in die Öde u. verschwinden* (*Arnh. Del. Hitz. Stud. Vo.*) empfiehlt sich nicht. Die Schilderung der Versiegung ist V. 17 vollendet; die ארחות V. 19 sind anders gemeint; vom fliessenden Wasser ist ein עלה nicht auszusagen; *verdunsten* aber (*Del.*) kann *aufsteigen in der Öde* doch nicht bedeuten, u. אֹרַח דֶּרֶךְ ist schwülstig (in Jes. 3, 12 eher erträglich). Deshalb wird man unter ארחות *Reisezüge* zu verstehen haben; nach der mass. Punktation: *die Reisezüge ihres Wegs* d. h. des Wegs, an dem die Bäche liegen, *biegen* (wenden) *sich hin* (*Hgst.*), nicht aber: biegen auf den Weg dorthin (*Mx.*); aber besser liest man st. a. אָרְחוֹת, u. spricht (da דרכם nicht bedeuten kann „hinsichtlich ihres Wegs" *Hrz. Schl.*) יַלְפֻּתוּ oder יְלַפְּתוּ (*Ew. Olsh.*): *Reisezüge lenken ab ihren* (*Ges.* 145, 2) *Weg* d. h. machen einen Umweg gegen jene Bäche hin, um dort ihrem Wassermangel abzuhelfen; *sie steigen hinan* (aufwärts zu den Bergwassern, finden aber kein Wasser mehr, also) *in der Öde u. verkommen* vor Durst. — V. 19 f. malen das, was V. 18 gesagt war, aus, indem sie der grösseren Anschaulichkeit wegen bestimmte Karawanen arabischer Handelsstämme als Beispiel einführen, nämlich von תֵּמָא, defectiv (s. 9, 9) für תֵּימָא, *Teimā*, einem nordarabischen Stamme, dessen Hauptort gleichen Namens, südöstlich von der Nordspitze des elanitischen Meerbusens, 4 Tagereisen südlich von Dûmat el-Ğendel lag (s. zu Gen. 25, 15 u. Jes. 21, 14), u. von dem südarabischen שְׁבָא, Sabäern (s. zu 1, 15). Was ihnen begegnet ist, wird wie eine Geschichte im Perf. erzählt. *Es haben so einst Temā's Reisezüge hingeblickt* nach solchen Bächen, *Schebā's Wanderzüge darauf* (לְ wie 3, 9; andere wie *Ew. Schl. Hitz.* wollen למו = sibi d. i. innig) *gehofft: zu Schanden sind sie geworden* (scharfer Gegensatz, daher asyndetisch), weil man (*Ges.* 145, 7 A. 3) vertraute d. i. *mit dem Vertrauen, sind bishin* (Suff. fem. wie unser neutr., vgl. V. 29; *Ges.* 135, 5 A. 2) *gekommen u. schamroth geworden* (von בָּטַח, nicht von בּוּשׁ 3, 21). בשׁ] ist vielleicht nur Fehler für בֹּשׁוּ (*Olsh.*); בָּטְחוּ will *GHffm.* — Das Bild ist leicht verständlich: ihre Freundschaft einst gross (vielleicht auch trübe) wie jenes Schneewasser, u. nun ganz geschwunden, da sie sich in der Gluth der Anfechtung bewähren sollte; der nach Trost lechzende wird dem Verkommen überlassen. Er verweilt aber bei seiner Ausmalung, als müsste er erst durch ein Vorkommniss in der Natur sich die Möglichkeit solcher Treulosigkeit denkbar machen. — b) V. 21—30, gegliedert in 6, 8, 6 Stichen: weitere Begründung des Vorwurfs der Untreue u. Lieblosigkeit, sammt der Bitte um eine freundlichere Gesinnung. α) V. 21—23: untreu sind sie geworden, denn sie haben nicht den Muth, für ihn in seiner entsetzlichen Lage einzustehen, obgleich keine Opfer u. Thaten, sondern nur Trost von ihnen verlangt werden. — V. 21. Er wendet sich nun wieder an die Freunde selbst, sie anredend (anders V. 14 f.). כִּי] *denn,* sofern er jetzt die vorhergehende Vergleichung begründet. עַתָּה] *nun,* da ihr mir in meiner Leidensanfechtung beistehen solltet. הֱיִיתֶם לוֹ] so die occid. Lesart, u. zwar ohne Qerê, während die Orientalen לֹא als Ketib, לוֹ im Qerê haben. Jenes לֹא ergäbe nicht: nun da ihr *darüber* gerathen seid (*GHffm.*), sondern: *ihr seid geworden zu ihm,* näml. zu einem solchen trügerischen Bergbach, aber die Erwähnung des נַחַל (in V. 15) liegt zu weit zurück, auch wäre statt לוֹ vielmehr כָּמוֹהוּ erwartet. Daher fast alle Erkl. לֹא vorziehen: *seid geworden Nein* (*Hgst.*), *ein Nichts* oder *zunichte* (*Stick. Schl. Del. Hitz.* a.). Aber solcher Gebrauch (schon im *Trg.*) des לֹא für *Null* oder *Nichts* (statt אַיִן) ist höchstens mit Dan. 4, 32 (wo aber כְּלָא für כֹּלָא auch verdächtig ist) zu belegen, u. böte nur Ij. 24, 25 eine Analogie. Nun findet sich aber in LXX (ח' לי אכזר) *Peš.* auch noch eine Spur von לוֹ (für לֹא), u. im Anschluss daran wurde (*JDMich* Or. Bibl. III. 218; *Ew. Olsh. Mat.*) corrigirt כֵּן עַתָּה הֱיִיתֶם לִי *also seid ihr nun für mich geworden,* aber dieses כֵּן hätte nicht in V. 18—20, sondern weiter zurück in V. 15—17 sein Correlat, u. übrigens scheint die Stelle nicht vorn, sondern hinten verdorben. Man wird am leichtesten (*Böttch.* NÄ. III. 44 f.) statt לֹא, לִי, לְאַכְזָר herstellen לַאֲרִי [תִּרְאוּ וג׳] *ihr schauet Schrecken, und — scheuet euch.* Dasselbe Wortspiel zwischen רָאָה u. יָרֵא Zach. 9, 5; Ps. 40, 4. 52, 8 u. ö., vgl. unten 37, 24 (*Hrz.*). Unter חֲתַת (41, 25. Gen. 9, 2 חַת) versteht er das schreckliche Unglück, das ihn betroffen; dieses sehend fürchten sie sich, näml. ihm zur Seite zu stehen gegen den Gewaltigen, von dem der Schrecken kam (vgl. weiter 13, 7 ff.). Muthlosigkeit also ist's, dass sie ihm ihre Freundschaft versagen. — V. 22 f. fügt er in spottender Frage hinzu: um so auffallender, da ja gar nicht ein Opfer V. 22 oder eine Heldenthat V. 23 von euch verlangt war (eine Probe, in der schlechte Freunde gewöhnlich abfallen), sondern — das ist die Meinung — nur Trost mit Worten u. Beistand mit Mitleid. הֲכִי אָמַרְתִּי] *ist's dass ich gesagt habe?* habe ich etwa gesagt! (Gen. 27, 36. 29, 15 u. ö.). Der Inhalt folgt des weitern u.

V. 23: *gebt* (von נתן) *mir*, u. *von eurem Vermögen* (מכח wie Prov. 5, 10 *opes*; häufiger ist כּחַ in diesem Sinn) *bringt für mich* (s. 2, 4) *Geschenke*, sc. dem Richter zur Bestechung. שַׁחֲדוּ] nach Art des starken Verb. gebildeter Imper. (Ges. 64, 1). — V. 23. Zum Übergang des Imper. in Impf. s. *Ew.* 350ᵃ. Die Rettung aus Feindesgefahr u. Bedrückung kann zwar auch, aber muss nicht durch Geld geschehen, u. ist jedenfalls eine muthvolle That. Vgl. Jer. 15, 21. — β) V. 24—27: sie geben ihm Selbstverschuldung seiner Leiden zu verstehen, u. gerne wollte er sich eine gegründete Darlegung derselben gefallen lassen; aber blos um einiger unbesonnener Worte seiner Klage willen ihn so verdammen, das verrathe eine lieblose Härte, die des Äussersten fähig sei. — V. 24. Wenn sie glauben, ihm statt mit Trost mit Zurechtweisung kommen zu müssen, so sollen sie in offener Weise ihn über seine Schuld belehren, er werde das von ihnen annehmen. ואני אחריש] u. *ich* — *ich will* d. h. *so will ich schweigen*, näml. (13, 19) mit meiner Klage. ומה־שׁגיתי] *was ich gefehlt habe*; von Irrthum oder unvorsätzlichen Sünden zu verstehen. — V. 25. מה־נמרצו] *wie süss sind die Worte der Geradheit*, gerade Worte! d. h. wahrheitsgemässe, oder besser aufrichtige, ehrliche Worte: solche würden ihm ganz angenehm sein. Diese Erklärung (*Trg. Raš. Schult. Ros. Ew. Hirz. Schl. Stud.*) würde gut passen, wenn sich erweisen liesse, dass נמרץ blos härtere Aussprache von מליצה sei Ps. 119, 103 sei, welchem der Begriff des Glatten, Süssen, Angenehmen eignet. Aber הֶמְרִיץ 16, 3 spricht dagegen. Dem Sinn nach passend wäre auch *wie kräftig* oder *eindringlich sind W. d. G.?* (*IE. Qi. Gers., Ges. Stick. Del. Vo.*), aber wenn auch die Grundbedeutung von מרץ in *scharf* oder *gereizt sein* liegen mag (*Ges.*; keinenfalls in *Druck u. Gegendruck*, wie *Del.* meint), so kann doch daraus *kräftig*, *eindringlich* nicht abgeleitet werden, weil das Verb. (Hiph. *reizen* 16, 3; Prt. Niph. *krank*, *unheilbar*, *schlimm* 1 Reg. 2, 8. Mich. 2, 10) thatsächlich nur im übeln Sinn gebraucht erscheint, wie auch LXX (φαῦλα) *Peš. Vulg.* hier einen solchen ausdrücken. Wollte man nun aber die אם־ישר (LXX *Peš. Vulg.*) auf Ijobs Worte beziehen: was (in wiefern) sind denn schlecht rechte Worte? (*Ha.;* ähnlich schon *Aq.*), oder: ach wie krankhaft sind die Reden eines Geraden? d. h. meine (ישר *M.r.*), so würde die durch das 2fache מה angezeigte Congruenz zwischen Gl. 1 u. 2 vernichtet. Übrig bleibt dann nur: *wie krank* (*Hyst.*) oder besser *wie gereizt sind die* (eure) *Worte der Geradheit, Aufrichtigkeit!* (ähnlich *Reu.*), mit Beziehung auf die angeblich aufrichtig ertheilten Rathschläge des El. (5, 8 ff.). Wogegen „wie schwer kränken die trefflichen Worte!" (*Hitz.*) dem Niph. eine unzulässige Bedeutung beilegt, u. „wie kränkend sind Worte eines Tadlers" (*GHffm*) noch dazu auf der Correctur יִקר ruht; endlich: „nicht verletzend sind aufrichtige Worte" (*Klein.* in Stud. u. Krit. 1886 S. 285) auch dem מה einen durch Gl. 2 ausgeschlossenen Sinn gibt. — Das 2. Gl.: *und* (oder, bei der erstgenannten Auffassung des *1. Gl., aber*) *was rügt das Rügen von euch* (das von euch ausgehende Rügen)? d. i. was beweisen u. nützen eure wenig offenen, ganz allgemein gehaltenen Vorwürfe u. Beschuldigungen? Der Inf. abs. ist hier substantivisch gebraucht (*Ges.* 113, 1). — V. 26. הַלְהוֹכַח] Inf. constr. Hiph. mit a wegen enger Verbindung mit מלים, denn letzteres ist nicht Obj. zu תַּחְשֹׁבוּ, wie *Vulg.* a. es fassten (: *ersinnet ihr, um — mich — zu rügen, Worte?*) sondern zu הוכח, also: *gedenket ihr etwa Worte zu rügen?* Worte, näml. blosse Worte, im Gegensatz zu Thaten; er meint damit, nach dem 2. Gl., die Worte, die er in seiner Verzweiflung gesprochen (C. 3). Der Satz unterstellt auf die Frage von V. 25ᵇ eine Antwort, um sie zu widerlegen: was rügt euer Rügen? (doch nicht meinen Lebenswandel; also) etwa meine Worte? וּלְרוּחַ וג׳] kann als Nebensatz aufgefasst werden: *während doch* (*Del.* a.), aber die Rede wird kräftiger, wenn ו den Gegensatz einführt: *aber dem Wind* (15, 2. 16, 3) *gehören* oder *in den Wind* gehen *die Äusserungen eines Verzweifelnden* (desperatus), d. h. sie verhallen, vom Wind fortgetragen, u. man darf auf sie kein zu grosses Gewicht legen. Allerdings eine gefährliche Äusserung, aber insofern gerechtfertigt, als die Freunde sich zunächst an seine Klage C. 3, statt an sein bisheriges Leben u. Dulden hielten. וּלְרוּחַ וג׳] als Fortsetzung von מלים („u. die hastige Sprache des Verzweifelnden") zu nehmen (*Hitz.*), ist unnatürlich u. verstösst gegen hbr. Sprachgebrauch; ebenso וּלְרוּחַ u. zu verscheuchen (*GHffm.*). — V. 27 bringt er den Grad ihrer Lieblosigkeit auf einen klaren Ausdruck in dem scharfen Wort: *auch* (sogar) *über eine Waise* (werdet ihr im gegebenen Fall, wie 3, 13. 16, d. h.) *würdet ihr das Loos werfen u. würdet euern Freund verhandeln*. Dass man תַּפִּיל für הַפִּיל פָּנִים (*Umb.*) oder für הַפִּיל רֶשֶׁת oder פַּח sagen konnte (*Ros.*) ist nicht zu beweisen, wohl aber zeigt 1 S. 14, 42, dass man es für הַפִּיל גּוֹרָל gebrauchte; demgemäss ist auch im 2. Gl. תִּכְרוּ nicht *graben* näml. eine Grube (*Ros. Ges. Hgst.*, wozu schon על nicht passt), so dass man hier 2 von der Jagd genommene Bilder hätte, sondern = *einhandeln, kaufen* (Hos. 3, 2; Dt. 2, 6), *einen Handel schliessen* mit על *über* einen, wie 40, 30. „Das Verloosen kommt gewöhnlich vor beim Vertheilen der Kriegsgefangenen Jo. 4, 3; Neh. 3, 10 u. a.; hier ist beim Verloosen der Waisen wahrscheinlich an Kinder verstorbener Schuldner zu denken, welche harte Gläubiger an Zahlungsstatt wegnehmen u. zu ihren Sklaven machen konnten, 2 R. 4, 1" (*Hrz.*). Unter יָתוֹם Ijob selbst, den von Gott u. Menschen verlassenen, zu verstehen, hat man blos dann Anlass, wenn man ohne Noth die Verba indicativisch (*Hgst.*), oder den Satz als Fragesatz (*Hitz.*) auffasst, oder תַּפִּילוּ in תִּתְפַּלְלוּ, u. תִּכְרוּ in תִּכְרְעוּ ändert (*Mx.*), רֵעַ] für רַע, vgl. שַׁלְוִי 21, 23. — γ) V. 28—30: nach diesem Ausbruch seiner Gereiztheit gegen sie lenkt er, sich besinnend u. vor der Ausbreitung des Streites sich fürchtend, um, u. bittet sie in versöhnlichen Worten, von solcher lieblosen Behandlung abzustehen u. ihm Gerechtigkeit widerfahren zu lassen. — V. 28. *Und nun, wollet doch mich betrachten!* eigtl.: mit dem Gesicht euch auf mich wenden (Qoh. 2, 11), nicht um die Klage C. 7 anzuhören (*Schl.*), sondern mich anzusehen mit offenem Auge u. ohne Vorurtheil, u. *fürwahr euch ins Gesicht* (s. 1, 11) *werde ich nicht lügen!* indem ich die Unerklärlichkeit meines Leidens u. meine Unschuld behaupte. Er kann ihnen frei ins Gesicht sehen, u. sie ihn betrachtend müssen in ihm den ehrlichen Mann erkennen. Dem הַאִ֫ישׁ (V 9) ist seine Ergänzung asyndetisch beigeordnet (*Ges.* 120, 2ᵇ). אִם *gewiss nicht;* möglicherweise fragend *ob* (s. 1, 11). Falsch (*Hgst.*): u. über euer Angesicht sei es (beurtheilet selbst), ob ich lüge! — V. 29. Weitere Bitte: *Kehret doch um!* Dieses Wort, so ohne weiteren Beisatz, kann nicht bedeuten: *hebt abermals an* (*Del.*) oder *kommt noch einmal her!* um meine Klage zu hören u. zu erwiedern, was recht ist (*Schl. Kmph. Hgst.*), sondern nur: „kehret um von dem Wege, den ihr mit mir eingeschlagen habt, u. schlaget einen andern Weg mit mir ein" (*Hrz.*). אַל־תְּהִי עַוְלָה] *nicht geschehe ein Unrecht!* sc. euererseits: sie haben ihm mit ihren Reden Unrecht gethan, das soll nicht mehr geschehen (nicht: meinerseits, dadurch dass ich euch ins Angesicht lüge, *Schl.*). וְשֻׁבוּ] Ketib giebt keinen Sinn, denn „u. mein Widerspruch (Entgegnung) — noch hab' ich Recht darin" (*Ha.*), „meine Unschuld nur behauptet meine Antwort" (*Reu.*) gibt dem שׁוב eine Bedeutung, die es nicht hat (auch liegt noch keine Antwort vor), u. „kehre wieder (du meine Sache), noch ist meine Gerechtigkeit in ihr" (*Hgst.*) ist ein exotisches Blümlein. Mit den alten Übers. u. dem mass. Qerê ist וְשֻׁבוּ zu lesen; zu ! vgl. Ps. 24, 9. 27, 14. Die mass. Verbindung von עוֹד mit שׁוב, die nur einen Sinn hat, wenn man שׁוב als *kommet wieder* fasst (*Del.*), ist aufzugeben, u. עוֹד zu צִדְקִי בָּהּ zu nehmen: *noch ist mein Recht darin* (בָּהּ neutrisch, wie V. 20) d. h. in der Sache, um die es sich handelt; noch steh ich unüberwiesen, unschuldig da (*Hrz.*). Unzweideutiger wäre בִּי (*Hitz.*): dagegen dass צִדְקִי בָּהּ bedeuten könne „um meine Gerechtigkeit handelt sichs" (*Del.*), werden nicht viele glauben; שׁוב u. bleibt bestehen (*GHffm.*) für יָשׁוּב ist nicht hebräisch. — V. 30. Er rechtfertigt V. 29ᵇ in Form einer Frage: *ist denn auf meiner Zunge Unrecht?* (vgl. 27, 4) wobei er zunächst nicht auf das, was er nachher reden wird, zielt, sondern auf das, was er geredet hat; er gibt nicht zu, dass er bisher Unrecht geredet habe (mit seiner Klage C. 3): *oder unterscheidet* (versteht) *mein Gaumen die Unglücksschläge nicht?* Sein חֵךְ, nicht als Werkzeug der Rede (*Hrz.*, nach 31, 30), sondern des Geschmacks (wie 12, 11) weiss wohl zu unterscheiden zwischen annehmbaren u. unannehmbaren Speisen (V. 2 u. 6 f.); er gibt nicht zu, dass er die Unterscheidungsfähigkeit für die Art u. den Charakter seines Leidens verloren habe. הַוּוֹת] s. V. 2; *Frevel, Grundschlechtes, Fehler* (*Ha. Ew. Del. Hgst. Vo.*) im ethischen Sinn bedeutet es weder hier, noch sonst; auch Ps. 52, 4. Prov. 11, 6 ist das für andere beabsichtigte Verderben gemeint. — Verdachtsgründe gegen die Echtheit des V (*Hitz.*) sind nicht von Belang; als Überleitung zu Cp. 7 hat er seine gute Stelle. — So ist er am Schluss des 2. Theils unvermerkt auf das zurückgekommen, wovon er im 1. Theil ausgieng, die Rechtfertigung seiner Klagen. Auf die Cardinalfrage über seine Schuld ist er bis dahin noch nicht näher eingegangen; er begnügt sich, durch ein paar Bemerkungen V. 10. 24. 29 f. sein Recht vorläufig zu wahren.

3) Cp. 7. Nachdem er die Angriffe abgewehrt u. sein Recht zu klagen sich erstritten hat, fällt er, von den Freunden ohne brauchbaren Trost gelassen, in seine trübe Stimmung zurück, u. überlässt sich, ab-

gewendet von ihnen, sich zu Gott hinwendend, einer neuen, noch schwereren Klage über sein Schicksal u. Gottes Wege mit ihm. — a) C. 7, 1—11, gegliedert in 6, 7, 8, 3 Stichen. Er geht aus von einem Blick auf die Mühseligkeit des Erdenlebens überhaupt, versenkt sich dann in die Betrachtung seines eigenen Leidens- u. Krankheitszustandes, und bittet wehmüthig Gott, sich seiner zu erbarmen, ehe sein Leben vollends unwiederbringlich dahin sei. — α) V. 1—3: mühsalvoll ist das Menschenleben überhaupt u. das seinige insbesondere. — V. 1. *Hat nicht Kriegsdienst* d. i. schweren, harten Dienst voll Entbehrung, Streit und Gefahren (wie 14, 14; Jes. 40, 2) *der Mensch auf Erden, u. sind nicht wie eines Söldners* (Lohnarbeiters) *Tage seine Tage?* nämlich so voll von Beschwerden u. Mühsal. עֲלֵי] Qerê עֲלֵי nach 8, 9. — V. 2 f. Die 2 כְּ sind nicht Fortsetzung von כִּימֵי שָׂכִיר (*u. wie eines Knechtes, der* u. s. w., *Hitz. Del.*), in welchem Falle V. 3 sich ungeschickt anschliessen würde; auch ist V. 2 nicht Satz für sich (*Hgst. Stud.*: wie ein Knecht lechtzt er), was פִשְׁכִּיר פָּעֲבֶר erforderte: sondern כְּ V. 2 u. כֵּן V. 3 stehen in Wechselbeziehung: *gleich einem Sklaven, der* (in des Tages Last u. Hitze) *nach Schatten lechzt* (s. 5, 5), *u. gleich einem Söldner, der seines Lohnes* (פֹּעַל das Ergebniss der Arbeit, wie Prov. 21, 6; Jer. 22, 13; sonst auch פְּעֻלָּה Lev. 19, 13; Jes. 40, 10. 49, 4) *harrt* (nicht aber: wartet seine Arbeit ab, *Hgst.*), *so erhielt ich Monate des Ungemachs bescheert, u. Mühsalsnächte hat man mir* (3 p. Pl. wie 4, 19. 6, 2) d. h. *sind mir zugetheilt.* Der Vergleichungspunkt ist die ruhelose Mühsal, unter der man sich nach dem Ende sehnt. הֻנְחַלְתִּי] *ich bin besitzen gemacht worden,* mit Acc. des Obj. (*Ges.* 121, 2); das Pass. drückt das Aufgedrungene des Looses aus (*Hrz.*). שָׁוְא] eig. das Leere, Eitle, Nichtige ist hier schwerlich als *Trug, Täuschung* (*Schl. Del. Hgst.*) zu nehmen, weil dies zum Gegenbild wenig passt, sondern als *Unheil, Ungemach,* syn. mit עָמָל, wie אָוֶן 5, 6. Man bemerke die Steigerung: im Gegensatz gegen die Tage des Lohnarbeiters *Monate* u. sogar *Nächte* des Elends. Zugleich ist hier deutlich, dass seine Krankheit schon länger andauert (s. zu 2, 11). — β) V. 4—6. Ohne Ruhe bei Tag u. Nacht, unter der verzehrenden Krankheit, eilt sein Leben dem Ende zu. V. 4. Gibt mit Anschluss an V. 3ᵇ eine malerische Schilderung seiner Leidensnächte auf dem Krankenlager. Der V. ist nicht Anhang von V. 3 u. sämmtliche Tempora von אִם abhängig (*Mx.*), sondern וְאָמַרְתִּי וג׳ ist Prf. cons. u. führt den Nachsatz ein, wie 21, 6 (*Ew.* 342ᵇ u. 234ᶜ). Also: *wenn ich mich niederlege,* so sage d. i. *denke ich: wann* (wunschweise) *werde ich aufstehen!* d. h. so sehne ich schon wieder die Zeit des Aufstehens herbei. וּמִדַּד־עָרֶב] *u. lange macht* oder *dehnt der Abend;* מִדַּד ist Piel (mit *a* gesprochen, *Ges.* 52, 2 A. 1); und hat nur scheinbar intrs. Bedeutung, wie הַאֲרִיךְ Ex. 20, 12. Verkehrt: *wann misst der Abend?* der Abend ist ungemessen lang (*Hgst.*). Auch ein Subst. מַד von מדד: wann ist Entfliehen des Abends? (*Ras. Merc. Ros. Ges. Del.*[1] *Zöckl.*; es müsste aber לַיְלָה statt עֶרֶב heissen) oder: Abends Wälzen (*Ha.*) taugt nicht in die Construction. וְשָׂבַעְתִּי וג׳] *und satt werde ich von Unruhe bis zur Dämmerung,* nämlich Morgendämmerung (s. zu 3, 9), wie schon in den alten Übers.; nicht aber *Nacht* (*Hrz. Rüet. Kmph. Hitz.*). רֻדִּים] s. *Ew.* 153ᵃ; gemeint ist das ruhelose Sichhinundherwerfen auf dem Lager, s. zu 2, 7. — V. 5. Die Betrachtung seines kranken Leibes: רִמָּה *Moder*, moderude Geschwüre, worin sich sogar *Gewürm* erzeugt (s. zu 2, 7), u. גּוּשׁ עָפָר *Erdkruste*, erdfarbige Krusten oder Borken verhärteter Geschwüre bedecken wie ein Kleid den ganzen Leib. גִישׁ] Qerê גּוּשׁ, u. so auch in der Mischna; nur hier im AT.; die Bedeutung *Scholle* ist durch die Überlieferung (*Ges.* th. 275 f.) gesichert. עוֹרִי רָגַע] meine Haut zieht sich zusammen d. h. wird steif, starr, *vernarbt*, u. die Folge ist, dass sie flüssig wird, also: *u. bricht wieder auf*; die Geschwüre, kaum hart geworden, brechen wieder auf von fliessendem Eiter. רָגַע] *zusammenfahren*, *sich zusammenziehen*; die andern Bedeutungen von רָגַע sind hievon abgeleitet (s. 26, 12). וַיִּמָּאֵס] eine Nebenform von מָסַס (*Ew.* 114ᵇ), wie von מָאַס = מָסַס gebildet; ebenso Ps. 58, 8. Prf. und Impf. cons. zeichnen hier die sich immer wiederholende Handlung. — V. 6. Unter solcher Krankheit geht's mit ihm eilenden Schritts dem Ende zu: *meine Tage giengen schneller als ein Weberschiff, u. schwanden hin* (mit Aufhören von d. i. wie Prov. 14, 28) *ohne Hoffnung*, nicht: auf ein besseres Loos nach dem Tod (*Hrz.*, nach 14, 12. 19), sondern: dass diesem Dahinschwinden des Lebens Einhalt gethan würde, also auf Rettung (s. 9, 25 f.). אֶרֶג] nicht *Gewebe* (die alten Übers.; mit Ausnahme der LXX, die nach Ps. 90, 9 erklären), was nur durch Umschreibung (s. *Vulg.*) Sinn gäbe, sondern (auch nach 9, 25) etwas sich bewegendes, also Werkzeug des Webens, radius, κερκίς (*Qi.* u. alle Neueren); ohne Grund substituirt *Mx.* das Bild des Spinners („entrollten rasch der Spindel"). — γ) V. 7—10. Vom Gedanken an dieses Ende übermannt, wendet er sich wehmüthig bittend an Gott, er möchte seiner Vergänglichkeit gedenken u. sich seiner noch erbarmen, ehe es unwiderruflich mit ihm zu Ende sei. — V. 7. זְכֹר] angeredet ist Gott, wie aus der Natur der Sache selbst, u. aus V. 8 ff. folgt (vgl. 10, 20); die Freunde redet er in dieser Rede vielmehr im Plur. an (6, 21 ff.). רוּחַ] Wind, Hauch, wie הֶבֶל V. 16, Bild des Flüchtigen u. Vergänglichen. לֹא־תָשׁוּב עֵינִי] dass *mein Auge* nicht wiederkehren wird zu sehen d. i. *nie mehr sehen wird* Gutes oder *Glück*, näml. wenn es im Tode gebrochen sein wird. Das ist hier der entscheidende Gedanke, den er durch die nächsten 3 Verse hindurch verfolgt. Nach dem Tode kann man nichts Gutes mehr geniessen u. kann Gott einem nichts Gutes mehr erweisen; das muss, wie es den Ijob mit wehmüthiger Trauer erfüllt, auch für Gott ein Beweggrund sein, seiner noch vor dem Tode sich zu erbarmen. — V. 8. *Nicht wird mich schauen* (שׁוּר wie 17, 15. 20, 9. 24, 15 u. s.) *das Auge dessen, der nach mir sieht* (vgl. רָאָה 2 S. 13, 5; 2 R. 8. 29); nicht aber *dessen der mich jetzt sieht* (fast alle Erkl.), denn der Zeitgegensatz ist nicht ausgedrückt, u. die Lesart לְרֹאִי, Pausalform für רֹאִי, ein Auge des Sehens, ein sehendes Auge, ist nicht einmal von der Mass. anerkannt. רֹאִי] mit Nominalsuffix (*Ges.* 61, 3). עֵינֶיךָ בִּי וְאֵינֶנִּי] *deine Augen auf mich*, näml. gerichtet d. h. *deine Augen suchen mich — ich bin nicht mehr*, vgl. V. 21, auch oben 3, 9; der Ausdruck ist hier seufzerartig kurz. Gemeint ist nicht ein feindliches Blicken der Augen (*Luth. Hitz.*), sondern (vgl. Dt. 11, 12) ein freundliches Suchen, weil er ihm Gnust erweisen will. Übrigens fehlt dieser V. in urspr. LXX u. ist auch strophisch überschüssig. — V. 9. Das unwiderrufliche Hinschwinden im Tod durch eine Vergleichung ins Licht gestellt: *geschwunden ist die Wolke u. dahin* (=gegangen; zur Pausalform Ges. §9 A. 3): *so steigt, wer ins Todtenreich hinabsank, nicht* mehr *herauf*. — V. 10. Nie mehr kehrt er nach seiner Behausung zurück, u. sein Ort (personificirt), der sich früher freute, wenn er heimkam, ihn sogleich als seinen Herrn anerkennend, wird ihn nicht יכיר *wiederum erkennen*, weil er nicht mehr kommt (vgl. 8, 18. 20, 9); wiederholt Ps. 103, 16. — Deutlich genug ist hier V. 7—10 jeder Gedanke an eine Auferstehung ausgeschlossen; vgl. 10, 21. 16, 22, u. bes. 14, 10 ff. — δ) V. 11. Im Gedanken an diese Hoffnungslosigkeit springt er plötzlich um zu dem Entschluss, in rücksichtsloser Klage die ganze Bitterkeit seiner Seele vor Gott auszuschütten. Die 3 Stichen dieses V. stehen isolirt, u. können ebensogut als Einleitung zum 2. Abschnitt dieses Theils betrachtet werden. — גם־אני] *auch ich*, nämlich: da Gott so unwiederbringlich die Menschen dahinfahren lässt, keine Rücksicht auf sie nimmt, auch auf so wehmüthige Bitten (wie V 7) nicht, so will *auch ich* auf ihn keine Rücksicht nehmen, sondern offen u. frei meinen Klagen den Lauf lassen, will nicht wehren meinem Munde, will reden in der Bedrängniss meines Geistes, will klagen *in dem Kummer* (eigtl.: Bitterkeit wie 10, 1) meiner Seele. Wortspiel zwischen שיח u. מר. — b) V. 12—21, gegliedert in 8, 8, 7 Stichen: die offene Klage über seine schonungslose Behandlung durch Gott, aus der heftigsten Erregtheit heraus gesprochen. Sie besteht aus einer Reihe sich drängender vorwurfsvoller Fragen oder stürmischer Forderungen an Gott, in welchen er seinen Gedanken über die Widersprüche in Gottes Wegen mit ihm Luft macht, die aber alle in dem Grundgedanken zusammenlaufen, warum denn Gott ihn aus seiner ihm so lästigen u. qualvollen Hut gar nicht mehr loslassen wolle. — α) V. 12—15: Bin ich ein gefährliches Ungeheuer, dass du fortwährend mich bewachst u. mir selbst bei Nacht keine Ruhe lässest, so dass ich den Erstickungstod noch vorziehen muss diesem qualvollen Leben? — V. 12. *Bin ein Meer ich oder Ungeheuer, dass* (wie 3, 12. 6, 11) *du eine Wache aufstellst wider mich?* Ein gefährliches Wesen bewacht man, damit es nicht Schaden anrichte; nach der Art, wie Gott einen משמר *Hut, Wachposten* wider ihn aufstellt, sollte man schliessen, dass er für Gott ein höchst gefährliches Wesen sei, er, dieser unschädliche, hinfällige Mensch. Als Beispiel solcher gefährlicher Wesen, die Gott bewachen muss, damit sie nicht für die Weltordnung verderblich werden, nennt er das wilde, stürmische Meer (vgl. 38, 8—11; Jer. 5, 22. 31, 35; Ps. 104, 9) oder, dem Vergleichbaren näher kommend, ein Meeresungeheuer (so ist תנין neben ים hier am richtigsten zu verstehen), das auch, wenn Gott es ausser Acht lässt, andern Wesen leicht gefährlich genug werden kann (vgl. 26, 12). *Hrz.* hat als möglich hingestellt, u. *Mat. Del.* sind beigetreten, dass der Dichter bei ים an den Nil (Jes. 19, 5) u.

bei יָם an das Krokodil dachte; „zur Zeit der Überschwemmung wird der Wasserstand des Nils durch ausgestellte Wachen beobachtet, damit zu rechter Zeit die Schleusen geöffnet, u. das Wasser in die Kanäle abgeleitet werden könne (*Jahn* bibl. Archäol. I. 1. S. 99); ebenso pflegen die Krokodilsjäger u. die im Nil sich Badenden Wachen auszustellen gegen mögliche Überfälle des Ungethüms". Ähnlich *Hitz.* unter Berufung auf Herod. 2, 99 u. Jos. c. Ap. 2, 5 a. E., nur dass er, trotz אם, unter תַּנִּין das Meer (den Nil) selbst versteht. Aber Nil als Gefahr drohendes Wesen liegt der ägyptischen Anschauung fern. U. vielmehr erwartet man hier Wesen, gegen die Gott selbst Wache hält, nicht die Menschen, u. für die unwillige Entrüstung Ijob's ist die grossartigere Fassung der Vergleichung die angemessenere. Eher könnte man (*Stud.*) eine Anspielung vermuthen auf die mythol. Vorstellung, dass Gott den wie eine Schlange sich um die Erde windenden Dämon des Meeres (9, 13) bändigen musste u. noch immer im Zaum halten muss, um die Weltordnung aufrecht zu erhalten. — Unter der Bewachung versteht Ij., dass Gott ihn unablässig mit Schmerzen u. Leiden quält, ihm (s. 13, 27) jeden Ausweg zur Erleichterung abschneidet; in diesem Sinne schliesst sich V. 13 f. an. — V. 13 f. כִּי] nicht: *denn* (*Stick. Del. Mx.*), so dass אמרתי ein abgekürzter Bedingungssatz wäre; sondern *wann* (5, 21), d. h. *so oft als*; mit Prf. construirt, wie אם (*Ew.* 355^b) im Sinne unseres Praes., u. der Nachsatz dazu V. 14 mit Prf. cons. eingeleitet: *Wann ich denke* (s. V. 4): *mein Bett wird* oder *soll mich trösten, mit tragen wird mein Lager an* (wie Num. 11, 17, auch Neh. 4, 4. 11) *meiner Klage* (9, 27. 10, 1. 21, 4. 23, 2), *da schreckst du mich mit Träumen, u. durch* (in Folge von, wie 4, 9) *Gesichte ängstigst du mich* (אִנִּי wie 9, 34. 13, 21, *Ges.* 60 A. 2). Also auch den Ausweg der Nachtruhe schneidet Gott ihm ab (vgl. zu 2, 7). — V. 15. Folge davon: *so dass Erstickung vorzieht* (nicht: *vorzog*, s. zu 3, 21) *meine Seele, Tod* (als 2. Obj.) *lieber als mein Gebein*, d. h. als dieses Gerippe, diesen entstellten Leib (19, 20. 30, 18) noch länger tragen. Die Gefahr des Erstickens ist in den asthmatischen Zuständen des Elephantiasiskranken oft vorhanden, u. nicht selten tritt wirklich ein solcher Tod ein; daher geht Ijobs Wunsch zunächst auf מַחֲנָק, aber auch jeder andere מָוֶת wäre ihm erwünscht (*Hrz.*). Da man unmöglich von einem מִבְחַר der נֶפֶשׁ reden kann, so muss וַתִּבְחַר 3 p. fem. (nicht 2 p. masc., auf Gott bezogen, *Stick. Stud.*) u. נֶפֶשׁ Subj. dazu sein; für מַחֲנָק lesen viele Cod. מֶחֱנָק, aber auch dieses wäre st. abs. (vgl. מוּצָק 36, 16; *Ew.* 160^c). מִן [מֵעַצְמוֹתָי] ist comparativ, wie Ps. 84, 11. Jer. 8, 3 nach כִּי, nicht causal (*Sym.*), mag man es fassen: *Tod, der aus meinem Gebein sich entwickelt* (*Stick. Rüet. Stud.*), oder *Tod von meinen eigenen Gebeinen*, als könnte dies für *Tod von eigener Hand* stehen (*Merc. Umb. Schl.*), weshalb *Bick.* מֵאַגְצְבוֹתָי will; oder gar *Tod von meinem Halsband* (*Hitz.*, der dem עַצְ diese Bedeutung andichtet); Ij. spricht nicht von seiner Anfechtung durch Selbstmordsgedanken, die er aber (מֵאַס) siegreich überwunden hätte. Anmuthend ist die Correctur מֵעַצְבוֹתָי für מֵעַצְמוֹ (*Reiske*); aber die Herüberziehung von מָאַסְתִּי aus V. 16 (*Mx.*: den Tod veracht' ich gegen meine Schmerzen) sündigt gegen die hebr. Sprache. — β) V. 16—19: des Lebens überdrüssig möchte ich nur Ruhe haben vor deiner Hut; wie magst du auch einen Menschen, dieses geringe Geschöpf, so unablässiger feindseliger Aufsicht würdigen? warum lässest du mich nicht einen Augenblick los? — V. 16. Am Leben liegt mir nichts, aber Ruhe lass mir die kurze Frist, die es noch dauert. Da Qal מאס = מסס (s. V. 5) nicht gebräuchlich war, so dass man „ich vergehe, werde nicht ewig leben" (Ros. Stick. Stud. a.) übersetzen dürfte, so liegt vielmehr in מאסתי (Prf. nach Ew. 135ᵇ) ein objectloses *ich verschmähe* oder *ich mag nicht* vor (vgl. 42, 6. 34, 33). Das Obj. ist aus dem Zusammenhang zu ergänzen. Am nächsten liegt, es in לא־אחיה zu suchen: *ich mag nicht ewig, immerfort, leben* (Hrz. Ha. Ew. Reu. Vo.), vgl. 9, 21. Andere wollen geradezu *Leben* (Del.) oder aus V. 12—15 *solches qualvolle Leben* (Hgst.) ergänzen, u. nehmen dann לא וג' als eine Art (dem כי ה' ה' im 2. Gl. entsprechende) Begründung: *ich werde ja (ohnedem) nicht ewig leben* (wie auch Schl. Hitz., Stick. Stud., Mx. bei ihrer Auffassung des מאסתי erklären); doch erscheint eine solche Reflexion frostig. — Immerfort leben will er nicht, auch wenn er könnte; so vergällt ist ihm das Leben. Was er dagegen will, das sagt er in einer Forderung an Gott: *lass ab von mir!* sc. mit deiner fortwährenden Hut, die mir mein Leben zur Last macht (vgl. V. 19. 10, 20), *denn meine Tage sind ein Hauch* (V. 7), bald verflogen, d. h. gib mir wenigstens Erleichterung für die kurze Zeit, die ich noch zu leben habe. — V 17 f. weist er Gott hin auf den Widerspruch, der darin liege, dass der grosse Gott den kleinen schwachen Menschen so unausgesetzter Aufmerksamkeit würdigen möge (vgl. V. 12). Er thut dies aber in Worten voll bitterer Ironie, in denen unverkennbar Ps. 8, 5 f. (144, 3) durchklingt. Was der Psalmist in anbetender Bewunderung der Güte Gottes ausruft, das ruft er Gott klagend, fast vorwerfend, zu: *was ist der Mensch, dass* (wie 3, 12) *du so gross ihn hältst* (chrst, auszeichnest) *u. dass du deinen Sinn* (Aufmerksamkeit) *auf ihn richtest*, u. (in Folge davon, s. zu 3, 21) *ihn heimsuchst* (oder musterst, 5, 24; auch Ps. 8, 5, aber dort in gutem Sinn) *jeden Morgen* (Morgen-weise, ל wie ἀνά oder κατά mit Acc.), *jeden Augenblick ihn prüfst!* Die Ironie liegt darin, dass er das, was er Gott vorwerfen will, in Worten ausdrückt, die eher oder ebensogut die Absicht des bewundernden Preises verrathen, u. erst zu allerletzt mit dem unzweideutigen תבחננו seine eigentliche Meinung kund gibt. *du prüfst ihn*] stellst seine Geduld u. Kraft auf die Probe (Hrz.), durch immer neue Leiden u. Qualen. — V. 19. Eine Frage der Entrüstung. כַּמָּה] bedeutet nie *warum?* (Ha. Hitz.), sondern *wie viel?* (13, 23) u. *wie oft?* (21, 17), hier von der Zeit: *wie lange* (noch)? mit Impf. im Sinne des Fut., wie Ps. 35, 17. תשעה] mit מן *wegblicken von*, wie Jes. 22, 4 u. mit מֵעַל Ij. 14, 6, hier: den zürnenden, strafenden Blick wegwenden. לא תרפני וג'] *wirst mich nicht loslassen* nur *bis* (oder: so lange als) *ich meinen Speichel schlucke?* wie die ähnliche Phrase 9, 18, ein sprichwörtlicher, auch bei den Arabern gebräuchlicher (s. Schult., u. *De Sacy* Chrest. ar.² III. 259) Ausdruck zur Bezeichnung der kleinsten Zeitfrist. בלעי] Ges. 61, 1 A.

— γ) V. 20 f. Selbst wenn ich gesündigt habe, warum brauchst du dich gegen mich zur Wehre zu setzen, u. vergibst nicht lieber, ehe es zu spät ist? V. 20. Den Gründen nachdenkend, die Gott zu solcher Handlungsweise bewegen könnten, kommt er nun auf den Punkt, auf den die Rede des El. ihn hatte hinweisen wollen, u. den er wohl auch längst bei sich bedacht hat, auf seine etwaigen Sünden. Aber auch von dieser Seite die Sache betrachtend, kann er keine genügende Erklärung der Handlungsweise Gottes finden, vielmehr nur Widersprüche mit dem eigenen Wesen Gottes. Doch wird das alles hier nur ganz springend zur Sprache gebracht, um dann in der nächsten Rede 10, 2 ff. gründlicher erörtert zu werden. חטאתי] abgekürzter Bedingungssatz (*Ges.* 159, 2ᶠ); er setzt den Fall *habe ich gesündigt*, ohne damit ihn schon zuzugeben. Dazu ist אפעל לך מה nicht Näherbestimmung *in dem, was ich dir thue* (*Ew. Olsh.*), die sehr unnöthig wäre, auch אם statt כי erwarten liesse, sondern Nachsatz, aber nicht in dem Sinne „*was soll ich dir* dafür zur Genugthuung *thun*"? (*Mx.*), was gar nicht in den Zusammenhang taugt, sondern: *was thue ich* damit *dir*? nämlich für Schaden, nicht in dem blasphemen Sinn, als ob Gott die Sünde des Menschen nichts angienge, sondern insofern dem Wesen Gottes, seiner allgenugsamen Seligkeit u. Herrlichkeit (vgl. 22, 2—4 u. bes. 35, 5—8) dadurch kein Eintrag geschicht, Gott deshalb auch nicht nöthig hätte, mit dem ganzen Einsatz seiner Vertheidigungsmittel gegen ihn auf der Hut zu sein. נצר האדם] *du Menschenhüter!* sonst ein Name Gottes voll Trost für den Menschen (vgl. Ps. 121, 3), aber hier in bitterster Weise Gott zum Vorwurf oder Tadel gesagt: du strenger Hüter oder Belaurer der Menschen! Ein Stichos mit 2 Worten (*Del.*) ist zu kurz; zum vorhergehenden St. gezogen machen sie diesen ungewöhnlich lang; aber zu streichen (*Mx.*) sind sie auch nicht wohl; man wird eine Licenz des Dichters anzuerkennen haben. — למה] Mil'el u. mit raphirten מ nur hier (vgl. למה 1 S. 1, 8). מפגע] Gegenstand, gegen den man anläuft oder stösst: *warum hast du mich zum Anlauf*, Angriffspunkt, *für dich gemacht?* um immer neue Angriffe auf mich zu machen, vgl. das Bild von der Zielscheibe 16, 12; Thr. 3, 12. ואהיה עלי למשא] *so dass ich* (auf mir d. h.) *mir selbst zur Last geworden bin* (2 S. 15, 33), d. h. meiner selbst u. meines Lebens überdrüssig. Die LXX lasen עליך (nicht עלי) ἐπὶ σοί, u. nach der mass. Überlieferung wäre in unserer Stelle einer der 18 תקוני סופרים, indem hier die Schriftgelehrten die urspr. Lesart עליך: *und* (warum) *ward ich dir zur Last?* corrigirt hätten (vgl. auch zu 32, 3). Aber für treffender (*Mx. Del.*²) kann man diese Lesart (in Anbetracht des Vordersatzes חטאתי u. des consec. ואהיה) nicht erachten. Sie kann auch schon im Exemplar der LXX fehlerhaft gewesen sein. — V. 21. Eine neue Frage, hinzufügend, was man statt dessen vielmehr von Gott erwarten sollte. ומה] u. *was?* d. h. u. *warum?* (über die Aussprache *Ges.* 37, 1). תשא] *vergibst*: unpassend תשה *vergisst* (LXX *Mx.*). ותעביר] u. *lässest hingehen* oder *vorübergehen vor dir, vor deinen Augen* d. i. *übersiehst*, lässest ungestraft (wie 2 S. 12, 13); also synonym mit תשא *du vergibst*. — Die Begründung dieser Frage mit seinem baldigen (כי עתה *nun*, in Bälde) Ende,

nach welchem Gott ihn vergeblich suchen wird, um ihm noch eine
Gnade zu erweisen, ist wie V. 16, u. noch mehr wie V. 7ª. 8ᵇ. שִׁחֵר]
ist suchen mit Verlangen oder Sehnsucht. Der Gedanke, dass Gott ein
Gott der Liebe ist (*Hgst.*), macht sich hier zum Schluss unwillkührlich
geltend. — In dieser Klage, womit Ij. seine Rede schliesst, ist er über
die erste Klage Cp. 3 schon hinausgeschritten. Zwar seinem Lebens-
überdruss u. dem Wunsch nach Abkürzung seines hoffnungslosen Leidens
durch baldigen Tod gibt er hier fast einen mildern Ausdruck als dort,
aber während er dort sich scheute, Gott in seine Klage hereinzuziehen,
ist es hier Gott selbst, an den er, zuerst bittend u. dann klagend, sich
wendet. Und zwar sind nicht sowohl die einzelnen Wünsche u. Fragen,
die er klagend Gott vorträgt, an sich schon verwerflich, denn Ruhe vor
seinem Ende u. baldiges Ende oder auch Vergebung statt Abstrafung
von Gott verlangen ist in seiner Lage etwas sehr Natürliches u. Un-
anstössiges, aber der Ton des Vorwurfs, in dem er zu Gott spricht,
ist mit der Frömmigkeit nicht verträglich, u. dass er Gott als einen
strengen Hüter u. Bestreiter darstellt, klingt schon wie ein Vorwurf der
Ungerechtigkeit u. Unbarmherzigkeit. Diese Verfänglichkeiten sind hier
neu, u. zeugen von der zunehmenden Umdüsterung seines Geistes, der
keinen Trost hat, weil ihm die Freunde den rechten Trost nicht ge-
spendet haben. Hier ist denn auch der Punkt, an dem die Freunde in
ihrer Antwort einsetzen.

2. *Bildad und Ijob, Cap.* 8—10.

a) Die Rede des Bildad, Cap. 8.

Auch Bildad, der nun im Namen der andern antwortet, hält sich
im ganzen noch maassvoll. Es ist in dieser Beziehung besonders zu
beachten, dass er auf die herben persönlichen Vorwürfe, die Ijob Cp. 6,
14—27 den Freunden gemacht hat, nichts erwiedert, sondern sich nur
an die Sache hält. Auch ist unverkennbar, dass auch er mit der
Fassung seiner Lehrsätze u. ihrer Anwendung auf Ij. noch zurückhaltend
u. vorsichtig verfährt, wie er denn gleich Elifaz sogar einen herrlichen
Ausgang seines Leidens ihm verheisst. Aber freilich die Bitte des Ij.,
umzukehren (6, 28—30) u. einen andern Ton des Gesprächs mit ihm
anzustimmen, hat er sich nicht zu Herzen genommen; er steht auf dem
gleichen Standpunkt wie El. u. kehrt ihn noch deutlicher hervor, so
dass er schon mit Vorliebe die Wahrheit von dem verdienten Ende
der Gottentfremdeten (die Elifaz nur berührt hat 4, 8—11. 5, 3—5),
lehrhaft ausführt V. 8—19. Die eigenthümliche Fassung aber seiner
Rede ist durch die Ijob's bedingt. Dieser hat zuletzt über u. gegen
Gott gesprochen, als ob er unbarmherzig u. ungerecht gegen ihn wäre.
Das kann Bildad nicht ungerügt lassen, u. daran knüpft er an. Er setzt
also 1) dem Ij. die Rüge seines Murrens u. den Satz entgegen, dass
Gott nie ungerecht sein könne, nie einen ganz Unschuldigen strafe, u.
umgekehrt den reumüthig seine Gnade Suchenden zu erhöhtem Glück
zurückführe V. 2—7; stützt sodann 2) jenen Satz von der Gerechtig-

keit Gottes mit den Weisheitslehren u. Sprüchen des Alterthums, die alle darauf hinauslaufen, dass mit dem von Gott sich Abwendenden es plötzlich ein böses Ende nehme, weil ihm die göttliche Gnade entzogen werde, V. 8—19, u. gibt 3) endlich diesen Satz von der göttlichen Gerechtigkeit gegen Unschuldige u. Schuldige der Erwägung Ijob's ausdrücklich anheim, mehr die hoffnungerregende Seite desselben hervorhebend, doch auch die warnende, V. 20—22. Der Satz von der göttl. Gerechtigkeit ist der Kern dieser Rede. Im übrigen schliesst sich B. wesentlich an die Gedanken u. Wendungen des El. an. Die Ausführung der Rede zeigt, wenigstens im 2. Haupttheil, eine eigenthümlich blumige, sententiöse Sprache. Die einzelnen Lehren des B. sind, wie die des El., an sich unantastbar u. wohl geeignet, den Beifall des Hörers zu erlangen, aber über den eigenthümlichen Fall, in dem Ij. ist, vermögen sie entweder nichts aufzuklären, oder aber schlagen sie, wenn folgerichtig darauf angewendet, in das Gegentheil der Wahrheit um, wie denn Bild. V 4 ungescheut schon die lieblose Folgerung daraus zieht, dass Ijob's Kinder ihrer Sündenschuld erlegen sind. Der 1. Theil hat 6 + 7, der 2te in 2 Gruppen a) 6 + 6 b) 6 + 6, der 3te 6 Stichen.

1) V. 2—7, geglieder in 6 u. 7 Stichen: Zurechtweisung Ijob's u. Hinweisung auf die unverbrüchliche Gerechtigkeit Gottes. — α) V. 2—4: Mach ein Ende solchen stürmischen Reden, als ob Gott ungerecht wäre! Gott handelt nie anders, als es die Gerechtigkeit erfordert, u. auch in deiner Söhne Untergang muss sie zur Erscheinung gekommen sein. — V. 2. עד־אן] *bis wo* d. i. *bis wann? wie lange noch? quousque tandem?* sonst עד־אנה 18, 2. 19, 2. אלה] זה selten u. nur poetisch (33, 2. Gen. 21, 7. Ps. 106, 2). אלה] *diese*, derlei Worte, *solches*; sonst (12, 3. 16, 2) אלה. ומלי] nicht Zustandssatz, sondern Fortsetzung der Frage: u. (wie lange noch) sind *heftiger Wind die Worte deines Mundes?* also theils stürmisch, leidenschaftlich, wie ein heftiger Wind alles niederzureissen drohend, theils doch nur Wind, leer, hohl in sich, eitel u. unwahr (vgl. 15, 2. 16, 3). כביר] ein nur im B. Ij. (15, 10. 31, 25, öfters in den Elihureden) u. bei Jes. gebräuchlicher Ausdruck. רוח] hier masc. (s. schon 1, 19). — V. 3. Indem nun Bild. dem Ij. den Satz entgegenhält: *wird Gott das Recht krümmen, oder der Allmächtige krümmen die Gerechtigkeit?* gibt er zu verstehen, dass er gerade diese Wahrheit durch Ijob's leidenschaftliche Reden angetastet findet, sofern er gesprochen habe, als wäre Gott ungerecht. Sehr scharf setzt er solchem Wahne diesen Satz als seinen Hauptsatz entgegen: אל u. שדי haben einen Nachdruck, darum vorausgestellt; das Verb. ist in eindringlicher Weise unverändert wiederholt. — V. 4. Von diesem unläugbar richtigen Satz macht er eine Anwendung, durch die er sich in das Gegentheil der Wahrheit verkehrt, u. welche zugleich die ganze Befangenheit seines Standpunkts zeigt. So wahr es ist, dass Gott nie ungerecht ist, so falsch ist es, dass alles aus der göttlichen Vergeltungsgerechtigkeit sich erklärt. Aber er meint: wenn Gott das Recht nicht krümmt, so zeigt der Untergang der Söhne Ijob's, dass eine Sündenschuld auf ihnen lastete. Nur aus Schonung gegen Ij. sagt

er nicht: *weil*, sondern *wenn* sie sündigten, lässt's also scheinbar ungewiss. aber auch nur scheinbar; denn da die Folge (der Untergang) vollendet vorliegt, so muss auch die Voraussetzung da gewesen sein. וישלחם] Nachsatz: *so liess er sie hinfahren in die* (nicht: *an der*, *Hrz.*) *Hand* d. i. Gewalt *ihrer Missethat* (vgl. die Phrasen 9, 24. Jud. 4, 9. 1 S. 23, 20), d. h. sie ihrer Sündenschuld anheimfallen, welche, nach Gottes Ordnung, durch ihre eigene Gewalt die Strafe mit Nothwendigkeit herbeizieht. Übrigens liegt hier eine deutliche Rückbeziehung auf 1, 19 vor; umsonst bemüht sich *Knobel* (Stud. u. Krit. 1842. 1. S. 492f.), das Gegentheil zu erweisen. — Nach derselben Logik würde nun auch für Ij., den mit den schwersten Leiden heimgesuchten, folgen, dass auch bei ihm eine Sündenschuld vorhanden war; aber wiederum aus Schonung verschweigt er diese Folgerung, lässt sie nur denken, zumal da ja dieser Fall noch nicht ein durch den Tod abgeschlossener ist; u. er macht für ihn, übrigens immer unter der Voraussetzung, dass auch er nicht unschuldig leide, vielmehr die andere Seite der Gerechtigkeit geltend, wornach Gott den reumüthig umwendenden wieder annimmt (vgl. V 20), u. sogar reichlich für das Überstandene entschädigt. — β) V. 5—7: du dagegen, wenn es mit deiner Rechtschaffenheit gut bestellt ist, wirst vermöge derselben göttlichen Gerechtigkeit durch Gnadesuchen bei Gott noch eines erneuten herrlichen Glücks theilhaftig werden. — V. 5. אתה] Gegensatz zu בָּנֶיךָ V. 4. תשחר] vgl. 7, 21; hier prägnant (s. zu 6, 16) mit אֶל d. h. suchend u. verlangend sich hinwenden zu einem. Bild. wiederholt mit dieser Bedingung den Rath des El. in 5, 8. — V. 6. אם־זך וישר אתה] *falls du rein u. rechtschaffen bist*; es ist dies eine 2., der vorigen untergeordnete Bedingung (vgl. 11, 13f.); der Sinn ist also nicht: „wenn du fortan rein u. rechtschaffen *sein wirst*" (*Hrz. Ha.*), sondern: vorausgesetzt, dass du wirklich der Reine u. Rechtschaffene bist, für den du dich ausgibst u. für den wir dich auch bis jetzt gehalten haben, also nicht deiner Grundrichtung nach sündhaft, sondern nur vorübergehend in Sünde gefallen. כי עתה] leitet den Nachsatz ein: *ja dann* oder *fürwahr dann*; über dieses versichernde כי (eigtl.: es ist der Fall *dass*) s. *Ges.* 159 A. 3; über עתה s. zu 3, 13. יעיר עליך] *er wird* (rege werden) *aufwachen* (Ps. 35, 23) *über dir*, zu deiner Rettung u. deinem Schutz; so auch die Verss. u. ältern Erklärer; *wachen*, *Wache halten* (*Stick. Hrz. Ha. Ew. Stud.* a.) bedeutet העיר nicht; Jer. 31, 28 hat שקד. Auch ist aus der freien Übers. der LXX nicht auf urspr. מַעֲנֵה תִפְלָתֶךָ (*Mx.*) zu schliessen; noch weniger der Stichos als überzählig auszuwerfen (*Mx.*), da ושלם וג׳ als Nachsatz nicht genügt. ושלם] *und deine Tugendwohnung wiederherstellen*; Prf. cons. צדק] *pacatum reddet* (*Vulg., Ew. Hitz. Reu.*) im Sinne von 5, 24; aber dem sonstigen Gebrauch des Pi. gemäss eher: in vollständigen u. guten Stand wiederherstellen (ἀποκαταστήσει LXX). Über נוה s. zu 5, 3. Die „Stätte deiner Gerechtigkeit" ist die Stätte, wo du als Gerechter wohnst u. die Früchte deiner Gerechtigkeit geniessest. — V. 7 steigert: nicht bloss wiederhergestellt wird sein alter Glückstand, sondern noch weit übertroffen vom neuen, eine Verheissung, die nach

42, 12 sich erfüllte. ויהי] Prf. cons. (nicht Vordersatz eines Bedingungssatzes ohne אם): u. dein Anfang (früheres Glück) wird eine Kleinigkeit nur sein (verglichen mit dem späteren), u. dein Ausgang wird sehr gross werden. Über 'א- und 'אה vgl. auch 42, 12. מצער oder מצער] im Hebr. nur poetisch u. selten, s. V. 11. 12, 23; Ps. 92, 13. 73, 12; auch Ij. 36, 24. Hinter אחריתך ist das Masc. ישגה auffallend, doch s. 1, 19 (auch Ew. 174 g). Durch תשגה (Olsh.) würde grammatisch geholfen, aber der Parallelismus geschädigt. Schwer wäre auch: dein Ausgang (wird sein, dass) er (der צער) sehr wächst (Del.) — Im übrigen schliesst sich Bild. mit V. 5—7 an die ähnliche längere Ausführung des El. (5, 8—26) an u. bestätigt sie seinerseits.

2) V. 8—19: Hinweisung auf die weisen Lehren des Alterthums über das verdiente Ende derer, die Gott vergessen. — a) V 8—13, gegliedert in 6 u. 6 Stichen. Um seinen Sätzen u. Mahnungen mehr Gewicht zu geben, beruft sich Bild. auf die in der Erfahrung der Alten festgestellten Lehren, welche darin zusammenstimmen, dass es mit dem gottentfremdeten Menschen, sobald ihm Gott seine Gnade entziehe, ein jähes Ende nehme. — α) V. 8—10: die Berufung auf das Alterthum u. die Empfehlung seiner Lehren. Wie Elifaz für seine Offenbarungswahrheit auf eine nächtliche Vision sich berief 4, 12—16, so führt hier Bild. seine Sätze (ebenfalls Grundwahrheiten der mos. Religion) als die von den früheren Geschlechtern her überlieferte gesunde Lehre ein. Offenbarung u. Überlieferung waren für die Alten die entscheidenden Auctoritäten. — V. 8. כי] sofern das bisher von ihm Gesagte begründet wird. Zum ganzen V. vgl. Dt. 32, 7. 4, 32. שאל] hier wie 2 R. 8, 6 mit ל des Befragten. רישון] spätere Schreibweise nach dem Gehör, für ראשון (s. auch 15, 7), wie 39, 9 רים für ראם. דור רישון] undeterminirt, weil kein bestimmtes früheres Geschlecht gemeint ist, was im Deutschen der Plur. ausdrückt. וכונן] sc. לבך: richte dein Herz d. h. merke, mit ל auf etwas (vgl. שים 4, 20). Freilich kommt כונן nirgends sonst so vor; nur בין mit u. ohne אל findet sich öfters; auch בעי der Targumisten hat gleichen Ursprung. Immerhin wäre es möglich (Olsh.), dass es aus בינה (Dt. 32, 10) verderbt wäre. חקר] Erforschung 5, 9. 9, 10. 34, 24 u. Gegenstand derselben, wie unser Forschung s. v. a. das Erforschte, so hier; dann auch das was erforscht oder ergründet wird, d. i. der innerste oder verborgene Grund u. das Wesen einer Sache 11, 7 38, 16. אבותם] Suff. bezüglich auf das collect. דור. Es ist hier die Vorstellung einer auf der Forschung der Alten beruhenden, von Geschlecht zu Geschlecht überlieferten u. bestätigten Weisheit. — V. 9 gibt den Grund an, warum man an die Alten sich wenden muss: denn wir (die jetzt lebenden) sind ein gestern d. h. gestrige oder von gestern her (für כי־תמול אנחנו Ew. 296 d; es ist nicht nöthig, mit Olsh. Lag. כמתי zu setzen), u. unwissend (eig.: wissen nicht), weil (so vergänglich wie) ein Schatten unsere Tage auf Erden (7, 1) sind. Sofern durch אנחנו das jetzige Geschlecht als ein zu kurz lebendes nicht einem der früheren Geschlechter, sondern diesen überhaupt, in ihrer Gesammtheit, entgegengesetzt wird, ergibt sich als die Meinung die, dass die kurze Zeit eines Menschenlebens nicht ausreiche, um die

ewigen Gesetze der Weltordnung zu erforschen, sondern man darüber die Gesammtforschung der früheren Geschlechter zu Rath ziehen müsse. An den Unterschied der Lebensdauer zwischen den alten u. den spätern Geschlechtern (nach der Genesis) braucht Vrf. nicht gedacht zu haben. גם] s. 14, 2; Ps. 102, 12. 109, 23. Qoh. 6, 12. 8, 13; Sap. 2, 5. — V. 10 schliesst sich an V. 8 an, u. rundet die Berufung auf das Alterthum ab. הם] sc. die Alten. ויורוך] s. 6, 24. ויאמרו לך] nach יורוך ist matt u. sieht wie eine Glosse aus. מלבם] *aus ihrem Herzen*, dem Sitz des Verstandes u. der Überlegung; das ist hervorgehoben im Gegensatz gegen die Worte Ijobs, die eben blosse Worte, unüberlegt u. windig, sind (nach V. 2, vgl. 11, 2. 15, 3. 18, 2; Prov. 16, 21). — β) V. 11—13, Anfang der Worte der Alten, worin an dem Bilde üppig wuchernder Sumpfpflanzen das plötzliche Ende gottentfremdeter Menschen klar gemacht wird. — V. 11. גמא] *das Papierschilf*, das in den Nilsümpfen wächst u. bis 10 Ellen hoch über das Wasser aufschiesst (Ex. 2, 3; Jes. 18, 2. 35, 7). אחו] seinem Ursprung nach ein äg. Wort, im AT. nur noch Gen. 41, 2. 18; als ἄχι im äg. Griechisch eingebürgert (Jes. 19, 7 LXX u. Sir. 40, 16) ist *Riedgras*, *Nilgras* (*Ges.* th. 67; *Win.*³ II. 411; *Ebers* Ägypten I. 338). בלא] *mit nicht-*, öfters = *ohne* (30, 28), *Ew.* 286ᵍ. בלי] (Mangel von =) *ohne* 24, 10. 31, 39. 33, 9. 34, 6, sonst auch בבלי. וישגא] (vgl. V. 7) s. *Ges.* 75, Anm. 22; viele gute Autoritäten lesen ישגה. Papierschilf also kann nicht hoch werden (10, 16) d. i. aufschiessen ohne Sumpf, u. Riedgras nicht wachsen ohne Wasser. — V. 12 zeigt, was daraus folgt: *noch steht es da in seinem frischen Trieb* (Cant. 6, 11), (*ist*) *nicht abzupflücken* (30, 4; ein Zustandssatz, *Ew.* 341ᵇ); *u. vor* (s. 4, 19) *allem Grase wird es dürr*, näml. wenn der Sumpf vertrocknet, u. das Wasser versiegt. Gerade diese vollsaftigen, schnell u. üppig aufschiessenden Sumpfpflanzen gehen, obwohl noch nicht reif, am schnellsten zu Grund, so bald ihnen ihr Lebensstoff, das Wasser, entzogen wird, sie verdorren dann eher als jedes andere, auch das auf kümmerlichem Boden stehende Gras. — V. 13 das Gegenbild: *so sind die Pfade* (das Ergehen, Schicksal) *aller Gottvergessenen, u. des Unheiligen* (Ruchlosen, 13, 16. 15, 34. 17, 8. 20, 5. 27, 8) *Hoffnung wird zu nichte* (Prov. 10, 28). ארחות] LXX τὰ ἔσχατα, אחרית (Mx.). Jenen Sumpfpflanzen entsprechen die gottvergessenen, unheiligen Menschen sowohl nach ihrem anfänglichen blühenden Glück, als nach ihrem vorzeitigen schnellen Ende; der Grund aber dieser Wendung liegt, wie bei jenen im Versiegen des Wassers, so bei diesen im Abfall von Gott u. der dadurch herbeigeführten Entziehung ihres Lebensstoffes, der göttlichen Gnade. — b) V. 14—19. Weitere Ausführung der Weisheitslehre des Alterthums. Die Gliederung des Inhalts in 6 u. 6 Stichen tritt hier nicht deutlich hervor. — V. 14. Ein solcher Mensch kann auf nichts mit Sicherheit bauen, alle Stützen brechen ihm (*Hrz.*). אשר] nicht *dieweil* (*Del.*), sondern Pron. rel. wie 5, 5, zur Anknüpfung an das Vorhergehende: *er, dessen Zuversicht* (s. 4, 6) יקוט. Dieses dunkle Wort kann erklärt werden als Ipf. Qal, aber nicht von קוט = קוץ *fastidire* (*Vulg.* a.), weil dieses mit ב Obj. verbunden wird, u. der

Sinn *qui fastidiet fiduciam* oder *quem fastidiet fiducia* ganz lahm wäre; auch nicht von angenommenem קוט = קוץ *abschneiden*, denn actives *man schneidet ab* passt nicht, u. passive Bedeutung *abgeschnitten werden* (*Peš.*; noch *Del. Mx. Stud. Vo.*) kann קוט (das intransitiv im Arab. *kurz sein* bedeutet) nicht haben; sondern von sonst nicht vorkommendem קיט (= غَاضَ med. Jä, *Röd.* in *Ges.* th. App. p. 110; oder med. Vav, *Hitz.*) *reissen, brüchig werden, brechen,* in intrs. Aussprache mit ō im Iprf. (*Ew.* 138ᵇ), obwohl einige MSS. קוטט bieten, also: *dessen Z. entzweireisst,* wie ein Faden oder ein Gewebe (*Ew.. Hitz.* a.). Aber auch dieser Sinn befriedigt hinter 13ᵇ nicht, u. nach dem 2. Gl. erwartet man auch hier ein subst. concreter Bedeutung, nur freilich nicht Eckel, Wegwurf (*Arnh. Hgst.*), auch nicht den *Kürbis* (*Reiske* conject. in Jobum 1779, p. 23; *Ha.*), der sachlich u. sprachlich nicht in Betracht kommen kann, wogegen vortrefflich passen würde die Bedeutung *Sonnenfaden* d. h. *Sommerfaden* (*Saad.*; *Reu.*), wenn dieselbe sprachlich gerechtfertigt werden könnte. Möglich ist immerhin, dass קיט als Nomen *brüchig* bedeutete, u. auch Bezeichnung eines bestimmten derartigen Gegenstandes war. בית עכביש] *Spinnenhaus,* Spinnengewebe, ein Bild des Leichtvergänglichen auch im Qur'ān Sur. 29, 40 (*Hrz.*); vgl. Jes. 59, 5. מבטחו] *der Gegenstand seines Vertrauens,* oder das worauf er traut (18, 14. 31, 24); über die virtuelle Verdopplung des ח s. *Olsh.* § 198ᵇ. — V. 15 führt 14ᵇ aus. Sein *Haus,* als Inbegriff seiner Familie u. seines ganzen Besitzstandes, ist das, worauf er *sich stützt,* woran er *festhält,* womit er allem trotzen zu können meint, aber gerade dieses erweist sich als Spinnenhaus, hält nicht Stand. — V. 16 f. Wohl hat ein solcher Mensch eine Zeit lang ungemessenes, unverwüstlich scheinendes Glück. Diesen Gedanken führt er aus, indem er in das Bild der Pflanze (V. 11 f.) zurückfällt, aber nun nicht einer Sumpfpflanze, sondern eines üppig wuchernden Gartengewächses, einer Schlingpflanze; dabei werden Bild u. Sache vermischt: Subj. der Schilderung ist der רשע, als Schlingpflanze gedacht. V. 16. *Saftig ist er Angesichts der Sonne,* d. h. nicht vor den Augen aller Welt 2 S. 12, 11 f. (*Hitz.*), sondern im Sonnenschein (*Ha. Del. Reu. Stud.*), nicht (*Ew. Hrz.* a.) trotz der Sonnengluth, in der andere Pflanzen verdorren; *u. über seinen Garten hin* (d. h. in dem der רשע als Pflanze gedacht, wurzelt; diesen überziehend) *gehen aus* oder *laufen seine Schösslinge* (14, 7. 15, 30; hier collect.). V. 17 nicht Gegensatz (: „aber bald geräth er auf Steine" *Ros. Barth,* in welchem Fall ein allmähliges Absterben geschildert wäre, ganz gegen den Sinn der Rede), sondern Fortsetzung: *über Geröll* (nicht *Strudel, Stud.*) werden verflochten d. h. *schlingen sich seine Wurzeln.* בית אבנים יחזה] erklärte man: *ein Haus von Steinen* d. h. *steinerne Mauern schaut er an* (*Peš. Trg., Hrz. Ha. Schl. Hgst. Reu. Stud.*), sofern er daran emporwächst, sich anklammert. Aber חזה als *sehen* (oder *erfahren, spüren Ros. Ges.,* oder *sich ersehen, erwählen Kmph.,* oder Herunterschen auf Steine *Barth*) ist von einer Pflanze schwer auszusagen; u. warum Steinhaus, wenn es nur auf die Mauer ankommen soll? Die LXX geben für 'א בית ἐν μέσῳ χαλίκων ζήσεται, änderten aber יחיה, an dem sie sich stiessen, in יְחֱזֶה (ähnlich *Vulg*). In der That kann man mit *Böttch.* (Proben 1833, S. 210), *Mat. Stick. Ew.*² *Fürst Vo.* übersetzen: *zwischen Steinen bohrt er durch* (ähnlich schon *Saad.*); näml. חזה nach seiner Grundbedeutung *schneiden, scheiden* (vgl. חזז u. arab. *ḥazza* u. *chazza*), und בֵּית wie Prov. 8, 2. Ez. 41, 9 (*Ew.* 217ᵍ); man kann aber (*Hitz. Del.*²) בית אבנים auch als *Steinschicht* u. Obj. zu חזה nehmen, (was *Hitz.* יֶחֱזֶה lesen will). Unmöglich ist יְחֶזֶה (*GHff.*: Adhort. von אחז, will Fuss fassen in), u. fremdartig בְּיֵתר אֲבָנִים יֶחֱזֶה (*Mx.*: auf einen Überfluss von Trieben schaut er). Also: selbst Gestein nicht, somit überhaupt nichts kann seinem üppigen Wuchern oder fröhlichen Gedeihen widerstehen. — V. 18 Gegensatz: *wenn er* (sc. unbestimmt wer, sofern die Pflanze Obj. ist; Gott, sofern der durch die Pflanze bedeutete חנף Obj. ist; keinenfalls בית אבנים *Ros.*) *ihn vertilgt* (2. 3) *von seinem Orte weg, so verläugnet der* (sein Ort) *ihn* (s. 7, 10) sprechend: *„wie hab' ich dich gesehn"* Also: mag er auch üppigst weithin wuchern: durch einen einzigen vernichtenden Schlag ist dieses kräftige Leben dahin, stürzt das ganze Gebäude seines so fest geglaubten Glückes zusammen; selbst seine eigne Stätte, seine Heimath u. Umgebung, will ihn gar nie gekannt haben, schämt sich seiner als eines von Gott gezeichneten Sünders (*Hrz.*). — V. 19 rundet ab: *Sieh das* (31, 28) *ist die* (von ihm selbst so hoch geschätzte, von andern vielleicht beneidete) *Wonne seines Weges* (Lebensweges V. 13), d. h. so endigt sie, nachdem sie eine Zeit lang gedauert; *u. aus dem Staube sprossen andere* (אחר collect., *Ew.* 319ᵃ) nach, zunächst Pflanzen, aber gemeint sind Menschen, natürlich nicht Fromme (*Barth*, der in עָפָר einen Gegensatz zu לֵב u. אֲבָנִים finden will), auch nicht nothwendig Sünder. Der Sinn ist: er hinterlässt, nachdem er geendigt, nicht einmal eine Lücke, denn sofort nehmen andere die Stätte ein, die er bewohnt hatte (*Hrz.*). Weil LXX frei καταστροφὴ ἀσεβοῦς für משוש דרכו geben, will *Mx.* מְשׁוּבַב דַּרְכּוֹ herstellen, aber משובה bedeutet nicht *Wendung* im allgemeinen. — So lautet die Lehre der Alten. Ij., der vom höchsten Glück in tiefstes Unglück gestürzt worden ist, mag sehen, ob nicht auch bei ihm dieser schnelle Wechsel einen ähnlichen Grund hat, wie bei den hier gezeichneten Menschen. Doch wird das blos stillschweigend zu verstehen gegeben. Vielmehr Bild., indem er in

3) V. 20—22 zur ausdrücklichen Anwendung seiner Sätze auf Ij. übergeht, verfährt milder, indem er von der nun bewiesenen Gerechtigkeit Gottes lieber die tröstliche Seite hervorhebt, u. die andere, die schreckende, nur nicht ganz vergisst. — V. 20. *Sieh' Gott verschmähet nicht den Unsträflichen*, auch dann nicht wenn er von Leid gebeugt ist, vorausgesetzt dass er suchend sich an Gott wendet (V. 5—7), *u. hält nicht fest der Übelthäter Hand*, um ihnen zu helfen u. sie zu stützen (Jes. 41, 13. 42, 6 u. s.), nach V. 11—19; eine vorsichtig ausgedrückte Begriffsbestimmung der göttl. Gerechtigkeit, nach ihren beiden Seiten, die beide dem Ijob zur Beherzigung vorgelegt werden. — V. 21 f. Auf Grund der ersten derselben will Bild. lieber für Ijob hoffen u. gibt ihm eine schöne Verheissung 21 u. 22ᵃ; aber ganz verschweigen darf er die andere auch nicht 22ᵇ, weil sie doch mög-

licherweise hier Anwendung leidet. —:] *bis dass* d. h. in dem Maasse u. Grade dass (14, 6). passt hier wenig, weil es keinen Anschluss an V. 20 hat (es hätte diesen nur, wenn 20ᵃ u. ᵇ umgekehrt gestellt wären); die Bedeutung *während dass* (1 S. 14, 19; Ps. 141, 10), so dass 22ᵃ Nachsatz wäre (*Del. a.*), passt noch weniger, weil dadurch die Hauptverheissung V. 21 in Hintergrund gestellt würde gegen 22ᵃ, der doch nur eine Folgerung aus V. 21 enthält; also lies (*Cocc. Houb. Ew. Stick. Böttch. M.c. Stud. Reu. Vo.*) ־ע (s. 1, 18): *noch* (wie Ps. 42, 6) *wird er deinen Mund mit Lachen* (Ps. 126, 2) *füllen* (־חית־ inkorrekte Schreibung für שחק, vgl. V. 11). *u. deine Lippen mit Jauchzen.* — V. 22. *Deine Hasser werden in Scham* oder *Schande sich kleiden*, mit Scham wie mit einem Kleide überdeckt werden (vgl. zum Bild theils 7, 5; theils Ps. 35, 26. 109, 29. 132, 18), weil sie dich unerwartet neu beglückt sehen werden. Er gibt damit fein zu verstehen (*Ew.*), dass er u. seine Genossen zu seinen Feinden, die an seinem Unglück eine Freude haben, nicht gehören. — *Aber der Frevler Zelt* (5, 24) — *es ist nicht mehr*: seine Vernichtung ist wie schon eingetreten. Es ist dies der Gegensatz zu V. 21 u. 22ᵃ, u. schliesst sich an V. 20ᵇ an; keineswegs handelt 22ᵇ noch von dem Schicksal der רשעים (*Umb.*), als wären diese u. die רשעים dieselben. Dass er sich nicht enthalten kann, mit der *Warnung* zu schliessen, zeigt einen deutlichen Fortschritt über die Rede des Elifaz.

b) Die Antwort Ijob's, Cap. 9 und 10.

Bildad hat dem Ijob zugemuthet, den *gerechten* Gott in seinem Leiden zu erkennen, u. hat sich damit ganz dem Elifaz angeschlossen, welcher in der menschlichen Schwäche u. Sündhaftigkeit den Erklärungsgrund der Leiden fand; er hat auch seine Zweifel an Ijob's Unschuld, obwohl versteckt, doch deutlich genug, zu erkennen gegeben. Trotz Ijob's Bitte (6, 28) beharrten sie auf ihrer Beurtheilungsweise der Sache. Ijob kann es darum nicht länger von sich weisen, auf diese ihre Hauptsätze einzugehen u. sich darüber auszusprechen. Dass er dabei neben der Rede des Bild. auch die des El. berücksichtigt, ist angemessen, sofern beide auf denselben Sinn hinausliefen, u. er in seiner Antwort an El. dessen Hauptsatz u. seine Beurtheilung, aus innerer Scheu davor, noch ganz mit Stillschweigen übergangen hatte. Auch ist bemerkenswerth, dass er, während er in der vorigen Rede einen ganzen Haupttheil persönlich gegen sie gerichtet hat, hier gegen sie gar keine Äusserung thut, sie nicht einmal anredet, sondern sie gleichsam nur einer Art Selbstbetrachtung zuhören lässt, aus der sie abnehmen können, wohin sie ihn mit ihren Angriffen treiben. — Sie nun wollten ihn zwingen, auf Grund einiger allgemeinen Sätze die Selbstverschuldung seines Leidens u. die Vergeltungsgerechtigkeit Gottes in demselben anzuerkennen. Aber dagegen steht ihm das Zeugniss seines Gewissens von seiner Unschuld (9, 21) u. die Erfahrung anderer plötzlicher, aus jenen Sätzen nicht erklärbarer Wechsel im Menschenleben (9, 22—24). Diese Thatsachen wiegen ihm schwerer, als dogmatische Schlüsse.

Wenn also die Wahrheit, dass vor Gott kein Mensch gerecht ist, u. dass Gott kein Unrecht thut, überall zur Anwendung kommen u. alles, somit auch sein Leiden, erklären soll, so kann er sich das nur gefallen lassen in dem Sinn, dass gegenüber von der Allgewalt der göttl. Majestät der Mensch sein Recht nicht geltend machen kann u. Gott immer Recht hat, auch wenn er dem Menschen Unrecht thut. Die von den Freunden aufgedrungene Gerechtigkeit Gottes schlägt ihm, wenn er sie auf sich anwenden will, um in die allmächtige Willkühr oder willkührliche, an keine sittliche Schranke gebundene Allmacht. Damit wird das, was bisher nur halbbewusst in ihm lag, u. was klar zu denken er sich scheute, zu einer deutlichen Vorstellung herausgeboren, näml. das Wahngebilde von einem Gott, der den Menschen behandelt, wie er will, u. gegen den der Mensch sich schuldig bekennen muss, auch wenn er sich nicht schuldig fühlt. Diese Schreckensgestalt eines nur nach dem Recht der Allmacht handelnden Gottes, gegen den es keinen Richter gibt, wird durch die Zumuthungen der Freunde in seiner Seele Fleisch u. Blut, u. droht seinen schon zuvor schwach gewordenen Glauben an den Gott der Liebe u. des Rechts zu verschlingen. Die Verwirrung in seinem Innern steigt auf eine bedenkliche Höhe. Vergeblich ringt er, diesem Allmächtigen sich zu unterwerfen; er kann nicht; das Bewusstsein seiner Unschuld, erlittenen Unrechts ist zu mächtig in ihm; dann stürmt er in wildem Trotze gegen ihn an u. beschuldigt ihn offen der reinen Willkühr, aber auch dies vergeblich; jeder Hinblick auf seinen kranken Leib überzeugt ihn, dass Gott ihn als Schuldigen haben will, u. dass er dafür gelten muss, obwohl er es nicht ist. So ist das Ende wieder nichts, als eine lange trostlose Klage; es bleibt ihm nur übrig, in Trauer, in wehmüthigen Bitten, in bitteren Vorwürfen Gott das Unrecht, das er ihm thut, die Gründe, die ihn zu einer andern Behandlungsweise bestimmen sollten, die Widersprüche in seinem ganzen Thun vorzuhalten, um schliesslich eine kurze Einstellung der Anfeindungen, u. einige Augenblicke Ruhe vor seinem nahen Ende als etwas Gewährbares von ihm zu verlangen. Alle diese inneren Wandlungen, Stimmungen u. Gegensätze in seiner Seele erhalten einen grossartig gewaltigen Ausdruck in der langen Rede, worin er 1) anknüpfend an die Ausführungen der Freunde ihre Hauptsätze zugibt, aber höhnend umbiegt in die Anerkennung einer für den Sterblichen erdrückenden allmächtigen Übergewalt Gottes, die unverantwortlich mit ihm schalten darf Cp. 9, 2—12, u. nun 2) das Schreckbild eines solchen Gottes sich vergegenwärtigend, empört u. trotzig gegen dasselbe ankämpft V. 13—35, um zuletzt 3) in die lange trostlose Klage zurückzufallen Cp. 10. Der erste Theil hat 6, 6, 6, 4, der zweite in 2 Abschnitten a) 8, 8, 9 (8), b) 8, 6, 8, der dritte in 2 Abschnitten a) 8, 8, 10 (8), b) 12 d. h. 7 + 5 u. 11 d. h. 6 + 5 Stichen. Die eingeklammerten Zahlen kämen nur heraus, wenn man 9, 21^b u. 10, 9 als Glossen streicht. Das Schema 6 6 6 6 6 8 8 8 8 | 6 8 8 8 8 | 6 6 (*Mx.*) setzt einen Theileinschnitt vor 9, 33 u. vor 10, 15^c, wo in Wirklichkeit keiner ist, u. die Unechtheit von 10, 18f. voraus. — In LXX stammen 9, 3^b. 15^b. 24^{bc} u. 10, 4^b aus *Theod.*

1) 9, 2—12, gegliedert in 6, 6, 6, 4 Stichen: ironisches Zugeständniss der Sätze der Gegner u. Umbiegung derselben zu der Anerkennung der für den Menschen erdrückenden, unverantwortlich schaltenden Allmacht Gottes, von welcher er, wetteifernd mit Elifaz, eine beredte Schilderung gibt. — α) V. 2—4: sarkastisch gibt er ihre Sätze, dass Gott kein Unrecht thut u. vor Gott kein Mensch gerecht ist, zu: freilich sind sie wahr, denn niemand kann ihn zur Verantwortung, niemand ihm ungestraft trotzen. — V. 2. אמנם] *wahrhaftig, wirklich*, schon spottend gesagt, wie 12, 2. ידעתי כי־כן] *ich weiss, dass es also ist*, kann sich nur auf das Nächstvorhergehende, also den Hauptsatz der Rede des Bild. (8, 3) beziehen: was Gott thut, muss freilich Recht sein. ומה] ist nicht Begründung oder Erklärung von ידעתי (*Del. Reu. Stud.*), sondern fügt durch ו eine zweite Behauptung, die er zugibt, hinzu, näml. den Hauptsatz des Elifaz 4, 17. Das מ jener Stelle ist in עם geändert, damit das Wort den gewünschten Doppelsinn erhalte: *wie wär' ein Mensch vor Gott gerecht?* und: *wie hätte ein Mensch Recht gegen Gott?* Im ersten Sinn hat es El. gesprochen, zum andern Sinn biegt es Ijob ihm um. Beide Sätze, den des B. u. den des E., will er so verstanden wissen, dass sie, obwohl an sich verschieden, doch als wesentlich das Gleiche sagend zusammenfallen. — V. 3 f. macht er den Sinn, in dem er jene Sätze verstanden haben will, deutlich. Subj. ist der Mensch, vgl. V. 14 u. 13, 3. אם־יחפץ] *gesetzt dass* (V. 20) *er Lust hat* (13, 3), *mit ihm zu streiten, er wird ihm nicht antworten eins von Tausend*. Das Streiten ist ein Streiten zu dem Zweck, um sein Recht geltend zu machen oder zu behaupten; dies in einem *Streit* erzielen zu wollen, hat nur der Mensch Veranlassung, nicht Gott, u. darum ist auch in 3ᵃ der Mensch Subj. (nicht: Gott, *Schl. Del. Kmph. Hitz. Hgst.*; 23, 6 hat zur Voraussetzung 23, 2—5, ist also anderer Art). Die Meinung des Nachsatzes ist: Gott würde vermöge seiner unendlichen Überlegenheit den Menschen mit einer solchen Masse Fragen, von denen er ihm nicht eine beantworten könnte, überschütten, dass der Mensch beschämt u. verblüfft von seinem Hadern abstehen müsste; ein aus richtiger Erkenntniss des Verhältnisses zwischen Gott u. Mensch heraus gesprochenes Wort, das zuletzt sich wörtlich an Ij. erfüllt C. 38 ff. Wäre im 2. Gl. Gott Subj., so würde einfach gesagt sein: er wird ihm keine Antwort geben. אחת] *Ew.* 172ᵃ. — V. 4. Ebenso hat ihm, weil er mit überlegener Weisheit überlegene Kraft verbindet, noch niemand ungestraft getrotzt. חכם לבב ואמיץ כח] cas. absol., wieder aufgenommen in אליו (*Hrz.*); sie bereiten schon die V. 5 ff. beginnende Schilderung vor, geben gleichsam das Thema der folgenden Ausführung, sind also nicht (*Olsh.*) auf den מי zu beziehen. הקשה] abgekürzt aus הקשה ערף *den Nacken verhärten* (Jer. 7, 26 u. ö.), d. h. Trotz bieten. וישלם] *u. blieb unversehrt? kam mit heiler Haut davon, wurde nicht niedergeschmettert?* — Von dieser Allmacht Gottes gibt er jetzt, zum Beweis, dass er sie sehr wohl kenne, eine Schilderung, zunächst wie sie in der Natur wirkt, in zweimal 6 Stichen, u. zwar, wie aus V. 10 vgl. mit 5, 9 deutlich ist, mit Rücksicht auf die ähnliche Schilderung bei

Elifaz 5, 9—16, aber mit dem Unterschied, dass, während El. diese Allmacht als eine zu ethischen Zwecken wirkende u. darum auch als eine für den Leidenden tröstliche aufgefasst hat, er vielmehr sie als eine an kein Gesetz gebundene, schrankenlos, auch zum Verderben, waltende darstellt, weil diese Seite seiner Stimmung am nächsten liegt. — β) V. 5—7: Schilderung der Allmacht Gottes, wie sie in der Natur sich kund gibt u. zwar durch schreckensvolle Wirkungen. — V. 5. In Bergstürzen: *der Berge verrückt, u. sie merken's nicht* (ohne dass sie es merken; matt u. undichterisch wäre es, wenn Subj. zu ידעו die Menschen wären, Hrz.), *dass er sie umgestürzt hat in seinem Zorn*; in seinem Zorn, sofern alle zerstörende Thätigkeit Gottes in seinem Zorn über die Geschöpfe ihren Grund hat. Dass אשר hier nicht = *welcher* (Hrz. Schl. Hgst. Mx. Reu. Stud.), sondern *dass* oder *wie* (Ex. 11, 7. Ez. 20, 26) sei, ergibt sich aus dem Perf. הפך (vgl. dagegen den Bau von V. 7ᵇ). Gott stürzt Berge, ohne dass u. ehe sie die Veränderung gewahr werden, d. h. in einem Augenblick, plötzlich. ולא ידעו] *ohne sie zu zerstören* (Mx.) ist nicht hebräisch u. passt auch dem Sinn nach nicht. — V. 6. Im Erdbeben: *der die Erde aufbeben macht von ihrer Stelle weg* (vgl. Jes. 13, 13), *und* (d. h. während zugleich) *ihre Säulen werden erschüttert* oder schwanken hin u. her. Von *Säulen* der Erde (Ps. 75, 4, vgl. Ij. 38, 6. Ps. 104, 5), wie sonst auch von Grundfesten der Erde, ist die Rede, sofern die Erde mit einem Bau verglichen wird (zB. Ij. 38, 4 ff.). Aus Ij. 38, 6 vgl. Prov. 8, 25 (Ps. 90, 2) scheint sich zu ergeben, dass man sich darunter die unterirdischen Wurzeln der Berge dachte, welche mit ihren oberirdischen Gipfeln die Säulen des Himmels bilden Ij. 26, 11. S. auch zu 26, 7 — V. 7. In Verfinsterungen der Gestirne (vgl. zu 3, 5. 8.). אמר] im Sinne von *befehlen*, wie Ps. 33, 9. 105, 31. 34 u. ö. חרס] seltener Name der *Sonne*, wie חרסה Jud. 14, 18. ולא יזרח] *und sie strahlt nicht auf*, „denn זרח wird nicht bloss vom Aufgange der Sonne, sondern auch vom Erglänzen des Lichts überhaupt gebraucht Jes. 58, 10" (Hrz.). ובעד וג׳] u. um (1, 10) *die Sterne legt er ein Siegel*, versiegelt sie, dass sie nicht wandeln u. leuchten können. — γ) V. 8—10: die schöpferischen u. erhaltenden Machterweisungen Gottes in der Natur, u. Abschluss der Schilderung. Durch das Fehlen des Art. vor dem Part. (gegenüber von V. 5—7) sind diese 6 Stichen als eine Gruppe für sich auch äusserlich gezeichnet. — V. 8. נטה] hier nicht (wie Ps. 18, 10) *der neigt* oder *senkt* (Stick. Ha. Hrz. Ew. Hitz.) den Himmel d. h. die Wolken im Gewitter, sondern *der ausspannt* einem Zelttuch gleich (Jes. 40, 22. 44, 24; Ps. 104, 2), bezüglich auf die Schöpfung u. Erhaltung des Himmelszeltes über der Erde, theils wegen לבדו, was so einen volleren Sinn gibt (Jes. 44, 24), theils weil V. 9 ebenfalls von der schaffenden Thätigkeit Gottes handelt. V. 8ᵇ widerstreitet wenigstens dieser Erklärung nicht. Auch die alten Übers. haben נטה so verstanden. ודרך וג׳] *und tritt auf* d. h. *schreitet über Meereshöhen*. במה] Pl. st. c. von במה, *Ges.* 87, 5. Da ים als Benennung der oberen, himmlischen (Gen. 1, 6) Wasser nirgends (auch aus 36, 30 nicht) sicher nachweisbar ist, so kann man hier weder an das

Wohnen u. Wandeln Gottes im Himmel über dem himmlischen Wasser Ps. 104, 3 (*Schl.*), noch an das herabgesenkte Gewitterwolkenmeer Ps. 18, 12. 29, 3; Nah. 1, 3 (*Hirz. M.v. Hitz.*) denken, sondern nur an das irdische Meer; über die sich berghoch aufthürmenden Wogen des Meeres wandelt Gott dahin, wenn er da seine Geschäfte hat (23, 9), zB. im Gewittersturm; wie er sonst über der Erde Höhen schreitet Am. 4, 13; Mich. 1, 3. Dieser Herrschertritt Gottes über Berge u. Meereshöhen ist ein Wunder der Allmacht (vgl. auch Hab. 3, 15). — V. 9. עשה] *der schafft*, präsentisch, wie alle übrigen Part. von V. 5 an, denn die Schöpfung wird als eine fortgehende, immer sich erneuernde gedacht; nicht: *der verdunkelt, verhüllt* (*Eichh. Umb.*), denn diese Bedeutung von עשה ist aus 15, 27 23, 9 nicht zu belegen, u. schon עשה V. 10 spricht dagegen. Die 3 Gestirne im 1. Gl. kehren 38, 31 f. in umgekehrter Ordnung wieder. Die Deutung der Namen ist zum Theil unsicher. Die LXX u. *Vulg.* stimmen in den beiden Stellen jede mit sich selbst nicht überein. Besondere Abhandlung über diese Sternnamen findet sich von *MAStern* in der Jüd. Zeitschr. f. Wiss. u. Leb. III (1864/5) 258 ff. עש] in 38, 32 ohne Zweifel richtiger עיש geschrieben; in LXX πλειάς 9, 9, aber *Aq. Theod.* ἕσπερος in 38, 32; in *Vulg.* arcturus, aber Cp. 38 vesperus; im *Trg.* beibehalten, aber Cp. 38 עיותא *die Glucke*, Pleiaden; in *Peš.* beidemal ܥܝܘܬܐ (womit freilich auch כסל Ij. 15, 27 u. כסיל Am. 5, 8 übersetzt wird) d. h. *al-Debaran* s. oculus Tauri, Hyaden (obgleich die syr. Lexikographen auch andere Deutungen geben, *Ges.* th. 895, *PSmith* c. 2866); bei *Saad.* بَنَاتُ نَعْشٍ der grosse Bär oder Wagen; nach Talm. Berak. 58ᵇ עיש, was einige als Schwanz des Widders d. h. Pleiaden, andere als Kopf der Kuh d. h. Hyaden deuteten. Die meisten Neueren (*Hrz. Ew. Del. Hitz.* a.) hatten sich für den grossen Bären (*Ideler* Sternnamen 21 f.) entschieden, weil dieses schöne, nie untergehende Sternbild in einer Aufzählung der Gestirne nicht fehlen zu dürfen schien. Dagegen hat *Stern* geltend gemacht, dass es sich nicht um besonders hervorragende Sterngruppen, sondern um solche handle, die den Alten für die Anzeige der Jahreszeiten u. der Witterung von Bedeutung waren, u. demnach עש als *Pleiaden*, Glucke, Siebengestirn (*Ideler* 143 ff.) bestimmt (ebenso *Nöld.* in Schenkels B.L. IV, 370; *GHoffmann* in ZATW. III. 107 f.), die man früher unter כימה verstand. Der *Canopus* (*Jix.*) kommt nicht in Betracht. כסיל] der *Thor*, auch 38, 31. Am. 5, 8 u. Jes. 13, 10, ist der hebr. Name des Sternbildes Orion (LXX: Ὠρίων wenigstens ein paar mal; *Peš.* ܓܢܒܪܐ, *Trg.*: נפלא), nach der Anschauung der Alten (*KOMüller* im Rhein. Museum für Philol. Bd. 2) ein an den Himmel gefesselter gewaltiger Riese (ein Thor, sofern er auf seine Körperkraft thöricht trotzte), wofür vielleicht auch die מועדות desselben 38, 31 sprechen; die Übertragung des Namens Nimrod auf ihn ist aber erst späteren Ursprungs (*Ges.* th. 701). Sein Frühuntergang war die Zeit der Herbststürme u. des Regens (*Ideler* 219 f.). Nach *Saad., Gecat. Abulw.* u. a. wäre der *Suhail* d. h. *Canopus* im Sternbild der Argo zu verstehen

(s. *Idel.* 264 f.), doch ist diese Auslegung jünger, und für die Palästiner dieses schon sehr südliche Gestirn kaum von Bedeutung. Die *Vulg.* gibt Ij. 38 *arcturus*, sonst *Orion*. פִּימָה] etym. *das Häuflein*, auch 38, 31 u. Am. 5, 8, wird hier in LXX u. Am. 5 von *Aq.* mit Ἀρκτοῦρος gegeben, in Ij. 38 von *Sym. Vulg.* u. in Am. 5 von *Theod.* *Sym.* mit πλειάδες, im *Trg. Peš.* aber überall כימא, ܟܺܐܡܳܐ d. h. Pleiaden, ebenso von *Saad.* الثريّا; nur *Vulg.* in Ij. 9 gibt *Hyades*. Während man demgemäss früher insgemein das *Siebengestirn* (Pleiaden) im Nacken des Stieres verstand, vermuthet *Stern* 269 f. den grossen Hund mit seinem Hauptstern, dem *Sirius* (der den Alten als der Hitzebringer galt), weil Am. 5 dieser hellste aller Sterne zum Orion besser passe, als die lichtschwachen Pleiaden, u. auch hier, in Ij. 9, 9, V.ᵇ sich dann natürlich an V.ᵃ anschliesse. חדרי תמן] defectiv für תימן wie 6, 19, nicht Gemächer der Zwillinge (תמן == תאמין) oder Hidr u. Zwillinge (G*Hoffm.* 107), sondern *Kammern des Südens*. Da חדר *inneres Gemach*, *penetrale*, nach Prov. 24, 4 (vgl. Ij. 37, 9), nicht blos zum Wohnen, sondern auch zum Aufbewahren von Gegenständen diente, so liegt die Erklärung der LXX ταμεῖα νότου, als Vorrathskammern des Südwinds (*Ges.*) nahe: aber die Anknüpfung durch ן lässt etwas mit כימה Gleichartiges erwarten, u. deshalb muss man an Gestirne des tiefen Südens denken, die dem nach Süden zu Reisenden sichtbar werden, die er also in den den nördlicher Wohnenden verhüllten Räumen des Südens zusammenfassen konnte. Nach *Stern* sollen die in der Verlängerung einer durch Pleiaden, Orion u. Sirius gezogenen Linie stehenden hellen Sterne der Argo, nam. Canopus gemeint sein (!). — V. 10 schliesst er statt weiterer Aufzählung ab mit einem allgemeinen Satze, absichtlich mit den Worten des El. (Cp. 5, 9), um ihm anzudeuten, dass er insoweit ganz mit ihm einverstanden sei. Nachdem er so Gottes Herrenmacht in der Natur vergegenwärtigt, tritt er dem Ziel der Rede wieder näher, indem er δ) V. 11 f. zeichnet, wie dieser Gott auch ihm, dem Menschen, gegenüber unwiderstehlich walte. — Auch der Mensch hat diese majestätische Allmacht an sich zu verspüren. Unsichtbar, von niemand bemerkt, aber ebendarum auch grauenvoll unheimlich, fährt Gott am Menschen vorüber, wann u. wo er will, da er mit seiner Allmacht überall gegenwärtig ist (11), rafft plötzlich fort, u. aller Widerstand, alle Einreden sind vergeblich (12). Er redet aber, indem er diesen allgemeinen Satz ausspricht, von sich selbst, weil er die Wirkungsweise Gottes so an sich erfahren hat: *ihn hat Gott im Vorübergehen fortgerissen* (aus seinem ganzen Glücksstand heraus) u. gleichsam aus einer Masse heraus weggefangen. Daher auch die beiden hinweisenden הֵן. הֲלֹף] 4, 15. 11, 10. אֲבִין] mit לְ verbunden, wie 14, 21. 23, 8. יַחְתֹּף] חתף == חטף ist, wie im Aram. u. Arab., *fortraffen, rauben* (nicht blos anpacken, *Hrz.*). יְשִׁיבֶנּוּ] Obj. ist nicht der Fortgeraffte, sondern Gott, u. השיב hier s. v. a. zurückbringen von einem Thun, durch Einreden oder Gewalt, *hemmen*, wie 11, 10. 23, 13. — Mit diesen kurzen, aber durch ihre Kürze beredten Sätzen hat er den Übergang gemacht zum zweiten Theil.

2) Cap. 9, 13—35: Ijob's verzweiflungsvolles Ringen gegen das Schreckbild eines nur nach dem Recht der Allmacht handelnden Gottes, in 2 Abschnitten. — a) V. 13—24, gegliedert in 8, 8, 9 (8) Stichen: vor dieser Übergewalt kann freilich keiner sein Recht geltend machen; selbst wenn es denkbar wäre, dass Gott ihm zum Rechtsstreit sich stellte, so würde er doch durch seine furchtbare Majestät ihn erdrücken, dass er vor Furcht kein Wort fände, u. wenn auch der unschuldigste, schon durch diese Furcht als Schuldiger erscheinen müsste; aber gleichwohl, er will ihm nicht feige weichen, er will's ihm offen u. frei sagen, dass er ihn schuldlos leiden lasse, dass er Schuldige u. Schuldlose gleichem Verderben anheimgebe. — α) V. 13—16: seinem Zorn seien Stärkere als er erlegen, wie viel weniger könnte er im Streit mit ihm sein Recht vertheidigen, er der von Ehrfurcht vor seiner Hoheit auf's tiefste erfüllt sei! — V. 13. לא ישיב אף] *er lässt nicht zurückkehren seinen Zorn*, näml. zu sich selbst, d. h. *nimmt ihn*, wenn er ihn einmal losgelassen hat, *nicht zurück*, ehe er sein Werk verrichtet hat; vgl. dagegen Ps. 78, 38. Beispiel u. Beweis dessen im 2 Gl.: unter ihm haben sich gebeugt d. h. *unterlegen sind ihm Rahab's Helfer*. רהב] bezeichnet das *ungestüme, stürmische*, auch *trotzige Wesen*; insofern liesse sich die Erklärung: *unter ihm beugen sich trotzige Helfer (Sym. Trg., Ros. Ges. Stick. Hgst. a.)* annehmen. Aber man sieht nicht, von wessen Helfern die Rede sei; das Perf. שחחו lässt einen geschichtlichen Fall erwarten; der Zusammenhang fordert einen solchen; auch hat רהב in Wahrheit überall, wo es vorkommt, eine andere Bedeutung. Jes. 30, 7 ist es ein Name für Ägypten, so jedoch dass der Profet mit seiner hebr. Bedeutung *Ungestüm* spielt; Ps. 87, 4 ist es völliger Eigenname Ägyptens; Jes. 51, 9 u. Ps. 89, 11 ist Äg. symbolisch so genannt, denn Jes. 51, 9 wechselt damit תנין, u. wird ausgesagt, dass Gott diesen Rahab-Tannin, Äg., zerschmettert habe; von derselben Sache, nur mit Anwendung der Namen תנין u. לויתן ist Ps. 74, 13f. die Rede (vgl. Ez. 29, 3 u. Jes. 27, 1, wo Äg. symbolisch unter einem solchen Seeungethüm dargestellt wird). So Ägypten symbolisch bald als רהב, bald als תנין u. לויתן darzustellen, war nur möglich, wenn רהב selbst eine diesen andern Namen verwandte Bedeutung hatte, also der Name eines Seeungethüms war; diese Annahme ist ganz nothwendig Ij. 26, 12, wie denn auch die LXX hier u. dort das Wort durch κῆτος übersetzen. Dass nun aber das Ereigniss mit dem κῆτος רהב, auf das der Dichter Rücksicht nimmt, ein Ereigniss der äg. Geschichte sei (*Olsh.*), sei es der alten Geschichte unter Mose (*Ha. Vo.*), sei es der jüngeren unter Psammetich (*Böttch. N.Ä. III. 45f.*), ist nicht anzunehmen, weil der Dichter sonst nie solche offene Anachronismen in sein Werk einflicht, u. weil 26, 12 eine solche Annahme ganz gegen den Zusammenhang wäre. Vielmehr muss man (*Ew. Hrz. Schl. Del. Hitz. Reu. Stud.*) Beziehung auf eine mythologische Vorstellung vermuthen, wornach ein solches Seeungethüm einst in einem grossen Kampf sammt allen seinen Helfern von Gott besiegt wurde. Im Naturmythus mag die Wuth des aufgeregten Meeres dem Toben eines darin sich bewegenden Ungethüms רהב mit seinen Helfern, u. die Beschwich-

tigung desselben der Erlegung des Ungethüms durch Gott zugeschrieben worden sein. Oder aber wurde die Herstellung der jetzigen Weltordnung durch Gott auf einen Kampf gegen das tosende Meer zurückgeführt. Ganz ähnlich ist in den bab.-assyr. Schöpfungslegenden der Kampf des Marduk oder der Götter gegen die Tihâma, den Drachen der See. (Sogar den Namen רהב meint *Jensen* in ZA. I. 10f. im Assyrischen gefunden zu haben). Nur wird man daraus nicht folgern dürfen, dass erst im Bab. Exil die Isr. solche Vorstellung sich angeeignet haben, denn schon Jes. spricht von Rahab. Die Benutzung dieses Mythus ist bei einem Dichter, der auch sonst allenthalben Stoffe aus den Volksvorstellungen entlehnt, nicht weiter auffallend. Dass aber (*Ew. Hrz.*) Rahab zugleich Name eines Sternbildes, wie κῆτος, πρίστις, *balaena, bellua, pistrix,* gewesen sei, sofern geglaubt wurde, dass jenes Ungethüm nach seiner Besiegung durch Gott zum Beispiel der Strafe als Sternbild am Himmel festgeschmiedet worden sei, wird ohne zureichenden Grund angenommen, denn 26, 12 wird davon nichts angedeutet, u. κήτη τὰ ὑπ᾽ οὐρανόν bei den LXX weist nach dem sonstigen Sprachgebrauch von ὑπ᾽ οὐρανόν im B. Ijob nicht darauf hin. — V. 14. Wenn selbst diese stärksten Ungethüme ihm unterliegen mussten, wie viel weniger könnte *ich*, der schwache Sterbliche, von Leiden schon gebrochene, ihm widerstehen! אף כי] s. zu 4, 19. Da er seinen Streit gegen Gott nur als einen Streit mit Worten um sein gutes Recht ansieht, so drückt er sich aus: אענני = *ich sollte ihm antworten!* ihm Rede stehen, wenn er mich, den sein Recht fordernden, als Richter ausfragt, mit Fragen überhäuft (V. 3). אבחרה וג'] *wollte* oder *sollte wählen meine Worte* mit ihm oder (im Verkehr oder Gespräch mit ihm) *gegen ihn* (vgl. 10, 17. 11, 5. 16, 21) d. h. die Ausdrücke abwägen, um immer die rechten Worte zu treffen. Dazu bedarf es ausser der Sprachgewandtheit auch der Unbefangenheit u. Ruhe, u. diese ist es, die der Mensch gegenüber der Majestät Gottes nicht zu behaupten vermöchte (*Hrz.*). — Diesen Satz führt er aus V. 15 f., wo אשר, an אני V. 14 angeschlossen, persönlich zu nehmen ist: *der ich, wenn ich Recht habe (hätte), nicht antworten könnte* (näml. immer vorausgesetzt, dass ich wirklich mit ihm zu streiten mich erkühnen wollte), *zu meinem Bestreiter um Gnade flehen müsste* (8, 5). צדקתי] hier nothwendig im gerichtlichen Sinn; er will nicht erörtern, ob er wirklich Recht hat; er setzt nur den Fall. משפטי] Part. Po. (*Ges.* 55, 1); es bedeutet nicht Richter (שפט), sondern den, der durch שפט jemanden angreift, d. h. ihn bestreitet. Grundlos ist die Erklärung von *Böttch.* NÄ. III. 46; auch למשפטי *um mein gutes Recht* (*Theod. Hitz.* GHffm.) hat gegen sich, dass חנן nicht mit ל der Sache construirt wird. Die Meinung ist: vor dem unendlich Überlegenen müsste er jeden Gedanken an Behauptung seines Rechts aufgeben. — V. 16 steigert: (der ich,) *wenn ich gerufen u. er mir geantwortet hat (hätte), nicht glauben würde* (15, 22), *dass er auf meine Stimme horchen werde.* קרא] ist hier nicht *laut reden* im Rechtsstreit (*Ha. Hitz. Stud.*), weil sonst der Nachsatz keinen Sinn hätte, sondern *in jus vocare*, zum Gericht rufen, u. ענה demgemäss diesem Ruf entsprechen, zum Gericht erscheinen

(*Hrz. Ew. Del. Hgst.*). Beides wird als geschehen gesetzt, u. somit steigernd ausgesprochen, selbst dann wenn Gott auf seinen Ruf wirklich erschienen wäre, würde er aus Furcht nicht glauben, dass er auf seine Stimme sc. seine Vertheidigungsreden horchen werde (nicht: gehorcht habe LXX) d. h. ihm anhören werde. Unnöthig ist die Correctur אָזִין כִּי אַזִין dass ich seine Stimme hörte (*Mx*). — β) V. 17—20: im Streit mit dem, der ihm für jeden Widerspruch neue Wunden schlagen, ruhelos ihn quälen würde, der an Kraft u. im Recht der übermächtige, ihn so befangen machen würde, dass er trotz seiner Gerechtigkeit als schuldig erscheinen müsste. — V. 17 f. mit אֲשֶׁר welcher an das Subj. von יַעֲנֵנִי V. 16 angeschlossen, sagen beide über Gott aus, wie V. 15 f. beide über Ijob ausgesagt haben, u. stehen, wie auch V. 19 f. noch, unter der Grundvoraussetzung, dass er sein Recht gegen Gott geltend machen wollte, sind also hypothetisch zu verstehen. Die Meinung (*Ros. Stick. Hrz. Hitz. Hgst.*), dass er hier zur Begründung von V. 15 f. die schonungslose Behandlung beschreibe, die er bisher von Gott erfahren habe u. noch erfahre, widerlegt sich durch בִּשְׂעָרָה, u. durch den Zusammenhang mit V. 19 f. Nur so viel ist richtig, dass er das, was er hier hypothetisch sagt, aus dem bisher Erfahrenen abnimmt. — V. 17. יְשׁוּפֵנִי] von den alten Übers. u. meisten Neueren als *zertreten, zermalmen* gefasst, passt hier so wenig als Gen. 3, 15. Ps. 139, 11, denn wie kann man einem die Wunden mehren, der zermalmt ist? Dasselbe gilt gegen יְשֻׁפֵנִי = יְסֹפְנִי (*Lag*.); ohnedem ist שׁוּף intrs. Es muss (*Umbr. Hrz. Ew. Stud.*) eine Spielart von שָׁאַף (5, 5. 7, 2) sein (wie Gen. 3, 15), mit der Bedeutung *inhiare*, schnappen u. schnauben nach einem, *erhaschen*, was zu שְׂעָרָה gut passt (vgl. V 11 f.). Nämlich שְׂעָרָה kann nicht (wie 4, 15) *Haar* bedeuten (*Peš., Hitz.*: der mich an den Haaren reisst!), sondern nur (wie Nah. 1, 3) *Sturm*, obgleich dafür 38, 1. 40, 6 סְעָרָה geschrieben ist. In Sturm u. Wetter kommt Gott. וְהִרְבָּה] Prf. cons.: *und mehren würde meine Wunden* (deren ich jetzt schon genug habe), obgleich ich unschuldig wäre, also *ohne Ursache* (2, 3), blos um für meinen Widerspruch mich zu strafen. — V. 18 Fortsetzung: *mich nicht Athem schöpfen liesse* d. h. auch nicht einen Augenblick mich zur Ruhe kommen liesse (vgl. 7, 19), *sondern* (5, 7) *mich mit Bitterkeiten* (vgl. 13, 26) *sättigte*, bittere Leiden u. Schmerzen mir vollauf zu kosten gäbe (vgl. 6, 6 f.). הָשֵׁב] Inf. abs. als Obj. untergeordnet (*Ges*. 113, 1c); הָשֵׁב רוּחַ ist *respiratio*. יַשְׂבִּעַנִי] über *âni Ges*. 60 A. 1. מַמְרֹרִים] mit Dag. dirim., *Ges*. 20, 2b. — V. 19 f. Überhaupt da er an Kraft der Mächtigste, im Recht niemanden verantwortlich ist, kann ein Rechtsstreit mit ihm nichts anderes fruchten, als dass auch das beste Recht des Menschen als Schuld erscheint. V. 19. Da יֹאמְרוּ מִי nothwendig Worte Gottes sein müssen, so muss auch מִי im 1. Gl. so gefasst werden; u. da man dem מִי das, worauf es hinweist, nicht voraus-, sondern nachstellt, so kann אַמִּיץ nicht von מִי abhängen (*Schl. Mx.*), ist auch nicht Appos. zu לִי (*Hitz.*), was ganz unhebräisch wäre, sondern hängt von dem st. c. כֹּחַ ab: wenn bezüglich auf d. h. *wenn es auf Kraft des Starken ankommt* — „*sieh da!*" nämlich: mich, würde er sagen, d. h. ich bin zum Kampf bereit; u. wenn auf

Recht — „*wer wird mich vorfordern*"! (Jer. 49, 19. 50, 44) vor Gericht laden (*diem dicere*) d. h. wer steht über mir, der mich als mein Richter zur Verantwortung ziehen wollte! Zu dem kurzen הִנֵּה für הִנֵּה vgl. 15, 23 אַיֵּה für אֵיוֹ. Mit LXX Peš. kann man יוֹרִידֵנוּ lesen (*Hitz.*), nur nicht (*Mx.*) יוֹדִיעֵנוּ *ihn lehren*; aber הִנֵּה im Munde Gottes ist leichter, als in dem Ijobs. — V. 20. אִם] mit Ipf., wie V. 3. אֶצְדָּק] wie V. 15. כִּי יַרְשִׁיעֵנִי] *mein eigener Mund würde mich verdammen* (15, 6), weil ich verblüfft u. aus Angst nicht das Rechte zu antworten wüsste, nach V. 14 f. Die Änderung in פִּי (*Olsh. Mx.* a.) würde einen minder treffenden Sinn an die Stelle setzen. תָּם אָנִי] noch von אִם abhängig. וַיַּעְקְשֵׁנִי] Nachsatz der Bedingung; zum Ipf. cons. vgl. 7, 18. 3, 21; über die verkürzte Hiphil-Form s. *Ges.* 53, 3 A. 4. Dem יַרְשִׁיעֵנִי entsprechend haben die Mass. ein Hiph. beabsichtigt, nicht (*Hitz.*) ein Pi.; letzteres vielleicht der Vrf. *Wäre ich schuldlos, er würde mich verkehren*, als einen verkehrten (עִקֵּשׁ), das Gegentheil eines תָּם, darstellen; als Subj. nimmt man besser *Gott* den Richter, denn (*Schl.*) פִּי, weil dann die Gedankenentfaltung des Verses eine reichere ist: der Mensch mit seiner Befangenheit u. Gott mit seiner unverantwortlichen Gewalt würden zusammenwirken, um ihn als schuldigen erscheinen zu lassen. — Kaum ist er bei dem Gedanken angekommen, dass auch seine Gerechtigkeit ihm in Schuld verkehrt würde, so empört sich sein Innerstes dagegen, u. γ) V. 21—24 unbekümmert um alle Folgen, mit rücksichtsloser Schroffheit schleudert er Gott die Behauptung seiner Unschuld entgegen, u. erklärt offen, dass Er nicht nach dem Recht die Menschen behandle. — V. 21. Bei der früher gewöhnlichen Erklärung dieses V.: „wäre ich schuldlos, ich würde (vor Befangenheit) mich selbst nicht (mehr) kennen, mein (bisheriges sittliches) Leben (als ein schuldvolles) verwerfen" (noch *Ros. Wtt.*), hätte man eine unnöthige Wiederholung von V. 20ᵇ, einen schlechten Ausdruck für einen unklaren Gedanken, u. einen klaffenden hiatus zwischen V. 21 u. 22. Sinn u. Kraft gewinnt der V. erst dann, wenn Ij. mit תָּם אָנִי *unschuldig bin ich* das, was er V. 20 nur bedingt ausgesprochen hat, als wirklich stattfindend rücksichtslos behauptet. Thut er aber das, so kann er es (nach dem V. 17 f. Gesagten) nur in der Stimmung eines verzweifelt Trotzigen thun, der er ja auch V. 22 ff. Ausdruck gibt. Dann kann er auch mit לֹא אֵדַע נַפְשִׁי nicht lammesfromm fortfahren: „ich kenne mich selbst nicht d. h. ich bin mir selbst ein Räthsel und wünsche nicht länger zu leben" (*Del.*¹ *Vo.*), sondern jene Worte müssen im selben Trotz gesprochen sein (vgl. 13, 13 f.): nicht kenne ich meine Seele d. h. *nicht kümmere ich mich* (zB. Gen. 39, 6) *um meine Seele, verachte* (7, 16) *mein Leben*; ich behaupte auf die Gefahr meines Lebens hin: unschuldig bin ich (näml. relativ, mein Gewissen zeiht mich keiner Sünde, durch die ich diese Strafe verdient hätte). אֶמְאַס חַיָּי] ist kürzer als andere Stichen mit 2 Wörtern (7, 14ᵇ. 15. 18. 21ᵇ. 8, 21ᵇ. 9, 6ᵇ. 15ᵇ), u. könnte eine Glosse sein (*Mx.*). Aber die Kürze von b soll vielleicht die Länge von a ausgleichen, u. der Rythmus erfordert ein Gliederpaar. — V. 22. אַחַת הִיא] nicht: eins ist das Maass, womit Gott Guten u. Bösen misst, es geht dem einen wie dem andern (*Trg. Ros.*

Hrz.); auch nicht: eins ist's (für sein Schicksal), ob der Mensch unschuldig ist oder nicht (*Del.*[1]). In beiden Fällen wäre es tautologisch mit dem 2. Gl., und dessen Anschluss mit אם־רע־ nicht zu verstehen. Also vielmehr: *eins ist's* d. h. gleichgültig ist's, ob ich mein Leben verschmähe oder nicht (*Hitz.*) oder geradezu: ob ich lebe oder sterbe; *darum spreche ich es aus: Schuldlosen u. Schuldigen tilgt Er* (Gott, aber absichtlich nicht genannt, vgl. 3, 20) *weg*, so dass V. 22ᵃ dem 21ᵇ, u. 22ᵇ dem אם גם 21ᵃ entspricht. Hatten die Freunde ausgeführt, dass Gott die Frevler immer vernichte, so will Ij. das nicht bestreiten, setzt aber hinzu, dass er auch die Guten vernichte. Und ist 21ᵃ das Gegentheil von: „kein Mensch ist vor Gott gerecht", so ist 22ᵇ das Gegentheil von „Gott thut nicht Unrecht." So wirft Ij. von der Thatsache seines guten Gewissens aus zugleich die beiden Hauptsätze der Gegner um. — V. 23 f. erläutern die Aussage von 22ᵇ durch Beispiele u. führen sie noch weiter. V. 23. Bei plötzlich hereinbrechenden schweren Landesplagen werden Gute u. Böse hingerafft, u. die Verzweiflung der Unschuldigen hilft ihnen nichts. שוט] *Geissel* (5, 21) ist hier die von Gott über die Menschen geschwungene, ein allgemeines Strafgericht, wie Pest, Hunger, Krieg u. s. w. (vgl. Jes. 28, 15); es ist Subj. zu ימית, das Obj. fehlt als selbstverständlich, es sind die Menschen. Nachsatz: *so spottet er der Verzweiflung Schuldloser*; das besagt aber trotz 22, 19 nicht, dass er seine Lust u. Freude daran habe (*Hrz. Del.*), sondern die gleichgültige Ruhe (Ps. 2, 4), mit welcher er der leidenden Unschuld gegenübersteht, wird als ein Hohn auf diese aufgefasst. מסה] *Versuchung* (so die meisten Erkl.) von נסה abgeleitet, passt hier nicht, weil Weggerafftwerden für die נקים mehr ist als Versuchung; die allgemeinere Bedeutung *Leiden, Unglück* (nach πειρασμός des N. T., *Ges. Hrz. Hitz.*) ist für das A. T. nicht zu erweisen. Es ist vielmehr (*Trg., Umbr. Ew. Ha.*) trotz *Hitz.* von מסס (6, 14) abzuleiten: *Zerfliessen, Verzagung, Verzweiflung*, u. statt מסה (vgl. משה) vielleicht besser מסה zu sprechen. — V. 24. Ein anderes Beispiel für V. 22ᵇ ist die schreiende Ungerechtigkeit, mit welcher Gott zu Zeiten durch mächtige Frevler die Menschen ohne Unterschied bedrücken lässt. ארץ] *ein ganzes Land*, oder wohl besser (vgl. Ps. 2, 10) *die Erde*, ein ganzer Kreis von Ländern, ist einem רשע in die Hand gegeben, u. den Richtern derselben ist das Angesicht von Gott bedeckt, dass sie Recht u. Unrecht nicht unterscheiden, daher ungerecht richten. Die Behauptung, dass er (Gott) es ihnen bedecke, rechtfertigt er im 2. Gl.: *wenn nicht, nun wer ist es denn*, sc. der es ihnen bedeckt hat? wer anders soll es gethan haben als Gott, der ja doch der Urheber von allem ist? אפוא] wie gewöhnlich ausserhalb des B. Ij., gegen אף 17, 15. 19, 6. 23, 24. 25: *nun denn, so denn*, in Fragen u. Aufforderungen gebraucht (*Ew.* 105ᵈ); nach den Accenten ist es auch hier wie 24, 25 u. Gen. 27, 37 nicht als vorne an das Fragwort angelehnt, sondern als der dem Fragwort vorausgehenden Wortreihe angehängt zu betrachten: *wenn nicht nun denn, wer ist's?* Dass der Dichter den Ijob gerade dieses Beispiel hier anführen lässt, ist ohne Zweifel durch den geschichtlichen Hintergrund seiner Dichtung veranlasst. — Mit solchen

Erfahrungsthatsachen, die zwar einseitig ausgehoben, aber doch zum mindesten ebenso wahr sind, wie die ebenfalls einseitigen Behauptungen seiner Gegner, könnte er ihre ganze Theorie erfolgreich angreifen; doch benützt er sie hier noch nicht dazu, er wird dies erst im Verlauf des Streites thun; hier wollte er nur seine Anklage gegen Gott, dass er *ihn* nicht nach dem Recht behandle, damit stützen. Denn das ist der Hauptgedanke, in den er sich auch weiterhin vertieft. b) V. 25—35, gegliedert in 8, 6, 8 Stichen: diesem willkürlichen Thun Gottes sei sein Leben zum Opfer gefallen; klar zeige sich, dass Gott ihn als einen Schuldigen behandeln wolle; alle Bemühungen u. Reinigungsbestrebungen helfen nichts dagegen, denn es gebe einmal keinen Richter gegen ihn u. über ihm; nur vor dieser Übergewalt müsse er sich beugen; wäre sie nicht, so wollte er sein Recht wohl geltend machen. — α) V. 25—28. u. an ihm (Ijob) bewähre sich dasselbe; mit eilenden Schritten gehe sein Leben im Elend vollends dem Ende zu, u. die ruhelosen Schmerzen, mit denen Gott ihn zu quälen nicht aufhöre, zeigen deutlich, dass er ihm nun einmal als schuldig gelten müsse. — V. 25 f. Nach der Regel V. 22ᵇ geht es auch ihm: *u. meine Tage giengen schneller* (vgl. 7, 6) *als ein Läufer* oder Eilbote (zB. 2 S. 18, 22. 24); *sie sind entflohen*, haben Gutes nicht gesehen (Zustandssatz, Ges. 156, 3) d. h. *ohne Glück* (21, 25) *gesehn zu haben*. Er kann dabei nicht an sein früheres langes Glück denken, als würde ihm dieses jetzt in der Vorstellung in ein Nichts zusammenschwinden (*Del.*), sondern nur an die טוֹבָה, die er (7, 7) vor seinem Ende noch geniessen möchte, also: ohne vorher noch einen frohen Augenblick zu finden (vgl. 27f.). — V. 26. *Sind dahingefahren* mit (37, 18) d. h. *wie Rohrschiffchen, gleich dem Adler, der auf Frass herabstösst*. Die Prff. gebraucht er V. 25f., weil ihm das Ende so sicher u. nahe erscheint, als wäre es schon eingetreten; die 3 Bilder zeichnen die unaufhaltsame Schnelligkeit, mit der es anrückte. אֵבֶה] nur hier, gebildet wie רָעָה, wird fast allgemein jetzt nach

Hiller (hierophyt. II. p. 202), als *Schilf* oder *Rohr* erklärt (vgl. اَبَى), so dass אֳנִיּוֹת אֵבֶה so viel sind als כְּלֵי גֹמֶא Jes. 18, 2, leichte Kähne, wie man sie in Ägypten hatte, aus Papyrus oder andern Schilfarten verfertigt, u. nur mit einem hölzernen Kiele versehen, für eine, höchstens ein Paar Personen Raum haltend, daher wegen ihrer Leichtigkeit sehr schnell (s. zu Jes. 18, 2). Da der Vergleichungspunkt die Schnelligkeit sein muss, so fallen die Vermuthungen der Alten, denen das Wort schon unverständlich war, dahin, weil sie theils sprachlich unmöglich sind, theils diesem Erforderniss kein Genüge thun: *naves poma portantes* (*Trg. Vulg.* von אֵב), Schiffe des Wollens, Strebens, σπεύδουσαι (*Sym. Geqat.* a. von אָבָה *wollen*), Schiffe der Feindschaft, Piratenschiffe (*Peš.* u. viele Mss. mit der Lesart אֵיבָה). Ob man *geflügelte Schiffe* hebräisch mit אֳנִיּוֹת אֶבְרָה ausdrücken konnte (was *Olsh.* vermuthet), ist mehr als zweifelhaft. — V. 27f. Wenn er auch in einzelnen ruhigeren Augenblicken um eine heiterere u. hoffnungsreichere Stimmung sich bemüht (um so gleichsam sich selbst noch טוֹבָה zu verschaffen), so drückt doch die Furcht vor den wiederbeginnenden Schmerzen sein Gemüth

nieder u. fällt die Gewissheit über ihn herein, dass er von Gott nicht
mehr freigesprochen wird. אם־אמרי] wenn mein Sagen (Denken 7, 13)
ist d. h. *wenn mir der Gedanke kommt* (*Ew.* 355ᵇ; אָמְרִי. was *Olsh.
Mx.* verbessern wollen, wäre freilich einfacher, ist aber doch wohl
nicht nothwendig): *ich will vergessen meine Klage* (7, 13), *will lassen
oder aufgeben meine* (finstere, traurige, wie 1 S. 1, 18) *Miene, u.
heiter blicken* (wie 10, 20: Ps. 39, 14), *so grauet mir* (3, 25; Pf.
im Nachsatz, *Ew.* 355ᵇ) *vor allen meinen Schmerzen; ich weiss, dass
du* (Gott) *mich nicht freisprechen wirst*, von meiner mir aufgebürdeten Schuld, näml. durch Befreiung von meinen Leiden. Beachtenswerth
ist, dass, indem er dieses aussagt, er nicht von Gott sich abwendet,
sondern ihn anredet, also auch so seinen Verkehr mit ihm nicht aufgibt. Die Umstellung des פני hinter אעזבה (*Mx.*) ist nach 10, 20 unnöthig. Dagegen ist es vielleicht richtiger (*Ges.* th. 1008; *Mx. Del.*²
Stud.) 'פ אעזבה zu fassen: *will loslassen das* (verzogene) *Gesicht* d. h.
es sich frei entfalten lassen, heiter machen (vgl. أَبْلَمُ, طَلِقَ, بَسِيطُ
الوَجْهِ). — β) V. 29—31: er müsse nun einmal schuldig sein; alle
Bemühungen, sich von der aufgebürdeten Schuld zu reinigen, seien
fruchtlos, weil Gott vermöge seiner Übergewalt ihn doch zum Schuldigen stempeln würde. — V. 29. Er nimmt den V. 28ᵇ ausgesprochenen
Gedanken mit Kraft auf, um ihn den bittersten, grellsten Ausdruck zu
geben: *ich* (mit Nachdruck: ich der Unschuldige) *soll* (*Ges.* 107, 4,ᵃ¹)
schuldig sein (wie 10, 7), näml. nach Gottes Beschluss: *wozu da* (*Ges.*
136 A. 2) *sollt' ich nutzlos* (הבל adv. wie 21, 34. 35, 16) *mich abmühen?* näml.: als nichtschuldig zu erscheinen, schwerlich blos: mit
dem Beweise meiner Unschuld (*Hrz.* u. fast alle Neueren), sondern auch
mit Selbstdemüthigung u. Gnadeflehen, unter Rückbeziehung auf den
Rath der Freunde 8, 5. 5, 8. 17. Die Erklärung (*Ew.*): *mag ich
immerhin schuldig werden!* ich sprechs doch aus (vgl. V. 22) trägt
einen nicht ausgedrückten Gedanken ein. — V. 30 f. führen das הבל
איגע aus; V. 30 ist Vordersatz, V. 31 Nachsatz. החצתי] über ־ִ s.
Ew. 124ᵈ. במי־שלג] *mit Schnee*; בְּמֵי dichterisch für בְּ, wie 16, 4 f.
u. ö.; das Qerê בְּמוֹ in (Schnee-)*Wasser* ist unnöthig (vgl. den umge-
kehrten Fall Jes. 25, 10); unzulässig ist auch בְּמֵי (*Mx.*), neben ידי,
wie denn auch Schnee nicht ירחץ. Dass Schnee (Schneewasser) für
reinigungskräftiger als gew. Wasser gilt, ist bekannt. בב] in vielen
Mss. u. Ed. בר, ist wie Jes. 1, 25 = ברית, *Potasche, Laugensalz* (ein
aus der Asche der in Palästina in mehreren species wachsenden Salz-
oder Seifenpflanze bereitetes Reinigungsmittel) zu nehmen (*Trg.* u. die
meisten Erkl.). Die Fassung (*Vulg. Peš., Ha. Ruet.*) *in Reinheit* d. h.
in Unschuld (nach Ps. 26, 6. 73, 13, vgl. Ij. 22, 30) ergäbe an sich
u. neben Gl. 1 einen zu matten Sinn. Also: gesetzt dass ich mit den
besten, schärfsten Reinigungsmitteln mich, die ganze Person, u. meine
Hände, das Werkzeug des Handelns, gereinigt habe d. i. vollkommen
rein u. fleckenlos dastehe (vgl. auch Jes. 1, 18 f.), *dann* (3, 13) *wirst
du mich in die Grube* (hier eine schlammige Grube) *tauchen, dass*

(Prt. cons.) *mich verabscheuen meine Kleider.* חעב] wie 19, 19. 30, 10; die Kleider sind personificirt; der Mann, nackt gebadet V. 30, u. nackt wieder in die Schlammgrube geworfen, würde so unrein, dass selbst seine Kleider vor ihm Eckel empfänden. Da zuvor der Mann, nicht seine Kleider gewaschen sind, so taugt nicht die Erkl. (*Ew. Ha., Röd. Ges.* th. 1513): *dass mich zum Abscheu machen würden meine Kleider* (opp. 29, 14), wie denn auch diese causative Bedeutung des Pi. höchstens mit Ez. 16, 25 gestützt werden könnte. Auch משׂלמי oder dergl. für שלמותי zu setzen (*Lag.*) empfiehlt sich in keiner Weise. Sinn: Gott würde, da er ihn einmal schuldig haben will, ihn doch gleich wieder (durch Überschüttung mit Leiden, die seine Schuld bekunden) so befleckt u. schmutzig machen, wie wenn er eben aus der Pfütze käme. — γ) V. 32—35: denn Gott ist nicht ein gewöhnlicher Gegner, über dem es noch einen Richter gäbe, sondern Gegner u. höchster Richter in einer Person; würde er nur dieser seiner Übermacht über ihn sich entäussern, dann wollte er wohl furchtlos sich vor ihm rechtfertigen. — V. 32. Da איש כמוני offenbar die Voraussetzung nicht blos zu אענני, sondern auch zu נבוא יחדו במשפט sein soll, so muss man nicht (*Hrz. Stick. Ha. Mat.*) איש im Acc. als Appos. zu נו– denken: *denn nicht als einem Manne meines Gleichen kann ich ihm erwiedern*, sondern אענני u. 'נבוא וגו ist ein ohne ן eingeführter Folgesatz zu לא איש כמני (*Ew.* 347ᵇ), u. dieses selbst als Ausrufesatz, daher ohne הוא, hingestellt (41, 2. Gen. 29, 7): *denn nicht ein Mann wie ich — ich erwiedere ihm* d. h. *ist er, dass ich ihm erwiederte* (bei Auseinandersetzung des Streites), *dass wir zusammen in's Gericht giengen* (22, 4. Jes. 3, 14). — V. 33 Fortsetzung: *nicht gibt es zwischen uns einen Schiedsmann* (der Entscheidung gibt Gen. 31, 37; Jes. 2, 4; Ij. 16, 21), *dass er legte* (Jussiv) *seine Hand auf uns beide* d. h. dass er uns beide mit seiner Gewalt niederhielte, dass wir beide ihm uns unterordnen müssten. Nämlich לא יש, im Hebr. nicht gewöhnlich (wohl im Aram. u. Arab.), ist hier (mit Anklang an לא איש V. 32) für אין gewählt, weil hinter V. 32 der Nachdruck nicht auf die Verneinung, sondern auf מוכיח fallen soll (*Hitz. Del.*²). Die Lesung לֹא יֵשׁ wie 16, 4 (LXX Peš., *Mat. Mx.*) liegt nahe u. scheint durch יֵשׁ empfohlen. Aber V. 34 setzt nicht den Wunsch, dass ein מוכיח da sein möchte, sondern die Gewissheit, dass er nicht da ist, voraus (*Del.*²). U. keinenfalls könnte (*Mx.*) V. 34 noch von לֹא abhängen, da einem מוכיח an sich nicht שבט u. אימה zukommt. — V. 34 f. Wenn Gott jene Übergewalt aufgäbe, wollte Ij. sich wohl rechtfertigen. Er drückt diess aus in Form einer Forderung V. 34 u. einer daran geknüpften Folge ohne ן, die zusammen den Werth eines conditionalen Vorder- und Nachsatzes haben (*Ges.* 159, 2): *er nehme weg von* (*auf*) *mir seinen Stab*, womit er auf mich losschlägt (wegen des עלי u. nach 13, 21; nicht: als Herrschaftszeichen, *Umb. Ha.*), also die mich jetzt niederdrückende Last der Schmerzen (V. 28; auch V. 17 f.), sofern diese unwiderstehlich das Schuldgefühl in ihn hineinpressen; u. *sein Schrecken* (defectiv, wie V. 9, für אימתי, s. 13, 21) d. h. die für den Menschen verwirrende u. erschreckende Majestät seiner Erscheinung (13, 21. 33, 7), die ihn hinderte frei seine Sache vorzutragen u. zu vertheidigen (s. V. 14—18), *betäube mich nicht* (7, 14) — *so* (unter diesen beiden Bedingungen) *will ich reden, ohne ihn zu fürchten, denn nicht also bin ich* (innerlich) *bei mir,* in meinem Bewusstsein (עִם wie 10, 13. 15, 9. 23, 14. 27, 11) d. h. *denn solches* oder derlei *bin ich mir nicht bewusst*; näml. derlei, dass ich ihn fürchten müsste aus Schuldgefühl, aus bösem Gewissen. — So drängt sich ihm hier am Ende das Bewusstsein seiner Unschuld noch einmal unbesiegt hervor (wie V. 21), aber dagegen steht ihm die Schreckensgestalt eines feindlichen Gottes, der ihn durchaus schuldig haben will, vor dem er darum als schuldig gelten muss, u. gegen dessen Übergewalt er nicht aufkommen kann. Dieser Widerspruch treibt ihn nun im

3) C. 10, zur Erneuerung seiner Klage, in 2 Abschnitten, wozu C. 10, 1 und 2ᵃ einen förmlichen Eingang bilden (vgl. 7, 11). — a) V. 1—12, gegliedert in 8, 8, 10 (8) Stichen, worin er seinen Entschluss, zu klagen, ausspricht, Gott wegen der Art, wie er ihn behandelt, zu Rede stellt u. auf die mannigfaltigen Widersprüche hinweist, in welche Gott durch solches Verfahren mit seinem eigenen Wesen u. mit der früheren liebevollen Behandlung Ijobs geräth. — α) V. 1—3. Entschlossen zur Klage fordert er von Gott, ihn nicht widerrechtlich zu behandeln, da Ungerechtigkeit u. Misshandlung seiner Geschöpfe ihm als Gott übel anstehe. — V. 1. נָקְטָה] erleichtert aus נָקֹטָה (*Ges.* 72 A. 8) oder נָקְטָה Ez. 6, 9; Niph. von קוּט (vgl. Gen. 9, 19 mit 10, 18), in jüngerer Aussprache für קיץ. *Ekel oder Überdruss hat meine Seele an meinem Leben* (vgl. 7, 15 f., auch 9, 21); *so will ich denn frei strömen lassen* (20, 13; s. auch 9, 27) *bei mir meine Klage* (9, 27) d. h. ihr freien Lauf lassen, sie nicht weiter aus Rücksicht auf Gott (7, 11) hemmen. עָלַי] nicht *über mich*, als gäbe es den Gegenstand der Klage an, sondern: *an mir, bei mir,* wie 30, 16; Ps. 42, 6. 12; Jer. 8, 18; Thr. 3, 20; andere (*Mat. Hgst.*): dass sie sich *über mich* ergiesse. Dass עָלָיו ἐπ' αὐτὸν sc. Gott (LXX) die urspr. Lesart war (*Mx.*), ist nicht wahrscheinlich, da שִׂיחַ nicht das Wort für *sich beklagen über einen* ist, auch nie mit עַל des Gegenstands vorkommt. Aus diesem Grund ist auch *so lass ichs, über mich selbst zu klagen* (*Stud.*) nicht zulässig, zumal da Gl. 3 widerstrebt. Sonst vgl. 7, 11. — V. 2. *Verdamm'* (9, 20) *mich nicht!* da ja kein Grund dazu da ist, oder gib mir wenigstens deine Gründe dafür kund: *lass mich wissen, weshalb du mich bestreitest,* als Gegner u. Richter. רִיב] sonst mit עִם (9, 3. 13, 19. 23, 6. 40, 2), hier mit Acc. verbunden, wie Jes. 27, 8. 49, 25. — Er versucht nun selbst, die Gründe zu erforschen, die Gott bewegen könnten, ihn so zu behandeln (*Hrz.*), kann aber keinen stichhaltig finden, weil sie alle Gottes wahrem Wesen widersprechen; man kann deshalb auch sagen: er gibt Gott eine Reihe von Gründen zur Erwägung, warum er ihn nicht so behandeln sollte. — V. 3. Der erste Grund. הֲטוֹב לְךָ] schwerlich: *dünkt es dir gut, gefällt es dir, macht es dir Freude?* (*Trg. Vulg., Hrz. Del.*[1] a., etwa wie Dt. 23, 17, wo לְ = בְּעֵינֵי), sondern: ist es tauglich, passend für dich? (vgl. Ex. 14, 12; Num. 14, 3; Jud. 9, 2 u. Ij. 13, 9) =

stehl's dir schön? Diese Fassung passt zu dem Vorhalt an Gott besser. *Dass du bedrückst, dass du verwirfst das* sorgsam gebildete *Werk deiner Hände,* u. dagegen (d. h. während du) *über* oder zu *dem Rath* (Plan) *der Frevler leuchtest* (3, 4. 10, 22) d. h. ihn begünstigst u. gelingen lässest, vgl. 9, 22—24. Solchen Mangel an aller Folgerichtigkeit, solche launenhafte Ungerechtigkeit kann man doch in Gott nicht annehmen. — Zwar sind auch die רשעים ein יגיע כפיו, aber sie haben durch ihre eigene Schuld den Anspruch auf liebende Fürsorge, den sie dadurch hatten, verloren (*Hgst.*). הופעת] ἐὰν ἀδικήσω LXX, אפיע (*M.r.*) ist verfehlt; um das, was Gott thut, handelt sich's. — β) V. 4—7 Fortsetzung: da er über alle menschliche Beschränktheit hoch erhaben, allwissend u. ewig, durch folternde Qualen ein Schuldgeständniss von ihm, den er als unschuldig kenne, u. der ihm doch nicht entgehen könne, zu erpressen nicht nöthig habe. — V. 4. Zweiter Grund: *hast du Fleischesaugen* d. h. sinnliche u. sinnlich beschränkte (Jes. 31, 3), *oder siehest du, wie Menschen sehen?* (vgl. 1 S. 16, 7. Jes. 11, 3). Ist menschliche Kurzsichtigkeit, Befangenheit u. Täuschung bei dir anzunehmen, dass du mich den Unschuldigen für einen Schuldigen nimmst? Er appellirt an Gottes Allwissenheit u. Untrüglichkeit. — V. 5 f. Drittens: Auch die Kurzlebigkeit Gottes kann nicht der Grund sein; er ist ja der Ewige. Diese Kurzlebigkeit ist nicht etwa nur als Ursache der Kurzsichtigkeit (nach 8, 8 f.) mitgenannt (*Ha. Wlt. Hgst.*), sondern als selbstständiger Grund (vgl. V. 7ᵇ). Inwiefern sie aber ein Grund zu seinem Verfahren sein könnte, erläutert erst V. 6, durch das folgernde כי (s. 3, 12) angeknüpft: *dass du suchst nach* (wie Prov. 18, 1) *meiner Schuld u. nach meiner Sünde forschest*, also: dass du, um eine Schuld an mir zu finden u. zu strafen, nicht warten könntest, bis sie begangen oder offenbar wird, sondern geflissentlich darnach suchen müsstest. Er sucht aber darnach durch die vielen Schmerzen u. Leiden, die nach Ijobs Meinung nur den Zweck haben, ihm das Geständniss einer Schuld, die er nicht hat, zu erpressen, also eine Art Folter oder Inquisitionsverhör für ihn sind. Übrigens gibt V. 6, wie zu V. 5, so auch zu V. 4 die maassgebende Folgerung: auch von einem Kurzsichtigen, der nur Menschen-Augen hat, liesse sich erwarten, dass er erst durch Inquiriren einer Sache auf den Grund kommen will. — V. 7 gibt noch eine nähere Bestimmung zu V. 6. על־דעתך] *auf dein Wissen hinauf* d. h. trotzdem dass oder *obwohl du weisst* (vgl. 16, 17. 34, 6; Jes. 53, 9) als der Allwissende, *dass ich nicht schuldig bin* (9, 29) u. *niemand* ist, der *aus deiner Hand entreisst*, bei dir, dem Ewigen u. Allmächtigen, niemand seiner Strafe entgehen kann, so dass aus beiden Gründen ein so absichtliches u. eilfertiges Suchen von Schuld nicht nöthig wäre. — γ) V. 8—12: er erinnert Gott, einen Gedanken von V. 3 wieder aufnehmend, weiter an seine Schöpferliebe, näher an den Widerspruch, dass er sein eigenes kunstvolles Gebilde grundlos wieder vernichte, u. hält ihm wehmüthig alle die wunderbare Güte u. Sorgfalt vor, mit welcher er ihn von seinen Anfängen an gebildet, belebt, erhalten u. behütet habe. — V. 8. עצבוני] das Pi. drückt hier aus *mit Mühe u. Sorgfalt verfertigen*, nach menschlicher Ansicht von der Sache, als müsste der Schöpfer auf einen so künstlichen Organismus auch besondern Fleiss verwendet haben (*Hrz.*). תעשׂני] u. *haben so*, d. h. sorgsam bildend, *mich gemacht* oder (vgl. Ps. 119, 73) *bereitet*. יחד סביב] *zusammen ringsum* d. h. alles zusammen, was an mir ist, an Gliedern, Kräften u. Theilen, nach allen Seiten. Indessen geben dafür LXX *Peš.* μετὰ ταῦτα μεταβαλών אך־ תמו (*Del.*²; יחד ישׁבי *Mr.*), vielleicht ursprünglicher. ותבלעני] und die Folge ist, dass du mich vertilgst (2, 3. 8. 18)! welcher Widerspruch! — V. 9. Und noch einmal, in einem gebetartigen Ansatz, hält er ihm diesen selben Widerspruch vor: *Gedenke doch, dass du wie Thon* d. h. so wie der Töpfer Thon bildet, also aus rohem Stoff zu einem Kunstgebilde, *mich bereitet hast: u. zu Staub willst du mich zurückwenden* d. h. *wieder machen?* (s. zu 2, 10). So fast alle Erkl. Aber die Hauptsache, *das gewaltsame u. vorzeitige* Zurückführen zum Staub, müsste erst hinzugedacht werden. Daher richtiger (*Barth*): u. dass du mich wieder zu Staub machen wirst, d. h. dass ich ein vergänglich Wesen bin. Dann enthält aber der V. einen neuen, zwar an sich richtigen, aber den Zusammenhang zwischen V. 8 u. 10 störenden Erwägungsgrund für Gott. Da durch den V. auch die Stichenzahl des Absatzes überschritten wird, wird er verdächtig, ein Einschiebsel zu sein. — V 10 ff. Nachdem er so den Widerspruch herausgestellt hat, führt er zunächst V. 8ᵃ weiter aus. Er versenkt sich, betend u. betrachtend, in die nicht genug zu rühmende Sorgfalt, Güte u. Weisheit Gottes, mit der er ihn geschaffen u. erhalten, um, wie er selbst davon gerührt ist, auch Gott dadurch zu rühren. Er geht dabei zurück auf die Anfänge des menschlichen Leibes u. Lebens im Mutterleib, wobei natürlich das Stoffliche der Beschreibung sich nach dem damaligen Stande der Kenntnisse über diese Dinge richtet, u. nicht maassgebend für eine wissenschaftliche Zeugungstheorie sein will. Die Iprff. haben hier, das Geschehene lebhaft vergegenwärtigend, den Werth eines Praes. der Vergangenheit (wie 3, 3—11). V. 10 von der Zeugung u. der Bildung der ersten rohen Masse des Embryo: *Gossest* (3, 24) *du nicht wie Milch mich hin* (in der Zeugung), *u. liessest wie Käse mich gerinnen?* zu der rohen Masse, welche Ps. 139, 16 גלם heisst. — V. 11 von der allmähligen Gestaltung der embryonischen Masse zu einem Kinde: *umkleidetest mich mit Haut u. Fleisch, durchflochtest mich mit Knochen u. mit Sehnen?* תשׂככני] von שׂכך 1, 10; Ps. 139, 13 ist dafür סכך gebraucht, in gleicher Bedeutung. Die wunderbare, geheimnissvolle Bildung des Menschen im Mutterleib als ein Wunderwerk der göttlichen Macht, Weisheit u. Liebe wird Ps. 139, 13—16 ähnlich beschrieben, vgl. Sap. 7, 2. — V. 12 von der Geburt des Kindes u. der Obsorge Gottes für seine Erhaltung bis auf die Gegenwart: *Leben u. Gnade hast du mit mir gethan* d. h. *mir erwiesen* (das Verb. עשׂה ist mit Beziehung auf das 2. Obj. gewählt, u. kann eigentlich vom ersten nicht ausgesagt werden, vgl. 4, 10), *u. dein Aufsehen* (Obhut, πρόνοια, providentia) *hat meinen Odem* oder *Geist* (als Lebensprincip wie 17, 1) *bewahrt*. — Aber kaum hat er sich in andächtiger Betrachtung der Güte Gottes, von der aus er wieder Vertrauen zu ihm fassen konnte, ihm zugewendet, so gewinnt wieder das Wahngebilde eines ihn grundlos verfolgenden Gottes in seiner Seele die Oberhand. — b) V. 13—22, gegliedert in 12 (7 + 5) u. 11 (6 + 5) Stichen: alle diese Liebesbeweise, weil doch nur feindliche Absichten dahinter versteckt gewesen seien, verkehrt er ihm in den bittersten Vorwurf, u. endet in völliger Trostlosigkeit mit dem Wunsche, nie geboren zu sein, u. mit der Forderung wenistens einer kurzen Ruhe vor seinem Hinfahren. — α) V. 13—17: dass Gott trotz jener Liebeserzeigungen ihn nun so schwer u. grundlos leiden lässt, darin glaubt Ijob einen von Anfang an gefassten geheimen Plan zu erkennen, wornach er ihn, ob schuldig oder nicht, auf jeden Fall bis zum Äussersten quälen wollte, u. legt alle die einzelnen Gedanken dieses Planes, Gott zum schwersten Vorwurf, auseinander. — V. 13. *Und* dennoch, bei alle dem, *hast du dieses in deinem Herzen geborgen, ich weiss, dass dies* (bei dir innerlich, s. 9, 35, d. h.) *in deinem Sinne* (liegt, von dir beschlossen ist); אלה u. זאת weisen beide auf das Folgende hin. Gl. 1 als Frage zu fassen (*Mx.*), wird durch Gl. 2 nicht empfohlen. Da bei Gott eine Änderung im Entschlusse nicht anzunehmen ist, so geht er folgerecht so weit, zu sagen, dass Gott von jeher diese Gedanken im Sinn gehabt habe. Er entwickelt sie nun. Alle Sätze bis 17 hängen insofern von V. 13 ab, als sie die dort behauptete *Absicht* herausstellen, daher die Prf. cons., Iprf. u. Voluntative in denselben (*Ew.* 338 a). — V. 14. Auf jeden möglichen Fall hatte nach seiner Ansicht Gott bei seinem Rathschluss Bedacht genommen u. es so eingerichtet, dass er in keinem Fall unangefochten durchkommen sollte (*Ew. Hrz.* u. die meisten Erkl.). Der erste Fall ist der, dass Ijob aus Irrthum oder Schwachheit einzelne Vergehungen sich würde zu Schulden kommen lassen, wie ja kein Mensch davon frei ist, u. wie er auch bei sich immer als möglich zugibt 7, 20, nam. in seinem früheren Leben 13, 26. Also: *wenn ich sündigte, wolltest du mich bewachen, u. von meiner Schuld mich nicht freisprechen* (9, 28) durch Vergebung. הִשְׂאתַ֫נִי] hier von leichteren Sünden, im Gegensatz zu רשעתי V. 15. שמר] nicht: einen d. h. seine Schuld *im Gedächtniss behalten* (*Hrz. Stick. Del.*[1] *Reu. Vo.*), denn in diesem Sinne ist שמר nur mit Acc. der Sache (Ps. 130, 3; Prov. 4, 21. 7, 1 u. s.) nachzuweisen; sondern *bewachen* d. h. *belauern, rigide observare* (*Ges. Schl. Ew. Ha. Del.*[2] *Hgst. GHff.*) Ps. 56, 7. 71, 10 u. ö., näml. ob er nicht weitere Sünden begehe, oder *in Aufsicht nehmen, strenge bewachen* (*Stud.*), vgl. 13, 27. 7, 12; nicht aber: wolltest, da du mich ja bewachst, nicht freisprechen (*Barth*). Ohne Noth corrigirt *Hitz.* וְשִׁחַרְתַּ֫נִי, dem er die unhebräische Bedeutung *zähmen, drillen* aufdrängt. — V. 15 führt im 1. Gl. den zweiten Fall auf: *wenn ich frevelte,* dann *wehe mir!* „eine allgemeine Bezeichnung des stärksten Grades der Strafe: ich mag es gar nicht sagen, wie schwer ich in diesem Fall hätte büssen müssen" (*Hrz.*) רשעתי] hier von den vorsätzlichen oder schweren Sünden, im Gegensatz zu חטאתי V. 14. Zwar könnte man, nach dem gewöhnlichen Gegensatz von רשע u. צדק im jurid. Sinn (zB. 9, 20. 10, 6 f.), diesen V. auch erklären: wäre ich (dann) schuldig oder unschuldig, in beiden Fällen würdest du gegen mich wüthen (*Schl. Ols. Hgst. Stud.*). Aber hinter אִם הֵשָׂאתִי (das doch immer eine Schuld in sich schliesst) wäre dieses Dilemma übel angebracht. Noch weniger kann אִם רָשַׁעְתִּי blosse Wiederaufnahme von אִם צָדַקְתִּי V. 14 sein (*Barth*), da es einen ganz andern Nachsatz hat, als dieses. — Der 3. Fall wird im 2. Gl. gesetzt, der Fall der Schuldlosigkeit Ijobs; das אִם des 1. Gl. wirkt nach (vgl. 9, 20): *u. wäre ich gerecht, sollte ich mein Haupt nicht erheben dürfen, satt von Schmach, u. mein Elend sehend*. Ein Gerechter kann frei aufblicken, mit erhobenem Haupte gehen (11, 15. 22, 26); er aber, obwohl gerecht, sollte wie ein Frevler gebeugten Hauptes gehen müssen, niedergebeugt von Schande u. Elend. וּשְׂבַע וגו׳] ist Appos. nicht zu רֹאשִׁי (*Böttch.*), sondern zum Subj. von אֶשָּׂא, seinen Zustand beschreibend; שְׂבַע selbst ist st. c. vom Adj. שָׂבֵעַ, kann aber auch Imper. sein; וּרְאֵה in dieser Punktation kann doch wohl nur Imper. sein, da ein Adj. רָאֶה *sehend*, wovon רְאֵה st. c. wäre, nicht vorkommt u. mit seiner trans. Bedeutung unter den ähnlichen Adjectiven von WW. הֹלֵךְ keine Analogie hätte. Sei es nun, dass die Mass. das Ganze als Apostrophe an Gott verstanden wissen wollte: „sättige dich an (meiner) Schmach u. schau mein Elend!" (*Mx.*), oder nur das 2. Glied: „(ich) satt an Schmach, u. siehe (du) an mein Elend!" (*Ros. deW.*), oder dass sie in dieser Stelle wirklich ein Adj. רָאֶה annahm; sicherer ist es jedenfalls, da solche Apostrophe ganz ausser Zusammenhang u. Sinn dieser Stelle liegt, (mit *Pisc. Ew. Hrz. Böttch.*) וְרֹאֶה (Part.) zu lesen: *mein Elend sehend*, fortwährend vor mir habend. Inf. (*Hitz.*: satt von Schmach u. dem Schauen meines Elends) kann רְאֵה nicht sein. Wahrscheinlich aber hiess es urspr. רְוֵה עֳנִי (*Lag.* nach *Zweifel* u. *Geiger* in Jüd. Ztschr. IV. 283. V. 191. IX. 120), *getränkt mit Elend*, obwohl dieses Bild sonst nicht vorkommt. Zur *Sättigung* vgl. 9, 18. 7, 4; die *Schande* besteht darin, dass er, durch seine Krankheit besonders, von Gott wie ein grober Sünder hingestellt wird (19, 19. 30, 10 ff.). — V. 16 f. sind weitere Ausführung des dritten Falls, oder vielmehr setzen den vierten Fall, dass er, obwohl so zum Frevler gestempelt, sein Haupt erheben wollte. וְיִגְאֶה] conditionaler Vordersatz, ohne אִם (*Ges.* 109, 2ᵇ): *und wollte es* (das Haupt) *sich erheben* (8, 11), zu Heiterkeit u. frohem Muth (9, 27), oder um Einsprache zu erheben gegen solche ungerechte Behandlung, wie er eben jetzt in dieser Rede thut, — *wie ein Löwe* (4, 10) *wolltest du mich jagen u. wiederum* (immer wieder auf's neue) *dich wunderbar an mir beweisen*, d. h. „so sollte ich dafür mit neuen Anfällen deines Grimmes, stärkeren, als ich sie bisher gefühlt, büssen" (*Hrz.*). כַּשַּׁחַל] ist Vergleichung nicht zum Obj. (*Schl.*), sondern zum Subj.; mit einem Raubthier wird der zürnende Gott auch 16, 9 u. sonst oft verglichen, speciell mit einem Löwen zB. Hos. 5, 14. 13, 7 Verkehrt ist die Umstellung תְּצוּדֵנִי כַּשַּׁחַל (*Mx.*: wie der Löwe, der sich emporreckt, jagst du mich). Über צוּד c. Verb. fin. s. *Ges.* 120, 2ᵇ (vgl. 6, 28); über תָּשֹׁב ausserhalb der Pausa s. *Ges.* 74, 1. Der Allmächtige, der Wunder thut (9, 10), wollte an ihm, dem schwachen Menschen, seine Wundermacht zeigen, nur nicht um zu retten, sondern um mit immer neuen, ausgesuchten Leiden ihn zu quälen; also mit

Bitterkeit gesagt. — V. 17. Fortsetzung des Nachsatzes: *wolltest deine Zeugen* (nicht עֵדֶיךָ deinen Grimm *GHffm.*) gegenüber von mir d. i. *gegen mich erneuern*, oder neue von deinen Zeugen wider mich auftreten lassen; so nennt er die von Gott über ihn geschickten Leiden, sofern sie von den Menschen als Beweise seiner Schuld angesehen werden u. somit gleichsam gegen ihn aussagen 16, 8; *u. deinen Unmuth wider* (s. 9, 14) *mich vermehren* (תֶּרֶב Volunt. Hiph.). חֲלִיפוֹת וְצָבָא עִמִּי] wird von *Hrz.* u. den meisten Neuern als 2. Obj. zu תֶּרֶב genommen, dabei חֲלִיפוֹת צָבָא „Abwechslungen u. Heer oder coll. Heere" als ἓν διὰ δυοῖν für *immer neue Schaaren, Wechselschaaren* verstanden; es ist aber kaum abzusehen, warum für diesen Begriff nicht einfach חֲלִיפוֹת צָבָא gesagt wäre. Da חֲלִיפוֹת dem תָּחֳדֵשׁ u. תֶּרֶב entspricht (darum auch vorausgestellt), nimmt man besser (*Ew. Ha. Del.²*) die Worte als Ausrufesatz: *Abwechslungen* (14, 14) d. h. neue, ablösende Truppen, *u. ein Heer gegen mich!* Gemeint sind auch damit seine Leiden; das Heer ist sein Hauptleiden; die חֲלִיפוֹת sind die neuen Arten von Schmerzen u. Beängstigungen, die abwechselnd zu jenem hinzutreten (s. 3, 25. 7, 13 f. 9, 28); dabei vergleicht sich Ijob, wie 19, 12. 30, 12, mit einer Festung, die Gott mit seinen Heerschaaren belagert. עִמָּדִי] neben עִמִּי des rhythmischen Wechsels wegen. Dass V. 16 f. alle 5 Stichen auf *i* endigen, finden *Böttch.* Ähr. 68, *Del.²* beabsichtigt; aber dasselbe trifft auch bei V. 14 f. 18 zu. — Hatte nun aber Gott diesen Plan mit ihm von seinen Anfängen an, so ist die Frage wohl gerechtfertigt, warum er dann ihm überhaupt das Leben gab (s. V. 8). So schliesst sich nun einfach an β) V. 18—22. Die Klage darüber, dass Gott ihn ins Dasein gerufen, u. die Forderung wenigstens noch einer kurzen Ruhe, ehe er in das grauenvolle Reich ewiger Finsterniss hinabfahre; in beiden nimmt er nur frühere Klageausbrüche wieder auf. — V. 18 f. kurz wiederholt aus 3, 11—16. Die Iprff. אוּבָל, אֶהְיֶה, אֶגְוַע sind hypothetisch gefärbt, weil sie eigentlich Nachsätze sind zu einer durch die vorhergehende Frage angedeuteten Voraussetzung; sie geben an, was, wenn Gott ihn nicht aus Mutterleib zum Leben rief (nicht: geschehen wäre, denn dann stünde Perf., sondern), geschehen *sollte* oder *hätte geschehen sollen* (*Ges.* 107, 4ᵃ¹) nach der Meinung Ijobs, die er hier als weiser dem göttlichen Thun entgegenstellt: *verscheiden* (sollte ich d. h.) *hätte ich sollen, ohne dass ein Auge mich sah, werden sollen* (im Mutterleib), *als wäre ich nicht gewesen* (3, 16ᵃ), *vom Mutterleibe weg zum Grab getragen werden.* אֶגְוַע] ist nach אֶהְיֶה u. אוּבָל ganz richtig, u. nicht (LXX *Mx.*) in וְלֹא אֶגְוַע zu ändern. הוּבָל] wovon hier Pass., ist das Führen oder Geleiten im langsamen, feierlichen Zuge, 21, 32. Die beiden Verse 18 f. will *Mx.* seiner Strophentheorie zu lieb auswerfen. Aber die absichtliche Wiederholung dieser den Freunden anstössigen Sätze ist hier ganz am Platze u. durch V. 13 ff. gut motivirt; in Wirklichkeit ist V. 18—22 den V. 13—17 strophisch wohl congruent. — V. 20 ff. Aber auch jetzt wieder sich besinnend, dass solche Fragen u. Wünsche bezüglich des Geschehenen vergeblich sind, stellt er die wenigstens gewährbare Forderung einer kurzen Ruhe, wohlbegründet, wenn man das schauerliche Dasein im finstern Todtenreich bedenkt, dem er bald anheimfällt. Er nimmt damit nur wieder den Gedanken einer frühern Rede 7, 16. 19 auf. — V. 20. Gegenüber von *nonne pauci sunt dies mei et deficientes?* (*Trg.*: יְמֵי־), oder *wird nicht mein Bischen Tage bald aufhören!* (*Vulg.*), oder οὐκ ὀλίγος ὁ βίος τοῦ χρόνου μου; (LXX *Pes.*: יְמֵי־) empfiehlt sich vielmehr die Auslegung: *Sind nicht wenig meine Tage?* die ich noch zu leben habe; *er höre auf! er lasse ab von mir, dass* (Volunt. cons.) *ich ein wenig heiter blicke* (9, 27)! Nach dem Ketib ist יֶחְדַּל (Pausa) u. יָשִׁית zu lesen, beide im Sinn eines Jussivs; es ist passend, dass Ij. hier gegen das Ende seine Anrede an Gott aufgibt u. wie abgewendet von ihm seine Forderung stellt. Das Qerê will den Imper. חֲדַל u. שִׁית, so dass die Anrede an Gott fortgienge, ohne zureichenden Grund, denn auch יָשִׁית als Jussiv (statt יָשֵׁת 9, 33) hat viele Analogien (*Ew.* 224ᵇ). Übrigens kommt שִׁית מִן *„absetzen von einem weg* (7, 19)" nur hier so, u. ist elliptisch gesagt für שִׁית mit מִן (13, 29) oder עַיִן oder כַּף seq. מִן, wogegen שִׁית שְׁבִי (*Hrz.* nach 9, 34) dem gewöhnlichen Sprachgebrauch zu ferne liegt; gemeint ist: er höre auf, u. lasse ab, mit seinen Qualen! Gegen die Correctur שְׁעֵה (*Lag.*) oder יָשַׁע spricht, dass die Sprache nur שָׁעָה mit מִן seq. Inf., nicht seq. pers. kennt, u. Verf. שָׁעָה nie gebraucht. — V. 21. *Ehe ich hingehe* u. *nicht wiederkehre* d. h. *ohne wiederzukehren* (7, 7—10), *in das Land der Finsterniss u. Schwärze* (3, 5). „Das Grauenvolle des finstern שְׁאוֹל, auch solche zurückschreckend u. mit unheimlichem Schauer erfüllend, welche, wie Hiob, des Erdenlebens satt sind, wird noch besonders geschildert" (*Hrz.*) in V. 22. עֵיפָתָה] defectiv (s. 9, 34) für עֵיפָתָה, von עֵיפָה Am. 4, 13, mit doppelter Fem.-Endung (s. 5, 16). „Das beigefügte כְּמוֹ־אֹפֶל muss den Begriff der *Verhüllung* oder des *Dunkels* steigern, אֹפֶל (3, 6. 23, 17. 28, 3) also einen stärkeren Grad der Dunkelheit bezeichnen" (*Hrz.*), etwa: *das Land der Dunkelheit gleich Mitternacht* (*Ew.*). צַלְמָוֶת וְלֹא סְדָרִים] noch von dem st. c. אֶרֶץ angezogen: *der Schwärze u.* (*Nichtreihen d. i.*) *Unordnung*, weil, wo kein Licht, nichts Klares u. Deutliches, nur Verwirrung u. Ordnungslosigkeit ist (Gen. 1, 2ff.). סֵדֶר] *Reihe, Ordnung*, im A. T. nur hier, im nachbiblischen Hebraismus häufig; לֹא zur Verneinung eines Nominalbegriffs (*Ges.* 152, 1), vgl. 26, 2. וַתֹּפַע] *so dass es aufleuchtet* (3, 4. 10, 3) oder *hell wird wie Mitternacht*, d. h. „ein Land, worin solche Finsterniss herrscht, dass der helle Tag dort schwarz ist, wie auf Erden אֹפֶל (vgl. umgekehrt Ps. 139, 12)", *Hrz.* Das Iprf. cons. präsentisch wie 3, 21. 7, 18. 9, 20 u. s. Als Subj. kann füglich אֶרֶץ verstanden werden, u. ist nicht nöthig, das Fem. als Neutr. zu nehmen; vgl. übrigens den Gegensatz 11, 17.

3. Ṣofar und Ijob, Cap. 11—14.

a) Die Rede des Ṣofar, Cap. 11.

Ijob hat es entschieden abgelehnt, die göttliche Gerechtigkeit in seinen Leiden anzuerkennen, u. seine Unschuld, auf Grund des Zeugnisses seines Gewissens, förmlich behauptet, dabei gegen Gott Reden geführt, die der Anklage eigentlicher Ungerechtigkeit sehr nahe kommen. Wenn nun Ṣofar, der jüngste der Freunde, dem die Erfahrung u. das gewichtige Ansehen der andern nicht zu Gebote steht, das Wort nimmt, zunächst um den ungestümen u. trotzigen Worten Ijobs entgegenzutreten, so ist er damit in seinem Recht. Auch ist es von ihm eine geschickte Wendung, wenn er dem zuversichtlichen Selbstbewusstsein desselben von seiner Unschuld, das ihm sogar den Gedanken an einen Rechtsstreit mit Gott eingegeben hat, seinerseits den Wunsch nach einer Kundgebung Gottes zu seiner Zurechtweisung u. die Berufung auf das vollkommene Wissen Gottes, vor dem auch das Dunkle u. Verborgene licht und klar ist, als seinen neuen u. eigenthümlichen Grundgedanken entgegensetzt. Diese Wendung, wenn richtig verfolgt, wäre geeignet gewesen, den Ijob von seiner innern Verwirrung zurückzubringen u. dem Streit einen anderen Verlauf zu geben. Denn überragt nach seiner Ausführung die göttliche Weisheit aller Menschen Wissen so weit, wie der Himmel die Erde, so folgt ja doch, dass auch der Mensch sich bescheiden u. nicht den Plan dieser Weisheit überall muss nachrechnen wollen, wie auch der unschuldig Leidende in dieser Weisheit noch einen reichen Trostgrund hat. Allein gerade diese Folgerungen will Ṣofar aus seinem Satze nicht ziehen; sie kommen ihm nicht in den Sinn. Auch er, wie die andern, ist in die vorgefasste Ansicht vom Leiden Ijobs festgebannt, u. will mit seinem an sich richtigen Satze nichts als diese Ansicht stützen. Nur das weiss er daraus zu folgern, dass Gott vermöge seines vollkommenen Wissens auch Sünde sehe, wo der Mensch keine entdecke, u. auch an Ij. deren genug wahrgenommen haben werde; ja er stellt seinen Satz nur zu diesem Zweck auf. Seine ganze Rede, weit entfernt versöhnend zu wirken, wird so noch aufreizender u. schärfer, als die der andern. Was die andern zu thun sich scheuten, das thut er: auf sein Dogma gestützt, spricht er den Strafcharakter des Leidens Ijobs fast schon offen aus, u. will ihn sogar glauben machen, dass er noch milde gestraft sei. Zwar stellt auch er noch dem Ij., im Falle seiner Unterwerfung unter Gott, ein glückliches Ende in Aussicht, aber er thut dies fast mehr nur, weil es die Vorgänger gethan; ein scharfes Schlusswort V. 20 zeigt, dass er an eine solche günstige Wendung kaum mehr zu glauben geneigt ist. So spannen sich die Gegensätze, gerade auch durch seine wenig besonnene Rede, immer mehr. Der Gang derselben ist leicht zu übersehen. 1) Er rügt Ijob's Rede u. wünscht zu seiner Zurechtweisung eine Kundgebung des allweisen Gottes, bei der sich leicht herausstellen würde, wie milde Gott noch mit ihm verfahren sei V. 2—6; 2) gibt sodann von dem überlegenen Wissen Gottes, vermöge dessen er überall die Sünder sehe u. sofort zur Strafe ziehe, eine lehrhafte Schilderung zur Warnung Ijob's, V. 7—12, u. 3) stellt ihm endlich, wie seine Vorgänger, unter der Bedingung ernstlicher Busse, ein erneutes Glück in Aussicht, doch nicht ohne die nochmalige Erinnerung, dass Frevler keine Hoffnung haben, V. 13—20. Theil 1 u. 2 umfassen je 2×6, der dritte $6 + 6 + 5$ Stichen.

1) V. 2—6: Rüge der Rede Ijobs u. Verweisung an den allweisen

Gott, der nur reden dürfte, um ihn sofort zu überzeugen, dass er noch milder behandelt sei, als er verdiene. — α) V. 2-4: die wortreiche, hochfahrende, höhnende Rede Ijobs, seine Einbildung, eine neue Lehre schaffen zu können, darf unerwiedert nicht hingenommen werden. — V. 2. Eine Frage der Verwunderung u. des Unwillens: *soll Wortschwall* (Prov. 10, 19; Qoh. 5, 2) *nicht erwiedert werden* (ohne Antwort bleiben)? *oder soll ein* Lippenmann d. h. ein Maulheld, *Zungenheld Recht behalten* (9, 2)? Man hört hier zugleich eine Rechtfertigung heraus, dass Ṣofar überhaupt das Wort nimmt; ihm als dem Jüngsten ziemte es wohl, eine solche wenigstens in dieser Weise anzudeuten. An Ij. weiss er zu tadeln, dass er zu viele Worte macht u. leere Worte; denn ein Mann der Lippen ist nicht blos ein mit den Lippen fertiger, sondern zugleich einer, der blos mit den Lippen (Prov. 14, 23) redet, nicht aus dem Herzen 8, 10 (vgl. die verwandten Redensarten Jes. 29, 13. 36, 5); ähnlich hat sich auch Bildad 8, 2 ausgesprochen; LXX *Vulg. Trg.* lasen רַב statt רֹב (ὁ τὰ πολλὰ λέγων), minder gut, weil ענה Niph. von einer Person ausgesagt, vielmehr *erhört werden* bedeutet. — V. 3 wollen die meisten als Fortsetzung der Frage nehmen, aber das Iprf. cons. ותלעג u. ותאמר V. 4 sagen Geschehenes aus, das nicht mehr in Frage zu stellen war. Also vielmehr (*Ew. Schl.*): *dein* Prahlen oder *eitles Gerede bringt* Männer oder auch *die Leute* (V. 11. 19, 19. 22, 15. 24, 12. 31, 31) *zum Schweigen,* d. h. dein eitler Redestrom lässt die Leute nicht zum Wort kommen, so dass man meinen könnte u. du dir wohl auch einbildest, es sei alles unwiderleglich wahr, was du sagst; *da spottest* oder spottetest *du* (inwiefern? sagt V. 4), *ohne dass jemand* dich *beschämt,* durch Widerlegung. יחרישׁ] hier causativ, denn *zu deinem Geschwätz schweigen Männer* (*Qi. Hgst.*) erforderte לְבַדֶּיךָ. — V. 4. *Und sagst* oder sagtest: *lauter* (8, 6) *ist meine Lehre u. rein war ich in deinen Augen.* Er gibt damit nicht an, was Ij. sagen wird, wenn man ihn unwiderlegt lässt (*Del. Vo.*), sondern was er gesagt hat, oder gesagt haben soll. Freilich hat Ij. nicht geradezu diese Worte gesprochen, aber Ṣofar glaubt damit den Sinn seiner bisherigen Reden zusammenzufassen. Daraus, dass Ij. die Auffassung der Freunde ablehnt, geht für Ṣ. hervor, dass er seine Grundsätze für lauter, untadelig, correkt hält: לֶקַח nämlich, im B. Ij. nur hier, in den Prov. häufig, ist keineswegs die *Annahme,* Behauptung, Meinung (*Ha.*), sondern das auctoritätsmässig *Angenommene* u. Überlieferte, *Lehre,* Summe der angenommenen Wahrheiten u. Grundsätze; so nennt Ṣ. die von Ij. vorgetragenen Sätze, nicht weil er damit die Freunde belehren wollte, sondern weil er das richtige Gefühl hat, dass in Ij. eine der ihrigen entgegengesetzte Lehrweise über das Leiden des Menschen sich geltend machen wolle. Weiter aber bildet Ij. sich ein: „rein war ich in deinen Augen", womit Gott angeredet ist; also nicht blos, dass er unschuldig sei (9, 21), sondern dass auch Gott von seiner Unschuld überzeugt gewesen sei (10, 7), als er das Leiden über ihn verhängte. Dieses Gebahren Ijobs dünkt dem Ṣ., der in die alte Lehre festgebannt ist, so absurd, dass er darin nur einen Hohn auf Gott, einen Hohn auf alles bisher Geltende erblicken kann. — β) V. 5 f. gegen solche Anmassung wäre wohl zu wünschen, dass Gott selbst spräche u. ihm die Tiefe seines vollkommenen Wissens, von dem er offenbar zu mangelhafte Vorstellungen habe, aufschlösse, da würde er einsehen, wie Gott viel mehr Verschuldungen von ihm kenne, u. manche derselben ihm ungestraft hingehen lasse. — V. 5. מי יתן] seq. Inf., der im 2. Gl. in Finitum übergeht (*Ges.* 151, 1). Das Subj. des Inf. ist des Nachdrucks wegen diesem voraufgestellt: wer gibt Gott reden! = *o dass doch Gott* (selbst) *redete! und seine Lippen aufthäte gegen* (s. 9, 14) *dich!* Er kommt darin mit dem Wunsche Ijob's 9, 34f. überein, aber in anderem Sinn: ja wollte er nur kommen u. reden! da gienge es aber ganz anders, als du meinst. V[b]. fehlt in vorhexaplar. LXX, ist aber rhythmisch nothwendig. — V. 6. ויגד וג'] nicht Nachsatz (*Del. Hitz.*), da Ṣ. nicht wissen kann, dass Gott das thun würde, sondern Fortsetzung des Wunsches (Volunt. יגֵּד, tonlos יַגֶּד): *u. dir kund thäte die Geheimnisse* (oder: *verborgenen Tiefen*) *der Weisheit, wie* (oder: *dass*, vgl. 22, 12) *sie Doppeltes sind an Verstand* (s. 5, 12)! כי] ist nicht כי affirm. *ja* (*Hitz.*), auch nicht *wenn auch* u. der Satz zum Folgenden bezogen (*Stud.*: wäre auch doppelt so gross *deine* Klugheit), sondern כי explic.; das Subj. zu כפלים וג' ist, weil einerlei mit dem Obj. des Hauptsatzes, ausgelassen wie Gen. 1, 4; Jes. 3, 10 (*Ew.* 336[b]). כ] wie 32, 4. 1 Reg. 10, 23 u. ö. כפלים] nicht כִּפְלָיִם = כִּפְלָאִים wie Wunder (*Mx.*), da כ dann übel genug stünde u. vielmehr einfach כִפְלָאוֹת zu sagen war. Nicht den vollständigen Inhalt der תעלמות חכמה wünscht er kund gethan, sondern nur soweit, dass ihm klar würde, wie dieselben in Bezug auf Verstand (nicht: die menschl. Weisheit um das Doppelte übertreffen, denn damit wäre wenig gesagt, sondern) doppelt so gross u. tief seien, als Ijob meint. — ודע וג'] Imper. cons. (*Ges.* 110, 2b): *da erkenne* d. h. *dann müsstest du erkennen, dass Gott dir* (Dat. comm.) *von* (מן part.) *deiner Schuld* einen Theil *in Vergessenheit bringt*, d. h. nachsieht, nicht anrechnet, also dich nicht einmal für alle deine Sünden gestraft hat, — eine Behauptung, mit der Ṣ. alles bisher von den Freunden Gesagte überbietet. ישה] nicht *borgt* (*Hgst.*), auch nicht *dich vergessen macht deiner Schuld* (*Hitz. Del.*[2]), denn gegen נשה Hiph. *vergessen machen* c. dupl. Acc. (in 39, 17) steht hier ל u. מן, u. aus der Überschwänglichkeit der göttl. Weisheit kann Ij. nicht abnehmen, dass Gott ihn des Gedächtnisses beraubt hat. Im übrigen ist הכמה der Ausdruck für die göttliche Intelligenz überhaupt, sowohl Weisheit, als Allwissenheit. Diese versteht auch Ṣo. hier hauptsächlich, sofern Gott, vermöge derselben, *alle* Sünden des Menschen, auch die diesem unbekannten u. geheimen, erkennt, u. in diesem Sinn, als *vollkommenes Wissen*, beschreibt er sie auch im Folgenden. ודע וג'] müssen 2 Stichen bilden, also ist hinter לך abzusetzen. *Mx.* glaubt, dass einige Worte ausgefallen sind. — Er versucht nun, ihm einen Begriff von der Vollkommenheit des göttlichen Wissens, vermöge deren er auch da Sünden entdecke, wo der Mensch keine sehe, beizubringen.

2) V. 7—12, *Beleuchtung des vollkommenen Wissens Gottes*, a) V. 7—9: dessen Tiefen u. äusserste Enden der Mensch nicht entfernt erreichen kann, das, an keinerlei Schranken gebunden, das ganze

All umfasst. — V. 7. *Kannst du den Grund in Gott erreichen, oder zu dem Äussersten im Allmächtigen hinreichen?* sc. mit deiner Erkenntniss, so dass du dreist behaupten dürftest, dass du auch in Gottes Augen rein seiest (V. 4). מצא] ist hier (vgl. Ps. 21, 9) im Wechsel der Glieder in doppelter Verbindung gebraucht als *gelangen* u. *reichen* mit עד (vgl. مصى: u. اصى), u. als *erreichen, finden* mit Acc. des Obj.: zum Parallelismus s. 8, 3. חקר] hier nicht das Erforschte, sondern das zu Erforschende, (ἴχνος LXX), der *Grund* einer Sache (wegen des entsprechenden תכלית), s. 8, 8. תכלית] von כלה, bedeutet nicht Vollkommenheit (*Hrz. Schl. Ha. Hgst. Hitz. Ren. Reu.* a.), sondern Vollendung als das *Äusserste* oder *Ende* einer Sache (Neh. 3, 21; Ij. 26, 10. 28, 3; Ps. 139, 22), also auch das Höchste u. Letzte davon. Freilich ist dann mit diesem Satz zunächst nur die Unergründlichkeit u. Unendlichkeit des göttlichen Wesens ausgesagt; dass aber dies nach der Seite des Wissens hin zu verstehen ist, ergibt sich theils aus dem normirenden V. 6, theils aus V 8f., wo mit den Femininen deutlich sich auf die הכמה zurückbezogen wird, u. es ist deshalb, um die Beziehung auf die Seite des Wissens herauszubekommen, nicht nöthig (*Ha. Hrz. Schl. Hgst. Stud.*) חקר als *Forschung* oder gar *Erkenntniss* zu verstehen. — V. 8. *Himmelshöhen! — was machst du?* גבהי שמים] ist ein Ausrufesatz, der den Begriff, auf den es ankommt, nackt hinstellt. Indessen ist גבהי Pl. nicht == מרום Pl.; die wirkliche Meinung ergibt sich, wenn man Subj. היא supplirt: *Himmelshöhen* d. i. *himmelhoch* (vgl. 22, 12) sie! Nahe liegt, גבה משמים (*Olsh.*) oder גבהה (*Mx.*) zu vermuthen. מה־תפעל] was thust d. h. *was leistest du* (dagegen)! sc. wenn es sich um himmelhohe Weisheit handelt. *Tiefer als das Todtenreich — was weisst du?* wie steht's mit deinem Wissen? sc. wenn es sich um die Tiefe der Weisheit handelt. Dass עמקה (von עמק) nicht auf תכלית (*Hrz. Ols. Hitz. Hgst. Del.² Vo.*), sondern auf הכמה zu beziehen ist, ergibt sich daraus, dass die הכמה der Hauptbegriff in dieser ganzen Schilderung ist, u. dass man von תכלית, selbst wenn man es als Vollkommenheit verstehen dürfte, eine solche Aussage nicht wohl machen kann. — V. 9. *Länger als die Erde ihr Maass*, nach der mass. Lesart, in welcher das ה - als pron suff., u. מדה == מדתה genommen wird, offenbar darum, damit מדה als Subj. des Satzes gelten könne. Die Fügung von V. 8ᵇ spricht eher für מדה als adverbialen Acc. (vgl. 15, 10): länger als die Erde *an Maass* (*Ew. Hgst.*). Das göttliche Wissen, nach keiner Dimension zu messen (vgl. Eph. 3, 18) ist schrankenlos, u. da auch seine Erstreckung innerhalb der bezeichneten Grenzen selbstverständlich ist, allumfassend, das ganze All zusammenschliessend u. noch darüber hinausgehend. — β) V. 10—12: welches darum auch eine sichere u. untrügliche Rechtspflege ermöglicht, weil es die Sünder alle auf's genaueste kennt, u. durch solches richterliches Einschreiten selbst einen sinnlosen, ungeberdigen Menschen wieder zurechtzubringen geeignet ist. — V. 10. Anwendung des Vorhergehenden. *Wenn er einherfährt* (9, 11) u. *in Verschluss nimmt* oder *verhaftet u. Gericht anstellt* (eig.: eine Versammlung beruft, sofern das Gericht öffentlich vor der Volksversammlung war, zB. Ez. 16, 40. 23, 46f.), — *wer will ihn hemmen* (9, 12; ן führt den Nachsatz ein)? sc. mit Behauptungen, wie die, man sei nicht schuldig. Unverkennbar bezieht sich hier So. sogar in den Ausdrücken auf 9, 11f. zurück, um anzudeuten: es ist freilich so, wie du sagst, dass Gott nur heranführt, packt u. richtet, ohne dass ihn einer hemmen könnte, aber nicht, wie du meinst, weil er seine Übergewalt missbraucht oder willkürlich gebraucht, sondern weil er dieses vollkommene Wissen hat, vermöge dessen er alle Sünden u. Sünder erkennt, wie sofort V. 11 sagt. — V. 11 begründet, warum man ihn nicht hemmen u. warum er überhaupt so rasch u. sicher verfahren kann: sein Thun beruht auf der allergenauesten Kenntniss der Menschen, bei der von Irrthum keine Rede sein kann, u. zu deren Herstellung er nicht einmal eine vorhergehende Untersuchung nöthig hat. שוא] hier (anders als 7, 3) die *Eitelkeit* u. *Falschheit* im sittlichen Sinn; מתי שוא Sündenleute, mit dem Nebenbegriff der Falschheit u. Heuchelei, wie Ps. 26, 4. Ebenso און hier von der inneren Nichtigkeit, sittlichen Nichtswürdigkeit (vgl. 22, 15). וירא] *und siehe,* s. zu 3, 21. ולא יתבונן] keinenfalls: *u. den, der nicht verständig ist* (*Schl.*), was יתבונן nicht bedeutet, u. sollte concr. neben dem abstr. און gestellt sein? auch nicht: *ohne dass man ihn* (den און) *bemerkt* (*Umb. Stick. Ha. Hitz. Ren.*), weil dieser Gegensatz (zwischen Gott u. Mensch) in den Subjecten ausgedrückt sein müsste; oder gar: *ohne dass* u. ehe *er* (der און) *es merkt* (*Ew.*), weil dies zu künstlich gesagt wäre, auch nicht: wenn (!) er Unrecht sieht, so merkt er darauf (*Reu.,* לו für לא), sondern: *ohne dass er* (Gott) *aufmerkt,* d. h. *darauf merkt* (*Hrz. Del.* a.), wie 34, 23, d. h. er sieht die sittliche Nichtigkeit u. ihre Thaten, ohne seine Aufmerksamkeit erst anstrengen u. untersuchen zu müssen, weil seiner Allwissenheit in jedem Augenblick alles klar gegenwärtig ist; darum kann er auch in seinem Gericht so summarisch verfahren. — V. 12. In diesem vielerklärten V. soll sicher נבוב mit ילבב ein Wort- u. Gedankenspiel (nicht zugleich mit איש, *Hitz.*) bilden. In עיר פרא könnte עיר st. c. sein sollen (*Ges.* 131, 2ᵇ), doch genügt Appositionsverhältniss (*Ew.* 287ʰ; *Olsh.* 142ᶜ): ein Füllen, Wildesel = ein Wildeselfüllen. Ferner muss nach Stellung u. Accenten איש נבוב zusammen das Subj. u. ילבב Praed. des 1. Gl. sein (also nicht: aber der Mensch ist unverständig, kopflos, *Reu.*); das Impf. kann nur ein Werden oder Werdensollen, nicht ein Gewordensein ausdrücken. Endlich ילבב, nur hier, denominirt von לבב, hat nicht privative Bedeutung *ohne Herz* oder *Verstand sein* (*Ges. Olsh.*), weil das Niph. überhaupt im Hebr. des AT. nicht privativen Sinn hat, zudem *ein hohler Mensch ist* (vielmehr: *wird*) *ohne Einsicht* ein selbstverständlicher, keines Wortspiels werther Satz wäre, sondern muss besagen: *Herz haben* oder *gewinnen* (so dass die Hohlheit dadurch ausgefüllt wird), jedoch *Herz* nicht im Sinne von *Muth,* weil auch die Hohlheit nicht Muthlosigkeit meinen kann, noch weniger von *Übermuth* u. *Frechheit* (ob auch ein Hohlkopf zum Trotzkopf wird, *Böttch.*; der unwissende Mensch braust auf, *Vulg. Stick.*), sondern im Sinne von *Verstand* (9, 4. 12, 3 u. ö.). Wollte man nun (*Hrz.*) übersetzen: *der Mann aber* (wie) *ein Hohlkopf hat er Verstand* (= der Mann aber ist ein Tropf, der verständige Kopf), oder (*Hupf.*): *der Mensch wird* — bei seiner Entstehung — *als hohler beherzt* d. h. bekommt ein einsichtsloses Herz, u. *als ein Wildeselfüllen wird der Mensch geboren,* d. h. der Allwissenheit Gottes gegenüber ist des Menschen Verstand Unverstand, erscheint der Mensch als geborner Thor, so würde man kaum begreifen, warum der Dichter einen so einfachen Gedanken so geschraubt ausdrückte; auch stünde der V. nach vor- u. rückwärts isolirt. Vielmehr können die Worte nur besagen: *ein hohler Mann wird einsichtsvoll, u. ein Wildeselfüllen* (Bild unzähmbarer Widerspenstigkeit u. dummen Eigensinns, 38, 5 ff. Gen. 16, 12. Hos. 8, 9) *wird zum Menschen* (neu) *geboren* (vgl. Prov. 17, 17). Durch ך an das vorige angeknüpft, gibt der Vers an, was, in Folge des raschen richterlichen Einschreitens des Allwissenden, mit dem Menschen geschieht oder geschehen soll u. kann: da müssen auch einem Blinden die Augen aufgehen u. der ungeberdige Trotz sich in menschenwürdige zahme Bescheidenheit umwandeln. Die Ausdrücke sind mit Beziehung auf das ungeberdige Benehmen Ijob's gewählt, u. zu dem folgenden ermahnenden Theil wird durch diesen V. ein feiner Übergang hergestellt. Diese seit *Pisc.* von vielen angenommene Auffassung genügt vollkommen; man braucht nicht die Lesart zu ändern (*Mr.*), noch (*Umbr Ew.*) den V. als Nachsatz zu der Bedingung V. 10ᵃ, alles Dazwischenliegende aber als blossen Zwischensatz zu nehmen. Die Wendung, die *Hitz. Del.*² der Sache geben: „*auch ein Hohlkopf kann* zu Verstand kommen u. ein Wildesel zum Menschen geboren werden" d. h. man darf an keinem Menschen verzweifeln, auch einem Dummkopf (wie Ij.) kann noch ein Licht aufgehen, — würde איש כ erfordern, gibt den Impff. unnöthig potentialen Sinn, u. erfordert den V. von 10 f. abzutrennen u. zu V. 13 ff. (als Motiv der Ermahnung) zu ziehen. Die Auffassung (*Ha. Del.*¹ *Kmph. Stud.*), wonach das 1. gegensätzlich u. das 2. vergleichend (wie 5, 7. 12, 11) wäre: *aber ein hohler Mann wird einsichtsvoll, wie* d. h. *so wenig als ein Wildeselfüllen zum Menschen umgeboren wird* (d. h. nimmt auch solche Gerichte nicht zu Herzen, sondern beharrt in seinem Trotze), würde gar zu grob unmittelbar auf Ijob hinweisen, u. liesse nicht begreifen, wie er sofort V. 13 ff. den eben als unverbesserlich Hingestellten zur Besserung ermahnen kann. Ohne Grund u. Recht nimmt *Grill* (S. 26) den V. als Frage (des Sinnes: u. ein Hohlkopf, wie du, sollte noch vernünftig werden?!), um ihn dann als unecht zu eliminiren.

3) V. 13—20: die Ermahnung an Ij. mit Verheissung u. Warnung; womit der Schluss der Rede des Elifaz 5, 17 ff. u. der des Bildad 8, 20 ff. zu vergleichen ist. — α) V. 13—15: wenn du aufrichtig dich zu Gott hinwendest, von dem etwa begangenen Unrecht dich reinigend, so wirst du getrost dein Haupt wieder erheben dürfen u. sicher sein. — V. 13 ist Vordersatz, V. 15 der Nachsatz, V. 14 ein der Hauptbedingung angeschlossener Untersatz. V. 13. *Wenn du* (mit Nachdruck, weil das vorhin allgemein Gesagte nun auf ihn angewendet wird) *dein Herz zurichtest* (zubereitest Ps. 78, 8) d. h. es in die rechte Verfassung bringst, in der es jetzt nicht ist; nicht aber: *beschwichtigst* (*Hitz.*), was הכין nie bedeutet, auch nicht *festigst* (*Umb.*

Hrz. Reu.), was wegen der vorausgesetzten Gemüthsverfassung Ijobs nicht passt, noch: *richtest* sc. auf Gott hin 1 S. 7, 3. 2 Chr. 20, 33 (*Ha. Del. Ren. Stud, Vo.*), da אליו seiner Stellung nach nur zum 2. Gl. gehört; — *und zu ihm deine Hände ausbreitest,* sc. betend (Ex. 9, 29. Jes. 1, 15 u. ö.) u. Gnade (Ij. 8, 5) flehend. ופרשת] lässt sich nicht (*Hitz. Reu.*) als Prf. cons. u. Nachsatz *so breite aus!* von הכין לב trennen, würde auch nicht bedeuten *so breite aus!* sondern *so wirst du ausbreiten* (ohne guten Sinn). — V. 14 in den Hauptsatz eingeschobener Untersatz (vgl. 8, 6ª), die *nothwendige* Vorbedingung eines erhörbaren Gebets angebend, daher die Verba im Imper. u. Juss.: *falls Frevel in deiner Hand ist, entferne ihn u. lass Unrecht* (5, 16) *nicht in deinen Zelten* (s. 5, 24; über א von אהליך s. *Ges.* 93, 1, A. 3) *wohnen!* Es ist hier von sündhaften Thaten u. ungerechtem Besitz die Rede, von denen er sich durch Vergütung oder Rückgabe vorher reinigen muss, vgl. 22, 23f. — V. 15 Nachsatz der Hauptbedingung V. 13: *ja dann* (wie 8, 6) *wirst du dein Angesicht erheben* (mit Beziehung auf 10, 15f.) *fern oder frei von* d. h. *ohne* (מן wie 19, 26. 21, 9 u. s.) *Flecken oder Makel* (31, 7), d. h. nicht mehr als von Gott gezeichneter Sünder dastehen, sondern heiter u. getrost aufblicken können, ohne Bewusstsein von Schuld u. ohne anhaftendes äusseres Zeichen derselben; *u. wirst festgegründet sein,* nicht fürchtend d. h. *ohne Furcht,* also sicher u. fest stehen in deinem Glück, ohne einen neuen Anfall von Gott fürchten zu müssen. וְצָק] var. מֻצָק, Prt. Hoph. von יצק, eig. *festgegossen* (37, 18). Warum es Hoph. zu הצִיג = הצִיג Jos. 7, 23. 2 S. 15, 24 sein u. eig. *hingestellt* bedeuten soll (*Hitz. Del.*²), ist nicht einzusehen; מֻצָק aber d. h. *geläutert* (*Mx.* nach LXX Trg.) ist neben ולא תירא wenig angemessen.
— β) V. 16—18: du wirst dein jetziges Leid gänzlich vergessen über der ungetrübten Helle und Sicherheit deines künftigen Glücks. V. 16. כי] nicht gleichgeordnet mit כי V. 15, sondern erklärendes *denn,* oder mit Beziehung auf die vorhergehende Verneinung geradezu *vielmehr.* אתה] עתה zu lesen (*Peš. Hrz. Mx. Reu*) u. כי עתה (wie 8, 6) als Fortsetzung von כי אם V. 15 zu nehmen, liegt kein Grund vor; אתה sagt nachdrücklich: *du selbst* (nicht blos: andere, was leichter wäre) *wirst das Ungemach vergessen, wie an verlaufenes Wasser daran gedenken.* עמל] ist Obj. zu beiden Verben, daher vorangestellt; עבר ist relativ aufzufassen. An zerronnenes Wasser denkt man als ein solches, das nicht wiederkehrt, oder man denkt auch gar nicht mehr daran; also: gar nicht oder nur mit Befriedigung, dass es vorüber ist, denkst du daran.
— V. 17. *Und* vor dem d. h. *heller als der Mittag* (5, 14) *wird Lebenszeit sich erheben,* näml. dir, d. h. eine im hellsten Sonnenglanz strahlende Zukunft geht dir auf. מצהרים] der Vergleichungsbegriff ist häufig aus dem Zusammenhang zu ergänzen, vgl. Mich. 7, 4 (*Hrz.*). חלד] die *Zeitdauer* (s. *Hupf.* zu Ps. 17, 14), daher entweder *Lebenszeit* Ps. 39, 6. 89, 48 u. hier, oder *Zeitlichkeit, Welt* (Ps. 17, 14. 49, 2). תעפה] ist ein voluntativisch ausgedrückter Bedingungssatz ohne אם (wie 10, 16), wozu der Nachsatz ist כבקר תהיה, aber nicht 2 p. m.: *bist du verhüllt, so wirst du dem M. gl.* (*Qi. Ros. Schl.*), sondern 3 p. f., für unser Neutr. (*Ges.* 144, 2): *mag es dunkeln, wie der Mor-*

gen wird es sein, d. h. kommt auch ein Dunkel, so wird's immer noch so hell sein oder doch hell werden, wie am Morgen (Jes. 58, 10); so ausgedrückt mit Rücksicht auf Ijob's Klage 10, 21 f., besonders 22ᶜ An עוף *fliegen* (Hgst.: schwing dich auf!) ist nicht zu denken. Da übrigens ה־ an der 3. p. nur sehr selten vorkommt (Ges. 48, 3), so ist vielleicht (Pes. Trg.; Hrz. Wll. Hitz. a.) תעפה als Subst. (der Form תעיפה, תפקה), תעפָה zu lesen (= עיפה 10, 22): *Verdunkelung, welche da ist oder kommt, wird wie der Morgen sein.* Doch tritt der beabsichtigte Sinn bei der mass. Auffassung deutlicher hervor. — V. 18. ובטחת] Prf. cons., wie v. 19 u. schon 15ᵇ. Vertrauen wirst du haben, כי יש תקוה *weil* (nicht: *dass*) *Hoffnung, Grund zur Hoffnung, vorhanden ist*, s. dagegen 7, 6. 'וחפרת וג] *u. wirst nachspähen — getrost dich niederlegen*, d. h. nachgespäht habend, g. d. n. (Ew. 357ᵃ); חפר *spähen* wie 39, 29. (s. 3, 21); gemeint ist das Nachspähen im eigenen Hauswesen, vor Schlafengehen, um zu sehen, ob alles in Ordnung ist; weil er da nirgends eine Gefahr oder einen Mangel entdeckt, kann er getrost sich legen, vgl. 5, 24. *Du hast einen Graben gezogen* (Hgst.) bedeutet חפרת nicht, u. die Ableitung (Ros. Ges. Hrz. M.c.) von חפר *erröthen, sich schämen* (s. 6, 20): „u. wirst du auch einmal beschämt mit deinem Vertrauen, *so legst du dich ruhig*, d. h. so erschüttert dieser einzelne Fall deinen Muth nicht", ergibt einen Sinn, der zu den übrigen glänzenden Verheissungen nicht passt. — γ) V. 19 f. Fortsetzung u. Gegensatz: in gefahrloser Ruhe, weithin Achtung erweckend wird dein Leben verlaufen; Böse aber haben keine Hoffnung auf Rettung vom Untergang. V. 19. Seine sichere Ruhe (wie Gen. 49, 9) bildlich unter Vergleichung eines Thiers oder einer Thierheerde, die sich lagern (רבץ), ohne dass jemand sie aufschreckt, vgl. Jes. 17, 2. Im 2. Gl.: *u. viele werden* dein Angesicht streicheln d. h. (Prov. 19, 6) *dir schmeicheln*, verheisst er ihm statt seiner jetzigen Schmach (10, 15) eine Stellung in Ansehen u. Ehre, wo man um seine Gunst buhlen wird. — Solches Glück steht ihm bevor, wenn er sich bekehrt, aber So. wagt nicht mehr, eine solche Wendung bei Ij. mit Sicherheit zu hoffen, u. hält's darum für nöthig, ihm auch den Ausgang des Lebens der Bösen vorzuhalten V. 20. Der Frevler Augen vergehen, *schmachten hin*, in vergeblichem Ausschauen nach Hilfe (vgl. 17, 5); u. wie es für ihre Sehnsucht keine Gewährung gibt, so gibt's für ihre Fluchtversuche aus der Noth keine *Zufluchtsstätte*: sie ist (Prf. s. zu 5, 20) hingeschwunden oder *verloren* vor ihnen d. h. *ihnen* (מהם poetisch für מהם): *u. ihre Hoffnung* d. h. das was sie allein zu erhoffen haben *ist der Seele Aushauch* (vgl. 31, 39; Jer. 15, 9) d. h. der Tod. Damit ist der Ausgang der Bösen beredt genug geschildert, u. vergleicht man die Schlussworte der 3 Freunde 5, 26 f.; 8, 22ᵇ; 11, 20 untereinander, so ist der Fortschritt, den jeder über den andern hinaus macht, unverkennbar. — Dieser letzte Absatz hat nur 5 Stichen. Mit Unrecht nimmt M.c. den sicher unechten (weil in urspr. LXX fehlenden) Zusatz a. E.: παρ' αὐτῷ γὰρ σοφία καὶ δύναμις auf.

b) Die Antwort Ijob's, Cap. 12—14.

Zum drittenmal ist dem Ijob die Zumuthung gestellt, eine Verschuldung seines Leidens anzuerkennen, diesmal sogar verschärft durch das Wort, dass er vielleicht noch weniger gestraft sei, als er verdient habe. Die Wirkung davon ist, dass bei ihm schon eine Art Wendung eintritt. Zwar den Wahn eines ihn feindlich verfolgenden Gottes kann er so schnell nicht abstreifen; er macht sich auch in seiner neuen Antwort mit Macht geltend (13, 13 ff.), u. der Dulder hat noch lange zu kämpfen, ehe er ihn ganz überwindet. Aber von andern Seiten her bereitet sich besseres vor. Einmal je schärfer die Freunde sein Unschuldsbewusstsein angreifen, desto gewaltiger drängt es sich in seinem Innern in den Vordergrund, u. er fängt bereits an einzusehen, welchen einzigen Schatz er in demselben besitzt (13, 16). Sodann aber durchschaut er jetzt, nachdem alle drei gesprochen, ihre ganze Art u. Weise, wie sie nämlich bei ihm Unkenntniss der göttlichen Dinge als Grund seiner Unbussfertigkeit voraussetzen u. ihn durch Belehrung über dieselben zur Anerkennung seiner Schuld bewegen wollen: kaum hat er das durchschaut, dass sie keine andern Gründe als solche allgemeine Wahrheiten über das göttliche Wesen haben, so ist's ihm auch klar, dass ihre Waffen gegen ihn nur thönern sind (13, 12). Beides zusammen, diese Klarheit u. jene Einsicht, macht ihn nicht blos gegenüber von ihnen muthiger, so dass er sogar die Drohung mit dem Gericht des Allwissenden ihnen zurückgibt (13, 4 ff.), sondern fängt auch an, seine Hoffnung auf Gott insoweit wieder zu beleben, dass er bei der Geltendmachung seiner Unschuld gegen ihn wenigstens nicht zum voraus am Erfolg verzweifelt (13, 17 ff.), ja sogar den Gedanken, dass Gott für die Zeit nach seinem Tode noch Heilsabsichten mit ihm haben könnte, seiner Möglichkeit nach sich überdenkt, wenn auch nicht festhält (14, 13 ff.). Das sind Anzeichen einer eintretenden Wendung, die ahnen lassen, dass er in diesem Kampfe nicht unterliegen werde. Ein Anhauch beginnender Zuversichtlichkeit ist in dieser Rede nicht zu verkennen, wenn gleich der trostlose Schluss zeigt, dass dieselbe noch nicht nachhaltig ist. Da beginnt er denn 1) mit einem Angriff auf ihre vermeintlich hohe Weisheit in göttlichen Dingen, indem er sie fast heiter als eine ganz alltägliche verspottet, zugleich aber über den lieblosen Gebrauch, den sie davon machen, sich bitter beklagt, u. entwirft nun selbst, im Wetteifer mit ihnen, u. auf Grund seiner Kenntnisse u. Erfahrungen, eine beredte, der ihrigen überlegene Schilderung von der namentlich in der Menschenwelt waltenden Macht u. Weisheit Gottes, zum Beweis, wie unnütz es sei, ihn darüber erst belehren zu wollen, Cap. 12. Allein 2) ebenso gewiss als diese von ihm längst erkannten u. anerkannten Wahrheiten über das göttliche Wesen sind, ebenso fest steht ihm, dass damit seine Schuld nicht zu beweisen sei; er weist also alle ihre Folgerungen als nichtig, trügerisch u. innerlich unwahr, darum auch vor dem allwissenden Gott strafwürdig, ausdrücklich zurück, u. wendet sich vielmehr stolz im Bewusstsein seiner Unschuld, von ihnen ab, zu Gott hin; ihn fordert er in schwellendem Siegesmuth, alle Bedenken bei Seite werfend, aber auch seine Stellung zu ihm wieder verkennend, sogar förmlich zu einem Rechtsstreit heraus, sicher dass er als ein Gerechter daraus hervorgehen werde, u. beginnt gegen Gott, wie wenn er als sein Gegner vor Gericht ihm gegenüber stände, seine Klagen und Fragen vorzubringen Cp. 13. Aber 3) da ja Gott nicht erscheint, noch ihm antwortet, schlägt schnell der zuversichtliche Trotz in Verzagtheit um; er sinkt zurück in eine wehmüthige Klage über die Kurzlebigkeit des Menschen, über das Missverhältniss zwischen seiner Natur u. der Art, wie Gott ihn behandle, über die Hoffnungslosigkeit seines Daseins u. das jammervolle Ende, dem Gott auch ihn erbarmungslos zuführe, u. endigt wieder, wie in seinen bisherigen Reden, in der Finsterniss völliger Trostlosigkeit, die nur durch den Gedanken an die Möglichkeit eines andern Lebens nach dem Tode vorübergehend, wie durch ein Wetterleuchten, erhellt wird Cap. 14. Der 1. Theil in 2 Abschnitten hat a) 5. 8. 8. 4, b) 6. 6. 6. 8; der 2. Th. in 3 Abschnitten a) 6. 6. 6. 6, b) 8. 6. 6, c) 6. 7; der 3. Th. in 2 Abschnitten a) 6. 6. 7 7, b) 6. 6. 5. 6 Stichen. Jedoch erregt der 1. Theil durch Mangel an strengem Zusammenhang (nam. V. 11f.) u. an rhythmischem Gleichmaass, durch Textesgebrechen (5f.) u. Unklarheiten (8f.) u. durch den Gottesnamen ־־־־ V. 9 allerlei Bedenken, u. ist schwerlich mehr in seiner urspr. Gestalt erhalten. Dieselbe wiederherzustellen, reicht der Text der LXX (mit seinen starken Kürzungen), nicht aus. Aber Cp. 12, 4—13, 2 als jüngeren Einschub auszuscheiden (*Grill*), hat man keinen hinreichenden Grund: die Behauptung in 12, 3, wenn sie nicht als leere Ruhmredigkeit erscheinen sollte, forderte eine Ausführung wie V. 13ff. — In LXX sind 12, 8[b]. 9. 18[b]. 21[a]. 23. 13, 19[b]. 20[b]. 14, 12[c]. 18f. aus *Theod.* ergänzt.

1) Cp. 12: Zurückweisung der Weisheit der Freunde als einer ganz gewöhnlichen, u. siegreich überlegene Schilderung der göttlichen Weisheit u. Macht, in 2 Abschnitten. a) V. 2—12, gegliedert in 5, 8, 8, 4 Stichen. Ihr Wissen von göttlichen Dingen, in dem sie sich ihm so überlegen dünken, u. von dem sie einen so entwürdigenden Gebrauch gegen ihn machen, muss er für ein ganz gewöhnliches, das man überall her holen kann, erklären. α) V. 2f. Er verspottet ihre Einbildung, mit solchen Gemeinplätzen, wie sie sie vorgebracht haben, ihn belehren zu können. — V. 2. כי אמנם] voller als אמנם (9, 2), aber ebenso, wie jenes, ironisch zugebend: *wahrhaftig es ist so dass = freilich ja.* כי עם] schwerlich: *ihr seid Leute* d. h. rechte Leute (*Hrz. Mr. Stud. Reu.*), denn für solche Emphase wäre אתם zu erwarten; eher: *ihr seid nicht blos diese 3, sondern ein ganzes Volk*, eure Stimme hat das Gewicht der Stimme eines ganzen Volkes (*Ha. Hitz.*), obwohl Gl. 2 sich dann nicht gut anschlösse. Aber besser legt man den Nachdruck auf אתם (LXX Al., *Vulg., Ew.*): *ihr seid עם*, ausser euch gibts nicht עם d. h. *Leute* (wie Jes. 42, 5, vgl. Am. 3, 6. Ps. 18, 28 u. ö.), woraus naturgemäss folgt: *u. mit euch stirbt Weisheit aus.* Denselben Sinn hat: *ihr seid das Menschenvolk, die Menschheit* (*Del. Ren. Vo.* a.), aber es heisst nicht העם. — V. 3. Ernsthaft: so

viel Weisheit, wie sie, habe auch er (opp. 11, 12ᵃ), u. noch manche andere. בבל] als Sitz der Denk- u. Geisteskraft, des Verstandes u. der Einsicht wie 8, 10. 9, 4. 12, 24 (34, 10). לא נפל וג׳] wie 13, 2 (vgl. Est. 6, 13); מן nicht causativ (*Hitz.*: mich bringt ihr nicht zu Fall; *Hgst.*: ich unterwerfe mich euch nicht), noch comparativ: ich sinke nicht eher als ihr, vor euch (*Ges. Ew. Ha.* a.), sondern local, den festen Punkt angebend, gegen welchen Sinken u. Steigen bemessen wird: „nicht bin ich ein Sinkender von euch aus", etwa: *nicht sinke ich unter euch herab*, oder: *nicht stehe ich hinter euch zurück*. In LXX fehlt der Stichos; er kann aus 13, 2 interpolirt (*Mx.*) sein. ואת־מי וג׳] *u. bei wem ist nicht*, sc. innerlich in seinem Bewusstsein (wie את auch 14, 5. Jes. 59, 12, u. sonst im B. Ij. עם 9, 35. 10, 13 u. ö.), also wer weiss nicht, *dergleichen?* sc. wie eure Erkenntnisse von Gottes Weisheit, Macht u. s. f. — β) V. 4—6: er beklagt sich über die Art, wie sie auf Grund solcher Weisheit, ihn, einen Frommen, der sich seines innigen Verhältnisses zu Gott rühmen kann, behandeln, freilich ganz in Einklang mit der Weise der Welt, die für den Unglücklichen nur Verachtung hat, während der glückliche Gottlose unangetastet bleibt. V. 4. Nun gar die Anwendung, die sie von solchen allbekannten Wahrheiten gegen ihn machen, ist empörend: dieser Empörung gibt er Ausdruck. שחק] Inf. mit der Geltung eines Subst.: ein *Lachen* u. Gegenstand desselben, ein *Gelächter, Gespötte*, wie מהתלות 17, 6: *ein Gelächter dem eigenen Freunde* (einer, der seinem Freunde ein Gelächter ist) *muss* (s. 9, 29) *ich sein* (ich oder der), *der rief* (Part. Praet., Ges. 116, 2) *zu Gott u. fand Erhörung, ein Gelächter — der Gerechte, Tadellose*. Dass sie auf Grund jener allbekannten Wahrheiten, der Thatsache seines gottesfürchtigen Lebens zum Trotz, ihn zu einem Schuldigen stempeln wollen, erscheint ihm eine Verspottung der leidenden Unschuld. קרא לאלוה ויענהו] ist nicht im Widerspruch mit 9, 16 u. zu streichen (*Mx.*), gibt auch nicht Worte der Freunde (5, 1) wieder (*Hgst.*), sondern besagt einfach: ein Mann, den Gott selbst durch Gebetserhörung als den seinen anzuerkennen pflegte (vgl. 27, 9); es ist App. zu *ich* von אהיה, u. entspricht dem צדיק תמים im 3. Glied. Zu צ׳ ת׳ vgl. 9, 21, auch 1, 1. 8. Prov. 11, 5 (sonst Gen. 6, 9). — V. 5. Aber also behandelt zu werden, ist ja das gewöhnliche Loos eines Unglücklichen (*Hrz.*); es ist die Art des grossen Haufens, denselben noch mit Verachtung zu überschütten u. dem Wankenden noch einen Stoss zu geben; auf diese gemeine Handlungsweise läuft auch die Weisheit der Freunde hinaus. So wenigstens nach dem mass. Text, der aber schwierig ist u. durch Restauration entstanden scheint. Die LXX geben ganz anderes, aber nichts Besseres. לפיד] *Verband* der *Wunde* (*Hitz.*) ist erdichtet; *Fackel* (*Trg. Vulg. Luth.*) ergäbe als annehmbarsten Sinn (*Ros. deW.*): *eine Fackel der Verachtung d. i. verachtete Fackel* (die man darum wegwirft) *nach des Glücklichen Urtheil ist der, welcher bereit ist zum Wanken des Fusses* d. h. dem Falle nahe; aber warum gerade Fackel?! der Versrhythmus gienge verloren; למועדי das *Wanken* ist unzulässig, u. selbst wenn man ein נבזה von בוז erfinden wollte, wäre der Ausdruck לפיד hier in jeder Beziehung unpassend. Es wird darum (*IE.*, *Ew.* u. die Neueren) in ־פי das auch 30, 24. 31, 29. Prov. 24, 22 vorkommende ־פ *Untergang.* zum Untergang führendes *Unglück* stecken, näml.: *dem Unglück* (abstr. pro concr.) *Verachtung!* (־: wie V. 21. 31, 34) d. h. sei Verachtung, gebührt Verachtung (vgl. 6, 14ᵃ) *nach dem Gedanken* oder *dem Sinne des Sicheren,* des in Glück sorglos Lebenden. ־־־תֹּת] var. ־־־תֹּת als Plur. fem. st. c. von תוּת (s. über ־ *Ew.* 212ᵇ). Aber so oder so, es ist ein ganz junges Wort, das im B. Ij. auffällt; u. das לְ (nach ־פי) ist übel. 'נ נָכון] nach der gew. Auffassung Part. Niph. von כון, bezogen auf ־י, also: hingestellt d. i. *bereit* (wie 15, 23) *für Fusswankende* d. i. *die, deren Fuss wankt* (vgl. Ps. 38, 17); wenn nur die Zeichen des kommenden Sturzes da sind, so wartet ihrer schon die Verachtung. Aber נכון, von einem Abstr. ausgesagt, taugt nicht (auch nicht in der Fassung: *steht bei* den ־־־בי, *Mx.*), u. für den neuen Dat. erwartet man ein dem ־י entsprechendes neues Subj., also besser (*Schult.*) נָכֹון Subst. von נכה (wie חָיִל) oder נָכֹון (*Ew.* JB. IX. 38) *ein Schlag* (gebührt) *denen, deren Fuss wankt,* damit sie vollends ganz fallen. So jetzt auch *Barth* (welcher auf 2 S. 4, 4. 9, 3 verweist) u. *Reu.* — V. 6 bringt er zu der eben beklagten Verkehrtheit das Gegenstück, betreffend das ungestörte Glück der Frevler. Freilich als nicht durch die Freunde veranlasst gehört dieses Glück streng genommen nicht her; der V. erscheint mehr „wie eine beiläufige Äusserung" (*Hgst.*); vielleicht ist er, wie V. 5, secundär. ־־ישׁלו] die breitere Form (s. zu 3, 25) für שׁלוי von שָׁלֵו (3, 26). אֹהֶל] s. zu 11, 14. ־־תֹּת] *Sicherheitsgefühl,* Sicherheitszustand, Plur. tantum, nur hier, (von בָּטח aus gebildet). Friedlich oder *ruhig sind Zelte Verwüstern* d. h. ruhige Zelte (Wohnungen u. Besitzstand) haben Verw., zB. wilde Eroberer, u. *Sicherheit ist den* d. h. *haben die Gott Trotzenden* (eig.: die ihn in Zornesaufregung setzen, durch freche Thaten oder Reden), ist dem d. h. *hat der, welcher Gott in seiner Hand führt* oder bringt, d. h. keinen andern Gott anerkennt, als den er in seiner Hand oder Faust führt, seien es Waffen oder diese Faust selbst, also die rohe Gewalt als Höchstes verehrt u. darnach handelt, vgl. Hab. 1, 11. 16, u. *dextra mihi deus* bei *Verg.* Aen. 10, 773. — γ) V. 7—10: von der Rüge des üblen Gebrauchs ihrer angeblichen Weisheit lenkt er wieder zum Hauptgedanken V. 2f. um, u. weist sie darauf hin, wie man so viel Gotteserkenntniss, als sie haben u. allein zu haben vermeinen, überallher, schon aus der Thierwelt abnehmen könne, sofern die Thiere, als belebte (V 10), ähnlich wie der Mensch, mit ihrem ganzen Leben, ihrem Wohlsein u. Leiden von einer höhern Macht abhängen (Ps. 104, 27—30) u. so auf den Herrn alles Lebens hinweisen. — V. 7. Nur einer (der Vorredner) wird jetzt angeredet, gegen V. 2f. 13, 2ff.; nach *Grill* ein Zeichen der Nichtursprünglichkeit des Stücks, s. aber 16, 3 (21, 3). 26, 2ff. Şofar hat mit seinem ־־־ ־־א (11, 12) solche besondere Berücksichtigung wohl verdient. *Aber frage doch* (ähnliche Wendung 8, 8ff.) *das Vieh* (die Thiere), u. *es soll dich lehren* d. i. *das mag dich lehren, u. des Himmels Vögel — die mögen's dir verkünden!* ־־ד] voluntativisch, wie man aus ־ני (tonlos ־־ני) sieht;

über den Sing. fem. Verbi s. *Ges.* 145, 4. Übrigens hat Gl. a zu viel Worte. — V. 8. *Oder sinne zur Erde* d. h. *sprich sinnend die Erde an — die mag dich lehren, u. des Meeres Fische mögen dir erzählen!* Die Erde mitten unter den Thierclassen (ebenso, aber fehlerhaft in Gen. 1, 26) muss hier kurz gesagt sein für Thiere in der Erde, etwa רֶמֶשׂ הָאָרֶץ, aber konnte man so sagen?; 'שִׂיחַ לֹא in שְׂדֵי הָאָרֶץ zu corrigiren (*Hitz.*) hilft nicht, ohne Correctur des יַתֵּד in וַיַּגֵּד. Besser wäre לְחַיַּת אָרֶץ (*Ew.* Lehre der Bibel III. 13) für לָאָרֶץ zu setzen. Ganz untauglich ist (*SSchmid, Umbr., Böttch.* NÄ. III. 48f.) שִׂיחַ als Subst. (wie 30, 4; Gen. 2, 5): *oder das Gesträuch am Boden*, oder auch: *das Gesträuch der Erde* (befrage)! denn weder die Praep. לְ wäre hier passend, noch das fem. תְּבוּנָה correkt, u. die Pflanzen unter den Thieren (dem Belebten V. 10) wären störend. Ob der Stichos echt ist? — V. 9. Nach der Aufzählung der Thierarten kann כָּל־אֵלֶּה nur zusammenfassend auf diese zurückweisen, nicht aber auf all das von den Freunden über die göttliche Macht Gesagte sich beziehen: „wer weiss nicht um (Gen. 19, 33; 1 S. 22, 15; Jer. 38, 24) alles dieses?" (*Umb. Ha.*). Auch die partitive Auffassung des בְּ zB. Jes. 50, 10 (*Ew. Ren. Hitz. Hgst. Stud. Reu.*): „wer weiss (d. h. empfindet, fühlt) nicht unter allen diesen, dass u. s. w." hat gegen sich, dass man den Thieren ein Wissen oder auch nur ein Empfinden dessen, was der Objectssatz aussagt, füglich nicht zuschreiben kann. Also vielmehr בְּ instr. (Gen. 15, 8; Ps. 41, 12 u. s.): *wer erkennt nicht an allen diesen?* [מִי לֹא יָדַע וגו'] *dass Jahve's Hand dieses gemacht hat*; so fast alle Erkl., indem sie זֹאת als hinweisend auf die sichtbare Welt (τὰ βλεπόμενα Hebr. 11, 3) nehmen, sich auf Jes. 66, 2. Jer. 14, 22 berufend, wo mit כָּל־אֵלֶּה die ganze uns umgebende Welt bezeichnet sei; die Meinung wäre, dass man durch Befragung oder Betrachtung der Thierwelt Gott als den Schöpfer des ganzen Alls erkennen könne. Aber nach V. 13 ff. handelt es sich zwischen Ij. u. seinen Freunden um anderes, als die Schöpfermacht Gottes; dass man mit זֹאת (zumal nach dem auf die Thiere bezüglichen כָּל־אֵלֶּה) das Universum bezeichnen konnte, ist nicht zu beweisen, u. in Jes. 41, 20 hat die Phrase ganz andern Sinn. Unzulässig ist auch, *dass Gottes Hand es so gemacht hat*, bezüglich auf das V. 6 Gesagte (*Hitz.*), denn V. 6 enthält blossen Nebengedanken, u. über das dort Behauptete sagen die Thiere erst recht nichts aus. Wendet man aber *dass G. H. dies gethan hat*, so wird man זֹאת wenigstens nicht auf „das Verhängen von Leiden u. Schmerzen" (*Ew.*) beziehen dürfen, weil darüber, dass Gott der Verhängende ist, zwischen den Streitenden Einverständniss herrschte, sondern müsste das verstehen, was So. ausgeführt hat, u. Ijob V. 13 ff. wieder ausführt, dass Gott mit überlegener Macht u. Weisheit waltet, als der Herr alles Lebens V. 10. Aber für eine solche Beziehung des זֹאת liegt 11, 6 ff. zu weit zurück, u. die Beziehung auf V. 13 ff. wird durch Prf. עָשְׂתָה u. die Zwischenverse 11 f. gehindert. Da zugleich dies die einzige Stelle im Dialog ist, wo יְהוָה vorkommt (אֱלוֹהַּ einiger Codd. ist Correctur), u. der angebliche Grund für dessen Gebrauch, dass die Phrase eine sprichwörtliche war (*Del. Hitz.* a.), nicht einleuchtet, so wird man wohl auch hier die Hand eines Nacharbeiters anerkennen müssen (*Grill*). — V. 10 beschreibt Gott noch als den Herrn aller lebendigen Wesen, der ihr Leben in seiner Hand oder Gewalt hat. Dabei ist beachtenswerth, dass er das Lebensprincip *der Menschen* mit dem höheren, auch die Geisteskraft in sich schliessenden Namen רוח benennt. — δ) V. 11 f. sollen, wie es scheint, auf weitere Quellen der Erkenntniss hinweisen, die Urtheilskraft u. die Erfahrung. Jedoch stehen diese Sprüche nach vorn u. hinten isolirt, u. ist ihr Absehen in diesem Zusammenhang unklar. — V. 11. Das ן ist das כ der Gleichung, s. 5, 7. Wie der Gaumen die Speisen kostet, u. bei derjenigen bleibt, die ihm schmeckt (לו Dat. comm.), so prüft auch das Ohr u. das in u. hinter diesem Sinn wirksame Geistesvermögen die Reden, die es hört, u. bewahrt diejenigen, die ihm wohlgefallen (*Hrz.*). Wenig geändert wird dies wiederholt von Elihu 34, 3. — V. 12. *In Ergrauten* (15, 10. 29. 8) *ist Weisheit u. Lebenslänge ist* (so gut als) *Einsicht*. Das ב von בישישים vor יש noch einmal zu ergänzen (alte Übers., *Hrz. Schl. Hitz.* a.) ist kein Grund vorhanden; der Versbau würde einförmiger als nöthig. Was sollen nun aber diese Verse? Einen blossen Analogiebeweis zu V. 13 (*Hgst.*: wie dem Ohr die Prüfungsgabe, dem Alter die Erfahrung, so eigne Gott Kraft u. Weisheit) können sie nicht bezwecken, weil Beispiele, u. gar diese, dazu nicht geeignet wären. Sollte die Meinung sein, die Sprüche der Alten, auf die Bildad 8, 8 ff. sich berufen hat, seien nicht ungeprüft hinzunehmen (*Del. Mat. Vo.*), so müsste V. 12 vor 11 stehen. Wenn andere (*Hitz. Mx. Stud. Bud.* ZATW II. 252) V. 12 als Einwand oder angeführte Worte der Freunde auffassen, so sind sie genöthigt, V. 13 als die Widerlegung davon zu nehmen (in der Weise: prüfen muss man, was man hört; ihr sagt zwar: beim Alter ist Weisheit, aber vielmehr nur bei Gott ist Weisheit u. Kraft noch dazu), wie auch die Vorgenannten (*Del. Vo.*) thun. Aber V. 13, als Thema zum Folgenden, steht selbständig da; spricht nicht blos von חכמה, sondern von לו חכמה; ein Gegensatz ist nicht angedeutet (mindestens müsste עבשיש für עמו gesagt sein), u. wäre ein solcher zwischen der Weisheit der Alten u. Gottes an sich geschmacklos. Einfacher ist die Annahme, dass V. 11 f. einen 2. Beweis für das V. 3 Gesagte גם לי אין אנכי enthalten sollen (*Hrz. Ew. Schl. Ha.*), wie auch 13, 1 zwischen Sehen u. Hören unterschieden wird: vermöge seiner natürlichen Urtheilskraft kann jedermann solche Weisheit (auf die ihr euch einbildet) aus den Reden alter, erfahrener Männer abnehmen. Wogegen nach *Grill* Ij. mit V. 12 sich selbst bezielte (aber doch wohl gegen 5, 26. 29, 8. 18. 15, 10), u. die Meinung wäre: wie sollte ein Ohr (wie das meinige) solche Lehre nicht vernommen u. als Wahrheit erkannt haben, u. das vollends in höheren Jahren, die doch den Menschen verständig machen! Jedenfalls ist die Meinung der 2 Sprüche in diesem Zusammenhang unklar. Die Einrückung des V. 11 f. zwischen V. 8 u. 9 gäbe nur nothdürftige Besserung. V. 11 f. können der verstümmelte Rest aus einem volleren Text sein (den *Ew.* JB. IX. 35 f. zu restituiren sucht), oder auch ein jüngerer Einschub. b) V. 13—25. bestehend aus 6, 6, 6, 8 Stichen: zum Beweise, dass er so gut als sie im Wissen von göttlichen Dingen zu Hause sei, gibt er wetteifernd (ähnlich wie 9, 4—12) eine beredte, der des Ṣofar überlegene Schilderung vom Walten der Weisheit u. Macht Gottes, welche zeigt, wie reichlich ihm, wenn er einmal von diesen Dingen reden will, die Gedanken aus seiner Erfahrung u. seinem Wissen zuströmen. Seiner trüben Gemüthsstimmung gemäss aber u. in absichtlichem Gegensatz gegen die Freunde, die das Thun Gottes überall so leicht begreiflich finden, beschreibt er diese allmächtig wirkende Weisheit nicht als eine weltordnende u. bauende, sondern als eine die bestehenden Verhältnisse scheinbar verwirrende u. räthselhaft zerstörende; er nimmt seine Beispiele fast alle von den durch sie herbeigeführten raschen u. grossen Wechseln in der Menschenwelt u. Völkergeschichte, in welchen alle menschliche Weisheit von ihr zu Schanden gemacht wird. In solcher Beschreibung liegt zugleich eine stille Frage an die Freunde, ob sie alle solche Fälle auch zu erklären unternehmen wollen. Im übrigen reihen die einzelnen Sätze sich lose aneinander; leicht könnte der eine oder andere fehlen, oder fehlte vielleicht ursprünglich. α) V. 13—15. Thema u. erste allgemeinste Ausführung desselben. V. 13. Thema: *bei ihm ist Weisheit u. Stärke*, ihm d. h. *sein ist Rath u. Einsicht*. Die Suff. beziehen sich auf Gott (über V. 11f. auf V. 10f. zurück), u. weil er die Hauptperson der folgenden Schilderung ist, sind עִמּוֹ u. לוֹ nachdrücklich an die Spitze gestellt; ein Gegensatz zu V. 12 kann nicht darin liegen (s. d.) — V. 14. Als nächstes Beispiel dieser mit Allmacht waltenden Weisheit führt er mit Beziehung auf sein eigenes Geschick (7, 12. 10, 14. 13, 27), zugleich mit Anspielung auf Ṣofar's Wort 11, 10, an: *sieh, er reisst nieder, u. nicht wird aufgebaut*, sc. das Niedergerissene; *er schliesst jemand ein, u. nicht wird aufgethan* (Jes. 22, 22), d. h. niemand macht's rückgängig. יִסְגֹּר עַל] *über einem zuschliessen = ihn einkerkern* erklärt sich daraus, dass Gruben, die von oben verschlossen wurden, als Gefängnisse dienten (Jer. 38, 6; Thr. 3, 53). Die persönliche Fassung (*Hgst. Hitz. Mx. Stud.*) von יִפְתֵּחַ *er wird losgemacht* (Jes. 14, 17. 51, 14) ist die ferner liegende u. hier unnöthig. Für לֹא c. Pass. geben LXX Peš. וּמִי c. Act., gleichen Sinnes. — V. 15. Ebenso hat er für seine Strafzwecke die Natur zu seiner Verfügung, Dürre u. Überschwemmung kommen von ihm: *sieh', er hemmt die Wasser, so vertrocknen* (d. h. versiegen, Jer. 50, 38) *sie, u. lässt sie los, so wühlen sie die Erde um* (opp. 5, 10). בְּמַיִם] s. über = zu 4, 2. — β) V. 16—18 Wiederaufnahme des Themas, um nun diese allmächtige Weisheit als eine auch über die Geisteskräfte der Menschen schaltende u. sie zu Schanden machende zu beschreiben. V. 16. *Bei ihm ist* (s. V. 13) *Kraft u. Verstand* (s. 5, 12): *sein ist Irrender u. Irreleitender*. שֹׁגֵג u. מַשְׁגֶּה hier nicht sowohl im ethischen (*Hgst.*) als im intellektuellen Sinn: mag auch ein Mensch, einem andern überlegen, ihn irre führen können — für Gottes Weisheit u. Kraft ist der Irreleiter nicht mehr als der Irrende; er hat sie beide in der Hand, u. schaltet mit ihnen nach den Zwecken seiner Weisheit. — V. 17. *Der Rathsherrn* (3, 14) *ausgezogen* gehen *macht* d. i. *fortführt u. Richter zu Narren macht*. Rathgeber u. Richter kommen hier zuerst als Weise, erst in zweiter Linie als Hochgestellte in Betracht: sie können mit all ihrer Weisheit u. Staatsklugheit nicht hindern, was er ihnen anthut. שׁוֹלָל] nicht *captivus* (LXX, *Trg., Ges. Ha. Stud.* a.), noch weniger *mente captus* (*Vulg., Wll. Hgst.*), sondern mit ausgezogenen Kleidern u. Schmuck, bes. auch Sandalen (da Mich. 1, 8 שׁוֹלָל יָחֵף wie Jes. 20, 2. 4 שׁוֹלָל יָחֵף zusammengeordnet ist); für den engeren Begriff *barfuss* (*Ew. Hitz. Ren.* a.) ist sonst יָחֵף der Ausdruck. Trauernde (Mich. 1, 8) und Kriegsgefangene (Jes. 20, 4; 2 Chr. 28, 15) giengen so; an Fortführen in Gefangenschaft ist auch hier zu denken. שׁוֹלָל] bleibt hier u. V. 19 als Zustandsaccusativ im Sing., (wie שׁוֹלָל 24, 7. 10; *Ges.* 118, 5ª). יְהוֹלֵל] wie Jes. 44. 25, bethören u. als Thoren darstellen. Sachlich vgl. zu dieser Schilderung Jes. 40, 23. 44. 25. — V. 18. *Der die Fessel von Königen auflöst, u. einen Gurt an ihre Lenden fesselt.* Ohne Frage kann מוּסַר als מוֹסֵר (von אסר) verstanden werden; statt מוֹסֵר schrieb man regelmässig מוֹסְרֵי (im Plur. sogar defectiv מֹסְרֹת 39, 5). Nun wollen freilich die Mass. מוּסַר als st. c. von מוּסָר *castigatio, Zucht* (5, 17), u. so erklärt man: *die Zucht* d. h. das Regiment, die Auctorität *von Königen löst er auf* (*Ha. Del. Hgst. Mx. Vo.* a.). Der Sinn wäre gut, u. dass מוֹסֵר *Band* sonst nie im Sing. vorkommt, könnte dafür sprechen; jedoch מוּסָר kann man zwar מֹסְרִים (39, 5. Ps. 116, 16), aber nicht wohl מוּסָר. Man wird (mit den alten Übers. u. den meisten Erkl.) מוּסַר als st. c. von מוֹסֵר lesen müssen, zumal da auch וַיֶּאְסֹר darauf anspielt. Gemeint ist dann aber nicht *die Fessel, mit der Könige gefesselt sind,* so dass Gl. a sagte: er entfesselt, u. Gl. b: er fesselt sie (*Ew. Hrz.*). weil zu diesem ganz äusserlichen Gegensatz das cons. וַיֶּאְסֹר nicht passt: auch nicht *balteus* u. dagegen אֵזוֹר *funis* (*Vulg.*), was eine Verkehrung der sonstigen Bedeutung wäre. Sondern der Sinn muss dann sein (*Raš.*): er löst die Fessel, mit der die Könige ihre Unterthanen fesseln, ihren Zwang (*Luth.*), die staatlichen Bande u. Ordnungen, u. die Folge davon ist, dass die Könige selbst entthront in Gefangenschaft gerathen. Nämlich אֵזוֹר, sonst *Gürtel*, wäre hier *Gurt* als *Gefangenengurt,* weil mit אסר verbunden, „das sonst nie vom An- oder Umbinden des Gürtels, sondern vom Binden mit Stricken gebraucht wird (vgl. Jud. 16, 5; Ez. 3, 25; dageg. Ps. 109, 19), u. der Ausdruck אֵזוֹר wäre wohl nur wegen des Wortspiels mit מוּסַר gewählt" (*Hrz.*). Vielleicht ist der Text verdorben. Die Lesung וַיֶּאֱסֹף für וַיֶּאְסֹר (*GHff.*) erforderte 'מֵאֲסִיר. — γ) V. 19 —21: Fortsetzung der Schilderung, wie Gott alle durch Wissen u. Können in der bürgerlichen Gesellschaft Hervorragende zu Schanden macht. V. 19. *Der Priester entkleidet* (V. 17) *fortführt u. Längstbestehende zu Fall bringt* oder *stürzt*. Die Priester waren in manchen der alten Staaten ebenso wichtige, ja noch wichtigere u. angesehenere Personen als die weltlichen Obrigkeiten. אֵיתָנִים] der Begriff des Dauernden haftet immer an diesem Wort, auch wo es (Jer. 5, 15) von Personen gebraucht wird; also nicht blos *Feststehende, Mächtige* u. drgl., auch nicht *ewige Felsen* (stürzt er um, *Hitz.*), sondern Personen alter Geschlechter, zB. Priestergeschlechter, Leute deren Stellung altherkömmlich ist, sind solche אֵיתָנִים. — V. 20. *Der die Sprache entzieht den Bewährten,* sc. den in der Redekunst Verlässlichen u. Bewährten, die immer zu reden u. zu rathen wussten, *u. die Urtheilskraft* der Alten d. i. *den Alten nimmt* (s. Hos. 4, 11). — V. 21. *Der Verachtung* (V. 5) *ausgiesst über Edle*, Adelige (wiederholt Ps. 107, 40) *u. Vielvermögender Gürtel lockert* d. h. ihnen die Thatkraft lähmt, sofern das Unterkleid, wenn nicht durch den Gürtel festgeschürzt, an körperlichen Leistungen, besonders am Kampfe, hindert, vgl. Jes. 5, 27. 45, 1. מְזִיחַ] nur hier, sonst מֵזַח. [אָפִיק] urspr. wohl *der* viel *Umfassende* (vgl. אָפִיק *Rinne*), hier speciell der an Kraft Vielvermögende, Gewaltige; die *Ströme* (*Hitz.*) oder *Kanäle* (*GHffm.*) gehören nicht hierher. — δ) V. 22—25. Noch einmal ansetzend schildert er Gottes Thun zwar auch als ein Licht u. Klarheit schaffendes, aber nur um sofort die Vernichtung ganzer Völker u. die Bethörung ihrer Häupter daran zu schliessen, womit er auf V. 16 ff. zurückgreift. Ob hier alles echt oder ursprünglich ist, ist fraglich. In LXX fehlt ursprünglich zB. V. 23. — V 22. *Der Tiefes aus der Finsterniss* heraus *enthüllet, u. schwarze Nacht zum Licht herausführt*. Das kann nicht besagen, dass er das Niedrige aus der Finsterniss d. h. dem Elend emporhebt (*Hgst.*), noch weniger dass er die verborgenen (Jes. 45, 3) Schätze der eroberten Städte zu Tage fördert (*Hitz.*), oder dass er seine verborgenen Rathschlüsse im Schicksal der Völker verwirklicht (*Schl.*), sondern nur dass er die Finsterniss, mit der die Menschen ihre Plane u. ihr Thun umhüllen (vgl. Jes. 29, 15), alle finstern Plane u. Thaten der Menschen ans Licht zieht. Näherer Zusammenhang mit dem Vorausgehenden oder Folgenden ist nicht erkennbar. Eine Drohung an die Freunde (*Ew.*), vgl. 13, 10, wäre hier fremd. עֲמִיקוֹת] var. עֲמִקוֹת u. עֲמָקִים (*Ew.* 187ʰ). וַיֹּצֵא] Impf. cons. wie V. 18 u. 23 ff., s. 3, 21. Zum Hiph. s. 28, 11. Ps. 37, 6. — V. 23. *Der den Völkern Wachsthum gibt* (8, 11), *u. — sie vernichtet, den Völkern Ausbreitung gibt, u. — sie wegführt*. Jenes bezeichnet das Wachsthum in die Höhe, dieses in die Breite (*Hrz.*); aber beides verleiht er ihnen so, dass er sie darnach wieder vertilgt. Über לְ vgl. Gen. 9, 27 (*Ew.* 282ᶜ); zu הִנְחָה *fortführen*, von ihrem Land weg in Verbannung, vgl. 2 R. 18, 11. Freilich ist הִנְחָה in diesem Sinn befremdlich; aber ebenso befremdlich wäre *zurechtleiten*, oder ins Vaterland *zurückführen* (*Aq. Theod. Vulg. IE.*, welche zugleich שֹׁטֵחַ unrichtig als *niederwerfen* oder *zerstreuen* verstehen). Nimmt man auch noch im 1. Gl. מַשְׂגִּיא === מַשֶּׂה V. 16 (*Aq. Theod.; Mx. Hitz.*), so ist entweder die offenbare Correspondenz der beiden Glieder zerstört (*Aq. Theod.*), oder muss man Gl. 2 als Gegensatz zu Gl. 1 nehmen: *er lässt Völker irre gehen u. verkommen, breitet Völker aus u. leitet sie* (*Mx.*) oder *siedelt sie an* (*Hitz.*: וַיַּנְחֵם), bekommt dann aber in Gl. 2 einen Sinn, der in diesen Zusammenhang wenig taugt. Ohnedem ist שֹׁגֵה nicht === תָּעָה (V. 24). — V. 24. *Der den* Sinn oder *Verstand* (V. 3) *der Volkshäupter* d. h. *den Volkshäuptern eines Landes entzieht* (V. 20) *u. sie irren macht in einer Öde ohne Weg*; letzteres eine bildliche Bezeichnung ihrer durch die Bethörung herbeigeführten Rathlosigkeit, vgl. V. 25. רָאשֵׁי־עַם־הָאָרֶץ] nicht: „Häupter des Volkes der Erde", so dass Volk der Erde === Menschheit (Jes. 42, 5) wäre (*Hrz.*), sondern entweder עַם־הָאָרֶץ das Volk des Landes (s. 15, 19), oder besser רָאשֵׁי עַם als „Volkshäupter" zusammengenommen. תֹּהוּ־לֹא] s. zu 10, 22; keinenfalls dem תהו als einem st. c. untergeordnet „Wüste der Unwegsamkeit" (Hrz.), sondern entweder Appos. zu תהו, oder adverbialer Zusatz zu יתעם (Olsh.). Zur Sache vgl. Jes. 9, 15. 19, 11. Das ganze 2. Gl. wiederholt Ps. 107, 40. — V. 25. *Sie betasten die Finsterniss d. h. tappen (5. 14) in der Finsterniss* u. *Nicht-Licht* d. h. *ohne Licht* (s. V. 24), u. *er macht sie irre gehen wie den Trunkenen* (Jes. 19, 14). Ijob spricht hier wie Elifaz 5, 12 ff., nur dass er den Satz auf ganze Völker ausdehnt u. die sittlichen Zwecke davon verschweigt.

2) Cap. 13. Abweisung der unwahren Folgerungen, welche die Freunde in strafwürdiger Parteilichkeit aus diesen zugestandenen Wahrheiten gezogen haben, sieghafte Darlegung des unerschütterlichen Bewusstseins seiner Unschuld in einer Herausforderung an Gott, Bestürmung Gottes mit einer Reihe vorwurfsvoller Fragen, die er ihm beantworten müsse, in 3 Abschnitten. Dass der erste derselben nicht noch zum 1. Theil gehöre (Schl.), ergibt sich aus V. 3, der auf V. 13 ff. vorausweist, wie V. 4 auf V. 5 ff. — a) Cp. 13, 1—12, gegliedert in 4×6 Stichen. Trotzdem dass das alles sich so verhält, will er an Gott sich wendend, sein Recht gegen ihn vertheidigen, u. muss er die Freunde wegen ihrer unwahren, nur durch Scheingründe gestützten Beschuldigungen gegen ihn ernstlich rügen, u. mit Hinweisung auf dieselbe göttliche Allwissenheit, mit der sie ihn schrecken wollten, bedrohen. Nämlich α) V. 1—3: obwohl er somit alles, was sie lehren wollten, selbst weiss, so gut als sie, so will er ihnen doch nicht folgen, vielmehr seine Sache mit Gott selbst ausfechten. — V. 1. *Seht, alles hat mein Auge gesehen, mein Ohr gehört u. sich gemerkt.* Seine Schilderung 12, 13 ff. ist der Beweis dafür. כל] allein gesetzt (wie 42, 2; Ps. 8, 7 u. s.) ist nicht *das alles* (כֹּל־אֵלֶּה), was er zuvor dargelegt hat (*Del. Kmph. Hitz Mx. Reu.* a.), sondern *alles*, worauf es beim Reden von göttlichen Dingen ankommt, im Gebiet der Natur u. der Menschenwelt. Er weiss es durch eigene Beobachtung u. durch Erkundung von anderen (vgl. 12, 11 f.). לָהּ] nicht Obj. u. neutrisch: *es* (5, 27. 6, 20; Hrz.), sondern auf אֹזֶן bezüglicher Dat. ethicus (12, 11). — V. 2. Damit ist auch seine 12, 3 ausgesprochene Behauptung, die er hier ausdrücklich wieder aufnimmt, gerechtfertigt: *gemäss eurem Wissen d. i. so viel ihr wisst, weiss auch ich*; Rest wie 12, 3. — V. 3 kommt er auf den eigentlichen Gegenstand dieses 2. Theils: *Aber, ich will zum Allmächtigen reden, u. gegen Gott Beweis zu führen hab' ich Lust.* אוּלָם] nicht abbrechend: aber ich möchte mit euch nicht mehr streiten, sondern mit Gott (*Del.*), oder: „aber, um nun auf mich selbst zu kommen" (*Hrz.*), sondern entgegensetzend: *aber dennoch*, näml. nicht: obwohl ich als im Wissen ebenbürtig mit euch streiten *könnte* (*Hitz.*), weil das coordinirte אוּלָם V. 4 dann keinen Sinn hätte, sondern trotzdem, dass ich alles weiss u. dass alles sich so verhält. אני] mit Emphase, ἐγὼ μέν, gegen אתם V. 4 ὑμεῖς δέ; es wird beides, das V. 3 u. das V. 4 Gesagte, dem Vorhergehenden entgegengesetzt. Die Meinung ist: aber — gerade das was ihr mir rathet, als Folgerung aus diesem auch mir wohl bekannten Wesen Gottes, näml. ihm meine Schuld einzugestehen, will ich nicht

Ijob 13, 3—6.

thun; ich will gegen ihn rechten. הוֹכֵחַ] Inf. abs. im Acc. wie 9, 18; es bedeutet zur Vertheidigung seiner Sache *den Beweis* oder *Gegenbeweis führen* (Am. 5, 10; Jes. 29, 21; mit Obj. Ij. 13, 15. 19, 5). אֲךְ־אֲנִי] er spricht es als seinen Entschluss aus, dies zu thun, geht also über das 9, 3 Gesagte hinaus (freilich unter Voraussetzung einer Vorbedingung 9, 34. vgl. 13, 20 ff.). — β) V. 4—6: er muss sie für Lügendichter erklären, die besser geschwiegen hätten, u. ihnen eine Zurechtweisung ertheilen. V. 4. Ehe er diesen Entschluss ausführt, muss er noch eine zweite Behauptung ihnen entgegensetzen, die der von V. 3 gleichgeordnet ist; daher ואולם אתם nicht *ihr aber* (Hrz.), denn dafür genügte וְאַתֶּם, sondern: *und* noch einmal *aber*, *ihr seid Lügenkleisterer, Nichtiges flickt ihr zusammen, alle*. טָפַל] schmieren, ankleben (vgl. תָּפֵל *Tünche* Ez. 13, 10—15; talmud. טִפְלָא *der Anwurf*); dass es auch *zusammennähen, anheften* bedeute, ist aus 14, 17 nicht zu entnehmen. Demnach sind טֹפְלֵי־שֶׁקֶר *Lügenschmierer*, die mit Lügen (die Thatsachen) überschmieren u. so unkenntlich machen, nicht gerade *Anstreicher, Andichter* von Lügen (*Hrz. Stick. Schl. Del.* a.). רֹפְאֵי אֱלִל] nach den meisten: *nichtige Ärzte*, solche die seine Wunden nicht heilen können, ähnlich, wie *leidige Tröster* 16, 2. Doch würde gegenüber dem starken Vorwurf des 1. Gl. u. der Ausführung V. 7 ff. diese Aussage stark abfallen; auch wäre אֱלִל Attributsgenetiv, während שֶׁקֶר das Object bezeichnet. Würde man, um hier auszugleichen (*Hupf.*), auch טֹפְלֵי־שֶׁקֶר als *sarcinatores falsi, trügerische Flicker* oder Ärzte fassen, so bliebe immer noch die vom ganzen Zusammenhang hergenommene Einwendung in Kraft, u. käme die neue hinzu, dass טֹפְלִים in diesem Sinn nicht zu erweisen ist. Es wird darum doch richtiger sein (*Vulg.*; *Ges.* th. 1301; *Ew. Olsh. Stud.*), רֹפְאִים (nach der Grundbedeutung *flicken*) zu nehmen als *Flicker von Nichtigem* d. h. solche, welche Nichtiges, eitle grundlose Behauptungen zusammenflicken (aus Dogmen künstlich erschliessen, was allen Thatsachen widerspricht). — V. 5. Solchem Verhalten gegenüber kann er nur wünschen: o *dass ihr doch ganz schweigen würdet*, und d. i. *damit das euch* zur Weisheit gereichte d. h. *als Weisheit gälte!* (vgl. 21, 2). Über den Inf. abs. s. *Ges.* 113, 3ᵃ. וּתְהִי] Volunt. cons., *Ges.* 109, 2ᵃ; das Fem. für unser Neutr., s. zu 4, 5. Zur Sache vgl. Prov. 17, 28 u. das bekannte: *si tacuisses, philosophus mansisses* (*Hrz.*). — V. 6. U. vielmehr sollen sie hören auf die Rüge, die V. 7—12 folgt. „Das Wort תּוֹכַחְתִּי haben schon LXX *Vulg.* richtig durch ἔλεγχος, *correptio* (Zurechtweisung) wiedergegeben, eine Bedeutung, welche sich an die des Verb. הוֹכִיחַ 6, 25. 40, 2 anschliesst; unrichtig erklären die meisten neuern Ausll.: *Vertheidigung, Rechtfertigung*, denn eine Vertheidigung Hiob's gegen die Beschuldigungen seiner Freunde folgt in dieser Rede nicht. Ebenso erklären richtig alle alten Verss. רִבוֹת (defectiv für רִיבוֹת, s. 9, 24) durch *strafende Vorstellungen, Vorwürfe, (Rügen)*; unrichtig dagegen ist die Erklärung *Beweise*." So ganz recht *Hrz.* In der That ist ja alles V. 7—12 Folgende eine sittliche Zurechtweisung der Freunde, die er sich nicht versagen kann, ehe er auf seine Verantwortung vor Gott übergeht; seine Verantwortung oder Darlegung seiner Sache vor Gott anzuhören, fordert er darnach V. 13 ff. 17 wieder besonders auf.

משׁפטי] gew. mit einer Praep.; hier wie Ps. 17. 1. Jer. 23. 18 dichterisch mit dem Acc. construirt (*Hrz.*). Für תשׂאון geben LXX אִם תּחשׁוּ, zum Parallelismus passender (*Mc.*) — γ) V. 7—9 Beginn der strafenden Vorhalte: er rügt, dass sie in seinem Streite mit Gott ohne weiteres sich auf des Stärkeren Seite stellen u. Gott auf Kosten Ijob's durch grundlose Behauptungen vertheidigen wollen, als könnte das ihnen von Nutzen sein, u. als würde Gott nicht diese innere Unwahrheit durchschauen. — Z. 7. *Wollt ihr für Gott Unrecht* (5, 16. 6. 30) *reden, für ihn reden Trug?* Das לְ bedeutet hier nicht *zu*, sondern wie V. 8 *für*, zu Gunsten oder aber zur Vertheidigung von einem (vgl. Jud. 6, 31). Wollt ihr auf Kosten des Rechts u. der Wahrheit für Gott reden? — V. 8. Das *Für-Gott-Reden* wird hier in seine 2 Möglichkeiten gespalten: *wollt ihr seine Partei nehmen* (wie V. 10), *oder wollt ihr für Gott streiten* d. i. Gottes Anwalt machen? Es sind die 2 Fälle denkbar, dass sie für Gott reden, entweder weil er der Mächtigere ist, mit dem man es nicht verderben darf, also blos aus Sucht nach seiner Gunst oder höchstens aus Furcht vor seiner Rache, oder aber weil sie wirklich das fromme Streben haben, die Sache Gottes, die sie durch Ijob's Reden gefährdet glauben, zu vertheidigen. Aber mag nun der eine oder andere Grund bei ihnen obwalten, jedenfalls muss er ihnen zu erwägen geben V. 9: *Ist's gut oder wird's gut sein, wann er euch durchforschen wird?* u. euern wahren Beweggrund finden; das טוב (s. 10, 3) nicht *beliebt es, dass* (*Hitz.*), auch wohl nicht: gut vor ihm, ihm gefallend (*Hrz.* a.), sondern: gut für euch dem Erfolg nach, s. V. 10. *Oder werdet ihr, wie man Menschen täuscht, ihn täuschen?* sc. nicht: hinsichtlich meiner d. h. ihn verleiten, dass er mich auch für schuldig halte (*Hrz.*), sondern hinsichtlich eurer, über eure Beweggründe u. wahre Herzensmeinung, denn תהתלו Hiph. von הלל, dessen ה im Iprf. beibehalten wird (*Ges.* 53 A. 7), ist nicht etwa = נשׁא oder התעה, sondern *zum Besten haben*, nam. durch Verheimlichung der Wahrheit, durch falschen Schein, den man verbreitet (Jud. 16, 10. Gen. 31, 7. Jer. 9, 4) u. *so täuschen*. Treffend wird hier die ganze Stellung, welche die Freunde zu seiner Sache einnehmen, gezeichnet: in unverständigem Eifern für Gottes Ehre scheuen sie sich nicht, gegen besseres Wissen u. Gewissen zu reden u. einem Menschen Unrecht zu thun; u. sehr bemerkenswerth ist, wie hier Ij. von seiner tieferen Erkenntniss aus alle solche Unwahrheit Gott zu Ehren als verwerflich u. strafwürdig erklärt. — δ) V. 10—12: er bedroht sie dafür feierlich mit den Strafen Gottes u. dem Schrecken seiner Majestät, vor welcher alle ihre schönen Reden u. Beweismittel in nichts zerstieben. V. 10. Unmöglich kann für euch das gut sein, vielmehr wird er euch (nicht blos rügen, scharf tadeln *Hitz.*, sondern) *strafen* (wie 5, 17 züchtigen), u. zwar sicher (Inf. abs.), *wenn ihr im geheimen Partei nehmt* d. h. wenn blosse Parteilichkeit für den Stärkern, u. nicht wirkliche Überzeugung der Beweggrund eures Redens gegen mich ist. Er droht ihnen mit demselben richterlichen Einschreiten des Allwissenden, das S. 11, 5f. ihm angewünscht hat; nach 42, 7ff. mit vollem Recht. — V. 11. *Wird nicht seine Hoheit euch betäuben* (3, 5), *u. sein Schrecken auf euch fallen*, euch überfallen? שָׂאֵתוֹ] nicht: *seine Erhebung* zum Streit (*Vulg., Böttch.*), sondern wegen des folgenden פחדו u. nach 31, 23 *seine Hoheit*; פחדו der *Schrecken*, den er einflösst, wenn er als Richter sich offenbart (Jes. 2, 10. 19). „Werdet ihr nicht mit Zittern dastehen vor ihm, dem Hohen u. Heiligen, vor dem nichts Unlauteres bestehen kann?" (*Hrz.*). Dass die Iprff. futurisch, u. nicht präsentisch (*Ha. Stud.*) zu verstehen sind, fordert der Zusammenhang mit V. 10 u. 9, wo er sie auf die Zukunft hingewiesen hat, obgleich in anderem Zusammenhang es ganz richtig wäre, dass dem gottesfürchtigen Menschen der Schrecken u. die Hoheit Gottes in jedem Augenblick gegenwärtig sein soll (31, 23). — Auch in V. 12, welcher, als noch Rüge der Freunde enthaltend, unmöglich (mit *Del.*) zum nächsten Abschnitt gezogen werden kann, zeigt sich durch das לְ von לְגַבֵּי die Beziehung auf die Zukunft: der Hoheit Gottes gegenüber wird die Nichtigkeit ihrer Beweisgründe, die Ijob allerdings als nichtige jetzt schon durchschaut, offenbar werden. *Eure Denksprüche — Aschensprüche! zu Lehmschanzen* werden *eure Schanzen*! זִכְרֹנֵיכֶם] von זִכָּרוֹן, bezeichnet nicht *Erinnerungen*, aus ihrem Gedächtniss Vorgebrachtes (*Hitz.*), sondern *Denksprüche, Merkworte*; höhnisch nennt er so ihre Lehren, die sie (nam. Bildad) in spruchartiger Form, mit der Absicht, dass sie sich ihm so recht einprägen sollten (4, 7), vorgetragen haben. מִשְׁלֵי־אֵפֶר] Sprüche, die wie Asche zerstieben; Bild der Nichtigkeit, wie Jes. 44, 20. גַּב] *Rücken, Buckel*, 15, 26 vom Buckel des Schildes gebraucht, scheint hier (Ges. th. 255) eine Art *Brustwehr* oder *Schanze* zu sein, hinter der man kämpft; ihre Beweisgründe werden so genannt, nach einem ähnlichen Bild wie Jes. 41, 21; gleichsam „Verschanzungen, hinter die sie sich immer wieder zurückzogen, um von da aus ihre Angriffe auf Ijob zu erneuern" (*Hrz.*); sie werden *zu* Lehmschanzen, erweisen sich als solche, leicht zerbröckelnd u. durchbrechbar. לְ] nicht zur Unterscheidung des Praed. vom Subj. (*Hitz.*), auch Hos. 9, 13 nicht; auch nicht *für* d. h. so gut wie (*Ha. Schl. Hgst. Stud. Ren.*), sondern das Werden zu etwas bezeichnend. — Nachdem er die תּוֹכָחוֹת der Freunde vollendet, u. damit den zweiten der durch אוּלָם eingeführten Sätze V. 4 ff. ausgeführt hat, nimmt er den ersten derselben V. 3 wieder auf, um nun ganz bei diesem stehen zu bleiben. — b) V. 13—22, gegliedert in 8 (4 + 4), 6, 7 Stichen: Darlegung seines unerschütterten Unschuldsbewusstseins in einer Herausforderung an Gott. Nämlich α) V 13—16: von den Gegnern sich abwendend will er zu Gott reden u. sein Recht gegen ihn geltend machen; er kann sich's zwar nicht verhehlen, dass er dafür vielleicht mit dem Leben büssen müsse; aber mit verzweifeltem Muth setzt er sich über diese Bedenken hinweg, da ja sein Leben doch verwirkt sei, ja er findet zugleich — in raschem Wechsel der Gefühle — gerade in diesem seinem Drang, sein heiligstes Recht auch mit Gefahr des Lebens geltend zu machen, einen Grund zur Siegeshoffnung, also auch einen Grund, es frisch zu wagen. — V. 13. *Schweiget* weg von mir d. h. *von mir ablassend* (opp. Jes. 41, 1) sc. mit euren Angriffen, *auf dass ich rede*, oder: so will *ich* reden, *u. es ergehe über mich* (Dt. 24, 5), *was* (immer es sei, oder) *will!* mögen

8*

auch die schlimmsten Folgen sich für mich daraus ergeben, näml. zur Strafe für die Vermessenheit, mein Recht vor ihm geltend zu machen. Über מה, ebenso 2 S. 18, 22, vgl. Ew. 104^d; zur Sache 9, 21f. —
V. 14. Nach dem text. rec.: *weshalb* (10, 2) *sollt' ich mein Fleisch in* (zwischen) *meine Zähne nehmen u. meine Seele in meine Hand legen* d. h. meiner Hand anheimgeben? *Fleisch* u. *Seele* nicht gegensätzlich, sondern = Leib u. Leben. Die Redensart des 1 Gl. kommt sonst nirgends weiter vor; sie kann natürlich nicht besagen: sich selbst zerfleischen d. h. seine moralische Persönlichkeit vernichten (*Hgst.*), sondern wäre zu erklären (*Hrz. Ew.* u. die meisten) aus der Anschauung eines Raubthieres, welches, wenn es bedroht wird, seinen Raub mit den Zähnen davonschleppt, um ihn zu retten; also: warum sollte ich meinen Leib als Beute davon tragen (Jer. 38, 2) wollen? oder auf seine Rettung mit äusserster Anstrengung bedacht sein? sc. indem ich mich beugte u. mich ohne Widerrede als Schuldigen darstellen liesse. Die Redensart des 2. Gl. kann nicht besagen: die Seele in die Hände nehmen d. h. sie als kostbares Besitzthum ängstlich festhalten (*Eichh. Umb. Hitz.*), denn sie kommt noch öfters vor (Jud. 12, 3. 1 S. 19, 5. 28, 21) u. bedeutet immer: sein Leben aufs Spiel setzen oder daran wagen (vgl. Ps. 119, 109). Dies durch על־מה in Frage gestellt ergäbe aber den dem erwarteten entgegengesetzten Sinn Deshalb wollte man das 2. Gl. von der Frage trennen: *auch* (*Stick Hrz.*) oder *vielmehr* (*Ha. Del.*[1] *Stud.*) oder *da ich doch* (*Bött. Hgst.*) meine Seele setze ich aufs Spiel, unnatürlich genug u. mit dem blossen ו nicht zu vereinen. Oder aber nahm man als Grundbedeutung jener Phrase an: die Seele der Hand anvertrauen zum Durchbringen d. h einen verzweifelten Rettungsversuch machen (*Ew. Schl. Zöckl. Del. Vo.*). Damit wäre der passende Sinn gegeben, aber der Sprachgebrauch a. a. O. widerstreitet. Auch die Erklärung: *wozu soll ich* noch weiter *mein* ganzes *Fleisch an meinen Zähnen tragen* (19, 20), d. h. meiner abgezehrten Leib herumschleppen, *u. mein Leben in meine Hand legen* d. h. in fortwährender Todesgefahr schweben? (*Barth*) scheitert an der Unnatürlichkeit des Gedankens u. Ausdrucks in Gl. 1 u. an der Umdeutung der Phrase in Gl. 2. Der Anstoss des V. liegt in der Frage Daher versuchte man (*Schult. Ros. Ren.*) על־מה abzutrennen: *super quidquid fuerit* d. h. auf was es auch ankomme, was es auch gelte ich will ; aber על־מה kann das nicht bedeuten. Da על־די in LXX fehlt, so wird es Dittographie von עלי מה V. 13 (*Olsh. Mx. Ren.*) u zu streichen sein. Dann spricht Ij. hier einfach den Vorsatz aus, er wolle (Leib u. Seele) sein Leben dran wagen, u. Gl. 1 wird ebenso wie Gl. 2 zu deuten sein, sofern das Fleisch in die Zähne genommen diesen ebenso leicht entfallen kann, wie die Seele der Hand. Übrigens könnte der ganze V. auch entbehrt werden; die 8 Stichen minderter sich dann auf 6. — V. 15. *Sieh er wird* (besser als *er möge*, *Mx Stud.*) *mich tödten*, nämlich zur Strafe meines kühnen Unterfangens oder, wenn man am text. rec. von V. 14 festhält: er wird mich jeden falls tödten (selbst wenn ich den Versuch der Lebensrettung durch Schweigen machen wollte), durch meine Krankheit; an dieser bald

sterben zu müssen, ist er ja fest überzeugt (6, 13. 7, 6. 9, 25. 10, 20).
לֹא אֲיַחֵל] *ich harre nicht* (vgl. 6, 11. 14, 14), d. h. das Harren habe
ich aufgegeben, oder auch: ich brauche nicht erst zu warten, ich bin
meines Schicksals sicher; meist (*Hrz. Ew. Ha. Schl. Ren. Reu. Vo.* a.):
ich hoffe nicht, aber יחל *ausdauern, harren, warten*, ist nicht unser
deutsches Hoffen in dem prägnanten Sinn: etwas Gutes erwarten. Auch
wenn (40, 23. Jes. 54, 15) *er mich umbringen will, ich werde nicht
warten* d. h. zögern, sondern dazu bereit sein (*Bötch. Hitz.*) beruht
auf künstlicher Umdeutung des Begriffs יחל. Die Lesart des *Qerê*,
welche schon die Verss. ausdrücken (auch in M. Soṭa 5, 5 erwähnt),
לוֹ für לֹא (vgl. 6, 21. 41, 4, u. ö.) schliesst sich an richtige Einsicht
in die Bedeutung von יחל u. an die häufige Verbindung desselben mit
לְ Obj. (29, 21. 23. 30, 26) an; die Meinung kann aber dann nicht die
in der *Vulg.* ausgedrückte sein: *etiam si occiderit me, in ipso* (*Deo*)
sperabo, weil es in diesem Zusammenhang ganz unmöglich ist, dass
Ij. eine über den Tod hinausreichende Hoffnung ausspreche, sondern
der Sinn müsste sein: er wird mich tödten, *darauf* (auf das Getödtet-
werden) oder *auf ihn* (dass er mich tödte) warte ich (*Del. Stud.*).
Der Gedanke wäre nicht unpassend, aber der Ausdruck nicht treffend
u. die Stellung des לוֹ vor dem Verb. nicht begründet. *Nur meine
Wege* d. h. meinen Wandel u. zwar meinen Wandel in Unschuld *will
ich ihm in's Angesicht* (2, 5. 1, 11) *beweisen* oder darthun (s. V. 3).
Die restriktive Kraft des אַךְ (s. 16, 7) bezieht sich auf den ganzen Satz
(= *jedoch*): er wird mich tödten, ich habe schon verzichtet auf's
Leben, nur mein klares Recht ihm deutlich zu beweisen, dass er's anerkennen muss, darauf verzichte ich nicht. — V. 16. Auch d. h. *schon
das dient mir zum Sieg, dass ein Unheiliger* (8, 13) *oder Heuchler
vor ihn nicht tritt*, näml. von selbst oder aus eigenstem Antrieb, wie
Ij. es jetzt thut. הוּא] ist nicht auf Gott zu beziehen (vgl. 5, 18. 9, 22.
11, 11. 23, 6. 31, 4): auch *er* (selbst) dient mir zur Hilfe, ist mein
Beistand, *denn* u. s. w. (*Bött. Schl. Barth*), weil zwischen dem Be-
gründeten u. dem begründenden Versglied ohne Einschiebung von Mittel-
gliedern kein klarer Zusammenhang wäre (denn *vor ihn kommt nicht*
d. h. er lässt nicht aufkommen *Niederträchtiges* zB. ungerechte Ver-
dammung — *Barth* — wäre unhebräisch), u. weil der Abstand
zwischen dem, was er V. 15 von Gott ausgesagt hat, u. dem, was er
hier von ihm aussagte, ein zu unvermittelter wäre; sondern הוּא ist
neutrisch (s. LXX), wie 15, 9. 31, 28. 41, 3; כִּי gibt dann die Erklärung davon. Möglich ist auch כִּי *denn*, u. die Beziehung des הוּא
auf's Vorhergehende: schon das, jener mein Vorsatz, unbekümmert um
alle Folgen meine Unschuld vor Gott zu vertheidigen, muss mir zur
יְשׁוּעָה dienen. Diese יְשׁוּעָה aber ist nicht „etwas, was für mich spricht"
(*Ha.*), oder „ein Glück, glücklicher Umstand" (*Hrz.*), sondern wie immer,
wo vom Kampf die Rede ist, Heil als *Sieg*. Es ist, wie wenn Ij. von
dem Gedanken, den er damit ausspricht, sich selbst freudig überrascht
fühlte. — β) V. 17—19: In seinem Siegesbewusstsein fordert er die
Freunde auf, der Geltendmachung seines Rechts vor Gott zuzuhören,
denn er ist nun bereit zum Kampf, u. ist überzeugt, dass niemand ihm

Ijob 13, 17—23.

mit Aussicht auf Erfolg entgegentreten kann. — V. 17. שִׁמְעוּ שָׁמוֹעַ] hier nicht wie Jes. 6, 9: höret immerfort, sondern: höret wohl oder genau (Ges. 113, 3ᵇ) wie 21, 2. 37, 2. אַחֲוָתִי] nur hier: Erklärung, Darlegung. Die Bildung des Wortes ist aber ganz singulär (Ew. 156ᶜ), denn von dem im Hebr. üblichen Pi. (15, 17. 32, 6 u. ö.) kann es nicht kommen; von dem im Aram. üblichen Hiph. käme אַחֲוָיָה (Dan. 5, 12) oder ‍ܐܚܘܝܬ (was Lag. schreiben will); die LXX besser אֲחַוֶּה· d. h. ἀναγγελῶ γάρ. Zu verstehen ist אָחִיתִי als Subj. u. בְּאָזְנֵיכֶם als Präd. (2 S. 22, 7 vgl. Ps. 18, 7). Inhalt der מִלָּה u. אַחֲוָה ist nicht blos das V. 18 folgende, sondern die ganze Darlegung seines Rechts, die er gegen Gott vorbringen will (vgl. V. 15ᵇ). Übrigens klingt der ganze V. stark nach dem Elihureden; ob ein Einschub, um פֶּה V. 18 vorzubereiten? — V. 18. Er erklärt sich bereit zum Beginn der Verhandlung: *ich habe* (Perf. der vollendeten Thatsache) *gerüstet* die Rechtssache, *den Rechtsstreit* (wie 23, 4, u. mit ausgelassenem מִשְׁפָּט 33, 5); *ich weiss, dass ich Recht haben* oder *behalten werde* (11, 2). — V. 19. In sieghaftem Bewusstsein seines Rechtes fordert er Gott u. Welt in die Schranken (vgl. Jes. 50, 9; Röm. 8, 31 ff.): *Wer ist, der* (s. zu 4, 7) *mit mir streiten wird?* d. h. mit stichhaltigen Gegengründen mein Recht bestreiten wird? *denn dann* (s. zu 3, 13), wenn einer das könnte oder ich nur dächte, dass er's könnte, *würde ich schweigen u. verscheiden*, ohne mich zu sträuben. Es ist hier zum erstenmal, dass er in voller Ruhe (vgl. 6, 10. 9, 21. 10, 7) dieses Bewusstsein seiner Unschuld in seiner ganzen Kraft erfasst u. geltend macht; eine Frucht des fortgesetzten Angriffs der Freunde u. ein wichtiges Ergebniss des bisherigen Streites. — γ) V. 20—22. Aber so schon im Begriff zu reden, wird er wieder von Furcht vor dem übergewaltigen Gott befallen, u. zu einer Cautel veranlasst. V. 20. *Zwei Dinge* bedingt er sich bittend aus, wenn er soll seine Sache vertheidigen können, dieselben zwei wie 9, 34, näml. V. 21: *Deine Hand* (die strafende Hand, vgl. 33, 7 u. שֵׁבֶט 9, 34) *von auf mir thu' weg* d. h. die mich niederdrückenden Schmerzen der Krankheit erleichtere mir so lange, *u. dein Schrecken*, den deine Majestät einflösst (vgl. V. 11), *betäube mich nicht!* V. 22. Dann, unter diesen Voraussetzungen, ist er zum Rechtsstreit bereit, u. es soll ihm gleichgelten, ob Gott als Kläger oder als Beklagter auftreten will: *da rufe du u. ich werde Rede stehen, oder ich will reden, u. erwiedere du mir!* Es sind das Ausdrücke des Gerichtsverfahrens. הָשִׁיב] sc. דָּבָר, wird wie עָנָה mit dem Acc. pers. verbunden (20, 2. 32, 14. 33, 5. 32. 40, 4). — So ist denn nun alles zu dem Rechtsstreit mit Gott vorbereitet. Man kann sich hier eine Pause denken (*Hitz. Del.*²), während der er wartet, dass Gott das Wort nehme. Weil dies nicht geschieht, so hebt er selbst an. — c) V. 23—28 in 6 u. 7 Stichen: er richtet eine Reihe vorwurfsvoller Fragen u. Forderungen an Gott, welche schliesslich in Wehklagen über sein bedauernswerthes Loos auslaufen. α) V. 23—25: Was denn seine Sünden seien? Gott solls ihm sagen, warum er ihn anfeinde? es sei doch seiner nicht würdig, ein so elendes Wesen aufs äusserste zu verfolgen. — V. 23. Wie viel (s. 7, 19) mir V. u. S., d. h. *wieviel Vergehungen u. Sünden habe ich denn? meinen Frevel u. meine Sünde lass mich wissen!* Sich hie u. da verfehlt zu haben, leugnet Ijob nicht, auch hier nicht, dagegen eine Menge gröberer und feinerer Sünden, oder eine schwere Missethat (פשע), durch die er ein so übermässiges Missgeschick verschuldet haben könnte, kennt er nicht, u. fragt hier darnach. — V. 24. *Warum verbirgst du dein Angesicht?* d. h. nicht: warum erscheinst du jetzt nicht? (*Del. Vo.*), sondern nach Gl. 2: warum machst du mich zum Gegenstand der Ungnade u. des Zorns? (die Phrase ohne מן zB. Ps. 30, 8. 104, 29. Jes. 57, 17; häufiger mit מן), *u. achtest mich als* (wie 19, 15. 35, 2 u. s.) *Feind dir* d. h. *von dir?* — V. 25. Da er sich keines zureichenden Sündengrundes bewusst ist, so stellt sich ihm wieder der Gegensatz menschlicher Schwachheit u. göttlicher Übermacht als möglicher Erklärungsgrund dar: *ein verwehtes Blatt willst du schrecken, u. den dürren Halm verfolgen?* ה] ist Fragwort (*Ges.* 100, 4). את־] zeigt, dass קש, obwohl der Artikel nach dichterischer Weise fehlt, doch als bestimmt zu denken ist (*Ges.* 117, 1 A. 2). Ein verwehtes Blatt (Lev. 26, 36) ist ein solches, das zur Erde geworfen, vom Wind hin- u. hergetrieben wird. Er meint darunter sich, wie unter der dürren Stoppel: er bezeichnet sich damit, nicht blos bezüglich seiner menschlichen Schwachheit (*Ha. Hgst.*), sondern auch als den durch Leidensschläge schon ganz hinfällig u. kraftlos gewordenen, der gar nicht mehr zu schaden im Stand ist. Indem er diesen Beweggrund bei Gott setzt, will er zu verstehen geben, wie unwürdig Gottes das sei. — β) V. 26—28 erklärt er, warum er so fragen u. solche Gesinnung in Gott vermuthen muss. — V. 26. כי] der maassgebenden Folge, s. zu 3, 12. *Dass du Bitterkeiten mir zudictirst, u. mich die Vergehungen meiner Jugend erben lässt.* כתב] ist nicht etwa vom Verschreiben des Arztes (*Hitz*), sondern vom Niederschreiben des richterlichen Straferkenntnisses gebraucht, wie auch 31, 35 schriftliches Gerichtsverfahren vorausgesetzt ist; die מרורות sind eben die bittern, schmerzhaften Strafen. Sachlich u. sprachlich unbrauchbar ist מהרות seit vergangenen Geschlechtern d. h. die Schuld derselben (*GHffm.*). *Das Erbe* der Sünde d. h. welches die Sünde zurücklässt, ist *die Strafe.* Da lj. sich keiner Schuld aus der reiferen Lebens-Zeit bewusst ist, so erscheinen ihm seine Leiden als Strafen für die Sünden der Jugendzeit. Dass Gott ihn für diese, von denen keiner frei ist, büssen lässt, erscheint ihm als besondere Härte, da von der Güte Gottes sonst gehofft (oder erbeten) wird, dass er *diese* in Leichtsinn oder unbewusst begangenen Sünden dem Menschen nicht anrechne, vgl. Ps. 25, 7" (*Hrz.*). — V. 27. *Und meine Füsse in den Block legst, u. alle meine Pfade bewachst, um meine Fusssohlen dir eine Grenze ziehst.* ותשם] anscheinend dichterische Abart des Impf. cons. (*Ew.* 343ᵇ), doch wird ohne Bedenken ותשם oder ותשם gelesen werden dürfen; ebenso 15, 33. 27, 22; s. aber zu 18, 9. סד] nur hier u. 33, 11, syr. ܣܕܐ ist ein mit Löchern versehener hölzerner Klotz, in welchen die Füsse der Gefangenen eingespannt wurden, um ihnen das Entrinnen unmöglich zu machen; wahrscheinlich dasselbe, was Jer. 20, 2 u. s. מַהְפֶּכֶת u. Act. 16, 24 τὸ ξύλον heisst. Auch bei den heutigen Arabern fand *Burckhardt* (Bed. u. Wahaby S. 420) dergleichen Fussblöcke im Gebrauch (*Hrz.*), s. auch *Ri.* HWB. 479. Er kommt sich also vor wie ein in schwerstes Gefängniss gelegter Verbrecher, dem jede freie Bewegung unmöglich gemacht ist, oder auch wie einer, dem man jeden Schritt u. Tritt *bewacht* (7, 12. 10, 14), damit er nicht durch die Flucht sich entziehe; dieser Block aber oder diese Wache ist eben seine unablässige schwere Krankheit, bei der durch die Aufschwellung der Gliedmassen sogar im eigentlichen Sinn ihm jedes Gehen unmöglich gemacht ist. Die *Wurzeln der Füsse*, nach *Hitz.* die Füsse selbst als Wurzeln gedacht, sind vielmehr die untersten Theile der רַגְלַי (frei *Sohlen*), mit denen sie, wie der Baum mit seinen Wurzeln, am Boden haften. תִּתְחַקֶּה] von חָקָה (*eingraben, einschneiden, ritzen, zeichnen*), bedeutet auf keinen Fall: *du gräbst* (einen Graben) *um meine Füsse, dass ich nicht weiter kann* (*Ges. Ren.*), auch nicht: *du zeichnest um meine Füsse* sc. einen Kreis, über den sie nicht hinausgehen sollen (*Ros. Umb.*), weil das Hithp. damit nicht zu seinem Rechte kommt; aber auch nicht: *du gräbst dich ein um die W m. F her*, legst dich gleichsam als eine Kreislinie um sie her (*Hrz. Reu.*), oder *gräbst dich in meine Knöchel*, vermittelst der Einschnitte, die der Block macht (*Stud.*), was eine ganz abenteuerliche Vorstellung gäbe, noch: *du heftest dich meinen Fusssohlen an* (*Raš., Merc.*), sondern mit blos mittelbarer Rückbeziehung der Handlung auf das Subj.: *du machst dir Einschnitte, Grenzlinien* (חֹק) *über* (עַל wie V. 26) *m. F* = für sie u. um sie d. h. schreibst ihnen Grenzen vor (*Ew.*[1] *Del.* a.), wogegen mit תִּתְחַקֶּה = تَحَقَّقَ عَلى *sich einer Sache versichern* (*Ew.*[2]) der hebr. Sprachgebrauch verlassen, mit *sich Ritzen machen auf* = *aufritzen* (*Stick.*) u. *sich Zeichen machen auf* = *zeichnen den untern Theil der Füsse* (*Böttch.*) aus der hier durchaus herrschenden bildlichen Redeweise herausgefallen würde, u. die Übersetzung *vestigia pedum meorum considerasti* (*Vulg. Peš.*) keine sprachliche Begründung zulässt. — V 28. *Und er, wie Morsches zerfällt er, wie ein Kleid, das die Motte* (4, 19) *zerfressen hat* (Jes. 50, 9). Zu יִבְלֶה, statt erwarteten יִבְלֶה vgl. 14, 2. 6. 16, 14. 31, 18. 38, 3 (*Ges.* 126, 3[d]). Denn dass nicht *wie Morsches, das zerfällt* (*Stud.*) beabsichtigt ist, ergibt sich aus dem Verb. בלה, das man recht eigentlich von בֶּגֶד aussagt. Vorausgesetzt bei dieser Fassung ist, dass רָקָב nicht blos *Wurmfrass*, sondern auch vom Wurm Zerfressenes, (= רָקָב) bedeuten kann (*Trg.*). Die das nicht anerkennen (*Schult. Hitz. Del.*[2]), legen רָקָב aus *wie von Wurmfrass* (!), u. LXX *Peš.* nehmen gar רָקָב = أَمْصَا *Schlauch*. Schwerlich will der Satz die Wirkung jener Strenge auf den Gefangenen (*Hitz.*) angeben, sondern weil als Zustandssatz gebaut, sagen: während er doch schon in voller Auflösung, also ungefährlich genug ist. Es wird damit der Gedanke von V. 25 wieder aufgenommen, u. durch die Wendung וְהוּא d. h. ein solcher Gefangene (statt אֲנִי) der Rede eine allgemeinere, auch für andere Menschen gültige Fassung gegeben, welche im Folgenden festgehalten wird. Denn bereits ist der stolze Ton sieghafter Selbstvertheidigung vor Gott zur Verzagtheit u. wehmüthigen Trauer über sein u. aller Menschen Loos herabgestimmt. V. 28 bildet den Übergang zu Cp. 14, u. ist nicht (*Mx.*) hinter 14, 1 zu stellen.

3) Cp. 14. Wehmüthige Klage über das Loos des Menschen im allgemeinen u. sein eigenes im besonderen, in 2 Abschnitten. Ähnlich ist C. 7, 1—10, nur dass er jetzt nicht sowohl die Mühseligkeit des Lebens eines Menschen, als vielmehr seine Kurzlebigkeit u. die Endschaft alles Lebens mit dem Tode, wodurch eine künftige Ausgleichung des jetzigen Missverhältnisses unmöglich gemacht wird, beklagt. — a) C. 14, 1—12, in 6 u. 6 (7), 7 u. 7 Stichen: des Menschen kurzes, plagenreiches Dasein sollte ihm nicht noch durch strenge Ahndung seiner Sünden verkümmert werden, da für ihn nicht, wie sonst in der Natur, aus dem Tode neues Leben ersteht. α) V. 1—3: kurz u. mühsalvoll ist des Menschen Leben; wie mag Gott über ihn so strenges Gericht üben? — V. 1 f. Die Rede wäre matt, u. der Vers unschön, wenn alles nach אדם (*Ha. Hgst.*) oder doch Gl. 2 (*Ew. Del. Hitz.* u. die meisten) Praed. zu אדם wäre; vielmehr gibt V. 1 nur das Subj., mit 3 Beschreibungen dazu, u. die Aussage bringt V. 2 (so jetzt auch *Mx. Reu. Stud. Vo.*): *der Mensch, vom Weib geboren, kurzen Lebens u. satt* (10, 15) *von Unruhe, wie eine Blume sprosst er auf und — ist verwelkt, u. ist entflohen wie der Schatten, u. hat nicht Bestand.* אִישׁ יְלוּד־] anderwärts zB. Sir. 10, 18. Matth. 11, 11 parallel mit ἄνθρωπος oder geradezu für dieses gesetzt; hier wie 15, 14. 25, 4 mit dem Nebenbegriff der angeborenen Schwäche des Menschen (*Hrz.*); denn was vom schwachen Weibe seinen Anfang nimmt, ist selbst schwach. Wie sein Anfang schon auf seine Schwäche hinweist, so nimmt er auch ein schnelles Ende, u. der Inhalt dieses kurzen Lebens ist Menge von רֹגֶז (3, 17. 26). Nachdem er den Menschen nach Anfang, Verlauf u. Ende seines Lebens gezeichnet, hebt er das, worauf es ihm hier ankommt, besonders hervor u. macht es in 2 Bildern anschaulich, näml. die überraschende u. unhemmbare Schnelligkeit, mit der es, eben erst aufgeblüht, seinem Ende zueilt. כְּצִיץ] man erwartet כַּצִּיץ, s. aber 13, 28; ein relatives יָצָא (*Schl.*) taugt hier nicht. וַיִּמָּל] gew.: u. *dann wird er abgeschnitten* (*Hrz. Ges. Del.*[1] *Hgst. Reu. Stud.* a.) als Iprf. Niph. von מלל, aber Ijob will den gewöhnlichen Verlauf schildern; nicht das Abgeschnittenwerden der Blumen ist die Regel, sondern das Welken, u. so welkt auch der Mensch von Natur seinem Ende entgegen; s. weiter 18. 16. 24, 24. Zum Bild vgl. Ps. 37, 2. 90, 6. 103, 15 f. Jes. 40, 6 f. וַיִּבְרַח] s. zu V. 10. Zum Bild des 2 Gl. s. zu 8, 9. — V. 3. אַף] nicht *ausserdem* (*Del.*[2]) oder *trotzdem* (*Mx.*), sondern *und gar;* der Satz ist als Ausruf oder Frage des Staunens zu verstehen: *u. über diesen* (d. h. wie er nun beschrieben ist) *hältst du dein Auge* (var. *deine Augen*) *offen,* sc. um ihn zu belauern u. zu bestrafen (vgl. פקד 7, 18), *u. mich bringst du in's Gericht mit* mit oder *vor dir* (9, 32. 22. 4)! בְמִשְׁפָּט] hier ohne Art., weil es durch עִמָּךְ bestimmt ist (*Del.*). אֹתִי] *u. mich,* sofern er auch ein solcher ist; der Übergang in die 1 p.

ist wie 7, 1—3. Doch scheint אדם u. ihn (LXX Pes. Vulg.; Mr Stud.) ursprünglicher, da V. 4 ff. die 3 p. fortläuft. — β) V. 4—6: billiger Weise müsste der Mensch, der doch als solcher nicht rein von Sünden sein könne, bei der kurzen ihm gesteckten Lebensfrist, Gegenstand der göttlichen Nachsicht sein. — V. 4. Zusammenhang: ungerecht wäre eine so strenge Behandlung nicht, sobald der Mensch sich frei von Sünde erhalten könnte; aber wie sollte dies möglich sein! wie sollte vom Unreinen ein Reiner kommen? (Hrz.) Er spricht das aus in Form eines Wunsches. מי יתן] nicht: „wer gibt = macht aus einem Unreinen einen Reinen? nicht einer = niemand (Ros. Wtt. Ren. Rew. Stud.), sondern wie immer (auch V. 13) als Wunschformel (s. 6, 8), nur dass hier der Inhalt des Wunsches in einem Nomen ausgedrückt u. in Acc. untergeordnet ist, wie 31, 31. 35; Dt. 28, 67; Ps. 14, 7 u. ö. Also: o dass einer gäbe einen Reinen! = *käme doch nur ein Reiner von einem Unreinen!* מן kann hier nur den Ursprung ausdrücken, nicht aber (Hitz.) partitiven Sinn haben („unter Unreinen"), weil in diesem Fall טמאים für טמא gesagt sein müsste. Lahm genug, zugleich unhebräisch wäre טהר מטמא לא אחר „mich rein sprechen statt schuldig erklären, ohne Zaudern" (GH ff m.). לא אחד] ist Antwort auf die wunschartige Frage: *nicht éiner*, wörtlich: nicht einen einzigen — wird jemand geben können. Da man aber auf den Wunsch eigentlich keine Antwort erwartet, so liest Ew. לא (wie 2 S. 18, 12): *o doch éinen!* = auch nur éinen! u. Mx. streicht לא אחד, weil für einen Stichos zu kurz. Möglicherweise ist es eine alte Glosse, aber dem Sinn nach eine richtige. (Philo de mut. nom. § 6 ignorirt es). Jedenfalls stimmt Ij. hier mit dem Satz des Elifaz (4, 17 ff.) von der allgemeinen Sündhaftigkeit zusammen, nur dass er sie aus der Abstammung von Sündern ableitet, ähnlich wie Ps. 51, 7; beiläufig wird dadurch auch deutlich genug, dass er für sich nicht Sündlosigkeit beansprucht, sondern nur Unschuld bezüglich des schweren Leidens, das ihm auferlegt ist (vgl. zu 13, 23). Aber während El. aus dieser allgemeinen Sündhaftigkeit Ijoh's Leiden erklärlich finden wollte, meint Ij. vielmehr, dass sie für Gott ein Grund zu nachsichtiger Milde sein müsste (wie Ps. 51, 7). Dahin spricht er sich V. 5 f. aus, in Form einer Forderung oder Bitte. — V. 5 f. Wenn dem Menschen einmal eine so kurze Lebenszeit zugemessen ist, so sollte Gott innerhalb derselben ihm doch einen gewissen Grad von Ruhe gönnen (Hrz.), statt die einzelnen Sünden, die er doch nicht vermeiden kann, so streng zu strafen. V. 5 ist Vordersatz, V. 6 Nachsatz: *Wenn festbestimmt sind seine Tage, seiner Monden Zahl bei dir beschlossen, seine Grenze du gemacht hast,* u. er d. h. *die er nicht überschreiten darf, so blicke weg von ihm* u. er d. h. *auf dass er raste, so dass er wenigstens wie ein Lohnarbeiter seines Tages froh werde!* חרוצים] *abgeschnitten, d. i. bestimmt* (vgl. Jes. 10, 22; 1 R. 20, 40) so dass eine Verlängerung der Dauer unmöglich ist. Im 2. Gl. steht dafür את, wo את (s. 12, 3) wie עם 10, 13 gebraucht ist (Hrz.). Für חקו befiehlt das Qerê חקיו *seine Gesetze*, aber mit Unrecht: denn חק *Festgesetztes* ist nicht blos Satzung, Gesetz, sondern auch *Grenze*, sowohl des Orts (26, 10. 88, 10) als der Zeit (V. 13; Mich. 7, 11); Zeitgrenzen aber

hat das Leben nicht mehrere vor sich, sondern nur eine. שעה מעליו]
erklärt sich aus V. 3; vgl. 7, 19, auch 10, 20. ויחדל] die beabsichtigte Folge ausdrückend; die Bedeutung ist hier *rasten, feiern* (1 S. 2, 5), *Ruhe haben* von dem רגע V. 1 (*Hrz.*). Die Worte עד־ירצה וג׳ drücken aus, bis auf welchen Grad zum wenigsten der Mensch verdiente, dass ihm Ruhe gegönnt würde (*Hrz.*). עד] *bis dass* kann naturgemäss auch bedeuten *bis zu dem Grade dass* (wie Jes. 47, 7. 1 S. 2, 5 nach dem text. rec.). Die temporale Beziehung: *donec die peracto gaudeat vespera et quiete* d. h. bis sein Feierabend, der Tod, kommt u. er von allem Ruhe hat (*Vulg., Ges. Hitz.*) passt nicht: denn das Aufhören des Lebens (der Arbeitszeit) als den Beginn süsser Ruhezeit aufzufassen, liegt vom Sinne Ijobs in diesem Zusammenhang weit ab (vgl. V. 7 ff.). רצה] c. Acc. *Gefallen haben an, befriedigt werden* oder *sein* von etwas; dies genügt hier vollkommen; dagegen *befriedigen* = *bezahlen* (*Del.*[1]) bedeutet רָצָה überhaupt nicht (s. zu Lev. 26, 34), auch müsste, da ein יוֹם nicht bezahlt, *abtragen* gar noch zu *vollenden* umgedeutet werden. Hat Ijob 7, 1 geklagt, dass das Leben des Menschen so mühselig wie ein Tagelöhnerdienst sei, so wollte er sich hier ein solches gerne gefallen lassen, u. die Forderung geht dahin, ihm dieses Leben nicht noch durch besondere Plagen zu verbittern, damit er sich wenigstens so erfreuen könne, wie der Tagelöhner seines mühsalvollen Tages. — γ) V. 7—9: Denn ein Baum zwar hat Hoffnung: aus dem abgehauenen oder alternden Stamme desselben kann sich doch immer wieder ein neues Leben erzeugen. V. 7. כי] weil alles V. 7—12 Folgende Begründung der V. 6 gestellten Forderung ist, so zwar, dass nicht sowohl V 7—9 als V. 10—12 den eigentlich begründenden Gedanken bringt. *Denn für den Baum ist Hoffnung*, sc. auf neues Leben, vorhanden. Das Nächstfolgende setzt den Fall, dass er der Gewalt erliegt: *wird er abgehauen, so* (ו zur Einführung des Nachsatzes) *treibt er* (näml. der in der Erde zurückgebliebene Wurzelstamm) *wieder nach* (29, 20), *u. sein Schössling* (8, 16) *hört nicht auf* d. i. *bleibt nicht aus.* — V. 8f. setzt einen andern Fall, dass der Baum vor Alter selbst abstirbt; dabei ist V. 8 Vordersatz, V. 9 Nachsatz: *altert* (Hiph. als inchoat. = senescere) *in der Erde seine Wurzel, u. stirbt im Erdreich ab sein Stamm* (s. zu Jes. 11, 1. 40, 24), — *vom Geruch des Wassers sprosst er u. macht* (Gen. 1, 11f. Jes. 5, 4. Ez. 17, 8) d. i. *treibt Gezweig* (18, 16. 29, 19), *wie frisch gepflanzt.* נטע] ist hier die *frisch gesetzte Pflanze*, Pflanzreis, νεόφυτον (LXX). וריח] ist zwar gewöhnlich (ausser Cant. 1, 3) nicht das *Riechen*, sondern der *Geruch*, den etwas aushaucht, *Duft*, vom Wasser der feine *Dunst*; da aber ein abgestorbener Baum nur durch Wasserzutritt an der Wurzel wieder belebt werden kann, doch wohl besser (*Hirz. Ew. Ren. Stud.*): *vom Geruch des Wassers* d. i. sowie er die belebende Kraft des Wassers riecht oder verspürt, vgl. Jud. 16, 9. יפרח] will *Barth* (ZDMG. XLIII. 180f.) für Impf. Qal erklären; die Punktation aber will sicher ein Hiph. (wie יפריח oder יפריחו Prov. 14, 11. Ps. 92, 14) in der Bedeutung *Sprossen treiben* d. h. *sprossen*. Ein solches Hiph. ist ganz unbedenklich (*Ges.* 53, 2). Will man sich aber darauf versteifen, dass das deutlich erkennbare Hiph.

dieses Verb. (Ez. 17, 24) causative Bedeutung hat, dann kann man hier nur יִכָּרֵת lesen (ebenso in Pr. u. Ps., mit Tilgung des ׳). Die Schilderung dieser Verse passt auf die meisten Bäume (nicht zB. auf Nadelholz), ganz besonders auf die Palme. Im Ostjordanlande gehört es noch jetzt zum gärtnerischen Betrieb, alt gewordene Reben oder Fruchtbäume abzuhauen, damit sie neuen Stamm treiben (*Wetzst.* bei *Del.*² 175). — δ) V. 10—12: Aber der Mensch, wann seine Zeit gekommen ist, sinkt dahin, um nie wieder zum Leben zu erwachen. Vgl. 7, 6—10. 10, 21. — V. 10. *Der Mann aber stirbt u. liegt dahingestreckt, u. verschieden ist der Mensch — wo ist er dann?* וַיֶּחֱלָשׁ] sonst trans., ist hier intrans., wie im jüd. Aram.; LXX ᾤχετο, wie V. 20 für תַּהֲלֹךְ. — וַיִּגְוַע] das Iprf. cons. drückt hier weder Zeit- noch Gedankenfolge aus; es hat den Werth eines Prf. גָּוַע mit ו copul.; ähnlich ist וַיִּבְרָא V. 2 zu beurtheilen. Ein Perf. גָּוַע aber hat hier seine Stelle im hypothetischen Vordersatz zu יֵאָסֵף. Das וְאָיֵה der LXX ist nicht Lesart (*Mx.*), sondern vorzeitige Deutung. — V. 11f. enthalten in Bild u. Gegenbild die Antwort auf diese Frage, u. führen zugleich weiter aus, wie der Mensch, einmal abgeschieden, unwiederbringlich dahin ist. Das וְ am Anfang von V. 12 ist das וְ der Gleichung, wie 5, 7. 12, 11, nur dass dort das, womit verglichen wird, dem וְ nachfolgt u. hier wie 14, 19 vorausgeht. Bei V. 11 schwebte dem Dichter Jes. 19, 5 vor (nicht umgekehrt, *Schl. Del.*): dort ist יָם wie נָהָר der Nil, aber das Vertrocknen Folge eines göttlichen Strafgerichtes: hier kann man füglich an Landseen oder Flüsse u. Flussarme, die durch Abfluss ohne Ersatz trocken werden, denken, nur nicht an das eigentliche Meer. *Stud.* verwirft den V., aber dann fehlen dem Absatz 2 Stichen. *Zerronnen ist das Wasser aus dem See, u. ein Fluss versiegt u. trocknet aus, und* d. i. ebenso *der Mensch hat sich hingelegt — u. ersteht nicht mehr* (Ps. 41, 9); die folg. 2 Glieder erklären u. bestimmen dies näher: *bis kein Himmel mehr ist, erwachen sie* (die Entschlafenen) *nicht, u. werden nicht geweckt* (Zach. 4, 1) oder regen sich nicht *aus ihrem Schlafe.* עַד־בִּלְתִּי שָׁמַיִם] bis Mangel von Himmel, wie לִבְלִי־חֹק Ps. 72, 7, d. h. *auf ewig,* denn der Himmel (Ps. 89, 30) wie seine Gestirne u. Ordnungen (Ps. 72, 5. 7. 17. 89, 37f.) hat nach der populären Anschauung ewige Dauer. Die profetische Idee, dass auch dieser Himmel wandelbar u. endlich ist (Jes. 51, 6. 65, 17. Ps. 102, 27), kommt in derlei Ausdrücken nicht in Betracht. Hätte Ij. (wie frühere kirchliche Erkl. meinten) die Auferstehung nur *bis* zur Weltverwandlung, nicht *in* u. *nach* dieser verneinen wollen, so hätte er nicht das Loos des Menschen unter das des Baumes stellen können. — Aus der Versenkung in dieses unerbittliche Schicksal des Menschen leuchtet ihm plötzlich (durch Aussprüche wie 7, 8. 21 kaum vorbereitet) der Gedanke einer Wiederkehr aus dem Tode auf; er stellt ihn sich nach seiner Möglichkeit u. seinen Voraussetzungen u. Folgen vor, wünscht voll Sehnsucht seine Verwirklichung. Freilich kann er ihn nicht behaupten; die Erfahrung spricht zu gewaltig dagegen. Aber von Wichtigkeit wird es für ihn weiterhin doch, dass er ihn versucht hat. b) V. 13—22. in 6 u. 6, 5 u. 6 Stichen: Gäbe es ein Leben nach dem Tod, in welchem er sich der Freundlichkeit seines Gottes wieder erfreuen dürfte, so würde er seine jetzige Strenge gegen ihn gern ertragen, aber solche Hoffnung ist vergeblich. α) V. 13 f.: O dass es anders sein möchte! dass Gott ihn nur solange, bis sein Zorn vorüber, der Todtenwelt anheimgeben, darnach aber daraus wiederkehren lassen wollte! wie geduldig wollte er sein Leiden tragen! V. 13. *O dass* (wie 6, 8; s. zu 11, 5) *du in der Unterwelt mich verwahrtest* (Hiph. wie Ex. 2, 3), *mich bärgest, bis dein Zorn sich wendete* (vgl. 9, 18. Gen. 27, 44 f. Hos. 14, 5), *mir eine Frist* (s. V. 5) *setztest u. dann mein gedächtest!* näml. in Gutem, um dich meiner wieder anzunehmen (vgl. V 15). In ותזכרני gipfelt hier sein Wunsch, sofern dieser nicht dahin geht, in die Unterwelt zu kommen, um dort vor dem göttlichen Zorn geborgen zu sein, sondern darauf, nur eine bestimmte Zeit dort verweilen zu müssen. — V. 14. Dieser Wunsch würde ein Wiederaufleben von den Todten in sich schliessen; also fragt er sich: *wenn der Mann stirbt, lebt er wieder auf?* Ohne sich eine Antwort zu geben, fährt er fort, sich an diesem Gedanken zu weiden: *alle Tage meines Kriegsdienstes* (wie 7, 1, nur dass hier auch die entbehrungsvolle Wartezeit in der Unterwelt darunter befasst ist) *wollte ich harren, bis* mein Wechsel oder *meine Ablösung* (10, 17) *käme*, meine Befreiung vom Kriegsdienst; er kann damit nicht den Tod, sondern nur die Befreiung aus dem Tod zu neuem Leben und die gnädige Wiederannahme durch Gott meinen. Die Iprff. hier u. V. 15 hypothetisch zu verstehen (wie 3, 13 ff. 5, 8). β) V. 15—17 Fortsetzung: freudig würde er dem Rufe Gottes, der seinem Geschöpf in Liebe sich wieder zukehrte, folgen, während er jetzt mit unnachsichtlicher Strenge ihn bewacht, keine Sünde ihm unvergessen lässt. — V. 15 schildert, wie er diesen Wechsel sich denkt: *du würdest rufen* zur Unterwelt hinab, dass der Todte wiederkommen soll (also anders als 13, 22), u. *ich würde dir antworten*, dem Rufe folgen; *nach dem Werk deiner Hände* (wie 10, 3) *würdest du dich sehnen* (Ps. 17, 12. Gen. 31, 30). Gott würde ihn rufen, weil er nach seinem Geschöpf (10, 8—12), das er bisher gequält u. dem Tode überantwortet hatte, wieder eine liebende Sehnsucht empfände, die wohl eine Zeit lang zurückgedrängt werden, aber nicht auf immer sich verleugnen kann. Noch kräftiger, als 7, 8 b. 21 d, drängt es sich ihm hier auf, dass der (grundlose) Zorn gegen ihn nicht das Letzte in Gott sein könne, sondern ein Verlangen, das misshandelte Geschöpf wieder zu entschädigen, bei ihm zuletzt sich einstellen müsse (Jer. 54, 8.). V. 16 f. Begründung dieser seiner Wünsche (nicht blos des V. 14 c *Ha.*, oder des 15 b *Hgst.*) mit dem Gegensatz seiner gegenwärtigen Lage, die er nun schildert (vgl. 6, 21). Einen Zwischengedanken, wie „das thust du aber nicht" (*Hrz. Schl.*) braucht man vor כי nicht einzuschieben. Freilich wollen manche (*Umbr Böttch. Hitz. Mx. Stud.*) wegen 16 b כי עתה (wie 8, 6) als *ja dann*, u. beide Verse als Fortsetzung der Schilderung dessen, was Gott thun *würde*, verstehen, aber ohne Einschiebung von לא vor תשמר (*Mx. Stud.* nach *Peš.*) oder unzulässige Auslegung von 16 a, lässt sich das nicht durchführen, u. V. 17 spricht dagegen. Auch *wenn du auch jetzo meine Schritte zählst, so hieltest du doch* (dann) *meine*

Schuld nicht fest (*Ren.*) bringt die 2 Glieder in einen Zeitgegensatz, der ausgedrückt sein müsste. *Denn jetzt zählst du meine Schritte*, hältst mich wie einen Verbrecher in strengster Aufsicht, kurz wiederholt aus 13, 27. Dass die Schritte untadelige seien (*Hitz.*), wäre nicht selbstverständlich, u. dass Schritte zählen (s. 31, 4) nicht תשמר sie vor Fehltritt bewahren bedeutet (*Umb.*), dürfte klar sein; endlich das לא der *Peš.* ist keine Lesart mehr, sondern Nothbehelf. לא־תשמר על־חטאתי] diese Worte als Frage ohne ה zu nehmen: *hältst du nicht Wache über meine Sünde?* dass dir keine ungestraft entgehe (*Hrz. Röd.* in *Ges.* th. 1443), ist ein übler Ausweg (der Fall 2, 10 ist ein ganz anderer) u. in Anbetracht der sonstigen klaren Ausdrucksweise des Dichters unzulässig. Erklärt man: *du achtest nicht auf meine Sünde*, ob sie wirklich so gross u. so strafbar ist (*Ha. Schl. Hgst.*), so interpretirt man etwas hinein, was nothwendig hätte ausgedrückt sein müssen; *du wartest nicht ob* m. S., sie zu strafen (*Raš.*) oder *auf* m. S., bis ich sie thue (*Gers.*), setzt nicht nur eine erst in Talm. übliche Bedeutung von שמר voraus, sondern passt auch nicht zu V. 17; *du hältst nicht an dich ob* m. S. (*Del.* nach *Merc.*) widerstreitet gänzlich dem Sprachgebrauch, denn שמר mit verstandenem אף (Jer. 3, 5), wie mit ausgedrücktem אף (Am. 1, 11), bedeutet *den Zorn anhalten*, grollen, fortwährend zürnen, nicht: den Zornausbruch *zurückhalten* oder verschieben. Wahrscheinlich ist der Text nicht in Ordnung. Man kann לא streichen (*Ren. Mat.*) oder הלא herstellen, u. zur Verbindung von שמר mit על 1 S. 26, 16. Prov. 6, 22 vergleichen; besser aber (*Ew.*² 344) stellt man aus dem לא תעבר עליך חטאתי der LXX her לא תעבר על־חטאתי *du gehst nicht vorüber an meiner Sünde* d. h. übersiehst sie nicht, nach Mich. 7, 18f. Prov. 19, 11, vgl. oben 7, 21 (so jetzt auch *Vo.*) — V. 18 schliesst sich dann einfach an: *versiegelt ist in einem Bündel* (Beutel) *mein Frevel* (13, 23) oder *meine Schuld*; gemeint ist aber nicht das schuldig sprechende Strafurtheil (*Ew. Hrz. Ren.*), denn solches bewahrt man nicht im Beutel auf, sondern die Summe seiner Übertretungen, die Gott an ihm gefunden haben will (13, 23). Der Sinn aber des Bildes ist nicht, sie *wäre* (hypothetisch, als genügte dafür der Nominalsatz!) Gottes Blick entzogen, aus der Welt geschafft (*Umb. Bött. Mx. Hitz. Reu. Stud.*), denn dieser Gedanke wird nie so ausgedrückt, sondern sie sei zurückgelegt zur Abstrafung, wie ein Schatz wohl aufbewahrt, dass keine einzige entfalle, ohne gebüsst zu sein, wie Hos. 13, 12. Dt. 32, 34. ותטפל על־עוני] nicht: *übertünchen würdest du mein Vergehen* d. h. auslöschen, vergeben (*Umb. Bött. Mx. Hitz. Stud.*; indem *Hitz.* ותחפל herstellt); aber auch nicht: u. *hast hinzugeschmiert* d. h. *hinzugedichtet zu* m. V. (*Ges. Stick. Hrz. Ha. Schl. Mat. Ren. Del. Vo.*), denn so etwas könnte Ij. den Freunden sagen (13, 4), aber es Gott zu sagen, wäre reine Blasphemie; u. Gl. 1 gibt eine andere Fassung an die Hand. Also vielmehr: *du schmiertest* oder *klebtest zu* über m. V., d. h. *u. hast mein Vergehen zugeklebt*, die in einem Bündel gesammelten Vergehungen durch Kleben verschlossen (*Ew.* nach *Saad.*). 8) — V 18f.: Aber freilich auch die festesten u. grössten Dinge in der Natur unterliegen allmählich der Zerstörung:

wie viel mehr der Mensch! seine Hoffnung ist von Gott vernichtet. Obwohl in vorhexapl. LXX. fehlend sind diese 2 Verse doch nicht entbehrlich. V. 18 f. ואולם] wie 12, 7 am Anfang einer neuen Gedankenreihe, indem er dem in V. 13—17 Gewünschten nun das V. 18—22 Folgende als eine traurige Gewissheit entgegenstellt. Das Schlagwort liegt in V. 19ᶜ; V. 18 u. 19ᵃᵇ dienen dazu, den Satz von 19ᶜ zu erhärten. הר נפל] nicht: *ein abfallender Berg* d. h. ein Berg, von dem einzelne Stücke sich losreissen (*Hrz.*), denn נפל u. אבנים haben keine solchen limitirenden Beisätze, sondern נפל ist Participialsatz zu הר u. bildet mit נבל ein Wortspiel (*Ew. Del.* a.). Dagegen נבל als Praed. u. יבל (für ויבל) als Fortsetzung desselben (*Hitz.*) wäre eine seltsame Ausdrucksweise, u. נבל יבל für יבל נב׳ zu setzen (*Lag.*). ist wenigstens nicht nöthig. יעתק] wegen ממקומו im räumlichen Sinn zu verstehen, wie 18, 4 (vgl. 9, 5), nicht (LXX, *Schl.*) im zeitlichen Sinn: *altern* (21, 7), *verwittern*. Aber ein Berg *zerfällt* (zerbröckelt) *stürzend* (indem er stürzt), u. *ein Fels rückt fort von seiner Stelle* (zB. durch ein Erdbeben); V. 19 *Steine reibt das Wasser ab* (man denke zB. an das Geröll in den Bächen u. Flüssen; *aushöhlen*, wie gewöhnlich mit Beziehung auf *gutta cavat lapidem* übersetzt wird, ist zu beschränkt für den Begriff von שחק); *seine Güsse schwemmen das Erdreich weg, und* d. i. ebenso (vgl. V. 11) *des Menschen Hoffnung hast du vernichtet.* ספיחיה] das Suff. bezieht sich auf מים, u. das fem. Sing. תשטף auf den Plur. ספיחים (*Ges.* 145, 4), vgl. 39, 15; פח in diesem Sinn nur hier. Die 4 Beispielssätze ergeben nicht den Begriff der Veränderung (*Ha.*: alles in der Natur verändert sich, *aber* dem Menschen ist die Hoffnung auf Veränderung seines Looses zum Bessern benommen), sondern den Begriff der Zerstörung auch des anscheinend Unveränderlichen; an dieser Naturnothwendigkeit will aber Ij. nicht sich aufrichten u. trösten (*Hrz.*), sondern die nicht tröstliche, aber auch nicht zu verhehlende Gewissheit ableiten, dass des Menschen *Hoffnung* von Gott zu nichte gemacht ist (Perf. האבדת). Diese *Hoffnung* aber kann doch nur dieselbe sein, wie V. 7 (vgl. V. 13—15), also die auf Fortdauer oder Erneuerung der Person. — δ) V. 20—22: Von Gott überwältigt wird er fortgetrieben dahin, wo alles Mitgefühl für die Seinen endet, wo er nichts mehr empfindet als den Schmerz seines eigenen Daseins. — V. 20. תתקף] mehr aram. u. nur im spätern Hebr. gebräuchlich (*stark, gewaltig sein*), bedeutet mit Acc. pers. (15, 24; Qoh. 4, 12) nicht *angreifen, drängen* (*Hrz. Reu.*), sondern *überwältigen*; u. לנצח ist nicht *fort und fort*, immerfort (*Hrz. Reu.*), sondern (wie 4, 20. 20, 7. 23, 7) *auf immer*. Wenn er also sagt: *du überwältigst ihn auf immer*, u. (in Folge davon) *er geht*, so meint er damit nicht die fortwährenden Angriffe auf Leben u. Gesundheit, die ihn endlich schwinden machen, sondern den letzten Gewaltstoss, der zum Tode führt: *er geht*, näml. von hinnen (wie 10, 21). ויהלך] poet. Iprf. wie 16, 6. 22. 20, 25. 23, 8. 41, 11. משנה פניו] zu תתקפהו geordnet, während das folgende ותשלחהו dem ויהלך entspricht: *sein Angesicht entstellend, u. schickst so ihn fort;* letzteres wie Gen. 3, 23. Jer. 28, 16 u. s., fast im Sinne von *forttreiben;* ersteres nicht ein Vernichten der ganzen

Person (*Ha.*), auch nicht Entstellen durch die Krankheit, speciell die Elephantiasis (*Hrz. Ren. Mat.*), sondern durch den Tod (nach *Gl.* a.) — V. 21. Diese Vernichtung ist eine fast vollständige, sofern der Todte (in der Unterwelt) kein Bewusstsein mehr hat von dem, was auf der Oberwelt vorgeht (Qoh. 9, 5 f.; vgl. oben 3, 13 ff.), nicht einmal von dem, was ihm am meisten anliegt, dem Wohl u. Wehe seiner Kinder (21. 21), also auch keinerlei Ersatz für das Leben auf der Oberwelt hat: *zu Ehren kommen* (Jes. 66, 5) *seine Kinder, er weiss es nicht, u.* werden gering d. h. *kommen herunter* (Jer. 30, 19) — *er gewahrt sie nicht* (s. zu 9, 11). Den Sinn von יִכְבְּדוּ u. יִצְעֲרוּ (*Barth*) hat יכבדו u. צערי nicht (wie auch Jer. 30, 19 zeigt). Da Ij. hier allgemein vom Menschen redet, nicht speciell von sich, so hat die Erwähnung von hinterlassenen Kindern nichts Auffallendes. V. 22. Nicht um den dem Tod erst Entgegengehenden (*Hgst.*) kann es sich hier nach V. 21 handeln, sondern nur um den Todten. Dann kann aber *Fleisch* u. *Seele* nicht Bezeichnung des Gesammtindividuums (*Mat. Hgst.*) sein, sondern sie kommen als (durch den Tod) getrennt in Betracht. Daraus folgt weiter, dass עליו 1° nicht den Gegenstand, *über* den er Schmerz empfindet (*Hrz. Schl. Mat. Stud.*) ausdrücken soll, weil man derartiges von dem des Bewusstseins unfähigen Leib nicht aussagen kann. Noch weniger kann עליו „für seine eigene Rechnung" d. h. seine eigene Schuld büssend (*GHff.*) bedeuten, was auch gar nicht hergehörte. Gilt jenes aber von עליו 1° so muss es auch von עליו 2° gelten, also nicht: seine Seele trauert *über* ihn (*Stick. Ren. Reu. Stud.*). Dann ist aber auch nicht אַךְ עָלָיו *nur über ihn selbst* zusammenzunehmen (*Hrz. Schl. Mat. Stud.*), was auch die Wortstellung nicht erlaubt. Vielmehr muss על bedeuten *an*: wie der Hebr. sonst von der Seele *am* Menschen spricht (s. zu 10, 1), so sind hier Leib u. Seele durch עליו als die zu ihm gehörigen bezeichnet. Und die einschränkende Kraft des אך trifft nicht עליו (*Del.*), sondern theils die Handlung: nicht *weiss* u. *gewahrt* er mehr die oberweltlichen Dinge, nur Schmerzens- u. Trauerempfindungen hat er noch; theils das Subj.: nicht einmal er selbst, der ganze Mensch, hat sie, sondern er getrennt in Leib u. Seele (vgl. 17, 16), deren jener im Grabe dem Schmerz der Zerstörung, diese im Scheol der dumpfen Trauer in ihrem jammervollen Schattenleben heimgegeben ist: *nur sein Fleisch an ihm fühlt Schmerzen, u. seine Seele an ihm trauert.* בְּשָׂרוֹ] nicht in בְּכָאֵב (*Lag.*) zu ändern. Unverkennbar ist hier die Vorstellung, dass der verwesende Leib (nicht „schmerzliche Reflexe in die abgeschiedene Seele werfe", *Del.*, denn es heisst nicht יכאב, sondern), gleichsam als wäre er noch am Ich d. h. noch ein Rest von Beseelung in ihm, noch eine Art von Empfindung dieser Verwesung habe, vgl. Jes. 66, 24 (Judith 16, 17). Für moderne Begriffe plausibler wäre freilich: nur so lange er lebt, hat er Empfindung (*Klein.*), aber das kann der V., ohne עוד vor בשרו (נפש), nicht besagen, u. das zu sagen hatte der Dichter nicht nöthig. Im übrigen endigt denn auch diese Klage Ijobs, wie die bisherigen, mit dem trostlosen Ausblick in Grab u. Unterwelt. — Dass V. 21 f. urspr. hinter 21, 21 gestanden haben (*Bick. S. 20*), hat nichts für sich, da sie sich dort nicht einmal gut anschliessen.

Zweites Gespräch: Cap. 15—21.

Vergeblich haben alle drei Freunde versucht, in Worten so mild, als es ihnen möglich war, von unbestreitbaren allgemeinen Wahrheiten aus den Ijob zur Anerkennung der göttlichen Gerechtigkeit in seinem Leiden zu führen u. durch Verheissungen ihn zur Selbstdemüthigung unter die Hand Gottes zu reizen. In immer neuen Wendungen hat er ihre Zumuthungen von sich abgewehrt, u. ganz entgegen ihren Rathschlägen, ein so gewaltiges Unschuldsbewusstsein in sich zur Klarheit u. Herrschaft gebracht, dass er auf Grund desselben nicht nur Gott herausforderte, sondern auch ihnen selbst wegen ihrer unwahren Reden mit dem göttlichen Gerichte drohte. Sie müssen also, da auf diese Art ihm beizukommen sich als unmöglich erwiesen hat, eine neue Stellung gegen ihn einnehmen, wenn der Streit nicht unausgefochten abgebrochen werden soll. In der That hat ja Ij. ihnen, wie sie meinen, mit seinen trotzigen Reden über u. gegen Gott selbst den Beweis geliefert, dass sein Gemüthszustand nicht der eines Frommen ist; indem sie diesen auch als schon früher bei ihm vorhanden einfach voraussetzen, dünken sie sich aller weiteren Beweise des Satzes, den sie bisher künstlich zu stützen suchen mussten, überhoben. Hierin liegt das Neue ihrer nunmehrigen Stellung: sie setzen als durch seine eigenen Reden erwiesen voraus, dass er einer göttlichen Züchtigung wohl bedürftig war, u. sind nur darauf bedacht, durch grelle Schilderungen von dem verdienten Untergange eines Frevlers ihn zu schrecken, den Glauben an die göttliche Strafgerechtigkeit zu wecken u. Busse in ihm zu erzeugen. Die Art, wie sie ihn behandeln, ist also jetzt rücksichtsloser u. verletzender; die Gegensätze werden klaffender u. die Verwicklung ist noch im Steigen. Andererseits bringt es dieser neue Standpunkt mit sich, dass ihre Reden, alle nur eine wenig veränderte Behandlung desselben Thema's, viel eintöniger werden als im ersten Gespräch. Die reichste u. gewandteste ist die des Elifaz, der den neuen Standpunkt entschieden geltend macht; die andern folgen ihm; was sie sagen, ist kaum mehr als Variation von der seinigen. Über Ijob's Verhalten gegenüber von diesen neuen Angriffen s. die Einleitung zu Cap. 16 f.

1. *Elifaz und Ijob*, Cap. 15—17.

a) Die Rede des Elifaz, Cap. 15.

Die stolze Sprache des guten Gewissens, die Ijob geredet hat, verbunden mit einer Herausfoderung Gottes, hat auf El. nicht den mindesten Eindruck gemacht; er sieht darin nur Selbsttäuschung oder vielmehr noch schlimmer eine schlaue List, durch welche er den Verdacht der Schuld von sich abwälzen wollte. Die ganze Art, wie Ij. gegen Gott geredet u. die wohlgemeinten Rathschläge der Freunde trotzig zurückgewiesen hat, scheint ihm der beste Beweis dafür, dass in diesem Mann die rechte Gottesfurcht nicht ist u. war, dass man also auch ihm gegenüber nicht mehr so sanft auftreten dürfe, sondern unverblümt mit ihm sprechen u. durch Belehrung über die schrecklich vergeltende Gerechtigkeit Gottes erst die rechte Furcht vor Gott wieder in ihm wecken müsse. Nachdem er 1) durch eine umfassende u. gewandte Rüge all des Anstössigen u. Schlimmen in der Rede Ijob's sein Recht u. seine Pflicht, nun anders zu ihm zu sprechen, erwiesen hat V. 2—16, hält er ihm nach der eigenen Erfahrung u. den sicheren Wahrheitserkenntnissen der Alten 2) eine lange Lehrrede über die vergeltende Gerechtigkeit Gottes im Schicksal der Gottlosen, ihm zur Selbstbespiegelung u. zu heilsamem Schrecken V. 17—35. Der 1. Theil gliedert sich in 10, 10, 10 Stichen, der 2. Theil hat einen Eingang von 6 u. eine Ausführung in 10, 14 (9+5), 10 Stichen. — In LXX stammt V. 10. 19ᵃ. 26ᵇ. 27 f. aus *Theod.* (wohl auch das mittlere Gl. von V. 8).

1) V. 2—16: der rügende Nachweis all des Verkehrten u. wider seine Unschuld Zeugenden in den Reden u. im Benehmen Ijob's. Dreimal setzt El. hier an, jedesmal eine neue Seite der Sache aufnehmend. a) V. 2—6: Er muss sich wundern, wie ein Mann, der für weise gelten will, so stürmische u. zugleich so nichtige u. nutzlose Worte sprechen möge; u. nicht blos dies, noch schlimmer ist, dass er so gar ärgerliche, alle Gottesfurcht aufhebende Reden ausstösst, die, wie sie von Sünde eingegeben u. mit schlauer Kunst zur Verdeckung der Thatsachen vorgebracht sind, so auch einen klaren Beweis von seinem bedenklichen Seelenzustand u. seiner Schuld geben. — V. 2. El. stösst sich an dem vielen windesgleich hervordringenden u. doch nach seiner Ansicht so gehaltlosen Gerede Ijob's, aber nach seiner immer etwas feineren u. mehr sachte beginnenden Art (er fängt alle seine 3 Reden mit einer Frage an) stellt er dies in einer Frage des Zweifels u. der Verwunderung hin: *wird wohl ein Weiser windiges Wissen erwiedern u. mit Ostwind füllen seine Brust?* החכם] mit Beziehung auf 12, 3. 13, 1 f. (*Hrz.*); ־ wie 13, 25. Der *Wind* als Bild des Gehaltlosen, Nichtigen wie 16, 3, auch 8, 2; ebenso der damit zusammengeordnete *Ostwind*, s. Hos. 12, 2, obgleich dieser als der heftigere (1, 19) zugleich den Gedanken des Stürmischen, Leidenschaftlichen nahe legt. In der Phrase *den Bauch m. O. füllen*, näml. um ihn in Worten zu entleeren, liegt nicht blos: sich blähen mit eitlem Gerede (*Hrz.*), sondern auch der Schwall, das Nichtaufhörenwollen desselben. Denn auch die Fülle u. Länge seiner Reden ist den Dreien ein Anstoss, vgl. 11, 3. Übrigens stehen Reden, die aus dem aufgeblähten Inneren kommen, den verständigen, aus dem Herzen (8, 10) geschöpften Worten entgegen. בטן] *Inneres* ist Sitz der Gefühle, Strebungen, Leidenschaften (V. 35. 20, 20), nicht des Denkens (anders bei Elihu 32, 18 f.). — V. 3 ist erklärender Untersatz zum Fragesatz, indem der Inf. abs. die Function eines Gerund. abl. (*Ges.* 113, 2) hat, während die beiden mit לא eingeleiteten Sätzchen relativ aufzufassen u. bei בלים das ב nachwirkend zu denken ist (*Ges.* 119, 5): *rechtend* (sein Recht beweisend, s. 18, 3. 15) *mit Reden das nicht nützt d. i. unnützem Gerede, u. mit Worten, da er (der Weise) nichts mit ausrichtet?* Er bezeichnet die vielen Worte zu seiner Selbstvertheidigung als wirkungslos. Grammatisch ebenso möglich *Ew.*: *züchtigen mit Worten — dienet nicht, u. Reden — damit nützt man nicht*, d. h. blosse Worte zur Selbstvertheidigung nützen nichts, wenn Thatsachen (zB. sein Leiden, das wider ihn zeugt, oder

seine irreligiösen Reden V. 4 f.) entgegenstehen; allein eben diesen
Gegensatz würde man angedeutet wünschen, denn V. 4, durch אַף eingeführt, kann diesen Gegensatz nicht bringen. — V. 4. Die starke
Copula אַף fügt einen neuen, noch schwereren Tadel hinzu: *und auch,
du* (so viel an dir ist) *hebst* (5, 12) *die Gottesfurcht* (wie 4, 6) *auf,
u. schmälerst das Sinnen* (Ps. 119, 97. 99) *vor Gott*, im Bewusstsein
der Abhängigkeit von ihm d. i. die fromme gottesfürchtige Stimmung
oder *die Andacht vor Gott.* Er thut dies durch seine Angriffe auf die
göttliche Gerechtigkeit u. durch die Vermessenheit, mit der er Gott
herausfordert; er thut es aber nicht blos für sich u. bei sich, sondern
auch andern gibt er Ärgerniss; wenn seine Grundsätze zur Geltung
kämen, hätte alle Gottesfurcht ein Ende. גָּרַע] verwandt mit גָּרַר, sowohl
wegzerren, wegnehmen, vermindern, verringern (Ex. 21, 10) u. *weg-
ziehen* (Ij. 36, 7), als auch *an sich zerren* oder *ziehen, an sich reissen*
(15, 8). שִׂיחָה] vgl. zu 3, 4. Willkührlich, zugleich unpassend *Hitz.:
u. heulest Klage vor Gott.* — V. 5. אַלֵּף] nur im B. Ij., eig. *ge-
wöhnen,* kann nicht lehren = *kund thun, anzeigen,* sondern nur lehren
= *unterweisen* bedeuten. Also ist פִּיךָ nicht Subj.: dein Mund d. h.
deine Rede lehrt oder beweist deine Schuld (*Hrz. Stick. Ha. Mat. Ren.
Mr. Hgst.*), so dass die Aussage dieselbe wäre wie V. 6, sondern עֲוֹנְךָ
muss Subj. sein (*Vulg.; Raš., Luth., Schl. Hitz. Del.*[2]), wofür auch
die Wortstellung spricht; auch ist כִּי nicht *fürwahr* (*Hrz.*) oder *nein*
(*Ew. Ha.*), sondern begründend: *denn deine Übertretung* (Schuld) *lehrt
deinen Mund* d. h. deine Reden sind von derselben Sünde eingegeben
(Ps. 36, 2), unter deren Schuld u. Strafe du zu leiden hast, *u. du er-
wählst die* Zunge oder *Sprache von Verschmitzten* (5, 12), schlauen
Verbrechern, die wenn eines Vergehens angeklagt, dasselbe dadurch
von sich abzuwälzen suchen, dass sie andere verdächtigen; so greifst
auch du, dich ganz unschuldig stellend, lieber Gott u. seine Vertheidiger,
die Freunde (13, 4 ff.), an, als dass du eingestehst. So sehr verkennen
sie die heiligsten Unschuldsbetheuerungen des Mannes! — V. 6. Und
wie diese Reden von der Sünde u. dem Schuldgefühl eingegeben sind,
so dienen sie wieder zum Beweise seiner Schuld: *dein Mund* (als
Richter) *verurtheilt dich* (9, 20) *u. nicht ich, u. deine Lippen* sagen
aus (als Zeugen) oder *zeugen wider dich*. Wiederum der schneidendste
Gegensatz gegen seine Siegesgewissheit 13, 19. עָנָה] mit בְּ ist *vox fo-
rensis;* das masc. שְׂפָתֶיךָ beim Dual fem., wie Prov. 5, 2. 26, 23. 1, 16.
Ps. 11, 4. — b) V. 7—11: Aber auch maassloser Selbstüberhebung
muss El. ihn anklagen, da er klüger sein will als alle andern, u. sich
geberdet, als wäre er der erste der Menschen u. im Besitze der gött-
lichen Weisheit selbst, als stünden sie, die Freunde, an Weisheit tief
unter ihm u. wäre nicht unter ihnen der Vorzug des Alters u. der
Lebenserfahrung, als wäre der Trost, den sie ihm im Namen Gottes
milde u. schonend spendeten, für ihn zu gering u. unannehmbar. —
V. 7. Neubeginnend fragt er ihn spöttisch: *wurdest du als erster
Mensch geboren, u. vor den Hügeln warst du wohl hervorgebracht?*
Er fragt ihn so (vgl. V. 8), weil er klüger sein will als die andern
Menschen, deren sicherste Wahrheitserkenntnisse die 3 Freunde zu ver-

treten sich bewusst sind, u. namentlich die Überlegenheit der 3 nicht anerkennt (12, 3 ff. 13, 2). תִּוָּלֵד] nicht: *solltest du geboren werden?* (*Böttch.* NA. III. 52), sondern Iprf. ist wie 3, 3. 11. 10, 10 f. gebraucht. אָדָם־] Vermischung der etymolog. u. phonetischen (רִאישׁוֹן 8, 8) Schreibung, wie Jos. 21, 10 u. im Samarit. (anderes der Art s. *Ew.* 18°); es ist hier st. c. zu dem coll. אָדָם (*Ges.* th. 24ᵇ), u. das Ganze Appos. zum Subj.: *als erster der Menschen*, nicht: *eher als Adam* (*Ras.*), da ראשׁ nicht im Sinne von πρῶτος seq. Gen. gebräuchlich war. Unnöthig künstlich nehmen andere (*Schl. Del. Hitz.*) אָדָם als Prädicatsnominativ: wurdest du als erster zum Menschen (11, 12) geboren? Zum 2. Gl. (wo חוֹלָל Pass. von חִלֵל *kreisen, durch Kreisen hervorbringen*, von חל) vgl. Prov. 8, 25, wo die Weisheit selbst mit denselben Worten redend eingeführt ist; zu den *Hügeln* auch Stellen wie Gen. 49, 26. Ps. 90, 2; über das Perf. s. *Ew.* 135ᵃ. — V. 8. Die Iprff. drücken nicht Gegenwart (*Hrz. Schl. Ew.*) oder Gewohnheit in der Vergangenheit aus, sondern sind wie תִּוָּלֵד V. 7 aufzufassen, weil er ja als ein die Weisheit inne habender, nicht als ein sie erst aneignender verhöhnt werden soll: *hörtest du im Rathe* (eig.: in der Rathsversammlung, vgl. Jer. 23, 18) *Gottes zu u. zogest du die Weisheit an dich?* הַבְסוֹד] var. הַמְסוֹד, s. *Ges.* 100, 4. תִגְרַע] die zu V. 4 angegebene Bedeutung genügt hier, u. ist nicht nöthig, mit *Schult.* es geradezu aus جرع *sorpsit* zu erklären. Viel zu schwach ist יִגְעֶה nach LXX εἰς δὲ σὲ ἀφίκετο σοφία (*Mx.*). חָכְמָה] ist trotz seiner Artikellosigkeit (nach Gl. 1) die vollkommene, göttliche Weisheit, vgl. 11, 6; Prov. 8, 1 u. s. Deutlich gibt El. in V. 7 f. die Vorstellung eines Urmenschen (ähnlich dem Manu der Inder), dem als solchem auch höchste Weisheit zukommt, eines Wesens, das vor der Schöpfung der festen Theile der Erde schon vorhanden, gleichsam im Schöpfungsrathe Gottes zuhörte u. so wenigstens in Theilbesitz der weltschöpferischen (28, 23 ff.) Weisheit kam, ohne es übrigens mit der göttlichen חָכְמָה zu identificiren. Die Vorstellung ist eigenthümlich genug im A. T., u. zeigt Zusammenhang mit den Speculationen der Weisheitslehrer (Prov. 8). — V. 9. *Was weisst du* u. *wir wüsstens nicht* d. h. *das wir nicht wüssten, verstehest du, das uns nicht wäre bekannt?* יָדַעְתָּ] s. zu 9, 35. לֹא] s. 13, 16. El. bezahlt ihm damit die Äusserung 12, 3. 13, 2 zurück. — V. 10. *Auch ein Ergrauter ist, auch ein Alter* (12, 12) *unter uns, reicher an Tagen als dein Vater.* Ij. hat sich auf seine Erfahrung berufen (13, 1) u. die Alten als Quelle der Weisheit genannt (12, 12). Mit Beziehung darauf sagt ihm El: auch eine solche Weisheitsquelle steht uns zu Gebot, ja sie *ist* (lebendig) unter uns, u. zwar ein Mann noch älter u. darum erfahrungsreicher als dein Vater (als er starb), von dem du doch zunächst gelernt hast. Mit Recht halten die meisten dafür, dass El. durch diese Wendung conventioneller Bescheidenheit auf sich selbst hinweise. Es liegt kein Grund vor, בָּנוּ anders als von dem Kreis der 3 Freunde zu verstehen; es ist wenig natürlich, es (*Umb. Del. Vo.*) auf ihre Stämme oder die Leute Teman's (*Hitz.*) oder gar ihre Gesinnungsgenossen (*Hgst.*) auszudehnen, u. שָׂב u. יָשִׁישׁ collectiv zu verstehen.

גם — גם] nicht *sowohl — als auch*, da ישיש als Steigerung des שב (*Hitz. Del.*[2]) durch nichts zu beweisen ist; vielmehr ist גם *auch*, u. die Wiederholung (Jud. 5, 4) zeigt, dass auf dem Begriff *auch ein Alter* der ganze Nachdruck liegt. Auch ist גם nicht invertirt (*Del.*[1]), so wenig als 2, 10, denn die Meinung ist nicht [יָמִים גַּם כַּבִּיר שָׂב] näher bestimmender Acc. zu כַּבִּיר, s. 11, 9. — V. 11. Noch ein anderer Vorwurf, der aber auch seinen Hochmuth betrifft: *sind* weniger d. i. geringer als du (Num. 16, 9; Jes. 7, 13 u. das Gegentheil 1 R. 19, 7) oder *zu gering für dich Gottes Tröstungen* (21, 2), *u. ein Wort, sanft mit dir*, d. h. *das sanft mit dir verfuhr?* לָאַט] mit Vorton –ָ, sonst לְאַט, *gemäss der Sanftheit* oder *Gelindigkeit* d. h. *sanft, linde.* Wie El. schon im vorigen V. auf sich speciell zu reden kam, so „beziehen sich auch die beiden Ausdrücke dieses V. ganz besonders auf des El. erste Rede: der erstere auf deren Inhalt, nam. die Lehre, dass Gott nur züchtige, um wieder zu beglücken 5, 17 ff., der letztere auf die Form, da die Rede nur, eine wohlgemeinte u. schonende Zusprache an Hiob war, vgl. 4, 2. 5, 8" (*Hrz.*). *Tröstungen Gottes* sind solche, die Gott selbst verordnet hat, u. aus höherer Offenbarung geschöpft zu haben, beansprucht gerade El. ausdrücklich 4, 12—17; vgl. auch 22, 22. — Übrigens mag dieser Abschnitt zeigen, wie es für Sache hochmüthiger Anmassung gehalten wurde, wenn einer gegen die hergebrachten Vorstellungen vom Zusammenhang der sittlichen Würdigkeit u. des äusseren Ergehens, die nun einmal als Offenbarungswahrheiten galten, Einsprache that. — c) V. 12—16: Endlich muss er ihn zurechtweisen wegen seiner Leidenschaft u. Empörung gegen Gott, die um so grundloser ist, als kein Mensch vor Gott gerecht ist, wie er hier aus seiner ersten Rede, aber in viel stärkern Ausdrücken wiederholt. — V. 12 f. gehören zusammen; כִּי V. 13 ist das folgernde *dass*, s. 3, 12. מַה] *was?* mit was Grund? יִרְזְמוּן] nur hier, = aram. u. arab. רמז *winken*, mit den Augen, wie auch einige Mss. יִרְמְזוּן bieten; es geht hier auf das Augenspiel, welches der äussere Ausdruck für die das Gemüth hinreissende Leidenschaft (Gl. 1) ist, etwa unser *rollen*. *Was reisst* (Jes. 57, 13) *dein Herz dich hin u. was winken deine Augen, dass du gegen Gott kehrest deinen Zornmuth* (θυμός, Schnauben, wie Jud. 8, 3; Prov. 16, 32; Jes. 25, 4), *u. so Worte aus deinem Munde stössest?* מִלִּין] s. 4, 2; nicht: *blosse* Worte, *leere* Worte (*Del.*[1] *Kmph.*); auch ist אֶל־אֵל im 1. Gl. so gestellt, dass es nicht (*Hrz. Hgst.*) unmittelbar noch zum 2. Gl. gezogen werden kann; sondern: im Zustand der Empörung (Vav cons.) ausgestossene, Worte der Empörung. — V. 14. Wie ganz u. gar er keinen Grund habe zu solcher Empörung, will er ihm nahe legen, indem er ihn noch einmal an seinen Hauptsatz 4, 17—20 erinnert: *was ist der Mensch, dass* (s. 3, 12) *er rein wäre, u. dass gerecht der Weibgeborne* (14, 1)? — V. 15 f., der Beweis davon durch denselben Schluss wie 4, 18 f.: *Sieh, auf seine Heiligen* (5, 1) *traut er nicht, u. der Himmel ist nicht rein* (von זָכָה) *in seinen Augen, geschweige denn* (s. 4, 19) *der Abscheuliche u. Verdorbene, der Mann, der Unrecht trinkt wie Wasser!* שמים] nicht metonymisch für *Himmelsbewohner* (*Ros. Hrz. Schl. Hgst.*), sondern eigentlich, sofern, wie die Sterne 25, 5, so der Himmel (Ex. 24, 10) in seiner Klarheit (26, 13) sich sehr wohl zu einem Beispiel des physisch Reinsten eignet. Deutlich gemacht wird die alles überragende Heiligkeit u. Reinheit Gottes, vor der selbst die ethisch u. physisch reinsten Geschöpfe unrein sind. In der gesammten Anschauung der Alten spielen eth. u. phys. Reinheit u. Unreinheit in einander über. נתעב] *verabscheuungswürdig*, *Ges.* 116, 2ᵇ. נאלח] *versauert* von Getränken, zB. der Milch; hier wie Ps. 14, 3 (53, 4) übergetragen auf die sittliche Verdorbenheit des Menschen; vgl. die ζύμη κακίας καὶ πονηρίας 1 Cor. 5, 8 (*Hrz.*). שׁתה כמים עולה] d. i. „der ebenso begierig Unrecht thut als ein Durstender begierig Wasser trinkt" (*Hrz.*); wiederholt 34, 7; ähnlich Ps. 73, 10; entfernter Prov. 26, 6; Sir. 24, 21 (29). El. schildert hier sowohl die verdorbene sittliche Natur des Menschen als die Grösse seiner actuellen Sündhaftigkeit mit grellen Farben; er überbietet damit Ijob's Anerkennung der angebornen Unreinheit des Menschen 14, 4, u. seinen eigenen frühern Ausspruch 4, 19 ff., weil er jetzt überhaupt viel schonungsloser spricht, u. die gewünschte Folgerung aus dem Satz erzwingen möchte. Dass er jedoch in V. 16 nicht von Ij. speciell (*Hitz.*) spricht, sondern vom Menschen überhaupt, dürfte für sich klar sein (vgl. 4, 19 ff. u. 25, 6).

2) V. 17—35. Nachdem El. den Ij. wegen der verschiedenen Verkehrtheiten seines Redens zurechtgewiesen, u. ihm zuletzt genugsam angedeutet hat, wie er an seiner bisherigen Beurtheilung des Leidens Ijob's durchaus festhalte, will er ihm über die Dinge der göttlichen Weltordnung eine Lehr- u. Droh-Predigt halten. a) V. 17—19: die Einleitung dazu, worin er zur Aufmerksamkeit auf den Unterricht auffordert u. seine Lehren als aus der eigenen Erfahrung u. der ehrwürdigen Überlieferung der guten alten Zeit geschöpft empfiehlt. Vgl. 4, 12—16. — V. 17 *Ich will dich berichten* (s. 13, 17), *höre mir zu! u. was* (זה relat., *Ges.* 138, 3ᵃ) *ich geschaut habe* — *so will ich denn erzählen* d. i. *das will ich erzählen* (vgl. über dieses ו der Folge zu 4, 6). אֲחַוְךָ] für אֲחַוֶּה, *Ges.* 20, 3ᵇ. חזיתי] nicht = habe als wahr erkannt (*Hitz.*), auch nicht: profetisch geschaut (*Schl. Hgst.*). Dazu nöthigt weder 4, 12 ff., denn El. muss nicht für alles, was er sagt, dieselbe Erkenntnissquelle anführen, noch der Sprachgebrauch, wie 23, 9. 24, 1. 27, 12 ausweist, am allerwenigsten der angebliche orakelartige Ton des Folgenden, denn dieser Ton ist kein anderer als bei Bild. (C. 18) u. So. (Cp. 20). Entschieden dagegen spricht V. 18 f., denn göttliche Offenbarung braucht keine Bestätigung durch die Weisheitserkenntniss der Alten, wohl aber braucht eine solche die eigene Erfahrung; auch vgl. 13, 1. — V. 18 weiteres Obj. zu אֲסַפֵּר, aber ohne ו angefügt, weil es seinem Inhalt nach wesentlich zusammenstimmt mit dem vorigen: *was Weise verkünden*, u. *nicht verfehlt haben* d. i. *ohne Hehl* (Jes. 3, 9), *von ihren Vätern her* (als ihrer Quelle es genommen habend). Also מאבתם nicht mit יגידו zu verbinden (Verss. u. *Luth.*), sondern mit כחדו. LXX geben nur מאבתם, als Subj. zu יגידו. — V. 19. nähere Bestimmung zu אבתם: *ihnen oder relativ denen allein das Land gegeben war* (*Ew.* 135ᵃ) zum Bewohnen, oder die noch im Alleinbesitz des Landes waren, u. *durch deren Mitte noch kein Fremder durchgezogen war* Dass ארץ das *Land* u. nicht die *Erde* (*Schl.*) ist, erhellt leicht: wäre hier von den uralten Patriarchen die Rede, die

noch allein auf der Erde wohnten, so stünde ולא עבר זר בתוכם völlig
müssig. Gemeint sind solche Väter, die noch allein, von fremden Völkern nicht überzogen, ihr Land inne hatten; denn darauf, nicht auf
Stammesmischung mit Fremden durch Wanderung, Verkehr u. Fehde
(*Del. Hitz.*) weisen die Ausdrücke זר u. עבר בתוכם hin, vgl. Jo. 4, 17.
Diese Beschreibung soll zur Empfehlung ihrer Weisheit dienen, nicht
insofern durch einen solchen Zustand eine unverfälschte *Überlieferung*
ermöglicht wird (*Ha. Hitz.* a.; denn die Väter sind als letzte Quelle,
nicht als Mittelglieder in der Überlieferungskette angeführt), sondern sofern unter solchen Vätern sich eher eine gesunde Lehre bilden konnte,
als unter Bedrängten (vgl. 9, 24). Damit muss man einverstanden sein:
die richtigen Haupt- u. Grundsätze bilden sich in jenen einfachen Zeiten; aber eben so sicher ist, dass in verwickelteren Verhältnissen, wie
sie Ijob 9, 23 f. beschreibt, es sich um nähere Bestimmung u. Weiter-
bildung derselben handelt. Übrigens hört man hier leicht heraus, dass
zur Zeit des Sprechers d. h. des Dichters, „der vaterländische Boden
schon durch fremde Herrschaft entweiht war u. der Einfluss derselben sich bereits in Denkart u. Sitte seines Volkes bemerkbar gemacht hatte" (*Hrz.*). — b) V. 20—35: die eigentliche Lehrrede über
die vergeltende Gerechtigkeit im Schicksal des Frevlers, in 3 Absätzen,
zu 10, 14, 10 Stichen. Es ist ein mächtiger, aber um Gott u. Recht
sich nichts kümmernder, sondern nur für seinen Vortheil u. Genuss
lebender Mann, den hier El. schildert, u. von dem er nachweist, wie
er trotz äussern Friedens doch innerlich unglückselig ist, u. trotz schein-
baren Glücks doch sicher mit all dem Seinigen von der gerechten Strafe
Gottes ereilt wird. Gegenüber von den gefährlichen Grundsätzen, die
lj. aus den Beispielen der verwirrten Jetztzeit hernimmt (z. B. 12, 16 ff.),
liegt dem El. daran, solche Erscheinungen in das rechte Licht zu stellen,
u. insofern versetzt auch dieser Theil seiner Rede mitten in den Streit
der Anschauungen u. Grundsätze in der Zeit des Dichters hinein; die
nächste Absicht dabei ist aber, durch Vorführung dieses Lebensbildes
den lj. zur Selbsterkenntniss zu bringen u. mit heilsamem Schrecken
zu erfüllen. — α) V. 20—24: Furcht u. Angst quälen den Bösen sein
ganzes Leben hindurch: mitten im Frieden sieht er nichts als Gefahr
u. die sicher kommende Strafe Gottes, mitten im Überfluss plötzliche
Verarmung, allenthalben übermannt ihn der Gedanke an die kommende
Noth. — V. 20 der Hauptsatz: alle Tage eines Frevlers d. h. *so lange
der Frevler lebt, leidet er Qual*, u. die Zahl der Jahre hindurch, die
aufgespart sind d. h. *u. so viel Jahre als aufgespart sind* (21, 19.
24, 1) *dem Wütherich* (6, 23), nach V. 32 nicht zu viele. Es soll
gezeigt werden, dass auch nicht einmal zeitenweise der Böse Sicherheit
hat (12, 6), darum ist כל־ימי רשע mit Nachdruck vorangestellt, u. im
2 Gl. durch den Acc. ומספר ימים, wozu נצפנו לעריץ als Rel.-Satz sich
ordnet, dieser Gedanke noch einmal ausgedrückt; zugleich durch עריץ
der רשע als ein gewaltthätiger, überall Schrecken um sich her verbrei-
tender Mächtiger bestimmt. *Del.* nach LXX erklärt: *und eine* (fest
bestimmte) *Zahl von Jahren ist dem W aufbehalten* (s. zu 21, 21),
aber das gilt von allen Menschen; zu suppliren: „nach deren Ablauf die

Strafe ihn ereilt," hat man kein Recht, u. im Folgenden kommt das nicht zur Ausführung. Die Fassung (*Trg. Peš. Vulg., Umb. Hgst.*) u. *der Jahre Zahl* (die er noch zu leben hat) *ist verborgen dem W.*, erforderte hebräisch יָמָיו u. נִצְפְּנוּ־לוֹ u. würde etwas aussagen, was der Gottlose mit dem Frommen gemeinsam hat. Auch bedeutet צפן nicht *erspähen* (*Hitz.*: zählbare Jahre sind erspäht vom W., d. h. auf nur wenige Jahre rechnet er). מִתְחוֹלֵל] *sich windend u. drehend*, vor Wehen, Qualen (nur hier so). Die Meinung ist: auch wenn er äusserlich glücklich scheint, hat er Pein, die Pein des bösen Gewissens, der Furcht vor den kommenden Strafen, so dass allerdings *sein ganzes Leben eine Qual ist*. — V. 21 ff. In Ausführung dieses Satzes macht er billig den Anfang mit der inneren Angst, u. gibt davon eine malerische Schilderung. Es lautet zwar darin manches wie Beschreibung äusserer Vorgänge, u. *Hgst.* dringt darauf, dass V. 21 das Einbrechen der Katastrophe, V. 22 f. sein hoffnungsloser Zustand nach derselben beschrieben werde. Aber das Thema V. 20 wäre dann gar nicht erwiesen; V. 22ᵃ. 23ᵇ deuten genugsam an, dass es sich auch dort um die Einbildung der Strafen handelt, u. die äusseren Strafen werden vielmehr erst von V. 29 an geschildert. V 21. *Schreckenslaute* sind oder tönen *in seinen Ohren*; mitten *im Frieden* überkommt oder *überfällt* (20, 22) *ihn der Verwüster* (12, 6) näml. in Gedanken, in vorausahnender Furcht. Indirekte Rede (*Hitz. Stud.*: Verw. *komme* über ihn) ist hier durch nichts nahegelegt, wie Ps. 50, 21 u. s. יְבוֹאֶנּוּ] dieser Plur. nur hier. — V. 22. *Er traut nicht* (9, 16) d. h. hat in seinem Schuldbewusstsein keine Zuversicht, *zurückzukehren* (Inf. ohne ל, s. zu 3, 8) *aus der Finsterniss*, sc. nicht des Verstecks, in welches er sich vor der Gefahr zurückgezogen hat (*Ha. Reu.*), sondern des Unglücks (V. 23. 30), wenn es ihn einmal gefasst hat, so dass שׁוּב = loskommen, freiwerden ist. Das Gespenst der Einbildung (*Hitz.*), von dem er sich nicht abzuwenden *traue* (warum nicht?), kann doch צָפוּי nicht bedeuten. U. *erlauert ist er* — das ahnt er voraus — *für das Schwert der göttlichen Rache* (19, 29). צָפוּ] für צָפוּי, ein seltenes Paʿûl (*Ges.* 75 A. 5) für צָפוּי, was viele Mss. u. Qerê bieten; LXX geben אוּיָה für '— ﬠ; *Ew.* (JB. IX. 38) vermuthet צָפוּן *aufgespart*, weil die W. צפה sonst im B. nicht gebräuchlich sei; *Peš. Vulg. Hitz.* nehmen das Paʿûl im medialen Sinn: *ängstlich ausschauend nach d. S.*, sprachlich u. sachlich unzulässig. אֶל] LXX אֶל־לֶחֶם. — V. 23. Mitten im Überfluss wird er von der Furcht der Hungersnoth gequält: *er schweift umher nach* (dem) *Brot*, ängstlich rufend: *„wo?"* sc. gibt es oder finde ich's? אַיֵּה] ein Angstschrei, so kurz gesagt, wie 9, 19 מִי (*Ges.* 147. 3), während LXX (u. *Mx.*) mit אַיָּה אֶכֶל (Geierfrass zu werden) einen sonderbaren Gedanken in sonderbarem Ausdruck geben. Von solchen Ängsten wird er geplagt, weil *er weiss, dass ihm zur Seite* (wie נָכוֹן 1, 14; vgl. Zach. 4, 12) *ein Tag der Finsterniss* (V 22), der finstere Tag des Unglücks u. Untergangs, *bereit steht* (18, 12), also jeden Augenblick ihn erfassen kann u. schliesslich sicher erfassen wird. — V. 24 schliesst ab: *ihn schrecken* (13. 11) *Angst* (vgl. 7, 11. Ps. 25, 17) *u. Bangigkeit* (denn nach dem Sinne der ganzen Gruppe scheinen eher diese als äussere *Noth* u. *Bedrängniss* hier verstanden zu sein); *sie überwältigt ihn* (14, 20) *wie ein König, der zum Sturm bereit* ist, d. h. unwiderstehlich (Prov. 6, 11). יתקפהו] Subj. ist מצוקה; die Mehrzahl der Subjecte ist verlassen, wegen der Vergleichung mit einem Einzelwesen (יל״ד); wäre das Verb. neutrisch gemeint (*Ew.* 295ᵃ), so wäre wohl eher das Masc. gewählt, weil das Verglichene ein Masc. ist. יעתד] ordnet sich zum Subj. (wie 10, 16), nicht zum Obj., wie *Vulg. Trg.*[1] haben. כידור] nur hier (über die Wortform s. *Ew.* 156ᵇ; *Stade* § 216); die Bedeutung ist mit Sicherheit nicht zu bestimmen, da die Wurzel im Hebr. sonst nicht vorkommt u. die Verss. nicht zusammenstimmen; doch haben *Peš.* u. *Vulg.* proelium; die Rabb., indem sie כדור = כידור nehmen, geben den Begriff *Schlachtenrunde* oder *Kreisumgebung* des stürmenden Heeres (s. *Böttch.* ÄL. 70); näher liegt nach dem arab. *kadara* (*Ges.* th. 660; *Fleischer* bei *Del.*[2] 195) entweder *Angriff, Sturm* oder *Gedränge, Getümmel* der Schlacht. Die Vermuthung (*Hupf.*) עָתִיד לַפִּידוֹן (39, 23. 41, 21) *promtus ad hastam* = *peritus* (3, 8) *hastae* verstosst gegen den Sprachgebrauch, u. warum dann כִּידוֹן (da איש genügte)? Phantastisch *GHff.* (ZATW. III. 107): wie ein *Engel, der zum Blitzen* (כִּידוֹר sonst *Funken*) *bereit ist!* — β) V. 25—30: bei seiner trotzigen Auflehnung gegen Gott u. seiner schrankenlosen Habgier im Dienste sinnlichen Wohllebens kann es nicht anders sein, als dass wirklich ihm der göttliche Zornhauch ein plötzliches Ende macht. — Die begründenden Sätze, beide durch כי eingeleitet, V. 25 f. u. 27 f., dürfen schwerlich so getrennt werden, dass der erste mit dem Vorhergehenden, der zweite mit dem Folgenden zusammengenommen würde; sie können auch nicht beide zusammen als Begründung des Vorhergehenden genommen werden, weil sonst V. 29 f. zu unvermittelt dastünde. Vielmehr indem El. nun dazu übergeht, auch die äusseren Strafen eines Bösen zu beschreiben, begründet er zuerst V. 25—28 die Nothwendigkeit, dass es so sein muss, mit seinem Verhalten. — V. 25 f. Seine eine Hauptsünde: der Übermuth u. die freche Auflehnung gegen Gott, mit ziemlich unverhüllter Beziehung auf Ij. (V. 12 f.). *Weil er gegen Gott seine Hand ausgereckt hat* (1 Reg. 11, 27), als wollte er mit ihm kämpfen oder gar ihn züchtigen, *u. gegen den Allmächtigen sich erfrechte* (eig.: sich stark, heldenhaft zeigte d. h. trotzte s. Jes. 42. 13 u. bei Elihu Ij. 36, 9; über das Iprf. s. zu 4, 3), *mit dem Hals*, so dass dieser auffällig hervortrat, d. h. mit gerecktem Halse (erecto collo *Vulg.*, nach Ps. 75, 6, Bild der Frechheit) *gegen ihn anrannte* (16, 14), *wie ein Krieger gleichsam Sturm lief, mit der Dichtheit der Buckel* d. h. *dem dicken Dach der Buckel* (συνασπισμός; so wohl eher als: den dichten Buckeln, *Ew.* 293ᶜ) *seiner Schilde* (s. 13, 12), indem jetzt das Bild des einzelnen Kriegers in das des Führers einer stürmenden Schaar übergeht. — V. 27 f. Die andere Hauptsünde, dass er nur auf sein Wohlleben bedacht, für seine Habgier keine Schranke kannte. Da sein Wohlleben als Grund seiner Auflehnung gegen Gott (*Hgst. Mx.* a.) nicht wohl passt, so wird (nach text. rec.) כי den V. 27 f. als Begründung zu 29 f. hinstellen sollen d. h. dem כי V. 25 gleichgeordnet sein. Übrigens fehlt V. 27 u. 26ᵇ in vorhexapl. LXX.

Weil er sein Gesicht mit seinem Fett bedeckte u. Schmeer (פִּימָה nur hier) *ansetzte an der Lende*, also in Behaglichkeit sich selbst mästete, seinem Leibe fröhnte (vgl. Ps. 73, 4—7; עשה wie 14, 9 u. s. von dem natürlichen Hervortreiben gesagt, nicht *bedecken* s. zu 9, 9), *u. in vertilgten* (4, 7) *Städten sich ansiedelte, in Häusern, die man nicht bewohnen sollte, die zu Trümmern bestimmt waren.* Da nicht gesagt wird, er selbst habe die Städte u. Wohnungen verödet (*Ew. Ha.*), auch nicht ihre Verödung als Folge seiner Ansiedlung dargestellt ist, so kann man hier nicht seine Gewaltthätigkeit in Aneignung fremden Eigenthums zum Dienste seines Wohllebens (etwa wie Jes. 5, 8) geschildert finden. Noch weniger kann V. 28 als Folgerung aus 27 besagen, dass ihm zur Strafe seine Städte u. Häuser zerstört wurden (*Ros. de W Hgst.*). Der Wortlaut führt darauf, dass er nicht zufrieden, sich da anzubauen, wo andere Menschen wohnen u. wohnen dürfen, in seiner Habsucht so weit ging, auch solche Örter, die nach altem frommen Glauben oder Aberglauben Denkmäler göttlichen Fluches u. ewig unbewohnt bleiben sollen, mit Hintansetzung aller Scheu, für seinen Nutzen auszubeuten (*Vatabl. Hirz. Schl. Hitz. Del.* a.). Ein Beispiel solcher Stätten s. Jos. 6, 26. 1 R. 16, 34. Noch jetzt lebt unter den Arabern dieser Glaube u. die Scheu vor solchen Orten fort (*Burckh.* Arab. 688; *Wetzst.* bei *Del.*[2] 197). Vielleicht hatte der Dichter dabei besondere Vorkommnisse seiner Zeit im Sinne. לֹא יֵשְׁבוּ לָמוֹ] Relativsatz, mit unbestimmtem Subj.; das Iprf. zum Ausdruck dessen, was zu geschehen pflegt u. geschehen soll, u. לָמוֹ *sibi*, zu eigenem Nutzen u. Vortheil. Das ישב im intrs. Sinn *bewohnt werden* zu fassen (*Ges. Del. Hitz.* Vo.), ist unnöthig; wegen des beigesetzten Dat. לָמוֹ u. des vorhergehenden activen ישב (vgl. dagegen Jes. 13, 20) sogar nicht räthlich, wie denn dieses intrs. ישב auch weniger von Häusern, als von Städten u. Ländern ausgesagt wurde. לָמוֹ] ist nicht Ortsbezeichnung (*Hrz.*), weil zwar ישב *sich setzen* mit ל des Orts verbunden wird (2, 13. Ps. 9, 5 u. s.), nicht aber ישב *wohnen*; noch weniger ist es = אֲשֶׁר לָהֶם = *die Eigenthümer*, u. Subj. zu יֵשְׁבוּ (*Ha.*), weil eine solche Kürze des Ausdrucks über die Grenzen des Erlaubten gienge. הִתְעַתְּדוּ] drückt nicht blos das *Zurichten*, sondern das *Bestimmen für die Zukunft* aus, mag Hithp. passiven oder medialen Sinn (mit unbestimmtem Subj.) haben; אֲשֶׁר bezieht sich auf בָּתִּים zurück. — V. 29 f. bringen den Nachsatz. V. 29 sein Wohlstand hat keinen Bestand: *so wird er nicht reich* (Hos. 12, 9) *u. sein Vermögen* (5, 5) *hat nicht Bestand.* וְלֹא יִטֶּה לָאָרֶץ מִנְלָם] das schwierige מִנְלָם wird (seit *Schult.*) erklärt aus מִנְלֶה u. Suff. ם—ָ; מִנְלֶה selbst, von angeblicher √ נָלָה (arab. *nâla*) erlangen, erreichen abgeleitet, soll wie arb. *manâl* die *Erlangung*, u. dann *das Erlangte*, den *Erwerb* bedeuten, also: *u. nicht neigt sich zur Erde ihr Erwerb*, unter Vergleichung mit einem fruchtbeladenen Baum oder einem ährenschweren Kornfeld (*Hirz. Ew. Sti. Ha. Schl. Reu.*); minder gut: *nicht breitet sich aus im Lande ihr Besitz* (*Ros. Umbr. Ren. Mat.*), da נטה dafür nicht der Ausdruck ist u. בָּאָרֶץ (1, 10) erfordert würde. Aber das Suff. Pl. ם— ist hier, wo vorher u. nachher immer nur von dem einzelnen רָשָׁע die Rede ist, schwierig (denn V. 35, weil auf V. 34 bezüglich, ist ein anderer Fall); eine W. נלה ist, weil gegen die Lautgesetze (*Ew.* 118ᵃ), unannehmbar. Die alten Übers. bieten nichts Erträgliches; LXX: οὐ μὴ βάλῃ ἐπὶ τὴν γῆν σκιάν setzt voraus יִגֶּה; u. צֵל oder לְצֵל (nicht צִלָּם *Mx.*); *Vulg:* nec mittet in terra radicem suam אֲצָלָם; *Peš.* gibt ܨܶܠܐ (!); *Trg.*: מִנְהוֹן (vielleicht מִן לָם = von dem was ihnen). Ein Ms. bei *De Rossi* hat מִכְלָם, was *Ges.* th. 888 als מִכְלָה = מִכְלָא c. suff. caula eorum i. e. grex eorum erklärte, u. *Hupf.* zu כִּלָּה (non extendet oder figet in terra caulam) herstellt; *Olsh.* vermuthet יִגְלֶה ("nicht senkt sich zur Erde — von der Fülle der Feldfrucht niedergedrückt — ihre Sichel"); *Böttch.* NÄ. III. 52 מִמְלָא von דְּגָנָם ihre Fülle; *Stud.* gar מַזָּלָם = מַזָּלוֹת (2 R. 23, 5): nicht neigt er der Erde zu das Glücksgestirn d. h. die Gunst desselben(!); u. *GHff.*: noch schlägt er im (!) Lande Nachtzelte (מִלָּנִים) auf (!). Aber passenden Sinn ergeben alle diese Lesungen nicht. Wir selbst schlugen früher לֹא יִגֶּה אֹרַשׁ u. nicht senkt er zur Erde Ähren, bringt's zu keiner Frucht (24, 24) vor, u. *Hitz.* will מְלִילָם (von מְלִילָה Dt. 23, 26, was aber nur abgerupfte oder Reibähre bedeutet): *nicht neigt sich zu Boden ihre Ähre.* Etwas der Art wird beabsichtigt sein. Aber der ganze V. ist verdächtig (*Hitz.*), denn auch לא יעשר (עשר sonst nie in B. Ij.) passt nicht als Strafe eines Mannes, dessen Reichthum V. 26 f. vorausgesetzt ist. — V. 30. Der Untergang steht ihm unausweichlich bevor: *Nicht entgehet er der Finsterniss* des Unglücks (V. 22 f.); vielmehr, mit Rückfall in das Pflanzenbild (vgl. 8, 16 u. s.): *seine Schösslinge* (14, 7. 8, 16) *macht* Flamme oder Gluthitze *dürr,* sei es der Sonne oder des heissen Windes (Gen. 41, 6; Ps. 11, 6), *u. vergehen muss er durch den Zorn-Hauch* (4, 9) *seines Mundes* d. h. Gottes (V. 25 f.), nicht seines eigenen (*Hitz.*: er entflieht in seines Mundes Sturm!). Aber auch in diesem V. ist das ולא יסור מני חשך zwischen den Pflanzenbildern auffallend; das ungewöhnliche Gedankenspiel zwischen den beiden יסור ist frostig; was der V. aussagt, kommt wieder, in besserer Form, V. 32 f. Da die Gruppe V. 25—30 auch 4 Stichen zu viel hat, so fragt sich, ob nicht V. 29 f. später eingeschoben seien. V. 31 mit אל יאמן schlösse sich (nach der Begründung V. 25—28) sehr gut an V. 20—24 an als Wiederaufnahme u. Weiterführung. — γ) V 31—35: trotz alles täuschenden Scheines wird die Nichtigkeit seines Glückes bald genug zu Tage kommen; vor der Zeit nimmt's mit ihm ein Ende, ohne dass er irgend eine Frucht gereift hat; so muss es sein nach der göttlichen Ordnung, denn aus Nichtigem kann nur wieder Nichtiges, Unheil u. Selbstbetrug, folgen. — V. 31. Die Unsicherheit seiner Stützen u. die Sicherheit seines Verderbens, in Form einer Abmahnung: *Er traue nicht auf das Eitle — er betrügt sich!* eig.: ist betrogen, sc. wenn er es thut; *denn Eitles wird sein Eintausch sein.* Eitles ist hier (vgl. 7, 3) in doppeltem Sinne genommen: einmal meint es sein scheinbares Glück u. sein gottloses Thun, worauf er sich jetzt verlässt; das anderemal das schliessliche Unheil u. Verderben, das er bei der Vergeltung dafür eintauschen muss (vgl. Hos. 12, 12). וְנִתְעָה] Prf. Niph., als Refl. zu Hiph., ist hier ganz passend (u. nicht durch וְנִתְעָב V. 16

der Abscheuliche zu ersetzen, *Olsh.*), u. Satz für sich. ־־] für שָׁוְא, wie כּ für כְּ; *Bestand* (*Böttch.* NÄ. III. 52 f.) ist fingirt (trotz LXX), u. בּשׁ יְגֻמָּר (*M.r.*) ist mindestens unnöthig. תִּמָּלֵא] fem., nach dem Praed. gerichtet (Gen. 31. 8. Prov. 14, 35. Jer. 10, 3). — V 32. Art dieses Eintausches, ein vorzeitiger Untergang. An nicht-seinem-Tage, an dem Tag, der nicht sein ihm bestimmter Tag ist (vgl. 10, 22. 12, 24), also *bevor noch sein Tag da ist* (s. 22, 16. Qoh. 7, 17), *erfüllt er* — der Eintausch — *sich*, d. h. wird er ihm vollständig zu Theil (*Hrz. Ha. Hitz.* a.); möglich ist auch, תִּמָּלֵא neutrisch (s. 4, 5) zu nehmen: *es*, näml. das einzutauschende Unheil, *geht in Erfüllung* (*Del.*); aber *es ist aus mit ihm* (*Ew. Schl. Mat. Hgst.*) ist gegen den Sprachgebrauch. Nach LXX *M.r.* גִּזְעוֹ בְּלֹא־עִתּוֹ יִמַּל *zur Unzeit wird sein Stamm beschnitten!* durch V.b nur scheinbar gestützt; *GHff.* corrigirt יִמַּל *verwelkt er*. — Mit Übergang zum Pflanzenbild, näher zum Bild der Palme, worauf der Ausdruck כִּפָּה (Jes. 9, 13. 19, 15) hinweist: *u. sein Palmzweig* d. h. das Gezweige von ihm, der Palme, *grünet nicht* mehr (3 p. Prf. f. Sing. in Pausa) d. h. ist dürr, abgestorben. Das ist sein Eintausch, dass er ein erstorbener Baum ist. Der ganze Mann mit allem, was er hat u. ist, ist als Palme dargestellt, u. sind darum unter den Zweigen nicht speciell seine Kinder zu verstehen. — V. 33. Trotz alles Strebens bringt er es zu keiner Frucht: wenn er auch eine Blüthe oder Frucht ansetzt, so büsst er sie doch, ehe sie reifen können, wieder ein. Auch dies wird zu eng gefasst, wenn man es nur auf die Kinder des רָשָׁע bezieht. In יַחְמֹס u. יַשְׁלֵךְ — über die Form s. zu 13, 27 — kann nicht irgendwer = *man* (*Schl. Mat.*) oder gar *Gott* (*Ha. Del.*[1] *Stud. Vo.*) Subj. sein, nicht blos weil יַחְמֹס u. בֹּסֶר sich in diesem Fall schwerer anschlösse, sondern weil die Verba nicht dazu passen: seine Blüthen *wirft* der Baum selbst *ab*, ein Fremder schüttelt, schlägt, reisst sie ab; ebenso wäre für Abreissen der unreifen Frucht (vollends durch Gott) חָמַס ein sonderbarer Ausdruck. חָמַס] *Gewalt* u. *Unrecht üben* bedeutet auch *gewaltsam* u. *grausam verletzen* oder *schädigen* mit Acc., Thr. 2, 6 im phys., Seph. 3, 4. Ez. 22, 26 im eth., Prov. 8, 36 in beiderlei Sinn, daher Niph. *Gewalt leiden* Jer. 13, 22. Läse man Pass. יֵחָמֵס (*Vulg., Hrz.*), so müsste man folgerichtig auch יֻשְׁלָךְ (*M.r.*) herstellen; aber יַשְׁלֵךְ eben passt nicht (s. o.). Richtig hat die Mass. am Qal festgehalten: *er misshandelt, schädigt oder stösst ab seine noch unreife Traube* (frei: *büsst gleich dem Weinstock unreif seine Traube ein*), so auch *Ew. Hupf. Hitz. Del.*[2], im wesentlichen schon *Trg.* בֹּסֶר] mit Suff. בִּסְרוֹ (wie אָב, אָבִיו) ist die Frucht des Weinstocks nach der Blüthe u. vor der Reife; in dieser ihrer Entwicklungszeit ist sie bekanntermassen gar mancherlei Krankheiten ausgesetzt, durch die sie verkümmert u. abfällt; an ein Abschneiden des Omphax zur Essigfabrikation (*Wetzst. Del.*[1]) ist hier nicht zu denken. Wohl aber kann (*Wetzst.*) daran erinnert werden, dass der Ölbaum zwar jedes Jahr blüht, aber blos alle ander Jahre Früchte ansetzt. — V. 34f. wird durch כִּי die bisherige Schilderung auf das allgemeine Gesetz zurückgeführt. *Denn des Unheiligen* (8, 13. 13, 16) *Rotte ist unfruchtbar*, ein harter Grund, auf dem nichts gedeihen kann; גלמוד (3, 7) kann zwar auch wie ein Adj. flektirt werden (Jes. 49, 21), ist aber hier u. 30, 3 wie ein Subst. behandelt: hartes Gestein, Fels, wie im Arab. עדה] nehmen die meisten, wie 16, 7, als Familie, Hausgenossenschaft, als würde Unfruchtbarkeit auch von diesen ausgesagt; aber dagegen spricht כי; also vielmehr Schaar (Ps. 22, 17. 86, 14 u. ö.). חנף] näml. jedwelcher 'ה, weshalb V. 35 ein Suff. Plur. מו— sich darauf zurückbezieht. Der Gesichtspunkt erweitert sich mit diesem V. von dem einzelnen auf alle seines gleichen. *Und Feuer* frass u. *frisst* noch immer *die Zelte* (s. 5, 24) *der Bestechung*, d. h. wo Bestechlichkeit, individualisirt für alle Formen der Ungerechtigkeit, wohnt. „Der Untergang der Gottlosen durch Feuer, eine durch die ganze Bibel wiederkehrende Vorstellung: das Feuer ward als der Ausfluss des göttlichen Zornhauches betrachtet. Auch Hiob verlor Heerden u. Leute durch dieses Feuer Gottes, daher die Freunde in ihren Schilderungen vom Schicksale der Bösen diesen Zug fast nie übergehen u. er ihnen immer eine persönliche Beziehung hat, vgl. 18, 15. 20, 26. 22, 20" (*Hrz*). — V. 35 spricht kurz u. scharf den allgemeinen Grundsatz aus, nach dem es so gehen muss, daher die Verba zuerst im Inf. abs., der darnach in Verb. fin. übergeht (*Ges.* 113, 4ᵇ): *mit Mühsal schwanger gehen u. Unheil gebären!* עמל u. און sind Synonyma, wie 4, 8; auch der Gedanke ist wie dort u. 15, 31; es soll mit dem, auch Ps. 7, 15. Jes. 33, 11. 59, 4 gebrauchten Bilde ausgedrückt werden, dass aus ihrem unheilvollen Thun mit Naturnothwendigkeit ihr unheilvolles Schicksal folgt. בטנם] *ihr Leib* d. h. ihr Inneres, als schwangerer Mutterleib gedacht. Über das Suff. Plur. s. zu V. 34. תכין] *bereitet* (27, 17. 38, 41) d. i. hier: bringt zur Reife, zeitigt. מרמה] *Trug.*, Täuschung für sie selber, vgl. V. 31. — Ist nun das alles so, wie wenig darf man sich dann über den schnellen, plötzlichen Wechsel des Glücks, wie ihn Ijob erfahren hat, verwundern!

b) *Die Antwort Ijob's,* Cap. 16 und 17.

Wie die Freunde in diesem zweiten Gespräch eine neue Stellung zu Ijob eingenommen haben, so befindet auch er sich in einer neuen Lage. Er war Cap. 7 u. 10 mit allerlei Gründen in Gott gedrungen, um ihn zur Gnade u. Rechtsgewährung umzustimmen, u. hatte endlich im Hochgefühl seiner Unschuld Gott zu einem Rechtskampf (Cp. 13) herausgefordert. Aber Gott hat sich nicht umstimmen lassen, u. seine ungebührliche Herausfoderung ist unbeachtet geblieben. Darum überwältigt ihn mit neuer Macht der Wahn, von Gott feindlich verfolgt zu sein. Aber auch gegenüber von den Freunden haben ihm die Betheuerungen seiner Unschuld nichts genützt; sie erklären ja dieselben für die Sprache eines Schlauen u. finden in seinen Reden den thatsächlichen Beweis einer ihm tief inne wohnenden Sündhaftigkeit. So ist es denn auch mit dem Glauben an seine Rechtschaffenheit unter den Menschen zu Ende; es ist keine Hoffnung u. kein Mittel mehr, sie zu überzeugen. Von Gott nicht angenommen, von den Menschen seiner Ehre entkleidet u. gänzlich verkannt zu sein, das ist jetzt seine neue Lage, deren er sich klar bewusst wird. Sie ist schlimmer als zuvor, u. das Wirrsal des Elends ist für ihn auf's äusserste gekommen. Hier in dieser tiefsten Noth muss, wenn er nicht völlig unterliegen soll, eine Wendung bei ihm eintreten, u. sie tritt ein. Nicht umsonst hat er im ersten Gespräch die unbesiegbare Macht seines guten Gewissens in sich kennen gelernt. Der äussern Güter beraubt u. ohne Hoffnung ihrer Wiederherstellung, klammert er sich um so fester an dieses innere u. noch einzige Gut: er erkennt das sittliche Wesen in seiner durch das äussere Leiden unantastbaren Kraft, ja als noch wachsend im Leiden (17, 9). Zugleich ist ihm dieses Unschuldsbewusstsein das Band, das ihn noch mit Gott verknüpft u. ihn fester zu ihm hinzieht. Dass Gott die Unschuld auf ewig verkennen werde, kann er nicht glauben: so klar u. wahr ist noch immer sein Gottesbewusstsein. Also von den Freunden unbarmherzig zurückgestossen, sieht er sich zu Gott hingetrieben, u. von Gott jetzt im Stich gelassen, flüchtet er zu dem Gott der Zukunft, der ihm sein Recht noch zuerkennen muss. Zu ihm fasst er Vertrauen, von ihm erwartet er fordernd u. ahnend, was der Gott der Gegenwart ihm versagt. So ringt sich bei ihm in der schwersten Anfechtung der Glaube an Gott siegreich durch; er fällt von Gott nicht ab, sondern hält fest an ihm, kämpft die Verzweiflung nieder, u. zieht aus jener innern Zuversicht die Kraft, alles zu tragen, ohne an ihm irre zu werden. Damit hat er dann die Bahn zum Sieg in der Anfechtung betreten, u. auch gegenüber von den Freunden wird es ihm nicht mehr schwer werden, die Nichtigkeit ihrer Ansichten, Gründe u. Reden mit überlegener Kraft aufzudecken.

Schon seine erste Rede stellt diese Eigenthümlichkeiten seiner neuen Lage mit ihren verschiedenen Folgen für ihn deutlich hervor, u. zeigt das Ringen seines Glaubens in seiner ganzen Grösse. Sie ist heftiger erregt, als die bisherigen, aber doch klar geordnet. Ihre Einschnitte sind nicht hinter 16, 13 u. 17, 7 (*Mx.*) oder hinter 16, 22 (*Del.*), sondern nach 16, 5 u. 17 u. 17, 9. Ohne sich vorerst auf das Schreckbild des El. vom verdienten Schicksal des Bösen näher einzulassen, weist er nur 1) mit ein Paar Worten den Inhalt ihrer Reden als nun oft genug gehört, als zweckverfehlend, als wohlfeilen Hohn auf sein Elend zurück 16, 2—5; vertieft sich sodann 2) in eine umfassende Betrachtung seiner trostlosen Lage, wie sie sich nun gestaltet hat, an welcher eben das so schrecklich ist, dass in Folge der Feindschaft Gottes nun auch die Menschen ihn verfolgen u. Gott bis aufs äusserste ihn demüthigt, trotz seiner Unschuld 16, 6—17. Aber unfähig den Gedanken, dass durch den Tod auch sein Recht vernichtet werde, zu ertragen, 3) springt er plötzlich von dem ihn befeindenden Gott über zu dem Gott, welcher der Zeuge seiner Unschuld ist, u. fleht ihn an, sich zu ihm zu bekennen u. für ihn einzustehn, da der Menschen Herz lieblos für ihn verschlossen ist 16, 18—17, 9, u. wendet sich dann 4) noch einmal an die Freunde, um ihre Zusprachen, die ihn eine Wendung seines Geschicks erhoffen lassen wollen, als ganz unverständig zurückzuweisen 17, 10—16. Das Wort der Abwehr an die Freunde ist also hier aus gutem Grunde auf den Anfang u. das

Ende der Rede vertheilt. Der Kern der Rede ist der 2. u. 3. Theil, jener in 8, 8, 8, 6, dieser in 8, 6, 6, 8 Stichen gegliedert. Der 1. Theil umfasst 10 (4 u. 6), der 4. Th. 6 u. 8 Stichen. — In LXX ist 16, 3ᵇ (7 καὶ ἐπελάβου μου) 8. 21ᵇ. 17, 3ᵇ—5ᵃ. 12. 16ᵇ aus *Theod.* ergänzt.

1) Cap. 16, 2—5: Unmuthige, zuletzt in Spott umschlagende Abweisung ihrer nun schon zur Genüge vorgebrachten Reden, die Trost sein sollen, aber das Gegentheil von Trost bewirken, die besser ganz unterblieben, da sie ja auch niemand herausfodert, die ohne wirkliches Mitgefühl mit dem Leidenden, ohne Eingehen auf seine Lage, kalt u. vornehm nur leere, künstlich gesetzte Worte ihm entgegenbringen, leicht zu sagen, aber nicht lindernd, nicht tröstend. — V. 2. *Gehört hab' ich derlei* (12, 3) schon *vieles* (23, 14), näml. nicht von andern oder sonst schon, sondern von euch, sofern ja auch ihre 3 ersten Reden andeutend oder ausführlicher (Cp. 8) dieses Thema behandelten. Mühsalströster d. h. die statt Trost zu geben, Kummer u. Leid versursachen, mithin *leidige Tröster seid ihr alle*, mit Beziehung auf 15, 11. Ihr Trost beruht auf gänzlicher Verkennung seiner Person, u. dient in Wahrheit nur dazu, ihn bitter zu kränken (vgl. auch 21, 34). — V. 3. *Ist wohl ein Ende den windigen* (s. 15, 2) *Worten?* ich habe genug daran u. du solltest derselben auch überdrüssig sein. Er gibt damit dem El. seinen Vorwurf zurück: wie sie seinen Reden kein Verständniss abgewinnen können, so kann er von ihren Zusprachen nichts für sich brauchen. *Oder*, um die Sache von einer andern Seite zu nehmen, *was reizt* (s. 6, 25) *dich, dass* (s. 3, 12) *du erwiederst*, statt zu schweigen? nicht aber (*Hrz.*): was kränkt dich, wenn du antwortest? warum antwortest du so gereizt? — V 4 f. fügt er spottend hinzu, dass solche Art zu trösten keine hohe Weisheit (s. 15, 9 f.) voraussetze, sondern ganz gemein sei, auch er in ihrer Lage dasselbe leisten *könnte* (freilich nicht *würde*), u. entwirft ihnen zugleich eine abschreckende Schilderung ihrer Trösterkunst. Selbstverständlich ist לֹא hier nicht Wunschpartikel, sondern setzt einen nicht zu verwirklichenden Fall (*Ges.* 159, 3): *auch ich wollte* d. h. könnte (s. 9, 14) *wie ihr reden, wenn eure Seele* (als Trägerin der Empfindungen) *an der Stelle der meinen wäre*, euch zu Muth wäre, wie mir; *wollte* Verknüpfung machen mit Worten d. i. Worte verknüpfen oder *Reden zusammensetzen gegen euch* d. h. geordnete, wohlgesetzte Reden halten. Zu der Unterordnung des Obj. durch בְּ vgl. V. 4ᵈ. 9ᵇ. 10ᵃ (*Ew.* 282ᵈ); die Bedeutung *Zauber ausüben*, denom. von חֶבֶר (*GHff.*) ist hier fremd, u. die Lesart אֲיַדֵּד (*Lag.* Prov. 1863. S. VI) passt nicht, weil man wohl הִרְחִיב פֶּה, aber nicht בְּמִלִּים, 'חִ' sagte. *Und wollte schütteln über euch mit meinem Kopf*, was eine Geberde des Hohnes, nam. des in Mitleid versteckten Spottes (*Hrz.*) ist (Ps. 22, 8; Jes. 37, 22; Jer. 18, 16; Sir. 12, 18; Matth. 27, 39). Künstlich zusammengesetzte Reden statt aufrichtiger Herzensergüsse u. vornehmes auf den armen Sünder herabblickendes Mitleid statt wirklichen Mitgefühls geben sie ihm. — V. 5. Nicht Gegensatz zu V. 4 u. Angabe dessen, was er *vielmehr* thun würde (*Hgst.*), sondern Fortsetzung der Nachsätze der Bedingung:

wollte euch stärken d. i. aufrichten, Kraft zum Dulden einflössen *mit* (s. 9, 30) *meinem Munde* d. h. blos mit dem Munde, mit leeren Worten, in denen keine Kraft ist u. hinter denen keine Freundesgesinnung steckt; u. *das Beileid* (s. 2, 11) *meiner Lippen*, das nur mit den Lippen ausgedrückt wird, aber nicht von Herzen geht, *sollte Einhalt thun!* ob das euch genügen würde! נ״ד] von Bewegen der Lippen (LXX *Vulg.* Geplapper, Mühlwerk *Hitz. Stud.*) wird נ״ד nie gebraucht. יחשך] ohne Obj., wie Jes. 58, 1; man ergänzt leicht כאב aus V 6. Aber LXX יחשך אל] οὐ φείσομαι, אאפק] über das ל *Ges.* 60 A. 4.

2) C. 16, 6—17: Betrachtung seiner Lage, wie sie sich nun gestaltet hat. α) V. 6—8 (8 Stichen; 6 nur, wenn man 6ᵃ u. 8ᵇ als je 1 St. zählt). Er selbst freilich kann weder durch Reden noch durch Schweigen sich Erleichterung schaffen, aber seine Kraft, stille zu tragen, ist erschöpft, weil jetzt auf das falsche Zeugniss seines Unglücks hin alle, die ihm nahe standen, ihm entfremdet sind. — V. 6. Er besinnt sich, ob er das Gespräch weiter führen soll. Die bisherige Unterredung hat gezeigt, dass er von ihnen keinen Trost zu erwarten hat (s. V. 2—5). Soll er dennoch weiter reden, um wenigstens seinem Schmerz Erleichterung zu verschaffen? aber auch diesen Erfolg des Redens kann er nicht verspüren. Somit müsste er schweigen: allein damit wird auch nichts besser. Aber das in seiner Lage hinzugetretene Neue V. 7 gibt dann doch die Entscheidung für das weitere Reden. Am Eingang seiner 1. Rede des zweiten Gesprächs ist eine solche alles überschauende Überlegung ganz am Platz. Den schroffen Übergang von V. 5 zu 6 mildert die *Vulg.* durch Einsetzung von: sed quid agam? Über die Voluntative dieses V. s. *Ges.* 108, 2ᵇ, vgl. 11, 17. *Mag ich reden, hält mein Schmerz nicht ein; mag ich's lassen* (zu reden, vgl. Zach. 11, 12. Ez. 2, 5. 7), *was von meinem Schmerz geht weg* (s. 14, 20) *von mir?* (מני poetisch für ממני). Antwort: nichts. Möglich wäre auch: was d. i. wie weit oder wie geht er weg von mir? verlässt mich? Antwort: gar nicht. — V. 7. *Nur* (oder *doch*) — *jetzt hat er mich erschöpft; verödet hast du meinen ganzen Kreis!* Der Blick auf das Neue seiner jetzigen Lage gibt den Ausschlag für das Reden, u. אך zum ganzen Satz gehörig (s. 13, 15), führt das Ausschlag gebende Moment ein; es ist also weder versichernd = *ja!* (Del. Hitz. Hgst. a.), noch ist es mit dem einzelnen Wort הלאני, bei dem es nicht einmal steht (nur erschöpft = gänzlich erschöpft hat er mich, *Hrz.*), zu verbinden. עתה] mit Nachdruck wie 6, 3. הלאני] Subj. ist nicht אויב (*Vulg. IE.*), auch nicht Elifaz (*Mx.*), sondern wie das Folgende zeigt (s. V. 11), Gott; gemeint ist: Geduld (Jes. 7, 13) u. Kraft (Ij. 6, 12) erschöpft. Im 2. Gl. geht die Rede, von Schmerz heftig erregt u. wie schluchzend, in die Anrede an Gott (nicht an Elif., *Mx.*) über, während er V. 9ff. wieder in der 3. Pers. von ihm redet. Zu der Lesart עדתי (*Peš., Stick. Ha. Mx. Stud.*: *mein Zeugniss*, d. h. alles was für mich zeugt, mein Glück) die nur scheinbar durch V. 8 gestützt wird, würde חשמת wenig passen: עדתי *meine Gemeinde, meine Schaar*, ist hier (etwas anders als 15, 34) der ganze Kreis der Angehörigen, Hausgenossen u. Freunde (nicht seine Partei, *Kuen.* Th. Tijds. VII. 504). Diesen einst

so reichen Kreis hat Gott ihm verödet, sofern er sie alle in Verächter u. Feinde verwandelt hat, weil sie ihn jetzt für einen von Gott gezeichneten Sünder halten. In der That liegt hierin eben das neue Moment seiner jetzigen Lage, wie V. 8—11 u. noch mehr 19, 13—19 weiter ausführen. — V. 8. ותקמטני] *u. du hast mich gepackt;* קמט bedeutet von Haus aus (*Ges.* th. 1219): *fest zusammendrücken, -packen* u. *-schnüren;* die mehr aram., abgeleitete Bedeutung *runzeln* (*Aq. Vulg. Luth.*), *zusammenschrumpfen* (*Del. Vo.*) ist hier zu speciell, u. 22, 16 unmöglich; *Theod.*: ἐπελάβου μου, *Sym.* (*Hgst. Hitz.*) κατέδησάς με. Das plötzliche Erfasstwerden von seinem Unglück u. besonders seiner furchtbaren Krankheit stellt er vor, als hätte Gott ihn mit seiner allgewaltigen Hand gepackt, wovon die Spuren an seinem Leibe zurückbleiben. לעד היה] *zum Zeugen wurde es,* nämlich das, dass du mich gepackt hast; die über mich verhängten Leiden gelten als Zeugniss meiner Schuld (so nach den alten Übers. *Hrz.* u. die meisten), vgl. 10, 17. Gott als Subj. zu היה u. zu ויקם (*Mat.*) geht schon des Subjectwechsels wegen nicht; *mich, der Zeuge war* (*Peš., Umb. Hitz.*) taugt nicht zu הָיָה לְ, was ein Werden zu etwas ausdrückt; die Lesung הָיָה (6, 2. 30, 13): *u. zum Zeugen d. h. als Zeuge packte mich das Unglück* (*Ew.*) empfiehlt sich wegen לעד u. קמט nicht. *Und aufstand* (in Folge des göttlichen Packens) *als Kläger wider mich meine Lüge,* so nennt er geradezu sein Leiden, weil es falsch gegen ihn zeugt, *in mein Angesicht* (1, 11) *aussagend* (15, 6) oder *auszusagen* (*Ges.* 156, 3), d. h. frei, offen gegen mich zu zeugen. כחש] die Bedeutung *Abmagerung, Siechthum* (*Ros. Ges. Stick. Hrz. Ew. Del. Ren. Reu. Stud.* a.) lässt sich aus Ps. 109, 24 nicht erweisen; auch *Versagen, Ohnmacht* (*Hitz.*), ist hier, wo sichs um Zeugniss handelt, fremd, u. *was man von mir lügt* (*Mx.*) kann כחשי nicht bedeuten. Dass sein Leiden als falscher Zeuge gegen ihn aussagt, hebt er hervor, weil dadurch die Verödung seines Freundeskreises bewerkstelligt wurde. — β) V. 9—11: mit Ingrimm hat Gott ihn angefallen; sofort machten die Menschen mit wüthendem Hohn sich über ihn her; wehrlos ist er den Schlimmsten preisgegeben. V. 9f. führt er in Bildern, von Raubthieren hergenommen (10, 16), weiter aus, wie Gottes Befeindung die Angriffe der Menschen auf ihn nach sich zog. *Sein,* sc. Gottes (V. 7), *Zorn* (mit Nachdruck vorangestellt) *zerfleischte u. feindete mich an* (30, 21), *er knirschte wider mich mit* (s. zu 4c) *seinen Zähnen, als mein Dränger wetzt* (Ps. 7, 13) oder *schärft er seine Augen* wie eine Mordwaffe *gegen mich,* um mich zu durchbohren, „schiesst mörderische Blicke auf mich" (*Hrz.*); Iprf. der Dauer. Die Correctur צָרֵי יְלַטְּשׁוּ עֵינֵיהֶם (*Mx.*) ist nicht erforderlich; auch das Bild vom Jäger (*GIIf.* צָדִי) gehört hierher nicht. — V. 10. U. nun kamen auch die menschlichen Gegner u. fielen im Verein mit wüthendem Hohn über den Wehrlosen her. Gemeint sind nicht die 3 Freunde speciell (*Ros. Umbr. Hitz.*), für deren Benehmen die Ausdrücke zu stark wären, noch weniger die personificirten Unglücksfälle Ijobs (*Hgst.*), sondern Menschen überhaupt, aus seiner Umgebung, darunter עֲוִילִים u. רְשָׁעִים V. 11, womit dann weiter die Beschreibung 30, 1ff. zu vergleichen ist. *Aufgerissen haben sie,* die Menschen, *gegen* *mich ihr* (בִּ s. zu 4c; anders 29, 23) *Maul* (Geberde roher Verhöhnung Ps. 22, 8. Jes. 57, 4), *mit Schimpf*, d. h. schimpflich oder auch unter Schimpfreden, *schlugen sie* meine Backen d. h. *mich auf die Backen*, eine beschimpfende Misshandlung (Mich. 4, 14; Thr. 3, 30; Joh. 18, 22. 19, 3); *allesammt rotten sie sich wider mich.* יִתְמַלָּאוּן] nur hier; sich gegenseitig zu einem מְלֹא (Jes. 31, 4 *Ew.*) zusammenrotten, oder sich zu gegenseitiger Hilfeleistung zusammenthun (arab. *tamâlu'a, Schult.*), gibt einen genügenden u. treffenden Sinn, ohne dass man (*Hrz.*) nach 2 S. 23, 7 בַּרְזֶל hinzudenkt, um den Begriff *sich in volle Rüstung werfen* zu erhalten, — eine jedenfalls unstatthafte Ellipse! Auch *sich ersättigen* (*Hgst. Wetzst.*) taugt nicht zu עָלַי (statt מִמֶּנִּי). — V. 11 bringt das Ergebniss, dass er wehrlos an die schlimmsten Menschen preisgegeben ist, nach dem Willen Gottes. עֲוִיל] wäre nach 19, 18. 21, 11 *Kind, Knabe*, was von manchen (*Del. Hgst. Hitz. Vo.*) zu frechen *Buben, Gesindel* abgewandelt wird, aber mit welchem Recht? Auch einfach *Kinder* (*Stud.*) taugt nicht, weder zu V.[b], noch zu רָשָׁע. Alle alten Übers. drücken עַוָּל aus, u. so wird (s. 18, 21. 27, 7. 29, 17. 31, 3) auch zu lesen sein, während die meisten (*Ges. Ew. Hrz. a.*) sich bei einem Hap. leg. עֲוִיל = עַוָּל beruhigen. וְיִרְטֵנִי] Ipf. von יָרַט. *Gott überliefert mich an* (Dt. 23, 16) *Ungerechte, u. in Frevlerhände stürzt er mich.* Er drückt im Praes. den Stand der Dinge, wie er sich jetzt zeigt, aus. — Noch einmal setzt er an (V. 12—17), um, von dem Verhalten der Menschen absehend, über das unerkärliche Thun Gottes an ihm zu klagen, näml. γ) V. 12—14: wie Gott ihn, den nichts Böses ahnenden, überfiel u. zertrümmerte, erbarmungslos ihn zum Zielpunkt seiner tödtlichen Zorneswaffen machte, mit seinen göttlichen Mächten ihm Stück für Stück seinen Bau durchlöcherte. V. 12. Dass Gott ihn mitten in seiner friedsamen Ruhe (s. 30, 26) niedergeworfen hat, ist mit das Schwerste an seinem Leiden, weshalb er nachdrücklich damit beginnt, u. V. 17 damit schliesst. *Sicher*, friedsam, harmlos (21, 23) *war ich, da zerschmetterte er mich, erfasste meinen Nacken u. zerschellte mich, und*, als wäre es daran noch nicht genug, *stellte mich zur Zielscheibe* (Thr. 3, 12. 1 S. 20, 20) *für sich auf.* Die Pilpel von פרר u. פוץ drücken malerisch die Gewalt u. Vollständigkeit des Zertrümmerns aus, näml. seines Glücksstandes, welche aber zugleich seelische u. geistige Zertrümmerung im Gefolge hat. Ein פרר *aufschrecken* (*Hitz. Stud.*) wäre nur arabisch, u. *wegreissen* (*Hitz.*) für 'צב ist fingirt. וָאֲרַצֵּץ] ו cop., nicht cons.; er greift über וַיְפַרְפְּרֵנִי in der Zeit zurück. — V. 13 schliesst sich an 12c an, ohne aber das Bild von der Zielscheibe inne zu halten. Die Ipff. fallen in die Gegenwart. רַבָּיו] *seine Schützen umringen mich* (*IE. Raś. Del.*[2] *Hitz. Hgst.*); so nach Jer. 50, 29; רֹבָיו oder רִבָּיו (*Böttch. Lag.*) zu lesen ist nicht nöthig; keinenfalls (*Ges.* th. 1254[a]; *Barth*) *seine Vielen* d. h. seine Schaaren; *seine Geschosse* (alte Übers., *Ew. Hrz. Schl. Mat. Mx. Ren. Reu. Stud. Vo.*) würde an sich (6, 4) u. zu Gl. b gut passen, ist aber sonst nicht zu erweisen, u. סָבִיב עָלַי (vgl. 2 Chr. 18, 31. Jos. 7, 9) könnte nicht *sie dringen rings auf mich ein* (*Ew.*) bedeuten, während das blosse Umgeben, *Umschwirren* (*Schl. Hrz. a.*) zu wenig besagte. Hiernach wird 10, 17.

19, 12 zu vergleichen sein. Was aber Gottes Schaaren thun, wird 13bc u. 14 ihm, dem Feldherrn, selbst zugeschrieben: *er zerspaltet meine Nieren* ohne zu schonen d. i. *schonungslos, schüttet zur Erde meine Galle* (Thr. 2, 11). Die tödtliche Krankheit ist nach dichterischer (vgl. 6, 4) u. mythologischer Anschauung durch die Geschosse der Gottheit bewirkt; so sind seine fortwährend sich steigernden Krankheitsanfälle u. Schmerzen ihm durch die Pfeile Gottes beigebrachte Wunden, die ihn endlich sicher zum Tode führen. מְרֵרָה] durch die Aussprache von מְרִירִי *bitteres Gift* unterschieden. — V. 14 mit einem andern Bild, aber immer noch im Bereiche des Kriegers: der Bau seines Leibes wird wie eine Festung von dem Kriegshelden berannt u. unterliegt Glied für Glied seinem Andrang (in etwas anderer Weise dasselbe Bild 19, 12); פֶּרֶץ ist nämlich der stehende Ausdruck (30, 14) für den mit dem Sturmwerkzeuge in die Mauer gebrochenen Riss (Bresche). *Er durchbricht mich Riss* (Ges. 117, 2) *auf Riss, rennt* oder *stürmt* (15, 26) *gleich einem Helden gegen mich.* פְּנֵי גִבּוֹר] s. 13, 28. — δ) V. 15—17: wodurch er in eine entwürdigte Jammer- u. Trauergestalt verwandelt ist — alles das trotz seiner Unschuld u. Frömmigkeit. V. 15 f. Was er unter diesen fortwährenden Anfeindungen geworden ist. *Einen Sack hab' ich auf meine Haut genäht* oder geheftet: der שַׂק, das Trauergewand, aus (schwarzen) Ziegenhaaren verfertigt (cilicium), wurde auch (nicht immer, Jes. 20, 2) auf dem blossen Leibe (1 R. 21, 27; 2 R. 6, 30; Jes. 32, 11) getragen, u. zwar *eng anliegend* (Jes. 3, 24. 20, 2. 32, 11), über den Hüften zusammengeheftet oder -gegürtet; da es, an sich schon stechend, in die schrundige u. aufgeschwollene Haut des Elephantiasiskranken einstieht, so findet der Ausdruck *aufgeheftet* seine genügende Erklärung. גֵּלֶד] nur hier, im Aram. u. Arab. häufiger sowohl für die lebendige als die abgezogene Haut, ist vielleicht statt עוֹר gewählt, zur Bezeichnung der starren u. halb leblosen Haut des Kranken. *habe mein Horn in den Staub gesteckt*] ein Bild hergenommen vom Stier, dessen Stärke u. Zierde die Hörner sind; sein *Horn erheben* drückt noch bezeichnender als *sein Haupt erheben* (Ps. 83, 3; vgl. Ij. 10, 15) die Zunahme an Macht u. Würde, oder auch das stolze Macht- u. Würdegefühl aus (1 S. 2, 1. 10; Ps. 89, 18. 75, 5 f. u. s.), wogegen der, welcher sein Horn in den Staub steckt, sich als *besiegt, entwürdigt, zur Trauer erniedrigt* darstellt. עֹלֵל] Pil., kann nicht wohl (*Del.*) von עָלַל *handeln, thun*, abgeleitet werden, weil dieses, *einem etwas anthun (einen misshandeln)* bedeutend, immer mit לְ pers. verbunden wird (Thr. 1, 22. 2, 20. 3, 51), sondern es geht auf die im Aram. u. Arab. gebräuchliche W. עלל (arb. *ghalla*) *hineingehen* zurück (*Saad. Ros. Ew. Hrz. Ges. Hitz.* a). Die Verss. geben es theils ganz frei wieder, theils (*Peš. Trg.*) durch פלפל *bespritzen, besudeln*; manche Neuere wollen diese Bedeutung aus עֹלֵל *misshandeln* herauspressen. — V. 16. Das Gesicht vom Weinen roth, die Augen fast erblindet. חֳמַרְמָר] Steigerungsstamm in pass. Aussprache (Pu‘al‘al) von חָמַר, *stark geröthet, glühend roth sein* (Thr. 1, 20. 2, 11 von den Eingeweiden); das Fem. Sing. wie 14, 19. 20, 11. 1 S. 4, 15. Dt. 21, 7 (*Ges.* 145, 4); Qerê חֳמַרְמְרוּ. Schwarze Nacht (3, 5) ruht auf den *Wimpern* (3, 9), nicht weil schon die Todesnacht darauf herabsinkt (*Schl.*), sondern weil sie vom Weinen erschöpft, fast die Sehkraft verloren haben (*Hrz.*). Ohne Zweifel ist, nach dem Zusammenhang, das Weinen die Folge des Schmerzes u. der Trauer, vgl. 17, 7; doch ist (s. zu 2, 7) das fortwährende Thränen des Auges auch ein Symptom der Elephantiasis. — V. 17 *Obwohl kein Unrecht an meinen Händen klebt, u. rein ist mein Gebet*; eine nicht an V. 16, sondern an die ganze Schilderung V. 12—16 angeschlossene gegensätzliche Bestimmung, durch welche der Gedanke zu V. 12ᵃ zurückkehrt. על] *trotz* als Praep. 10, 7 (nach *Hrz.* auch hier: trotz Nicht-unrecht), ist vielmehr Conj. *trotzdem dass*, wie Jes. 53, 9 (für אשׁר־לא). Kein Unrecht, mit der Hand begangen, keine Unlauterkeit (Heuchelei) in seiner Andacht u. seinem Gebetsumgang mit Gott hat er sich vorzuwerfen; das sagt er zwar unverkennbar im Gegensatz gegen die Vorwürfe des El. 15, 4. 34; sein Hauptzweck dabei ist aber doch, die Nichtverschuldung dieser Misshandlung kurz u. scharf auszusprechen; denn damit erst tritt die Grösse derselben ganz in's Licht.

3) C. 16, 18—17, 9: Anklammerung an den Gott der Zukunft, den Zeugen u. Vertheidiger seiner Unschuld. Die Rede ist in diesem Theil äusserst erregt, u. gibt durch die sich drängenden, zum Theil sich widersprechenden Gefühle ein Bild der innern Unruhe, unter welcher er des Gedankens einer ewigen Verkennung seiner Unschuld sich zu erwehren sucht. α) V. 18—21: dass er trotz seiner Unschuld als ein Sünder umkommen soll, gegen diesen Gedanken sträubt sich sein ganzes Gemüth: hilflos, wie er ist, schreit er um Rache seines unschuldig vergossenen Blutes; weil aber solche nicht denkbar ist ohne den rächenden Gott, so scheidet sich ihm von dem ihn verfolgenden Gott der Gegenwart der Gott der Zukunft, der jetzt schon der Zeuge seiner Unschuld ist; an ihn wendet er sich flehend, dass er ihm Recht schaffe bei dem feindlichen Gott. — V. 18. *Erde, bedecke nicht mein Blut!* „d. h.: sauge es nicht ein, lass es auf nackter Stelle offen daliegen, vgl. Ez. 24, 7f. (auch Jes. 26, 21). Blut, welches die Erde nicht einsaugt, ist Blut eines unschuldig Gemordeten; solches Blut schreit nach dem Volksglauben der Hebräer zu Gott um Rache (Gen. 4, 10), wogegen von der Erde bedecktes, eingesogenes Blut solches ist, welches keines Rächers entweder bedarf oder keinen findet. Der Sinn also von Hiobs Ruf ist: mög' ich, wenn ich unschuldig sterben muss, nach meinem Tode die Anerkennung meiner Unschuld, meinen Rächer (גאל 19, 25) finden!" (*Hrz.*) Ähnlich ist der Gedanke des 2. Gl.: *u. keine Stätte, wo es bleiben könnte, ohne weiter zu dringen, finde mein Geschrei!* d. h. das Rachegeschrei seines vergossenen Blutes (Gen. 4, 10); unaufgehalten halle es durch die Welt hin und steige auf zum Himmel, bis es seinen Rächer gefunden! — V. 19. *Auch* oder *selbst jetzt, sieh' da im Himmel meinen Zeugen u. meinen Mitwisser in den Höhen* (25, 2. 31, 2)! שׂהדי] das mehr aram. Wort (vgl. Gen. 31, 47) für das hebr. עד (σύνιστωρ LXX), vorn mit unveränderlichem *ā*; mit שׂ (nicht ס) geschrieben auch Gen. 31, 47 u. CIS. II, 1 nᵒ 35. גם עתה] mag man verstehen *auch jetzt noch* (*Ew. Hitz. Reu. Mx.*) oder *schon jetzt* (*Hrz.*

Del. a.), nach dem Aufruf an die Erde besinnt er sich sofort, dass er, obwohl es so gar nicht den Anschein hat, an Gott im Himmel einen Zeugen seiner Unschuld hat. So unerschütterlich fest steht's ihm, dass was sein Inneres ihm als wahr bezeugt, auch vor Gott wahr u. Gott bekannt sein muss, u. dass Gott solches Wissen wenigstens auf die Dauer nicht verleugnen kann. — V. 20. An diesen Gott im Himmel sich zu halten, wird er durch das Benehmen der Freunde genöthigt, die seiner Unschuld spotten: der Menschen Feindschaft treibt ihn Gott in die Arme. *Meine Spötter* (vgl. V. 4. 12, 4) *sind meine Freunde* (statt meine Zeugen u. Vertheidiger zu sein): *zu Gott* träufelt d. i. *thränt mein Auge* (vgl. Jes. 38, 14) d. h. flehe ich thränenden Auges (falsch Ha. Del.: mögen auch m. F. meiner spotten, dennoch thränet; vielmehr: *weil* m. F. — *so* thränet; falsch auch *GHff.*: מְלִיצַי רֵעִי mein Dolmetscher ist mein Hirte sc. Gott). — V. 21. Inhalt seiner thränenden Bitte, als Absichtssatz ausgedrückt durch Jussiv u. וְ cons. (vgl. 9, 33). Die Bitte ist eine zweifache 1) *dass* er entscheide (9, 33; Jes. 11, 4) d. i. *Recht schaffe dem Mann* (Ijob) *bei* oder gegenüber von *Gott*, d. h. schliesslich anerkenne u. erkläre, der verfolgte Ij. sei kein Frevler u. sein Leiden keine Sündenstrafe; eine merkwürdige Vorstellung, worin sich zeigt, wie in seinem Bewusstsein der seine Unschuld kennende u. endlich ihm zu seinem Recht verhelfende Gott von dem ihn verkennenden u. befeindenden Gott sich scheidet, u. so die Finsterniss u. Verwirrung, welche das Wahngebilde eines feindlichen Gottes in seiner Seele angerichtet hat, sich zu lichten beginnt; 2) *u. dem Menschensohn* (wieder Ijob) *gegen seinen Freund* d. h. seinen ihn so gänzlich verkennenden menschlichen Gegner (zB. Elifaz), indem er ausspricht, dass er Unrecht habe, was aus der ersten Bitte nur die weitere Folge ist. Der Wunsch geht 42, 7 in Erfüllung; der Dichter lässt (wie 13, 10) seinen Helden in einem gehobenen Augenblick den Ausgang vorher ahnen. Unter dem רֵעַ *Gott* zu verstehen (*Ha.*), so dass Gl. b u. a das gleiche aussagte (was *Hrz.* zur Wahl stellt), ist unnatürlich, weil man bei dem רֵעַ eines Menschen immer zuerst an seinen Nächsten denkt, u. unmöglich, weil Gott an dieser Stelle nicht als sein Freund, sondern als sein Feind in Betracht käme. Nach der lectio recepta wäre vor בֶּן־אָדָם das לְ des 1. Gl. als nachwirkend zu denken (vgl. 15, 3), u. das לְ vor רֵעֵהוּ = *in Beziehung auf* als stellvertretend für das genauere עִם aufzufassen. Doch ist diese Construktion sehr hart; die Auskunft (*Schult. Ew. Olsh.*) בן־אדם als Acc. von יוֹכַח abhängig zu machen, als bedeutete dieses das 2temal (wie שָׁפַט) *einen richten* = *ihm Recht verschaffen*, scheitert am Sprachgebrauch, wornach הוֹכִיחַ mit Acc. prs. eben nur = *zurechtweisen* u. *strafen*, ist. Die Schwierigkeit wird gehoben, wenn man (*Ew.* JB. IX. 38) בֵּין d. h. בֵּין statt בֶּן liest (so jetzt auch *Hitz. Del.*[2]), so dass אדם u. גבר sich entsprechen wie 14, 10 (während בֶּן־אָדָם nur 25, 6 in diesem Buche vorkommt, ist אדם darin sehr gewöhnlich). — β) 16, 22 — 17, 2: Denn ohne allen Zweifel gehts bei ihm eilends dem Ende zu: nur böswillige Verkennung kann das anders behaupten. — V. 22 begründet die Bitte um Rechtsverschaffung durch den Hinweis auf sein baldiges Ende ohne Hoffnung auf Wiederkehr.

אראה] zur Form s. 3, 25 u. 12, 6; zum masc. bei שׁוּב (wie Ps. 102, 28) vgl. 15, 6. *Denn Jahre von Zahl* d. i. (Gen. 34, 30; Ps. 105, 12 u. s.) *zählbare* oder *wenige Jahre werden kommen, u. einen Pfad, den ich nicht wiederkehre, werd' ich gehen* (s. V. 6). Zum Gedanken vgl. 7. 7—10 u. 10, 20 f. Da אראה nicht ἥκασι (LXX) u. אָרַח nicht *transiit* (*Vulg., Ges.* th.) bedeutet, auch שְׁנוֹת מִסְפָּר nicht durch Art. determinirt ist, so dass man übersetzen dürfte: *die zählbaren Jahre erfüllen sich* d. h. *kommen zu Ende* (*Ha. Del. Hgst.*), endlich שָׁנוֹת *Stunden* statt שְׁנוֹת (*Hitz.*) sprachlich (weil nur späthebräisch) u. sachlich unzulässig wäre, auch durch שְׁנוֹת מִסְפָּר (*Lag.*) nicht zu helfen ist (es müsste יְמֵי heissen!), so können die שְׁנוֹת מִסְפָּר nicht die Gesammtheit aller seiner Lebensjahre sein, sondern nur die ihm von jetzt an noch übrigen Jahre (*Hrz. Ew. Schl. Mal. Ren. Stud.*). Es muss anerkannt werden, dass Ij. hier noch (höchstens) ein paar Jahre bis zu seinem Hingang in Aussicht nimmt, was auch, da die Elephantiasis keinen raschen Verlauf hat (s. zu 2, 7), nicht weiter auffallend ist; ebenso aber auch, dass er den Tod nach dieser Zeit als sicher annimmt (s. weiter 17, 11—16). — C. 17, 1 ist einfache Fortsetzung des begründenden Satzes 16, 22, u. die Kapitelabtheilung ist hier unpassend (*Hrz.*). Dass V. 1 einen andern Ton anschlage, als 16, 22 (*Del.*), u. auf V. 2 ff. vorbereite (*Del. Hitz.*), leuchtet nicht ein. Er fühlt seine Kraft jetzt schon gebrochen u. muss darum baldiges Ende erwarten. רוּחִי] nicht: *mein Odem*, der schon kurz (7, 15) u. übelriechend (19, 17) geworden ist (*Del.*[1]), weil dieses einzelne Symptom die Aussage, dass es mit ihm zu Ende sei, noch nicht rechtfertigte, sondern *mein Geist*, als Lebensprincip, wie 10, 12. Also: *zerrüttet ist meine Lebenskraft; meine Tage sind erloschen* (זעכו = דעכו 6, 17, was einige MSS. bieten) d. h. schon so gut als versiegt; *Gräber* d. h. der Gräberplatz, Friedhof, Gottesacker *sind mir* d. h. *warten mein*, stehn mir bevor. קְבָרִים] wie 21, 32, also kein Beweis für die coll. Natur des Redenden. — V. 2. Ein dunkler V. הֲתֻלִים] Var. הֲתֻלִּים, ein aus הָתַל (13, 9) gebildetes Abstr. *Vorspieglung, höhnende Täuscherei, Spötterei* (nicht: *Betrug Hrz.* oder *Tücke Hitz.*), nicht Concr.: *Spötter* (*Trg. Saad.* a.), noch weniger Pa'ūl: *Verblendete* (*Stick. Ha.*), denn es gibt kein Qal הָתַל, u. הָתַל bedeutet nicht *verblenden*. הַמְרוֹתָם] Inf. Hiph. mit Suff. von מרה *widersetzlich sein*, Hiph. *durch Widersetzlichkeit einen reizen, mit ihm hadern*; das ר hat Dag. dirim. (s. zu 9, 18). תָּלַן] für תָּלִין (wie Jud. 19, 20) in Pausa; Jussiv von לוּן (19, 4. 29, 19. 31, 32. 39, 9). Aber was bedeutet אִם? Als *wenn* gibt es keinen annehmbaren Sinn: „wenn nicht Betrug (!) bei mir ist, so mag auf ihrem Hadern mein Auge weilen d. h. da mich mein Gewissen keiner Schuld zeiht, so mögen sie immerhin noch länger forthadern!" (*Hrz.*) oder „so kann bei ihrer Anfechtung mein A. ruhen" d. h. ich getrost bleiben (*Hitz.*), oder „wenn mir der Spott zeitweise Ruhe lässt, so muss mein Blick ihr Schelten noch ertragen" (*Reu.*) stände im Zusammenhang ganz fremd, u. „bin ich in Täuschung nicht befangen, soll ich nicht ewig ihren Hader schauen, so (V. 3) lege du dich selbst ins Mittel" (*Stud.*) würde 2 ungleichartige Bedingungen zusammenknüpfen. *Oder in der Gegenfrage* (*Ros. de W. Ha.*) kann es nicht bedeuten, weil die Aussage mit der des V. 1 zu ungleichartig ist. Die optative Fassung von אם (trotz *Ew.* 328ᵇ. *Ges.* 151, 2 nicht sicher zu begründen): „wenn man nur nicht Spötterei mit mir triebe u. mein Auge müsste" etc. (*Ew. Ren.*), mit der Ergänzung „so würde ich gerne dem Leben entsagen" oder „ich würde nicht so reden" (*Merc.*) gibt keinen zusammenhangsgemässen Gedanken; ebenso wenig: „müsst' ich nur nicht Spöttereien dulden, bei ihrem Hadern würde ich ruhig bleiben" (*Umb.*), von תָּלַן u. אם statt לֹא ganz abgesehen. Das Richtigste scheint daher (*Schär. Schl. Ols. Mat. Del. Vo.*), אם־לֹא als Betheurungsformel (1, 11. 22, 20. 31, 36 u. s.) zu verstehen: *fürwahr, Spötterei ist bei mir* = umgibt mich (29, 6. 20. 25, 2), oder aber עמדי im Verkehr mit mir (9, 14. 10, 17), also: *wird mit mir getrieben, u. auf ihrem* (der Freunde) *Hadern muss mein Auge weilen!* Damit kehrt er zum Gedanken von 16, 20 zurück, u. ruft, nachdem er 16, 22 u. 17, 1 sich die Gewissheit seines nahen Lebensendes vergegenwärtigt hat, entrüstet aus: wahrhaftig! es ist Spott, den man mit mir treibt, wenn man unter Vorspiegelung von Hoffnungen mich zur Busse eines Sünders treiben will, u. solche Streitsucht soll ich fortwährend unter den Augen haben! Aber glatt ist der Ausdruck nicht. Die LXX geben etwas ganz anderes, aber nichts Besseres. Auch תִּלְאֶין, עֵינַי m. Augen ermatten (*GHffm.*) ist gegen den Sprachgebrauch. — δ) V. 3—5: Noch einmal treibt ihn diese Erinnerung an die Spötter zu Gott als seinem einzigen Freunde hin: flehentlich bittet er ihn, er möchte doch bei sich selbst für ihn einstehen, denn von den Freunden kann er keine Anerkennung erwarten; sie sind wie einem Wahn über ihn dahingegeben; sie können doch nicht Recht behalten! V. 3. *O setze ein! verbürge dich für mich bei dir!* wer (s. zu 4, 7) *wird sonst meiner Hand einschlagen?* שימה] verstärkter Imper.; dass *ein Pfand* als Obj. zu denken sei, ergibt sich aus ערבני, ohne dass man darum letzteres Wort als עֲרָבְנִי (*mein Pfand*) lesen müsste (*Reiske, Olsh.*), in welchem Fall vielmehr das Suff. wenig passend wäre; auch τιθέναι, ponere, وضع, *einsetzen* kann man in passendem Zusammenhang objectlos in dem genannten Sinn gebrauchen. עמך] *bei dir*, dieselbe Trennung Gottes in 2 Personen, wie 16, 21. יתקע] sonst sagt man תָּקַע יָד oder כַּף (Prov. 17, 18. 22, 26. 6, 1) *die Hand einschlagen*, auch blos תָּקַע (Prov. 11, 15) *einschlagen*, mit לְ pers. *einem* (Prov. 6, 1); hier aber, weil statt der Person die Hand der Person (לְיָדִי) genannt ist, wird für *die Hand einschlagen* das Niph. *sich einschlagen* gebraucht. Die Ausdrücke sind hergenommen vom Pfandwesen: wer für einen die Bürgschaft übernahm, that das durch feierlichen Handschlag in die Hand desselben u. durch Einsetzung eines Pfandes. Das Obj. der Bürgschaft ist aber hier nicht die künftige Zahlung einer Schuld, sondern die künftige Anerkennung seiner Unschuld: hafte du (der Kenner meiner Unschuld) als Bürge für meine Unschuld *bei dir!* d. h. nicht: „gib ein Zeichen, eine Gewähr, dass ich als unschuldig vor dir gelte" (*Hrz.* a.), sondern Gott wolle die Verpflichtung übernehmen, bei Gott, seinem Verfolger u. Richter, die schliessliche Anerkennung seines Rechts zu erwirken. Dass er Gott darum bittet, motivirt die verneinend zu beantwortende Frage: wer sonst wird mir einschlagen? sc. als Bürge meiner Unschuld; nicht: bei dir, sondern überhaupt. Unter den Menschen ist niemand mehr, der an seine Unschuld glaubt, u. ihre Vertheidigung sich angelegen sein lässt. — V. 4. Dass niemand ihm einschlagen wird, wird begründet im 1 Gl.: *denn ihr* (der Freunde, vgl. 2ᵇ) *Herz hast du* (vor d. h.) *der Einsicht verschlossen*, sie sind unfähig, das wahre Sachverhältniss einzusehen, aber von Gott selbst dazu gemacht, womit er anerkennt, dass auch dies Gottes Willen mit ihm ist. Das 2. Gl. zieht daraus eine Folgerung, in der Gedankenrichtung, die ihn jetzt eben beschäftigt (V. 3): *darum wirst du sie nicht erhöhen* d. h. oben aufkommen lassen (vgl. Ps. 13, 3), dadurch dass sie Recht behalten. Warum die Meinung nur sein könne *zu Ehren bringen* (*Barth*), ist nicht einzusehen; eine Anspielung auf Prov. 3, 35 leuchtet auch nicht ein. Eben weil Gott als Urheber ihres Wahnes ihren Wahn als solchen kennt, kommt es Ijob unmöglich vor, dass Gott sie triumfiren lasse. תרמם] Ipf. Pil. von רום; das Obj. folgt nicht in V. 5: den, der etc. (*Hitz.*), sondern ist entweder zu suppliren, oder anzunehmen, ידיד sci aus dem übel lautenden חלמם zusammengezogen (vgl. 31, 15. Jes. 64, 6). Vielleicht stand einst תרים (Hiph.). Ein Subst. רוֹמִים = *Aufstreben des Gesunkenen*, *Besserung*, *Sieg* (*Ew.* 161ᶜ), ist Fiktion. — V. 5 soll besagen: *praedam pollicetur sociis* (*Vulg.*) oder *zum Theilen lädt man Freunde ein* (*Arnh. Hrz. Kmph. Hitz.*), während der eigenen Kinder Augen verschmachten, soll also in sprichwörtlicher Redeweise die Freunde als solche charakterisiren, welche dem Ij. von ihrer Weisheit mittheilen wollen, während ihnen der eigene Hausbedarf davon mangle. Aber נגד kann nicht s. v. a. קרא sein, u. רעים für רעיו (*Mx.*: fürs Grundstück Fremde miethen, während etc.) würde der Schärfe u. Klarheit des Sprichworts nur Abbruch thun. Zum Wortlaut passt besser, u. empfiehlt sich zugleich durch den Gegensatz von V. 3 u. die Analogie von 6, 27: *zum* חלק d. h. nicht *Beute* (*Umb. Del. Stud. Vo.*), sondern *zur Theilung gibt man Freunde an*, näml. nicht dass sie theilen (was לחלק wäre), sondern damit sie vertheilt werden, sc. durchs Loos (*Ew. Ha.*), oder bei der Exekution der Habe des Schuldners, bei der Auspfändung (*Schult. Stick. Schl.*); zu נגד vom *Anzeigen* vor Gericht s. Jer. 20, 10; zu 3 p. S. s. 4, 2 u. ö. Für das 2. Gl. ist das Nächstliegende, רי֗ו von בנים auf den רעים zu beziehen, so dass der Satz die Strafe des Verraths angibt, aber nicht als eine gewünschte: *hujus natorum oculi consumantur* (*Ros. Stud.*), weil so zu fluchen gegen Ijobs Charakter ist (31, 30), sondern als gefolgerte: wer Freunde verräth, *dessen Söhnen werden oder müssen die Augen verschmachten* s. 11, 20 (*deW. Del. Ren. Reu. Vo.*), womit das לא תרמם näher bestimmt wäre. In ähnlichem Sinn will *Hgst.* gar: *zur Beute wird*, *wer Fr. angibt*, *u. die A.* etc. Jedoch solche Strafankündigung macht hier, wo V. 3 motivirt werden soll, einen befremdenden Eindruck. In den Zusammenhang würde besser passen: *indess die Augen seiner Kinder verschmachten* (*Ew. Ha. Schl. Stick.* a.), indem man רי֗ו auf עינים bezieht, u. eine enallage numeri in einem

Satz allgemeiner Geltung vielleicht zulässig ist (vgl. 18, 5. 24, 5. 16 f.
27, 23 u. s.). Dann wäre der Satz ein Zustandssatz, beschreibend das
bei der Wegnahme des Vaters seine Kinder treffende Loos, u. die Härte
des Benehmens der Freunde in noch grelleres Licht stellend. Wie V. 4
ihren Unverstand, so zeichnete V. 5 ihre Mitleidlosigkeit; beide wären
Motive für seine Bitte V. 3. Eine Application auf Kinder Ijobs wäre
natürlich so wenig beabsichtigt, als 14, 21 oder 6, 27. — ε) V. 6—9: u.
er (Ij.) steht als Gegenstand des Hohnes u. Abscheus der Welt da, so
dass er in Gram darob vergeht u. alle Frommen sich über sein Geschick entsetzen; doch lässt der Gerechte dadurch sich nicht irre machen,
er hält fest an seinem Weg u. nimmt an Kraft zu. V. 6.. Subj.
könnte noch *man* sein; aber was er aussagt, u. als Folge davon beschreibt V. 7, zeigt, dass er dabei an Gott selbst denkt (bemerke auch
Prf. הִצִּיגַנִי gegen וְיַגֵּר). Die Betrachtung des Benehmens der Freunde
V. 4 f. führt ihn wieder zurück auf Gott als den letzten Ursacher davon (vgl. 16, 7 ff.). *Und hingestellt hat er mich zu einem Sprichwort* der Völker d. h. *für alle Welt* (Prov. 24, 24), *u. einer, dem
man in's Gesicht speit, muss ich sein.* לִמְשֹׁל] es kann (wie Joel 2, 17)
wirklicher Inf. (dass Völker ein Sp. machen) beabsichtigt sein, aber auch
(wie 12, 4) ein substantivirter Inf., wofür freilich לְמָשָׁל (was *Hitz.* herstellt) näher lag; zu ל vgl. dann 7, 20. 16, 12; also: Gegenstand höh-
nender u. kränkender Gleichnissreden, indem die Leute von seinem
Schicksal Sprichwörter hernehmen. עַמִּים] dass Ij. selbst ein Volk vor-
stelle (*Sein.*), folgt daraus nicht. אֶהְיֶה] Iprf. wie 12, 4. תֹּפֶת] nur hier,
gehört nicht zu מוֹפֵת (*Vulg. Luth.*), sondern gebildet wie בֹּשֶׁת, נֹפֶת u. a.
von יָרַק (dessen Bedeutung nach talmud. תּוּף, arb. *taffa*, äth. *taf'a* nicht
zweifelhaft sein kann) ist es *das Speien* u. Gegenstand desselben;
לְפָנִים aber weder *olim* (*Hgst.:* ein Scheusal aus der Vorzeit), noch
dativisch: ein Abscheu *für* das Gesicht (*Hitz.*), sondern nach פֹּה hin,
d. h. ein Gegenstand des ins-Gesicht-Speiens (Num. 12, 14. Dt. 25, 9
vgl. Jes. 50, 6) oder der Verspeiung (vgl. zu der engen Verbindung
רֹק פ׳ Jes. 53, 3). Zur Sache 30, 9 f., welche Stelle zugleich bestätigt, dass er hier einen weiteren Kreis als die Freunde im Auge hat.
— V. 7. *so dass vor Gram* (6, 2) *mein Auge* ermattet oder *erlöscht*
(s. 16, 16. Ps. 6, 8), *u. meine Gebilde* (nur hier; nach *Vulg.* u. den
meisten = Glieder, nach andern Züge; nach *GHff.* Sehbilder des
Auges) — *wie der Schatten sind sie alle*, d. h. nicht: „so hager u.
abgezehrt, dass man sie nicht mehr greifen kann, wie sich der Schatten nicht greifen lässt" (*Hirz.* u. die meisten), sondern „so aufgelöst
u. verschwommen" (*Hitz.*). — V. 8. So gross ist seine Erniedrigung
u. Misshandlung, dass *Rechtschaffene sich darob entsetzen*, voll Schauder darüber, dass es einem der ihrigen, einem Frommen, so gehen kann;
u. der Unschuldige — gegen den Unheiligen kommt er in Aufregung
(vgl. 31, 29) oder *wird er aufgebracht*, d. h. „sein Gerechtigkeitsgefühl empört sich über den חָנֵף, weil es diesem wohlgeht, vgl. Ps.
37. 73" (*Hrz.*), u. er über den unglücklichen Frommen triumfiren darf.
Vielleicht richtiger, mit Umstellung (*Mx.*), u. zu V. 9 passender: u. der
Unheilige über den Unsch. in (freudige) Aufr. kommt d. h. triumfirt.

— Wenn irgendwo, so lässt der Dichter in diesem Wort in die Verhältnisse seiner Zeit hineinblicken, wo die Wogen des Kampfes zwischen den 2 Parteien u. ihren Grundsätzen hoch giengen, u. ein solidarisches Gemeinschaftsbewusstsein alle umschlang, so dass was einen traf, alle mit betraf (vgl. die Psalmen); nur aus dieser Rücksicht auf seine Zeit erklärt sich das 2. Gl., das strenggenommen durch den Zusammenhang nicht nahegelegt war (s. schon 12, 6). — V. 9. Erst hier ermannt er sich aus der trüben Betrachtung V. 5—8 wieder u. erhebt sich zu einem Sinn, der, wenn er ihn behaupten kann, ihm den Sieg gewährleistet: *aber fest hält ein Gerechter seinen Weg*, auf dem er bisher gegangen, den Weg der Rechtschaffenheit u. Frömmigkeit, *u. wer reiner Hände ist,* fügt Stärke hinzu d. h. *wird noch stärker*, nimmt zu an Kraft in seinem Streben nach Lauterkeit im Handeln. Die jussivische Fassung der Impff. (*Hgst. Stud.*) ist nicht angezeigt. Wir haben hier einen von den Kernsprüchen, die der Dichter da und dort einstreut, in dieser Schärfe nirgends sonst im AT. ausgesprochen, ein Spruch, mit dem im Grunde die doctrinelle Lösung des Problems des Gedichtes gegeben ist: mag das Leiden auch seinen höchsten Grad erreicht haben, der Gerechte mag zwar dadurch in augenblickliche Aufregung u. Ungewissheit gerathen, aber irre machen lässt er sich nicht, er hält fest an seiner Bahn, u. alles muss zuletzt zur Kräftigung seiner Frömmigkeit dienen. Der Gedanke an seine Unschuld, der ihn schon näher zu Gott hingetrieben, hat ihm auch diesen Lichtblick in das Wesen des Leidens des Gerechten eröffnet, zu seiner eigenen Aufrichtung. Denn soviel versteht sich, dass Ij. mit צדיק u. טהר־ידים nicht blos andere Gerechte, die Zuschauer seines Leidens (*Hitz. Bud.*[2] 202), über die er im Grunde nichts oder doch nur nach Analogie seiner selbst etwas wissen kann, sondern vor allem sich selbst im Sinne hat u. seinen eigenen neugewonnenen Vorsatz ausspricht. Zugleich ist dies eine schneidende thatsächliche Widerlegung der Beschuldigung des El. 15, 4. — Von dieser Höhe aus, zu der er sich emporgerungen u. von der aus er sein Leiden mit so ganz andern Augen ansehen muss, als die Freunde, richtet er nun

4) V. 10—16 noch einmal ein Wort entschiedener Abwehr an sie, worin er alle ihre Zusprachen für unbrauchbar u. unvernünftig erklärt, weil sie ihn, im Fall der Busse, mit Hoffnungen auf eine Wendung seines Geschickes hinhalten, während doch in Wahrheit nichts mehr zu hoffen ist, u. er schon mit dem Leben abgeschlossen, mit Grab u. Verwesung sich vertraut gemacht hat. Auch diese Rede, trotz der erhebenden Gedanken, zu denen er sich emporgerungen, schliesst so noch einmal, wie die bisherigen, mit dem traurigen Blick in Tod u. Unterwelt. — α) V. 10—12. V. 10. כֻּלָּם] für כֻּלְּכֶם (=כֻּלְּכֶן), ist wohl zum Zweck des Gleichklanges mit תָּבֹאוּ punktirt; aber wozu ein solcher? תָּבֹאוּ] statt erwarteten בֹּאוּ (16, 2); ob fehlerhaft? (*Mr.*), doch s. Mich. 1, 2. 1 R. 22, 28 (*Ges.* 135, 5 A. 3). Eine durch אֻלָם veranlasste Glosse wird es nicht sein, denn es ist kaum entbehrlich. וְשֻׁבוּ] statt des Imper. שׁוּבוּ, wohl darum weil er nicht an den Anfang des Satzes treten konnte (*Ew.* 229 u. 226ᵃ), vgl. übrigens 18, 2ᵇ; das ergänzende

Verb. בא folgt aber dann, durch ו verbunden, im Imper. *Aber ihr alle, kommt nur wiederum heran! ich werde unter euch doch keinen Weisen finden* (vgl. V. 4), d. h. so oft ihr auch noch dasselbe gegen mich u. zu mir sagen werdet, ich werde euch nie als solche erkennen, die meine Sache zu verstehen vermögen. — V. 11 f. Für diese Behauptung ihrer unzureichenden Einsicht gibt er den Beweis, zunächst V. 11 f., u. dann wieder V. 13 ff. Die Freunde hatten ihm immer, wenn er die Busse eines Sünders thue, eine schöne Zukunft in Aussicht gestellt; auch das Schreckbild 15, 17—35 hatte den gleichen Zweck; immer war die Voraussetzung dabei, dass sich sein Geschick noch wenden könne. Dass solche Voraussetzung irrig u. darum ihre Zusprache unweise sei, zeigt er nun. *Meine Tage sind dahin* d. h. so gut wie dahin (vgl. 16, 22); *meine Pläne*, Lebenspläne, *sind zerrissen, die Bestrebungen meines Herzens*. זמית] von זמם; der Plur. nur hier (sonst מזמות); da זמם eig. Verknüpfung bedeutet, so passt נתק gut dazu; dass *Bande* schlechtweg für *Lebensfäden* (4, 21) gesagt werden konnte (*Barth*), ist nicht zu glauben. מורשי] zu dem langen ā im st. c. vgl. *Ew.* 212ᵈ. Das Wort wird gewöhnlich als *Besitzthum, Gut* (wie Jes. 14, 23 u. Ob. 17 von der W. ירש) erklärt, u. indem man *die Besitzthümer meines Herzens* als App. zu זמתי nimmt, gesagt, es werden damit seine Gedanken u. Hoffnungen als die seinem Herzen werth u. lieb gewordenen, oder auch als seine innern Güter bezeichnet. Allein liebe Hoffnungen für die Zukunft wird ein guter Dichter nicht Güter oder Besitzthümer nennen; u. wozu dieser Umweg? Die W. ארש bedeutet (auch im Assyr., *FdDel.* Proleg. 55) *begehren* (Ps. 21, 3), u. ein daraus gebildetes מורש (wie מוסר = מאסר) ergibt auf einmal den hier verlangten Sinn (so jetzt auch *GHff.*). Dem in נתק angeschlagenen Bilde ist durch das 1. Subj. זמתי schon Genüge geschehen, u. מורשי fügt sich leicht als Erklärung daran an; wogegen τὰ ἄρθρα der LXX, die *Stränge* (*Saad.* ed *Cohn*) u. die *Bande* (*Ew. Barth*) zu לבבי gar nicht passen, auch die dafür beanspruchte Gleichung מיתר = מותר = מורש (*Ew.*) oder Ableitung von arab. √ rasā (*Barth*) ganz unannehmbar ist. — V. 12. *Nacht setzen* d. h. *machen sie* (Jes. 5, 20) *zu Tag, Licht ist nach ihrem Setzen* d. h. *sei nahe von der Finsterniss weg* d. h. mit Zurücklassung derselben oder *bald werde Finsterniss dem Lichte weichen* (*Theod. Sym., Stud.*). Nämlich da es nicht ואור, sondern אור heisst, kann Gl. b nicht besagen: während doch Licht (bei mir) nahe der F. ist d. h. demnächst in Finsterniss übergeht (*Ges.* th. 1235; *Hgst.*). Dass im Hebr., wie im Arab. (u. im lat. *prope abest ab*) קרוב מן für *nahe bei* gesagt werden konnte (*Ges. Schl. Hgst.*), ist nicht zu beweisen, noch weniger dass מפני in diesem Sinn für מן eintreten konnte. Nähme man מן comparativisch: *Licht sei näher als das Angesicht der F.*, d. h. *als die offenbare F.* (*Hrz. Ew. Vo.*), so wäre dies zwar nicht eine unwahre Übertreibung (*Hitz.*), denn חשך wäre dann als 'ה des אור zu verstehen, aber dass man von פנים des חשך reden konnte, ist unwahrscheinlich. Übrigens bedeutet מפני auch nie geradezu *coram*, u. ist somit *vor d. F.*, d. h. wo F. hereinbricht (*Del.*) nicht zu billigen. Angeblich nach LXX, in Wahrheit nach *Theod.* will *Mx.* אשים lesen, womit der Sinn des V. verderbt wird. Dieser ist: während mein Leben so gut als zu Ende u. alle meine Hoffnungen zu nichte sind, kommen sie u. wollen mir das Gegentheil glauben machen, mir aus der Nacht des Todes das Licht des Lebens machen, indem sie mir baldige Rückkehr glücklicher Tage vormalen (5, 17—26. 8, 20 ff. 11, 13 ff.). — β) V. 13—16: noch einmal der Beweis ihrer Unweisheit, etwas anders gewendet; hat er zuvor ausgeführt: es ist kein Grund mehr zur Hoffnung, so jetzt: ich habe keine Hoffnung mehr, habe derselben schon entsagt. V. 13. Von אם hängen alle Verba in V. 13f. ab, u. V. 15 bildet den Nachsatz durch י der Folge eingeleitet. Hienge nur אקוה von אם ab (LXX Vulg. a., *Del. Hgst. Mx.*), so ergäbe sich: *wenn ich hoffe, so ist* שאל *mein Haus*, eine unlogische Gedankenverknüpfung, der man nicht ohne weiteres *so ist's* auf den 'ש als mein Haus substituiren darf. *Wenn ich auf die Unterwelt als mein Haus hoffe* (nicht: hoffen muss, *Hrz. Ha. Reu. Vo.*), *in der Finsterniss* (der Unterwelt 10, 21f.) *mein Lager hingebreitet habe*, mir schon im voraus, mein Bett dort zurecht gemacht habe; *dem Grabe zugerufen habe: mein Vater du! meine Mutter! meine Schwester! dem Gewürme*, sie schon meine nächsten Angehörigen genannt, mich mit ihnen ganz vertraut gemacht habe (vgl. 30, 29 u. Prov. 7, 4), — *wo ist denn da* (s. 9, 24) *meine Hoffnung? u. meine Hoffnung — wer erschaut sie* (7, 8)? ותקותי] die Wiederholung des Worts in Gl. b ist nicht lahm (*Hitz.*); der Begriff, auf den alles ankommt, wird so nachdrücklichst hervorgehoben; es sind aber damit nicht 2erlei Hoffnungen gesetzt, sondern nur eine, näml. die, die er nach dem Rath der Freunde hegen *soll*, auf eine Herstellung in diesem Leben, entgegenstehend der, die er nach V. 13 wirklich *hat*. Jene schliesst diese aus, beide sind unverträglich mit einander. Jedoch haben LXX (selbst noch *Trg. Vulg.*, nicht aber *Theod.*) im 2. Gl. ein anderes Wort, u. es ist möglich (*Mat.*), dass urspr. תוחלתי (*Hitz.*) stand, eher als תאותי (*Hitz.* Psalm. II. 329), keinenfalls טובתי (*Mx.*). וישורנה] nicht: schaut sie als in Erfüllung gehend (*Hrz.*), sondern: macht sie ausfindig, entdeckt sie. שחת] da שחת (von שוח) *Grube* (9, 31), *Grab*, Fem. ist, אבי aber masc., haben manche (*Nachm., Ros. Schl. Del. Böttch.* a.) für diese u. einige andere Stellen ein Nom. שחת (von der W. שחת) *Verderben, Moder* (*Vulg.*: putredo) angenommen. Dass aber אבי nicht nothwendig ein Subst. masc. erheischt, ist schon in *Ges.* th. 1378 gezeigt; ohnedem werden sonst ähnliche Wörter wie בור, גיא, פחת gelegentlich auch als masc. behandelt (s. auch zu 8, 7). Trotz *Böttch.* hbr. Sp. 409; N. Ä. II. 143. III. 53 ist keine Stelle nachzuweisen, welche zwänge, ein von שחת abgeleitetes Nom. שחת anzunehmen (zu Ps. 55, 24 s. *Hitz.*). Auch ein נחת von נחת gibts nicht, s. zu Jes. 30, 30. — V. 16. Statt einer Antwort auf die Fragen des V. 15, gibt er an, was aus diesen Hoffnungen wird: *zu den Riegeln der Unterwelt fahren sie nieder, wenn zugleich auf dem Staube* (7, 21) *Ruhe ist*. בדי שאל] Acc. loci zu תרדנה; בד *Stück, Glied* des Körpers (18, 13. 41, 4), *Stange* u. *Ast, Tragstange*, vectis ist auch, wie vectis, die Querstange, die als *Riegel* vor das Thor gelegt wird (Hos. 11, 6), u. diese Riegel wären hier, da der שׁאֹל Thore hat (38, 17 Jes. 38, 10. Ps. 9, 14. 107, 18), für die Thore genannt (vgl. Jon. 2, 7); wogegen Öden (*Schnur. Hgst.*), Klüfte (*Böttch.*), Marken (*Ha.*), das Wort nie bedeutet. Aber auch *Riegel* statt *Thore* ist anstössig. Die Lesung בַּדַּי *meine Glieder* (*Mx.*) taugt nicht, da diese nicht in den שׁאֹל steigen. Mit בַּדֵּי (*Peš.*: ܒ̈ܕܝ) oder בַּד־ (*Vulg.*: in profundissimum infernum; *Hitz.*) ist auch nichts anzufangen. Die Lesart wird verdorben sein; LXX geben μετ᾽ ἐμοῦ = עִמָּדִי. תֵּרַדְנָה] nach gew. Auffassung 3 p. f. Sing. des Ipf. energ. (*Ew.* 191^c); doch ist die Existenz eines solchen aus den beigebrachten Belegstellen nicht sicher (*Stade* § 534; *Ges.* 47 A. 3). Die pluralische Fassung (*Umb. Hrz. Schl. Hgst. Hitz.*), auch bei den alten Übers., passt sehr wohl (selbst wenn man V. 15 nicht וְתוֹחַלְתִּי liest), bezüglich auf die Hoffnung, die er hat (V. 13) u. die Hoffnung, die man ihm zumuthet (V. 15): beide zusammen finden in der Unterwelt ihr Ziel, ihren Ort u. ihr Ende. אִם] hier mehr temporal (wie Jes. 4, 4. 24, 13 u. ö.). נָחַת] Pausalform für נַחַת; die Ruhe auf dem Staub (vgl. 7, 21. 20, 11. 21, 26) ist die Grabesruhe des Leibes. יָחַד] nicht: *zusammen, mir u. meiner Hoffnung* (*Ha. Del.*^{2} *Reu. Hitz.*; schon LXX hexapl.: נַחַת καταβησόμεθα), da die Hoffnung der Seele, nicht dem Leibe zukommt, noch weniger *allesammt*, allen den Hoffnungen (*Hgst.*), sondern *zugleich* (s. 6, 2), näml.: wenn zugleich damit, dass ich mit meiner Hoffnung in den Scheol fahre, im Staube Ruhe meines Leibes ist; vgl. 14, 22. — Der V. scheint nicht correct überliefert; jedoch Gl. a u. b als Frage zu verstehen (LXX *Hitz.*), bessert nichts, u. hinter V. 11 versetzt (*Stud.*) taugt er erst recht nicht.

2. Bildad und Ijob, Cap. 18 u. 19.

a) Die Rede des Bildad Cap. 18.

Weder die rührende Schilderung seiner Lage, noch seine Zufluchtnahme zu Gott, dem Zeugen u. Bürgen seiner Unschuld, vermögen die Freunde umzustimmen; sie bleiben starr bei ihrer Meinung, u. können in der Art, wie er auch die Schreckpfeile des El. wirkungslos an sich abprallen liess, lieber Erde, Himmel u. Gott für sich anrief, als sich fügte, nur den Wahnsinn eines Rasenden, der die göttliche Weltordnung umstossen möchte, erblicken. Zugleich hat Ij. durch die bittern Worte gegen sie (16, 2—5. 20. 17, 2—5. 10) dafür gesorgt, dass sie nicht jetzt schon ohne Erwiederung schweigen können. Indem also Bildad das Wort nimmt, kann er zwar nichts Neues vorbringen, u. zeigt damit schon eine gewisse Erschöpfung der Gründe auf ihrer Seite, hält es aber für zweckdienlich, dem Rasenden noch einmal dieselbe Schreckpredigt zu halten, mit der El. auf ihn zu wirken suchte. Nach einem kurzen Verweis zum Eingang V. 2—4, führt er ihm aus, wie es trotz seines Rasens bei der alten Gottesordnung sein Verbleiben habe, wornach es mit dem Frevler plötzlich u. sicher ein Ende nimmt, u. nicht mit ihm allein, sondern auch mit seinem Haus u. Geschlecht, V. 5—21. Neu ist hier nicht der auszuführende Gedanke, sondern nur die Ausführung desselben; namentlich bemerkt man, dass B. schon unzweideutiger als El. einzelne Züge seines Gemäldes von dem Geschick Ijobs selbst entlehnt, auch, entsprechend der Berufung Ijob's auf die Zukunft, besonders betont, wie ein Frevler auch in seinem Haus u. Geschlecht keine Zukunft habe; alles aber in jener spruchartigen Redeweise von Cp. 8. Es sind 6 Absätze, näml. 7, 6, 8, 6, 6, 6 Stichen, worin diese Rede verläuft, nebst einem Schlussvers. In LXX stammen V. 9^b. 10. 15 f. 17^b aus *Theod.*

a) V. 2—4 der Eingang: des zwecklosen Redens, so lange das Verständniss fehlt, wäre jetzt genug; mit Entrüstung muss B. den Vorwurf der Thorheit zurückweisen, gemacht von einem Thoren, der in seinem Zorn gegen sich selbst wüthet u. die ganze Weltordnung Gottes umstossen möchte. — V. 2. B. beginnt mit denselben Worten, wie das erstemal (8, 2; vgl. zu 15, 2), u. redet, obwohl er es nach V. 4 auf Ij. abgesehen hat, zunächst eine Mehrzahl an, natürlich nicht seine beiden Mitkämpfer (*Umb. Vaih.*), mit denen er ja übereinstimmt, noch auch Ij. und El. (*Hitz.*), sondern Ij. u. die Leute seines gleichen, die ähnliche Grundsätze vertreten. Bildad hat es nicht unbeachtet gelassen u. höhnt ihn nun fast dafür, dass Ij. zuletzt 17, 8 f. seine Sache zur Sache aller Frommen erweitert hat. „Der Streit zieht sich immer mehr in's grosse Allgemeine u. wird zum Kampf zweier Theilungen im gesammten Menschenleben" (*Ew.*), ein Fingerzeig für den geschichtlichen Hintergrund des Gedichtes, nicht aber (*Sein. Hoekstra*) ein Beweis dafür, dass Ij. der עֶבֶד יהוה sei. Die Änderung der LXX in 2 p. S., hier u. V. 2, durfte *Mx.* nicht vorziehen. *Wie lange noch* (8, 2) *wollt ihr nach Worten jagen?* B. gibt damit allerdings Ijob's Frage 16, 3 zurück, aber in veränderter Fassung. Denn obwohl die Verss. u. Rabb. קנצי fast alle von קץ *Ende* ableiten: *bis wann werdet ihr Ziele setzen den Worten?* (so noch *Ros.,* nam. *Ges.* th. 1223 f.; *Mx. GHff.*), so spricht doch entschieden dagegen, dass von קץ sonst kein Plur. קצים vorkommt (s. dagegen 26, 14), auch die Ersetzung des Doppellautes durch die Liquida mehr aram. oder späthebr. ist, ein Plur. hier überhaupt unstatthaft wäre (s. 28, 3), u. weil עד־אנה immer den Sinn von *wie lange noch?* hat (8, 2. 19, 2), statt עד־אנה vielmehr עד־לא תָבִינוּ oder עד־מתי höchstens עד־מתי erwartet würde. Das Wort ist darum besser mit *Castell. Schult. JDMich.* (Suppl. Nr. 2276), *Ew. Hrz.* u. den meisten Neueren von קנץ *laqueus* (nach arab. *qanaṣa venari*) abzuleiten: *laqueos tendere verbis*, *Jagd machen auf Worte* (vgl. **ፍቃዉ፡ ነገር** in meiner äth. Chrestom. S. 66 Z. 3) *nach Worten jagen, nur um etwas zu sagen, auch wenn noch so wenig Sinn darin wäre*; ein Ausdruck, für den freilich auch רדף oder צוד zu Gebot stand, wenn nicht auf 16, 3 angespielt werden sollte. Der st. c. nach *Ges.* 130, 1 f. (s. 24, 5). Das blosse Gerede hat lange genug gedauert. *Wollet* (s. zu 17, 10^a) *zur Einsicht kommen* (42, 3), *u. darnach lasst uns reden, das Gespräch zur Verständigung fortsetzen!* — V. 3. Weiterer Vorwurf, bei dem er aber immer noch Ijob nicht anredet, wie wenn er einen Widerwillen hätte ihn anzufassen: *warum sind wir dem Viehe* (Ps. 73, 22) *gleich geachtet,* für viehisch dumm erklärt? mit Beziehung auf

17, 4. 10, aber übertreibend. Willkührlich u. unpassend *Hitz.* נֶחְשַׁבְנוּ *mit Maulkorb versehen.* (נִטְמֵינוּ)] über das י— s. *Ges.* 75 A. 7. Die Ableitung von טמה = טמא *gelten als unrein* (*Vulg.*, *Ew. Hgst.* a.) ergäbe eine durch 17, 8 nicht gerechtfertigte Aussage. Man (*Qi., Schult. Ros. Hrz.* u. die meisten) wird besser annehmen: *sind wir verstopft* d. h. verdummt, vernagelt, von טָמָה = aram. טַמַּם, arab. *ṭamma*, vgl. אָטַם, aber allerdings nur hier so. Dagegen σεσιωπήκαμεν der LXX (נִדְמֵינוּ) passt auch dem Sinn nach nicht. — V. 4. Nun erst wendet er sich an Ij. selbst, zunächst von ihm redend in der 3 prs. (s. כְּלֹא 17, 10), dann erst zur Anrede übergehend, indem er ihm die Thorheit seines eigenen Benehmens zu Gemüthe führt: *der sich selbst zerfleischt in seinem Zorn!* nicht (wie er behauptet 16, 9) von Gott zerfleischt wird, sondern in maassloser Leidenschaft, durch Unmuth u. Zorn sich selbst aufreibt (s. 5, 2). לְמִינֶךָ] ἐὰν σὺ ἀποθάνῃς (LXX) ist nicht Lesart (בְּמִיתְךָ, *Mx.*), sondern Erklärung. *Soll deinethalben*, d. h. nur damit du Recht behaltest, *die Erde entvölkert* (Jes. 7, 16. 6, 12; Lev. 26, 43) *werden,* die doch (Gen. 1, 28; Jes. 45, 18) zum Bewohntwerden bestimmt ist, *u. ein Fels*, der doch als etwas Unverrückbares von Gott hingestellt ist, *von seiner Stelle rücken* (14, 18. 9, 5)? Beides sind Beispiele für die göttliche Weltordnung, in der es auch begründet ist, dass der Sünde die Strafe folgt. Soll also diese Weltordnung, deinem Eigensinn zu liebe, geändert werden u. damit doch wieder das grösste Unrecht geschehen? יֶעְתַּק] *Ges.* 51 A. 3. — Durch diesen V. hat B. zugleich einen geschickten Übergang auf den eigentlichen Gegenstand seiner Rede V. 5—21 gemacht. — b) V. 5—7. Dennoch, trotz deines Tobens u. deines hochmüthigen Eigensinnes, bleibt es bei der Ordnung Gottes, wornach das Glück des Bösen ein plötzliches, gewaltsames Ende nimmt, u. sein eigenes Vornehmen ihn zu Fall bringt. — V. 5. גַּם] entspricht nach unserer, mehr den Gegensatz hervorkehrenden Auffassung, unserm *dennoch* (wie וְ oft unserem *aber*), Ez. 16, 28; Ps. 129, 2. *Dennoch erlischt der Frevler Licht* (wie Prov. 13, 9), *u. scheinet nicht* d. h. hört zu scheinen auf *die Flamme* (שְׁבִיב nur noch Dan. 3, 22. 7, 9) *seines* (Übergang in den Sing. s. zu 17, 5) *Feuers.* וְלֹא] וְאִם herzustellen (*Mx.*) ist zwecklos. Licht ist hier wie sonst so oft, zB. 30, 26, geradezu Bild des Glücks; auch das scheinende Feuer im 2. Gl. kann hier nur im selben Sinn in Betracht kommen, ein Bild, hergenommen vom heimischen oder häuslichen Feuer (Herd). Dem entsprechend wird auch V. 6 das Licht mit einem vom Zeltleben hergenommenen Bild näher bestimmt, als das Licht der von der Decke herabhängenden Zeltlampe, abbildend das Glück u. Wohlergehen, das über ihm, seiner Familie u. Habe strahlt (wie 21. 17. 29, 3; Prov. 13, 9; Ps. 18, 29): *das Licht hat* (zum Prf. s. 5, 20) *sich verfinstert in seinem Zelt, u. seine Leuchte über ihm erlischt.* — V. 7. Ein anderes Bild für dieselbe Sache, ebenfalls häufig (Prov. 4, 12; Ps. 18, 37; Beispiele aus arab. Dichtern bei *Schult.*): *enge werden seine kräftigen Schritte*, d. h. während er bisher mit kräftigen weiten Schritten stolz einherschritt, werden diese auf einmal kleiner, bedächtiger (nicht: weil das Licht erloschen ist, *Hrz. Hitz.*, denn das Bild ist unabhängig vom vorigen;

sondern) weil er eine Gefahr merkt. וְיַצִּידֵהוּ] nicht von יצר (Ges. Hrz.), sondern intrs. Iprf. von צוד; zur Personbildung vgl. Jes. 49, 19. Neh. 2, 3. אוֹן] *Kraft* vgl. V. 12. 20, 10. 40, 16. Endlich kann er selbst mit engen Schritten nicht mehr weiter: *u. ihn bringt zu Fall sein eigener Rath*, sc. nicht: die Versuche, die er anstellt, sich auch ohne Licht mit eigener Hilfe zurechtzufinden (*Hrz. Ha.*), sondern sein böser Lebensplan u. gottloses Vornehmen, wie 10, 3. 21, 16; vgl. zum Gedanken 5, 12 f. תַּשְׁלִיךְ] müsste hier in der ungewöhnlichen (doch s. Jer. 9, 18, u. שָׁלָה Jes. 6, 13) Bedeutung *niederwerfen* genommen werden; wahrscheinlich aber stand urspr. תַּכְשִׁילֵהוּ (LXX. *Barth*, welcher freilich meint, 'שׁ könne = 'תכש sein). — c) V. 8—11: bei dem zuletzt eingeführten Bilde stehen bleibend, zeichnet er, wie überall her Netze, Stricke u. Fallen ihm drohen, um ihn endlich zu stürzen, oder wie Gott mit allerlei Mitteln jenen seinen Zustand unheimlicher Unsicherheit u. zuletzt seinen Fall zu erwirken weiss. Der Absatz hat 1 Vers zu viel (über LXX s. oben S. 158). — V. 8. כִּי] weil V. 7 begründet u. erklärt wird. *denn in ein Netz hinein treibt er mit seinen Füssen*] das Pass. שֻׁלַּח bezeichnet (wie unser intrs. *treiben*) das unwillkürliche Getriebenwerden durch eine unbekannte Gewalt, wie Jud. 5, 15; שָׁלַח בְּרַגְלָיו er *steckt seine F. in ein Netz* (*Mx.*) wäre lahm genug. *u. über Flechtwerk wandelt er dahin*] ist also bei jedem Schritt in Gefahr, hängen zu bleiben u. zu fallen oder gefangen zu werden. שְׂבָכָה] netzartiges Flechtwerk oder Gitterwerk, kommt zwar im AT. sonst nicht als Fangwerkzeug vor (wie im Arab. *sabaka*), ist aber doch wegen des Verbums *darüber wandeln* nicht missszuverstehen, u. ist nicht einmal nöthig, es über eine Fanggrube (שַׁחַת) gebreitet zu denken. — V. 9. *Die Ferse hält ein Fallstrick* (בְּעָקֵב dichterisch kurz für בַּעֲקֵבוֹ); *fest fasst ihn eine Schlinge*. יֹאחֵז] die Jussivform hier ohne ן (etwas anders als in den zu 13, 27 angeführten Stellen), wechselnd mit dem Impf., in Schilderungen dessen, was eintreten wird oder muss (mit leichter modaler Färbung), auch V. 12. 20, 23. 26. 28. 27, 8. 33, 11. 27. 34, 37. 38, 24 (Anders *Ges.* 109, 2[b] Anm.). עָלָיו] על statt gew. ב, um die Übergewalt der Handlung auszudrücken. צַמִּים] s. 5, 5. — V. 10. *Versteckt am Boden ist sein Strick* u. *seine Falle auf dem Steige*. In sechsfachem Ausdruck sind so in V. 8—10 die zu seinem Fang u. Fall bereit liegenden Mittel aufgezählt; allenthalben, wo er gehen u. stehen mag, warten sie auf ihn, so dass er unmöglich entkommen kann. — V. 11. Zusammenfassend u. die Bilder erklärend: *ringsum ängstigen ihn Schrecken, u. versprengen ihn seinen Füssen nach* d. i. (Gen. 30, 30. Hab. 3, 5. Jes. 41, 2) *auf dem Fuss ihm folgend*. Es sind die göttlichen Schrecknisse u. Gefahren, die überall ihm entgegentretend, nirgends ihn zur Ruhe u. Sicherheit gelangen lassen. הֱפִיצֻהוּ] setzt eig. einen Plur. oder Collect. (Hab. 3, 14), oder ein Massenwort (wie Rauch, Wolke) als Obj. voraus, u. ist nur hier mit dem Acc. einer Einzelperson gebraucht, nicht weil sie in realer Vielheit gedacht ist (*Hgst.*), sondern bezüglich auf ihr ganzes Anwesen. Dass פוץ einfach s. v. a. *fortscheuchen, jagen* (*Hrz. Hit. Del.* a.) sein könne, ist nicht wahrscheinlich; הֲבִיאֻהוּ (*Mx.*) gibt keinen

Sinn. — d) V. 12—14 schildert er den Ausgang dieses von allen Seiten gefährdeten Lebensglückes, durch die drei Stufen: Entkräftung, Verstümmlung des Leibes durch die Krankheit, Tod. — V. 12. יְהִי] zu V. 9. אָן] defectiv für אוֹנוֹ; nach Peš., Hrz. Del. Hitz. a. von אָוֶן, so dass dieses dem folgenden איד entspräche, u. hier wie eine Person oder ein Thier lebendig gedacht wäre: *hungrig ist sein Unheil* nach ihm, ist gierig ihn zu verschlingen. Aber אוֹנוֹ, so kurz gesagt, wäre nicht das ihm bestimmte Unheil, sondern das U., das ihn schon ergriffen hat, u. nach wem es hungere, wäre nicht gesagt, man erwartete statt אוֹנוֹ vielmehr לוֹ אָוֶן. Also besser mit *Vulg.* (*Ros. Ew. Schl.* a.) von אוֹן wie V. 7 abzuleiten: *da wird denn hungrig seine Kraft*, nicht vorübergehend, sondern zuständlich, d. h. es tritt ein Zustand ein, wo es seiner Kraft an nährendem Zufluss fehlt, der Hunger fortwährend an ihr zehrt. Zu kühn wäre der Ausdruck, wenn blos Verarmung u. Hungersnoth als das ihn treffende Übel gemeint wäre (besser läse man dann mit *Reiske* רָעֵב אֹנוֹ), aber treffend ist er, wenn ein Krankheitszustand geschildert wird, bei welchem trotz fortwährenden Heisshungers doch die Kraft schwindet. Dass *sein Reichthum zur Hungersnoth* (רָעֵב) *wird* (*Mx.*), dürfte weder deutsch noch hebr. sein. — Im 2. Gl. ist אֵיד das schwere Geschick (*Ges.* th. 36) nicht blos Unglück, Noth, sondern das Endgeschick, der *Untergang,* wie 21, 17; Ob. 13 u. s. Dieser *steht bereit* oder *wartet sein* (wie 15, 23) לְצַלְעוֹ schwerlich *ihm zur Seite* (*Ges. Ew. Schl. Mx.* a., von צֵלָע *Rippe, Seite*), was der Hebr. anders ausdrückt (15, 23), sondern von צֶלַע (Ps. 35, 15. 38, 18), aber nicht *zu seinem Fall,* sc. um den zu bewirken (*Hrz. Del. Stud. Vo.*), da dies nicht Aufgabe des איד ist, sondern *auf sein Wanken hin* (*Hitz.*), d. h. ihn zu fassen, sobald er wankt. — V. 13. Wäre der Frevler selbst Subj., u. würde בַּדֵּי עוֹרוֹ entweder, als Appos. dazu, ihn als vor allen andern dem Tod verfallen (1 S. 20, 31) bezeichnen (*Umb. Ew.*), oder aber, als neues Subj., den *Hunger* bedeuten (*Hitz.*), so hätte man die Aussage, dass er in seinem Heisshunger die eigenen Glieder anfrisst (Jes. 9, 19); ein übertreibender u. zu specieller Zug, dessen Zweck nicht klar wäre. Also nehme man mit den älteren u. meisten Erkl. בְּכוֹר מָוֶת als Subj. zum ganzen Satz; die Zurückstellung desselben an das Ende wirkt spannend: *es frisst die Stücke* (s. zu 17, 16) oder Glieder *seiner Haut, es frisst seine Stücke des Todes Erstgeborner.* Der letztere ist nicht der Todesengel (*Trg.*), noch weniger der Tod (*Ha.*), sondern die schrecklichste der vom Tod ausgehenden u. ihm zuführenden Mächte, der Krankheiten (wie im Arab. tödtliche Fieber *Banât el-manijja die Schicksalstöchter* heissen), keine andere als die die Glieder allmählig abfressende Elephantiasis (s. zu 2, 7): das wiederholte יֹאכַל u. בַּדִּים malt treffend die Allmähligkeit u. Unablässigkeit ihrer Wirkung. Die Anspielung auf Ijob's Schicksal ist trotz des verblümten Ausdrucks unverkennbar (*Hrz.*). — V. 14. Der Tod. *Herausgerissen wird er aus seinem Zelte,* dem Gegenstand seines Vertrauens (8, 14) d. i. *worauf er vertraute, u. zum Könige der Schrecken hin* lässt es ihn d. h. *muss er schreiten.* יַצְעִדֵהוּ] dass dieses nicht Subj. zu יִנָּתֵק (*Ros. Ew. Del.*

Hgst. Mx.) sei, zusammenfassend alles was den Hausvater glücklich machte, Habe, Kinder u. s. w., folgt theils aus der Ordnung der Schilderung, wornach vom Schicksal seines Zeltes u. Hauses erst V. 15 ff. die Rede ist, theils aus der Wortstellung, sofern in diesem Fall, zur Vermeidung der Zweideutigkeit, מבטחו משכנו zu stellen war; vielmehr ist es Appos. zu אהלו, u. die Rede ist von der gewaltsamen Entfernung des Frevlers aus Haus u. Hof (nicht aus seinem Leib, *Hitz. Stud.*) durch eine höhere Macht. Diese unsichtbare Macht ist denn auch im 2. Gl. Subj. in dem weiblichen תצעדהו (*Ew.* 295ª); denn dass בלהות nicht Subj. sein kann (*Peš. Vulg., Stick. Böttch.* a.), ergibt sich daraus, dass sonst לבלהות, was nicht = למלך ist, unverständlich wäre, auch תצעד blos *schreiten machen*, nicht *forttreiben* u. dgl. bedeutet. Die 2 pers., als Anrede an Gott (*Umb.*), liegt ganz aus dem Wege. לְ תצעדהו] führt das Ziel ein, dem er zuschreiten muss, u. der König der Schrecken ist nicht etwa der Beherrscher der Unterwelt, wie Jama, Pluto (*Schär. Ew.*), da einen solchen (ausser Gott) das AT. nicht kennt, sondern der *Tod*, der höchste aller Schrecken, personificirt wie Ps. 49, 15. Jes. 28, 15. Ihm führt die unsichtbare Gewalt ihn entgegen, „wie einen Verbrecher zur Hinrichtung" (*Ew.*); eine Anspielung auf den langsamen aber unaufhaltsamen Todesgang Ijob's (*Umb.*). — c) V. 15—17: auch seine Wohnstätte wird wüste; Stamm, Andenken u. Namen gehen ihm unter. — V. 15. In seinem Zelte, nachdem er es verlassen, wohnt nicht etwa die eigene Familie, sondern מבלי־לו. Dieses muss das Subj. zu תשכון vertreten, da גפרית V. 14 als Subj. zu nehmen (*Ros. Ges.* th. 209) nach einer richtigen Erklärung von מלך בלהות unmöglich, die 2 p. m. (*Umb. Hgst. Reu.: du* = irgend wer) hier unpassend, u. die neutrische Fassung (: es d. h. etwas wohnt in s. Z., ohne dass es ihm — dem Bewohnenden — gehörte, *Ha.*) unerträglich hart ist (auch תה statt תי voraussetzte). Und zwar kann מבלי (wie das häufigere אין־לִי) als verstärkte Verneinung (*Ew.* 323ª) aufgefasst werden, so dass לו תי = אשר לא־לו das nicht seinige ist, oder (*Hrz. Hitz.*) מן im partitiven Sinn genommen werden: *etwas von dem, das nicht ihm ist*; in beiden Fällen vgl. dazu בלא־לו 39, 16. Das Fem. verbi erklärt sich daraus, dass nach dem 2. Gl. nicht an menschliche Bewohner (LXX V 19ᶜ), sondern (Jes. 13, 21f. 34, 11) an Gethier oder (Hos. 9, 6. Seph. 2, 9) an Unkraut zu denken ist. *Schwefel wird gestreut*, vom Himmel her *auf seine Wohnstätte* (s. 5, 3; hier deutlich ein weiterer Begriff als אהל), sie zu zerstören u. zur ewigen Wüste zu machen (Gen. 19, 24. Ps. 11, 6. Dt. 29, 22; s. auch zu 15, 34), zu einem Denkmal göttlichen Fluches. — V. 16. Wie Behausung u. Habe, so geht ihm auch seine Familie unter, oder, in dem beliebten Pflanzenbilde (8, 16f. 15, 30 ff.), er der Baum, sammt Wurzeln u. Zweigen, geht unter: *von unten werden seine Wurzeln dürr, u. von oben welkt sein Gezweig* (14, 9). Zum Ausdruck Am. 2, 9; vgl. zu Jes. 5, 24. ימל] s. zu 14, 2; die Ableitung von מלל *abschneiden* ist hier ganz unzulässig, weil Abschneiden der Zweige eines in der Wurzel dürren Baums keinen Sinn hat. — V. 17. *Sogar sein Gedächtniss ist verschwunden von der Erde, u. kein Name ist oder bleibt ihm über die weiten Flächen hin* (s. 5, 10), in denen früher sein Name genannt u. bekannt war. Durch den Ausdruck הָיָה wird allerdings angedeutet, dass der רָשָׁע als ein Grund- u. Heerdenbesitzer zu denken ist, dessen Name an manchen הָיָה haftete (Ps. 49, 12). — f) V. 18—20. Fortsetzung der Schilderung: der Finsterniss anheimgefallen, ohne Nachkommen unter den Menschen, wird er ein Gegenstand des Entsetzens für alle Welt. — V. 18. *Man stösst ihn aus dem Licht in die Finsterniss u. treibt ihn von dem Erdkreis weg.* Eine Art Zusammenfassung des Bisherigen: aus dem Licht des Lebens wird er in die Finsterniss des Todes, von dem Erdkreis weg getrieben. Die 3 p. Pl. wie 4, 19, 7, 3. 19, 26, für die passive Wendung. Die Lesung יֶהְדְּפֻהוּ, יֶהְדְּפֻהוּ (Gott als Subject) ist mit Recht vermieden. Die Beziehung der Suff. auf זֵכֶר u. שֵׁם (*SSchmid, Cler. Ew.*) ist Künstelei. יִנְדָּהוּ] Hiph. von נדח; so richtiger als יִנְדָּהוּ (*Lag.*) von נוד (Ps. 36, 12), denn nicht um flüchtig n. unstät machen handelt es sich, sondern um gänzliches Forttreiben. — V. 19 hebt, was V. 16 nur im Bild andeutete, besonders hervor, dass auch nicht ein einziger Nachkomme sein Geschlecht verewigt: *nicht Spross bleibt ihm, nicht Schoss in seinem Volke, u. kein Entronnener ist in seinen Weilern.* Zu dem alliterirenden נִין וָנֶכֶד vgl. Gen. 21, 23; Jes. 14, 22. שָׂרִיד] ein Überlebender, der dem göttlichen Strafgericht über des Mannes Haus entkommen ist. — V. 20. Sein Geschick ein Gegenstand des Entsetzens für die ganze Welt: *über seinen Tag,* den Tag seines Verhängnisses (Ps. 37, 13. 137, 7; Ob. 12; Jer. 50, 27) *entsetzten sich* (vgl. das Qal 17, 8) *die Hinteren, u. die Vorderen ergreifet Schauder,* eig.: sie ergreifen Schauder, nach einer Eigenthümlichkeit der hebr. Ausdrucksweise 21, 6; Jes. 13, 8; Hos. 10, 6. Die Adjj. אַחֲרוֹן u. קַדְמֹנִי bedeuten sonst, wenn von Menschen ausgesagt, *Nachkommen* u. *Vorfahren* oder die Alten, weshalb auch hier die Verss. u. die meisten Erkl. (noch *Hrz. Schl. Ha. Hgst.*) daran festhalten, indem sie unter den Vorfahren die Vorfahren der Nachkommen, d. h. die Mitwelt des רָשָׁע verstehen, aber dies ist eine, in Ermangelung des Suff. unzulässige Ausdeutung, zugleich sprachgebrauchswidrig. Darum werden die Wörter im örtlichen Sinn die *Westlichen* u. *Östlichen* bezeichnen, u. zusammen die ganze Menschenwelt umschreiben (*Schult. Umb. Ew. Del. Hitz.* a.), vgl. V. 17f. — V. 21. Schluss (wie 5, 27. 8, 19). אֵלֶּה u. זֶה weisen auf die bisherige Beschreibung zurück: nur dies sind (ihrem Ergehen nach) die W., d. h. *nur so* (anders nicht) *geht es den Wohnungen des Ungerechten, u. so der Stätte dessen, der* (29, 16, vgl. *Ges.* 130, 4) *Gott nicht kennt,* nicht anerkennt, sich nicht um ihn kümmert. Mit אַף setzt B. noch einmal seine Schilderung (vgl. V. 5) dem Versuche Ijob's, die göttliche Weltordnung umzustossen, entgegen. Schon darum ist nicht daran zu denken, V. 21 als Ausruf der V. 20 Genannten zu fassen.

b) Die Antwort Ijob's, Cap. 19.

Was Ij. von B. zu hören bekommen hat, ist eine Wiederholung, sogar Steigerung der Kränkungen, die El. ihm angethan. Darum wird er dadurch in der eingeschlagenen Gemüthsrichtung weiter getrieben. Also einerseits sein Schmerz, die Empfindung der Furchtbarkeit seiner Lage wird noch tiefer u. stärker, u. erreicht hier in der mittleren Rede des mittleren Gesprächs den höchsten Grad, so sehr dass er in sich selbst wie zusammengebrochen es über sich bringen kann, seine lieblosen Verfolger um Barmherzigkeit anzuflehen. Andererseits aber u. im Gegensatz hiezu hält er auch an dem Bewusstsein seiner Unschuld nur um so zäher fest, u. macht sein darauf ruhendes Vertrauen zu Gott noch entschiedener geltend, so sehr dass er jetzt nicht mehr blos fordernd u. flehend sich an den Gott der Zukunft wendet (wie C. 16f.), sondern sogar zu der festen Zuversicht sich erhebt, Gott werde noch als Anwalt u. Vertheidiger für ihn einstehen, selbst wenn sein Leib der verzehrenden Krankheit erliege. Gipfelt die vorige Rede in dem grossen Wort, dass der Fromme durch sein Leiden an Kraft zunimmt, so reift hier als die Frucht des heissesten Kampfes die innere, selbst durch den Blick auf Tod u. Grab nicht zu hemmende Gewissheit seiner kommenden Rechtfertigung durch Gott. Dort ein Erfahrungsgrundsatz tiefster Wahrheit, aus seinem innern Leben geschöpft, hier eine die Schrecken überwindende Glaubensgewissheit, das sind die Ergebnisse dieser zweimal wiederholten Befeindung durch die Freunde. Er beginnt 1) wie immer mit einer Abwehr der Freunde, die ihn zu einem Sünder stempeln wollen V. 2—5; 2) beharrt dem gegenüber dabei, dass ihm Unrecht geschehen, u. überlässt sich einer nochmaligen Betrachtung seiner Lage, wie er den allmächtigen Gott zum Feinde, u. unter allen auch den nächststehenden Menschen keinen Freund mehr hat, auch seinen leiblichen Zustand, wie nichts Heiles mehr an ihm ist, kurz berührend V. 6—20. 3) Diese Betrachtung macht ihn zunächst so weich u. gebrochen, dass er seine menschlichen Verfolger um Mitleid anfleht, aber, als fühlte er die Vergeblichkeit solcher Selbsterniedrigung, kehrt er sich vielmehr in plötzlicher Wendung der Zukunft zu, sehnt sich wünschend nach einem Mittel, durch welches sein Recht wenigstens den künftigen Geschlechtern zur Anerkennung gebracht würde, bis er endlich auch dies als ungenügend erkennend, in freudiger Aufwallung zu der glaubensvollen Zuversicht durchdringt, dass Gott für ihn, den jämmerlich zu Tod gequälten, als sein Rechtfertiger noch eintreten werde, V. 21—27, u. ruft zuletzt 4) von dieser Gewissheit aus den Freunden ein Wort ernster Warnung vor der Fortsetzung ihrer lieblosen Angriffe zu V. 28f. Es sind 1) 8, 2) 8. 7. 9. 8, 3) 8. 7, 4) 5 Stichen. Die Gliederung in 6×10 oder $6 \times 4 + 6$ Stichen (*Del. Mx.*) liesse sich zwar wohl V 2—20 durchführen, aber nicht mehr V. 21—29, ohne den Sinnabschnitten Gewalt anzuthun. Die Rede ist ihrer Anlage nach seiner vorigen ähnlich, nur ist sie kürzer, u. gegen das Ende hin noch heftiger erregt. — In LXX stammen V. 24^c. 28^b aus *Theod.*

1) V. 2—5. Die Zurechtweisung der Freunde: genug wäre es endlich der kränkenden Reden zu seiner Vernichtung u. Beschimpfung, um so ungerechter, als sie thatsächlich kein Vergehen von ihm wissen, sondern nur auf künstlichem Weg den Schimpf eines Sünders ihm anbeweisen wollen. — V. 2. Er beginnt absichtlich wie B., denn auch

er hat Grund, ja noch mehr Grund als sie, ihnen עַד־אָ֫נָה zuzurufen: *wie lange noch wollt ihr betrüben* (Hiph. von יגה; zur Form *Ges.* 75 A. 4; vgl. 3, 25. 12, 6. 16, 22) *meine Seele, u. mit Worten mich zermalmen?* תְּדַכְּאוּנַ֫נִי] s. *Ges.* 60 A. 3. Ihre fortwährenden Hinweisungen auf seine Schuld sind ihm eine wahre Seelenqual; es kommt ihm vor, als wollten sie mit diesen, immer nach éinem Punkt gezielten Reden ihn geistig ganz zertrümmern. — V. 3. *Nun schon* (über זֶה *Ges.* 136 A. 3) *zehnmal* d. i. vielmal (rund gesprochen wie Gen. 31, 7; Lev. 26, 26; Num. 14, 22) *beschimpft ihr mich*, durch eure Angriffe auf meine Unschuld (16, 4. 17, 6). Im 2. Gl. ist die Verbindung תַּהְכְּרוּ תֵּבֹ֫שׁוּ wie 6, 28. 10, 16. Von dem vielleicht auch Jes. 3, 9, sonst nie vorkommenden הכר dürfte zunächst klar sein, dass es mit arab *hakara obstupuit* (*Abulw. Schult. Ros. Del. Hgst.* a.) nichts zu thun hat, weil, auch wenn man es (s. 9, 20) als Hiph. auffasst, *ihr schämt euch nicht mich zu betäuben* oder *mir Staunen zu erregen* hinter תַּכְלִימ֫וּנִי lahm u. nach תֵּבֹ֫שׁוּ unpassend ist. Passender ist ἐπίκεισθέ μοι der LXX u. *opprimentes me* der *Vulg.*, auch תָּעִ֫ירוּ עָלַי פְּנִים (ihr bezeugt euch frech, unverschämt gegen mich) des *JQi.*, mag man nun das Wort (mit *Abulw. Hitz.*) zu arab. *kahara* d. i. *austere et inique egit cum aliquo*, oder besser (mit *Ew. Hrz. Ges.* th., suppl. p. 84) zu arab. *hakara* d. i. *injuria affecit*, intrs. *pertinaciter litigavit* stellen. Gemeint ist etwa *misshandeln*. Durch Conjecturen das Hap. leg. zu beseitigen (*Olsh.* תְּחָרְדוּ, *Mx.* תֶּחְבְּרוּ אֵלַי) ist bedenklich. Eine handschriftliche Variante ist auch תַּחְכִּירוּ. *Entstellen* (*GHff.*) würde nicht einmal passen, selbst wenn תַּהְכִּ֫ירוּ ein aram. Haf̄él sein könnte. — V. 4. *Und wirklich auch, ich habe gefehlt* (6, 24) — *bei mir bleibt meine Verfehlung*. Die Verschiedenheit der Tempora u. die Stellung des אתי zeigen, dass zwischen Gl. 1 u. 2 ein Gegensatz obwaltet. Also nicht ein williges Zugeständniss: „ich habe gefehlt, bin meines Fehlers mir wohl bewusst" (*Ew. Olsh.*), mag man שגה moralisch, oder mehr intellectuell als Irren im Glauben an Gottes Erscheinen zum Gericht (*Ew.*) nehmen; denn auch V. 5 hätte in diesem Fall keinen Anschluss. Sondern: ich habe gefehlt (wie 7, 20. 11, 18 u. s.), — was ich nicht in Abrede stelle —, so bleibt doch u. s. w. Die Meinung ist aber nicht (*Hrz. Del. Hitz.* u. alle andern): so ist das meine Sache, u. berechtigt euch nicht, mich so lieblos zu behandeln. Denn worin besteht diese Behandlung? doch nur darin, dass sie ihn einfach für einen רָשָׁע erklären. Das thäten sie mit Recht, wenn sie entsprechende Fehler von ihm wüssten (s. 6, 24), u. in einem Streit über Grund oder Ungrund seines Leidens kann Ij. nicht behaupten, seine Fehler gehen sie nichts an. Im Gegentheil sie gehen sie recht sehr an, wenn er solche hat. Also ist vielmehr אתי *bei mir* d. h. *in meinem Bewusstsein*, wie 12, 3. 14, 5 (u. wie עם 9, 35. 10, 13 u. s.), u. die Meinung: so ist doch solche Verfehlung nur mir bekannt (weil eben nur eine feinere, nicht eine grobe, offenkundige), u. ihr könnt darüber nichts Thatsächliches wissen, so dass ihr einigermaassen Grund hättet, mich als Sünder zu behandeln. — V. 5. אִם] nicht conditional, weil sonst jede Verbindung mit V. 4 fehlte, u. weil, wenn V. 6

Nachsatz sein sollte (*Cler. Olsh. Del. Mx. Vo. GHff.*), dort ויֵדַע erfordert würde; wenn aber V. 5ᵇ die Apodosis brächte (*Umb. Stick.
Schl. Hgst.*), weder ותוכיחו das richtige Tempus, noch der Sinn brauchbar wäre, denn *so thut meine Schande mir dar!* kann er sie nicht
auffordern: „sie geben sich ja alle Mühe darum u. das ist in seinen
Augen ihr Unrecht" (*Hitz.*). Sondern אִם muss Fragewort sein. Aber
der Nachdruck liegt nicht auf עָלַי (*Hrz.*: zielt ihr denn wirklich auf
mich mit euren grosssprecherischen Belehrungen u. Beweisführungen?
ich kann's kaum glauben); auch ist der Sinn nicht: wollt ihr wirklich,
wie unedle Männer, wider mich gross thun u. meine Schuld mir vorwerfen? Das werdet ihr doch nicht thun wollen? (*Ew.*), noch: wollt
ihr noch immer nicht aufhören, das u. das zu thun? (*Ha.*); sondern
die Kraft der Rede liegt in תגדילו u. תוכיחו, also: *oder wollt ihr wirklich* (im Ernst) *wider mich grossthun,* eure Kunst an mir zeigen, u.
mir meine Schmach anbeweisen (13, 3. 15)? durch Schlussfolgerun-
gen aus meinem Leiden u. aus dem Dogma sie auf mich herab demon-
striren? So entsteht der richtige Gegensatz zu V. 4, wo es sich um
das Wissen von Thatsachen handelte. Wollen sie das, so hat er ihnen
zu erwiedern, was V. 6 folgt; da aber dieser V. 6 zugleich die Einleitung zu der folgenden Betrachtung ist, so wird er besser zum 2.
Theil der Rede gezogen. — 2) V. 6—20. Die Betrachtung seiner
Lage. a) V. 6—9: ihren Versuchen, ihm seine Schande anzubeweisen,
setzt er die unumwundene Behauptung entgegen, dass Gott ihn nicht
nach dem Recht behandelt; ohne Rücksicht auf seine Unschuldsbetheuerungen u. Beschwerden hat er ihn mit Leiden aussichtslos eingeengt,
ihm die Ehre eines rechtschaffenen Mannes genommen. V. 6. *So
wisset denn* (9, 24), *dass Gott mich gekrümmt,* u. *sein Netz* (von
צוד) *über mich umgeben* d. h. *mich mit seinem Netze umfangen hat.*
Der Nachdruck liegt im 1. Glied auf עִוְּתָנִי (Thr. 3, 36), kurz gesagt
für יְעַוֵּת מִשְׁפָּט (s. 8, 3): ihren Versuchen gegenüber muss er es offen
aussprechen, dass Gott ihn *krumm* d. h. nicht nach Recht u. Gerechtigkeit (wie die Freunde behaupten) behandelt hat, dass es nicht
die göttliche (Straf-)Gerechtigkeit ist, die sich in seinen Leiden zeigt.
Ähnlichen Sinn muss auch das 2. Gl. haben; das Bild geht also
nicht sowohl auf 18, 8 zurück (*Hrz.*), sondern deutet an: unvor-
hergesehen u. schuldlos hat er, wie der Jäger ein Thier auf der
Jagd, mich eingefangen in den Kreis schweren Leidens, aus dem ich
nicht mehr hinaus kann (3, 23. 13, 27). Hiemit hat er auf seine
Befeindung durch Gott den Übergang gemacht. Diese betrachtend
hebt er zunächst die Ungerechtigkeit derselben noch einmal hervor
V. 7 (vgl., wie er C. 16, 7—17 mit V. 17 schloss): *Seht, ich
schreie: Gewaltthat!* (חָמָס im Ausruf, vgl. Hab. 1, 2; auch Jer. 20, 8)
u. *werde nicht erhört* (Prov. 21, 13), *erhebe Klaggeschrei u. da
ist kein Recht!* — V. 8. *Meinen Pfad hat er vermauert* (Hos.
2, 8) *dass ich nicht hinüber kann* (vgl. zu V. 6ᵇ u. 3, 23), u. *auf
meine Steige legt er Finsterniss.* Es fehlt ihm Weg u. Licht. Er
ist mit Leiden eingeengt, dass er keinen Ausweg mehr findet, u. ist
in ein undurchdringliches Dunkel versetzt, — sein Leiden ein unerklär-

liches Räthsel. — V. 9. *Meiner Ehre hat er mich entkleidet u. abgethan die Krone meines Hauptes.* Ehrenkleid u. Krone, in denen er wie ein Fürst prangte, sind nicht blos seine Würde u. sein Ansehen (vgl. 16, 15), sondern besonders seine Gerechtigkeit, seine Geltung als rechtschaffener Mann (nach 29, 14); diese hat Gott ihm genommen, indem er ihn durch seine Leiden als grossen Sünder hinstellte u. der חיה (V. 5) preisgab. — b) V. 10—12: sein ganzes Glück u. seine Hoffnung hat er ihm ein- u. ausgerissen, ihn zum Gegenstand seiner Zornesanfeindung gemacht, mit dem ganzen Heer seiner Schrecken u. Drangsale ihn ohne Unterlass bestürmend. Er schildert hier (wie 8ᵇ) mehr solches, was noch immer fortdauert, fällt also in das Praes. hinein (vgl. 16, 13 f.); auch die dazwischen gebrauchten Iprf. cons. sind ebenso zu verstehen, s. zu 3, 21. — V. 10. *Er bricht mich ab ringsum*, indem er den Bau meines Leibes oder Glückes Stück für Stück einreisst (vgl. 16, 14), denn נתץ ist der Ausdruck für Niederreissen der Bauten, *dass ich vergehe, u. reisst, dem Baume gleich, meine Hoffnung* (auf eine fernere glückliche Zukunft 14, 19. 17, 15) *aus*. V. 11. *U. lässt gegen mich seinen Zorn brennen, u. achtet mich für sich gleich seinen Widersachern*, wie 13, 24. — V. 12. Die Folge dieses brennenden Gotteszornes: *allesammt rücken seine Schaaren*, Kriegsschaaren 10, 17, das Heer der Übel Qualen u. Drangsalen, *an, u. schütten auf* oder *bahnen wider mich ihren Weg, u. lagern sich rings um mein Zelt*. Das schon 16, 14 angedeutete Bild von der Berennung einer Festung ist hier vollständig durchgeführt; das Aufschütten des Weges ist die Errichtung des Angriffswalles (סללה). — Folge dieser Befeindung durch Gott ist seine Vereinsamung unter den Menschen, über welche er nun in der 2. Hälfte seiner Betrachtung sich verbreitet (s. schon 16, 7 ff.). c) V. 13—16: Freunde, Bekannte u. Verwandte sind ihm entfremdet u. untreu geworden, das Gesinde des Hauses mag ihn nicht mehr als Herrn anerkennen. V. 13 f. Die Lesart הרחיק ist richtig, u. dem ἀπέστησαν הִרְחִיק der LXX (indem sie י von וידעי herübernahmen) vorzuziehen: es soll hier zum Anfang, u. in Anschluss an das Vorige, auch dies u. alles Folgende als von Gott ihm angethan bezeichnet werden. Es entsprechen sich die אחים u. קרבים (Ps. 38, 12) V. 13ᵃ u. 14ᵃ als Verwandte einerseits, u. die ידעים *Kenner* (42, 11) u. מידעים *Bekannte* (Ps. 31, 12. 88, 9) V. 13ᵇ u. 14ᵇ andererseits als Freunde. מעלי] *von mir weg*, sofern sie zuvor *an* (על) ihm mit Liebe hiengen, vgl. Hos. 9, 1 (*Hrz.*). אך זרי] *nur d. i. nicht anders als* oder *ganz fremd sind sie geworden* (*Hrz.*). חדלו] sie haben aufgehört mit der Freundschaft, sich zurückgezogen, *bleiben aus* (14, 7). Sie alle, die in guten Tagen (vgl. 42, 11) ihm ihre Liebe u. Verehrung zu erkennen gaben, lassen ihn jetzt im Stich, besuchen u. trösten ihn nicht mehr, sind ihm sogar abgewandt. — V. 15. *Die in meinem Hause weilen u. meine Mägde achten mich als* (13, 24) *einen Fremden, ein Unbekannter bin ich geworden in ihren Augen;* während sie die Fremden im Hause sind u. er der Herr, kehren sie das Verhältniss um u. achten ihn als fremd. Die גרי ביתי, *inquilini domus meae* (*Vulg.*), ein weiterer Ausdruck als *Knechte*, u. einschliessend die als Löhner oder zu allerlei

Dienstleistungen in den Kreis u. Schutz des Hauses aufgenommenen, also Hausgesinde im weiteren Sinn. יִשַׁבְּתִי־] das Genus nach dem nächsten der 2 Subjecte (*Ew.* 339°); הֲשִׁבְּתִי fällt vor dem Suff. in יִשַׁבְּתִי zurück (*Ges.* 60). — V. 16. Der Knecht (ob gerade Oberknecht? *Del. Hitz.*), statt auf den Wink zu gehen (Ps. 123, 2), folgt nicht einmal mehr dem Rufe, gibt keine Antwort; *mit meinem Munde* (16, 5) d. h. hier, im Gegensatz gegen den Wink, ausdrücklich u. mit Reden *muss ich* (15, 30) *zu ihm flehen*, seine Gnade u. Mitleid in Anspruch nehmen, wenn ich eine Dienstleistung von ihm haben will. Nach diesen V. 15 f. hat also Ij. noch Diener übrig in seinem Hause, u. waren die nach Cp. 1 verlornen nicht alle, die er hatte. — d) V. 17—20: Dem eigenen Weib u. nächsten Blutsverwandten ist er zuwider; Knaben behandeln ihn mit Verachtung; verworfen von allen Vertrauten steht er nun da mit einem entstellten Körper, woran nichts Heiles mehr ist. V. 17. Über die allernächsten Hausangehörigen. *Mein Odem ist zuwider meinem Weibe.* זָר] זור *fremd, entfremdet sein* (V. 13. 15) wandelt sich leicht zu *zuwider sein* ab, u. ist nicht nöthig, ein Verb. זור *zum Ekel sein* = ذار med. Jā (vgl. זָרָא Num. 11, 20) anzunehmen. רוּחִי] auf keinen Fall: *mein Unmuth* (*Hrz.*), dies wäre עַפִּי, u. ein *Zornesschnauben* 15, 13 mögen zwar die Freunde von ihm aussagen, aber nicht er von sich; auch nicht: *meine Person* (*Umb. Knob. Ha. Ren.*), weil dies nicht hebr. Sprachgebrauch war; auch *mein Geist* (*Ges. Hgst.*) d. h. meine Stimmung (vgl. 2, 9) wäre mehr modern als hebräisch gesagt. Vollkommen passend ist (so die meisten) *Hauch, Odem.* Schwieriger ist Gl. b. וְחַנֹּתִי] Milra', ist nicht Pl. von חִנָּה *meine Bitten* (*Ges.*), da חִנָּה nie vorkommt, auch diese Bedeutung nicht haben könnte, u. ein Suffix ־ִי am Nom. pl. fem. auffallend wäre (*Ges.* 91, 3), sondern entweder Inf. mit Suff. von חנן, wie Ps. 77, 10. 11; Ez. 36, 3 (*Ges.* 67 A. 3), oder aber Perf. Qal von חנן, mit betonter Endsylbe, nach ן cons. u. selbst ohne solches, wie Dt. 32, 41 f. Jes. 44, 16 f. Ps. 92, 11. 116, 6 (*Ges.* 67 A. 12). Mag man die Form so oder so erklären, die bekannte W. חנן *gnädig sein* (V. 21) passt hier in keiner Weise, selbst wenn man das Suff. als Gen. obj. nähme; die Bedeutung *flehen* (LXX Vulg. Peš. Trg.) haftet nur am Hithp. u. seinen Ableitungen (V. 16), u. die Bedeutung *klagen, bejammern* (*Hrz. Hgst.*) kann weder aus *gnädig sein* entwickelt, noch mit einer arab. √ gestützt werden. Dagegen würde eine durch arab. *channa* X u. خنن gesicherte √ חנן *übel riechen, stinken* hier gut passen (*Houb. Schär. Ew. Schl. Mat. Stick. Ha. Del.* a.): u. *übel rieche ich den Söhnen meines Leibes*, oder auch: *u. mein (übler) Geruch (ist zuwider) den S. m. L.* Beide Versglieder weisen dann hin auf den stinkenden Athem u. den stinkenden Ausfluss aus den eiternden u. angeschwollenen Gliedern (s. zu 2, 7). Ein חנן *röcheln* (*Hitz.*) ist fingirt, u. וְחַנֹּתִי *ich gelte als Frevler* (*Mr.*) passt weder zu ל, noch zum 1 Gl. בְּנֵי בִטְנִי] *meine leiblichen Kinder*; zu בֶּטֶן, auch vom Leib des Vaters gebräuchlich, vgl. Mich. 6, 7; Ps. 132. 11 (Dt. 7, 13. 28, 4 u. s.). Aber nach 1, 18 f. sind ja dieselben todt. Dieser Widerspruch ist gegen die Ursprünglichkeit des Prologen geltend gemacht worden. Aber auch der Dialog setzt den Untergang der Kinder Ijob's voraus 8, 4. 29, 5 (abgesehen von den versteckteren Anspielungen 15, 30. 18, 16. 21, 8. 11); die ganz allgemein gehaltenen 14, 21 u. 17, 5 sprechen nicht dagegen; 31, 8 gehört gar nicht hieher. Was ist die Lösung? Hat der Dichter sich hier vergessen? (*Eichh. Olsh. Mat. Rie.*). Das wäre eine verzweifelte letzte Annahme. Oder sind Kinder von Nebenweibern (אמהות V. 15) des Mannes gemeint, welche im Prologen besonders zu erwähnen nicht nöthig war? So LXX *Sym.*, *JDMich. Schär. Ros. Ew.*²; es läge darin, für die patriarchalische Zeit, nichts Anstössiges; auch 31, 1 wäre nicht dagegen; aber hinter אֲשֶׁר־לִי sollten sie doch als solche deutlicher bezeichnet sein. Daher liegt es näher, (*Ew.*¹ *Hrz. Ha.*) hinterlassene Kinder seiner Söhne (die ja alle schon selbständig gewesen waren u. ihre eigenen Häuser gehabt hatten 1, 4), d. h. Enkel zu verstehen, deren Vorhandensein fast mit Nothwendigkeit anzunehmen ist, die aber noch klein gewesen sein müssen, so dass V. 18 sich gut anschliesst. Der Ausdruck gestattet das, denn wie בְּנִים *Enkel* bedeuten kann (Gen. 29, 5. 31, 28 u. s.), so kann man auch von Leibeskindern sprechen, wenn man Enkel meint, s. v. a. leibliche Nachkommenschaft (wenn gleich im AT. kein ganz gleiches Beispiel, auch nicht Ps. 132, 11, vorliegt). Dagegen erscheint die Auskunft (*Stuhlm. Ges. Umbr. Schl. Del. Hitz. Mx. Vo. GHff.*), dass בְּטְנִי für בְּטֶן אִמִּי (wie 3, 10) gesagt u. בְּנֵי בִטְנִי seine leiblichen *Brüder* (von der gleichen Mutter) wären, unzulässig, denn die Brüder sind schon V. 13 genannt, u. sie, als gar nicht mehr seinem Hause angehörig, haben hier neben dem Weib keine Stelle: Weib u. Kind nennt man zusammen, aber nicht Weib u. Brüder. — V. 18. *Selbst kleine Kinder* (wie 21, 11 von עֲוִיל, W. עול; anders 16, 11; *Theod. Vulg.* haben *stulti*, u. 1 Ms. Kenn. אֱוִילִים), nicht gerade die eigenen, *verachten mich* (בְּ wie Jud. 9, 38); *will ich aufstehen* (Bedingungssatz wie 11, 17), *so reden sie auf* (Num. 12, 1. 21, 5; Ps. 50, 20) *mich*, Übles oder höhnend, sc. weil er bei seinen geschwollenen Gliedern nur mit Anstrengung u. unter Schmerzen sich erheben kann. — V. 19 zusammenfassend. מְתֵי סוֹדִי] die Leute (11, 3. 11) meines vertrauten Umgangs (29, 4; Ps. 55, 15) d. i. *meine Vertrauten*. זוּ] relativ wie 15, 17. Die von ihm Geliebten *haben sich gegen ihn gekehrt*. — V 20 wirft er noch einen Blick auf seinen körperlichen Zustand, den er ja auch schon V. 17f. mit hereingezogen hat. *An meiner Haut u. meinem Fleisch* (10, 11) *klebt mein Gebein*, ein Zustand äusserster Erschlaffung u. Kraftlosigkeit (*Hgst.*). Bei gesundem Leibe ist Fleisch u. Haut an das Knochengerüste angelagert u. gibt letzteres dem Ganzen Halt u. Kraft; bei Ij. ist das Ganze wie eine zusammengeklebte Masse. Er nennt nicht blos die Haut (wie Thr. 4, 8) u. nicht blos das Fleisch (wie Ps. 102, 6), sondern beide, mit Beziehung darauf, dass einzelne Glieder ganz abgemagert (7, 15), andere ungeheuerlich angeschwollen sind. Für den text. rec. sprechen die 3 Parallelstellen: den LXX (die רָקָב lasen) zu folgen (*Mx. Stud.*) erlaubt der Sprachgebrauch von רקב nicht. *Und ich bin entronnen* (über הָ — s. z. 1, 15) d. h. unversehrt geblieben — *mit* (20, 20) *meiner Zähne Haut*, mit nichts sonst; nur diese ist heil geblieben, während die übrige Haut schon von der Krankheit angefressen ist. Dass die Haut der Zähne nicht die Lippen (*Vulg.*), u. nicht τὸ περιόστεον um die Zähne herum (*Del.*, als hätte der Dichter für Mediciner geschrieben!) ist, dürfte sicher sein; gemeint ist wohl das Zahnfleisch, das man mit ebensoviel Recht Haut als Fleisch benennen kann. Ob das eine sprichwörtliche Redensart war für ein Minimum von Haut (*Ges. Ren. Hitz. Stud.*), ist fraglich. Keinesfalls liegt darin, dass die Zähne ausgefallen sind u. nur das Zahnfleisch übrig geblieben ist (*Cler.*). Es wird sich darauf beziehen, dass erst im letzten Stadium der Krankheit, das bei ihm noch nicht eingetreten ist (16, 22), auch die inneren Mundtheile ergriffen zu werden pflegen (*Ew. Schl.* 127), wodurch dann auch das anhaltende Reden unmöglich wird. Die Fassung (*Stick. Ha.*): *ich entkomme mit der Blösse* (עוֹר Inf. von ערה oder עור) *meiner Zähne* d. h. mit entblössten Zähnen, sofern die Lippen des Abgemagerten sie nicht mehr zu bedecken vermögen, ist auch abgesehen von dem Doppelsinn von עור im selben V., darum nicht zu billigen, weil man nach אתמלטה etwas Heiles, nicht das Gegentheil, erwartet, u. jener Gedanke viel einfacher ausgedrückt werden konnte. Correcturen wie (*Hupf.* nach *Sym.*) עוֹר בְּשִׁנַּי „die Haut d. i. das Leben in meinen Zähnen haltend (13, 14) = mit dem nackten Leben", oder auch (*Mx.* nach LXX) בְּשָׂרִי sind nach Gedanken u. Ausdruck Textverschlimmerungen; *GIff.* will gar: u. getüncht (aram.) bin ich mit einer zweiten (עוֹר) Haut! — 3) V. 21—27 die Folgerungen. a) V. 21—24: flehentliche Bitte an die Freunde u. Wendung der Gedanken nach der Zukunft hin. V. 21f. Auch er selbst ist von dieser Betrachtung innerlich wie gebrochen; er kann sich jetzt sogar entschliessen, die Bitte um Mitleid an seine Freunde zu thun, um so an ihnen wenigstens einen Rückhalt gegen Gott, seinen Verfolger, zu gewinnen. So hat er seit der ersten Rede 6, 28f. nicht mehr gesprochen; man sieht, dass es mit seinem Schmerzgefühl auf's Äusserste gekommen ist; es ist ein letzter Versuch, den er macht. V. 21. חָנֻּנִי] zweimal; dringende Bitte: aus Gnade u. Erbarmen wenigstens wendet euch mir wieder zu! ihr wenigstens, die ihr doch meine Freunde seid u. noch immer sein wollt! *Denn Gottes Hand hat mich berührt, getroffen, geschlagen*, wie denn die Aussatzarten speciell als ein נגע Gottes galten (2 R. 15, 5); vgl. auch V. 6. Ein von Gott geschlagener verdient wenigstens von Menschen Mitleid, u. sollte eben der göttliche Schlag sie abhalten, ihn auch noch zu schlagen. — V. 22. *Warum verfolgt ihr mich wie Gott*, auf seine Seite tretend u. ihn nachahmend, *u. werdet von* (31, 31) *meinem Fleisch nicht satt?* d. h. warum zehrt ihr unaufhörlich an m. F.? nämlich durch Angriffe auf seine Ehre, durch falsche Anklagen u. Verleumdungen, wie denn im Aram. (Dan. 3, 8. 6, 25) u. Arab. *das Fleisch oder die Stücke von einem fressen* gewöhnlich geworden ist für διαβάλλειν (*Ges.* th. 91). Anders ist der Sinn Ps. 27, 2. Mit dieser Erinnerung geht aber die Bitte schon wieder in Klage u. Vorwurf über, u. kaum hat er das Wort gesprochen, so wird ihm vollends aus ihrem Blick u. Schweigen klar, dass auf sie kein Eindruck zu machen ist. Also schlägt er in raschem Sprunge einen entgegengesetzten Ausweg ein, u. wendet sich, da er bei Mensehen u. in diesem Leben nichts mehr zu hoffen hat, mit seinen Gedanken an die fernere Zukunft, in dem sehnsüchtigen Wunsche, die Betheuerungen seiner Unschuld möchten durch die Schrift verewigt der Nachwelt aufbehalten werden, damit er wenigstens von ihr die Anerkennung seines Rechtes erhoffen könnte V. 23 f. — V. 23. מי יתן] sonst (6, 8. 13, 5. 14, 13) seq. Ipf. oder Volunt., hier mit ו der Folge vor dem Volunt., wegen des dazwischentretenden אפו u. בספר. Das ויחקו zu 24ª hinüberziehend (*Hitz.*) zerstört man den Versbau; ebenso wenn man בספר zu 23ª zieht, u. als 24ª מי יתן ויחקו בעט ברזל עפרת liest (*GHff.*). יתן] 9, 24. בספר] wird als die neue, zum Gedanken des 1. Gl. hinzutretende, Bestimmung auch durch die Stellung vor dem Verb. ausgezeichnet; der Artikel, wie immer in dieser Phrase (Ex. 17, 14. Num. 5, 23; 1 S. 10, 25; Jer. 32, 10), weil ספר ein Gattungsbegriff (der Hebräer schreibt auf *das* Schreibmaterial). Falsch *Mx.* יֻחָקוּ. וְיֻחָקוּ] Pausalform für יֻחֲקוּ, Ho. von חקק, *Ges.* 67 A. 8. *O dass doch meine Worte aufgeschrieben würden! o dass in Schrift sie eingezeichnet würden* (Jes. 30, 8)! Die *Worte*, im Gegensatz gegen die Verleumdungen der Freunde, können nur die fortwährenden Betheuerungen seiner Unschuld sein, denn der Gedanke an diese ist die Seele wie seiner vorigen, so dieser Rede. Die, welche unter מלי die V. 25—27 folgenden Worte verstehen (*Ha. Schl. Hgst. Hitz.*), verkennen den Gedankenfortschritt zwischen V. 23 f. u. 25 f.; ohnedem beginnt man eine Monumentalschrift nicht mit ו (Jes. 3, 14 u. Ps. 2, 6 sind andere Fälle); aus den Worten V. 25—27 würde die Nachwelt über die Person u. den Fall Ijob's nichts Genügendes erfahren, u. gerade das nicht, worauf es ihm überall am meisten ankommt, sein Unschuldsbewusstsein. — V. 24. Fortsetzung u. Steigerung des Wunsches, mit fortwirkendem מי יתן: *mit Eisengriffel u. Blei, für die Dauer in den Fels gehauen würden!* Dass hier der Wunsch zum Wunsch einer dauerenderen Schrift, als die auf gew. ספר ist, gesteigert wird, ist deutlich. Aber die Frage ist, ob deren zweierlei oder nur eine bezielt wird. Nach *Vulg.* (*Luth. Hgst. Hitz.*) wäre עפרת das Material, auf das zu schreiben war, näml. die lamina plumbi, tabulae plumbeae, die im Alterthum viel gebraucht wurden (Paus. 9, 31, 4; Plin. h. n. 13 § 69; Tacit. ann. 2, 69; Joseph. c. Ap. 1, 34). Der zwiefache Sinn des ב (*vermittelst*) u. die Kürze des Ausdrucks (der den Hergang als bekannt voraussetzt) wäre dem nicht entgegen, u. wahrscheinlich hat der Dichter so etwas beabsichtigt. Aber nach dem text. rec., der kein ו oder אם vor לעד hat, wird man vielmehr mit *Raš.* (u. fast allen neueren Erkl.) nur an einerlei Schrift, näml. eingehauene Steinschrift denken müssen, deren Buchstaben mit Blei ausgegossen werden, um ihnen mehr Dauer u. Deutlichkeit zu geben. Aber Analogien dafür aus dem Alterthum fehlen. לָעַד] Theod.: εἰς μαρτύριον לְעֵד (16, 8); aber das war selbstverständlich, dagegen die Dauerhaftigkeit war hervorzuheben. b) V. 25—27. Aber wer wird ihm diesen Wunsch erfüllen? Niemand. So wird er, nachdem beide Auswege vergeblich versucht sind, zu dem einen u. letzten hingedrängt, was er noch hat, zu Gott als seinem Zeugen u. Freund, u. kommt in folgerichtigem Fortschritt auf den Gedankenkreis von 16, 19 ff. zurück, nur dass er hier sich noch höher erhebt, u. die freudige Zuversicht ausspricht, dass der lebendige Gott, auch wenn sein Leib der völligen Auflösung anheimfällt, sich ihm noch als sein Freund u. Anwalt bewähren müsse u. werde: sein Inneres verschmachtet in Sehnsucht darnach. Seine freudige Erregtheit spiegelt sich sogar in der Sprache wieder, deren Worte zum Theil wie krampfhaft abgebrochen sind. — V. 25. אני] nicht einfach fortsetzend (*Del.*), weil dabei die Erfüllung des vorigen Wunsches vorausgesetzt würde, aber wer sollte ihn erfüllen? —, noch weniger begründend (LXX *Vulg., Stick. Ren.*), wie denn auch ein Zustandssatz hier nach dem Wunsche keine Stelle hat, sondern auf Neues u. Höheres überleitend, das er im Gegensatz zu dem vergeblichen Wunsche hinstellt: *aber ich* (meinerseits) *weiss*, bin es gewiss. ו des Nachsatzes kann ו vor אני so wenig sein, als מי יתן בה (V. 23 f.) Vordersatz, u. die Fassung „Wäre mein Schicksal mit unvergänglichen Buchstaben aufgezeichnet (so dass Gott, so oft er in die Welt hineinblickte, seiner gedenken *müsste!*), dann wäre ich, eben weil ich unschuldig gelitten, meiner Erlösung gewiss" (*Droste* in ZATW. 1884. IV. 110 f.) gäbe, auch abgesehen von der Eintragung von Mittelgedanken, nur einen dürftigen, oder gar keinen Sinn; denn wie sollte Gottes Thun von dem Anblick einer Schrift abhängig sein! ידעתי] der Inhalt folgt von גאלי an bis V. 27ª, ohne Vermittlung von כי, wie 30, 23. Am. 5, 12. Ps. 9, 21 u. ö. *Mein Anwalt lebt.* חי] nicht Prf. (*Mat. Del.*), sondern Adj. (das Praes. ausdrückend). גאל] Zurückforderer, Einlöser (3, 5), wird von dem gebraucht, der vermöge der Verwandtschaftsverhältnisse in die Rechte u. Pflichten eines andern eintritt, zB. um ihn loszukaufen (Lev. 25, 25 f.) oder als sein Bluträcher (Num. 35, 12; voller גאל הדם V. 19 u. s.), u. so haben manche hier geradezu den Bluträcher verstanden, mit Rücksicht auf 16, 18. Diese specielle Fassung ist freilich nicht angezeigt, da von Mord im Zusammenhang nicht die Rede ist. Andererseits genügt die allgemeine Bedeutung *Erlöser* aus Noth nicht; da die Noth eben in der Rechtsunterdrückung besteht, so ist גאל näher der, welcher für den Unterdrückten einsteht, ihm zu seinem Recht u. seiner Ehre verhilft (Prov. 23, 11. Ps. 119, 154), etwa Rechtshelfer, Rächer, *vindex*. Sein Anwalt *lebt*; das bedeutet nicht blos *er ist vorhanden* (גאלי יש), sondern *er ist lebendig*; es deutet auf einen Gegensatz hin, nicht sowohl gegen den unthätigen, scheinbar todten Gott (*Hgst.*), als vielmehr gegen Ij., der im Tod verkommen mag, u. den er, als der ewig Lebende, überlebt. In diesem Sinn entwickelt u. erläutert sich der Gedanke weiter im 2. Gl. ואחרון כי] sicher ist, obwohl von *Hier.* (s. unten) verkannt, dass hier derselbe in Rede steht, der zuvor mit גאלי bezeichnet war; ebenso dass אחרון nicht örtlich (*Ha.*: Hintermann = Beschützer), sondern zeitlich zu verstehen ist, aber nicht im absoluten Sinn (etwa wie Jes. 44, 6; *Olsh. Hgst.*: wenn alles zu Staub geworden sein wird), da Ijob keinen Grund hat, hier auf das Ende aller Zeit u. *den letzten* nach allem hinzublicken, sondern im bezüglichen Sinn: *nachheriger, späterer.* Es kann Appos. zum Subj. sein (2 Sam. 19, 21), oder auch Subj.; nur dass es als Subj. geradezu die Bedeutung von vindex habe (*Hrz. Ew.*), ist nicht richtig. Ob es durch אך אחרון oder durch אך

אֶחָי zu umschreiben ist, entscheidet erst das Folgende (V. 26). עַל־עָפָר]
natürlich nicht: *über der Erde* d. h. im Himmel (*Ha.*), auch nicht *in pulvere* = in arena, auf dem Kampfplatz (*Umb.*), was kein hbr. Sprachgebrauch war; aber auch nicht *auf dem Erdboden* (*Ges. Hrz. Stick. Mal. Hitz. Vo.*), denn עָפָר ist zwar im Buche sehr gebräuchlich für *Erde* als Stoff (4, 19. 7, 5. 10, 9. 22, 24. 30, 6) u. als Erzeugerin von Mineralien u. Pflanzen (5, 6. 8, 19. 14, 8. 28, 2) oder als Staub (39, 14), nicht aber als Erdboden oder Erde im Gegensatz gegen den Himmel; nur der Dichter von 41, 25 wagt einmal עַל־עָפָר für „unter den Irdischen"; auch sonst kommts so nicht vor (Jes. 47, 1 sicher nicht). Sondern es bedeutet *auf dem Staube* (*Ew. Schl. Olsh. Del. Hgst. Re. Mx. Stud.* a.), in den er bald zu liegen kommt, oder zu dem er bald verwandelt wird, vgl. 7, 21. 10, 9. 17, 16. 20, 11. 21, 16. Hinter אחרון kann über diesen Sinn des Ausdrucks nicht wohl Zweifel sein. יָקוּם] nicht: *er steht* (*Ha.*), sondern: *wird aufstehen*, sich erheben, auftreten, um einzuschreiten (31, 14) als mein גֹּאֵל, wie denn קוּם das übliche Wort ist für das Auftreten des Zeugen (Dt. 19, 15. Ps. 27, 12 u. s.) u. das Einschreiten des Richters (Jes. 2, 19. 33, 10. Ps. 12, 6 u. s.). Sollte dies eine Hinweisung auf die Erscheinung Gottes zur Entscheidung des Streites für Ijob (38, 1 ff.) sein (*Hrz. Hitz.* a.), so war עַל־עָפָר unnöthig (vgl. zB. Ps. 12, 6), u. war statt יָקוּם eher יֵרָאֶה oder יֵרֵד zu sagen, da Gott sonst nicht *auf dem Staube sich erhebt*, wenn er erscheint; ohnedem erscheint Gott Cp. 38 gar nicht auf der Erde, sondern spricht aus dem Sturme sein entscheidendes Wort. Dem Ausdruck geschieht nur Genüge, wenn man die Hoffnung Ijobs ausgedrückt findet, dass über dem Staub, dem er anheimfällt, einer als גֹּאֵל, zur Hervorbringung seines Rechts, sich erheben wird. An wen er dabei denke, sagt er noch nicht, weil die Gewissheit, dass ein solcher lebt, ihm hier noch die Hauptsache ist; erst in V. 26, nachdem er sich weiter erklärt hat, überrascht er sie u. sich mit dem Wort, dass seine Hoffnung auf אֱלוֹהַּ selbst gehe.
— V. 26. וְאַחַר עוֹרִי] *u. nach meiner Haut*; אַחַר „kann nur Praep. sein, nicht aber als Conj. mit נִקְּפוּ verbunden werden, weil in diesem Falle das Verb. sofort folgen würde, vgl. 42, 7; Lev. 14, 43" (*Hrz.*); *hinter* d. h. *nach* m. H. kann nur meinen: wann sie nicht mehr ist (vgl. אַחֲרֵי 21, 21 *Del.*); die Härte des Ausdrucks wird gemildert durch das sofort folgende Vrb., welches auf die am עוֹר vorgehende Handlung hinweist. נִקְּפוּ] Relativsatz zu עוֹרִי; active Wendung in der 3 p. Pl. für unser Passiv wie 4, 19. 6, 2. 7, 3. 18, 18; Prf. Pi. von נָקַף, nicht von נָקַף *herumgehen, kreisen* (Jes. 29, 1), wozu Hiph. הִקִּיף Ij. (1, 5. 19, 6), sondern von dem נָקַף, welches mit נגף 776. verwandelt, für das Abschlagen der Früchte, Zweige, auch Rinde eines Baumes, im Pi. oder Niph. (Jes. 10, 34) von dem Schlagen (Umhauen) der Bäume gebraucht wurde; somit: *die man abgeschlagen, stückweise abgesetzt hat* (vgl. 18, 13), wie Zweige oder Äste eines Baumes. זֹאת] schwerlich *wird dies geschehen* (*Trg., Ges. Stick.*), weil zu Gl. b nicht passend; sehr unwahrscheinlich auch u. wenigstens ohne alle Analogie (auch 33, 12 ist verschieden) = *in hunc modum* oder *so* (*Arnh. Ha. Del. Vo.*); am wahrscheinlichsten δεικτικῶς, wenn nicht unmittelbar auf עוֹרִי, weil

עוֹר sonst masc. ist (7, 5. 30, 30), so doch auf den Leib hinweisend: *dies da!* oder in der Construktion: *diesem da!* וּמִבְּשָׂרִי] עוֹר u. בָּשָׂר, V. 20 (7, 5. 10, 11) neben einander gestellt, entsprechen sich hier nach den Versgliedern u. ergänzen sich gegenseitig; darum ist es unzulässig, das מִן == von — *aus* zu nehmen (*Eichh. Ros. Umb. v.Hofm.* a.), so dass עוֹר u. בָּשָׂר in Gegensatz gestellt werden (nach Zerstörung meiner Haut, von meinem Fleische aus werde ich Gott schauen; mag man dann unter בָּשָׂר seinen genesenen Leib, oder gar den künftigen Auferstehungsleib verstehen), vielmehr muss es entweder zeitlich *von — ab* d. h. *unmittelbar nach* (3, 11), oder besser privativ *weg von* d. i. *ohne, frei von* (11, 15. 21, 9 u. s.) bedeuten. — Die Worte נִקְּפוּ־זֹאת—אַחַר enthalten viel Befremdliches, weshalb einige (*Olsh. Mx.*) auf jede Erklärung verzichten, u. es ist wahrscheinlich, dass der Text verdorben ist. Aber aus LXX ist nichts Brauchbares zu entnehmen. Erklärungen wie (*Stud.* in JPTh. 1875 S. 715): „nach Entblössung (עוּר Infin.) von dem, was man auf diese Weise umgeben hat" d. h. wann ich ledig sein werde dessen, was diese Hülle bildet, oder eine Lesung (*Hoekstra*) wie מִקִּפָּה, oder gar was *GHffm.* daraus gemacht hat, dass die Inschrift den Bluträcher vom Himmel, wie eine Olive von der Baumspitze, herabklopfen würde, kommen nicht in Betracht. אֶחֱזֶה] wollten einige (*Merc. Ha.*) präsentisch verstehen (jetzt schon, ohne Haut u. Fleisch, erschaue ich Gott), aber אַחַר u. V. 25 אַחֲרוֹן weisen auf die Zukunft (auch V. 20 widerspricht). Wollte man aber וְאַחַר עוֹרִי nicht als Näherbestimmung des Subj., sondern des Obj. nehmen (*H. Schultz* ATl. Theol.[4] 707: nach Vernichtung meiner Haut u. meines Fleisches *auftretend* sehe ich Gott), so würde man suppliren, was nicht gesagt ist, aber hätte gesagt werden müssen, näml. יָקוּם oder drgl.; statt אֶחֱזֶה erwartete man vielmehr חָזִיתִי, u. hinter מִבְּשָׂרִי, was nicht „nach Zerstörung meines Leibes," sondern „ohne mein בָּשָׂר" bedeutet, ist diese Fassung von אֶחֱזֶה unmöglich. So wie der Text lautet, kann אֶחֱזֶה nur futurisch gemeint sein (so fast alle Erkl.): *werde ich Gott schauen*. Gott schaut der, dem Gott in Gnade u. Liebe sich zu schauen gibt, u. nur dem Rechtschaffenen u. Reinen gibt Gott sich zu schauen (Ps. 11, 7. 17, 15). Jetzt kann Ij. Gott nicht schauen: Gott hat sein Angesicht vor ihm verborgen; sein unerklärliches Leiden ist eine trennende Scheidewand zwischen ihm u. Gott, u. macht ihm Gott zu einem Gegenstand der Furcht u. Angst. Wenn er also hier hofft, dass er Gott schauen wird, so schliesst das in sich, dass die Scheidewand fallen u. Gott ihn als den seinen anerkennen wird. Betreffend die Frage, *wann* er Gott so schauen werde, so ist klar: wenn Ij. eine spätere oder letzte Zeit seines Lebens im Sinne hat, da Gott ihm als גֹּאֵל erscheinen wird, wie es Cp. 38ff. 42, 5 eintrifft (*Hrz. Stick. Ren. Hitz. Reu. Vo.* a.), dann passen die Ausdrücke אַחַר עוֹרִי u. מִבְּשָׂרִי nicht dazu. Denn das versteht sich, dass ein Mensch ohne Haut u. Fleisch, u. nach Zerstörung dieser, nicht leben kann, dass also mit jenen Ausdrücken nicht ein Zustand beschrieben sein kann, wo „sein Körper zu einem blossen Gerippe geworden sein wird." Den Gedanken, dass Haut u. Fleisch noch mehr geschwunden sein werden, wird man in keiner Sprache ausdrücken: nach meiner Haut u. ledig meines Fleisches. Die Erinnerung an die Kühnheit morgenländischer Dichtersprache verschlägt hier nichts, denn auch diese ist an die Gesetze der Logik gebunden. — V. 27 nimmt er das אחזה אלוה noch einmal auf, um das, was ihm das Entzückendste daran ist, noch besonders hervorzuheben, wie er denn im 2. Gl. seiner Sehnsucht nach der Verwirklichung förmlichen Ausdruck gibt. אחזה] futurisch, wie V. 26; fürs Praes. stände ראי חזיתי. demgemäss Prf. der Gewissheit (s. zu 5, 20) oder Prf. der Zukunft (Fut. ex.). *Den ich, von dem dies fast unglaublich erscheint, schauen werde mir* zum Heil, also auch für mich seiend, mir *zugethan* (vgl. Gen. 31, 42. Ps. 56, 10. 118, 6), *u. meine Augen sehen* oder gesehen haben *werden u. nicht ein Fremder* d. i. anderer (Prov. 27, 2) oder eines Fremden, näml. Augen (ולא־זר zuletzt so viel als ולא עיני זר). ולא־זר] Nomin. (LXX *Vulg. Trg.*, u. die meisten Erkl.), nicht Acc. (*Ges. Umb. Stick. Ha. Hitz. Reu. Vo. IISchu.*), etwa an אשר angeschlossen; denn *nicht als entfremdeten* wäre ein zu schwacher Ausdruck für *Freund* (*Feind* könnte זר nur in nationalem Sinn bedeuten). Ohne Zweifel bezielt Ij. mit ולא־זר die Gegenpartei: er darf Gott als den seinen schauen, nicht aber ein Fremder näml. als für ihn (לו) seiend (*Hrz.*). Diese Ergänzung bringt der Gegensatz gegen אני־לו mit sich; denn nicht darauf kommt es an, dass ihn die Gegenpartei gar nicht sieht (in ihrer Art wird sie ihn auch zu sehen bekommen, V. 29), sondern darauf, dass sie ihn nicht zu ihrer Rechtfertigung sieht. Insoweit wäre auch bei der Fassung des זר als Nomin. eine Beziehung auf Cp. 38 ff. 42, 7 noch nicht einmal ausgeschlossen. *meine Augen*] also, sagt man, hat er noch Augen, ist also noch bei Leibes Leben (*Hitz.* a.). Gewiss, wenn man den Buchstaben presst. Aber *meine Augen* ist eben nur eine vom gewöhnlichen Sprachgebrauch hergenommene rhythmische Variante für *ich selbst*; auch von Gottes Augen ist oft genug die Rede, ohne dass man ihm deshalb einen Leib zuschreibt. כלו וגו'] *es verzehren sich* oder schwinden *meine Nieren*, die als Sitz der Empfindung, nam. der zärteren u. innigeren Gefühle u. Regungen gelten (Ps. 16, 7. 7, 10), *in meinem Busen*, d. h. hier in meinem Innern, näm. vor Sehnsucht nach diesem Anblick Gottes; das Verschmachten ist hier den Nieren zugeschrieben, wie sonst der Seele Ps. 84, 3. 119, 81 u. den Augen Ps. 69, 4. 119, 123 (Ij. 11, 20. 17, 5). — Nimmt man die Worte V. 25—27, so wie sie sich geben, so ist nicht zu verkennen, dass Ij. seinen Glauben, Gott werde sich noch zu ihm bekennen, selbst über den Tod hinaus festhält, d. h. dass er als seine feste Zuversicht ausspricht, Gott werde, auch wenn er in seinem Leiden erliege, noch als sein Goël ihm sein Recht verschaffen u. sich ihm als den in Gnade u. Liebe zugethanen zu erfahren geben. Damit thut er noch einen Schritt über 16, 19 ff. hinaus: hat er dort ausgesprochen, dass er einen Zeugen seiner Unschuld im Himmel habe, u. diesen angefleht, dass er für ihn einstehen möge, so erhebt er sich hier zu der Glaubenszuversicht, dass ihm diese Anerkennung bei u. durch Gott noch werden wird u. muss. Das ist hier die Hauptsache, u. insofern ist es auch nicht ausgeschlossen, in der Gotteserscheinung zu seiner Erlösung Cp. 38 ff. eine Erfüllung dieser seiner Glaubenshoffnung zu finden (vgl. auch 42, 5ᵇ mit 19, 27ᵇ). Dass er aber jene Gewissheit auch im Angesicht des Todes (vgl. Ps. 73, 26) u. über den Tod hinaus festhält, das ist nur eine Modalität jenes Hauptsatzes, dadurch herbeigeführt, dass er sich in Anbetracht seines körperlichen Zustandes (V. 20) für unrettbar dem Tode verfallen hält (17, 11ff.). Es wäre zu viel behauptet, wenn man sagte, dass Ij. hier geflissentlich die Ausgleichung der Widersprüche in ein jenseitiges Leben verlegen wolle. Hätte er das gewollt, so hätte er sich deutlicher aussprechen müssen, wie er sich das denke, u. hätte nicht wohl nachher wieder einfach auf das Wort 30, 23 zurückkommen können. Wohl aber wird man zugeben müssen, dass ihm jene Zuversicht so fest steht, dass sie ihm auch durch die Aussicht auf den Tod nicht erschüttert werden kann. Es sind nur die Prämissen des Glaubens an ein jenseitiges Leben, die er hier ausspricht, nicht dieser selbst. Darum ist es auch unnütz, ergründen zu wollen, wie Ij. (bez. der Dichter) eine jenseitige Ausgleichung mit dem Scheolglauben, zu dem er sich sonst bekennt, vereinigen zu können meinte. Die Gewissheit aber, die er hier momentan (u. unter Voraussetzung seines Hinsterbens an der Krankheit) ausspricht, gehört (wie 17, 9) zu den schönsten Erkenntnissblüthen, welche der Kampf in ihm hervorgetrieben hat. — Man wendet nun freilich gegen diese Erklärung der Stelle ein (s. *Hrz. Vo.* u. a.), 1) dass sie gegen den nächsten Zusammenhang verstosse, u. 2) mit dem Vorstellungskreis des AT., speciell mit der sonstigen Lehre des Buches vom Zustand nach dem Tode u. 3) mit der formellen Anlage des ganzen Gedichts in Widerspruch gerathe. Ad 1) „Der Wunsch Ijob's V. 23f. habe doch nur dann Sinn, wenn er die Vergeltung mit dem Erdenleben abgeschlossen denke, sei aber sinnlos, wenn er den Glauben an eine jenseitige Vergeltung in sich trage." Aber jenen Wunsch äussert er ja vorher; er ist ihm nur (s. oben) eine Vorstufe, die ihn auf den noch höheren Standpunkt seiner neuen Glaubensgewissheit emporführt; er bleibt nicht dabei. Ohnedem würden sogar Glauben an ein anderes Leben u. Besorgtheit um das Urtheil der Nachwelt sich nicht einmal ausschliessen. Sodann „die Hinweisung auf das Gericht in V. 28f., setze eine Erscheinung des Erlösers u. Richters auf der Erde voraus" Aber wo wäre der Beweis dafür, dass der Akt *seiner* Erlösung u. der des Gerichts *über sie* zusammenfallen müsste? oder auch letzterer vor seinen Tod fallen muss? Ad 2) Gewichtiger scheint, dass Ij. bisher sich „zu den althebr. Lehren von der trostlosen Zukunft im Scheol" bekannt hat: wie sollte er plötzlich sich zum Gegentheil bekennen können? Indessen wenn er auch bisher diese gewöhnlichen Vorstellungen theilte, so wäre damit noch nicht gesagt, dass er auch dabei *bleiben* musste? Steht er nicht Anfangs auch in dem Wahn, dass jedes Leiden Strafe der Sünde sein müsse, u. hat er nicht im Verlauf denselben überwunden? Das ist ja eben der Zweck des Gedichtes, dass sein Held in der Gluth der Anfechtung aus den anererbten Verkehrtheiten u. Vorurtheilen sich zu höheren Erkenntnissen herausarbeite. Insofern wäre es nicht befremdend, dass er auch die Scheolvorstellung, von der er ausgieng, überwände. Im übrigen aber setzt hier Ij. keineswegs an Stelle derselben eine neue

Lehre über das jenseitige Leben, sondern er rüttelt nur daran, oder ignorirt sie momentan, in der Zuversicht auf Gott als seinen Goël. Dass er sie noch nicht durch eine höhere Vorstellung vom Leben nach dem Tod überwunden hat, zeigt 30, 23; aber ihre Schrecken haben sich ihm doch vermindert; das zeigt sich darin, dass er von jetzt ab ruhiger spricht u. nicht mehr in die verzweiflungsvolle Stimmung zurückfällt, mit der bisher so viele seiner Reden schlossen. Ad 3) Man wendet ein, dass die Unsterblichkeitshoffnung ein so neuer u. wichtiger Gedanke wäre, dass die Freunde in ihren Antworten u. Gott in seiner Rede am Ende nothwendig darauf Rücksicht nehmen müssten, was sie doch nicht thun, u. meint sogar, dass „der Dichter, wenn er der Unsterblichkeitshoffnung Bahn brechen wollte, den Ausgang des Dramas vielmehr in das Land der Unsterblichkeit versetzt haben würde, statt auf die Erde." Allein es ist ein Merkmal aller Reden der Freunde, dass sie auf den Inhalt der Reden des Ij. fast gar nicht im einzelnen eingehen. Gott vollends hat nicht die Aufgabe eines Kritikers, der alle einzelnen Sätze der beiden Parteien beurtheilen müsste. Dass aber der Dichter den Ausgang des Drama's hätte anders gestalten müssen, dieser Einwand wäre nur berechtigt, wenn er den Ij. die klare Erkenntniss eines ewigen Lebens hätte aussprechen lassen, ist aber ohne Gewicht, wenn er nur in einem Moment höchsten Glaubensflugs, unter gewissen Voraussetzungen, jene Gewissheit als ein Postulat des Glaubens an die göttliche Gerechtigkeit in ihm hervorbrechen lässt.

Die Stelle hat eine merkwürdige Geschichte (vgl. darüber *Stickel* de Goële comm. 1832 u. *CWGKöstlin* de immortalitatis spe, quae in libro Jobi etc. 1846). a) Im Anschluss an den LXX Text, der übrigens verschiedene Auslegung zulässt (s. *Stick.* a. a. O., u. *Umbr.* in Th. Stud. u. Krit. 1840) fand man schon frühe darin den Glauben an die Auferstehung, u., indem man גאל auf Christus deutete, auch eine Weissagung der Auferweckung der Todten durch Christus, ja sogar wegen אלהי V. 26 eine Beweisstelle für die Gottheit Christi. Da *Luther* die Stelle nach der *Vulg.* übersetzte, *Leo Judae* u. *Pisc.*, wiewohl in selbstständiger Auffassung des hbr. Textes, gleichfalls die Idee der Auferstehung in ihren Übersetzungen durchblicken liessen, gieng diese Auffassung auch in die protestanische Kirche über, wurde dogmatisch u. liturgisch verwerthet, fand in kirchlichen Glaubensbekenntnissen (Form. Conc. Epitome p. 575 ed. Hase) u. Katechismen Eingang; Kirchenlieder (wie „Jesus meine Zuversicht", „Ich weiss, dass mein Erlöser lebt") schlossen sich daran an. Die ersten Spuren dieser Auslegung finden sich bei griech. Vätern wie *Clem. Rom.* ad Cor. I. 26; *Orig.* Comm. in Matth. 22, 23 ff.; *Cyrill. Hier.* Catech. XVIII; *Epiph.* Orat. Ancorat., obwohl in der griech. Kirche dieselbe nicht allein herrschend war, u. zB. *Chrysost.* u. *Joh. Damasc.* dem Ij. eine solche Hoffnung absprachen. Weit grössern Beifall, als in der griech., fand sie seit *Hieron.* in der lat. Kirche. Seine von der alten Latina (*Sabat.* I. p. 866) abweichende Übersetzung der Stelle, durch das Ansehen des *Augustin.* de civ. Dei 22, 29 empfohlen, hat zu der späteren grossen Verbreitung dieser Erklärung wesentlich beigetragen. Sie lautet: V. 25 scio enim, quod redemptor meus vivit et in novissimo die de terra surrecturus sum; V. 26 et rursum circumdabor pelle mea et in carne mea videbo Deum meum; V 27 quem visurus sum ego ipse et oculi mei conspecturi sunt et non alius; reposita est haec spes mea in sinu meo. Hienach *Luther:* aber ich weiss, dass mein Erlöser lebt, u. er wird *mich* hernach *aus der Erde auferwecken,* 26 u. *werde darnach mit dieser meiner Haut umgeben werden,* u. werde *in* meinem Fleische Gott sehen u. s. w. (nach *Hrz.*). Schwerlich hat *Hier.* V. 25 אקם gelesen oder corrigirt, er hat nur den אחרון auf den künftigen Ijob bezogen u. hienach den Text *frei* übersetzt, u. ihm folgend noch freier *Luther.* Dass diese Auffassung sowohl von אחרון יקים, als von יקם u. מבשרי unrichtig ist, ist oben gezeigt. Spätere Erklärer suchten, in den einzelnen Worten genauer dem Text sich anschliessend, wenigstens den Grundgedanken jener kirchl. Auslegung festzuhalten, etwa in der Weise: mein Erlöser lebt u. wird zuletzt auf dem Grabe auftreten, näml. zum Zweck meiner Auferweckung vom Tod; u. nach der völligen Zerstörung meiner Haut d. h. des Leibes, werde ich aus meinem Fleisch d. h. dem neuen Leib, Gott schauen; in V. 25 bezogen einige ולא־זר in der Fassung *neque ego alius* (die aber unmöglich ist) auf die Identität des Auferstehungsleibes. Vertheidiger dieser so modificirten Auslegung sind zB. *Schult., JH* u. *JDMich., Velthusen, Pareau, Ros., Kosegarten* (diss. in Job. XIX. 1815), von kathol. Seite zB. *Welte.* Auch in dieser Fassung ist die Erklärung, soweit sie מבשרי betrifft, unzulässig (s. oben), u. von Auferstehung oder Auferweckung ist im Text nichts gesagt. b) Diese in der Kirche allmählig sich festsetzende Erklärungsweise hatte aber Gegner schon in der älteren griech. Kirche zB. an *Chrysost.* (ep. II ad Olymp. diacon.), welcher (auf Grund der LXX) die hier gehoffte Auferstehung des Leibes allegorisch von der Aufhebung des Leidens u. Wiederherstellung des kranken Leibes verstand, sodann im Mittelalter an den jüdischen Exegeten, welche die Stelle in der verschiedensten Weise erklärten, u. an sie sich anschliessend auch mehrere Protestanten wie zB. *Mercerus*; besonders seit dem XVII. Jahrh. wurde die kirchl. Erklärung entschieden bestritten (*Grot., Cler.*), u. ist die Deutung der Worte Ijobs auf eine diesseitige Hoffnung fast herrschend geworden. Allerdings in der Fassung, dass Ij. hier die Wiederherstellung seiner Gesundheit u. seines frühern Standes erhoffe (*Eichh.* Allg. Bibl. I, 3; *v. Cölln, BaumgCrus.* a.), hat sie mit Recht wenig Beifall gefunden. Dagegen finden jetzt sehr viele (*Knob. Stick. Hrz. Ha. Sims., v. Hofm., Kmph. Mat. Hitz. Ren. Reu.*) von Ij. die freudige Zuversicht ausgesprochen, dass er noch in diesem Leben, wenn er vollends zu einem blossen Gerippe geworden sein werde, Gott in einer Theophanie zur Herstellung seines Rechts u. seiner Ehre herabkommend schauen werde, wie das 42, 5 geschehe. Aber dass das mit dem Wortlaut des vorliegenden Textes nicht zu vereinigen ist, ist schon oben gezeigt. Sodann, hätte Ij. wirklich ein Einschreiten Gottes zu seinen Lebzeiten so sicher erhofft, so konnte er doch nicht die blosse Ehrenrettung d. h. die Erklärung, dass er im Streite mit den Freunden Recht habe, sondern musste auch die Wiederherstellung seiner Gesundheit u. seines Glücks als Wirkung davon erhoffen (s. 42, 7 ff.), das thut er aber nicht. Endlich steht auch 23, 3 ff. 31, 35—37 mit der Gewissheit einer Theophanie zu seinen Gunsten, die er hier errungen haben soll, in Widerspruch. Und wo bliebe die Kunst des Dichters, wenn der Held schon in der Mitte des Stücks den wirklichen Ausgang mit Sicherheit vorauserkennete? wäre nicht dadurch dem tragischen Pathos u. der weitern Entwicklung Grund u. Boden entzogen? — Die Thatsache, dass Ij. mit den Worten V. 25 f. auf sein Gestorbensein hinweist, wird sich nicht beseitigen lassen, u. da die präsentische Fassung des אחזה (*HSchultz*) grammatisch nicht zulässig ist, so wird man entweder den Text als verderbt u. unerklärbar ganz zu verwerfen oder aber anzuerkennen haben, dass Ij. hier allerdings von einem jenseitigen Schauen Gottes spricht (*Ew.*², auch in *Zeller's* Theol. Jahrb. II. 1843 S. 718 ff.; *Schl. Del. Köst. Köstl. Böttch. Hupf.* in Deutsch. Ztschr. f. christl. Wiss. u. Leben 1850 No. 35 ff., *IKönig* die Unsterblichkeitsidee im B. Job 1855; *Öhler* ATl. Theol.¹ II. 317 f.; *Zö. Hgst. Stud.* a.). Nur wird man darin nicht eine klare u. sichere Erkenntniss des ewigen Lebens (bes. *Ew.*), sondern nur den Ausdruck einer auch das letzte Hinderniss überwindenden Gewissheit der ihm bevorstehenden Anerkennung bei Gott sehen dürfen.

4) V. 28 f. Noch ein Wort ernster Warnung, welches er auf Grund der errungenen Gewissheit gegen die Freunde aussprechen muss (vgl. 13, 10—12). — V. 28. כי וג'] nicht *denn*, als ob er seine Freude über Gottes Einschreiten damit begründete, dass *sie* ihn blos verfolgen (*Stick. Mat.*), wozu das Folgende nicht passt; noch weniger *dass* (*Mx.*), da כלי־תי nicht = „hoffen" u. תאמרו וג' nicht Gegenstand seiner Hoffnung ist, aber auch nicht כי recit. (*Hitz.*) oder affirm. (*Umb. Hrz. Ren.*): *fürwahr ihr werdet* dann (bei der Theophanie) reuig *sagen: warum verfolgten wir ihn?* denn אי steht nicht da, u. נרדף ist nicht רדפני, auch מה nicht למה; sondern *wann* (wie 21, 28, vgl. 5, 21), so dass ganz V. 28 Vordersatz, 29 Nachsatz ist (so die meisten Erkl.). [מה־נרדף לו könnte bedeuten: *was* d. h. wie (31, 1. Gen. 44, 16) *verfolgen wir ihn denn?* d. h. wir verfolgen ihn ja nicht (*Böttch.*), aber die starke Drohung V. 29 wäre dann wenig am Platz; daher doch wohl eher *was?* d. h. nicht: unter welchem Rechtstitel (*Del.*), sondern (*Ew. Schl. Ha. Hgst. Reu. Vo.* a.) *wie sehr* (26, 2 f. 6, 25. Ps. 21, 2) *wollen wir* ihm nachsetzen, d. h. *ihn verfolgen!* die Verfolgungen fortsetzen u. steigern, näml. die, von denen Ij. schon V. 22 gesprochen hat. נרדף] mit ל nur hier, (vgl. אל Jud. 7, 25). ושרש וג'] kann nun nicht Rede Ijob's sein (*Hrz. Hitz.*: u. die Wurzel der Sache — meine Unschuld — wird sich an mir erfunden haben!), sondern nur der Freunde, ohne dass es nöthig wäre, die erleichternde Lesart (*Sym. Trg. Vulg.* u. viele MSS.) בו für בי vorzuziehen, denn בי erklärt sich aus dem Übergang in die oratio obliqua wie 12, 17. 35, 3. (*Ges.* 157); נמצא ist dann Prf. Niph.: *und* (oder auch *da ja*) *die Wurzel* d. i. der Grund *der Sache* d. i. der Rechtssache (Ex. 18, 16 u. ö.), die in Rede steht, näml. meiner Leidens, *sei in mir gefunden*, näml. in meiner Schuld u. Sünde. Also wenn ihr, wie bisher, mit verleumderischen Reden mich weiter verfolgen wollt, weil ihr den Grund meines Leidens in meiner Sünde gefunden zu

haben glaubt, V. 29 so *lasst euch grauen vor dem Schwert!* וּגֹ] = וְגֵי (41, 17). לָכֶם] *für euch* wie Hos. 10, 5 oder aber Dat. ethicus. חֶרֶב] wie 15, 22. 27, 14; hier wohl (wie Dt. 32, 41. Zach. 13. 7 u. s.) das Racheschwert Gottes, Symbol der göttl. Strafgerechtigkeit. *Mx.* willkührlich חֵרֶף *Schmähung.* כִּי־חֵמָה וגו׳] selbst wenn man für חֵמָה mit *Pes. Vulg.* חֲמַת läse, so würde dies doch noch nicht *quoniam ultor iniquitatum gladius est* bedeuten. Ansprechender wäre (*Ges.*) חֵמֵי: denn derlei (Verfolgen u. Verleumden) *sind Schwertesvergehungen* d. h. mit dem Schwert zu strafende. Bei der mass. Lesart kann man entweder (*Schult. Stick. Schl. Reu.*) חֵמָה als Subj. nehmen: *denn Zorn gegen den Nächsten, wie ihr ihn heget, ist — eine der — Schwertesversündigungen*, wobei aber עֲוֹנוֹת incorrekt für מַעֲוֹנוֹת gesetzt, u. חֵמָה. Zornwuth, ein zu starker Ausdruck für ihre Verfolgungssucht gegen ihn wäre; oder aber nimmt man חֵמָה als Praed., so wird man kaum (*Ew. Hrz.*) übersetzen dürfen: *denn Gluth* d. h. glühend, verzehrend u. darum wohl zu fürchten *sind Schwertes Strafen*, weil man zwar von den עֲוֹנוֹת eines Menschen als den wegen seiner Schuld auf ihm liegenden *Strafen* (Ps. 31, 11. 38, 5: Thr. 4, 6 u. s.), nicht aber von den עֲוֹנוֹת als den Streichen des Schwertes reden kann, sondern nur: *denn Zorngluth Gottes sind* d. h. tragen als ihren Lohn in sich *Schwertesversündigungen* d. h. (31, 11. 28) solche, welche das Schwert verdienen, *facinora capitalia* (*Ros. Del. Hgst.*). Aber wie geschraubt wäre dieser Ausdruck! Die Lesart ist ohne Zweifel verdorben. Aber Emendationen wie עֹוְרָה für עֲוֹ׳ (*Hitz.*: ja (!) vor (!) Zorngluth, die das Sch. schwingt) oder חֲמַת עֲוֹ׳ תָּבֹא (*Mx.*: denn der Zorn für (!) die Vergehungen trifft ein) oder עֲנוּת (*GHff.*: denn Zorn! lautet des Schwertes Antwort) sind um nichts besser. Man erwartet etwa כִּי־עֵרֶ[ץ] חֶ׳. Auch Gl. c ist nicht mehr heil. לְמַעַן וגו׳] *damit ihr erkennet, dass ein Gericht* ist (*Aq. Theo. Sym. Vulg.*; fast alle Neueren). Hier wäre שֶׁ־ = אֲשֶׁר (*Ges.* 36), in der Bedeutung *dass* (= כִּי, wie in Qoh. oft); und wenn die Mass. für das gewöhnliche דִּין im Qerê דִּין zu lesen befiehlt, so ist zwar der Grund dafür nicht deutlich (vielleicht wegen des Gleichklangs mit דִּינִי vgl. 17, 10), jedenfalls kann es nicht den *Richter* (*Hrz.*) bedeuten, sondern nur *das Gericht*; aber sehr wohl könnte man שַׁדַּי (*Trg.*) lesen. Nun ist aber שׁ für אֲשֶׁר in einer weder nordpaläst., noch späthebr. Schrift völlig unerwartet, u. kommt im B. Ij. sonst nicht vor; auch דִּין ist zwar bei Elihu (35, 14. 36, 17. 31) gebräuchlich, nicht aber sonst im Buch: der Gedanke selbst, wornach blos die Erkenntniss, dass es ein Gericht gibt, der Zweck der ihnen gedrohten Strafe wäre, ist wenig treffend; die LXX mit ποῦ ἔστιν αὐτῶν ἡ ὕλη (vgl. ὑλώδης 29, 5 für שָׂדַי) oder nach Cod. Al.: ὅτι οὐδαμοῦ αὐτῶν ἡ ἰσχύς ἐστιν (von שַׁדַּי?) zeigen, dass hier auch eine andere Lesart vorhanden war. Unter diesen Umständen scheint es unbedenklich (*Ew.*[1] *Reu.*), geradezu שַׁדַּי zu lesen. wogegen (*Eichh. Ha.*) שַׁדַּי zu sprechen u. als Nebenform von שַׁדַּי zu erklären, schon an sich unzulässig ist, noch mehr in einem Buch, wo das Wort immer שַׁדַּי lautet, u. שַׁדְּכֶם *eure Gewaltthätigkeit* (*Ew.*[2]) eine wenig passende Bezeichnung der Vergehung der Freunde wäre. Der Sinn aber ist dann: damit ihr zur Erkenntniss Gottes kommet, den ihr zwar erkannt zu haben meinet, aber doch nicht kennet (ob mit Anspielung auf 18, 21ᵇ? *Ha.*). Keine Verbesserungen sind הָבִן (*Hitz.*: damit ihr lernet vernünftig sein) u. מִדְיָן (*Mx.*: damit ihr unwürdiges Gezänk erkennet).

3. Ṣofar und Ijob, Cap. 20 u. 21.

a) Die Rede des Ṣofar C. 20.

Es ist als hätten die Dreie sich darüber verständigt, den Ijob nur noch mit furchtbaren Schilderungen von dem verdienten Untergang eines Bösen zu schrecken; so fest u. unverrückbar halten sie alle an diesem Angriffsplane fest. Auch die rührende u. offene Darlegung seiner Lage, seine Bitte um Mitleid, seine begeisterte Zuversicht auf seine künftige Anerkennung bei Gott konnte hier nichts ändern. Ṣofar, beleidigt durch die Zurechtweisung am Anfang u. die Drohung am Ende von Ijob's Rede, wirft ihm in einer längeren Standrede noch einmal jenes grauenvolle Schreckbild entgegen. Darin zieht er vollends alles herbei, was über diesen oft behandelten Gegenstand sich sagen lässt. Ohne neue Grundgedanken, ist doch das Thema in neuen Wendungen, beredt u. treffend ausgeführt. Namentlich bemüht er sich, die innere Nothwendigkeit, mit welcher das Schicksal des Frevlers aus seinem Thun sich entwickelt, anschaulich zu machen. Gegenüber von Ijob's Vertrauen auf Gott u. Hoffnung auf die Zukunft hebt er sehr absichtlich die kurze Dauer des Jubels eines Bösen, das völlige spurlose Vergehen seiner Person u. seines Glücks, das Zusammenwirken von Himmel u. Erde zu seiner Vernichtung hervor. Zugleich liegt eine Eigenthümlichkeit dieser Ausführung (s. übrigens 15, 25 ff.) darin, dass er den Bösen als einen vornehmen Mann zeichnet, welcher fremdes Gut an sich riss, u. dem nun das unrecht Erworbene zu einem tödlichen Gift in seinem Innern, zu einem fressenden Feuer wird, das auch den letzten Rest in seinem Zelte verzehrt. Er will damit die muthmaasslichen Sünden Ijobs andeuten, u. arbeitet auf den Standpunkt der Freunde im 3. Gespräch hin, wie er mit seiner Rede C. 11 dem Standpunkt des 2. Gesprächs vorgearbeitet hat. Aber der Leser fühlt nun leicht, wie schlimm es um eine Sache steht, die schon auf dieses eine Kampfmittel beschränkt ist. Die Gliederung der Rede ist die, dass nach einem kurzen Eingang V. 2—5 zu 8 Stichen, der Gegenstand in 4 Absätzen zu 12, 12, 13, 12 Stichen ausgeführt wird, wozu dann am Ende ein schliessender Vers tritt. In LXX stammt V. 3 (exc. ἀποκρ. μοι). 4ᵃ. 9. 11—13. 14ᵇ. 20ᵇ. 21ᵃ. 23ᵃ. u. 25ᶜ ἐπ᾽ αὐτῷ φόβοι aus *Theod.*

a) V. 2—5, Eingang u. Thema: die vernommene Zurechtweisung u. Drohung ist ihm zu kränkend, sie lässt ihn nicht schweigen, u. zwingt ihn, dem Ij. die ewig giltige Wahrheit entgegenzuhalten, dass der Frevler Jubeln nur von kurzer Dauer ist. — V. 2. *Darum erwiedern mir meine Gedanken* (4, 13); *gegen sie führen mich wieder her* (*Hitz.*) entscheidet יְשִׁיבֵנִי 3ᵇ; zu חוּשִׁי c. Acc. prs. s. 13, 22; als sein eigenes

Causativ (*zur Erwiederung treiben*) wird חושׁ nicht gebraucht. בעבור 'וג] u. *wegen meiner Aufregung in mir* (vgl. 4, 21), d. h. um meiner inneren Erregtheit willen (*Ros. Umb. Del. Mal. Hitz. Hgst. Vo.*). Mit כן würde auf Ijobs Rede, nam. den Schluss derselben, hingewiesen u. neben diesem Anlass seiner Erwiederung mit בעבור 'וג ein zweiter hinzugefügt. Es ist aber nicht zu verkennen, dass der Versbau schlecht u. die Gleichordnung des חושׁי בי mit der Rede Ijobs (von der es doch die Folge ist) unklar ist. Besserer Sinn ergäbe sich, wenn man (*Trem. Pisc. Ew. Hrz. Stick.*) כן vorwärts auf 3ᵃ bezöge, u. בעבור für בעבור כן nähme: *darum erwiedern* u. s. w. *u. daher kommt mein inneres Drängen* (näml. weil ich מוסר כ' אשׁ). Aber ein solches בעבור ohne sein Complement ist durch keine Analogie (sicher nicht durch Jes. 59, 18) zu stützen, u. müsste vielmehr כן oder זאת darnach eingesetzt werden. Aus LXX, die für 2ᵇ einen hier fremden Gedanken (nach 13, 2) einsetzen, ist nichts zu bessern. Was *GHff.* gibt, können die Ausdrücke nicht besagen. — V. 3. Mit 3ᵃ wird das durch כן Angedeutete ausdrücklich angegeben. *Verweis meiner Beschimpfung* d. i. *mich beschimpfenden Verweis* (vgl. Jes. 53, 5) *höre ich*, muss ich (9, 29) hören (zur Sache vgl. 19, 2 f. 29). Sofort biegt das 2. Gl. zu V. 2ᵃ zurück: *u. (in Folge davon) der Geist* (32, 8), *aus meiner Einsicht* d. h. aus dem Schatze derselben *gibt er mir Antwort*, näml. die, welche nun folgt. Wäre ענה sonst im Hiph. gebräuchlich, so wäre das hier vorzuziehen. Zu Grund liegt dieselbe Anschauung, wie Ps. 49, 5, dass seine Erkenntniss in ihm durch ein höheres Princip geweckt ist (*Hgst.*). Zu רוּחִי masc. vgl. 4, 15. 8, 2. Dagegen *u. Wind* (windiges Gerede Ijobs) *antwortet mir auf* (!) *meine Einsicht* (*Hitz. GHff.*), u. *da er mit einem Hauch aus meinem Wissen mir entgegnet* (*Mx.*) kann nicht ernstlich in Betracht kommen. Dem ohne Zweifel beschädigten Text liesse sich übrigens dadurch aufhelfen, dass man 3ᵃ als 2ᵃ, u. 2ᵇ als 3ᵃ setzte. — V. 4 f. Der Geist sagt ihm, dass man einem Mann, der seine Sünde nicht anerkennen will, vielmehr noch weitreichende Hoffnungen auf Gott setzt, u. wohlgemeinte Warnungen mit Beschimpfen erwiedert, nur den Satz von der kurzen Dauer der Freude eines רשע entgegenhalten müsse. זאת weist vorwärts u. wird durch כי V. 5 erklärt. Die Wortreihe מִנִּי־עַד bis zum Schluss des V. ist Prädicatsaccusativ. שׂים] Inf. (Jes. 10, 6; 2 S. 14, 7 Qer.), mit unbestimmtem Subj., wie 13, 9; nicht Part. pass. (*Hitz.*), da מן nicht Conjunction ist. Die Frage selbst soll Zweifel u. Verwunderung ausdrücken: man muss es nach seinen Reden fast bezweifeln, dass er mit dem Satz V. 5 bekannt sei. *Weisst du wohl dies, von jeher geltend, seit man Menschen auf die Erde setzte* d. h. seit es solche gibt (Dt. 4, 32), *dass der Frevler Jubel von nahe her* (Dt. 32, 17; Jer. 23, 23) d. h. nicht weit nach rückwärts u. nach vorwärts zu verfolgen ist, also nur *kurz dauert, u. die Freude des Unheiligen nur einen Augenblick*, eig.: *während* (2 R. 9, 22) *eines Augenblicks?* u. wie ihre Freude, so auch das, worüber sie sich freuen, ihr Glück. Diesen Satz führt er nun in mannigfaltigen Wendungen aus. — b) V. 6—11: wenn er auch noch so hoch steigt, fällt er doch schmählicher Vernichtung anheim, auf einmal ist er u. seine ganze Herrlichkeit verschwunden: seine Habe fällt andern zu; eben noch in voller Jugendkraft legt er sich in's Grab. V. 6 ist Vordersatz, V. 7 Nachsatz; bei יעלה entscheidet nur der Sinn dafür, es als Qal aufzufassen, u. die Auffassung von הגיע schliesst sich dann daran an: *ob auch* (9, 30 Jes. 1, 18. 10, 22 u. ö.) *zum Himmel aufsteigt seine Hoheit* (שׂיא von נשׂא, wie שׂוא Ps. 89, 10; *Ew.* 153ᵇ), u. *sein Haupt an die Wolken reicht*, also er an Glück, Ehre u. Ansehen noch so hoch steht u. über alle Gefahren erhaben scheint (vgl. Jes. 14, 13 f.): *wie sein Koth geht er auf immer unter; die ihn sahen, sprechen: wo ist er* (14, 10)? גללו] von גל (*Ew.* 255ᵇ) *globulus stercoris* Seph. 1, 17; Ez. 4, 12. 15 = גֶּלֶל 1 R. 14, 10; *sein Koth* (*Trg.*) ist schwerlich (*Wetzst.* bei *Del.*² 261) der bei seiner Wohnung als Brennstoff in Haufen aufgesammelte Rindermist, sondern der von ihm kommende. Der Himmelhohe muss sich wie Mist mit der Erde vermischen: darin liegt nicht blos der gänzliche, sondern auch der schimpfliche Untergang. Sofar ist nicht der feinste unter den Dreien (vgl. V. 15; auch 11, 12), u. für ihn ist das Bild kaum zu unedel. Mit dem *Sturmwind* der *Peš.* ist nichts anzufangen; כְּגֶלְלוֹ *gemäss seiner Grösse* (nach arab. *ǵalâl, Ew. Hrz.* nach *Reiske*) oder „in demselben Maass als er gross war" enthält einen selbstverständlichen Gedanken u. entspricht nicht dem hebr. Sprachgebrauch; noch weniger freilich „so wie er sich dreht d. h. beim Umwenden" (*Geq. Nachm.*). ראיו] füglich Part. Praet., somit anders als 7, 8. — V. 8. Auf einmal ist er fort, entschwunden wie ein Traum; vgl. Jes. 29, 7. יֻדַּד] Hoph. (*Ges.* 76, 1); statt des naheliegenden (Gen. 31, 40) Qal יִדַּד (*Hitz.*) ist das Pass. *wird fortgescheucht* (vgl. Ps. 73, 20) punktirt, um sein unfreiwilliges Verschwinden zu zeichnen. — V. 9. Vgl. 7, 8. 10. 8, 18; Ps. 103, 16. *Ein Auge hat auf ihn geblickt* (28, 7), *es thut's nicht wieder* d. h. das Auge, das ihn eben noch erblickte, kann ihn nicht mehr sehen. מְקוֹמוֹ] soll ohne Zweifel Subj. sein, vgl. 7, 10; die Möglichkeit, es weiblich zu verbinden, ist kaum zu läugnen (*Ges.* 122, 3ᵇ), obgleich Gen. 18, 24. 2 S. 17, 12 keine genau entsprechenden Beispiele bieten. Das Fem. kann aber auch in Nachwirkung des 1. Gl. verschrieben sein für masc. Wäre עין Subj., u. מקומו für במקומו möglich, so wäre doch der Sinn des 2. Gl. dem 1. zu gleichförmig. — V. 10. יְרַצּוּ] scheint als Pi. von רָצָה im Sinne von *begütigen, beschwichtigen* (*Ges.* th. 1306) gemeint: *seine Söhne* (Subj.) *müssen Niedrige* (Obj.) *begütigen*, um ihre Rache (V. 19) zu beschwichtigen, oder überhaupt ihre Gunst suchen. Diese Lesung genügt auch, u. wenn das Begütigen durch Geld geschieht, passt sie sogar zum 2. Gl. sehr gut. Zwar geben die alten Verss. fast insgemein den Sinn: *seine Söhne* (Obj.) *schlagen nieder Niedrige* (Subj.), was als Vergeltung für die Thaten des Vaters (V. 19) verstanden werden kann, vgl. 22ᵇ u. 5, 4 f.; aber sie lasen dann יְרֹצֲצוּ, wogegen die Annahme, dass auch יְרַצּוּ so verstanden sein wolle (רָצָה als Nebenform zu רָצַץ V. 19, *Ew.* 121ᵃ; *Hrz.*), immer misslich bleibt, u. intr. יְרֻצּוּ, zu dem דלים Productsnominativ wäre (*Hitz.*: s. K. verkümmern zu Bettlern) verkünstelt erscheint. *Und seine Hände müssen sein Vermögen* (Hos. 12, 9) *zurückgeben*; das verkürzte Gebilde תָּשֵׁבְנָה

(*Ges.* 72, 5) erklärt sich hier als Jussiv (*Ew.* 225ᵇ). Mit ⸺ ist nicht gemeint: er durch die Hände seiner Söhne (*Hrz. Del.* a.), auch nicht: die Hände des Todten, sondern V.ᵇ holt, über seinen Tod zurückgreifend (vgl. V. 11) den Grund des Verarmens der Kinder nach (*Hitz.*). Übrigens s. V. 15 u. 18. — V. 11. *Sein Gebein war voll von seiner Jugend* d. h. *Jugendkraft* (*Theo. Trg. Pes.*), nicht aber: von seinen geheimen Sünden (*Vulg., Luth. Ros. Ren. Hgst.*), oder *Heimlichkeiten* (*Hitz.*), weil hier nicht (wie Ps. 90, 8) der Zusammenhang auf Sünden hinweist, auch durch Ps. 64, 9 für עֲלֻי diese Bedeutung sich nicht verhärten lässt, u. die Sünden als im Gebein steckend eine seltsame Vorstellung wären; u. *mit ihm auf dem Staube* (17, 16. 19, 25) *legt sie sich.* Obwohl תִשְׁכַּב f. Sing. sich auf עֲצוּמָיו zurückbeziehen könnte (s. 12, 7. 14, 19), so will diese Beziehung doch zu עִמּוֹ sich nicht schicken, denn er u. עֲצוּמָיו sind ja dasselbe; daher ist als Subj. richtiger עֲלוּמָיו zu denken, vgl. Ps. 103, 5. Sinn: in voller Jugendkraft muss er in's Grab. — c) V 12—17: Wenn ihm seine Bosheit auch noch so süss schmeckt, u. er ihren Genuss sich möglichst zu verlängern sucht, sie führt, wie genossenes Gift, mit Nothwendigkeit sein Verderben herbei; das an sich gerissene Gut muss er wieder von sich geben, u. darf an der ersehnten Glücksfülle sich nicht laben. V. 12—14 beschreiben, wie der Frevler dem Reiz der Sünde mit immer steigender Lust sich hingibt, der Genuss ihm aber plötzlich zum Verderben wird, unter dem Bilde einer süssschmeckenden, den Gaumen kitzelnden, aber den Leib vergiftenden Speise (*Hrz.*); die Ausführung hält sich ganz an die Art, wie man einen Leckerbissen zu essen pflegt. V. 12f. ist Vordersatz, von אִם abhängig, V. 14 Nachsatz. *Ob auch süss* macht d. i. *schmeckt* (*Ew.* 122ᶜ) *in seinem Mund das Böse* (s. dazu V. 15), *er es unter seiner Zunge birgt* d. h. nicht sogleich hinunterschluckt, um sich am Genuss länger zu laben (bezieht man es auf das Verheimlichen seiner Sünde, so fällt man aus dem Bild), 13 *er es spart*, schonend oder sparsam damit umgeht, *u. es nicht fahren lässt, u. es zurückhält inmitten seines Gaumens*, zur möglichsten Verlängerung des Gaumenreizes, V. 14 *doch hat sich seine Speise in seinen Eingeweiden verwandelt*, sc. zu Gift nach Gl. b; *Otterngalle ist in seinem Innern*, hat also für ihn tödtliche Wirkung (s. V. 16). נֶהְפָּךְ] ist Prf. in Pausa; das Prf. malt hier die Plötzlichkeit der Verwandlung. מְרֹרַת] 13, 26 Bitterkeit, 20, 25 Galle (wie מְרֵרָה 16, 13), ist hier als Galle der Ottern s. v. a. Gift derselben, sofern bitter u. giftig der alten Anschauung Wechselbegriffe sind; der Ausdruck ist gewählt im Gegensatz gegen מְתִיקִים V. 12. — V. 15. Die Natur des genossenen Bösen bringt es mit sich, dass es nicht bei ihm bleiben kann. Die רָעָה V. 12, die er so angelegentlich hegte, wird erklärt als die Sünde, mit der er fremdes Gut sich aneignete, u. dieses sündlich erworbene Gut selbst, immer noch mit Beibehaltung des Bildes der Speise: *Gut* (5, 5. 15, 29; wie אוֹן V. 10) *hat er verschlungen, und* — in Folge davon — *muss es wieder speien; aus seinem Bauche* d. i. *ihm aus dem Bauche treibt es Gott*. Die LXX setzen für אֵל den ἄγγελος, weil ihnen eine solche Aussage von Gott anstössig war, u. lassen *ihn aus seinem Hause* (מִבֵּיתוֹ)

austreiben. Ṣofar ist derb, s. V. 7. — V. 16, den V. 14 wiederaufnehmend, hebt auch die für ihn tödtliche Wirkung des genossenen Bösen besonders heraus, immer noch im Bilde bleibend; die Nothwendigkeit dieser Wirkung malt die asyndetische Verbindung der beiden Versglieder: *Gift von Ottern saugt er ein: es bringt ihn um der Natter Zunge.* Die Zunge ist als Sitz oder Behälter des Gifts gedacht (vgl. Ps. 140, 4 *Hrz.*), das beim Biss in den Gebissenen übergeht; das Bild ist so gewechselt, dass für den tödtlichen Trank das zweitemal der tödtliche Biss erscheint (*Schl.*). — V. 17 nimmt den Gedanken von V. 15 auf u. entwickelt ihn. *Nicht darf er* (s. 5, 22) *seine Lust sehen an* (wie 3, 9) *Bächen* (Jud. 5, 15), *Strömen, Flüssen von Honig u. Sahne!* פלגות] ist st. a.; man muss aber nicht an Bäche Wasser (*Mx.*) als Labsal in der Hitze denken, denn gerade der Gegensatz zum 2. Gl. erforderte, dass מים ausgedrückt wäre. Vielmehr wird פלגות allgemein hingestellt u. erst im 2. Gl. durch 'נהרי וג, als Appos. dazu, erklärt. נהלי] nicht abhängig von נהרי (*Del.*; *Ges.* 130[5]), sondern ihm beigeordnet (*Ew.* 289[c], wie Ps. 78, 9. Gen. 14, 10 u. s.); freilich könnte auch נהרי oder נהלי eine Glosse sein (*Hupf.*), aber נחלי דבש יחמאה würde doch nicht (*Mx.*) *honig- u. milchreiche Thäler* (!) bedeuten. *Milch* (wofür hier steigernd חמאה, Jes. 7, 15. 22) *u. Honig*, ein bekanntes biblisches (Ex. 3, 8. 17 u. s.), auch dem classischen Alterthum (*Theocr.* Idyll. 5, 124 ff.; *Ovid.* Metam. 1, 111 f.) nicht fremdes Sinnbild köstlicher Güter (*Hrz.*). An reicher Fülle solcher Güter u. Genüsse, die er für sich in Aussicht genommen hatte, darf er sich nicht laben. — d) V. 18—23: sein Errungenes darf er nicht geniessen zur Vergeltung für die Ungerechtigkeit, womit er es erworben; seiner ruhelosen Habgier u. Genusssucht Strafe ist, dass er nichts rettet u. seine Habe eine Beute anderer wird, er selbst mit dem Feuerregen göttlichen Zornes gespeist. — V. 18 stellt aus Absatz c noch einmal den Hauptsatz hin, um V. 19 f. auch den Grund davon zu erläutern. Die Auslegung ist bestritten. תמורה] *Tausch* kann Eintausch (15, 31) u. Austausch (28, 17) sein. Ebenso kann ו im 2. Gl. als ו apodosis (wie 15, 17) oder als ו copul. genommen werden, u. dem muss dann ו auch im 1. Gl. entsprechen. Demgemäss ist möglich: *er gibt zurück* (Part. wie 12, 17 ff.) *Erworbenes* (יגע nur hier, sonst immer im st. c. יגיע, 10, 3) *u. verschluckt es nicht* d. h. ohne es zu geniessen; *wie sein Tauschgut u. wird nicht froh* d. h. ohne dessen froh zu werden. 'כחיל תמ ist dann einfache Fortsetzung von משיב יגע; gemeint wäre aber nicht: wie er das als Tauschpreis dafür gegebene weggegeben hat (*Barth*), denn השיב ist nicht weggeben, u. in Wahrheit hat er für seinen חיל nicht Güter weggegeben; sondern: wie sein auzutauschendes Gut d. h. welches er beim Tausche hingeben muss (*Ges. Stick. Schl. Ha.*), aber ו wäre da unpassend, weil gar nicht selbstverständlich ist, dass einer auszutauschendes (sehr verschieden von entlehntem, was *Reu.* dafür setzt) Gut hat. Da ausserdem hier, wo sonst durchaus Finita stehen, das Part. משיב einen besonderen Grund haben wird, so ist eher zu erklären: *zurückgebend* (V. 10) *das E. — verschluckt er nicht; gemäss dem Gute seines Eintausches — wird er nicht froh* (*Ew. Del.*

Zö. Vo. Stud.) d. h. so viel er auch vermittelst seiner רִמָּה (V. 12) an sich gebracht hat, den erwarteten Genuss davon hat er nicht. Unmöglich ist: wie sein Besitz, so sein Tausch d. h. Herausgehen (*Trg., Schult. Umb. Hrz. Ren.*), als stünde כחילו; ferner: so viel er nur erstatten kann (*JDMich. Hgst.*), da הֵמִיר nicht *retribuere* bedeutet; endlich: ob dem Schatze, den er eintauscht, frohlockt er nicht (*Hitz.*), weil ב nicht ב ist. Übrigens עלס im B. Ij. für sonstiges עלי oder עלץ. — V. 19. *Denn er zerschlug, liess liegen* d. h. (*Ew. 285ᵇ*) *von ihm zerschlagen liess er liegen Niedrige* (V. 10), also mit beharrlicher, reueloser Ungerechtigkeit, *riss ein Haus* (oder coll.: Häuser) *an sich u. baut es nicht* d. h. wird es aber nicht, für seinen Nutzen u. Gebrauch, aus u. umbauen, sc. weil er es nicht behaupten darf (*Hrz. Schl. Del. Hgst. Mx.*), so dass hier schon wieder der Gedanke an die Strafe sich eindrängt. Des Tempus wegen falsch: *u. baute es nicht* (LXX *Trg. Vulg., Hupf. Hitz. Ren.* a.), was heissen soll: statt sich eines zu bauen (*Ri. Vo.*) oder „das er nicht gebaut hat" (*Ros. Umb.*), oder gar: stellt es nicht wieder her (*Stick. Ha.*). Übel auch: u. will doch selbst nicht bauen (*Reu.*), u. 'בית גזר (*Stud.*): plant er ein Haus, so baut er's nicht. — V. 20. כי ist dem כי von V. 19 gleichgeordnet, u. wenn V. 19 von dem Missbrauch seiner Macht (V. 6ff.), so geht V. 20 von seiner ungenügsamen Gier (V. 12ff.) aus. *Denn er kannte keine Ruhe* (יָדַע 16, 12 Adj., ist hier als Subst. = שַׁלְוָה Prov. 17, 1 gebraucht; sachlich vgl. Jes. 59, 8) *in seinem Bauch* (15, 2), dem Sitze der Gier u. Genusssucht: *so wird er denn mit* (19, 20; so besser als „durch seine Schätze" *Schl. Mx.*) *seinem Begehrten* d. i. *Liebsten* (Ps. 39, 12), woran sein ganzes Herz hieng, *nicht entkommen*. ימלט] wird *davontragen* ohne Obj. = *entkommen*, wie נֶפֶשׁ 23, 7, u. die vollere Formel מִלֵּט נַפְשׁוֹ Am. 2, 15. Unmöglich: was er begehrte, entkam ihm nicht (*Hitz.*), oder: hat er Lust woran, das lässt er nicht (*Umb. Stick. Ha.*), oder gar: er kannte keinen Sicheren in seiner Gier (!), in seinem Begehren (!) liess (!) er nicht entrinnen (*Ri.*). Auch ist kein Grund, nach dem verstümmelten Text der LXX Gl. 1 כִּי לֹא רֶשַׁע לוֹ בְּטָבוֹ zu lesen (*Mx.*). — V. 21 gebaut wie V. 20, nur dass weil כי vorn fehlt, עַל־כֵּן vor dem 2. Gl. eingesetzt ist: Nichtsein von Entronnenem (18, 19) d. h. *nichts* (*Hitz. Ri.*: keiner, was zu אכל nicht passt; vgl. V. 26 zum sächlichen Gebrauch von שריד) *ist entronnen seinem Frass* (Inf.), seiner Fress- u. Genusssucht; *drum dauert nicht* (Ps. 10, 5) *sein Gut* oder auch Glück (21, 16). — V. 22. Ausführung von 21ᵇ: *in der Fülle* (Inf. c. von מלא, *Ges.* 74 A. 2) *seines Überflusses wird's ihm enge* (יֵצֶר mit zurückgezogenem Ton für יֵצַר, wie וַיֵּצֶר Gen. 32, 8 u. s.) von צר; gemeint ist nicht blos die Beklemmung des Schuldbewusstseins (*Hrz. Hitz. Vo.* nach 15, 21), sondern wirkliche Noth, nach dem 2. Gl. (das *Hitz.* willkührlich als or. indir. u. Angabe des Gegenstandes der Angst fasst): wenn er eben vollauf u. genug zu haben glaubt (V. 17), bricht die Noth herein. *Jede Hand von Mühseligem* (3, 20) oder Nothleidendem *kommt über ihn* (15, 21), um sich von dem Seinigen zu holen (5, 5). Für עָמֵל u. gegen עָמָל (LXX *Vulg., Eichh. Reu. Stud.*: die ganze Gewalt des Elends) spricht יד, das sonst sehr ungewöhnlich u. überflüssig stünde. — V. 23 (mit Anschluss an V. 20): Gott selbst reicht ihm die Feuerspeise seines Zornes zur Sättigung. Gott ist nicht genannt (s. 16, 7), aber nothwendig gemeint. Im Jussiv drückt sich S. aus (s. 18, 9), um die in der göttlichen Weltordnung begründete Nothwendigkeit u. seine eigene Zustimmung dazu anzudeuten (s. zu 21, 22). יְהִי] meist: *es soll geschehen*, näml. wie folgt (Hrz. a.; Ew. 345ᵇ a. E.); es wäre (wie das consecutiv anknüpfende וַיְהִי u. וְהָיָה) der folg. Nebenbestimmung vorgesetzt, um יְשַׁלַּח als Jussiv zu kennzeichnen; doch wäre in Poesie eine solche Wendung schleppend, weshalb vorzuziehen scheint, es dem ישלח unterzuordnen (vgl. *Theod.*): *dass sie* (הרין) *zum Füllen seines Bauches* (V. 20) *diene, muss er seines Zornes Gluth auf ihn entsenden u. muss mit seiner Speise auf ihn regnen lassen!* Das בְּ zur Einführung des Obj. von הַמְטִיר wie 16, 4. 10; das Suff. von לְחוּמוֹ beziebt man am besten auf Gott; andere beziehen es auf den Frevler: die ihm gebührende Speise. Gemeint ist der Feuerregen göttlicher Strafen (Ps. 11, 6), die der Frevler als eine Speise (vgl. 9, 18; Jer. 9, 14) in sich aufnehmen muss. So die gewöhnliche Erklärung des Gl. c. Aber wenn man sie halten will, wird man בִּלְחוּמוֹ lesen müssen. Denn לְחוּם, nur noch Seph. 1, 17, bedeutet eher (*Trg. IE. Del.*) *Fleisch*, oder vielmehr (*Hitz.*, *FrdDel.* Proleg. 193f.) Eingeweide, *Gedärm*, u. wird also zu verstehen sein: *u. auf ihn* (16, 16) *regnen lassen in sein Gedärm*. Aber freilich, dass das gut gesagt wäre (בְּ u. בְּ), kann man nicht finden. עָלֵימוֹ] hier doch wohl nicht = עֲלֵיהֶם (bezüglich auf רָשָׁע als coll.), sondern, da in dieser Schilderung sonst durchaus der Sing. steht, = עָלָיו (*Ges.* 103, 2 not. 2; *Ew.* 247ᵈ) wie 22, 2. 27, 23; vielleicht aber ist מוֹ aus dem folg. לְחוּמוֹ durch Schreibfehler entstanden. Unter allen Umständen ist (עָלָיו) חֲבָלִים *Qualen* (*Mx.*) für בלחומו hinter Gl. a b zu matt, das Bild zu unrein, u. durch die freie Übersetzung in LXX nicht zu stützen. e) V. 24—28: unentrinnbar ereilen ihn Gottes Strafen, u. alles muss zu seiner Vernichtung zusammenhelfen. — V. 24f. Das Bild wechselt; das Strafgericht erscheint jetzt als Verfolgung mit Kriegswaffen; als Hauptbegriff tritt die Unentrinnbarkeit hervor: dem göttlichen Gericht, da es so viele Waffen, so viele Mittel u. Wege hat, lässt sich nicht entfliehen (vgl. Am. 9, 2—4). Die asyndetisch zusammengeordneten Versglieder verhalten sich wie Vorder- u. Nachsatz (vgl. zu 19, 4): *er entflieht vor Eisenrüstung* (39, 21), eisernem Harnisch, oder er entgeht dem gewappneten Mann in der Nähe, *so durchdringt* d. h. *durchbohrt ihn* (Jud. 5, 26) *eherner Bogen* (Ps. 18, 35), der als solcher grösste Schnellkraft hat, d. h. so trifft ihn aus der Ferne das Geschoss. — V. 25. *Er zieht's heraus* (Jud. 3, 22), um sich zu retten; als Obj. ist gemeint das Geschoss des Bogens, das dann im Folgenden Subj. ist; *da geht es aus dem Rücken*; גֵּוָה ist schwerlich *Leib* = גְּוִיָּה (LXX, Rabb. *Ges. Del.* a.), sondern *Rücken* wie גֵּו (s. zu 3, 4; *GHffm.* will גֵּוָה), denn als fliehender wird er von hinten getroffen, und den hinten in der Lebergegend eingedrungenen Pfeil kann er wohl selbst herausziehen; *und der Strahl* (nicht: *Blutes*, *Ha.*, sondern) *des blinkenden Eisens* (Dt. 32, 41; Nah. 3, 3; Hab. 3, 11; vgl. Jud. 3, 22), also *Stahl aus seiner Galle* (s. V

14) *geht*: *über ihn* kommen d. h. *ihn überfallen Schrecken* (Plur. zu אֵימָה 9, 34. 13, 21) sc. des Todes: er merkt nun, was er vorher nicht gedacht, dass er tödtlich (s. 16, 13) getroffen ist. Andere ziehen, gegen die Accente, יַהֲלֹךְ zu Gl. c, entweder: er fährt dahin (14, 20), Schrecken über ihn (*Ros. Hrz. Hitz. Del.*[2] *Stud.*), oder: es kommen Schrecken über ihn (*Trg. Peś. Vulg., M.c.*), aber für letzteres wäre יָבֹאוּ der Ausdruck, u. in ersterem Fall wäre die Wirkung des עָלָיו אֵמִים durch das zwischentretende יַהֲלֹךְ stark abgeschwächt. — V. 26. Auch auf seine Habe wartet das Vernichtungsgericht. *Alle Finsterniss* (was es an solcher gibt) *ist aufbewahrt seinem Aufgesparten*, Schätzen (Ps. 17, 14, vgl. Dt. 33, 19), ein Wort- u. Gedankenspiel, welches das sorgsame Ansammeln von Strafen seitens Gottes u. das eifrige Ansammeln von zeitlicher Habe seitens des Menschen als sich entsprechend darstellt. תֹּאכְלֵהוּ] nicht Pi. für תְּאַכְּלֵהוּ (*Ges.* th. 91; *König* I. S. 389), nicht umgeformt aus תֹּאכֲלֵהוּ (*Ew.* 253ᵃ; *Hitz. Hupf., Stade* § 102ᵃ), nicht Poʻel (*Qi., Del.*), dessen ô (trotz Ps. 101, 5 Qer.) nicht verkürzt werden kann, nicht Pu. (*Hrz., Olsh.* § 250ᵇ), da sonst פ erfordert würde: ohne Zweifel soll es eine Passivbildung des Qal (s. zu Jes. 1, 6) sein (wie רֻצָּחוּ Ps. 62, 4; יֻבָרֵךְ Ps. 94, 20), des Sinnes „Feuer wird ihm zu essen gegeben", so punktirt, um mit V. 23 auszugleichen; es ist aber einfach תֹּאכְלֵהוּ zu lesen. Das Suff. bezieht sich nicht auf צָפוּן (*Ha.*), sondern auf den Mann, aber als Inhaber des Hauses (im alten Sinn des Worts) gedacht. לֹא נֻפָּח] Relativsatz zu אֵשׁ, *das nicht angefacht wurde*; wie נָפַח Qal kann auch sein Pass. mit Acc. des Feuers verbunden werden (*Ges.* 121, 1). Gemeint ist ein nicht von Menschen angefachtes Feuer, also אֵשׁ אֱלֹהִים 1, 16. Zur Sache vgl. 15, 30. 34. 18, 15; Jes. 33, 11—14. *Es*, das Feuer, *muss abweiden das Entronnene* (V. 21) d. h. was den andern Gerichten entkommen ist, *in seinem Zelt!* יֵרַע] Milʻêl, Juss. Qal von רָעַע (zum Sinn des Juss. s. V. 23); Subj. ist dann אֵשׁ, welches zwar meist (auch unmittelbar vorher) als Fem. verbunden ist, doch auch als masc. vorkommt (Ps. 104, 4; Jer. 48, 45); über den Wechsel des Genus im Verlauf der Rede s. *Ew.* 174ᵉ; *Ges.* 145, 7ᵇ A. 2. Eine Aushilfe wäre יֵרָע Juss. Niph. *es werde abgeweidet* (*Olsh.*). Dagegen יֵרַע von רָעַע = *schlimm fährt* (*Hitz.*) wäre hier zu lahm; weshalb *Hgst.* ein Impf. Niph. von רָעַע *zertrümmern* annimmt. — V. 27. Himmel u. Erde müssen zusammenhelfen, um seine Schuld zu offenbaren u. ihn in die verdiente Strafe zu bringen, mit Bezug auf 16, 18 f. 19, 25, wo Ij. Himmel u. Erde für sich angerufen u. Gott als den seinen dargestellt hat. יְגַלּוּ] ist nach V. 26 u. 28 Jussiv; וְאֶרֶץ וגו׳ Zustandssatz: *während die Erde sich gegen ihn empört*, wie unwillig, den Sünder länger zu tragen. מִתְקוֹמָ֫מָה] mit zurückgezogenem Ton für מִתְקוֹמְמָה. — V. 28ᵃ nach der mass. Lesung: *fortwandern muss* (Juss. Qal von גָּלָה; Bedeutung wie Prov. 27, 25) *der Ertrag seines Hauses*, die erworbenen Güter. In V. b ist נִגָּרוֹת abzuleiten von נָגַר, Niph. *hingeschüttet sein, zerrinnen* (2 S. 14, 14; Thr. 3, 49); Part. pl. fem. nicht die *Fluthen selbst* (*Ha.*), sondern *weggeströmte, zerrinnende Dinge*; es wäre nicht Praed. (*Hrz.*), sondern App. zu יְבוּל: *als fortgeströmte Dinge* d. h. *fortgeströmt am Tage*

seines (d. i. Gottes) *Zorns*. Wollte man נְגָרוֹת als Part. Niph. von גרר (mit aram. Bildung) auffassen, so ergäbe sich zwar nicht der Begriff *corrasae opes, zusammengerafftes Gut* (*Ges. Olsh. Mx.*) als 2. Subj. (neben יְבוּל) zu יֻגָּל, denn in diesem Sinn war גרר schwerlich zu gebrauchen, wohl aber *fortgeraffte Dinge* (*Bött.*), als Appos. zu יְבוּל. Die Verschiedenartigkeit der Bilder in den 2 Gliedern (fort*wandern*, fort*geströmt*) wäre damit beseitigt, wie sie auch damit gehoben werden könnte, dass man (*Ew. Mx.*) für יֻגָּל läse יִגַּל *fortwälzen muss sich* (stromgleich, Am. 5, 28). Allein gegen alle diese Auffassungen ist mit Fug einzuwenden, dass man hinter V. 27 ein Zurückkommen auf die Güter u. Schätze seines Hauses nicht erwartet. Dem ist aber nicht (*Dathe, Stick. Ha.*) so abzuhelfen, dass man יָגֹל liest: *fort wälzt die Fluth sein Haus, Ströme u. s. w.*, weil weder יְבוּל = יָבָל u. יֻגָּל, noch נְגָרוֹת = *Ströme*. Aber man kann lesen יִגַּל Juss. Niph. von גלה, so dass es dem יִגָּלֶה V. 27 entspricht: *offenbar muss werden der Ertrag seines Hauses: Weggeströmtes a. T. s. Z.!* d. h. zeigen muss ich's, dass alles, was er in u. mit seinem Hause gewonnen oder erworben hat, nichts ist als Dinge, die am Gerichtstag Gottes fortgeströmt werden. — V. 29 Schlussvers (s. 5, 27). חֵלֶק] das von Gott zugetheilte *Loos* oder *Geschick* vgl. 27, 13. 31, 2. נַחֲלַת אִמְרוֹ] das Suff., wegen des folg. מֵאֵל nicht auf Gott, sondern auf אָדָם רָשָׁע zu beziehen, gehört zur ganzen Wortgruppe: sein Befehlserbtheil d. h. *sein ihm* zugewiesenes (1 Reg. 11, 18) oder *zugesprochenes Erbe* von Seiten Gottes. Die Annahme, dass das Suff. den Gen. Obj. zu אֹמֶר "Wort oder Befehl über ihn" ausdrücke, ist schwieriger. אִמְרוֹ] von אֹמֶר, s. 15, 33.

d) Die Antwort Ijob's, Cap. 21.

Dreimal haben die Freunde dem Ijob das Schreckbild vom Ende des Bösen vorgehalten. Über die Giltigkeit desselben hat er sich bis jetzt nicht ausgesprochen. Er hat die beiden ersten Male genug zu thun gehabt, um der von ihnen daraus gezogenen Folgerung, dass er ein Sünder sei, innerlich Meister zu werden. Erst jetzt, nachdem er über seine Stellung zu Gott sicher geworden ist (19, 25ff.), geht er daran, die thatsächliche Richtigkeit ihrer Schilderungen vom Ende des Bösen zu bestreiten, u. so den Sieg, den er zuvor für sich u. in seiner Sache erfochten hat, auch auf die Grundlagen ihrer Theorie auszudehnen, damit aber auch eine neue u. letzte Wendung des Gesprächs herbeizuführen. — Ij. lässt sich also jetzt auf die Beurtheilung ihrer Lehre von der Gerechtigkeit Gottes gegen den Frevler ein, u. bringt dabei Gedanken, die er schon früher gelegentlich (9, 22—24. 10, 3. 12, 6) andeutete, zu ausführlicher Darstellung. Ungern thut er es; er fühlt, dass er dabei gegen die göttliche Gerechtigkeit reden muss, wie es mit der zärteren Frömmigkeit sich nicht verträgt; aber es bleibt ihm kein anderes Mittel mehr, ihrer Angriffe sich zu erwehren. Er richtet also 1) einleitend einige Worte an die Freunde, worin er sie um ruhiges Gehör bittet, weil er ihnen ein entsetzliches Räthsel vorzuhalten hat, das sie nur zu hören brauchen, um sich zum Schweigen gebracht zu sehen, V. 2—6, entwickelt ihnen sodann 2) diese räthselhafte Erscheinung, dass oft die frechsten Gottesleugner bis an ihr Ende in Glück u. Freude blühen dürfen, somit äusseres Glück u. Unglück nicht immer nach der sittlichen Würdigkeit der Menschen vertheilt seien V. 7—26, worauf er endlich 3) zurechtweisend die Freunde darüber zur Rede stellt, dass sie mit ihren unwahren u. unredlichen, weil auf absichtlicher Verbergung der entgegenstehenden Thatsachen beruhenden, Behauptungen seine Ehre angreifen u. ihn zu einem Sünder stempeln wollen V. 27—34. Die Rede ist dazu angethan, den Satz der Freunde vom Boden unleugbarer Thatsachen aus zu widerlegen. Die einseitige Hervorhebung des Glücks der Bösen ist durch die Einseitigkeit ihrer Behauptungen veranlasst, u. man kann nicht geradezu sagen, dass Ij. hier „die nach langem Kampf errungene Fassung wieder verloren habe" (*Hrz.*). Was er vorbringt, ist ebenso wahr, als was sie vorbrachten. Er entwirft seine Schilderung vom Glück der Bösen auch nicht aus innerer Freude daran; im Gegentheil, dass es sich so verhält, drückt ihn genug (V. 6), u. die Lust, sich mit seinen Wünschen auf die Seite der Bösen zu stellen, weist er ausdrücklich zurück (V. 16). Dennoch gibt er sich durch die Einseitigkeit dieser Rede eine Blösse, welche nachher die Freunde zu neuem Angriff benutzen; u. dennoch vergeht er sich damit vor Gott, denn indem er nur die nackten Thatsachen, die gegen Gottes Vergeltungsgerechtigkeit zeugen, hinstellt, ohne anzuerkennen, dass hier die Fassungskraft des Menschen übersteigende Räthsel vorliegen, bringt er den Schein der Ungerechtigkeit auf Gott, u. handelt gegen die lautere Frömmigkeit. — Nach dem Eingangstheil mit 10 Stichen folgen im 2. Theil deren 10, 10, 11, 10: der 3. Th. besteht aus 8 u. 9 Stichen; doch ist fraglich, ob V. 30 u. 31 der Text in Ordnung ist. In LXX ist V. 15. 19^b. 21. 23. 28—33 aus *Theod.* nachgetragen.

1) V. 2—6 einleitende Worte: er bittet um aufmerksames u. geduldiges Gehör, u. ist überzeugt, dass wenn sie ihn nur gehört haben, sie nicht mehr seiner als eines Frevlers werden spotten können; denn es betrifft ein schweres göttliches Räthsel, unter dessen Last er selbst zu leiden hat, dessen Vernehmung auch seine Gegner mit schweigendem Staunen erfüllen muss, u. an das er selbst nicht ohne Entsetzen denken kann. — V. 2. Vgl. 13, 17. ויהי] Vol. cons. (13, 5 u. ö.): *damit dies*, das Anhören, *eure Tröstungen* meiner *sei* d. h. eure Tröstungen vertrete oder ersetze. Diese bittere Bemerkung macht er, weil sie vorgeben ihn zu trösten (15, 11), ihn aber schlecht genug trösten (16, 2): wenn sie denn ihn wirklich trösten wollen, sollen sie ihn einmal anhören (vgl. V. 34). Die Beziehung des זאת auf תנחמתי (*Hitz.*) erforderte תנחמתי; u. ואל־תהי statt ותהי (*Mr.* nach der freien LXX Übers.: „mit derlei tröstet euch nicht ferner"!) setzt verkehrt die Freunde als trostbedürftige. — V. 3. *Ertraget mich, dass ich rede!* eine Bitte um *geduldiges* Anhören, sofern die Rede einen ihnen unangenehmen Inhalt haben wird. Nachdem ich geredet, *magst du spotten!* d. h. die leidende Unschuld noch weiter mit solchen Schreckbildern verhöhnen, wenn du nämlich dann noch Lust u. Muth dazu haben wirst. תלעיג]

concessive. Dass er vor- und nachher die Dreie anredet, hier den Ṣofar
allein, erklärt sich daraus, dass dessen Antwort auf Cp. 19 besonders
verwundend war, u. wird als richtig bestätigt durch den Verlauf: dem
Ṣ. wird das Spotten verleidet, er redet im 3. Gespräch gar nicht mehr.
Da er ähnlich 16, 3 den El. allein angeredet hat u. 26, 2—4 auch
den Bildad allein anredet, so wird תלעיגו (LXX, Olsh. Mx. Reu.) abzuweisen sein. — V. 4 Begründung der Bitte durch eine Doppelfrage;
denn האם ist auch hier (wie 8, 3 u. s.) Gegenfrage, nicht blosse Ver-
stärkung von מדוע (Hrz.). אנכי] durch שיחי wieder aufgenommen (Ges.
143ᵃ), hat einen Nachdruck: bin ich, meine Klage d. h. *ist von mir
die Klage* (7, 13. 9, 27. 10, 1) in Beziehung auf d. h. nicht: gerichtet
an (*Del.*), sondern: *über Menschen* (vgl. 19, 6)? Dagegen *anklagen*
(*Hitz.*) bedeutet שיח nie; auch *ist nicht meine Klage von e. M.* d. h.
menschlich? (*Hupf.*) geht schon wegen ה nicht an. *Oder warum
sollte* mein Geist nicht kurz (6, 11; Mich. 2, 7) d. i. *ich nicht ungeduldig sein?* Also: höret mich, denn meine Klage betrifft nicht Menschen, somit auch nicht euch, sondern betrifft eine Sache, unter deren
Last ich zu leiden habe, u. die mich wohl ungeduldig machen muss.
— V. 5. Sie sollen um so mehr aufmerken, als jene ihn drückende
Sache ein Gegenstand des Staunens auch für sie sein werde. *Wendet
(6, 28) euch her zu mir*, der ich reden will, in Aufmerksamkeit, *und
— entsetzet euch, u. leget die Hand auf den Mund* d. h. verstummet
staunend (29, 9. 40, 4; vgl. 5, 16), näml. über das, was ihr zu hören
bekommt. והשמו] Imper. cons. Hiph. (Ez. 3, 15), mit ־ für ־ wegen
der Pausa (s. das Qal 17, 8 u. Niph. 18, 20); über die Aussprache
הָשַׁמּוּ u. הָשַׁמּוּ als Hoph. in einigen Mss. u. Ausg. s. *Ges.* th. 1436. —
V. 6. Ihn selbst ergreift schon beim blossen Gedanken an diese Sache
Entsetzen. ונבהלתי] *so werde ich bestürzt*, ist der Nachsatz (s. zu 7,
13f.). Im 2. Gl. ist בשרי Subj., vgl. zu 18, 20, u. פלצות *krampfhaftes
Beben*, Zittern u. Zagen (s. das Verbum 9, 6). Durch diese einleitenden Worte wird der Hörer gespannt auf die schwere Sache, die er vorzutragen beginnt; zugleich hat Ij. genugsam zu erkennen gegeben, dass
er nur mit innerstem Widerstreben davon spricht: er ist aber dazu genöthigt. — 2) V. 7—26, die Darlegung jener entsetzlichen Erscheinung,
näml. der Nichtverwirklichung der göttlichen Gerechtigkeit im Leben der
Bösen, oder des Glücks der Bösen. Von den 4 Absätzen dieser Darlegung gehören je 2 enger unter sich zusammen, indem die 2 ersten
die Erscheinung selbst hinstellen, u. die 2 letzten zeigen, wie dieselbe
mit der behaupteten Vergeltungsgerechtigkeit Gottes unvereinbar sei.
a) V. 7—11. Die schwere Frage ist, wie es kommt, dass es Gottlose gibt,
die in vollem äusserem Glück leben dürfen, dauernd im Besitz von Nachkommen, sicher u. frei von göttlichen Heimsuchungen in ihrem Haus,
gesegnet in ihren Besitzthümern, von munterer Kinderschaar umgeben?
— V. 7. Der allgemeine Satz, entgegengesetzt dem Ṣofars (20, 5),
oder die räthselhafte Erscheinung selbst, welche die Erfahrung aufweist.
Warum leben d. h. bleiben am Leben (opp. der frühzeitige Untergang)
Frevler (vgl. Jer. 12, 1f.), sind *alt geworden* (fortgerückt 14, 18. 18,
4; hier: vorgerückt an Jahren, vgl. עתיק), *sogar stark an* (Acc. der

näheren Bestimmung, s. 15, 10) *Macht* u. Vermögen (15, 29. 20, 15. 18)? — V. 8. In weiterer Ausführung dieses ihres Lebensglücks hebt der seiner Kinder beraubte Mann zuerst hervor, dass sie ihre Nachkommen dauernd um sich haben dürfen. נכון] Bestand habend Ps. 102, 29; Prov. 12, 3 u. s; etwas anders als 15, 23. 18, 12. 'צאצא] 5, 25. Es wird hier Werth darauf gelegt, dass sie ihre Nachkommen immer vor Augen haben dürfen, wodurch das Glück ihres Besitzes noch erhöht wird; darum ist auch עמם nicht wie 9, 26 = *wie sie selbst* (Ros. Schl. Hitz. Reu. a.), sondern = *bei ihnen*, in ihrer nächsten Nähe (Gegensatz: 15, 33 f., 18, 19. 20, 26). — V. 9. Das Glück ihres Hauses. *Ihre Häuser in Wohlbefinden* (s. zu 5, 24), *sonder* (11, 15. 19, 26) *Schrecken* oder Schreckniss, *u. Gottes Stab*, Zuchtmittel (9, 34), *nicht über ihnen*, keinerlei Züchtigung Gottes trifft sie, wie sie Ijob's Haus getroffen haben (Gegens.: 15, 21. 34. 18, 6. 15. 20, 26). — V. 10. Das Glück in ihrem Heerdenbesitz. Das Suff. י (bezüglich auf den einzelnen רשע, vgl. V. 19 ff.) ist durch den Sing. שורו u. פרתו herbeigeführt; αὐτῶν (LXX *Vulg.*) beruht auf Gleichmacherei, somit auch ם– (Mx.) für י. Obwohl שור = ὁ ἡ βοῦς, so entscheidet doch das masc. Verbi für den Stier, zu welchem dann פרה als *Kuh* in Gegensatz tritt; die Fassung שור = פרה (LXX *Vulg.*, Boch. a.) ist abzuweisen. Denn עבר bedeutet *befruchten* (vgl. עבור *Frucht* Jos. 5, 11. 12, aram. עִבּוּרָא; עוּבָּרָא ἔμβρυον); die Bedeutung *befruchtet werden* haftet am Qal u. Ithpa. ולא יגעל] entweder *non abjicit* semen oder *non fastidit*, zeigt nicht Widerwillen; schwerlich causativ (Raš., Del.) *efficit ut ejiciat vacca*, keinenfalls = arab. *taǵáhala* thut fremd (Hitz.). Also: er bespringt mit Erfolg. *Die Kuh* ihrerseits *lässt entgleiten* näml. die Frucht, d. h. *kalbet leicht* (vgl. מלט u. הִמְלִיט Jes. 34, 15. 66, 7) *u. wirft nicht fehl* (*abortum non patitur*, Gen. 31, 38. Ex. 23, 26). — V. 11. Noch einmal kommt er auf die Freude zurück, die sie an ihrer munteren Kinderschaar haben dürfen (s. V. 7): *sie lassen ausziehen* oder hinaus (Jes. 32, 20) *ihre Knaben* (19, 18) *wie eine* (Lämmer-)*Heerde, u. ihre Kinder hüpfen* (froh) *umher*. — b) V. 12—16 Fortsetzung: fröhlich, in Wonne u. leichtem Leben ihre Tage geniessend bis zu ihrem natürlichen Ende, selbst noch durch einen leichten Tod beglückt, während sie ausgesprochener Maassen sich um Gott nichts kümmern, ihn sogar weit von sich weisen! Von sich selbst haben sie doch solches Glück nicht! Dennoch ist Ij. weit entfernt, ihr Leben zu billigen oder zu beneiden. — V. 12. Subj. sind die Frevler selbst (nicht mehr ihre Kinder); geschildert wird ihr lustiges Leben, mit Gelagen (Jes. 5, 12), Tänzen u. Festlichkeiten aller Art. ישאו] sc. קול, was bald hinausgesetzt ist (Jes. 24, 14), bald ausgelassen (Jes. 42, 11), *die Stimme erheben*, näml. in Freude u. Lust, Freudengesänge anstimmen (Hrz.). כתף יבנו] *mit* d. h. *zu der Pauke u. Cither*, unter deren Begleitung wie Ps. 49, 5 u. s.; die mass. Lesart כְּתֹף hat LXX Trg. gegen sich, u. ist minderwerthig, da כְּ nicht vor jedem beliebigen Subst. *zur Zeit von* bedeuten kann (auch Jes. 18, 4 nicht). לְקוֹל] ל des Anlasses (Hab. 3, 15) *ob, bei*. Über die Musikwerkzeuge s. *Winer* RW³ II. 123 f. — V. 13. Genussreiches Leben bis an ihrem Ende u. dann leichter Tod. *Sie nützen* ab oder *aus*, brauchen auf, wie ein Kleid, das man abträgt (vgl. Jes. 65, 22), wogegen das Qerê das in dieser Verbindung gewöhnlichere (36, 11; Ps. 90, 9; vgl. Ij. 7, 6) aber weniger bezeichnende יְכַלּוּ *sie bringen zu Ende, vollenden* an die Stelle setzt, *im Guten* d. i. in Wohlsein, Glück, *ihre Tage*: das ungestörte Durchgeniessen jedes einzelnen Tages bis auf den letzten ist damit treffend ausgedrückt (Gegens. 15, 32. 18, 14. 20, 11). *Und in einem Augenblick sinken sie in's Todtenreich hinab*, haben also einen schnellen u. quallosen Tod, ohne dass die göttliche Strafe an ihnen zur Erscheinung gekommen wäre (Euthanasie). יֵחָתּוּ] nicht Impf. Qal oder Niph. von חָתַת (*sie werden hinabgeschreckt* in die Unterwelt), weil ein nackter Acc. loci bei diesem Verb. kaum erträglich, jedenfalls der Sinn dem Zweck der Schilderung widersprechend wäre; sondern als Ipf. von נָחַת (sonst theils יִנְחַת, theils יֵחַת) abzuleiten, u. entweder יֵחַתּוּ (für יִנְחַתּוּ) zu lesen (*Ew. Hrz.*), oder die Verdoppelung des ת der Pausa zuzuschreiben (Ges. 20, 2°). Ob letzteres auch die Meinung der Mass. war, steht dahin. — V. 14 f. zeichnet er noch die Lebensgrundsätze dieser Leute durch ihre eigenen Worte, angeknüpft durch ויאמרו in dém Sinn: u. die Folge ihres Glücks ist, dass sie sagen d. h. *und trotzdem oder dennoch sagen sie* (*Ew.* 342ᵃ) zu Gott: „weiche von uns"! und: „*Erkenntniss deiner Wege begehren wir nicht. Was ist der Allmächtige, dass* (7, 17) *wir ihm dienen sollten, u. was Nutzen haben wir* (15, 3), *dass wir ihn angehen*" (Jer. 7, 16. 27, 18; Ruth 1, 16) mit Bitte u. Gebet? Es sind also die gröbsten Gottes-Veräehter u. -Läugner, die er hier als die Inhaber jenes Glückes zeichnet. — V. 16. *Siehe, nicht in ihrer Hand* (12, 10) d. i. Gewalt steht *ihr Glück*, d. h. ihr Glück hängt nicht von ihnen ab; nicht: sie vermögen es nicht zu behaupten (*Schl. Mat. Hgst.*). Dies ist nun aber nicht (*Schnurr. Schl. Kmph. Mat. Hitz. Stud.*) ein Einwand, den er sich oder die Gegner ihm machen (wie V. 19), des Sinnes: „dagegen ist zu sagen, dass ihr Glück in einer höhern Hand ist, die es jeden Augenblick zerstören kann, u. wir (2. Gl.) billigen ihre Grundsätze nicht", worauf dann V. 17 f. die Widerlegung käme: aber wie oft zertrümmert er es? Denn dieser Gedanke: Gott *kann* ihr Glück zerstören (*thut* es aber nicht), wäre in diesem Zusammenhang (vgl. 13ᵇ) nichtssagend. Vielmehr will Ij. auf die Schwere des Räthsels aufmerksam machen: nicht sie können ihr Glück sich geben u. erhalten; es liegt in einer höhern Hand (vgl. 9, 24ᵇ), u. das eben ist das Räthselhafte, dass Gott ihnen dieses Glück gibt. Den Satz (*Raś. Hrz. Ha. Ren.*) fragend zu verstehen (so wohl schon LXX, die darum לא weglassen, gefolgt von *Mx.*): „siehe, ist nicht in ihrer Hand ihr Glück?" d. h. sie überall begleitend (zB. Gen. 43, 12. 15) oder ihnen überall zu Gebot stehend? dazu liegt kein Grund vor; לא = הֲלֹא ist nach dem darlegenden הֵן kaum zulässig (2, 10 ist anders); auch der Gedanke wäre müssig, weil nichts Neues enthaltend. *Ew.*: ihr Gut d. h. *ihr wahres Beste* ist nicht in ihrer Hand d. h. *haben sie damit nicht,* als Ausdruck der Missbilligung ihrer Lebensansicht; aber dagegen spricht die Wortstellung, wonach auf בידם der Nachdruck liegt, u. der Mangel an jeder Andeutung solchen emphatischen Sinnes von

כסל. — Schliesslich findet es Ij. für nöthig, den Verdacht, den seine Schilderung leicht erregen konnte (s. Cp. 22), als ob er selbst mit seinen Wünschen den Grundsätzen dieser glücklichen Bösen sich zuwendete, ausdrücklich abzuwehren: *der Rath* (10, 3; auch 5, 13. 18, 7), die ganze Lebensansicht, *der Frevler ist fern von mir* (precative Fassung des Prf., *Ew.* 223 b, ist unnöthig); wiederholt 22, 18. Dass V.b (den *Mat.* für eine Glosse hält, wie 22, 18b) nur im Munde dessen, der die Schilderung V. 7—15 gemacht hat, guten Sinn gibt, leuchtet ein, u. spricht somit auch V.b dagegen, diesen V. als Einwendung der Gegner aufzufassen. Die Lesung רחק für רחקה (LXX ἔργα δὲ ἀσεβῶν οὐχ ἐφορᾷ, *Mx.*: Gott kümmert sich nicht um der Bösen Treiben) hat sowohl 22, 18, als den Ausdruck עצה, der die Gesinnung. u. nicht das Treiben bezeichnet, so wie die Wendung mit רחקה gegen sich (*Del.*), u. wird durch 22, 13f. (s. d.) nicht erfordert. — Hat er bis dahin seinen Satz thetisch dargelegt, so führt er ihn in den folgenden 2 Absätzen antithetisch aus, d. h. mit Beziehung auf die entgegengesetzten Behauptungen der Freunde u. etwa mögliche Einwürfe. — c) V. 17—21: „wer, um die göttliche Gerechtigkeit zu erweisen, das Entgegengesetzte behauptet, wie viele Beispiele wird er dafür anführen können? Verweist man auf das Schicksal der Kinder, nun denn, welche Gerechtigkeit ist dies, die denjenigen die Strafe nicht fühlen lässt, der sie verwirkt hat!" (*Hrz.*). Dass Ij. in V. 16—21 seine vorhergegangene Schilderung corrigire u. durch eine richtigere ersetze (*Hgst.*), ist völlig verkehrt. — V. 17f. Er führt hier theils die eigenen Worte, theils den Sinn der Sätze der Freunde an, u. fragt, wie oft man denn in der Erfahrung sie bestätigt sehe. כמה] *wie oft?* wie Ps. 78, 40 (s. zu 7, 19); alle in V. 17f. folgenden Sätze sind durch dieses Wort in Frage gestellt. Gl. a nach 18, 5; Gl. b nach 18, 12. In Gl. c könnte man *Schlingen* mit Rückbeziehung auf 18, 10—12 (*Stick. Ha. Del. Hgst. Vo.*) verstehen, doch will חבלים *zutheilen* nicht dazu passen; dagegen passt dazu *Messschnüre*, metonym. für *Loose* (Ps. 16, 6), mit Rücksicht auf 20, 28f. (*Trg., Ew. Hrz. Mat. Ren. Reu. Stud.*), wogegen *Schmerzen* (LXX Vulg., *Ges. Ros. Hitz.*) deshalb nicht angeht, weil חבל sonst überall nur Geburtsschmerz bedeutet. — V. 18. (Wie oft) *werden sie wie (durch die Dreschmaschine klein gemachtes) Stroh d. i. Häcksel vor dem Wind, u. wie Spreu* (Ps. 1, 4. Jes. 17, 13 u. s.), *die der Sturm entführt* (27, 20) *hat?* Bilder, die die Freunde nicht gebraucht haben, die aber den von ihnen oft gesprochenen (zB. 20, 8f.) Satz von dem schnellen u. spurlosen Verschwinden der Bösen kurz ausdrücken. — V. 19a macht er einen Einwurf, u. widerlegt ihn dann V. 19b—21. Er wendet sich ein, was durch die Andeutungen der Freunde 5. 4. 20, 10 nahe genug gelegt war, dass in allen den Fällen, wo der Böse selbst von der Strafe nicht mehr ereilt wird, sie ihn doch in seinen nachgelassenen Kindern treffe: „*Gott spart für seine* (des Frevlers. s. zu V. 10) *Kinder sein Unheil* (von און) *oder Sündenstrafe auf.*" Gegen solche Lehre (gegen welche auch Jer. 31, 29ff. u. Ez. 18) macht er richtig geltend, dass dies keine Vergeltung sei, weil zur Vergeltung gehöre, dass der, dem sie gelte auch etwas davon an sich erfahre: *er*

(Gott) *vergelte ihm, dass er* es erfahre oder *fühle*; zu ידע vgl. Hos. 9, 7; Jes. 9, 8; Ez. 25, 14. — V. 20. Fortsetzung von V. 19ᵇ, u. Erklärung von ידע; die Verba ebenfalls noch im Jussiv; כיד Schlag, Stoss, *Verderben*, nur hier (wenn nicht verdorben aus איד oder פיד); das Bild vom Zornglulhtrank (vgl. die Feuerspeise 20, 23) wie Jer. 25, 15f. u. ö. (vgl. 6, 4). — V. 21. Begründung dieser Forderung, dass er selbst die Strafe an sich erfahren soll, mit der Unempfindlichkeit des Bösen für alles, was nach seinem Tod mit den Seinen vorgeht. חפץ] *Wohlgefallen, Wille*, ist auch Willensrichtung auf etwas, innere Theilnahme an etwas (mit בְּ), *Bekümmerniss, Anliegen*, u. weiter als Sache des Anliegens sogar *Vortheil*, Interesse 22, 3. *Denn was kümmert ihn sein Haus nach ihm* d. h. nach seinem Tod? Da man nicht sagen kann: „er nach ihm" für „er nach seinem Tod", so muss אחריו zu בביתו gehören (zB. Gen. 17, 19). In so weit haben die Recht, welche dafür halten, dass hier nicht von dem Todten, sondern von dem Lebenden die Rede sei (*Ew. Del. Reu.*), näml. dass ein solcher רָשָׁע sich nichts darum kümmere, was seine Kinder nach seinem Tode treffen werde. Aber nun folgt ומספר וג׳, was, mag man es als Zustandssatz, oder als Fortsetzung des אחריו (vgl. 2 S. 1, 1) nehmen, besagen kann: *nachdem seiner Monde Zahl vollendet ist*. Als blosse Ausführung von בביתו אחריו wäre das sehr überflüssig; guten Sinn hat es als Näherbestimmung des Subj. in V.ᵃ: Er, nachdem sein Leben auf Erden vollendet ist, hat kein Empfinden mehr für das Ergehen seines zurückgelassenen Hauses (so die meisten Erkl.), vgl. 14, 21f. Leider ist die Bedeutung von חצצו unsicher. Den Sinn *vollendet* gewinnt man nur, von einer vermuthlichen Grundbedeutung aus, näml. *abgeschnitten, durchgeschnitten* (*Ges. th., Stick. Del. Hu.*). Der Sprachgebrauch jedoch (Prov. 30, 27) spricht für die Bedeutung *getheilt* (*Aq. Trg.*), nicht gerade *halbirt* d. h. um die Hälfte verkürzt (*Vulg., Hgst.*); *getheilt* aber gäbe nur Sinn als *ausgetheilt, zugetheilt* vgl. 14, 5. 15, 20 (*Ew. Schl.*), wozu man doch לו beigesetzt erwartete. Ganz unwahrscheinlich ist חצץ als denom. von חץ *Pfeil*, mit dem Pfeilloos (Ez. 21, 26) *verloosen* (*Cocc. Ros. Umb. Hrz.*); ebenso: einzeln zugezählt, knapp bemessen (*GHff.*, denom. von חֵצֶץ); fingirt ist *in Lauf gesetzt* (*Hitz.*). Übrigens ist Pl. חצצו nach dem 2. Gl. der st. c. Kette gerichtet (*Ges.* 146, 1). — d) V. 22—26: also heisst es doch klüger sein wollen als Gott, wenn man starr an der gegentheiligen Behauptung festhält, u. nicht vielmehr, alle Thatsachen zusammennehmend, anerkennt, dass der eine Mensch im vollen Genusse des Glückes stirbt, der andere in seinem Leben dasselbe nicht zu geniessen bekommt (nur im Tod beide geeint durch ein gemeinsames Loos), also eine strenge Vergeltung durch äusseres Glück oder Unglück in diesem Leben nicht nachzuweisen ist. — V. 22. Nicht Einwurf der Gegner (*Hitz. Stud.*), da V. 23 ff. keine Widerlegung folgt, sondern Worte Ijobs. לאל] das Obj., mit Nachdruck vorausgesetzt, durch ל eingeführt, wie 5, 2 (s. auch *Ew.* 283ᶜ). והוא וג׳] ist Zustandssatz. *Will man* (4, 2 u. ö.) *Gott Erkenntniss lehren, da er doch die Hohen richtet?* Die Freunde, indem sie die ihrer Theorie entgegenstehenden Thatsachen verheimlichen, scheinen Gott über die Gesetze belehren zu

wollen (Jes. 40, 14), nach denen er regieren müsse; um so treffender, als So. Cap. 20 so viel im Jussiv gesprochen hat, wie wenn er die Weltordnung vorzuschreiben hätte. *Die Hohen* d. i. Höchsten, himmlischen Geister *richtet* er d. h. hält sie unter seiner richterlichen Gewalt, bringt die Gesetze seiner Gerechtigkeit unter ihnen zum Vollzug (22, 13). Der Gedanke ist wie 25, 2 u. stimmt zu den Andeutungen 4, 18. 15, 15. רמים] für die Himmlischen erläutert sich durch מרומים für Himmel (16, 19. 25, 2. 31, 2), bezeichnet aber hier auf keinen Fall die Himmelshöhe (*Ges.* th.); *hochmüthig* bedeutet רָם für sich nicht (s. Ps. 18, 28 gegen 2 S. 22, 28), u. schon darum taugt nicht: *aber Er wird die Übermüthigen richten* d. h. *strafen* (*Ha. Olsh. Hgst.*), aber auch darum nicht, weil die Stellung רמים ישפוט einen Schluss a majori ad minus an die Hand gibt. Die LXX verlasen (wie 22, 2) הלא אל, u. דָמִים für רמים, u. das nimmt *Mx.* an! — V. 23 ff. Vielmehr ist die Erweisung der Richterthätigkeit Gottes, wenn man sie den Thatsachen des Lebens gemäss schildern will, so wie er sie nun beschreibt. Es entsprechen sich die beiden זֶה V. 23 f. u. V. 25, *der eine — der andere* (1, 16). בעצם תמו] *im leibhaftigen Wohlsein*; עֶצֶם zum Ausdruck des Begriffs *selbst*, *Ges.* 139, 3; תֹּם hier nicht im sittlichen (wie 4, 6 u. s.), sondern im physischen Sinn, schwerlich blos von körperlicher Gesundheit (wie מְתֹם Ps. 38, 4. 8), sondern von dem ganzen äussern Wohlbefinden, so dass es das Glück einschliesst, wie sonst כֻּלּוֹ. *Gesammtheit* seiner d. i. *er ganz* in Sicherheit *oder sorgenlos u. wohlgemuth.* שַׁלְאֲנָן] nur hier, statt שאנן 12, 5, wahrscheinlich (*Olsh. Röd.*) blosser Schreibfehler. שְׁלֵיו] = שָׁלֵו 20, 20, vgl. Jer. 49, 31 (*Ew.* 15[b]).
— V. 24. In Wohlstand u. Wohlgenährtheit. עֲטִינָיו] nur hier; keinesfalls: seine *getränkten* Heerden (*Hgst.*), wohl auch nicht *Eingeweide* (LXX *Vulg., Mat.*) oder *Seiten* (*Peš., Hrz. Stud.*), oder *Muskeln* (*GHff.*), weil, auch wenn man חֵלֶב für חָלָב läse, zwar ein dem 2. Gl. synonymer Sinn sich ergäbe, aber in Wahrheit der doppelte Ausdruck der Wohlgenährtheit in einer so kurzen Schilderung befremdlich wäre, ohnedem der etymolog. Grund fehlt, auch מלאו zu חֵלֶב nicht recht passt; noch weniger *Halsadern* (*Saad.*) oder gar *Sehnen* (*Fürst, Ha.*), als bedeutete חָלָב *Blut* oder *Saft*; wohl auch nicht *Heerden-Lagerplätze* nach arab. *maṭin* u. *ʿaṭan* (*Abulw. IE., Schult. Reisk., Ros. Ren. Hitz.*), weil auch dazu das Praed. sich wenig schickt, sondern (*Trg., Raš. Qi., Ew. Schl. Del. Reu.* a.) *Melkkübel* oder auch *Gefässe* zum Einlegen, *Tröge* (talm. מַעֲטָן). Zum Gedanken s. 20, 17. Bei dieser Fülle von Lebensmitteln ist er auch wohlgenährt: *das Mark seiner Gebeine* (20, 11) *wird getränkt*, „d. h. erfrischt, gestärkt; von einem Garten hergenommener Ausdruck, zu welchem Jes. 58, 11. 66, 14 zu vergleichen" (*Hrz.*). —
V. 25. *Mit bitterer* d. h. kummervoller *Seele*, vgl. 3, 20. 7, 11. 10, 1. *Und hat nicht gegessen an* d. h. *genossen von dem Guten* oder Glück (9, 25); ב nicht wie in ב אכל, sondern partitiv wie Ps. 141, 4 (vgl. Ij. 7, 13). — V. 26. *Mit einander auf dem Staube* (s. zu 19, 25) *liegen sie, u. Gewürm* (17, 14) *bedeckt sie beide*. Dieses letzte Geschick ist beiden gemeinsam, u. kann also von einer Vertauschung der Rollen nicht mehr die Rede sein. — Dass in V. 23—25 Ij. mit dem

ersten ר״ nur Frevler, mit dem zweiten nur Gerechte (*Ha. Hrz. Schl. Del. Hgst.* a.) meine, ist mit nichts zu erweisen. Der Ausdruck besagt nur: der eine hat dieses Schicksal, der andere das entgegengesetzte, u. so stirbt auch ein Böser im Glück, ein Frommer im Unglück, u. werden nach dem Tod beide gleich; folglich (ist die Meinung) richtet sich das äussere Ergehen nicht nothwendig nach dem sittlichen Verhalten, u. eine so regelmässige äusserliche Vergeltung, wie ihr sie behauptet, findet nicht statt. — 3) V. 27—34, Zurechtweisung der Freunde auf Grund des nun dargelegten Thatbestandes, in 2 Absätzen. a) V. 27 —30: nur aus unlauteren Absichten gegen ihn verheimlichen die Freunde so offenkundige Thatsachen; wollten sie es leugnen, dass es Stätten blühender Frevler gibt, die weltkundigen Reisenden könnten ihnen davon erzählen, dass solche Frevler an göttlichen Zorn- u. Verderbenstagen oft ganz besondere Bewahrung erfahren dürfen. — V. 27. *Seht, ich kenne eure Gedanken u. die Anschläge*, welche d. i. *womit* (*Ew.* 332ᵃ) *ihr Unrecht gegen mich verübet*. Die Absicht derselben ist keine andere, als ihn an seine Schuld glauben zu machen u. ihn zu einem Frevler zu stempeln, womit sie ihm das schwerste Unrecht thun. „Gedanken über einen" (*Hitz. Mx.*) sind מזמות nie, so wenig als מחשבות Gesinnungen. — V. 28 f. כי] weder begründend *denn* (*Ros. Schl. Hitz. Hgst.* a.), noch folgernd oder erläuternd *so dass* oder *nämlich* (*Hrz. Ha. Reu.* a.), denn das Folgende ist keine Entwicklung ihrer böswilligen Anschläge, auch kein Beweis für dieselben; כי ist *wann*, wie 19, 28f. (*Ew. Mat. Del. Stud.* a.); der Nachsatz kommt V. 29. נדיב] s. 12, 21; hier im schlimmen Sinn *Tyrann*, wie Jes. 13, 2 (vgl. Jes. 32, 5). אהל משכנות] *Zelt der* d. h. mit den *Wohnungen* d. h. *bewohnt von* Frevlern oder worin sie noch wohnen; Plur. wegen des Plur. רשעים. Dass אהל 'מ ein Zelt mit vielen Wohnräumen, ein Prachtzelt (*Ros. Umbr. Del.*) bedeute, ist bei der wesentlich immer gleichen Bauart der Zelte wenig wahrscheinlich. Die Meinung der Frage ist: wo gibts ein solches Haus oder Zelt, das nicht mit seinem bösen Inhaber untergegangen wäre? (vgl. 8, 22. 15, 34. 18, 15. 21); nicht aber: *wohin* ist (*Mx.*, als stünde אנה) oder *was wird aus d. H.?* (*Schl. Hitz. Reu.*, die eine Stichelei auf Ijobs Haus darin sehen). — V. 29 Nachsatz: er verweist sie (12, 7) an die Erfahrungen u. Aussagen der *des Weges Vorüberziehenden* (Thr. 1, 12; Ps. 80, 13 u. s.), d. h. hier der Reisenden, welche viel gesehen haben. שאלתם] Ges. 64, 3. A. 1. תנכרו] da die Bedeutung *erkennen, anerkennen* am Hiph. (24, 13) haftet (doch s. Pi. bei Elihu 34, 19), Pi. dagegen sonst für *verkennen, ableugnen, verwerfen* gebräuchlich ist, so wird letzteres auch hier vorzuziehen sein. Also nicht: u. erkennet ihr nicht (*Ew. Mat. Stud.*) oder gar: u. habt nicht erkannt (*Schl. Hitz.* a.), als stünde נפרחם oder הכרתים, sondern (*Del.*): *u. ihre Zeichen werdet ihr doch nicht verkennen?* oder verleugnen? Gerade die Wiederholung des לא (s. dagegen 7, 1. 8, 10. 10. 10. 12, 11. 18, 11. 22, 5 u. s.) u. die Änderung des Temp. zeigt, dass von Gl. 1 abgesprungen wird (gegen *Bud.*¹ 121). *Zeichen* aber s. v. a. *Beweise* in Beispielen oder sprechenden Thatsachen. — V. 30 macht grosse Schwierigkeit. Man erwartet darin die Aussage der Wanderer, durch כִּי eingeleitet, u. muss dann (*Hrz. Schl. Del. Ren. Reu. Vo.*) erklären: *dass auf den Tag des Verderbens* (V. 17) *der Böse geschont* (zurückgehalten 16, 6), *auf den Tag der Zornausbrüche* sc. Gottes (40, 11) *sie* (die רָעִים, vgl. 28, u. s. zu V. 10) *hinweggeleitet* (Jes. 55, 12) *werden*; nicht aber: zu Grab geleitet (*Hyst.* nach V. 32), oder lustig fortschwimmen (*Hitz.*); auch nicht: auf den Tag, da Zornesfluthen heranfahren (*Pisc. Ew.*), da הִיבָל das nicht bedeutet, auch הִיבָלוּ erwartet würde. Der Sinn also: dass in allgemeinen Gerichten die Bösen auf merkwürdige Weise verschont werden. Aber da לְיוֹם, nicht בְּיוֹם steht, u. לְ vielmehr Zweck u. Ziel einführt (vgl. bei חשׁךְ 38, 23 u. bei יוּבָל V. 32. 10, 19. Hos. 10, 6. 12, 2. Jes. 53, 7), so ergeben die Worte naturgemäss den entgegengesetzten Sinn: *auf den Tag des V. aufgespart, dem Tag der Z. zugeführt*; u. könnten dann nur die Meinung der Gegner ausdrücken. Aber dann ist kein Zusammenhang herzustellen. Denn כִּי kann nicht bedeuten *als ob* (*Stick.*), auch nicht für לֵאמֹר־כִּי *indem ihr behauptet dass* (*Ha.*) stehen; als neuer Einwurf der Gegner (*Böttch.* de inf. § 76; *Mal. Stud. Böl.*, die כִּי = כִּי תֹאמְרוּ V. 28, oder als *weil* nehmen) lässt sich der V. auch nicht fassen, weil der Inhalt des Zeugnisses der Wanderer noch nicht angegeben ist. Auch Umstellung des V. 30 vor 29 (*Del.*[1]) geht nicht an, weil 31 an 29 sich nicht anschlösse. Vielmehr wird der Text in Unordnung sein, sei es dass 1 oder 2 Verse hinter V. 29 ausgefallen sind (durch welche 10 Stichen voll wurden), sei es dass Spätere aus dogmatischen Gründen geändert haben, während es ursprünglich 2 mal בְּיוֹם, u. יֻצָּל (für יוּבָל) hiess, schwerlich לֹא לְיוֹם (*Mx.*), wodurch das Gl. zu voll würde; כִּי—יְחֻשָּׁךְ (*GHff.*) wird durch Gl. 2 unwahrscheinlich. Am Ende des V. empfiehlt sich וֻמֵי: יוּבָל statt כִּי: הִיבָלוּ (*Mx.*). — b) V. 31—34: unverantwortlich darf ein solcher Frevler schalten; noch im Tod u. Grab geniesst er alle Ehren, süss ist ihm des Grabes Ruhe, u. seine Sache lebt in zahllosen Menschen fort. Aus alle dem aber ist klar, wie nichtig u. trüglich die Zusprachen der Freunde an ihn sind. — V 31. *Wer sagt an d. h. hält in's Gesicht ihm seinen Weg vor? und — er hat's gethan, wer vergilt ihm?* d. h. er kann thun u. treiben, was er will; niemand (nicht Gott, nicht Menschen) stellt ihn darob zur Rede oder zieht ihn zur Rechenschaft. Daraus, dass nicht einfach mit אֵין מַגִּיד: אֵין מְשַׁלֵּם referirt, sondern in Frage u. Ausruf gesprochen ist, wird zu entnehmen sein, dass nicht mehr die Reisenden berichten, sondern Ij. von sich aus ihren Bericht vervollständigt. Gegen die Beziehung des עָלָיו u. לוֹ auf Gott (*IE., Ew. Hrz.*; auch wir in 3. Aufl.), wonach Ij. gegenüber von dem Anstoss, den das menschliche Gerechtigkeitsgefühl an solchen Thatsachen nimmt, sich auf die Unverantwortlichkeit Gottes berufe, entscheidet מִי־יְשַׁלֵּם, auch die Correspondenz des וְהוּא V. 32 mit dem in 31. — V. 32 f. noch bis in den Tod u. über den Tod hinaus erstreckt sich sein Glück u. die Ehre, die ihm zu Theil wird. *Und er derselbe* (wie V. 31) *wird zur Gräberstätte* (17, 1) *hingeleitet* (10, 19), in ehrenvollem Leichenzug, *u. auf einem Male wacht er*. Dass גָּדִישׁ *Haufe*, wie einen Garbenhaufen 5, 26, so auch einen Haufen zusammengetragener Steine zum

Zweck der Erhaltung des Andenkens an etwas (Gen. 31, 46 f.), u. ein Mal auf einem Grabe bedeuten kann, ist durch das arab. جلس wahrscheinlich. Da שקד den Gegensatz zu ישן bildet, der Todesschlaf aber eine geläufige Metapher ist (3, 13; Ps. 13, 4. 76, 6; Jer. 51, 39 u. s.), so versteht sich das Wachen hier leicht als ein Fortwachen, Fortleben: auf u. in einem Male lebt er fort, in der Erinnerung der Menschen (opp. 18, 17). An ein Bild zu denken (*Schl.*), ist nicht einmal nöthig. Mit גדיש Garbenhaufen (*Raš., Böttch.* Proben S. 22 f.) gewinnt man einen nothdürftigen Sinn nur auf Umwegen. Aber auch die Auslegung, dass *man noch auf seinem Grabhügel Wache halte* (*Böttch.* de inff. p. 40; *Ha. Röd. Mat. Olsh. Hitz. Reu. Mx.*) u. so sein Andenken ehre oder seine Ruhe schütze, mag man יִשְׁקֹד oder יִשְׁקְדוּ oder יְשֻׁקַּד lesen, ist nicht zu billigen, weil dazu גְּדִישׁוֹ erfordert würde, u. שָׁקַד kaum der Ausdruck für das Wachen der Wachposten ist; ohnedem wäre diese Sitte als solche für das Alterthum noch zu erweisen. Wollte man aber wenden: *auf sein Grabmal ist man bedacht*, so würde wieder das Fehlen des Suff. bei גדיש entgegenstehen. — V. 33. *Süss sind ihm des Thales Schollen* (38, 38) d. h. er hat den ungefochtenen Genuss der Grabesruhe. Das *Thal* (nicht: Grube, *Ha.*) nennt der Dichter wohl, weil man in den den Städten benachbarten Thälern die Begräbnissplätze anzulegen pflegte (*Ren. Olsh.*), vgl. über die Sabäer Journ. As. VII, 1 p. 462. *Und ihm nach zieht alle Welt*, und d. i. *wie vor ihm* sind *Unzählige.* ימשׁך] nicht trans. *er zieht sich nach*, sondern intrs. wie Jud. 4, 6. 5, 14. 20, 37. Ex. 12, 21, weil nur dann das 3. Versgl. sich leicht anschliesst. Der Satz ist nicht auf das zahlreiche Grabgeleite zu beziehen, denn sonst müsste er nach V. 32ᵃ stehen; auch nicht blos auf die Nachfolge im Todes- u. Grabesgeschick (*Del.*), weil damit nicht (wie V.ᵃ u. 32) etwas ihm im Vorzug vor andern Zukommendes ausgesagt wäre, sondern von der Nachfolge im sittlichen Sinn: ihm, dem Glücklichen, folgend, betreten Unzählige seine Bahn, wie er darauf schon Vorgänger genug hatte (Qoh. 4, 15 f.). Der Begriff allgemeinen Beifalls wird dadurch ausgedrückt, aber in übertreibender Weise, durch welche Ij. unverkennbar sich eine Blösse gibt. — V. 34. Schluss daraus mit Rückkehr zu V. 27. ואיך] das starke, folgernde ן (ف): *wie nun mögt ihr mich so eitel* (9, 29) *trösten? u. eure Antworten* (Cas. abs.) — *übrig geblieben ist Falschheit* d. h. „wenn man alle diese Thatsachen abzieht von eurem Gerede, so bleibt nichts übrig, als die falsche, treulose Gesinnung, die ihm zu Grunde liegt. Der Inhalt dagegen ist gänzlich widerlegt" (*Hrz.*).

Drittes Gespräch: Cap. 22—28.

Mit der Wendung, die Ijob in Cap. 21 der Unterredung gegeben hat, ist er auf die Bahn des Siegers hinübergetreten: durch das dritte Gespräch wird sein Sieg über die Freunde vollendet. Die räthselhaften Thatsachen der göttlichen Weltregierung, die er ihnen entgegengehalten hat u. ferner entgegenhält, vermögen sie nicht zu leugnen u. nicht zu erklären. Sie geben sich zwar darum noch nicht als besiegt; sie halten an ihrem Standpunkt fest; sie rücken aber jetzt, nachdem Ij. 21, 27. 34 ihre Hintergedanken aufgedeckt hat, ganz offen heraus, u. zeihen ihn bestimmter Sünden, durch die er sein Elend verschuldet haben müsse. Da aber Ij. blossen Beschuldigungen die Ruhe eines guten Gewissens entgegensetzt u. vor aller Anerkennung ihrer Beweise die Erklärung jener anderweitigen räthselhaften Thatsachen von ihnen verlangt, so verstummen sie allmählig: der zweite der Freunde weiss nur einige längst vorgebrachte Sätze zu wiederholen u. der dritte gar nichts mehr zu sagen. Ijob aber, als Sieger dastehend, kann rückblickend mit um so grösserer Ruhe u. Besonnenheit die Ergebnisse des ganzen Redestreites in einer Schlussrede zusammenfassen.

1. *Elifaz und Ijob, Cap.* 22—24.

a) Die Rede des Elifaz, Cap. 22.

El., obwohl ausser Stande, die von Ij. zuletzt geltend gemachten Thatsachen zu widerlegen, schweigt noch nicht. Denn einerseits ist er nicht geneigt, darum, weil er mit seiner Lehre nicht alle Erscheinungen des Lebens erklären kann, die Lehre selbst aufzugeben. Andererseits hat doch auch Ij. das Glück der Bösen so einseitig u. grell hervorgehoben, dass er damit das Walten Gottes überhaupt zu leugnen schien. Über solche Reden fühlt sich El. im Innersten empört u. in seiner Meinung von der Unheiligkeit u. Verkehrtheit der ganzen Sinnesweise Ijob's neu bestärkt. Diesen Gefühlen gibt er Ausdruck; aber er thut es in einer Weise, dass man sieht, wie er am Ende seiner Weisheit angekommen ist u. den Kreis seiner Gedanken erschöpft hat. Denn zwar 1) spricht er jetzt, nachdem auch Ij. ohne Rückhalt die Gedanken seines Herzens bekannt hat, offen aus, was er bisher nur andeutend u. auf Umwegen zu sagen gewagt hat, dass nämlich Ij. durch gewisse schwere Sünden sein Unglück verschuldet haben müsse, u. macht durch diese dreiste *Anklage* noch einen Fortschritt über seine bisherigen Reden hinaus V. 2—10, aber im übrigen kann er ihn 2) doch nur warnen, seine unheiligen Gedanken u. Reden fortzusetzen, u. so ein Endgeschick, wie es die in der Geschichte berüchtigten alten Sünder traf, auf sich herabzuziehen V. 11—20, u. 3) ladet ihn vielmehr ein, durch Reue u. Busse Gottes Freundschaft wieder zu erwerben, welche sofort durch neues herrliches Glück u. eine reichgesegnete Zukunft sich ihm bewähren werde, V. 21—30. Hat er mit der *Warnung* wesentlich nur den Grundton ihrer Reden im 2. Gespräch wieder angeschlagen, so kehrt er mit dieser freundlichen *Einladung*, wie sie sie im 2. Gespräch nicht mehr hatten über sich gewinnen können, sogar zu ihrer urspr. Stellung im Gespräch zurück. Er will durch diesen versöhnlichen Schluss den Streit, der zu nichts Weiterem mehr führen kann, abbrechen, u. als Freund, der noch immer das Beste für Ij. wünscht u. hofft, von ihm scheiden. Die 3 Theile der Rede sind nicht ganz gleichmässig gebaut: Th. 1 hat 8 u. 10 (oder wenn man V. 10 zu Thl. 2 zöge, 8

u. 8 Stichen); Th. 2 hat 8 u. 12 (beziehungsweise 10 u. 12), Th. 3 hat 10 u. 10 Stichen. Vielleicht ist V. 20 auszuscheiden. In LXX ist V. 3ᵇ. 13—16. 20. 24. 29 f. aus *Theod.* nachgetragen.

1) V. 2—10: El. beginnt damit, dass er offen mit der Sprache herausrückt u. seine Überzeugung von der Selbstverschuldung der Leiden Ijob's ausspricht. a) V. 2—5. In Form eines scheinbar streng logischen Beweises sucht er darzuthun, dass Ijob's gegenwärtiges Verhängniss nur um seiner Sünden willen von Gott über ihn geschickt sein könne. Alle 4 Verse, eng zusammengehörig, sind als Fragesätze gebaut. Der Beweisgang ist: in Gott, etwa in der Selbstsucht Gottes, kann der Grund deines Verhängnisses nicht liegen V. 2 f., also muss er in dir liegen; in deiner Frömmigkeit aber kann er unmöglich gefunden werden V. 4, also muss er in deiner Sünde zu suchen sein V. 5. — V. 2. יִסְכָּן] dem El. beliebt, s. 15, 3; das 2. mal statt mit לְ mit עַל (Nutzen bringen *über* oder *auf* einen) verbunden (vgl. 1 S. 20, 8. Ps. 16, 6). כִּי] nach der verneinend zu beantwortenden Frage des 1. Gl. *vielmehr, nein* wie 5, 2. עָלֵימוֹ] hier, wo Subj. u. Praed. reiner Sing. ist, s. v. a. עָלָיו (s. 20, 23), u. mit reflexiver Kraft. מַשְׂכִּיל] im ethisch-religiösen Sinn wie Ps. 14, 2 u. ö., also s. v. a. fromm u. tugendhaft; übrigens gibt dieses Subj. des 2. Gl. auch dem des 1. seine zusammenhangsgemässe Eingrenzung. Gott dem allgenugsamen, seligen bringt der Mensch keinen Nutzen, mag er sich so oder so verhalten (s. 7, 20; weiter ausgeführt 35, 5—8), also auch nicht, wenn er verständig handelt; vielmehr nur für sein eigenes Wohl sorgt er dadurch, sofern er die Strafen Gottes von sich fern hält u. den Segen der Tugend sich zuwendet. Vergeblich streitet *Mx.* S. XCVI der √ סכן (eig. *verwalten, pflegen,* s. *FrdDel.* Prol. 186) die Bedeutung *nützen* ab, u. deutet sie (wegen Qoh. 10, 9) *gefährlich sein, schaden,* Hiph. *gefährden, schädigen,* nicht blos überall im B. Ij., sondern auch Num. 22, 30. Ps. 139, 3 (aber wie dann Jes. 22, 15. 1 R. 1, 2. Ex. 1, 11?); indem er auch משכיל in unerhörter Bedeutung nimmt, gewinnt er: „ist wohl für Gott ein Mann gefährlich? sich selbst gefährdet man, so sagt der Sinnspruch." — V. 3. *Ist's ein Vortheil für den Allmächtigen, dass du gerecht bist?* Der Begriff von חֵפֶץ (s. 21, 21) bestimmt sich durch das entsprechende בֶּצַע *Gewinn:* ein Anliegen (*Hitz.*) wäre dem Allmächtigen allerdings des Menschen Gerechtigkeit, aber nicht ein Vortheil. תַתֵּם] Iprf. Hiph. von תמם (*Ges.* 67 A. 8); *die Wege unsträflich machen* d. i. unsträflich wandeln. Des Menschen Rechtschaffenheit bringt Gott keinen Vortheil; also (ist die Meinung) wird er auch nicht durch selbstsüchtige Gründe sich in der Behandlung des Menschen leiten lassen, etwa um grösseren Nutzen aus ihm zu ziehen. — V. 4. Da der Grund der Schickung nicht im Eigennutz Gottes liegen kann, so muss er im Menschen liegen: in dessen Gottesfurcht aber kann er nicht liegen, da undenkbar ist, dass Gott den Menschen um seiner Gottesfurcht willen *strafe* (5, 17. 13, 10), *mit ihm in's Gericht gehe* (Ps. 143, 2), um ihn anzuklagen u. zu verurtheilen. מִיִּרְאָתְךָ] מִן causat.; das Suff. drückt nicht den Gen. obj. aus: *aus Furcht vor dir* (*Vulg., Hrz. Ha. Hgst. Ren. Stud.*), weil der durch die Wortstellung ange-

deutete Gegensatz zwischen יִרְאָתְךָ V. 4 u. רָעָתְךָ V. 5 dann nicht zu seinem Recht käme; sondern יִרְאָה ist (wie 4, 6. 15, 4) *Gottesfurcht*, u. ךָ Gen. subj. — V. 5. Also bleibt nur übrig, dass der Grund in der Bosheit des Menschen liege; u. zwar folgt aus der Grösse des Leidens die Menge der Bosheit u. die Zahllosigkeit der Vergehungen. רַבָּה] Adj. fem., nicht (*Hitz.*) Prf. Das Dilemma V. 4 f.: entweder wegen der Gottesfurcht oder wegen der Sünde, als könnte nicht in der Mitte ein drittes, Mangel an vollkommener Gottesfurcht, liegen, zeigt die Befangenheit des Sprechers, wie sie auch daraus erhellt, dass er für die Leidensschickung geradezu den Begriff *Strafe* (הוֹכִיחַ V. 4) unterstellt. — b) V. 6—10. Sofort zählt er ihm eine Reihe solcher Sünden auf, welche er begangen habe, um sie zuletzt wieder als Grund des ihn umringenden Verderbens geltend zu machen. Die Härte u. Ungerechtigkeit seiner Denkweise tritt hier klar hervor: ohne Scheu beschuldigt er den Ij. bestimmter Vergehungen, die er nur aus der Thatsache seines Unglücks erschlossen hat. „Natürlich, dass seine Vermuthungen zunächst nach lauter solchen Vergehungen greifen, die im Gefolge von Reichthum u. Macht am häufigsten vorzukommen pflegen" (*Hrz.*), Sünden der Unbarmherzigkeit, des Geizes u. Machtmissbrauches. Weil die Schilderung habituelle Sünden betrifft, ist durchgehends das Iprf. gebraucht; doch wechselt V. 9ᵃ das Prf. damit. — V. 6. כִּי] sofern die Behauptung V 5 durch Aufzählung seiner Sünden begründet wird. אַחֶיךָ] var. (LXX *Vulg.*) אַחֶיךָ; gemeint sind die Nebenmenschen, zunächst Stammesgenossen. חִנָּם] *ohne Ursache*, auf Grund einer geringfügigen oder gar unbegründeten Forderung. עֲרוּמִּים] *nackte, entblösste* konnten auch halbnackte, nothdürftig gekleidete genannt werden, s. zu Jes. 20, 2. Solche Härte im *Pfänden*, wobei man dem Dürftigen selbst das letzte nothwendige Kleidungsstück nimmt, „war nicht nur dem allgemeinen Menschlichkeitsgefühle, sondern auch der ausdrücklichen Vorschrift des Gesetzes entgegen" Ex. 22, 25 f.; Dt. 24, 6. 10 ff. (*Hrz.*). — V. 7. Vgl. Jes. 58, 10. לֹא מַיִם] nicht einmal Wasser, geschweige ein besseres Getränke. עָיֵף] *erschöpft, lechzend* vgl. Jes. 29, 8; Jer. 31, 25; Ps. 63, 2. — V. 8. Die Gewaltthätigkeit, mit welcher er, seine Übermacht u. sein Ansehen missbrauchend, andere von Haus u. Hof vertrieb, u. sich selbst das Land weit u. breit aneignete (*Hrz.*), vgl. 20, 19 u. Jes. 5, 8. Der אִישׁ זְרוֹעַ *Mann des Arms* oder *der Faust*, der die Macht hat, u. der נְשׂוּא פָנִים *Angesehene* (Jes. 3, 3. 9, 14) ist nach dem Sinne des El. Ijob selbst, nicht ein anderer, den in solchem Streben begünstigt zu haben dem Ij. hier vorgeworfen würde (*Ros. Umb. Ha.*); die Anrede ist nur aufgegeben, um nicht blos das Handeln Ijob's sondern zugleich den Grundsatz, nach dem er handelte, zu beschreiben (s. 12, 5 f.): *u. dem Mann der Faust* (cas. absol.) — *ihm gehört* (nach deinen Grundsätzen) *das Land, u. der Angesehene soll drin wohnen*. — V. 9. *Wittwen hast du leer fortgeschickt*, sei es von Haus u. Hof, sei es wenn sie hilfesuchend in dein Haus kamen, *u. der Waisen Arme zermalmt man* oder mag man zermalmen (näml. nach deiner Art zu handeln). וּזְרֹעוֹת] Acc. beim Pass., s. *Ges.* 121, 1; LXX *Trg.* (*Mx.*) conformirend (wie oft) תְּדַכֵּא. Zu der Redensart דִּכָּא זְרוֹעוֹת vgl. Ps. 37, 17;

die Arme sind (vgl. V. 8) Bild der Kräfte, Hilfsmittel u. Rechte, worauf sie sich noch stützen können. Sonst s. Ex. 22, 21—23; Dt. 24, 17—19; Jes. 1, 17 u. s. — V. 10. Über die *Schlingen*, Bild des ihn erlauernden Verderbens, s. 18, 8—10. Der *plötzliche Schrecken* (Prov. 3, 25), der ihn bestürzt (s. 18, 11), ist nicht der Schrecken, der ihn beim Einbrechen seines Unglücks überfiel, sondern die jähe Todesangst, die ihn jetzt zeitenweise plötzlich übermannt. — Damit hat El. seine Ansicht vom Leiden Ijobs, die übrigens dieser längst durchschaut hatte (21, 27), ihm unzweideutig ausgesprochen, u. stellt nun

2) V. 11—20 mit leichtem Übergang ihn ernst warnend darüber zur Rede, dass er in solcher Lage auch noch das Walten Gottes zu leugnen sich erfreche u. damit ganz auf die Bahn jener alten Gottesleugner hinübertrete, welche das göttliche Strafgericht verdientermaassen eilends hinwegraffte, zur Freude der Gerechten. — a) V. 11—14. Zunächst eine Reihe Staunen ausdrückender, abmahnender Fragen darüber, dass er, der vom gerecht waltenden Gott schon genug heimgesuchte, nun gar dieses Walten selbst leugne. — V. 11 macht den Übergang. *Oder siehst du die Finsterniss nicht u. die Fluth von Wassern, die dich bedeckt?* Zu אוֹ s. 16, 3. Die Erkl., wornach El. mit אוֹ ein anderes Bild zur Auswahl gäbe, u. חשׁך zweites Subj. zu יבהלך V. 10 wäre: *oder Finsterniss, dass du nicht siehst*; u. *Wasserfluth überdeckt dich* (*Ros. Umb. Stick. Ren. Hitz. Hgst. Stud.*), erbringt einen undichterischen Satzbau u. Sinn. Besser wäre noch אוֹרך חָשַׁך (*Mx.* nach LXX). Aber auch so würde die Überleitung zu V. 12 ff. fehlen. Finsterniss u. Wasserschwall ist nicht Bild seiner Sünden (*Ha.*), sondern wie sonst (s. auch 27, 20) Bild der Leidensnacht u. des Elends, worin er zu versinken droht. Ijob kennt, nach Elifaz' Meinung, wenn auch die Gefahr seiner Lage, so doch nicht die rechte Bedeutung derselben; seine freigeisterischen Reden bezeugen das. Im Begriff, vor solchen Reden ihn ernstlich zu warnen, macht er durch diese Frage den Übergang dazu: oder wie? durchschaust du noch immer nicht das Verderben, in welchem du (zur Strafe deiner Sünden) schon steckst? — V. 12. Um ihm den Frevel u. Widersinn in seinen Reden auf einmal zum Bewusstsein zu bringen, erinnert ihn El. an die unendliche Erhabenheit Gottes, vermöge der er, nicht menschlich u. örtlich beschränkt, alles überschaut u. hochherrlich wirkt (vgl. Jes. 40, 26. 57, 15; Ps. 113, 4. 138, 6). *Ist Gott nicht Himmelshöhe?* verbindet man nicht mit dem Begriff Gottes den Begriff Himmelshöhe? ist er nicht himmelhoch? (vgl. 11, 8). Um ihm diese Höhe vorstelliger zu machen, heisst er ihn *das Haupt der Sterne* d. h. die höchsten Sterne *ansehen, dass* oder *wie* (Gen. 1, 4) *sie erhaben sind*, d. i. rücksichtlich ihrer Erhabenheit. [רְמִי־] Plur., wie 21, 21; רָמוּ mit Dag. aff. (*Ges.* 20, 2c). ראשׁ] nicht *mit dem Kopf* (*Hitz.*); ohnedem sieht man mit den Augen. Für V. 12ᵇ—16 gibt LXX nur: τοὺς δὲ ὕβρει φερομένους ἐταπείνωσεν. — V. 13f. Neben diesen (auch von Ijob 21, 22) anerkannten Satz von der göttlichen Erhabenheit stellt er, durch ו angeknüpft, Ijob's angebliche Äusserungen über Gottes Nichtwissen von den Dingen der Welt, um ihm die Verkehrtheit seiner Reden fühlbar zu machen. Also

תאמר u. *da sagst du: was weiss Gott?* d. h. nichts weiss u. kümmert sich (s. 9, 21) Gott um die Dinge, die auf Erden geschehen. *Wird er hinter Wolkendunkel* (d. h. verhüllt davon; Jud. 3, 33. Gen. 7, 16) oder *durch W. hindurch* (Gen. 26, 8; Joel 2, 9) *richterlich walten?* sc. über die untere Welt, von der er durch ח־ע abgeschlossen ist, wie sofort V. 14. erklärt: *Wolken sind Hülle* (24, 15) *ihm, dass er nicht sieht* (Thr. 3, 44), *u. des Himmels Rund* oder Kreis (Prov. 8, 27. Jes. 40, 22), also nicht die Erde, *durchwandelt er*, als seine Welt. Die göttliche Erhabenheit, im räumlichen Sinne gefasst, als Beweis des Nichtsehens Gottes geltend zu machen, u. die göttliche Vorsehung zu leugnen (s. Jes. 29, 15. Ez. 8, 12. Ps. 73, 11. 94, 7), ist nun freilich Ijob nicht in den Sinn gekommen; El. glaubt aber seine Leugnung des *gerechten* Waltens Gottes so auslegen zu müssen, als ob er einen unthätigen u. unwissenden Gott bekennete. — b) V. 15—20. Ob er sich denn den berüchtigten Sündern der Vorzeit beigesellen wolle, welche an keinen Gott glaubend, vom jähen Strafgericht ereilt wurden, obwohl Gott sie eine Zeit lang beglückt hatte? Wahrhaft Fromme freuen sich über solche Erweisung der göttlichen Gerechtigkeit. — V. 15. Mit solchen Grundsätzen tritt Ij. auf den Weg der Sünder der Vorzeit, von welchen die Sagen erzählen, u. so fragt ihn El. hier, ernst warnend, ob er das wirklich wolle? *Pfad des Alterthums*] wie Jer. 6, 16. 18, 15 (aber dort im guten Sinn). שמר] *beobachten, einhalten* (Ps. 18, 22. Prov. 2, 20); nicht: *achtest du wohl auf* etc. (Hgst.) — V. 16. Sie werden weiter beschrieben. קמט] wie 16, 8 *gepackt werden*, hier mit Einschluss der Folge: *gepackt u. weggerafft werden* (Hrz.). לא עת] da nicht Zeit war d. i. *vor der Zeit*, vgl. בלא־יומו 15, 32, wie denn auch hier einige MSS. בלא statt ולא haben. Im 2. Gl. ist, nach den Accenten, nicht נהר u. יוצק zusammen (*ein Strom der hingegossen wird* d. h. *ein hingegossener Strom*) Praed. zu יסודם als Subj. (Hrz. Olsh. Hitz.), weil ein hingegossener Strom kein klarer Begriff ist, auch in der Erzählung der blosse Nominalsatz kaum ausreichte; noch weniger richtig ist: *ein Strom wird hingegossen auf ihren Grund* (Ros. a.), weil der blosse Acc. יסודם nicht genügte, auch die erwartete Zerstörung damit nicht einmal ausgedrückt wäre, sondern יסודם ist Subj., נהר aber (Ges. 121, 2) Produktsaccusativ: *als Strom* oder *zu einem Strom hingegossen* d. h. flüssig *wurde ihr Grund*, so dass sie selbst nicht mehr stehen konnten, sondern versanken; eine Anspielung auf die Sintfluth. יוצק] Ipf. Hoph., als Ipf. der Vergangenheit. — V. 17. Man darf nicht V. 17 f. von V. 16 trennen u. mit V. 19 f. zusammennehmen: „die zu Gott so u. so sagen V. 17 f., die werden die Gerechten noch mit Freuden (umkommen) sehen u. ihrer spotten V. 19 f.," weil der Bau dieses langen Satzes zu schwerfällig wäre, u. weil aus dem blossen אין דחי (V. 16) noch nicht erhellt, inwiefern Ij. mit seinen gottesleugnerischen Reden ihnen ähnlich wird. Vielmehr wird V. 17 f. die Beschreibung der דחי אין fortgesetzt: *die* oder *da sie zu Gott sagten* u. s. w. Gl. 2: *u. was der Allmächtige ihnen thun werde* oder könne, mit Übergang in die indirekte Rede, wie 19, 28. LXX (M.r.) conformirend לנו für למו; Hitz. will gar למו = כי als Dat. eth. nehmen. Absichtlich legt ihnen

El. dieselben Worte (s. 21, 14), oder Gedanken (s. 21, 15) in den Mund, die Ijob C. 21 jene glücklichen Sünder aussprechen liess, um ihm zu sagen, gerade solche Sünder wie er beschrieben habe, habe thatsächlich das Strafgericht Gottes ereilt. — V. 18. Das 1. Gl. schliesst sich als Zustandssatz (wie 21, 22) an: *da er doch ihre Häuser mit Gutem* (Gütern u. Glück) *gefüllt hatte*; wohl nicht um ihre gottlosen Reden als schweren Undank zu zeichnen (*Del. Hitz. Hgst* a.), sondern: u. doch hatte Gott ihnen Fülle des Guten gegeben, hatte es also auch bei ihnen eine Zeitlang den Anschein, als ob er ihre Sünden ungestraft liesse. Im 2. Gl. nimmt El. Ijob's Verwahrung gegen solche Grundsätze (21, 16) herüber, gleichsam dem Ij. aus dem Mund, zugleich andeutend, dass nicht Ij., der ähnlicher Gottesleugnung sich schuldig gemacht habe, sondern nur er, sofern er an ein gerechtes Strafgericht glaube, sie mit Recht sprechen dürfe. LXX geben auch hier מֶנִּי für מִנִּי, hier noch unpassender als 21, 16, u. *Mx.* hält den ganzen V. für interpolirt. — V. 19. Die Imperfecta stehen nicht für רָאוּ, וַיִּשְׂמְחוּ, לָעַג (*Hitz.*), zumal wenn V. 20 für echt gilt, sind auch nicht futurisch gemeint, da ja V. 15 ff. in die Vergangenheit fällt, sondern präsentisch; im Gegensatz gegen die Äusserungen Ijobs 17, 8. 21, 5 f. behauptet El., dass im Hinblick auf solche Strafexempel die Gerechten sich freuen: *Gerechte sehen's u. freuen sich* (vgl. Ps. 52, 8. 58, 11 ff. 107, 42) *u. Schuldloser spottet ihrer* (Ps. 2, 4). — V. 20 sind die Worte ihrer Freude u. ihres Spottes. אִם־לֹא] *wahrhaftig*, s. 1, 11. 17, 2. קִימָנוּ] Pausalform für קִימֵנוּ *Ges.* 91, 1 A. 2; von einem nur hier vorkommenden קִים d. i. *unser Gegner* (sonst קָם mit Suff. Ex. 15, 7. Ps. 44, 6 u. ö., was *Olsh.* herstellen will). Dafür יְקוּמָם zu lesen, weil *Theod.* ἡ ὑπόστασις αὐτῶν übersetzt (*Mx.*) ist nicht gerechtfertigt. יֶתֶר] nicht *Vorzüglichstes, Herrlichkeit* (*Schl. Hgst. Stud.*); nicht *Rest, Nachgelassenes* (*Ges. Ha. Mat.*), sondern *Erübrigtes*, Hab u. Gut (Ps. 17, 14, vgl. Jes. 15, 7). אֵשׁ] vgl. 15, 34. 18, 15. 20, 26. Indessen will אכלה אש zu V. 15 f. nicht passen (weshalb *Ew.* dort eine Anspielung auf Sodom u. Gomorrha vermuthet); füglich können auch die צדקים die Leute der Fluth nicht קִימָנוּ nennen; in LXX fehlt der V. (was freilich auch auf Absicht des Übers. beruhen könnte); der Absatz V. 15—20 ist um 2 Stichen zu lang. Trotz נכחד u. אכלה אש steht zu vermuthen, dass der V. nicht ursprünglich sei; oder aber dass vor V. 19 einige Verse ausgefallen sind.

3) V. 21—30. Nach allem dem kann El. ihn nur noch ermahnen, umzukehren u. Busse zu thun, weiss aber die Ermahnung durch lockende Schilderung des ihm dann aufblühenden neuen Glückstandes so zu versüssen, ja schliesslich so ganz in reine Verheissungen auslaufen zu lassen, dass die Mahnung ihr Verletzendes fast verliert u. eher wie die Einladung eines wohlwollenden Freundes erscheint. — a) V. 21—25. Ermahnung mit Verheissung: er soll sich mit Gott wieder befreunden, die ihm von Gott gegebene Lehre zu Herzen nehmen, umkehren, namentlich das bei ihm noch befindliche ungerechte Gut von sich thun, so werde Friede u. Glück wieder bei ihm einkehren, u. in Gottes Freundschaft ein besserer Schatz ihm werden. — V. 21. *Vertrage dich doch*

mit ihm u. halte Frieden! הַסְכֶּן־] gegen die gewöhnlich angenommene Bedeutung (vgl. Trg.) will Mx. (auf Grund von γενοῦ σκληρός der LXX): „so wag' den Kampf mit ihm! ob dir's wird glücken!" (s. zu V. 2 u. vgl. 9, 4), aber solche Ironie als Einleitung zu dem ernsthaft gemeinten V 22 ff. wäre übel angebracht. וּשְׁלָם] meist als Impr. cons. erklärt: so wirst du Glück (Frieden) haben, ist aber, da sicher בָּהֶם eine Folge einleitet u. dieser Plur. doch wohl 2 Handlungen voraussetzt, besser als Ermahnung zu fassen: u. sei unsträflich (*Hitz. Hgst.*), oder eher: im Wohlverhältniss sc. mit ihm (*Schl. Mat. Del.*). vgl. Ps. 7, 5. Ij. 9, 4. בָּהֶם] neutrisch (*Ew. 172ª*): *durch solches* (vgl. Ez. 33, 18; Jes. 38, 16). תְּבוּאָתְךָ] ist von LXX Trg. Peš. u. in etlichen hbr. MSS. richtig als Nomen תְּבוּאָתְךָ (s. 31, 12) gelesen: *dadurch* (wird) *dein Ertrag ein guter* oder *Gutes*. Freilich erscheint, sein neuaufkommendes Glück als Ertrag zu bezeichnen, zumal am Anfang der Schilderung, wenig passend. Treffender ist: *wird dir kommen* (dich überkommen 20, 22) *Gutes* oder Glück (21, 15). Diesen Sinn drückt die Mass. aus, welche mit תְּבוֹאַתְךָ nur eine Verbalform beabsichtigt haben kann, näml. die 3 S. f. Iprf. mit hinten neu antretendem Femininzeichen, also תְּבֹאַתְ mit Suff. (*Ew. 191ᶜ*; *Ges. 48, 3*; *Böttch. § 929*). Vielleicht liegt ein alter Fehler für תְּבוֹאָתְךָ vor, wogegen קְבָה (א) אַתָּה *gesellt sich zu dir* (*GHff.*) zu בָּם nicht wohl passt. — V 22. Der Dolmetscher der Lehre u. Worte Gottes an Ijob beansprucht El. selbst zu sein, vgl. 15, 11. — V. 23. שׁוּב עַד] wie Joel 2, 12; Am. 4, 6 ff.; Jes. 9, 12. 19, 22 u. s. תִּבָּנֶה] Nachsatz; בָּנָה das Eingerissene *wieder aufbauen*, tropisch von der Wiederherstellung des früheren Glückes eines Menschen Jer. 24, 6. 33, 7 (*Hrz.*). Das 2. Gl. kann aber dann nicht wieder von אִם abhängig gemacht werden (*Hrz. Del. Hgst.* a.), vgl. 8, 5. 11, 13 f., sondern müsste als Ermahnung gefasst werden (*Ha. Schl. Mat.* a.), aber dafür steht V. 24 der Impr. Deshalb ist es doch wohl richtiger mit LXX תַּעֲנֶה *dich demüthigend* für תִּבָּנֶה herzustellen (*Ew.*), nicht תַּעֲנֶה (*Mx.*) oder תִּבְנֶה (*Hitz.*), oder gar בְּעֵץ שָׁדַי תִּבְנֶה (*Lag.*). Zur Sache vgl. 11, 14. Gl. 2 setzt dann תָּשׁוּב fort (von אִם abhängig), u. der Nachsatz kommt V. 25; V. 24 aber ist zwischensätzlich eingeschobene Ermahnung, wie 11, 14. — V. 24. שִׁית] Imprt. בֶּצֶר] nur hier u. V. 25 (nicht aber 36, 19), von den Alten nicht mehr verstanden; seine Bedeutung bestimmt sich theils durch den Zusammenhang, indem zuerst בֶּצֶר u. Gold, dann בֶּצֶר u. Silber zusammengestellt ist, theils durch das Etymon (*Ges. th. 230*) als *edles Metall*, zumeist *Gold*, wie es aus dem Schachte gebrochen wird, noch unverarbeitet u. unversetzt, etwa Bruchgold oder Edelerz; nicht *Ring* (*GHff.* in Z. f. Ass. II. 48 f. nach arab. *bazar*, indem er zugleich den Text zu בְּנֵי נְחָלִים וּבְצֵר corrigirt), da Gold in ältester Zeit in Ringen circulirt habe. שִׁית עַל־עָפָר] etwas *auf den Staub* oder *zum Staub legen* d. h. sich einer Sache als einer werthlosen, nicht höher denn Erde anzuschlagenden entledigen. וּבְצוּר נְ׳] mit Anklang an בֶּצֶר: *u. in* oder *unter der Bäche Kiesgestein* den Ophir d. h. *das Ophirgold*, trefflichstes Gold, das von Ophir, dem östlichen Goldlande eingeführt wurde (s. zu Gen. 10, 26); zu אוֹפִיר für אוֹפִיר בֶּתֶם (28, 16; Ps. 45, 10 u. s.) hat man längst verglichen Damast von Da-

mask, Musselin von Mossul u. dgl. Die Annahme eines ב essentiae
(*Hitz.*) u. die Lesung וּבְצִיר (viele MSS. u. Edd., auch *Theod., Trg. Peš.*;
Mx. Stud.) gienge nur an, wenn es erlaubt wäre, im 2. Gl. das שִׁית
= *erachten* (*Mx.*), oder gar auch שִׁית עַל עָפָר = *für Staub achten*
(*Schult. Umb. Stud.*) zu nehmen. In Wahrheit handelt es sich nicht
um eine andere Werthschätzung, sondern (V. 23ᵇ) um Fortschaffung
des Metalls. Das שִׁית aber, für erwartetes הִשְׁלֵךְ (*Olsh. Mat.*) scheint
gewählt wegen des בְּ in Gl. 2. — V. 25. וְהָיָה] nicht Fortsetzung der
Ermahnung: *u. es sei* (*Stick. Ha. Hitz. Reu.*), sondern Folgesatz: *so
wird werden.* בְּצָרִים] sind Stücke בֶּצֶר in der Mehrheit, oder in Menge.
תּוֹעָפוֹת] nur hier u. Ps. 95, 4; Num. 23, 22. 24, 8, noch immer dunkel.
Mit Ableitung von יָעֵף *müde werden* (s. *Ges.* th. u. *Böttch.* ÄL. 12;
Hgst. Silber der Mühen) ergiebt sich keine hier u. sonst passende Bedeutung. Unter Annahme eines Lautwechsels mit יָפַע, kommt man freilich mit hbr. יָפַע *glänzen nicht* aus, da *Silber der Strahlen, glänzen-
des* oder *strahlendes Silber* (*Stick. Ew. Ha. Stud.*) hier zu allgemein
oder zu wenig besagend wäre, u. Num. 23 u. Ps. 95 *Strahlen* noch
weniger passt; dagegen arab. *jafa'a* (*waf'un*) *emporragen, aufsteigen,
wachsen* erbringt für תּוֹעָפוֹת den Begriff *ragender Dinge* (wie auch die
jüd. Erkl. meist den Begriff des *Hohen* u. *Starken* darin fanden), in
Num. 23 die Hörner, in Ps. 95 die Firsten, hier entweder *ragende
Haufen* oder (s. (*Hitz.* zu Ps. 95) *Stangen, Barren*, nicht aber (*Del.
Vo.*) *hervorragender Glanz*. *Felsenrinnen* (GHff.) taugt nicht einmal
hier, geschweige an den andern Stellen. Sowohl *Silber ragender Haufen* d. h. Silber in Stössen, als *Silber der Stangen*, das man nicht geld-
stückweise, sondern stangenweise besitzt, weist auf die Menge hin (*Vulg.*:
argentum coacervabitur tibi), geradeso wie der Plur. בְּצָרִים im 1. Gl.
Nach demüthiger Umkehr zu Gott, unter Abstossung seiner (unrecht
erworbenen) irdischen Schätze wird Gott statt solcher Schätze ihm ein
Schatz sein; in wiefern? sagt V. 26ff. Dass das für El. zu geistlich
gedacht sei (*Mat.*), erscheint nach 5, 17ff. nicht richtig. An die Stelle
klingt Matth. 6, 33 an (*Hrz.*). — b) V. 26—30. Die Verheissung: ein
seliges Freundschaftsverhältniss zu Gott waltet dann bei ihm, da er in
Gott befriedigt, furchlosen Vertrauens alle seine Anliegen ihm vortragen
darf, u. alle berechtigten Wünsche von ihm erhört bekommt, Glück u.
Gelingen zu allem hat, auch über etwaige Beugungen bald wieder
Meister wird, u. selbst für andere noch betend u. rettend eintreten
kann. — V. 26. כִּי] weil erklärt werden soll, inwiefern er dann an
Gott einen Schatz haben werde. An *Gott* wird er seine Lust haben,
nicht mehr an irdischen Schätzen, aber in ihm auch wirklich seine Lust
u. Befriedigung finden (vgl. Ps. 37, 4. Jes. 58, 14). *Gesicht aufheben*
zu Gott, sc. heiter u. vertrauensvoll, ohne Schuldgefühl u. ohne die
Angst des Verfolgten (vgl. 11, 15 gegen 10, 15). — V. 27. תַּעְתִּיר]
virtuell hypothet. Vordersatz, wie V. 28ᵃ (vgl. 20, 24): *betest du zu
ihm, so wird* u. s. w. *Du wirst deine Gelübde bezahlen* d. h. für
die Erhörung deiner Bitten ihm dein gelobtes Dankopfer bringen dürfen.
— V. 28. גזר] *zerschneiden, abschneiden*, hier wie im Aram.: *bestimmen,
beschliessen*. אמר] = דָּבָר *Sache, etwas*. וַיָּקָם] Jussiv im Nachsatz einer

Bedingung ohne אִם, s. *Ges.* 109, 2ᵇ; *erstehen* d. i. zu Stande kommen, verwirklicht werden, gelingen (Jes. 7, 7; Prov. 15, 22). *Licht.* Gegensatz zu V. 11, auch 19, 8. — V. 29. כִּי] *wann, gesetzt dass.* הִשְׁפִּילוּ] nimmt man unbestimmt welche als Subj., so muss man ein Obj. suppliren: *wenn man* (dich) *herabwürdigt* (*Umb., Röd.* u. *Ges.* th. 1466, *Hitz. Bud. Hgst.*) oder *wenn man* (jemand) *beugt* (*Ges.* th. 253; *Schl.*), aber warum wäre הָ— oder אִישׁ nicht ausgedrückt! Treffender macht man דְּרָכֶיךָ V. 28 zum Subj. (*Ros. Ew. Ha. Del.* a.); von ihnen kann, wie עָלָה Jud. 20, 31 u. יָרַד Prov. 7, 27, so auch *niedrig machen* d. h. *abwärts führen* ausgesagt werden (Ps. 113, 6. Jer. 13, 18). וַתֹּאמֶר] Nachsatz (wie 4, 5 u. s.): *so sagst du*, näml. im Gebet an Gott dich wendend u. in Hoffnung seiner Erhörung. גֵּוָה syncopirt aus גֵּאָוָה (*Ew.* 62ᵇ; verschieden von גֵּוָה 20, 25) *Erhebung*, hier eben als das Wort, das Ijob spricht, im Ausruf (Ges. 147, 3): *aufwärts, empor!* Zwar bedeutet sonst גֵּוָה *Übermuth* (33, 17 Jer. 13, 17), u. demnach erklärte man (*Röd. Hitz. Bud.*) auch: *u.* (*wenn*) *du sprichst: Übermuth!*, so dass erst V.ᵇ den Nachsatz brächte, aber dass גֵּאָוָה bedrückt, liest man sonst nicht, wohl aber dass Gott die גֵּאִים beugt (Jes. 13, 11. 25, 11. Ps. 18, 28) oder auch ihren Inhaber in Niedrigkeit bringt (Prov. 29, 23). — Das 2. Gl. gibt die nun eintretende Folge an: *u. dem Augengesenkten* d. h. Niedergeschlagenen, Gedemüthigten *schafft er Hilfe*, näml. Gott, der auch V. 30ᵃ wieder Subj. ist, weshalb das Pass. יוֹשִׁעַ (*Peš. Vulg.*) zu lesen nicht nöthig ist. Der Niedergeschlagene ist Ijob selbst: wenn du auch Beugungen zu erfahren bekommst, du wirst sie in der Kraft deines Gottes bald siegreich überwinden. — V. 30. Höchste Steigerung der Verheissung: er werde nicht bloss für sich selbst so glücklich werden, sondern als Reiner sogar andern von Schuld nicht Freien die Rettung vermitteln. אִי־נָקִי] אִי, aus אַיִן verkürzt, zur Verneinung eines Nomens, s. *Ges.* th. 79; es in אֶל zu corrigiren (*Mx.*: den נָקִי rettet *Gott*; בְּבֹר כַּפֶּיךָ wirst *auch du gerettet* וְנִמְלַט!) liegt keinerlei Grund vor. Unter dem אִי־נָקִי wollen einige (*Umb. Hrz. Hitz. Hgst. Stud.*) Ijob selbst verstehen: *den Nichtschuldlosen* d. h. dich, obwohl du nicht schuldlos bist, *wird er retten*, aber wie kläglich nachgehinkt käme das hinter den viel weiter gehenden Verheissungen V. 26—29! Sodann müsste in V.ᵇ entweder von Ij. in der 3. u. 2. p. zugleich die Rede sein: *u. gerettet wird er* (der אִי־נָקִי) *durch deiner Hände Reinheit* d. h. dadurch dass du dich besserst (*Hitz. Hgst. Stud.*), oder aber müsste in V.ᵇ נָקִי אִי ein Dritter d. h. ein anderer als in V.ᵃ sein (*Hrz.*), beides gleich unmöglich. Möglich ist nur: *retten wird er* (Gott) *einen* (dritten) *Nichtschuldlosen, und* (*zwar*) *gerettet wird er durch die Reinheit deiner Hände* d. h. dein unbeflecktes Handeln u. Leben (vgl. 17, 9. Ps. 18, 21. 24, 4); so die meisten Erkl.; wogegen וְנִמְלַט = וְנִמְלַטְתָּ (*GHff.*) eine im AT. unerhörte Rückwärtsassimilation voraussetzt. Passend mündet so diese letzte Rede des profetisch gerichteten Mannes in eine unwillkührliche Vorahnung des wirklichen Ausgangs dieser Geschichte (42, 8) aus. Damit hat El. den Kreislauf seiner Gedanken vollendet. Auch der Leser nimmt, da er wieder zur Güte umgelenkt, befriedigter von ihm Abschied.

b) *Die Antwort Ijob's*, Cap. 23 u. 24.

Nach so freundlichen Schlussworten des El. mag Ij. die kränkenden Beschuldigungen desselben nicht durch verletzende Gegenrede erwiedern; ja er hält es sogar unter seiner Würde, gegen die grundlosen Anklagen sich sofort zu vertheidigen. Wohl aber unternimmt er es noch einmal, um ihrer Theorie die Grundlage zu entziehen, ihnen die Räthselhaftigkeit des Waltens Gottes in der Welt in ihrem ganzen Umfang zu Gemüth zu führen. Nämlich 1) was Gottes Verhalten zu ihm selbst betrifft, so steht ihm (Ijob) seine Unschuld fest u. kann er noch immer (wie im 1. Gespräch, bes. Cp. 9) nur wünschen, in einem Gerichtsvorgang sie darthun zu dürfen. Aber Gott, obwohl er seine Unschuld kennt, entzieht sich ihm, u. bleibt dabei, ihn leiden zu lassen. Hier liegt also ein völlig unbegreifliches Thun Gottes vor, u. ist das der eigentliche Grund seiner Klage u. Verzagtheit Cp. 23. 2) Aber ebenso, wenn man in die übrige Menschenwelt hinausblickt, wie sehr u. oft muss man da die göttliche Abrechnung mit den Menschen vermissen! Da gibt es Leute genug, die nicht zu leiden bekommen, obwohl sie es verdienten, Unglückliche u. Gedrückte, die im elendesten Loos verkommen, Sünder u. Verbrecher der schlimmsten Art, die oft bis an ihr natürliches Ende ihr böses Wesen ungestraft treiben dürfen. In Betrachtung dieser Verkehrtheit in der Welt ergeht er sich lange u. fast mit Behagen C. 24, um endlich voll Siegesgefühl auszurufen: wer kann das leugnen (V. 25)? Er setzt damit fort u. vollendet, was er in seiner letzten Rede C. 21 angefangen hatte. Je mehr er darüber nachdenkt, desto mehr Beispiele aus dem Leben seiner Zeit strömen ihm zu. Durch die ganze Rede zieht sich der Gedanke der Unbegreiflichkeit Gottes. Wie ihm daraus der Wunsch nach einer göttlichen Entscheidung keimt, so ist sie zugleich das rechte siegreiche Wort gegen die Drei, welche das ganze Thun Gottes aus einer einzigen Regel berechnen zu können wähnen. Gegliedert ist der 1. Theil in 8, 8, 8, 8, Th. 2 in 8, 9, 9, 14, 10, 9 Stichen. Aber schwerlich liegt dieser 2. Th. mehr in seiner urspr. Gestalt vor; namentlich ist 24, 13—17 nach Inhalt u. Form (4 dreizeilige neben 1 zweizeiligen V.) auffallend, u. wird wenigstens V. 13 ein Einsatz sein. Andere wollen V. 9—24 (*Mx.*), V. 5—8. 10—24 (*Bick.*), V. 5—9. 14—21 (*Grill*) für Interpolationen erklären, u. *GHffm.* will 24, 13—25 dem Bildad geben u. hinter 25, 6 versetzen, wie wenn es dort irgend wie Anschluss u. Ijobs Rede mit 24, 12 einen passenden Schluss hätte! — In LXX ist 23, 9. 15. 16b. 24, 4b. 5c. 8a. 14c. 15—18a. 25b Einsatz aus *Theod.*

1) Cp. 23: eine Schuld kann Ij. noch immer nicht zugeben; er muss dabei bleiben, dass in seinem Geschick ein unbegreifliches Räthsel des Waltens Gottes vorliegt. a) V. 2—5. Noch immer muss er über Unrecht klagen, u. kann gegenüber von den Zumuthungen des El. nur wünschen, vor dem göttlichen Richterstuhl sein Recht darthun zu dürfen. — V. 2. היום־גם] *auch heute* noch, nicht: *noch immer* (עַד עָתָּה); es liegt darin, dass die Verhandlungen durch mehrere Tage hindurch ge-

führt zu denken sind (*Ew.*, jetzt auch *Del.*² *Stud.*); dass zwischen Cp. 22 u. 23 eine Nacht lag (*M.r.*), hat niemand behauptet. Wohl kann היום, wenn man auf eine längere Zeit hinblickt, unserem *jetzt* entsprechen (Zach. 9, 12), nicht aber wenn ein Gegensatz gegen frühere Stunden eines u. desselben Tages gemacht werden soll. גם־היום] ist (nicht aber: gilt euch als, *Umb. Hrz. Ren. Reu.*) Widerspenstigkeit oder Trotz, d. h. *trotzig meine Klage* (21, 4), näml. widersetzlich gegen die zugemuthete Anerkennung einer Schuld, oder unbussfertig; natürlich aus dem Sinn der Freunde heraus gesprochen. *Bitter* oder *Bitterkeit* (*Trg. Vulg., Ros. Stick.*) bedeutet מרי nicht; man müsste מר lesen. Mit καὶ δὴ οἶδα ὅτι ἐκ χειρῶν μου ἡ ἐλεγξίς ἐστι (LXX) ist nichts anzufangen; selbst wenn man מיָדִי für מרי liest: ob *seiner Hand klag' ich* (*Ew.*) oder *aus seiner Hand stammt m. Klage* (*M.r.*) vgl. 21, 4, entsteht kein treffenderer Sinn. Weniger, als die des 1., wird sich die mass. Lesart des 2. Gl. halten lassen: *meine Hand lastet schwer auf meinem Seufzen* (3, 24). Da יד im obj. Sinn, *die mich schlagende Hand,* zu fassen (*Trg.*, *Hrz. Ha. Schl. Hgst.* a.) trotz ידי 34, 6 unmöglich ist, so könnte die Meinung nur sein, entw.: *m. H. drückt mein Seufzen nieder,* hemmt es (*Mat.*), wodurch ein künstlicher Gegensatz gegen Gl. 1 entstünde (ich seufze nicht mehr, ich widerstrebe vielmehr), oder: *m. H. lässt es nicht los* d. h. ich halte es unverrückt fest (*Del.*¹), aber das wäre für diesen einfachen Gedanken der seltsamste Ausdruck. Man liest darum besser (LXX *Peš.*, *Ew. Mx. Del.*² *Reu. Vo.*) ידו u. versteht es von Gottes schlagender Hand (13, 21. 19, 21). Da aber weiterhin על neben כבד im comparativen Sinn (*schwerer als m. S.*, vgl. Qoh. 1, 16; *Umb. Schl. Ren.*) zu verstehen nicht angeht, u. an ein Hemmen der Seufzer (*Hrz. Mat. Hitz.*) nicht gedacht werden kann, weil Gl. 2 nicht Zustandssatz, auch kein Gegensatz zu Gl. 1 angedeutet ist, so wird *das Schwerlasten auf dem S.* nur das *fortwährende Auspressen desselben* (*Ha. Olsh. Stick. Hgst. Del.* a.) bedeuten können. — V. 3. Dieser Klage könnte nur Einhalt thun, wenn es ihm gelänge, sein Recht vor Gottes Gericht anerkannt zu erhalten. Dem Wunsche darnach gibt er jetzt Ausdruck, wie mit sich selbst sprechend. In dem Wunschsatz (6, 8) sind die Hauptverba אמצא u. אבוא; מי־יתן (mit folgendem ו cons.) ist die Voraussetzung dazu (*Ew.* 357ᵇ): *o dass ich wüsste,* wo u. wie er zu finden sei, *u. ihn fände!* (die Construktion 32, 22 ist ganz verschieden). תכונתו] *Gestelle,* hier: *tribunal,* Stuhl des Richters. — V. 4. Zum 1. Gl. vgl. 13, 18. תוכחות] *Widerrede, Beweis,* durch den er sein Recht vertheidigt, vgl. 13, 3, auch 6. Der Volunt.: *ich wollte* oder *möchte.* — V. 5. אדעה] Rel.-Ratz: ich möchte wissen (erfahren) die Worte, die er mir antwortete; nicht: ich würde dann erfahren etc. (*Stud. Reu.*). — b) V. 6—9. Er ist auch überzeugt, dass wenn Gott in einem solchen Gericht auf ihn merken wollte, ohne mit seiner Allmacht ihn zu erdrücken, er als ein Gerechter daraus hervorgehen würde, besinnt sich aber sofort auf die Unerreichbarkeit seines Wunsches, denn Gott lässt sich von ihm nicht finden. — V. 6. Es beschleicht ihn wieder (s. 9, 34. 13, 21) die Angst vor der Majestät Gottes, welcher mit seiner Allgewalt ihn so niederbeugen könnte, dass an ein Vertheidigen u. Beweisen nicht mehr zu denken wäre; darum fügt er die Bedingung, dass das nicht geschehen dürfte, in Form einer Frage bei: *soll er in Machtfülle* (30, 18) *mit mir streiten?* u. gibt darauf selbst die Antwort: *nein, nur achte Er auf mich!* indem er meine Reden anhört; mehr verlange ich nicht. Dass die Verba ausdrücken, was Gott thun *soll* oder *sollte*, nicht (*Schl. Del. Hgst.*) was er thun *wird* oder *würde*, versteht sich aus dem Zusammenhang (merke auch ישם, was רָשֵׂם zu lesen näher liegt). Die Zuversicht Ijobs bezieht sich nicht darauf, dass Gott ihn anhören werde, sondern darauf, dass wenn er ihn anhöre, er ihn auch freisprechen müsse. שִׂים] s. 4, 20; es ist hier (wie נָגַד 6, 28) mit בְּ verbunden, um das Haften seiner Achtsamkeit an ihm auszudrücken; *vorgehen gegen* (*Hitz.*: nein, nur Er, ohne רֹב כֹּחַ, möge vorgehen gegen mich!) bedeutet שׂים nic. אַךְ] zum ganzen Satze gehörig, s. 13, 15. 16, 7. הוּא] Gott selbst achte auf ihn, nicht etwa nur ein Mensch! Die mass. Accentuation, welche הוא vom Folgenden abtrennt, gibt keinen passenden Sinn; auch an שִׂים בְּ *beilegen* ist nicht zu denken, weil ein Obj. fehlt; „er mag mit aller Kraft mit mir streiten, er selber wird an mir nichts finden" (*Mx.*, der בְּ durch וְ ersetzt) scheitert ausserdem an der Wortstellung des 2. Gl. — V. 7 Ausdruck seiner Siegesgewissheit unter der genannten Voraussetzung. *Da* (35, 12), sc. in einem solchen Gericht, wäre *ein Rechtschaffener* (1, 1) *mit ihm rechtend* (נוכח Part. Niph.), u. *ich wollte wohl* d. h. *würde auf immer loskommen von meinem Richter.* פַּלֵּט] s. zu 20, 24. Die Lesung וֶאֲפַלְּטָה (LXX *Vulg., Hitz.*) ist mit Recht vermieden, da פַּלֵּט c. Obj. nicht *sichern*, sondern *entkommen machen* bedeutet. — V. 8. Aber plötzlich, wie beim Erwachen von Träumen, bricht nun die Besinnung durch, dass eben Gott sich von ihm nicht finden lässt. קדם u. אחור, von אהלך abhängig, *vorwärts* (ostwärts), *rückwärts* umschreiben mit *links* u. *rechts* V. 9 zusammen die 4 Weltgegenden. — Vgl. 9, 11. — V. 9. שמאול] hängt nicht mehr von אהלך V. 8 ab, sondern ist adverbiale Ortsbestimmung zu בעשתו, wie יָמִין zu יַעְטֹף. אָחַז] statt אֶחֱזֶה, wie V. 11. 24, 14 s. *Ges.* 109, 2ᵇ Anm., u. vgl. zu 18, 9. *Wann er nach linkshin wirkt — ich schau ihn nicht; biegt er rechts — ich sehe ihn nicht.* Insoweit genügt עָשָׂה von עשה in der Bedeutung *wirksam sein* (*Ges.* th. 1075); eine √ עשה oder עשה *sich wenden* (*Ew.*) ist nicht zu erweisen; dass עשה (wie das vulgäre *machen*) für עָשָׂה דֶּרֶךְ (Jud. 17, 8) gesagt wurde (*Hitz.*), ist aus Ruth 2, 19. 1 Reg. 20, 40 nicht sicher u. würde das für Gott wenig passen. Dagegen gibt עטף *umhüllen* u. *sich verhüllen* (*Ges. Stick. Hrz.* a.) hier keinen Sinn, weil dann die Folge, das Nichtsehen, sich zu sehr von selbst verstünde, u. ist darum (*Saad. Ew. Del. Hitz.* a.) die im Arab. noch erhaltene Grundbedeutung der W. *abbiegen, ablenken* anzunehmen. — c) V. 10—13. Nicht finden lässt sich Gott, weil er *zwar* Ijobs Unschuld wohl kennt, weiss, dass er nie Gottes Gebot übertreten hat, *aber dennoch* von seinem einmal gefassten Rathschluss wider ihn nicht abgehen will. V. 10. כִּי] sofern alles Folgende bis V. 13 Begründung dafür ist, dass Gott sich nicht finden lassen will. דרך עמדי] nicht: *sein* Verfahren gegen mich (*Mx.*), noch: die Wendung, die es mit mir nähme (*Hitz.*), sondern *den*

14*

Weg bei mir (*Ew.* 287ᶜ) d. h. den mir anhaftenden, von mir eingehaltenen, mir gewohnten Wandel (vgl. Ps. 139, 24), daher LXX frei ὁδόν μου; nicht: *den mir bewussten* (9, 35. 15, 9) *Weg*, weil sonst ausgedrückt sein müsste, wessen Weg gemeint ist, also דרכי stehen müsste. בחנני] Perf. hypoth. (*Ew.* 357ᵇ; vgl. 3, 13): *prüfte er mich, wie Gold gieng' ich hervor*, sc. so lauter. In Ausführung dieser sehr kühnen Behauptung (vgl. Ps. 17, 3), die allerdings ein völlig fleckenloses Gewissen voraussetzt, beschreibt er kurz V. 11 f. (s. mehr in C. 31) die Art seines Wandels, u. weist damit beiläufig auch die Anschuldigungen des El. (22, 5—9) zurück. — V. 11. *An seinem Schritt hielt fest mein Fuss* d. h. ich folgte immer genau seinen Fusstapfen (vgl. Ps. 17, 5). אט] Juss. Hiph. (s. V 9) von נטה; das Hiph. ist hier wie unser *ablenken* intrans. gebraucht (vgl. Jes. 30, 11). — V. 12. *Den Befehl seiner Lippen*, was den betrifft, so liess ich ihn nicht fort (*Hitz.*, vgl. Ps. 18, 23) oder (da המיש öfters intrs. ist) *so wich ich nicht* davon; zur Construktion s. 4, 6. 15, 17 (falsch zieht *Pes.* כי 'לו zu ולא אמיש, u. ולא אמיש zu מחקי). Im 2. Gl. ist צפן mit מן nicht: etwas *verwahren* oder *schützen vor* (*Hrz.* nach Ps. 27, 5), was nur einen sehr künstlichen Sinn gäbe, sondern מן ist comparativ, u. צפן allerdings nicht = שמר *beobachten*, wohl aber *zurücklegen, aufbewahren*: *mehr als mein Gesetz habe ich seines Mundes Worte* (6, 10. 22, 22) *bewahrt*, nicht etwa sie geringschätzig bei Seite geworfen. Freilich solche Entgegensetzung des eigenen oder natürlichen u. des göttlichen Gesetzes (Rom. 7, 23) kommt sonst im AT. nicht vor, u. צפן hat sofort V. 14 einen andern Sinn. Auch zu בחקי passt besser (LXX *Vulg., Olsh. Ren. Mat. Mx. Stud.*), בחקי (19, 27) zu lesen (vgl. Ps. 119, 11): *in meiner Brust bewahrte ich*. Nur ist בחקי für בלבי auffallend. Dagegen מחקי mehr als meinen Sinn (*GHff.*) wäre unhebräisch. Der Satz ist als Rückbezug auf 22, 22ᵇ zu verstehen. — V. 13 als Gegensatz zu V. 10—12, vollendet erst die V. 10 angefangene Begründung. והוא] באחד natürlich nicht: will er etwas (! *Mx. Stick.*), auch nicht: ist er gegen jemand (*Reu.*), da אחד nicht איש ist; u. schwerlich: *aber er bleibt bei einem* (*Ros. Hrz. Del.*¹ a.), weil in diesem Fall באחת (9, 3. 22; Ps. 27, 4) erwartet würde, sondern (mit ב essentiae, *Ges.* 119, 3ᵇ): *er ist einer* d. h. ein u. derselbe, unveränderlich in seinem einmal gefassten Vorsatz (nicht: *einzig* sc. in unbeschränkter Allmacht), *u. wer will ihn abbringen?* (9, 12. 11, 10); *u. seine Seele hat's gewünscht, so thut er's denn.* — d) V. 14—17. Nur diese Unbegreiflichkeit in Gott, der noch andere ähnliche in seiner Weltregierung zur Seite stehen, ist der Grund seines Grauens vor Gott u. seiner inneren Verzagtheit, nicht aber die Finsterniss des Unglücks an und für sich, nicht die Betrachtung seiner eigenen Jammergestalt. — V. 14 (fehlt in LXX). כי sofern die vorhergehende Aussage bestätigt, zugleich durch Hinweis auf das sonstige Thun Gottes begründet wird: *ja vollführen* (Jes. 44, 26) *wird er mein Geschick*, eig. das von ihm über mich (Gen. Obj.) Verhängte, *u. derlei vieles ist bei ihm* (10, 13. 9, 35. 15, 9) d. h. liegt in seinem Sinne, nicht gegen u. über Ijob (*Umb. Del. Hitz.* a.), da zu solcher Beschränkung kein Grund ist, auch חקי nur auf חקי, nicht auf „Qualen" oder „Leiden", von denen vorher keine Rede war, sich zurückbeziehen kann, sondern allgemein: ähnliche unbegreifliche Verhängnisse über die Menschen, womit er schon auf C. 24 hinweist. — V 15. עֲל־כֵּן] wegen dieses grundlosen Verhängnisses, das er unwandelbar durchführt. מִפָּנָיו] *vor ihm*. schon im Gegensatz gegen מִפְּנֵי־חֹשֶׁךְ u. מִפָּנָי V. 17. אֶתְבּוֹנֵן] *ich erwäge* oder *überdenke*, näml. eben das, worauf עַל־כֵּן geht, u. *bebe* d. h. *überdenke ich's, so bebe ich vor ihm*. — V. 16 einfache Fortsetzung, wo אֵל u. שַׁדַּי ebenso nachdrücklich vorangestellt ist, wie V. 15 מִפָּנָיו: *und Gott* (nicht sonst jemand oder etwas; vgl. 19, 6. 21, 4) *hat* zart, weich, *zaghaft gemacht* (Hiph. von רָכַךְ, Ges. 67 A. 6) *mein Herz*. — V. 17. Die Behauptung, dass *Gott* Ursache seiner Angst u. Zaghaftigkeit sei, wird durch Abweisung anderer Ursachen begründet, u. zugleich die 22, 11 von El. ihm gemachte Anmuthung, unter Anspielung auf deren Wortlaut, zurückgewiesen. נִצְמַתִּי] bedeutet 6, 17 *vernichtet werden*, u. ist hier von der inneren Vernichtung durch Schrecken zu verstehen; passender wäre die Grundbedeutung (nach dem Aram. u. Arab.) *verstummen* (*Ew. Hrz. Reu.*), vgl. דמה u. נרדמה; sie ist aber im Hebr. sonst nicht zu erweisen. *Denn nicht vernichtet steh' ich wegen der Finsterniss* (meines Unglücks, wie 22, 11), *u. wegen meiner selbst, welchen Dunkel bedeckt hat* d. h. wegen meiner eigenen Jammergestalt, die nach 19, 13 ff. die Leute mit Entsetzen erfüllt (*Ew. Hrz. Del. Stud. Vo.* a.). In Prosa hiesse es וּמִפָּנַי אֲשֶׁר כִּסָּה אֹפֶל. Die Meinung ist: die Finsterniss, mit der er umnachtet sei (22, 11), erkenne er wohl; aber nicht diese an sich habe ihn innerlich so vernichtet, sondern der Gedanke an den unbegreiflichen Gott, der dahinter steht. — Die früher beliebte Erklärung des V. (noch bei *Stick. Ha. Hgst.*): *weil ich nicht vernichtet wurde, ehe die Finsterniss kam, u. er* (nicht) *das Dunkel vor meinem Angesicht bedeckt* d. i. *verborgen hat* (nach 3, 10), brächte einen im Zusammenhang ganz fremden Gedanken herein, ergäbe ein bedecktes, statt ein bedeckendes Dunkel, u. würde ein לֹא im 2. Gl. nöthig machen. Nicht besser ist (*Hitz.*): denn nicht erlösche ich vor Finsterniss (darf nicht sterben), u. vor mich hin (מִפָּנָי!) deckt er Dunkel (ich muss im Unglück leben); merkwürdig unpassend ist das von *Mx.* gebilligte Surrogat der LXX; grammatisch nicht zu verantworten ist: wenn auch das Dunkel mir den Blick ververhüllt (*Reu.*).

2. Cap. 24. Diese angsterregende Unbegreiflichkeit des göttl. Waltens lässt sich ja auch in der übrigen Welt allerwärts nachweisen. Fälle genug gibts, wo die gerühmte göttl. Gerechtigkeit zu vermissen ist: grausam unbarmherzige Menschen, deren Opfer in Elend u. Jammer verkommen, ohne dass dem Missverhältniss Einhalt geschähe V 1—12; verdorbene lasterhafte Menschen, Verbrecher schlimmster Art, aber nur einen Theil derselben ereilt ein jäher Untergang; andere treiben's lang, wie von Gott selbst gehalten, u. enden, wie andere Menschen, nach Erschöpfung ihrer Lebenskraft V. 13—25. Mit lebendigen Farben zeichnet Ij. hier einzelne Lebensbilder, aber die innere sittliche Entrüstung über die Verkehrtheit, welche durch diese Schilderungen hindurchgeht, gibt zu ahnen, dass der Dichter Verhältnisse u. Zustände seiner Zeit im Auge

hat, die wie eine Last auf den Glauben u. das Verständniss aller Frommen drückten. a) V 1—4. Einleitend mit der Frage, warum es keine Zeiten göttlicher Abrechnung gebe, schildert er zuerst die straflosen Grausamkeiten mächtiger Unmenschen gegen hilflose Unglückliche. — V. 1. Auf die Andeutung 23, 14ᵇ zurückkommend, beginnt er (wie 21, 7) mit der Frage: *warum* (wenn doch angeblich alles so streng nach den Regeln der vergeltenden Gerechtigkeit zugeht) *sind seitens des Allmächtigen nicht* aufgespart (15, 20. 21, 19) d. h. *vorbehalten Zeiten*, u. haben seine Kenner (18, 21. Ps. 36, 11) nicht geschaut (zur Betonung חזה s. *Ges.* 75 A. 1) d. i. *bekommen seine Freunde nicht zu schauen seine Tage* (gegen 22, 19)? Der Begriff von עתים bestimmt sich durch ימי (vgl. Ez. 30, 3) u. den prof. Sprachgebrauch von יום ׳ה, der hier vorausgesetzt ist: gemeint sind nicht *Verhängnisse* (*Hitz. Del.*), sondern Zeiten, wo Gott Abrechnung hält, u. seine Gerechtigkeit für beide, Gute u. Böse, siegreich zur Erscheinung kommen lässt. Auf solche Tage hoffen alle, die sich um Gott kümmern u. mit ihm vertraut sind (wie auch El. 22, 19), aber um so mehr erhebt sich die Frage, warum man sie nicht auch wirklich zu erleben bekomme? Grund u. Anlass genug läge dazu vor, wie sofort gezeigt wird. Falsch *Hgst.*: warum werden nicht Unglückszeiten verborgen? sc. dass sie die Frommen nicht treffen; falsch *Hitz.*: erspäht d. h. vorgesehen (was צפן nie bedeutet). Auch die Alten, theils עתים als *Zeitläufte*, theils מי als מני נצף Jer. 16, 17 verstehend, haben sich in den Text nicht finden können, u. entweder לא, oder מחץ ausgelassen. Bei richtiger Fassung von נצפו liegt ein Grund, לא zu streichen (*Mx.*), nicht vor. — V. 2. Die Schilderung ist allgemein gehalten, in der 3. p. Pl.; dass nicht Fromme Subj. sind, versteht sich von selbst; aber der Stichos ist zu kurz, u. LXX (*Mx.*) haben ausdrücklich רשעים als Subj. ישיגו] hier = יסיגו von סוג (*Ges.* 72 A. 9). Über das Verbrechen der Grenzverrückung s. Dt. 19, 14. 27, 17; Hos. 5, 10; Prov. 22, 28. 23, 10. *Eine Heerde haben sie an sich gerissen* (20, 19) *u. weiden sie* d. h. eine geraubte Heerde weidet man frech öffentlich als sein Eigenthum. *Sammt ihrem Hirten* (ורעיו LXX *Mx.*) ist nicht besser. — V. 3. Den Wittwen u. Waisen nehmen sie das einzige Stück Vieh, das sie zur Arbeit u. zum Unterhalt haben, weg. נהג *wegtreiben* (1 S. 23, 5. Jes. 20, 4) zB. als Beute; חבל *pfänden*, hier (anders als 22, 6) *zum Pfand nehmen* (Ex. 22, 25). — V. 4. Einen *verdrängen vom Wege*, wo jeder zu gehen berechtigt ist, ist eine Handlung gewaltthätigen Übermuths (*Hrz.*), etwa wie „einen aus dem Wege stossen" *Allesammt* (3, 18) *müssen* (Pass.; vgl. 30, 7) *sich verstecken die Elenden des Landes*, näml. um dem Übermuth u. den Bedrückungen der Frevler zu entgehen. — d) V. 5—8. Mit V. 4 hat er den Übergang gemacht, um nun den traurigen Zustand solcher Unglücklicher, welche ausgestossen aus der Gesellschaft ein kümmerliches Dasein fristen, zu schildern. Dass nicht das Räuberleben von Beduinen (Gen. 16, 12) beschrieben werden soll (*Ros. Umb. Hgst.* a.), sieht man aus V. 6, auch 7 f. Zur Ausscheidung von V. 5—8 (*Bick.*) oder 5—9 (*Grill*) liegen keine zureichende Gründe vor. — V. 5. Subj. sind Unglückliche, welche in die Wildniss zurückgedrängt sind. *Siehe, als* (*Ges.* 118, 5°) *Wildesel* (6, 5. 11, 12. 39, 5 ff.) *in der Wüste* d. h. diesen gleich heerdenweise in den wildesten Gegenden sich herumtreibend, *ziehen sie aus* (Prf. der Gewohnheit) *in ihrem Tage-Werk* (Ps. 104, 23), *nach* (Raub, wie wilde Thiere d. h.) *Zehrung* (Prov. 31, 15) verlangend (7, 21. 8, 5) oder *suchend;* st. c. vor der Praep. wie 18, 2. *Die Steppe* mit ihrem nothdürftigen Unterhalt *ist ihm* (oder: gibt ihm), dem einzelnen von ihnen (der Sing., um den Übelklang von לָהֶם לֶחֶם zu vermeiden? *Hrz.*; s. auch 21, 10) *Brot für die* Jungen d. h. *Kinder* (1, 19. 29, 5). עֲרָבָה] ἡδύνθη (*Theod.*) kommt nicht in Betracht. Zum doppelten ל s. 2 R. 10, 19 (*Hitz.*); übel streicht ל *Mx.*, u. לֹא (*Stud.*) gäbe einen zum 2. Gl. nicht passenden Sinn. — V. 6. Im bebauten Land erhaschen sie höchstens einmal vom Viehfutter oder von zurückgelassenen spätzeitigen Früchten der reichen Frevler; das ist ihre Ernte oder ihr Herbst. בבלילו] s. 6, 5; das Suff. bezieht sich nicht auf שׂדה (*Del.*), sondern voraus auf den im 2. Gl. genannten רָשָׁע. Die Stichen umzustellen, wäre nicht gut. Aber unerträglich wäre der Sing. לוֹ, wenn (alte Übers., *Hitz.*) בְּלִי לוֹ (18, 15) *das ihm nicht gehört* gelesen würde; eher liesse sich בַּלַּיִל *bei Nacht* (*Mx.*) hören. Dass sie nur an Viehfutter sich wagen, kann man daraus verstehen (*Del.*), dass dieses nicht so sorgfältig bewacht war, wie die bessern Früchte. יקצירו] Hiph. (*sie machen zur Ernte*) nur hier, deshalb will Qerê יקצורו *sie ernten.* ילקשׁו] auch nur hier; schwerlich ganz einerlei mit עולל *nachlesen*, sondern *das Spätreife zusammenstoppeln*, wobei die Ausbeute noch geringer ist als bei der Nachlese des im Herbst Zurückgelassenen. Es ist nicht von Lohnarbeit im Dienste eines רָשָׁע die Rede (*Hgst.*), sondern vom Nahrungsuchen jener Unglücklichen, welche schon mit so Schlechtem u. Spärlichem zufrieden sind; die Güter des רָשָׁע sind genannt, weil der sie vertrieben hat. — V 7 f. Ebenso jämmerlich, wie mit ihrer Nahrung, steht's mit Kleidung u. Obdach. ערום] *nackt*, im adverbialen Acc., auch V. 10, wie שׁולל 12, 17. 19. מבלי] möglicherweise: *aus Mangel an*, aber einfacher *ohne*, wie V. 8; vgl. V. 10. זרם הרים] der giessende Regen, wie er in Gebirgsgegenden vorzukommen pflegt. חבקו־צור] *sie umarmen den Felsen* d. h. klammern oder schmiegen sich an ihn an als ihr einziges Obdach. — c) V. 9—12. Noch einmal setzt er an, um andere Arten der Misshandlung der untern Classen durch die oberen zu beschreiben. Ganz verkehrt findet *Hitz.* in V. 9—12 das Treiben der in der Wüste lebenden Freibeuterschaaren beschrieben. — V. 9. Als Subj. ergeben sich aus den Aussagen selbst wieder ungerechte Mächtige, wie V. 2—4. Ihre Unthat ist aber eine andere als dort: dort handelte es sich um Beraubung u. Verdrängung der Niederen von Haus u. Hof, hier um Knechtung u. Ausbeutung ihrer Personen. Dies verkennend hielt *Stud.* den V. für von hinter V. 3, *GHff.* V. 9. 10ª von hinter V. 4 versetzt, u. meinte *Grill*, der Interpolator von V. 5—8 habe 9 eingefügt, um zum Tenor von V. 2—4 zurückzuleiten. משר] als st. c., und zwar als *Verwüstung* verstanden, gibt keinen erträglichen Sinn, da Verwüstung nicht s. v. a. zerrüttetes Vatererbe sein kann; auch מִשְׁדֵי רָם von den Feldern des Rechtschaffenen (*Mx.*) taugt nicht in den Zusammenhang. Vielmehr ist שׁד wie Jes. 60, 16. 66, 11 = שֹׁד *Mutterbrust*; von ihr weg raubt man eine (vaterlose) Waise, zB. als Pfand oder an Zahlungs Statt. יחבּלוּ ועל־עני] sicher nicht: *gegen den Elenden handeln sie schlecht* oder *schelmisch* (*Umb. Del.*), weil dies zu farblos gesagt wäre, u. der Dichter (s. dagegen 34, 31) חבל als *pfänden* gebraucht (V. 3. 22. 6); auch nicht: *den E. überpfändet man* d. h. nimmt ihm als Pfand mehr als er entbehren kann, zB. die Kleider (*Hrz. Hyst.*), weil dies sprachlich nicht wohl möglich ist. Vielmehr scheint (gegenüber vom חבל c. Acc. prs. einen auspfänden 22, 6) חבל seq. על prs. ein technischer Ausdruck für *jemand als Pfand nehmen* (eig. pfändend oder nach dem Pfandrecht sich der Person desselben bemächtigen vgl. 18, 9) zu sein. Dagegen על־עני = אשׁר על *was* על *anhat* (Mich. 2, 9) d. h. seine Kleidung pfänden sie (*Gers. Ges. Stick. Stud. Vo. a.*) wäre grammatisch kaum möglich u. zu V. 10 nicht passend; עויל *Säugling* (*Kmph. GHff.*) erforderte עוילה. — V. 10. Das Subj. wechselt (wie V 5 ff. gegen 4), u. wird nun das Loos der der Schuldsclaverei oder sonst wie der Ausbeutung durch die Reichen anheimgefallenen Armen beschrieben. ערוֹם] V. 7. הִלֵּךְ] vgl. 30, 28; Pi. frequent. נשׂאוּ] *ohne*, wie מבלי V. 7 f. Dass hier von andern Personen V. 7ª sich wiederholt, ist (trotz *Mx.*) unbedenklich (vgl. 12, 19. 17). *Und hungernd* d. h. ohne ihren Hunger stillen zu dürfen (s. Dt. 25, 4), *tragen sie Garben*, näml. im Dienst der reichen Frevler. — V. 11. *Zwischen ihren*, der reichen geizigen Dienstherren, *Mauern*, also (eingeschlossen in die Einfriedigung ihrer Gehöfte) unter ihrer Aufsicht u. für sie *müssen sie Öl machen* (Hiph. denom.); *die Kelter* (יקבים für גת u. יקב zusammen) *treten sie* (für jene) *u. leiden dabei Durst* (*Ew.* 342 ª), weil ihnen von dem Most zu trinken verwehrt wird. שׁוּר] scheint hier s. v. a. גדר, die die Öl- u. Weingärten umschliessende Mauer. — V. 12. עיר] Gegensatz zu בין־שׁוּרתם V. 11; wie in der Flur, so begegnet dasselbe Schauspiel rohester Gewaltthätigkeit gegen Person u. Leben des Mitmenschen auch in der Stadt (*Hrz.*), unter den Augen der Bürgerschaft. Nach der Mass. wäre מעיר מתים zu übersetzen: *aus Männerstadt*, etwa aus volkreicher Stadt (Dt. 2, 34. 3, 6), aber dieser Beisatz *volkreich* wäre im Zusammenhang ohne Bedeutung (*Hrz.*). Nähme man aber, gegen die Accente, מְתִים als Subj. zu ינאקוּ (*Theo. Sym. Vulg., Del. Ha.*), so wäre dies zu allgemein, neben חללים sogar unerträglich; denn an die Niedermetzelung der gesammten männlichen Bevölkerung *im Krieg* (*Del. Hitz.*) kann nach Wortlaut u. Zusammenhang nicht gedacht werden. Besser liest man (*Peš.*; einige Ed.) מתים *Sterbende*, als Subj. des Satzes, u. parallel mit חללים (*Ew. Hrz. Ren. Mat. Reu.*); dagegen *aus Sterbender Haut* (עיר) *heraus sie stöhnen* (*GHff.*) ist sinnlos. Denn מת bedeutet keineswegs blos *todt*, sondern als Part. auch *sterbend* (Gen. 20, 3. Zach. 11. 9. Ez. 18, 32), wie חלל nicht blos den an der Durchbohrung schon Gestorbenen, sondern auch den auf den Tod Verwundeten, vgl. überhaupt Ez. 26, 15. Jer. 51, 52. Deshalb braucht man auch nicht (*Hyst.*) מת als das *gemordete Leben* (Gen. 4, 10) zu verstehen. Ziemlich post festum käme die Aussage, wenn man (nach LXX) מֵעִיר כְּבָתִּים יְנָהֲמוּ וְנֶפֶשׁ עֹלְלִים תֶּאֱנֶה von Stadt

u. Haus jagt man die Leute, die kleinen Kinder flehn um Hülfe (*Mx.*) läse. לא ישים תפלה] aber Gott *beachtet nicht* d. h. lässt ohne einzuschreiten fortgehen *die Ungereimtheit* (1, 22), dieses Missverhältniss in der sittlichen Weltordnung (*Hrz.*). Die Lesung תְּפִלָּה (*Peš., Umb.*) ist durch ישים noch nicht begründet, u. vielmehr ist es hier, am Ende eines Abschnittes, treffend, dass mit תפלה all das von V. 2 an aufgezählte Ärgerliche kurz zusammengefasst wird. וישם] nicht: *imputat* sc. *iis* d. i. בם s. 4, 17 (*Ros. Hitz. Del. Stud.*), denn diese Ellipse kommt nicht vor, u. der Sinn wäre zu beschränkt, sondern nach der bei Dichtern beliebten Abkürzung von שׂים לב *animadvertere* seq. עַל, אֶל, ל und בְּ (23, 6), oder von שׂים עַל־לֵב (אֶל, בְּ) *zu Herzen nehmen*, so dass man geradezu שׂים sagte für *aufmerken, achten* 4, 20; Jes. 41, 20; mit עַל oder בְּ Obj. 34, 23, 23, 6, u. mit Acc. Obj., wie hier auch Ps. 50, 23. — d) V. 13—17. Mit einem überleitenden V. 13 kommt er nun zur Schilderung einer andern Classe von Bösewichtern, welche *ungestraft* wie jene, aber nicht offen, sondern geheim ihre Verbrechen verüben, Mörder, Diebe, Ehebrecher u. andere Kinder der Finsterniss. V. 13. Der Übergang. הֵמָּה] nicht *solche*, als Zusammenfassung der V. 1—12 geschilderten Verbrecher (*Ew. Ha. Del.² Reu.*), da ja dort viel mehr, u. so besonders V. 10—12, auf ihre Opfer Rücksicht genommen ist; noch weniger kann V. 13 als Einwendung der Gegner (*Hitz.*) ohne Zwang gefasst werden; sondern *jene*, auf eine andere bisher fernab liegen gelassene Classe hinweisend. היו] nicht: *sind*, denn für das Praes. war היו entbehrlich, sondern: *sind geworden*, ohne es von Natur gewesen zu sein. במרדי־אור] befindlich *unter* (Jud. 11, 35) oder gehörend *zu Lichtabtrünnigen* d. i. Rebellen gegen das Licht. Die Suff. in דרכיו u. נתיבתיו beziehen sich auf אור (nicht auf Gott): mit den Wegen des Lichts haben sie keine Bekanntschaft (V. 17) gemacht, sind nicht damit vertraut, sind auf seinen Bahnen nicht wohnhaft oder heimisch geworden. Ihr Treiben im Finstern wird nun geschildert. — Das Licht erscheint hier als Princip des Guten (Joh. 3, 20), u. der Ausdruck מרדי אור sieht wie eine Anspielung auf eine mythologische Vorstellung aus; eben darum aber u. wegen seiner schulmässig classificirenden Redeform dürfte der V. ein Einschub sein (*Stud.*), zumal da durch ihn die Strophe übervoll wird. Ohne ihn schliesst sich V. 14 leichter an das Vorhergehende an. — V. 14. לאור] *sub lucem*, gegen das Tageslicht hin d. h. *bei Morgengrauen*, noch ehe es helle wird; da erhebt sich der Mörder, um ehe die Vielen wach u. rege werden, sein Opfer zu erlegen, sei es zur Rache, oder zur Beraubung oder sonst wie. ובלילה וג׳] *u. in der Nacht*, wo es niemand auf dem Wege zu überfallen gibt, *wird er wie der Dieb* d. i. thut's dem Diebe gleich oder er wird zum Diebe; die Jussivform wie 23, 9. Sinnreich vermuthet *Mx.* וְיַחְלֹף גַּנָּב (geht einher) *schleicht der Dieb*, da die Einerleiheit der Person mit Gl. a b lästig ist. — V. 15. שמרה] *wachen, beobachten*, hier im Sinne von *erlauern*. נשף] hier *Abenddämmerung* s. zu 3, 9. Er denkt, dass ihn kein Auge sehen werde, *legt aber, um, wenn er doch gesehen würde, dann wenigstens unkenntlich zu sein, eine Gesichtshülle*, etwa einen Schleier, *an*. Zur Sache vgl. Prov. 7,

9 ff. — V. 16. Subj. ist nicht mehr der גנב, sondern *einer* d. h. *man erbricht im Finstern Häuser*, nicht um herauszukommen (*Hu.*), sondern hineinzukommen, sei es zum Rauben u. Stehlen, sei es zu einem andern verbrecherischen Zweck. Da Dieb u. Einbrecher immer noch verschieden sind, so ist die Umstellung von 14^c vor 16^a (*Bud.*) nicht gerathen. Gl. b u. c bilden den Gegensatz dazu; zugleich tritt die Aussage in den generalisirenden Plur. (*Ew.* 319^a), weil sie auch von den andern Arten der Lichtscheuen gilt: *bei Tag schliessen sie* (sich die Häuser zu d. h.) *sich ein, kennen nicht Licht* d. h. sind mit dem Lichte nicht vertraut. חתמו] Pi. nur hier; zur Bedeutung *Ges.* th. 538. An Siegeln ist nicht zu denken, u. die Erkl. (*Trg. Vulg.*, Rabb.): *welche* (Häuser) *sie sich bei Tag* durch angebrachte Siegel u. Zeichen *bezeichnet haben*, an sich sonderbar, u. zu Gl. c nicht passend. למו] Dat. comm., *sich* d. i. zu ihrer Sicherheit (*Hrz.*). — V. 17. Ihr Treiben im Finstern wird auf seinen Grund zurückgeführt (vgl. V. 13). In Gl. a ist zweifelhaft, ob בקר oder צלמות Subj. sei (*Ges.* 141, 4). Im 1., nächstliegenden Fall (*Theo. Trg. Vulg., Hrz. Hitz. Hgst.* a.), näml. *der Morgen ist ihnen finsteres Dunkel*, könnte Gl. b nicht Begründung von a sein (denn sie kennen die Gefahren, welche der ihnen als צלמות geltende Morgen bringt), weil es sonst בל בקר heissen müsste, sondern das 2. כי müsste dem 1. כי parallel sein: *denn mit des finsteren Dunkels Schrecken* (sc. die צל für andere Menschen hat) *ist man wohl bekannt*. Will man aber Gl. b als Begründung von a halten, muss man (*Olsh. Del. Schl. Mat.* a.) im Gl. a צלמות als Subj. nehmen: *ihnen ist finsteres Dunkel Morgen* d. h. die Zeit fürs Geschäft. יכיר] der Übergang in den individualisirenden Sing. wie V. 5. יחדו] nicht *zugleich* (*Hrz.*), als wäre ihnen die Nacht ausser Nacht zugleich Morgen, sondern *insgesammt*, mit למו zu verbinden, u. die zuvor genannten Arten von Verbrechern zusammenfassend. Zur Sache vgl. 38, 15. — So, wie es V. 13—17 geschildert wurde, ist das Treiben der Sünder auf Erden, u. nun erhebt sich, nach dem Grundgedanken der Rede, die Frage: welches Loos trifft sie? Auf diese Frage gibt V. 18 ff. Antwort, näml. a) ein schneller Tod macht ihrem Treiben ein Ende (18—21) u. b) nach langem Leben u. erst in reifem Alter theilen sie das Loos aller Sterblichen (22—24), also eine doppelte Antwort. Man muss dem Wortlaut schon Gewalt anthun, um den Sinn von b auch in a zu finden (*Ren. Del. Mat. Vo.*), oder den Sinn von a auch in b (*Hgst.*, der um den Widerspruch, in den dann Ij. mit V. 1 träte, sich nicht kümmert; *Hitz.*, der ganz V. 17—24 als Einwand der Freunde nimmt, dem dann Ij. V. 25 ein kategorisches לא entgegensetze, wie wenn לא אם = ואני לא אמר sein könnte!). Nun ist freilich die Antwort a im Munde Ijobs auf den ersten Blick befremdlich. Deshalb wollte man V. 18—21 entweder optativisch, als Schilderung dessen, was die Frevler treffen *sollte*, nehmen (so noch *Reu.*, vgl. LXX *Peš. Vulg.*), u. doch heisst es קל הוא, nicht קל יהי, u. לא יפנה, nicht אל יפן! oder aber als im Sinne der Freunde gesprochen (*Ew. Hirz. Schl.* a.; *Stud.* V. 18—20), dem dann V. 22 ff. Ijob seine These entgegenstelle, aber mit Recht wird dagegen geltend gemacht, dass das einfache ו V. 22 zu schwach ist, um einen

solchen Gegensatz einzuführen. Man wird also in a, wie in b Aussage
des Ij. über das Schicksal der Sünder anerkennen müssen (*Stick. Hu.
Welt. Kmph.*). Man kann das auch. So wenig als Ij. in Cp. 21 behauptete, dass alle Sünder im Glück, alle Gerechte im Unglück sterben
(s. zu 21, 26), so wenig hat man ein Recht, hier eine solche über-
triebene u. darum unwahre Behauptung von ihm zu erwarten: ihm genügt, die einfache Thatsache festzustellen, dass solche Sünder oft schnell
dahingerafft werden, oft aber auch ein langes Leben hindurch u. noch
im Tode ihr Glück behaupten, also Tage der Abrechnung (V. 1) zu
vermissen seien. Anstössiger, als V. 18—21 im Munde Ijobs, ist, dass
in V. 18—24 zwar auf die V. 2—12 gezeichneten Sünder mehrfach
(V. 18. 21 f.) Rückbezug genommen ist, nicht aber (oder kaum, in המר
V. 24) auf die V. 14—17 geschilderten. Die Wahrscheinlichkeit, dass
in V. 13 ff. eine spätere Hand am urspr. Text geändert hat, wird dadurch erhöht. — e) V. 18—21. Auf das Schicksal solcher Sünder
übergehend erkennt er zunächst an, es treffe wohl manch einen von
ihnen schnelle Vertilgung, Fluch über sein Besitzthum, Vergessenheit
bei den Menschen, bei den nächsten Verwandten, Zertrümmerung des
stolzen Baumes der Bosheit. — V. 18 beschreibt nicht die V. 16 f. genannten Sünder als räuberische Beduinen (*Ren.*), auch nicht eine andere
Art von Bösewichtern, näml. Seeräuber (*Hgst.*), sondern handelt vom
Schicksal der Sünder. *Im Flug ist er dahin auf Wassers Fläche*;
Fluch trifft ihren Grundbesitz im Lande; *nicht wendet er sich* mehr
(1 S. 13. 18) *weinbergwärts* (*Hrz.*). Zwischen קל u. תקלל ist ein Wortspiel. Gl. 1 drückt das schnelle Dahinfahren des Frevlers aus, so wie
die Fluth die von ihr ergriffenen Körper in unaufhaltsamem Zuge mit
sich fortreisst u. dem Blicke des Zuschauers schnell auf immer entrückt,
Hos. 10, 7 (*Hrz.*). Dagegen (היה) קל היה (*GHff*.: Untergang! schallt
es auf dem Wasser) wäre an sich höchst seltsam u. durch die Erwähnung des Wassertodes hier fremd. In Gl. 2 ist aus בארץ deutlich, dass
חלקה von seinem Grundbesitz zu verstehen ist, von dem die כרמים einen
Theil bilden; über ־ָם neben הוא s. V. 16; fraglich ist, ob der Fluch
Gottes gemeint sei oder der der Menschen, welche jetzt nach seinem Ende
ihrem Abscheu Ausdruck geben (5, 3. 18, 20); das Iprf. spricht für
letzteres. Sicher aber ist, was dieses Gl. aussagt, kein allgemein menschliches Loos. Gl. 3 besagt, dass er aus dem Genuss seiner schönen Güter
(an denen sein Herz hieng, wo er einst die Armen plagte V. 11) herausgerissen, vielmehr einem andern Ort zuwandert (V. 19 f.). Ganz unmöglich ist, dass Gl. 3 einen Gegensatz zu 2 bilde: aber er geht nicht
mehr nach dem Weinberg, also trifft *ihn* der Fluch nicht (*Del. Mat.* a.).
— V. 19 sagt, wohin sie sich wenden müssen, in Form eines Spruches,
zugleich das plötzliche u. spurlose Verschwinden hervorhebend. *Dürre,
auch Hitze raffen Schneewasser weg, das Todtenreich die gesündigt
haben.* Zu Gl. 1 vgl. 6, 16 f. גם] nicht steigernd: *vollends*, sondern
zum dürren Boden eine 2. Ursache hinzufügend. חטאו] Relativsatz, zugleich Obj. zu dem aus dem 1. Gl. nachwirkenden Verbum. (Mit 21,
23, wo die Leichtigkeit des Todes gemalt wurde, ist das nicht zu vergleichen, wie schon גזל zeigt). — V. 20. Zwischen רחם u. ישכחהו

יִיָּכֵר לֹא עוֹד stehend, kann מְתַקּוֹ רִמָּה, worin ohnedem nichts ihm Eigenthümliches enthalten ist, nur die Bedeutung eines untergeordneten Gegensatzes haben: *ihn vergisst der Mutterschooss*, während vielmehr *Gewürm an ihm sich labt*: auch dies eine besondere Strafe, nicht allgemein menschliches Loos. מְתָקוֹ] schwerlich == לוֹ מָתֹק (21, 33). sondern מָתַק im activen Sinn: *etwas saugen, es sich schmecken lassen*, wie im Syr. (vgl. Peš.); über das Genus verbi s. *Ges.* 145, 7ª. לֹא יִזָּכֵר] vgl. 18, 17 (dagegen Prov. 10, 7). Das letzte Gl. fasst das ganze vorhergehende Strafgemälde im Bild eines zerschmetterten Baumes zusammen (*Hrz.*): so dass, *dem Baume gleich, gebrochen ist der Frevel.* עַוְלָה] das Abstr., an dessen Stelle zu Anfang des folg. V. sofort wieder das Concr. tritt (*Hrz.*), vgl. 5, 16. — V. 21 fügt durch ein Part., das weiterhin in Verb. fin. übergeht, noch einmal den Grund dieses Strafverhängnisses bei: *er, der die Unfruchtbare, welche nicht gebar*, also keine Söhne zu ihrer Stütze u. ihrem Schutze hatte, *abweidete* (20, 26) d. i. *aussaugte* oder *beraubte* (ohne Noth nimmt *Hitz.* רֹעֶה == רָעָה, vgl. *Trg.*), *u. einer Wittwe nicht Gutes that*; beides Beweise unbarmherziger Rohheit. וְיֵיטִיב] s. *Ges.* 70 A. 2. — f) V. 22—25. Aber ebenso kommt auch das andere vor, dass Gott solche Gewaltige lange erhält, sie aus Todesgefahren wieder erstehen lässt, mit seiner Hut über ihnen waltet, u. sie zuletzt in der vollen Reife ihres Lebens leichten u. natürlichen Todes sterben, in nichts als Frevler gebrandmarkt. Wer will das leugnen? V. 22. וּמָשַׁךְ] ordnet der V. 18—21 vorgetragenen Thatsache eine andere zur Seite; Subj. ist nicht der Frevler (*Ros. Hgst.*), sondern, wie bei יָקוּם V. 23, Gott, dessen Name aus Scheu verschwiegen wird (s. zu 3, 20); מָשַׁךְ *ziehen*, auch *in die Länge ziehen* Jes. 13, 22. Ps. 36, 11. 85, 6, bedeutet hier mit persönlichem Obj. *einen lange am Leben erhalten*, u. bildet den Gegensatz zu V. 18ª (vgl. 20ª). Die Erkl.: *fortraffen* oder *anfassen* um niederzuwerfen (LXX *Vulg. Trg., Ges. Hitz. Hgst.*) taugt zum Folgenden so wenig als קָנָה *Besitzthum* (Peš.). Die אַבִּירִים (nicht אֶבְיוֹנִים, LXX) *Starke* sind hier keine anderen, als die V. 2 ff. 21 gezeichneten Unterdrücker der Hilflosen. Zu יָקוּם u. יַאֲמִין ist wieder der einzelne אַבִּיר als Subj. zu denken; לֹא יַאֲמִין ist ein Umstandssatz (für prosaisches וְהוּא לֹא): *er steht* oder *kommt wieder auf* (Ps. 41, 9), *während er auf das Leben kein Vertrauen mehr setzte* d. h. *am Leben* schon *verzweifelte* (Dt. 28, 66), also aus den offenbarsten Todesgefahren. יִחְיֶה] aramaisirend wie מְלִי 4, 2 u. s. — V. 23. Subj. zu יִתֵּן ist Gott (s. V 22), u. Obj. ist לָבֶטַח (was mit Grund nicht לְבֵיתוֹ gelesen wird), für לִבְטֹחַ לָבֶטַח d. h. dass er getrost oder sicher sein kann, also: *verleiht ihm Sicherheit*. Da לָבֶטַח nicht Inf. ist, ist auch וְיִשָּׁעֵן nicht Fortsetzung des Obj. (und dass er g. w.), sondern des ganzen vorhergehenden Satzes: *und er* (der Böse) *wird gestützt* von Gott, dass er nicht wankt u. fällt, sondern feststeht (übrigens יִשָּׁעֵן nur hier passivisch, sonst immer refl.). Demgemäss müssen auch die auf ihre d. i. der Frevler (zum Plur. s. V 16) Lebenswege gerichteten Augen Gottes in guten Sinn d. h. als bewahrende u. schützende zu verstehen sein (s. 10, 3). Über דַּרְכֵיהֶם s. *Ges.* 91, 2 A. 2. die vollere Form scheint gewählt, weil auf dem Suff. ein Nachdruck liegt

(s. 25, 3). — V. 24ᵃᵇ ist in 2 parallele Glieder gebaut, deren jedes aus einem (bedingenden) Vordersatz im Prf. u. einem ohne Copula angereihten Nachsatz besteht, u. worin 2 verschiedene Fälle gesetzt werden. רֹמּוּ] in Peš. mit Unrecht zu V. 23ᵇ gezogen, ist nicht Impft., sondern 3 p. Pl. Prf. in intrans. Aussprache (Ges. 67 A. 1), oder eher im Pass. des Qal (s. Jes. 1, 6), aber nicht von רָמַם *modern*, sondern von einem mit רום wechselnden Verb. רמם, *erhoben werden, emporkommen.* וּמְעַט] gegen die Acc. mit וְאֵינֶנּוּ zu verbinden, beginnt den Nachsatz, u. das folgende וְ ist consecutiv (wie Hos. 1, 4; Ps. 37, 10): *hoch sind sie gestiegen — ein wenig nur, da ist er* (der Wechsel des Num. wie V. 16) *nicht* mehr d. h. noch ganz auf ihrer Höhe stehend, ohne vorher gestürzt zu sein, sterben sie, nicht etwa an langer schmerzhafter Krankheit, sondern eines schnellen leichten Todes, wie 21, 13. וְהֻמְּכוּ] Hoph. von מכך; über die Form s. Ges. 67 A. 8; gewöhnlich: *u. hingesunken sind sie* im Tod, als Fortsetzung zu וְאֵינֶנּוּ u. nachträgliche Beschreibung ihres Hinschwindens; aber dazu will, abgesehen vom Gliederbau, auch die Bedeutung des (mehr aram. als hebr.) Verb. מֻךְ nicht passen; also vielmehr: *und* d. i. oder *nieder sind sie gedrückt — wie alle* andern *sterben sie ab, u. wie der Ähre Spitze welken sie*, d. h. oder sind sie in ihrem Leben im niedrigen Stande gewesen (wie es denn unstreitig auch in diesem רְשָׁעִים gibt), so nimmt es mit ihnen doch nur das gewöhnliche u. naturgemässe Ende. וְקֻפַּץ] Niph. als Refl. vom Qal (5, 16) *sich zusammenziehen*, etwa *zusammenschrumpfen, ableben* oder *absterben*; es kann nicht mit נֶאֱסַף אֶל־עַמָּיו Gen. 25, 8 u. s., noch weniger mit אָסַף אֶת־רַגְלָיו Gen. 49, 33 zusammengestellt werden; auch ist es nicht als *eingeheimst* oder *begraben* (vgl. נִקְבַּץ Ez. 29, 5) *werden* zu fassen, weil sonst das folg. Versglied verspätet käme. יִמָּלוּ] s. zu 14, 2; die Bedeutung *abgeschnitten werden* (Del. Hyst. a.) ist auch hier unzulässig, weil man beim Ernten nicht die שִׁבֹּלֶת, noch weniger ראש שבלת, sondern den Halm abschnitt (wenn auch höher als bei uns); vielmehr wie die Ährenspitze wenn sie reif wird, *welkt* d. h. vertrocknet u. sich neigt, so welken auch sie, wenn sie reif u. alt sind, nicht aber vor der Zeit (gegen 22, 16), also wie 5, 26. — Übrigens enthält der Text in V. 22—24 allerlei Seltsames u. scheint nicht unversehrt erhalten zu sein. V. 25. In der sichern Gewissheit, dass diese Schilderung der Erfahrung des Lebens gemäss sei, fordert er, sich wieder an die Gegner zurückwendend, diese auf, den Beweis zu führen, wenn sie glauben, dass es sich nicht so verhalte. וְאִם־לֹא אֵפוֹ] s. 9, 24. וְיָשֵׂם] u. (wer) *mag* oder *kann zu nichte machen meine Rede?* שָׂים לְאַל] εἰς μηδὲν τιθέναι s. Ew. 321ᵇ, nur hier (vgl. נָתַן לְאַי Jes. 40, 23). Das Ungewöhnliche dieses Gebrauchs von אַל verleitete einige der Alten (Sym. Peš. Vulg.), es לְאֵל zu lesen, was sogar einige Mss. u. ältere hebr. Drucke bieten.

2. Bildad und Ijob, Cap. 25 u. 26.

a) Die Rede des Bildad Cap. 25.

Bildad kann die von Ij. den Freunden entgegengeworfenen Thatsachen nicht leugnen, aber auch nicht erklären; er geht nicht darauf ein. Aber dazu, dass Ij. auf sein Recht gepocht u. die göttliche Gerechtigkeit blosgestellt hat, kann er nicht schweigen, u. stellt ihm darum, übrigens ohne jede persönliche Wendung, einige Sätze entgegen über den unendlichen Abstand zwischen Gott u. Mensch, vermöge dessen der letztere nimmermehr vor Gott sich als gerecht darstellen dürfe. Als Rüge für Ij. sind diese Sätze wohl am Ort. Aber als Stütze für die durch Ijob's Einwürfe wankend gemachte Theorie der Freunde sind sie schwach, um so schwächer, als B. damit nur auf den allgemeinsten, gleich im Anfang des Streites vorgebrachten Beweisgrund zurückgreift. Von dieser Seite angesehen, macht seine Rede den Eindruck, dass er in vollem Rückzug begriffen sei. Auch die Dürftigkeit der Ausführung, zum Theil in denselben Wendungen, die schon El. zweimal (4, 17ff.; 15, 14ff.) gebraucht hat, zeigt das Ermatten der Kampfeskraft auf ihrer Seite. Seine Sätze: vor Gott, der mit unbeschränkter Herrschergewalt über die höchsten Mächte, unter unzähligen Schaaren, richtend, Ordnung u. Licht verbreitend, schaltet, sollte der schwache Sterbliche gerecht u. rein sein können? V. 2—4. Ist ja doch nicht einmal der Glanz von Mond u. Sternen rein vor ihm, wie viel weniger der Mensch, der Wurm? V. 5f. Im ganzen 10 Stichen. — Dass zu diesen Sätzen ursprünglich auch 24, 13—25 (*GHff.*), oder Cp. 28 (*Stuhlm.*), oder 27, 8—10. 13—23 (*Bick.*), oder 26,5—14 (*Reu.*), oder 26, 2—14 (*Preiss*) als Fortsetzung gehört habe, kann nicht zugegeben werden (s. zu Cp. 26). Die Kürze der Rede Bildads ist vom Dichter unverkennbar beabsichtigt. Zu V. 4—6 haben alle jene angeblichen Fortsetzungen keine innere Beziehung. Gegenüber von dem durch Elifaz 22, 5ff. Gesagten würden Ausführungen wie 24, 13—25 oder 27, 13—23 gewaltig abfallen. — V. 2. המשׁל] substantivischer Inf. abs. Hiph. (*Ew.* 156^c), eig.: Herrschaft üben. עמו] sc. bei Gott, vgl. 24, 22f. 26, 6. *Herrschermacht u. Schrecken ist bei ihm, der Frieden schafft in seinen Höhen* (16, 19). Ein erhabener Spruch über die Ehrfurcht gebietende Majestät, durch die er in seinen Höhen d. i. unter den himmlischen Geistern u. Mächten (s. zu 21, 22 u. vgl. Jes. 24, 21), zu welchen auch die Gestirne gehören, Ordnung u. Frieden erhält, oder wo sie gebrochen wären, wiederherstellt. Im Zusammenhalt mit 21, 22 u. den dort angeführten Stellen lässt sich kaum verkennen, dass dem Dichter bei dieser Aussage nicht blos die Möglichkeit eines Zwiespalts zwischen diesen oberen Wesen, sondern auch Erzählungen über schon dagewesene Kämpfe u. Unordnungen derselben (sei es unter sich, sei es gegen Gott; vgl. auch 26, 13) vorgeschwebt haben. Nähere Bestimmung zum Subj. (*Umb. Ha.*: er in seinen Höhen) kann במרומיו seiner Stellung nach nicht sein. — V. 3. Die *Schaaren* (19, 12) Gottes, sonst צבא שׁמים, sind nicht blos die Engel u. Gestirne, sondern auch die elementaren Himmelskräfte, wie Blitze, Winde u. s. w. (38, 19—38; Ps. 103, 21. 104, 4 u. s.); sie alle, die unzähligen, stehen wie ein Kriegsheer unter seiner Leitung u. zu seiner Verfügung; welch' eine unendliche Herrschermacht! *Und über wem erhebt sich nicht sein Licht?* Über הו — vgl. 24, 23 u. *Ges.* 91, 1 A. 1ᵇ. אוֹר ist hier nicht das Sonnenlicht u. קום nicht (auch nicht 11, 17) für זָרַח gebraucht; es ist also nicht (*Hrz. Hitz. Hgst.*) an das Aufgehenlassen der Sonne über den Geschöpfen als Zeichen der Fürsorge für dieselben (Matth. 5, 45) zu denken; sondern *sein Licht* ist das Licht Gottes, des Lichtwesens, selbst, im Unterschied von dem abgeleiteten Licht der Lichtkörper. Dieses sein Licht *erhebt sich* oder *steht über* allen Wesen, d. h. nicht: *überragt, übertrifft* sie alle (*Ew. Del.*), wofür קום על nie gebraucht wird, sondern *waltet* über jedem einzelnen seiner Wesen, zumal jener Schaaren, so dass sie nur ihm Licht, Dasein u. Ordnung verdanken. — V. 4. Diesem in unendlicher Machtfülle schaltenden Gott, diesem Urlicht gegenüber kann der schwache Sterbliche nicht gerecht u. rein d. h. vollkommen erscheinen u. sein, geschweige denn, dass er über sein vermeintliches Recht mit ihm hadern dürfte, mit ihm, dem selbst die Höchsten sich fügen. Zu Gl. 1 vgl. 9, 2ᵇ; zu beiden zusammen 15, 14 u. 4, 17. — V. 5. Zum weiteren Beweise des eben ausgesprochenen Satzes schiebt er ähnlich wie El. 4, 18 u. 15, 15, mit הֵן eingeleitet, ein Mittelglied ein, u. zwar ein solches, auf welches er schon V. 3ᵇ hingeführt hatte. *Sieh da*, bis zum Mond d. h. *sogar* (Hagg. 2, 19. Ex. 14, 28, vgl. אֶל 5, 5) *der Mond — der scheint nicht helle*. וְלֹא] ? consec., wie 23, 12 u. s., obwohl es in mehreren Mss. u. Ed. auch fehlt. יַאֲהִיל] = יָהֵל (31, 26), auch nach den Verss., sei es, dass ein alter Schreibfehler vorliegt, sei es dass אהל eine mögliche Nebenform von הלל war; die Bedeutung *zelten* (noch *Hgst.*) erbringt hier keinen Sinn. בְּעֵינָיו] dem Sinn nach auch zum 1. Gl. gehörig. Die Sonne fehlt, wohl nicht zufällig (s. übrigens Ps. 8, 4); nur folgt daraus nicht, dass sie vorher, V. 3, unter אוֹר zu verstehen sei. Auch dass der Dichter die Gestirne als belebt u. darum einer inneren (ethischen) Reinheit fähig gedacht habe (*Hrz.*), folgt nicht. Wenn er den Satz von der Unzulänglichkeit der höchsten geschöpflichen Reinheit vor Gott zur Grundlage seines Beweises machen wollte, so konnte er diese Reinheit, unbeschadet der Beweiskraft, bald mehr ethisch, bald mehr physisch wenden, s. 15, 15. — V. 6. אַף כִּי] wie 15, 16. Gegenüber von den in ewigem Glanze prangenden Gestirnen erscheint der irdische Mensch nur wie Made u. Wurm, er kann also vor Gott noch weniger rein sein. בֶן־אָדָם] nur hier im B. (s. 16, 21). — So wird der Hauptsatz, von dem El. in C. 4 ausgegangen ist, hier zum drittenmal eingeschärft: jede Lösung des Problems, welche auf Verkennung dieses Satzes beruhte, wäre nicht nach dem Sinne des Dichters.

d) Die Antwort Ijob's, Cap. 26.

Einem Gegner gegenüber, der das aufgegebene Räthsel ganz unberührt liess, u. sich auf eine allgemeine, von Ij. längst als nichts entscheidend bezeichnete Wahrheit zurückzog, kann auch Ij. sich kurz fassen. Indem er die in Bildad's Worten liegende Mahnung zu einer demüthigeren Sprache vor Gott übersieht, nimmt er sie nur als schwächliche Versuch, die schon sinkende Sache aufrecht zu erhalten, u. ergiesst zuerst V. 2—4 bitteren Spott über seine so wenig treffende Entgegnung; dann beginnt er, sein eigenes Wissen von der Grösse Gottes, an welche B. ihn erinnern wollte, durch eine noch beredtere u. vielseitigere Schilderung derselben darzulegen V. 5—14. Er beweist ihm so durch die That, wie wenig er in allgemeiner Gotteserkenntniss, wenn zur Lösung der vorliegenden Fragen etwas damit gedient wäre, von ihm Belehrung zu empfangen nöthig hätte. Die Wendung, die er der Sache gibt, ist ähnlich 9, 4—11 u. 12, 13—25; aber die Ausführung ist neu u. eigenthümlich. Die Einleitung besteht aus 6, der Haupttheil aus 6, 6, 6 Stichen; ihnen reihen sich (V 14) als Schluss 3 Stichen an (vgl. 5, 27. 18, 21. 20, 29). — In LXX ist V. 5—11. 14^{ab} aus *Theod.* nachgetragen. — Ein hörbarer Grund, V. 2—14 (*Preiss*) oder V. 5—14 (*Reu.*) dem Ij. abzuerkennen, u. als Fortsetzung zu 25, 6 zu stellen, liegt nicht vor. Im Gegentheil, 26, 2—4 wäre im Munde des Bild. (u. vollends hinter 25, 6) ungereimt, aber auch 26, 5—14 wäre bei Bild., der 25, 2—6 nicht die Ohnmacht, sondern die Unreinheit des Menschen gegenüber von dem erhabenen u. reinen Gott geltend machte, eine leere Deklamation, ohne verständigen Zweck. Ebenso wenig darf 26, 2—27, 1 für eine Interpolation erklärt werden (*Grill*). Der Spott (u. zwar diesmal ganz persönlich, s. 16, 3. 21, 3) ist vollkommen am Platz gegenüber von einem Redner, der das von Ij. aufgegebene Räthsel unangefasst liess, u. sich auf einen Satz des Elifaz zurückzog; u. warum die (kurze) rein objective Zeichnung der Grösse Gottes im Munde des kranken Mannes auffallender sein soll, als seine bisherigen langen Reden, ist nicht einzusehen. Vielmehr aber ist solche freie Anerkennung der Grösse Gottes, ehe er Cp. 27 auf seine eigene Sache zurückkommt, für Ij. ganz schicklich. Auch sprachliche Zeichen der Unechtheit sind nicht vorhanden.

a) V. 2—4: die spottende Abfertigung Bildad's: wie trefflich er doch durch seine Rede der Schwachheit u. Unwissenheit aufgeholfen habe! wem denn eigentlich seine Belehrung gegolten, woher er doch solche Weisheit geschöpft habe! — V. 2f. מה] im Ausruf u. ironisch: *wie sehr!* (19, 28), *wie gut!* מה־זאת] *Unkraft* (s. 10, 22) für *Unkräftiger* (*Ew.* 270^e); ebenso לא־עז *Ohnmacht, Ohnmächtiger*, so zwar dass dieses Compos. zugleich dem st. c. זרע untergeordnet ist, u. V. 3 לא חכמה *Unweisheit* d. i. *Unwissender*. Unter diesen 3 Bezeichnungen meint aber Ij. nicht Gott (*Merc. Schl.*), sondern sich selbst. Nicht Gott u. Gottes Sache hat ja B. mit seiner Rede zunächst zu Hilfe kommen wollen, sondern dem Ij. die Einsicht in Grund u. Wesen seines Leidens aufschliessen, seiner geistigen Unmacht abhelfen. עזרת לזרוע] dem Arm (Sitz der Kraft) aufhelfen, ihn unterstützen. הודעת לרב] u. (wie gut hast du) *Verständiges* (s. 5, 12) *in Fülle kundgethan!* ein Spott über die armselige Kürze seiner Rede. — V. 4. *Wem hast du Worte dargelegt?* wen hast du belehren wollen? doch mich nicht!

solcher Belehrung bedarf ich wirklich nicht. הִגַּדְתָּ] c. dupl. Acc. auch 31, 37. Ez. 43, 10. Die Auffassung: *mit wem* d. h. mit wessen Hilfe *hast du W verkündet?* (*Arnh. Ha. Reu.*) wird durch das 2. Gl. nur scheinbar empfohlen; die Abwandlung des Gedankens in den 2 rhythmischen Gliedern ist dichterisch schöner. **Und wessen Hauch** d. i. Einhauchung *gieng von dir aus?* doch nicht gar göttliche Eingebung? um so spöttischer, als B. seine Paar Gedanken in der That blos von Elifaz erborgt hat. — Nun folgt V. 5—14 die den Gegner überbietende Schilderung der unvergleichlichen Herrscher-Macht u. -Grösse Gottes. Nicht blos als eine im Himmel sich kundgebende, sondern als über alle die 3 grossen Theile des Alls sich erstreckende weist Ij. sie nach, u. bekennt dennoch schliesslich (V. 14) hiermit nur die äussersten Umrisse derselben gezeichnet, nicht entfernt ihr volles Verständniss erschlossen zu haben. — b) V. 5—7 Nicht die Himmlischen allein (wie B. sagte), sondern, sagt nun Ij., sogar die Schatten in der untersten Tiefe erzittern vor ihm; bis in die Unterwelt, unter des Meeres Wassern, reicht seine Machtwirkung u. sein allsehendes Auge; der Erdkörper, frei im leeren Luftraum schwebend, ist ein Wunder seiner Schöpferkraft. — V. 5. הָרְפָאִים] nicht *die Riesen* (Verss.), sondern die *Schwachen, Matten, Schatten* der Unterwelt (von רָפֶה oder רָפָה, *Ew.* 55^e; vgl. Jes. 14, 9 f.). Sogar sie, obwohl sonst empfindungs- u. regungslos u. in unermesslicher Ferne von Gottes Wohnsitz, werden von den Machtwirkungen Gottes berührt. יְחוֹלָלוּ] nicht Pil. (*Ges. Hrz.*), welches in Pausa יְחוֹלָלוּ lautete, sondern Pul., *in Wehen u. Zittern versetzt werden*. Nach dem Zusammenhang (s. 25, 2 f.) u. dem folg. V. ist Gott als Urheber davon gemeint, wenn er zB. durch Erdbeben die Erde, durch Stürme das Meer so erschüttert, dass die Wirkungen davon bis in den Scheol nachdröhnen. *Unterhalb des Wassers u. seiner Bewohner* ist kein müssiger Zusatz; das Wunderbare besteht eben darin, dass selbst die Tiefen des Meeres die Wirkungen der Macht Gottes nicht aufhalten können. מִתַּחַת] ist Praep. (Gen. 1, 9), u. מַיִם וְשֹׁ׳ nicht zweites Subj. (*Ros. Umb. Hgst. Reu.*), denn auch V. 6 ist noch vom שְׁאוֹל die Rede. — V. 6. *Nackt* ist *die Unterwelt vor ihm*, sofern sie ungedeckt seinem Auge, ungeschützt seiner Kraftwirkung offen liegt; u. *keine Decke* (24, 7) *hat das Verderben* (bei den Spruchdichtern, auch 28, 22. 31, 12; Prov. 15, 11; Ps. 88, 12) für Ort des Verderbens, der Abgrund oder *die Hölle*. Sachparallelen 38, 17; Prov. 15, 11; Ps. 139, 8. עֵירֹם] zum Masc. s. *Ges.* 145, 7^b. — V. 7 Von dem Scheol zur Erde aufsteigend, fasst er diese als Ganzes in's Auge. Die Partic., ausdrückend was er gewirkt hat u. noch immer wirkt, schliessen sich an נֶגְדּוֹ V. 6 an (vgl. 25, 2 b): *der den Norden hindehnt über Leeres, die Erde aufhängt über einem Nichts*. Obgleich נטה 9, 8; Zach. 12, 1; Ps. 104, 2, im Jer. u. Jes. 40—66 viel vom Ausspannen des Himmels gebraucht ist, kann doch hier unter צָפוֹן nicht der nördliche Theil des Himmels, etwa als der durch den Polpunkt u. viele Sternbilder wichtigste Theil desselben (*Ros. Ges. Umb. Olsh. Del. Hgst.*) verstanden werden, weil das 2. Gl. die Ergänzung Erde u. nicht Himmel nahe legt, u. weil der Himmel über der Erde ausgespannt ist, nicht über תֹּהוּ. Vielmehr bedeutet hier נטה, wie auch sonst oft, *ausstrecken, hindehnen*, etwa s. v. a. נטר Jes. 42, 5. 44, 24, u. צפון bestimmt sich aus Gl. 2 als *Norden der Erde*, der hier vor u. neben dem Erdganzen darum genannt wird, weil er nach alter Vorstellung nicht blos der hauptsächlich bewohnte, sondern auch der die grossen bis in den Himmel hineinragenden Götterberge tragende, u. darum schwerste Theil der Erde ist, bei welchem das Wunder des freien Schwebens über dem Leeren das grösste ist (*Hrz. Ew. Schl. Hitz.* a.). בלי־מה] nur hier, *nicht-etwas = nichts*; es ergibt zusammen mit תהו die Vorstellung des leeren Raums, in welchem der als Scheibe (V. 10) vorgestellte Erdkörper durch die Wunderkraft Gottes schwebend gedacht ist; eine im AT. nicht weiter erwähnte, sehr bemerkenswerthe Vorstellung, mit welcher 9, 6 nicht streitet, wenn die dort genannten Säulen der Erde innerhalb des Erdkörpers, als das Gerippe desselben, gedacht sind. (Sonst vgl. Lucret. 2, 600 f.; Ovid. fast. 6, 269). Über die *creatio ex nihilo* der Dogmatiker besagt die Stelle nichts. — c) V. 8—10: von Unterwelt u. Erde zum Himmel aufsteigend, führt er den zarten Bau der Wasserwolken, die Bildung des dem Thron Gottes unterbreiteten Gewölbes u. Gewölkes, die Abgrenzung des Himmelsrundes, zugleich der lichten u. finsteren Räume des Alls der Betrachtung vor. — V. 8. Die Regenwolken sind hier vorgestellt als zarte luftige Hüllen, in welche Gott Wasser fasst oder *fest bindet* (was Menschen nicht können, Prov. 30, 4), u. das Wunder ist, dass *unter ihnen* d. h. den Wassern u. ihrer Last diese Hüllen nicht *platzen*, wenigstens nicht zur Unzeit, wenn er's nicht haben will. — V. 9. *Der des Thrones Fläche zusammenfügt, sein Gewölke drüber hinbreitend*. Nämlich כסה, wie 1 R. 10, 19 = כסא, Thron schlechtweg (ohne Art.), kann nur der Gottesthron sein, u. ist kaum nöthig, כסה aus urspr. כסאה (*Hrz.*) *sein Thron* verderbt zu denken. Gemeint wird sein nicht ein Sitz oder Sessel, sondern der höchste Himmel, Thronhimmel (Jes. 66, 1 vgl. Ex. 24, 10. Am. 9, 6. Ps. 104, 3). In jenem Fall wäre פנים die uns zugekehrte Seite desselben; für den Thronhimmel genügt die gew. Bedeutung Fläche. מאחז] Pi., nur hier, u. schwerlich = festhalten (*Ros. Wlt. Ha. Mx.*), oder (Neh. 7, 3 u. aram. אחד) zuhalten, absperren, verschliessen (*Umb. Hrz. Del.* a.), eher mit Kunst einfassen, überziehen (*Ew. Stick.*), aber besser (1 R. 6, 10. 2 Chr. 9, 18) *contignare*, so dass die Rede ist von der kunstvollen Bildung des Firmaments, jenseits dessen der Thronhimmel ist. פרשז] Inf. abs. (15, 3) des Quadrl., nur hier. עליו] Suff. bezüglich auf (פני) כסה. Vorgelagertes Gewölk entzieht den Anblick des reinen Firmaments. Nach der Lesung כֶּסֶה, כסא (Ps. 81, 4. Prov. 7, 20): „das Antlitz des *Vollmonds* deckt er zu, ausbreitend über ihn sein Gewölk" d. h. den Erdschatten (*Hitz.* nach *JPBerg*) wäre an Mondsfinsternisse zu denken, aber in der Beschreibung V. 7 ff. wäre eine solche Rarität fremdartig. Blos Verdunklung des Mondes durch Wolken will *Stud.* verstehen; aber warum dann כֶּסֶה? u. מאחז! — V. 10. *Eine Grenze* (s. 14, 5) *hat er abgerundet über des Wassers Fläche hin, bis zum Äussersten* (s. 11, 7) *des Lichtes bei der Finsterniss*, d. h. bis dahin, wo die Grenze des Lichts mit der der Finsterniss zusammenstosst. Er spricht von dem

Himmelsrund (22, 14) u. der durch dasselbe erzielten Abgrenzung von Licht u. Finsterniss. Es liegt (vgl. Prov. 8, 27) die Vorstellung zu Grund, die auch bei den classischen Völkern (den Babyloniern? s. *PJensen* Kosmologie der Bab. 250f.), u. noch tief in's Mittelalter hinein sich findet, dass die Erde rings von Wasser oder Meer umflossen sei; über (an?) diesem die Erde umgebenden Ocean ist der runde Kreis der Himmelshalbkugel, an welcher Sonne u. Gestirne laufen, abgesteckt; innerhalb dieses Kreises ist der Bereich der Gestirne u. des Lichtes, ausserhalb desselben beginnt das Gebiet der Finsterniss (s. *Voss* zu Verg. Geo. 1, 240 ff.). Weniger passend erzielen andere denselben Sinn, indem sie עד־תכלית adverbial = *auf's vollkommenste* (vgl. 28, 3) nehmen, u. אי־ als weitern Acc. von חג (*Hrz.* a.), oder gar als Gen. von zu ergänzendem st. c. חק (*Ew.* 289ᶜ) abhängig machen. Verfehlt ist es, unter מַיִם das Wolkenmeer (*Ha. Schl. Hitz.*) zu verstehen, u. das 2. Gl. auf den regelmässigen Wechsel von Tag u. Nacht (*Schl.*) zu beziehen. — d) V. 11—13. Zuletzt fasst er die ausserordentlichen Machterweisungen Gottes in diesem Erd- u. Himmelsganzen in's Auge, wie er mit seinem Zornesdräuen des Himmels Säulen erschüttert, das tobende Meer beschwichtigt u. des Meeres Ungethüm zerschellt, den bewölkten Himmel klärt u. den Drachen durchbohrt. — V. 11. *Die Säulen des Himmels* sind die himmelanragenden Berge, welche das Gewölbe zu tragen scheinen (s. 9, 6); späterer Rationalismus sah darin Winde Hen. 18, 3. ירופפו] Pul. (wie V. 5) von רוף (im jüd. Aram. von verschiedenen Arten der Hin- u. Herbewegung). Sie *gerathen in Schwanken u. entsetzen sich vor seinem Schelten* d. h. seiner Zornesstimme, mit welcher er die Naturkräfte entweder aufregt oder beschwichtigt (zB. Ps. 18, 16. Nah. 1, 4. Jes. 50, 2). Man denke hier an die Erschütterung der Berge bei Gewittern oder Erdbeben. — V. 12. רגע] s. zu 7, 5; hier ist es deutlich trans. *zusammenfahren machen, schrecken* d. h. entweder *beruhigen* oder *aufschrecken*. Nach Jer. 31, 35. Jes. 51, 15 stimmen die meisten für die letztere Bedeutung (ταράσσειν); aber hier spricht das 2. Gl. und die Analogie von V. 13ᵃ eher für die erstere Bedeutung: κατέπαυσεν LXX (*Umb. Reu. Stud.*). ובתובנתו] ist Schreibfehler für ובתבונתו *u. durch seine Einsicht*. Über die *Zerschellung Ráhab's* s. 9, 13. An die Ägypter kann hier bei Ráhab so wenig gedacht werden, als 9, 13; aber auch Ráhab als Sternbild zu verstehen, liegt aus dem Wege. An den im Volk noch lebendigen Mythus knüpfte sich die Redeweise: Gott hat den Ráhab zerschmettert d. h. er hat das tobende Meer beschwichtigt. — V. 13. Mit derselben Macht schaltet er auch am Himmel. *Durch seinen Hauch* ist Heiterkeit d. h. *wird heiter der Himmel*. שִׁפְרָה] nur hier (doch s. Gen. 49, 21), ist Subst.; die Meinung ist, dass der eben noch bewölkte trübe Himmel durch den Wind, den er sendet, plötzlich geklärt wird; nicht aber, dass durch seinen Schöpfergeist der Himmel überhaupt Schönheit ist (*Vulg., Ros. Wll.*). Schlecht LXX בְּרִיחֵי שָׁמַיִם שִׁפְרָה. חלל] Pil., nicht *erzeugen* von חול (Prov. 25, 23), was dann zu *bilden* undeutet wird (*Trg. Vulg., Ros. Wll.*), sondern von חלל (Jes. 51, 9) *durchbohren*. נחש ברח] *flüchtige Schlange*, auch Jes. 27, 1 u. dort dem נָחָשׁ עֲקַלָּתוֹן entgegengesetzt, beide aber zugleich לִוְיָתָן genannt. An Tödtung der Wasserschlangen (*Hgst.*) ist so wenig zu denken, als an den äg.-äthiop. Krokodilgott Sebak (*Kosters* in Th. Tijdsch. X. 52 f.). Gewöhnlich versteht man unter der *flüchtigen Schlange* ein Sternbild, u. zwar, da es deren mehrere gibt (*Ideler* Sternnamen 33 ff. 97 ff.), meist das des *Drachen*, welches sich zwischen dem grossen u. kleinen Bären hindurch fast um den halben Polarkreis herumwendet, u. meint, der Dichter spiele hier an auf die Sage von einem solchen den Himmel verfinsternden Ungethüm, welches von Gott erlegt u. zur Strafe als Sternbild an den Himmel geschmiedet worden sei. Aber für ein Sternbild spricht nichts; nach 3, 8 war der Glaube an den die Sonne umstrickenden Drachen noch immer im Volke lebendig. Diesem gemäss sagte man, wenn Sonne u. Mond sich verfinsterten: der Drache oder die flüchtige Schlange hat sie umstrickt, dagegen wenn sie von der Verfinsterung frei wurden: Gott hat den Drachen erlegt. Dann stimmt V. 13^b genau zu V. 12^b. — e) Schliesslich V. 14 bekennt Ij., dass all das Gesagte doch nur eine entfernte Andeutung von Gottes Grösse gebe, seine volle Herrschermajestät aber dem Menschen unerfasslich sei, u. zeigt durch diesen Schluss erst recht, wie viel tiefer sein Gemüth vom Eindruck der Herrlichkeit Gottes durchdrungen ist, als das der Freunde. *Sieh, dies* (wie 18, 21 d. h. die bisher erwähnten Krafterweisungen) sind *die Enden* d. h. die Ausläufer, äussersten Theile (*seines Weges* oder nach der Mass.) *seiner Wege* d. h. (Prov. 8, 22) seiner Thätigkeit. Im 2. Gl. muss dem Zusammenhang gemäss in שמץ דבר das Neue, also die Aussage liegen; somit sind diese 2 Worte nicht Subj. zu מה (*Ha. Mx.*: was ist das Flüsterwort schon, das wir hören?); auch taugt nicht דבר als Subj. zum Praed. מה שמץ (*Hgst. Hitz.*: wie leise ist das Wort, so wir hören von ihm!), da was wir von Gott hören, nicht in dem Sing. דבר zusammengefasst werden kann. Sondern מה שמץ zusammen ist Praed. zu dem im Rel.-Satz ausgedrückten Subj. נשמע בו; zu der Verbindung von מה mit einem appositionellen Subj. vgl. Ps. 30, 10. 89, 48. Jes. 40, 18: u. *was für ein Geflüster* (4, 12) *von einem Wort* d. h. was für ein leises Wort *ist das, worauf wir hören!* שמע mit ב drückt ein aufmerkendes Hören aus, u. ist hier richtig gebraucht, weil zu jedem Vernehmen Gottes in seinen Thaten u. Werken schon eine innere Aufmerksamkeit erforderet wird. Ein ב partit. (21, 25) hat bei שמע überhaupt keine Stelle, also weder *davon* (*Schl.*), auf דרך bezüglich, noch *von ihm* d. h. von Gott (*Hitz. Del.*²); dafür stand מי zu Gebot. *Den Donner aber seiner* (*Kraft*, aber nach der Mass.) *Kräfte — wer mag den verstehen?* d. h. die volle Entfaltung seiner Kräfte, welche für unser Vernehmen statt eines Geflüsters vielmehr ein Donner wäre, bleibt uns Menschen unverständlich.

3. *Ijob's Schlussrede an die Freunde*, Cap. 27 u. 28.

Die Freunde erwiedern nichts mehr: hat schon Bil. nur noch wenig u. zwar längst Besprochenes gegen Ij. in's Feld führen können, so weiss Sofar gar nichts mehr zu sagen, u. beweist dadurch seine u. ihre Niederlage. So nimmt denn Ij. als Sieger das Wort, um das Ergehniss der Unterredung hervorzustellen, u. dieser den Abschluss zu geben. — In dem Kernpunkt der Verhandlung mit den Freunden, in der Frage nach seiner Schuld oder Unschuld, ist er fortschreitend immer sicherer geworden, u. ihre Lehre, dass Schuld u. äusseres Unglück immer genau sich entsprechen, hat er eben zuvor entscheidend zurückgewiesen. Mit vollem Recht also behauptet er als Hauptergebniss aus dem Streit den Glauben an seine Unschuld, an dem er unerschütterlich festhält. Ist das aber so, ist er trotz seines Leidens doch kein Frevler, so kann auch das Kennzeichen der Frevelhaftigkeit nicht im äusseren Unglück liegen. Zugleich damit geht ihm die Erkenntniss über den wahren Unterschied eines Gerechten u. eines Frevlers auf. Er im Bewusstsein seiner Gewissensreinheit fühlt sich wie in seinem bisherigen Leben (s. noch 17, 9), so auch jetzt noch trotz seines Leidens Gott zugewandt, auf Gott hoffend (19, 25 ff.), u. damit in einer Verfassung, aus welcher die Erlösung vom äusseren Übel immer noch folgen kann u. mag. Ein Unheiliger hat keine innere Gottfreudigkeit, also auch keinen Hoffnungsgrund; weil er innerlich verworfen ist, so kann er nicht glücklich sein trotz äusseren Glücks, u. der inneren Unseligkeit kann u. mag bei ihm zuletzt das äussere Unheil folgen. Also nach seinem äusseren Geschick darf man den Charakter eines Menschen nicht bestimmen, noch die Gründe seiner Vertheilung der Geschicke Gott nachrechnen wollen, denn die weltordnende Weisheit hat Gott sich selbst vorbehalten, sie ist für den Menschen unerfassbar; dem Menschen ist von Gott als seine Weisheit zugetheilt, Gott zu fürchten u. das Böse zu meiden. Solche Gedanken über den wesentlichen Unterschied des Frommen u. Unfrommen bieten sich ihm jetzt dar, u. von der Höhe dieser Gedanken aus wird er für sich selbst u. für sie geradezu zum Lehrer. Für sie, indem er die richtigen Kennzeichen der Frommen u. der Frevler, die unter ihrer Hand sich verschoben haben, zurechtstellt, das Wahre aber in ihren Behauptungen auf einen festeren Grund zurückführt; für sich selbst, indem er das, was er in der Hitze des Kampfes zu einseitig bestritten oder zu viel behauptet hat, auf sein rechtes Maass zurückführt, vor allem aber sich in dem Grundsatz neu bestärkt, dass er trotz der noch dunkeln Räthsel von Gott nicht lassen, in Furcht u. Treue an ihm festhalten müsse. Demgemäss gestaltet sich diese Schluss- u. Siegesrede, eine eigentliche Lehrrede, in der Weise, dass er 1) ausgehend von der Gewissheit seiner Unschuld, die ihm sein Inneres versichert, diese noch einmal förmlich u. feierlich behauptet (zugleich als Antwort auf die noch nicht ausdrücklich zurückgewiesene Anschuldigung des Elifaz, 22, 5—10), auch die Unmöglichkeit, dass er ein Frevler sei, aus der inneren Gottverlassenheit des Frevlers beweist, 27, 2—10, sodann 2) um den Freunden, wie es sich vielmehr in Wahrheit mit der Ordnung Gottes in diesen Dingen verhalte, zu erklären, eine Lehrrede über die Geschicke des Frevlers hält 27, 13—23, u. 3) seine Sätze in längerer Ausführung damit begründet, dass der suchende Mensch zwar alle auch die verborgensten u. kostbarsten Schätze der Welt sich anzueignen vermöge, die weltordnende Weisheit aber im Alleinbesitze Gottes sei, u. dieser dem Menschen als seine Weisheit Furcht Gottes u. Meiden des Bösen verordnet habe, Cp. 28. Diese Ausführung über die Weisheit ist das schliessende Glanzstück des Dialogen. — Im übrigen bietet diese Schlussrede insofern grosse Schwierigkeit, als der Inhalt des 2. Theils, der Lehrrede über das Geschick des Frevlers (27, 13—23), mit dem bis dahin von Ij. Vorgetragenen in offenbarem Widerspruch steht, u. auch der 3. Theil als Begründung des 2. Theils, welche zu sein er (28, 1) beansprucht, in keiner Weise passt. Dieser Schwierigkeit zu begegnen, braucht man (s. u.) zwar nicht Versetzungen oder andere Rollenvertheilungen vorzunehmen, noch weniger das Verdikt der Unechtheit des ganzen 2. u. 3. Theils auszusprechen; wohl aber wird man die Ursprünglichkeit des jetzigen Wortlautes des 2. Theils zu beanstanden haben. — In ihrer Gliederung sind die 3 Theile sehr verschieden: der 1. Th. hat 6, 6, 6, der 2te 6, 10, 10 (nach anderen 6, 4, 4, 4, 4, 4) Stichen, der 3te hat 3 Absätze von 11, 11, 6 Versen, kann aber, wenn man V. 15—20 ausscheidet, in 12, 12, 10, 12 Stichen zerlegt werden. — In LXX sind 27, 19^b 21—23. 28, 3^{bc} 4^a (auch ויז) 5—9^a 14—19. 21^b 22^a 26 (exc. במשיב) aus *Theod.* ergänzt. — Besondere Erörterungen von Cp. 27 f. finden sich bei *Wellhausen* in *Bleek* Einl.[4] 540 f.; *Giesebrecht* der Wendepunkt des B. Hiob 1879; *Budde* in ZATW. II. 193—274. — V. 1. וישא] ohne ל s. 3, 8: *er fuhr fort im Vortrag seiner Spruchrede*, denn משל ist nicht blos der einzelne Spruch (13, 12), sondern auch eine längere lehrhafte Auseinandersetzung, wenn sie rhythmisch gehalten ist (Num. 23, 7. Ps. 49, 5. 78, 2); ebenso 29, 1. Mit Unrecht hält *GHff.* V 1 für den Einsatz eines Fälschers u. zieht 27, 2—6 noch zu Cp. 26 als Schluss der Antwortsrede an Bildad.

1) V. 2—10. Feierliche Behauptung seiner Unschuld u. Hervorkehrung des Unterschieds zwischen ihm u. einem Frevler. a) V. 2—4. Bei dem Gott, der ihm sein Recht entzogen, beschwört er es, noch im Besitze seiner vollen Geisteskraft, dass sein (von den Dreien verdächtigtes) Selbstzeugniss volle Wahrheit sei. — V. 2. Der Ausruf *lebendig ist Gott!* und — *der Allmächtige!* ist s. v. a. *so wahr Gott lebt u. der Allmächtige!* 'מ הסיר und 'ש המר sind Rel.-Sätze zu אל u. שׁ־. Ij. hat im Verlauf des Gesprächs nie förmlich geschworen; erst jetzt, wo er sein letztes Wort darüber spricht, erlaubt er sich es durch einen Schwur zu besiegeln. Und zwar schwört er bei dem, der *ihm sein Recht entzogen, seine Seele* bitter gemacht d. i. *betrübt hat*, hält also damit gerade an dem, was die Dreie immer bestritten hatten, ausdrücklich fest, näml. dass ihm nicht nach seinem Recht geschehen sei. Der Inhalt des Schwures kommt erst V. 4. — V. 3 ist zwischeneingeschoben, um den Schwur selbst, die Kühnheit desselben u. seine Giltigkeit, zu begründen. *Denn ganz noch ist in mir mein Odem u. Gottes Hauch in meiner Nase* d. h. noch bin ich, trotz meiner Leidenslast, bei voller Lebens- u. Geisteskraft, um zu wissen, was ich rede, und mich selbst, meine Unschuld, nicht aufzugeben. כל] adverbial vorausgestellt (*Ges.* 128, 1 A. c.), wie 2 S. 1, 9; Hos. 14, 3. Die älteren Erkl. (noch *Schl. Hgst. Mx. Reu.*) finden in V 3 u. 4 zusammen den Inhalt des Schwurs, in der Weise: die ganze Dauer meines Odems in

mir d. h. *so lange noch mein Odem in mir ist* u. s. w. *sollen meine Lippen nicht* u. s. w.; aber abgesehen davon, dass so die Schwurworte doppelt, erst durch כי, dann durch אם eingeführt wären, handelt es sich hier nicht um das, was er in Zukunft reden wird, sondern um die Wahrheit dessen, was er jetzt redet. Auch s. 2 S. 1, 9. — V. 4. Der Inhalt des Schwures. אם] im Schwur s. 1, 11. עולה] *Verkehrtheit*, hier *Unwahrheit* neben רמיה, wie 13, 7. Die Meinung ist nicht: ich werde die Lüge, dass ich schuldig bin, nie aussprechen (*Hgst. Bud.*[2]), denn zur Bezeichnung einer bestimmten Lüge taugt עולה u. רמיה nicht, sondern die eidliche Aussage geht auf die Wahrheit seiner Behauptungen im allgemeinen; welche besondere er aber dabei im Sinne hat, erklärt er sofort V. 5 ff., u. zeigt schon V. 2. — b) V. 5—7. Niemals will er ihnen Recht geben, niemals bis zu seinem Tod von der Behauptung seiner Unschuld lassen, weil sein Gewissen ihm keine Schuld vorwirft; vielmehr muss, wer feindselig ihn als Frevler brandmarkt, selbst als unwahr u. frevelhaft erscheinen. — V. 5. *Zum Unheiligen sei es mir, wenn ich euch Recht haben lasse*] d. h. (*Ew.* 329ᵃ) fern sei es von mir, euch Recht zu geben! Bis ich verscheide, werde ich meine Unschuld *von mir nicht weichen lassen* d. h. nicht: fortwährend den Weg der Unschuld innehalten, sondern, laut V. 6: von der Behauptung, dass ich unschuldig bin, nicht lassen. Übrigens sind beide Stichen ungewöhnlich lang. — V 6. הִרְפָּה] *lassen* d. h. hier: fahren lassen, fallen lassen (7, 19). *Nicht rupft* d. h. *tadelt mein Herz* d. h. das richtende Gewissen (1 S. 24, 6; 2 S. 24, 10) *meiner Tage einen*, sofern מן partitiven Sinn trägt (*Ges.* 119, 3, d). Die temporale Fassung des מן (38, 12) zwänge, dem חיי reflexiven Sinn (*Vulg., Ew.*) zu geben, was unmöglich ist. Übrigens ist die Aussage nach 13, 26 etwas einzuschränken. — V. 7. יהי] nicht concessiv: „es mag mein Gegner Frevler sein! ich wenigstens bin keiner" (*Hrz.*), zumal der letztere Gegensatz nicht ausgedrückt ist, sondern optativ: *es sei wie* d. h. erscheine als ein *Schuldiger mein Feind, u. mein Widersacher* (20, 27. Ps. 59, 2) *als Verkehrter!* (*Ew. Ha. Del. Mat. Hitz. Vo.*). Der איב u. מתקו ist der, welcher seine צדקה ihm abspricht, ihn הרשיע d. h. für einen רשע erklärt u. damit eine עולה (vgl. V. 4) begeht. Indem also Ij. wünscht, dass als רשע u. עול nicht er, sondern sein Gegner dastehe, kehrt er zum Gedanken von 5ᵃ zurück u. rundet die Stichengruppe b innerlich ab. Dass כי V. 8 dieser Auffassung nicht widerspricht, s. d. Dagegen *es ergehe wie dem Frevler meinem Feinde!* (*Ros. Stick. Schl. Wlt. Kmph. Olsh. Gsb. Hgst. Bud. Wllh. Reu.*) käme unvorbereitet, da er zuvor von *seinem* Ergehen nichts gesagt hat. Seinem Feind etwas zu wünschen, zumal etwas so Übles (s. dagegen 31, 29 f.), wie gottlos zu sein (*Wllh.*) oder das Loos des Gottlosen (*Bud.* a.), wäre höchstens motivirt, wenn zuvor stünde: gottlos zu sein habe ich auch für mich nie gewünscht; aber so heisst es nicht. Die weitere Folge dieser Auffassung ist, dass *Wllh.* V. 7 ff. für unecht erklärt, u. *Bud.*[2] 208 f. V. 7 lieber hinter V. 10 versetzen will. — c) V. 8—10: Denn ein Ruchloser hat nicht Hoffnung, wann's mit ihm zu Ende geht, nicht Erhörung bei Gott in der Noth, nicht fortwährende Gebetsfreudigkeit zu Gott.

Nach *Wllh. Gsbr. Bud.* soll das heissen: denn es giebt nichts trostloseres, als gottlos zu sein, oder als das Loos eines Gottlosen, u. soll das eine Begründung des bösen Wunsches in V. 7 sein. Aber selbstverständlich muss Ij., wenn er den Zustand des Bösen gerade so schildert, das Gegenteil davon als den Zustand des Frommen kennen, u. da er kein רשע zu sein behauptet, für sich in Anspruch nehmen. Sonst könnten die Gegner ihm mit Recht sagen: in diesem Fall bist ja gerade Du. Man kommt also darum nicht herum, dass Ij. hier den Zustand des Unfrommen im Gegensatz zu sich selbst zeichnet. Dann aber eignet sich diese Zeichnung sehr wohl als Begründung zu der Behauptung seiner Unschuld V. 5—7, u. steht unserer Auslegung des V. 7 nichts im Wege. Freilich wendet man ein (*Bud.*² *Stud.*), Ijob, der immer klage, dass Gott sich ihm entziehe u. ihm sein Recht nicht werden lasse (nicht blos 9, 16. 19, 7 u. s., sondern auch 23, 3 ff. 15 ff. 27, 2. 30, 20. 31, 35 ff.), könne doch nicht ein so trautes Verhältniss zu Gott von sich behaupten. Aber warum sollte das unverträglich sein? Wie viel fromme Sänger von Psalmen klagen ebenso! Thatsache ist, dass Ij. im Laufe des Gesprächs mehr u. mehr zu dem Gott, an dem er sein Leben lang gehangen (29, 3 ff.), sich wieder hingetrieben fühlte (14, 13—15. 16, 19 ff.) u. auf ihn auch im Angesicht des Todes seine Hoffnung setzte (19, 25 ff.). Das sind nicht vorübergehende Stimmungen, sondern ist eine wirkliche Errungenschaft des Kampfes (s. S. 177), u. wird mit Recht hier in der Schlussrede ebenso betont, wie das andere Ergebniss der Unterredung V. 5—7. Auch kann er sich gegenüber von den Freunden sehr wohl auf diesen seinen Herzensstand berufen, denn er hat ihn ihnen deutlich genug kund gegeben (zuletzt 19, 25 ff.; s. auch 13, 16). Demnach wird es doch dabei bleiben, dass Ij. mit dieser Zeichnung des Frevlers sich u. den Freunden zugleich seine Unterschiedenheit von einem solchen zum Bewusstsein bringt. Man bemerke auch, dass er hier רשע sagt (wie 13, 16), nicht רשׁע. — V. 8. *Denn was ist eines Ruchlosen Hoffnung, wann abschneidet, wann herauszieht Gott seine Seele?* während Ijob im Angesicht des Todes auf Gott allein seine Hoffnung setzt C. 16 f. u. 19. Zum Satzbau vgl. Hos. 6, 3. Jer. 14, 21. Jes. 61, 3 (63, 18). Über die zu Grund liegende Vergleichung der Seele s. zu 4, 21 (Dan. 7, 15). יבצע] als *rauben, ungerechten Gewinn machen* (*Trg. Vulg., Ros. Mx.*) gibt hier keinen Sinn, auch nicht wenn man die 2 כי in verschiedener Bedeutung (*Ges.* th. 228; *König* Lehrgeb. I S. 541) nähme. ישל] soll Juss. Qal (*Ges.* 109, 2ᵇ Anm.; vgl. Ex. 22, 4) von ישלה = ישׁל sein. Einfacher liest man ישל oder ישׁל, wogegen ישל = ישׁאל *er fordert ab* (*Schnur.*) als Permutativ von יבצע wenig passt, u. vollends die Correctur יבצע רשעים כי אל כי (*Lag.* Proverbien S. VII; *Mr.*) vgl. 31, 30, etwas viel zu Specielles setzt. — V. 9. Nicht: *wird Gott sein Geschrei zu hören bekommen?* (*Ha.*), denn dafür wäre der natürliche Ausdruck: wird er zu Gott schreien? sondern: *wird Gott sein Geschrei erhören?* Auch Gebetserhörung gehört zu den Erfahrungen des Frommen, u. Ij. kann sich rühmen, solche gemacht zu haben (12, 4); dass Gott ihn jetzt nicht erhört (19, 7. 23, 3 ff. 27, 2), ist räthselhaft genug, muss aber nicht so bleiben; die höhere Zuversicht bricht bei ihm immer wieder durch (s. 19, 25 ff.). — V. 10. Oder wird er Lust u. Freude (22, 26) zu Gott haben? Wird er *alle Zeit*, in guten u. bösen Tagen, Gott anrufen? Solche innere Lust u. Gebetsfreudigkeit zu Gott hatte Ij. sein Leben lang (29, 2 ff.) u. dies, nicht die augenblickliche Trübung solcher Stimmung in ihm muss über sein eigentliches Wesen entscheiden. *Rühmen* (*Hitz.*) bedeutet יקרא nicht. Ebenso wenig ist אם Fortsetzung von כי 9ᵇ (*Mx.*: wenn er um Gottes Liebe buhlt u. zu Eloah ruft mit aller Kraft", כי für עת), noch kann התחנן על einem *schmeicheln* bedeuten.

2) V. 11—23. In der ausgesprochenen Absicht, die Freunde über die sittliche Ordnung Gottes zu belehren, u. mit der ausdrücklichen Vorbemerkung, dass sie ja dieselbe im Grunde wohl erkannt, aber einen eiteln Gebrauch davon gemacht haben, gibt er nun eine Schilderung des dem Frevler von Gott bestimmten Geschickes, wie seine Familie von Schwert, Hunger u. Seuche weggerafft wird, seine Habe ihm entzogen zuletzt andern anheimfällt, er selbst von einer höhern Gewalt plötzlich u. schonungslos hinweggetilgt, dazu noch vom Hohne der Menschen verfolgt wird. Ausser dem Mangel einer Anknüpfung an das Vorhergehende ist hier auffallend, sowohl dass er die Dreie über dasselbe, was sie immer behauptet hatten, zu belehren unternimmt, als auch dass er das Gegentheil von dem, was er Cap. 21 u. 24 über das Glück vieler Bösen bis zu ihrem Ende behauptet hatte, aufstellt. Zuweisung des Abschnitts an einen andern Redner lässt sich in Wirklichkeit nicht durchführen (s. unten). Die Auskunft, dass V. 13—23 die als הֶבֶל bezeichnete Ansicht der Gegner wiedergeben u. die dagegen gerichtete Lehre Ijobs erst Cp. 28 komme (*Eichh. Böck. Hitz.*), hat den Augenschein gegen sich (wornach mit זה חלק וג' V. 13 die Lehre beginnt) u. die Zwecklosigkeit einer nochmaligen ausführlichen Wiedergabe des oft Gehörten. Aber auch dass Ij. hier die Freunde das Echo ihrer eigenen Rede vom Schicksal des Frevlers hören lasse, um ihnen darin die Strafe der Sünde des ungerechten Richtens vorzuhalten (*Raš. Schl. Bud.*), will nicht einleuchten, denn von Absicht, zu warnen, merkt man aus אוֹרֶה וג' nichts, u. עָרִי V. 13 sind nicht שְׁפֵי בָטֶל. Auf Grund des Wortlautes muss man anerkennen (so die meisten Erkl.), dass Ij. hier retraktirt. Die Frage ist: kann u. darf er das? Sofern Ij. in seiner Polemik gegen die Dreie Cp. 21 u. 24 mit Vorliebe das Glück der Bösen bis an ihr Ende betont, dagegen die entgegengesetzten Fälle, wornach die verdiente Strafe sie wirklich ereilt, ignorirt hat, so würde es ganz in der Ordnung sein, wenn er hier, beim Rückblick auf die Ergebnisse des geführten Streites auch die nicht seltene Thatsache der wirklichen Bestrafung der Bösen ausdrücklich zugäbe. Er würde sich damit nichts vergeben. Denn zu so thörichter Behauptung, wie dass dem Frevler niemals sein verdientes Verderben werde, hat er sich auch im Streit nicht fortreissen lassen (s. zu 21, 23 ff. 24, 18 ff.); es ist ihm nie eingefallen, die Vergeltungslehre gänzlich umwerfen zu wollen; anders als dass es dem Bösen zuletzt nur übel gehen könne, hat er selbst nie gedacht, u. nach diesem Grundsatz hat er auch gelebt (21, 16. 6; bes. 31, 3 ff.). Aber was er hier 27, 11 ff.

vorträgt, geht weit über ein solches Zugeständniss hinaus, u. unterscheidet sich in gar nichts von der Lehre der Drcie, die er bisher bekämpft, näml. dass die Frevler immer u. ausnahmslos ihr Verderben ereile. So kann der Dichter nicht geschrieben haben: Ij. würde ja damit alles zurücknehmen, was er Cp. 21 u. 24 gegen die Freunde geltend gemacht u. wodurch er sie schliesslich zum Schweigen gebracht hat; er würde damit seinen über sie errungenen Sieg hinfällig machen oder seine Sache aufgeben. Eine Retraktation in diesem Styl ist unstatthaft. Als Rede Ijobs ist dieser Theil unbegreiflich. Die Versuche, denselben einem andern Redner zB. Bildad oder Ṣofar zuzutheilen, lassen sich auch nicht durchführen. Denn eine Rede dieses Inhalts im letzten Stadium des Dialogs, wäre, weil reine Wiederholung des nun oft genug Gesagten, völlig nutz- u. zwecklos, u. wenn gar noch Cp. 28 dazu gezogen würde, so würde der Mangel an jedem Zusammenhang der beiden Theile unüberwindliche Schwierigkeit machen. Bedenkt man, dass mit אורה אתכם V. 11 (was niemals bedeuten kann: ich gebe euch zu) das Folgende als Lehrrede an die Freunde charakterisirt ist, u. weiter dass Cp. 28 durch כי V. 1 als Begründung zu 27, 11 ff. hingestellt ist, zu dem jetzigen Wortlaut von 27, 11 ff. aber als Begründung nicht taugt, so wird man auf die Vermuthung geführt, dass V. 13—23 ursprünglich anders gelautet hat als jetzt, d. h. dass V. 13—23 entweder statt eines andern Textes eingesetzt oder von späterer Hand überarbeitet ist, wie Ähnliches auch schon zu 24, 13 ff. 21, 30 f. vermuthet werden musste. Der urspr. Inhalt des 2. Theiles wird dahin gelautet haben, dass die Frevler allerdings oft genug auch äusserlich von dem verdienten Verderben ergriffen werden, aber doch auch in vielen Fällen die Verwirklichung dieser Ordnung nicht nachzuweisen sei. Späteren war das anstössig u. wurde im Sinn der vulgären Vergeltungslehre corrigirt. — a) V. 11—13. Er will sie über die Ordnung Gottes, die sie ja selbst erkannt, aber falsch angewendet haben, belehren. — V. 11 ohne Anknüpfung an's Vorige, könnte Gegensatz sein: der Frevler hat keine Gottfreudigkeit; was vielmehr der Fall ist, will ich euch lehren (LXX: ἀλλὰ δή). Vielleicht ist aber עתה davor ausgefallen, was hinter עד V. 10 leicht möglich war. ב] zur Einführung des Obj., wie Ps. 25, 8. 12 u. ö. *Hand Gottes*] seine Handlungsweise, sein Finger. Was *bei Gott ist* (10, 13), seinen Sinn u. die Grundsätze seines Handelns, will er unverhohlen aussprechen. — V. 12. Habt doch *ihr selbst* (אתם) *alle es erschaut* d. h. richtig beobachtet (15, 17)! Als Obj. ist jedenfalls das Verfahren Gottes mit dem Bösen gemeint. Ijob gesteht zu, dass er darüber grundsätzlich mit ihnen übereinstimme, denn auch sie haben oft genug das ausgeführt, dass es nach innerer Nothwendigkeit dem Bösen nicht gut gehen kann. ולמה־זה] nicht folgernd, sondern anreihend oder gegensätzlich: u. (aber) *warum denn seid ihr eitel eine Eitelkeit* (*Ges.* 113, 3 A. 4) d. h. hegt ihr so eiteln Wahn, führt so eitle Rede? näml. als ob äusseres Ergehen u. sittliche Würdigkeit sich genau entsprechen, u. man aus dem einen auf das andere ohne weiteres schliessen dürfte; nicht aber (*Schl. Bud.*): wie sehet ihr nicht ein, dass ihr durch eure Lügen Gottes Vergeltung auf euch herabzieht? —

V. 13. In Überleitung zur Sache wird das, womit sie unterschriftlich ihre Schilderungen schlossen (20, 29 vgl. 18, 21. 5, 27), überschriftlich vorangestellt, d. h. der Weg von oben nach unten gemacht, aus Gottes Festsetzung das Schicksal gefolgert. זה] weist aufs Folgende. עם־אל] wie 11ᵇ, nach Gottes Sinn u. Beschluss, auch hier wohl richtiger als מֵאֵל (LXX; ZATW. VI. 212); hinter ש(רש) erklärt sich מ für כ, u. עם für כ leicht. — Nun folgt eine Reihe von Sprüchen, in welchen das Schicksal des Bösen nach vulgärer Vergeltungslehre zu gangbarer Münze ausgeprägt erscheint, näml. 5 + 5 Sprüche oder 10 + 10 Stiche. Gegen die Eintheilung in Spruchpaare (*Mx.*) spricht, dass V 18f. kein Paar bildet. — b) V. 14—18: des Frevlers Familie rafft Schwert, Hunger u. Seuche weg; sein Vermögen bleibt ihm nicht, es fällt zuletzt den Gerechten anheim; sein Haus hat keinen Bestand. V. 14. Ij., die von den Dreien eingehaltene Ordnung umkehrend, beginnt mit der Strafe des Sünders in seiner Familie. למו־חרב] sc. ירבו ist Nachsatz (Ps. 92, 8). למו] nur im B. Ijob (29, 21. 38, 40. 40, 4), s. *Ew.* 221ᵇ ויצאי] warum das hier *aufwachsen* bedeuten soll (*Mx. Hitz.*), ist nicht einzusehen. Zu *Schwert* u. *Hungersnoth*, wozu V. 15 als dritte Strafmacht מָוֶת kommt, vgl. Jer. 14, 12. 15, 2. 18, 21. — V. 15. *Seine Entronnenen* (18, 19. 20, 21. 26) d. h. die ihm noch übrig sind, nachdem Schwert u. Hunger ihre Reihen gelichtet, *werden durch den Tod* d. h. die Pest (Jer. 18, 21. 15, 2 vgl. mit 14, 12) *begraben*, sofern bei grossem Sterben kein ordentliches Begräbniss möglich ist, oder höchstens der Todte sofort verscharrt wird, so dass Tod u. Begräbniss zusammenfällt, ohne dass במות *im Moment des Todes* (*Bött.*) bebeutete. לא vor יקברו (*Olsh. Mx.*) haben auch LXX nicht gelesen. *Und seine Wittwen weinen nicht* (wiederholt Ps. 78, 64); sie beweinen sie nicht im Leichenzug, in solenner Weise (*Hrz.*), nicht aber (*Ha.*), weil sie nicht mehr am Leben sind. Ein Pass. תִּבְכֶּינָה (LXX Peš.) kommt nicht in Betracht. *seine Wittwen*] der Plur. nicht aus der Polygamie (*Del. Gsb.*), oder aus dem Collectivbegriff des רָשָׁע (*Hgst.*), sondern eher aus seiner Familienhauptschaft (*Schl. Mat.* a.) zu erklären, wornach auch die Wittwen seiner Nachkommen seine Wittwen sind. Von seinem eigenen Tod ist erst V. 19 ff. die Rede. Doch könnte אלמנתו durch Angleichung an Ps. 78 aus אַלְמְנֹתָיו (LXX) entstanden sein. — V. 16 f. Seinen Reichthum muss er andern lassen, den Gerechten. V. 17 ist Nachsatz zu 16. *Staub* u. *Lehm* oder *Koth* (30, 19) als Bild der Menge auch Zach. 9, 3. Grosser Kleidervorrath war bei den Morgenländern ein wesentliches Stück der Pracht u. des Reichthums (Gen. 45, 22; *Rosenm.* Morgenl. III 346; *Win.*³ I. 663). *Er schafft an u. der Gerechte kleidet sich, u. das Geld — theilt der Schuldlose*, sofern diese, in jenen Gerichten verschont, den Kampfplatz behaupten u. das Land besitzen (Ps. 37, 29. 34), vgl. Prov. 13, 22. — V. 18. Die Unsicherheit u. schnelle Vergänglichkeit seines *Hauses* d. h. seiner Familie u. Habe, an einigen Bildern anschaulich gemacht. *Er hat der Motte gleich sein Haus gebaut* d. h. so leicht zerstörlich, wie das dünne larvenartige Gewebe der Motte in einem Kleide (s. 4, 19), *u. wie eine Hütte, die ein Hüter machte* d. h. Hütte im Wein- oder

Obstgarten (s. Jes. 1, 8), welche im Sommer zur Zeit der Hut für den Hüter aufgeschlagen, also nur leicht u. hinfällig aus Strauchwerk oder Pfählen u. Matten gemacht wird. Nahe liegt nach 8, 14 יֶאֱרֶה für עָשָׂה (Mx. Hitz.); die Lesart scheint schon frühe geschwankt zu haben (LXX, auch Sah., drücken beides aus; Peš. nur יֶאֱסֹף). — c) V. 19—23. Ihm selbst mit all seinem Reichthum macht eine Nacht ein Ende; jähe Todesschrecken überfallen ihn wie eine Fluth, oder ein plötzlicher Sturm rafft ihn weg; von einer höheren Gewalt wie mit Geschossen verfolgt muss er davon, begleitet vom Hohn u. Spott der Menschen — V. 19. עָשִׁיר] nicht Subj. (Schl. Hgst.), sondern Appos. zum Subj. (1, 21. 19, 25): reich legt er sich nieder. וְלֹא יֵאָסֵף] Subj. kann, da der Spruch selbstständig ist, nicht sein Haus (V. 18) sein; also nicht: noch ists nicht weggerafft (Eichh. Stick. Umb.), oder gar: noch wird nicht ausgeräumt (Hitz.), wogegen auch das Temp. spricht, sondern nur er selbst. Aber ungereimt (auch sprachlich mit Jer. 9, 2. Ez. 29, 5 noch nicht gerechtfertigt) wäre u. wird nicht bestattet (Gers. Ros. Schl. Hgst.), unmöglich (an sich u. wegen des parallelen אֵינֶנּוּ) ein fragendes wird er nicht weggerafft? (Ha.), möglich nur (8, 12): noch nicht wegzuraffen (Stud.), wogegen וְלֹא יֵאָסֵף u. nimmt nicht mit sich (Vulg.; hbr. Cod.) die Bedeutung von אסף u. den Mangel eines Obj. gegen sich hat. Besser liest man (LXX Peš.; Houb. Hrz. Ew. Del. a.), יֹסִיף = יֵאָסֵף (Ex. 5, 7. 1 S. 18, 29), vgl. 20, 9. 40, 5: u. thut's nicht wieder. In Gl. 2 ist nicht man (Ha. Hgst. Reu.), sondern er Subj., u. geht das Suff. von עֵינָיו nicht auf seine Habe (Mx. Hitz.), von der im V. überhaupt nicht die Rede ist, sondern auf den Mann: seine Augen hat er aufgeschlagen u. — ist dahin (24, 24), kaum ist er erwacht, so ists aus mit ihm. Dieser plötzliche Untergang wird weiter beschrieben. — V. 20. Es erreicht oder ereilt ihn wie Wasser einer plötzlichen Überschwemmung (20, 28: Jer. 47, 2 u. s.) der Schrecken (18, 14, vgl. 20, 25) Menge, die jähen Todesschrecken; zur 3 p. fem. Sing. s. 14, 19. Oder aber, ein anderes Bild, Nachts, in kürzester Frist, über Nacht, hat ihn ein Sturm davon genommen, wie 21, 18. — V. 21. Weitere Ausmalung von V. 20ᵇ. קָדִים] Ostwind, im bibl. Sprachgebrauch ein Sturmwind u. heftiger Stosswind (15, 2. 38, 24; 1, 19; Ps. 48, 8; Jes. 27, 8: Ez. 27, 26); der hebt ihn auf, dass er dahin fährt (14, 20. 19, 10), u. stürmt ihn weg (Pi.) von seinem Ort. — V. 22. יַשְׁלִיךְ] s. 13, 27; er wirft oder schleudert auf ihn (Num. 35, 20), sc. Geschosse ohne Schonung (16, 13); Subj. kann nicht mehr der Sturm sein, sondern nur der auch im Sturm als unsichtbare Macht verborgene Gott (s. Ps. 35, 5f.). Vor seiner Hand muss er wohl fliehen; der Inf. abs. hebt die Flucht als eine unvermeidliche, eilige hervor. Den Satz als Frage zu fassen (Ha. Stud.), ist kein Grund da. — V. 23. Dazu noch der Hohn u. Spott seiner Ortsgenossen. יִשְׂפֹּק] soll mit שָׂרַק zusammenklingen. Das Subj. ist unbestimmt man u. kann darum ein Plur. Suff. in כַּפָּיו darauf bezogen sein, ohne dass man כַּפָּיו liest. Aber עָלָיו kann nicht meinen über sich (ihrem Kopf), weil das Ausdruck der Wehklage wäre, sondern nur über ihn (s. 22, 2. 20, 23); zur Abwechslung mit עָלָיו in Gl. 2? oder durch Einfluss von מְקֹמוֹ aus עָלֵימוֹ verderbt?

Das *Händeklatschen* als Zeichen der Schadenfreude Nah. 3, 19. Thr. 2, 15, u. des Hohnes Ij. 34, 37; ebenso das *Zischen* oder Pfeifen Ṣeph. 2, 15. Jer. 49, 17. Man zischt über ihn *von seinem Ort* (Wohnort 8, 18) *aus* d. h. seine Mitbürger zischen ihm nach, begleiten ihn mit ihrem Spott (*Hrz.*); nicht (*Ew. Olsh. Del. Hgst.* a.) man zischt ihn *weg von seinem Orte*, denn er ist ja schon fort.

3. Cp. 28 die Begründung. Denn a) zwar alle Kostbarkeiten der Erde kann der suchende Mensch durch Kraft u. Kunst erreichen V. 1—11; b) aber die Weisheit, dieses kostbarste Gut, ist nirgends in der sichtbaren sinnlichen Welt zu finden, mit keinem Schatz der Erde zu erkaufen, V. 12—22; c) sondern Gott allein hat u. kennt sie als der Schöpfer und Herr der Welt, u. dieser bestimmte dem Menschen als seine Weisheit Gottesfurcht u. Meiden des Bösen, V. 23—28, so dass also 2 Abschnitte von je 11 Versen auf den kürzeren, den Schwerpunkt der Ausführung enthaltenden Schlussabschnitt von 6 Versen vorbereiten. Das ganze Stück ist durch כי *denn* V. 1 an C. 27 angeknüpft. Nimmt man diese Ausführung, wie sie sich gibt, also dahin lautend, dass die Weisheit, die adäquate Erkenntniss aller Dinge, im Alleinbesitz Gottes, dem Menschen aber der weltordnende Gedanke Gottes ein undurchdringliches Geheimniss sei, so versteht sich, dass das keine Begründung des unmittelbar Vorausgehenden sein kann. Man verstand daher כי als *fürwahr* (*Ros. Wll.*), oder als *weil* u. begründend zu V. 3 (*Stick.*), oder *allerdings* (*GHff.*), oder supplirte vor V. 1 Zwischengedanken (zB. *Ha.*: aber darum ist nicht nothwendig jeder, der umkommt, ein Frevler), oder fand das Begründete in 27, 12^b (*Hrz.*; auch *Hitz.*, indem er 27, 13—23 als angeführte Rede der Dreie nimmt). Aber dass derlei Auskünfte unzulässig sind, versteht sich leicht (über *Hitz.* s. oben S. 233). Deshalb haben andere den Schwerpunkt der Ausführung in 28, 28 verlegt, dessen begründende Kraft für 27, 13—23 sich von selbst ergibt, u. 28, 1—27 entweder für blosses Beiwerk, wie es die Weisheitslehrer lieben (*Mat.*), erklärt, oder aber darin den Nachweis gefunden, dass die Weisheit, als Inbegriff aller Güter u. Quelle des Lebensglücks (Prov. 8), nicht in selbständigem Besitze des Menschen sei, sondern von ihm nur erworben werden könne bei Gott, auf dem Wege der Gottesfurcht (*Del. Hofm. Zöckl. Vo.*, wir selbst in Aufl. 3). Mit Recht ist jedoch geltend gemacht worden (*Wllh. Gsb. Bud. Hitz.*), dass diese Umbiegung der „Weisheit" nach der ethischen Seite hin wegen V. 12ff. nicht nothwendig, mit V. 23ff. aber unverträglich ist. Bleibt es aber also dabei, dass Ij. hier die Unfähigkeit des Menschen, die Weltordnung Gottes mit seinem Verstand zu begreifen oder das Thun der göttlichen Weisheit nachzurechnen, ins Licht stellen will, dann lässt sich nicht einsehen, wie Cp. 28 im Verhältniss der Begründung zum Vorhergehenden stehen könne. Sein Recht, die Freunde wegen ihres voreiligen Richtens zu bedrohen (*Schl.*), oder sein Entschluss, zu retraktiren (*Gsb.*) könnte allerdings durch jene Ausführung begründet werden, aber eine Drohung gegen die Freunde liegt 27, 11ff. gar nicht vor (s. S. 233), u. ein Entschluss, zu retraktiren, ist 27, 11 nicht ausgesprochen. Ebenso wenig ist es richtig formulirt, dass der Streit mit Cp. 27

(nach seinem jetzigen Wortlaut) in unvereinbare Widersprüche ausgemündet habe, u. nun Ij. in Cp. 28 dieses Ergebniss auf seinen letzten Grund, die Unbegreiflichkeit der Wege Gottes, zurückführen, damit aber den allseitigen Bankerott ihrer Erkenntniss feststellen wolle (*Bud.*). Von Bankerotterklärung kann schon in Anbetracht des sehr positiven Ergebnisses des Streites, wie es in 27, 1—10 hervortritt, keine Rede sein. Vielmehr wird man urtheilen müssen, dass Cp. 28 nicht Begründung des unmittelbar vorausgehenden Abschnittes 27, 11 ff. sein kann, u. wird, da im übrigen keine zureichenden Verdachtsgründe gegen Cp. 28 vorliegen, eher zu schliessen haben, dass jener Abschnitt ursprünglich andern Inhalt hatte, u. zwar den S. 234 vermutheten. Wenn Ij. in 27, 1—10 das Ergebniss zog, dass er trotz seines Unglücks kein Sünder sei, u. in 27, 11 ff. (in Übereinstimmung mit Cp. 21 u. 24) ausführte, dass das dem Frevler gebührende Verderben oft genug nicht zur Erscheinung komme, dann versteht sich die begründende Kraft von Cp. 28 von selbst, u. tritt (im Gegensatz gegen den Wahn der Freunde, mit einer einzigen Kategorie das Thun Gottes begreifen zu können) das Schlussergebniss heraus, dass die Wege Gottes dem Menschen unbegreiflich seien (vgl. wie schon Cp. 23 f. dieser Gedanke überall durchblickte), u. es darum für ihn um so mehr darauf ankomme, nach dem ihm von Gott gegebenen Lebensgesetz (28, 28), weise zu sein. — a) V. 1—11. Zwar Silber, Gold u. andere werthvolle irdische Dinge haben einen Ort, von dem man sie holen kann; durch Kunst u. Scharfsinn, Kraft u. Anstrengung vermag der Mensch ihrer aller habhaft zu werden, u. reichlich lohnet sich ihm seine Bemühung um sie. Zur Noth lassen sich die 11 Verse in 12 u. 12 Stichen (1—5, 6—11) gliedern. Den Gedanken, dass der Mensch aller sinnlichen greifbaren Güter habhaft werden kann, führt der Dichter an dem Beispiele des Bergbau's aus, u. ist diese Stelle archäologisch merkwürdig. Denn zwar die Kunst des Metallschmelzens und -Läuterns ist oft, dagegen der Bergbau ausser hier kaum einmal im AT. erwähnt. Schwerlich darf man daraus auf gänzliche Unbekanntschaft der Hebräer mit dieser Kunst schliessen. Dt. 8, 9 legt das Gegentheil nahe, u. in unserer Stelle werden gewisse bergmännische Ausdrücke als geläufig vorausgesetzt. Auch in der Nähe der Hebräer wenigstens fehlte es nicht an Bergbau. Von alten Kupferwerken auf dem Libanon (*Volney* Reise I. 233; *Ritter* Erdk. XVII. 1063) finden sich noch jetzt Spuren, wie es auch Eisengruben u. Schmelzöfen dort gibt (*Russegger* I. 779 f. 788 f.); von idumäischen Kupfergruben waren Anfangs der römischen Kaiserzeit die zu Phunon oder Phaino betrieben (*Ges.* th. 1095); selbst auf alte Goldminen daselbst weist das Onomasticon (ed. Lag.[1] 109, 7 f.) hin; auch von Resten alter Eisenwerke im Ostjordanlande im sogenannten El-Miʿrâd, nördlich vom W. Zerqâ, berichtet *Wetzst.* (bei Del[2] 358). Auf der Sinaihalbinsel, am nördlichen Ende des W. Mukatteb (in W Maghâra, W. Naṣb, Sarbût el Châdim) wurde von den Ägyptern seit der Zeit der ältesten Pharaonen auf Malachit u. Kupfer gebaut (*Lepsius* Briefe 335 ff.; *Ritter* EK. XIV. 784 ff.; *Brugsch* Türkisminen[2] 66 ff.); doch lässt sich dieser Minenbetrieb inschriftlich nur bis zur 20. Dynastie nachweisen, u. ist (trotz

Aristeas S. 35 in *Merx* Archiv I. 275) fraglich, ob er noch zur Zeit des Dichters bestand. Wichtiger waren die Goldbergwerke der Ägypter, theils in der Gegend von Koptos, theils in Nubien (s. *Ebers* durch *Gosen*[1] 545 f.; *AErman* Ägypten I. 613 ff.), die noch bis in die Zeit der römischen Kaiser ausgebeutet wurden; über den Betrieb derselben s. Diod. 3, 11 ff. Dass der Dichter aber diese selbst gesehen habe (*Hitz.*), ist zu bezweifeln. Kunde vom Bergbau konnten auch Phöniken geben, die zB. in Spanien Gold- u. Silberminen hatten (1 Macc. 8, 3. Diod. 5, 35 ff.). — Erklärende Bemerkungen von Bergleuten zu unserer Stelle finden sich aus älterer Zeit bei *JDMich. Or. u. Ex. Bibliothek* XXIII 7 ff., aus neuerer in *Theol. Stud. u. Krit.* 1863 S. 105 ff. — V. 1 f. stellen den Hauptgedanken hin, dass es für Silber, Gold, Erz u. Eisen einen Ort gibt, wo man sie finden kann, näml. das Erdreich. מוצא] *Ausgangsort* (38, 27), aus dem etwas hervorgeht, oder wo man es holt (1 R. 10, 28), *Fundort*. יזקו] relat.: Gold, *das man seihet* oder *läutert*. זקק] auch im Pi.; hier Kunstausdruck für das Auswaschen (Ausschlämmen) des goldhaltigen Erdreichs oder Erzes, nachdem man es zuvor fein zermalmt hat (Diod. 3, 11 ff.); den Gegensatz bildet Flussgold u. Goldsand. — V. 2. עפר] *Erdreich*, das innere, nicht die Oberfläche (39, 14). ואבן] ׳ u. *Gestein schmilzt man zu Kupfer* (20, 24). Möglich wäre auch: *u. Gestein, das m. z. K. schmilzt*, als 2. Subj. zu יקח, aber die Überleitung zu V. 3 wäre dann minder gefällig. יצוק] nicht Pa‛ul (41, 15 f.), da אבן fem. ist, sondern (wie 29, 6) Iprf. von צוק = יצק, und die 3. p. S. wie V. 3 f. 9—11 (wofür die 3. p. Pl. nur V. 1 u. 4); נח׳] aber ist Acc. des Produkts. — V. 3—5 beschreiben die Art u. Weise, wie der Mensch dieser Metalle habhaft wird, u. zwar im Prf., gleichsam erzählend, was er alles schon angewendet hat. V. 3. Der Finsterniss (im Innern der Erde) hat man ein Ende gemacht (mittelst der Bergmannslampe) u. durchforscht nun *nach jeglichem Endpunkt hin* d. h. allerwärts bis zum Äussersten (schwerlich: *nach jeder Vollendung hin* d. h. auf's genaueste, s. 11, 7. 26, 10) das unterirdische in schwarzes Dunkel (10, 22) gehüllte Gestein. הוא] geht auf das Subj. in שם zurück. — V. 4. Wie gelangt man in diese dunkeln Räume hinab? *Man hat einen Schacht gebrochen* (16, 14) *weg von bei einem Weilenden, sie die von einem Fuss vergessen waren, hiengen fern von Menschen, schwebten*. נחל] sonst Bezeichnung einer Thalrinne, könnte ein Stollen sein, wird aber jetzt gewöhnlich wegen V.ᶜ als Schacht genommen; ob mit Recht? ist die Frage. מעם־גר] מן drückt hier aus *weg von, sich entfernend von*, näml. von der Nähe eines da Weilenden, also von menschlicher Wohnung, sofern zwar beim Eingang der Gruben Hütten gewesen sein werden, aber die Gruben weit davon weg in das Innere der Berge führen. עָם für עִם (*Gsb*.) bessert nichts, u. keinenfalls ist גר der einfahrende Bergmann selbst (*Hitz. Hgst.*), noch ist מֵעָר (*Mx.*) zu lesen, denn ἀπὸ κονίας (*Aq. Theo. Sym.*) beruht auf מֵעָפָר (nicht auf עָפָר). Verkehrt ist auch die intrs. Fassung von ערץ (*Hitz.*: ein Schacht bricht durch; *Umb. Hgst.*: es bricht hervor ein Fluss; was nach V. 10 f. verfrüht käme). הנשכחים] nähere Bestimmung zum Subj. von ערץ mit Übergang in den Plur.; מן (24, 1)

wie sonst bei נִשְׁכָּח Ps. 31, 13. Dt. 31, 21. Bei רֶגֶל denkt man zunächst an den eigenen Fuss des Arbeiters (*Umb. Hrz. Hitz. Hgst.*), der seinen Herrn vergessen d. h. im Stich gelassen hat, sofern dieser, ohne Gebrauch des Fusses, am Seil in den Schacht hinuntergelassen werden (auf dem Knebel einfahren) musste; aber מֵאֱנוֹשׁ will sich dazu nicht schicken, weshalb die meisten den Fuss (Nah. 2, 1) eines oben über den Berg Dahingehenden verstehen, sofern dieser nicht weiss oder daran denkt, dass unten welche arbeiten. Im Sinne von *ohne* (11, 15. 21, 9) *Fuss* u. mit דַלּוּ verbunden (*Ha.*), taugt עִם רֶגֶל nicht, weil *ohne Fuss* noch immer nicht = ohne den Gebrauch des Fusses ist. רֶגֶל מִן] Fortsetzung des Part.; מֵאֱנוֹשׁ in ähnlichem Sinn wie מֵרֵעִים, durch die Acc. zu דַלּוּ gezogen; דַלּוּ u. נָעוּ erklären sich gegenseitig, daher ohne ו verbunden (s. 27, 8). Im Sinn von *unmenschlich* (*Hitz.*) würde מֵאֱנוֹשׁ für דַלּוּ (Jes. 52, 14. Prov. 30, 2) die hier unmögliche Bedeutung *erniedrigt* (*Hgst.*) erfordern; auch *von Menschenhand gehalten* (*Mx.*) kann es nicht bedeuten. — V. 5. Was die Bergleute da unten machen. אֶרֶץ] ist nicht Locativ (*Schl.*) u. das Folgende relativ dazu, sondern Cas. absol.; die Hauptaussage dazu bringt Gl. 2 (im Prf., wie V. 3 f.); Gl. 1 illustrirt dieselbe zum voraus durch den Gegensatz, um das Auffallende daran hervortreten zu lassen (vgl. Plin. 33 § 2): *die Erde — aus ihr geht Brotkorn* (Ps. 104, 14) *hervor, aber unter ihr hat man umgewühlt dem Feuer gleich*, d. h. wie mit Feuer, oder auch wie Feuer unaufhaltsam alles zerstört, das Oberste zu unterst gekehrt. נֶהְפַּךְ] läse man בְּאֵשׁ (*Vulg.; Hrz. Schl. Mx.*), so würde hier von der Anwendung des Feuers (*Feuersetzen*) zur Lossprengung des Erzes vom Gestein die Rede sein. Aber das wäre doch zu speciell; das Feuer war nicht das einzige dazu verwendete Mittel. — V. 6 ist nicht angeführte Rede des Bergmanns (*Hitz.*), sondern hier wird neu angesetzt, um zunächst V. 6—8 unter Rückkehr zum Gedanken von V. 1 die Schätze, die man in der Erde findet, u. die Verborgenheit des Weges zu denselben hervorzuheben, sodann aber V. 9—11 die Art, wie der Mensch dabei siegreich alle Hindernisse überwindet u. seine Mühe wirklich gelohnt sieht, zu beschreiben. *Der Ort* (Fundort, wie V. 1) *des Sapphir sind ihre Steine* d. h. den S. findet man unter den Steinen des Erdinnern; er wird als Beispiel der Edelsteine erwähnt, u. durch die Erwähnung die Aussage von V. 1 f. erweitert. Im 2. Gl. bezieht sich לוֹ schwerlich auf den Sapphir (*Umb. Hrz. Hitz*): u. *Goldstäubchen sind ihm*, wodurch er als der jetzt s. g. unechte Sapphir oder Lasurstein bestimmt wäre, der sich vom echten durch seine Undurchsichtigkeit u. durch eingestreute (goldgelbe) Eisenkiespunkte unterscheidet (Plin. 37 § 119 u. 33 § 68); denn was man blos beispielsweise nennt, wird man nicht so ausführlich beschreiben. Auch wohl nicht auf עֲפָרֹת wird לוֹ zu beziehen sein (*Ha. Schl. Del. Stud.*), weil damit, dass man am gleichen Orte Sapphir u. Golderde findet, etwas sehr Beschränktes ausgesagt würde; sondern auf den Menschen (V. 3. 4. 9 ff.): u. *Golderden* d. h. goldhaltiges Erdreich, Goldstufen *sind ihm* d. h. werden ihm zu eigen, findet er (*Schult. Ros. Ew. Hgst.* a.), so dass es dem Sinn von עֲפָרֹת entspricht. — V. 7 f. Der jedem andern Geschöpf, ausser dem Menschen, verborgene Weg dazu. נָתִיב] keinen-

Ijob 26, 7—12.

falls Acc. loci: auf einem Weg (*Schl.*), oder Acc. des Maasses: den Weg entlang (*Hitz.*), auch nicht (*Peš.*, *Mx.*) zu 6ᵇ gehörig (u. Goldstufen sind ihm ein Weg d. h. wegsam), sondern Cas. absol., wie ארץ V. 5 (*Schult. Hrz. Hgst.* a.): ein Pfad — ihn hat d. h. *den Pfad* (der dazu führt) *hat ein Aar nicht erkannt* u. s. f. Die Erklärung (*Ew.*), wornach נתיב Fortsetzung von 'ד עפרת, oder (*Del.*) von 'ל מקום wäre, ist zu unbequem. Selbst die scharfsichtigsten Vögel, der Stossvogel schlechtweg oder Adler u. der Geier, haben den Weg nie erspäht (שזף s. 20, 9), noch V. 8 die kühnsten, überall stolz vordringenden Raubthiere ihn je betreten. הדריך] Hiph. zu beurtheilen wie הקציר 24, 6. שחץ] die Bedeutung ist durch das Talmudische u. Äth. (አኅዝ፡) gesichert: *Söhne des Übermuths* (vgl. 41, 26) heissen die stolzmuthigen grossen Raubthiere, zu denen vor allem der שחל (4, 10) gehört. — V. 9—11; über den Sinn s. oben. Die Beschreibung wieder im Prf., wie V. 3 ff.; sie will aber nicht ordnungsmässig die ganze Reihe der Verrichtungen des Bergmanns aufzählen, sondern nur einzelne derselben als Beweise seiner vor keinem Hinderniss zurückschreckenden Kühnheit hervorheben. — V. 9. חלמיש] *Kiesel* u. überhaupt härtester Stein (Granit, Quarz); sogar an diesen hat er seine Hand gelegt; *hat* von der Wurzel d. i. *von Grund aus* (13, 27. 19, 28) sogar Berge oder ganze *Berge durchwühlt*, umgewühlt. — V. 10. *Durch die Felsen hat er Gänge* oder Stollen *gebrochen*, eig.: künstlich gespalten, *u. allerlei Kostbarkeit hat sein Auge erschaut*. יארים] *Kanäle*, muss ein bergmännischer Ausdruck sein, wie נחל V. 4, etwa Stollen, schwerlich aber nasse Stollen oder Abzugscanäle für das in den Gruben sich sammelnde Wasser (*Ros. Hitz. Hgst.* a.), da von der Behandlung des Grubenwassers erst V. 11 handelt, u. da das Ersehauen der Schätze als unmittelbare Folge des Gängebrechens hingestellt wird, sondern Grubengänge, in denen das Erz gehauen oder die kostbaren Steine gefunden werden. — V. 11. Das 1. Gl.: auch des Wassers in den Gruben wusste er sich zu erwehren. נחרות] hängt nicht von בכי, sondern als Acc. von חבש ab. בכי] ist das *Thränen*, Wassertröpfeln, als nom. act., nicht aber das herausgesickerte Wasser selbst; מִבְּכִי *Quellorte*, vgl. בְּכִי 38, 16 (*Wetzst. GHff.*) ist nicht zu erweisen, auch nicht nöthig. נחרות] kann nicht die abfliessenden gesammelten Wasser bedeuten, weil dazu חבש nicht passt; eher könnten die *Grubengänge* (dasselbe was יארים V. 10) gemeint sein, die er *verstopft gegen das Thränen* d. h. an den Stellen, wo Wasser heraussickert. Vielleicht aber bezeichnet es geradezu die aus den Wänden hervorbrechenden Wasserzuflüsse oder *Wasseradern: weg vom Thränen* d. i. *dass sie nicht thränen, hat er die Wasseradern verbunden* (חָבַשׁ sonst auch vom chirurgischen Verband) oder verstopft. Das 2. Gl.: *und nach Überwindung dieses u. anderer Hindernisse bringt er* glücklich *das Verborgene* (11, 6) *ans Licht*, womit zum Grundgedanken des Abschnitts zurückgekehrt wird. תעלמה] das Mappiq soll nach den Nationalgrammatikern blos des Wohllauts wegen, nicht zum Zeichen des Suff. der 3. p. fem. gesetzt sein, womit freilich nichts Klares gesagt ist. אור] ist Acc. loci. — b) V. 12—22. Aber die Weisheit, kein sinnliches Ding u. kein greifbares Gut, ist in der ganzen sichtbaren Welt nirgends zu finden, mit keinem Schatze zu erkaufen, selbst unschätzbar u. unvergleichbar, von keinem lebenden Wesen erschaut. Die Gliederung wäre nach dem jetzigen Text in 6, 10, 6 Stichen. Jedoch da V. 12 nach dem Fundort der חכמה fragt, V. 15—19 aber von dem alle Schätze der Welt übertreffenden Werth derselben handeln, u. erst V. 20 den fallen gelassenen Faden wieder aufnimmt, so wird die Ursprünglichkeit von V. 15—20, die ohnedem nur eine nackte Aufzählung von Kostbarkeiten geben, verdächtig (*Bick. Hatch*). Sie mögen auf Grund von Prov. 3, 14 f. 8, 10 f. eingelegt sein, jedoch nicht erst in der Zeit nach Verfertigung der LXX Übersetzung des Ij. (*Hatch*), denn diese hat V 20 u. entbehrt V. 14, u. waren also für die Auslassung von V 14—19 dort andere Gründe massgebend; vielmehr scheint der Zusatz ziemlich alt, u. jung nur ערכה V. 13 (s. d.) zu sein. Scheidet man V. 15—20 aus, dann hat dieser Absatz 10 Stichen, allerdings 2 zu wenig zur Gleichmässigkeit mit den übrigen. — V. 12—14: der Weisheit Fundort aber, wo ist der? Sie ist nirgends, auf der Oberwelt nicht u. in der Tiefe des Meeres nicht, sinnlich gegenwärtig. — V. 12. Die Frage. מאין] *von wo?* (1, 7); zu מן bei מצא s. Hos. 14, 9. Die Rückbeziehung auf V. 1 auch in den Ausdrücken תמצא u. מקום ist unverkennbar. Mit חכמה wechselt בינה, wie Prov. 9, 10, sonst auch תבונה Prov. 8, 1. 3, 13. Ij. 12, 12. *Die* Weisheit, Einsicht, nach der hier gefragt u. deren Besitz sofort jedem Sinnenwesen, auch jedem Menschen, abgesprochen wird, kann nicht die relative, die ja auch dem Menschen zukommt, sondern nur die absolute (Allweisheit) sein, die vollkommene Erkenntniss aller Dinge (vgl. 15, 8). Antwort auf die Frage geben zunächst V. 13 f. — V. 13. עֶרְכָּהּ] wozu vgl. das Verbum V. 17—19, ist *Schätzung* (Lev. 5, 15. 18) u. hier geradezu Äquivalent, *Preis, Werth*. Kennt niemand ihren Preis, so hat sie auch noch niemand gekauft. Aber man erwartet eine Antwort auf V. 12, während von der Unmöglichkeit des Kaufens erst V. 15 ff. gesprochen wird. Zu lesen ist mit den LXX דַּרְכָּהּ, vgl. V. 23 (so auch *Hoekst. Mal. Hitz. Mx. Reu.*) d. h. *den Weg zu ihr* (Gen. 3, 24). Die Änderung in עֶרְכָּהּ geschah mit Beziehung auf V. 15 ff. *Land der Lebendigen*] die Oberwelt Ps. 27, 13. 52, 7; Jes. 38, 11 u. s. — V. 14. תהום] sonst fem.; ein uralter Name für die Urfluth u. Meerestiefe; hier neben ים ist an die unter dem Erdboden lagernden Gewässer (Gen. 7, 11. 49, 25) zu denken. — V. 15—19: mit allen Schätzen, welche die Welt bietet, kann sie nicht erkauft werden, u. alle die kostbarsten Dinge sind mit ihr nicht zu vergleichen. Die werthvollsten Gegenstände, die man im Alterthum kannte (darunter 4 mal Gold) werden aufgezählt u. mit ihr zusammengestellt. — V. 15. תחת] *anstatt* d. i. *für*, wie 1 R. 21, 2; Gen. 30, 15. סְגוֹר] ohne Zweifel s. v. a. זָהָב סָגוּר (1 R. 6, 20. 10, 21) d. h. *gediegenes Gold* (*Trg. Vulg.*). Das Etymon ist unsicher: gewiss nicht sorgsam verschlossenes oder Schatzgold (noch *Hgst. Vo.*), oder geschlossen = verdichtet (*Del.*), eher gekocht (arb. *sagara*) d. h. durch Ausschmelzen gewonnen (*Ew.*). An *Bronze* (*Hitz.*) ist nicht zu denken (vgl. 1 R. 6, 20 mit 22). Gl. 2: *u. nicht wird als ihr Kaufpreis Silber dargewogen* oder bezahlt. — V. 16. Über das *feine Ophirgold*, womit sie nicht *aufgewogen wird*, s. 22, 24; übrigens כֶּתֶם auch im Ägyptischen gebräuchlich (*Erman* Äg. I. 616). שֹׁהַם] entweder Onyx, Sardonyx (*Theod. Vulg.*) oder Beryll, s. zu Gen. 2, 12. — V. 17. עָרַךְ [יַעַרְכֶנָּה] *ordnen* entwickelt weiter die Bedeutung *zusammenordnen, vergleichen* (Jes. 40, 18. Ps. 40, 6) u. intr. *gleichkommen*, c. Acc., wie V. 19 u. Ps. 89, 7. זְכוּכִית] die Kostbarkeit des Glases im Alterthum ist bekannt (*Win.*³ I. 432); es wurde hauptsächlich zu Gefässen (Schalen, Bechern u. s. w.) verwandt. — Gl. 2, in welchem die Negation fortwirkt (*Ges.* 152, 3): *noch ist ihr Tauschpreis* (15, 31. 20, 18) *güldenes Geräth*, oder nach einigen MSS. u. Ed., auch *Theod. Vulg.*: *güldene Geräthe* (כְּלִי). Wegen der fehlenden Negation will *Hitz.* V. 17ᵇ, wie 19ᵇ streichen, u. 19ᵃ als 17ᵇ setzen, aber unpassend wegen der Wiederholung von לֹא יַעַרְכֶנָּה. — V. 18. רָאמוֹת [יִזָּכֵר] *es ist nicht zu denken an* oder: *nicht zu erwähnen* (*Ew.* 136ᵉ), näml. neben der Weisheit; das Pass. mit dem Acc. construirt (*Ges.* 121, 1). וְגָבִישׁ [רָאמוֹת] auch Ez. 27, 16. Prov. 24, 7; dass das die *Korallen* seien, wofür es die hbr. Ausleger erklären, u. nicht *Perlen*, ist noch immer das Wahrscheinlichste, wie umgekehrt, dass פְּנִינִים (über welche die Tradition nicht so einstimmig ist) *Perlen* bedeuten (jetzt auch von *Del.*² zugegeben). Es spricht dafür Prov. 3, 15. 8, 11. 20, 15. 31, 10, wo פ׳ immer unter dem Allerkostbarsten genannt sind, was auf die gemeineren Korallen nicht passen will; ebenso sind hier die רָאמוֹת durch die Zusammenordnung mit dem Krystall u. durch den Ausdruck לֹא יִזָּכֵר niedriger gestellt als פְּנִינִים. Die Stelle Thr. 4, 7 ebenso wie die Unsicherheit der Tradition erklärt sich, wenn der urspr. Perlenname weiterhin auch für Korallen oder Fabrikate von Korallen angewendet wurde (vgl. die jetzigen türkischen Rosenperlen). מֶשֶׁךְ] *Zug*, keinenfalls ziehendes Gewicht (*Hgst.*) oder Preis, Werth (*Böttch.* ÄL. 71), eher *Besitz, Erwerb* (*Ges.* th. 827; so die meisten), vgl. מֶשֶׁךְ Gen. 15, 2 u. מִמְשָׁךְ Şeph. 2, 9; aber der seltene Ausdruck ist doch wohl gewählt zur Anspielung auf das Heraufziehen, Fischen der Perlen (*Boch. Mx. Stud.*); das folg. מִן ist comparativ: *Besitz (Zug) der Weisheit geht vor Perlen*. — V. 19. Die פִּטְדָה aus Äthiopien (s. Ex. 28, 17) ist (nach *Theod. Vulg.*) *Topas*, τοπάζιον, ein citrongelber Edelstein; nach Diod. III, 39 soll er auf der Schlangeninsel im rothen Meer gefunden worden sein; ebenso nach Plin. 37 § 107 ff. auf einer Insel des rothen Meeres, nur dass letzterer ihm lauchgrüne Farbe beilegt (s. darüber *Ri.* HWB. 297). — Im 2. Gl. zeigt sich die Erschöpfung der Aufzählung durch die fast wörtliche Wiederaufnahme von V. 16ᵃ. — V. 20—22: Die Hauptfrage aus V. 12 wird noch einmal aufgenommen, u. geantwortet, dass kein lebendes Wesen, auch nicht die hoch fliegenden Vögel sie mit Augen wahrgenommen haben, auch die Unterwelt nur dunkle Kunde von ihr hat. V. 20 gehört noch zum Einsatz. וְהַחָכְמָה] וְ ist consecutiv: *die Weisheit denn* (*Ew.* 348ᵃ). — V. 21. וְנֶעֶלְמָה] das וְ knüpft nicht an die auf V. 20 zu gebende verneinende Antwort (*Hrz.* a.), sondern an V. 14 an, und beweist, dass V. 15—20 eingeschoben sind. כָּל־חָי] fasst alle lebenden Wesen (12, 10) zusammen, aus welchen sofort die Vögel, als die himmelwärts sich erhebenden, als Wesen einer höheren Region (anders als V. 7) besonders hervorgehoben werden. — V. 22. Den Lüften schliesst sich als Gegensatz die Unterwelt an. אבדון] 26, 6 u. מות zusammen vertreten hier die Unterwelt u. das Reich des Todes, vgl. 38, 17 u. Ps. 9, 14. Zu der Wendung mit אזן vgl. V. 14. Dass das Reich des Todes ein Gerücht von der Weisheit vernommen hat, soll nicht eine Auszeichnung für dasselbe sein (*Schl. Gsb.*), denn ihren Namen kennen doch auch die Menschen, die von ihr reden, sondern besagt nur, dass sie auch dort nicht ist; *dass* sie überhaupt ist, wissen die Lebenden, u. durch ihre Wirkungen (26, 5 ff.) hat selbst die Unterwelt eine dunkle Kunde von ihr. — c) V. 23—28. Nur Gott allein hat den Zugang zu ihr u. kennt sie, da er im vollen Überblick über Himmel u. Erde, jedem Ding sein Gesetz u. Maass gibt u. gab; schon als er ursprünglich diese Ordnung schuf, hat er nach ihrem Muster geschaffen, u. damals auch dem Menschen als seine Weisheit die Furcht Gottes u. Meiden des Bösen bestimmt. Dass V. 23—28 nicht mehr Rede der Unterwelt (*Mr.*) enthalten, konnte schon ein Blick auf V. 14 lehren. — V. 23. אלהים] u. nachher הוא nachdrücklich im Gegensatz zu den V. 13 f. 21 f. aufgezählten Wesen. דרכה] nicht: den Weg, den sie geht, ihre Art, sondern *den Weg zu ihr* (s. zu V 13), weil damit sichtbar auf V. 12ᵃ u. 1ᵃ Rückbezug genommen ist. Nur um dieses Rückbezuges willen drückt er sich so menschlich über die Weisheit aus; der Gedanke ist: sie ist Gott bekannt, ihm gegenwärtig, in seinem Besitz. — V. 24f. beweist er das, aus der anerkannter Maassen ihm zukommenden Thätigkeit der Regierung des All's, welche ohne die Weisheit nicht denkbar ist. V. 25 nämlich ist nicht (mit den älteren Erkl., noch *Hrz. Schl. Ha. Reu. Stud.*, bes. *Bud.*² 223; *GHff.*) mit V. 26 zusammen, als Vordersatz zu V. 27 zu nehmen. Denn mag man לעשות zeitlich auffassen *als er machte* oder gerundivisch *indem er machte*, so gilt dagegen 1) dass ל mit Inf. überhaupt nie einen Zeitsatz, der durch *als* zu übersetzen wäre, bildet (2 S. 18, 29 gehört nicht her, u. לפנות Gen. 24, 63. Ex. 14, 27 u. s. bedeutet *gegen die Wende hin*), u. dass der gerundivische Inf. mit ל seinem Hauptverbum nicht vorgesetzt werden kann, 2) dass nothwendig, wenn bei V. 25 ein neuer Satz begänne, das Subj. durch ein Suff. ausgedrückt sein müsste (לעשתו), gerade wie V. 26 richtig בעשתו steht. Dagegen hilft auch nichts, wenn *Bud.*² V. 24 als unecht ausscheidet, wozu nicht der mindeste Grund vorliegt. Vielmehr müsste man לעשות in לעשתו ändern. Also nicht mit 26, sondern mit 24 (*Arnh. Ew. Zö. Hgst. Del.² Vo.; Hitz.* mit 23, indem er V 24 als Parenthese fasst) ist V. 25 zu verbinden, u. vollendet erst die dort angefangene Begründung. Der Satz denn Er — *zu der Erde Enden hin* (26, 14) *blickt er, unter dem ganzen Himmel siehet er*, will also nicht das Allsehen Gottes für sich (omniscientia) geltend machen, vermöge dessen er auch den Ort der Weisheit sehen u. wissen müsse, sondern dieses Allsehen im Zusammenhang mit seinem Zweck u. Ziel, *dem Wind Gewicht zu machen* d. i. *bestimmen, u. das Wasser regelte* (*regelt*) *er mit dem Maass*, also zur Ordnung des Alls (providentia). Dabei versteht sich, dass Wind u. Wasser nur stellvertretend für die übrigen Kräfte u. Elemente des All's genannt sind, wie nachher V. 26 Regen u. Donner nur als Beispiele in Betracht kommen; ebenso dass *Abwägung* des Windes u. *Abmessung* des Wassers nur dichterische Anschauungen für gesetzmässige Ordnung u. zweckvolle Leitung dieser Elemente (vgl. Jes. 40, 12) sind. Zum Übergang des Inf. in Verb. fin. (5, 11. 29, 3. 38, 7) s. *Ges.* 114, 3 A. 1; dass nicht רָתַף, sondern תֹּפֶן gesetzt ist, erklärt sich wie 5, 11. Das Prf. leitet zugleich zu V. 26 f. hinüber. Ausgesagt aber wird in V. 24 f. nicht (wie *Bud.*² einwendet), dass Gott bei der Weltregierung die Weisheit täglich neu finde u. erspähe, sondern seine Regierung wird als Beweis davon geltend gemacht, dass er sie zu seiner Verfügung hat (wie von Anfang, so immer). Erst V. 26 f. greift (wie aus אָז c. Prff. deutlich ist) auf die erstmalige Schöpfung (von welcher Erhaltung u. Regierung nur die Fortsetzung ist) zurück, besagend, dass (schon) bei der Schöpfung Gott sich ihrer zur Herstellung der Ordnung der Welt bediente. — V. 26 ein Zeitsatz, wieder aufgenommen durch אָז V. 27. Diese Zeit, da er dem Regen ein Gesetz bestimmte (wie, wann, wo, wie stark er einzutreten habe, zB. auch über die regelmässig wechselnden Regenzeiten u. s. f.) u. dem Donnerstrahl (Zach. 10, 1) einen Weg (durch die Wolken, vgl. 38, 25), ist keine andere, als die Zeit der Schöpfung selbst. Damals *sah sie* Gott, wie ein ausser ihm seiendes Wesen, d. h. einfach: erschaute sie (die allen andern Augen unschaubare). ויספרה] *u. sprach sie aus* d. h. nicht: gab ihr einen Namen (*Hitz.*), sondern: machte sie kund, so dass hinfort auch solche, die sie nicht sehen, doch von ihr wissen, näml. in seinen Schöpfswerken (V. 26), wogegen *durchzählte* oder *durchmusterte sie* (*Schult.*: ejus numeros, rationes, summas summarum recensuit; *Ew.* JB. IX. 39; wir selbst in der 3. Aufl.; *Del.*²) zwar an גם חקרה eine scheinbare Stütze, aber an 38, 37. Ps. 139, 18, wo das Obj. pluralisch ist, keine genügende sprachliche Begründung hat. In V.ᵇ soll nach den meisten Neueren הכינה dem ספרה, u. חקרה dem ראה entsprechen, näml. הכינה *er stellte sie hin* (*Hrz. Schl. Mat. Kmph.*) oder *bestellte sie* (*Ges. Reu.*) sc. als Ordnerin der gesammten Welt, oder auch: *er gründete sie* in die Schöpfung hinein, brachte sie darin zur Darstellung (*Stick. Ha. Ren. Gsb. Bud. Vo.*), oder *bereitete sie* in den Werken der Schöpfung (*Hgst. Mr.*), u. וגם חקרה *u. erforschte sie auch* d. h. erprobte sie, prüfte ihre Werke, ob sie ihrer Bestimmung entsprechen. Aber dann wäre gerade das, worauf es ankommt, in den Worten nicht ausgedrückt; zumal die Weisheit als Ordnerin der Welt (wie Prov. 8) ist hier völlig fremd, u. *erproben* bedeutet חקר (5, 27. 13, 9. 28, 3. 29, 16) nicht. Das nackte הכינה kann nur sagen: *er stellte sie hin* (29, 7), im Gegensatz gegen das Davonschweben, machte dass sie (ihm) stand (*Hitz.*), u. וגם חקר *u.* (ergründete) *durchforschte sie auch* (וגם im Fortschritt über das blosse Hinstellen hinaus) näml. ihren Inhalt u. ihre Gedanken, natürlich um nach ihren Ideen zu schaffen, etwa so, wie ein Künstler nach der תבנית, die er vor sich hat, schafft (so auch *Del.*²). Dagegen הבינה für הכינה (einige Mss. u. Ed.; *Pareau, Ew.*) *er verstand sie* (erkannte ihr Wesen) würde das וגם חקרה überflüssig machen. Die Personification der חכמה

ist durch die ganze Anlage des Stücks bedingt; im übrigen aber geht die Aussage kaum über (15, 8) Prov. 3, 19 f. hinaus; davon, dass Gott die חכמה hervorbrachte u. sie als Künstlerin für ihn wirkte (Prov. 8, 22 ff.), ist hier (noch) nicht die Rede. — V. 28 nicht gegensätzlich (:zum Menschen aber sagte er = אמר לאדם), sondern consecutiv angeknüpft: u. so, vermittelst der חכמה schaffend, bestimmte er für den Menschen: *siehe die Furcht des Herrn ist Weisheit, u. Böses Meiden* (1, 1) *Einsicht*. Die Meinung ist nicht: er gab ihm unter dem Namen der 'ח etwas anderes, ein Substitut dafür (*Hitz. Wlh. Bud.*), als stünde חכמה דרך, sondern: er verordnete ihm in 'א 'י u. סור רע etwas, was für ihn den Werth u. den Dienst der Weisheit hat (Prov. 1, 7. 3, 7 9, 10). Mit andern Worten: abgesprochen wird dem Menschen, dass er der schöpferischen, auf Grund vollkommenster Erkenntniss der Dinge das All richtig u. zweckvoll ordnenden Weisheit habhaft werden könne, u. zugesprochen wird ihm als sein Theil u. seine Aufgabe eine geschöpfliche Weisheit, welche auf Grund der frommen Unterordnung unter Gott denkt u. handelt. Wer dieser Hauptforderung an den Menschen zuwider handelt, kann sein Glück nicht schaffen, sondern muss es verfehlen; das ergibt sich hier leicht als ein weiterer Hauptgedanke dieser Ausführung (s. S. 238). Dagegen hat man weder Grund, noch Recht, in diesem Schlusswort des Stückes eine Anklage Gottes zu finden (*Bud.*), welcher an Stelle des Besitzes der Weisheit dem Menschen nur schwere Forderungen gegeben, unter dem „Namen" Weisheit nur die Gottesfurcht u. das Meiden des Bösen gereicht habe. אדני] so, nicht יהוה (was viele Mss. u. Ed. bieten) ist die mass. Lesart. Aber ausser Ez. 13, 9. 23, 49. 24, 24. 28, 24 kommt אדני im Munde Gottes nicht vor, u. selbst dort ist die Ursprünglichkeit fraglich (*Dalman* der GN. Adonaj 1889 S. 21. 31). Im B. Ij. begegnet אדני sonst nie, wohl aber יהוה in einem ähnlichen Kernspruch (1, 21, vgl. 12, 9); hier, wo ein bekannter Weisheitsspruch benutzt ist, ist יהוה nicht auffallender als dort, u. spätere Änderung in אדני leichter erklärlich, als das Umgekehrte.

Den Mangel an Zusammenhang der einzelnen Theile dieser Schlussrede u. die Unvereinbarkeit des 2. Theils derselben mit dem von Ij. in diesem Gespräch eingenommenen Standpunkt hat man längst eingesehen. *Kennicott* (diss. gen., ed. Bruns 539 f.) wollte deshalb 27, 13—23 dem Sofar zutheilen (zweifelnd auch *Reu*.) u. Cp. 28 als Ijobs Antwort darauf betrachten (unter Versetzung von 27, 1 vor 28, 1), dagegen 26, 2—27, 12 als Antwort Ijobs auf Bildad's Rede zusammennehmen. Aber hinter der kurzen Bildad-Rede ist nicht eine Rede des 3. Redners angezeigt, sondern nur dessen Verstummen; als Sofar-Rede wäre 27, 13—23 völlig überflüssig, weil sie nur längst u. oft Gesagtes wiederholte; ebenso wäre Cp. 28 als Antwort darauf u. 27, 12 als Schluss einer Ijob-Rede unverständlich, u. 27, 1 (vor 28, 1 gesetzt) passte nicht als Überschrift zu einer *Antwort*. *Stuhlmann* (Iliob 1804 S. 76 ff.) vermuthete hinter den Ijobworten 27, 10 eine Lücke, gab 27, 11—23 dem Sofar, der V 11 f. (wie 18, 2) Ijobs Partei mit *ihr* anrede (!), u. Cp. 28 dem Bildad als Fortsetzung von Cp. 25, womit es doch gar keinen Zusammenhang hat. *Grätz* (Monatsschrift f. Gesch. u. W. des Judnth. 1872 S. 241) u. *GHffm.* wollen gar 27, 7—28, 28 dem Ṣofar zutheilen (trotz 27, 11 f.) u. Cp. 29—31 als Antwort Ijobs darauf verstehen, trotzdem, dass die ruhige, lehrhafte Ausführung Cp. 28 für den leidenschaftlichen Ṣofar gar nicht passt, auch mit 27, 7—23 in keinem vernünftigen Zusammenhang steht, u. Cp. 29—31 die 3 Freunde völlig ignorirt, also alles eher ist, als eine Antwort auf eine Ṣofar Rede. *Bickell* endlich will 27, 8—10. 13—23 als Fortsetzung der Bildadrede Cp. 25 (mit der es doch gar keinen Zusammenhang hat), u. 27, 2—7. 11f. Cp. 28—31 (unter Tilgung von 27, 1 u. 29, 1) als Fortsetzung der Ijobrede Cp. 26 nehmen, während doch Cp. 29—31 nirgends als Antwort an die Freunde sich gibt, auch nach einer so langen Bildadrede das Fehlen einer Ṣofarrede unverständlich wäre. Gründlicher, als durch solche Versetzungen, deren keine befriedigt, aber gewaltsamer suchte *Bernstein* (in *Keil* u. *Tzsch.* Analekten I, 3 S. 133 ff.) zu helfen, indem er 27, 7—28, 28 als ein späteres Einschiebsel (vom Verf. der Elihu-Reden) bezeichnete, während *Knobel* (de carm. Iobi argum. 1835 p. 27 ff.) blos Cp. 28 für einen fremdartigen Zusatz erklärte. Wie *Bernst.*, urtheilten neuestens auch *Wellh.*, *Preiss*, *Studer*, *Grill*, nur dass die beiden letzteren auch Cp. 29 f. auswerfen, u. 31, 1 (*Stud.*) oder 31, 2 (*Grll.*) an 27, 6 sich anschliessen lassen, wie schon früher *Hosse* (Hiob 1849) alles zwischen 27, 10 u. 31, 35 ausschied. Auch *Reuss* hält Cp. 28 für einen später eingelegten Versuch der Lösung des Räthsels. Ohne Zweifel wird man auf diese Weise die verschiedenen in Cp. 27 f. steckenden Schwierigkeiten am einfachsten los. Die Frage ist nur, ob auch am richtigsten. Bei 27, 6 war jedenfalls kein urspr. Schluss. Die Annahme, dass erst ein Überarbeiter statt eines anstössigeren Schlusses den jetzigen zahmeren (27, 13—23) eingesetzt habe, genügt vollkommen zur Lösung der Schwierigkeit. Ernstliche Verdachtsgründe gegen die Echtheit von Cp. 28 liegen (zumal nach Ausscheidung von 28, 15—20) nicht vor. Die mehr spruchartige Fassung war schon durch das Thema nahe gelegt. Vollends der Einwand, dass die Haltung Ijobs gegen Gott in Cp. 29—31 mit Cp. 28 im Munde Ijobs unverträglich sei, oder dass die Cp. 38 ff. von Gott gegebene Lösung des Problems durch Cp. 28 vorweggenommen werde, ist wie sich weiterhin zeigen wird, nicht zutreffend. Eine Lösung des Problems wird von Gott gar nicht gegeben, u. die Zurechtweisung Ijobs durch Gott wegen seines Haderns mit ihm u. wegen Antastung seiner Gerechtigkeit (38, 2 f. 40, 2. 8 ff.) hat ihren guten Sinn u. Grund, auch wenn Ij. den Freunden gegenüber die Unbegreiflichkeit des Waltens Gottes schliesslich schon betont hatte.

III. Die Lösung, Cap. 29—31; Cap. 38—42.

1. *Ijob's Selbstbetrachtung als ein Aufruf zu Gott. Cp. 29—31.*

Der Streit mit den Freunden ist beendigt; Ijob ist Sieger geblieben. Ihre starre Lehre, dass schwere Unglücksfälle immer Strafen begangener Sünden seien, hat er niedergekämpft. Ihrer Zumuthung, sich als Sünder anzuerkennen, u. seines eigenen Wahnes von einem mit allmächtiger Willkür ihn verfolgenden Gott hat er sich erwehrt; gerade durch den Streit ist er seiner Unschuld u. seiner innern Unterschiedenheit von einem Frevler gewiss geworden. Noch mehr: er hat zu Gott, dessen Willen er nachgelebt zu haben sich bewusst ist (23, 11f. vgl. 28, 28), wieder Zutrauen gefasst, u. hat die Versuchung zum Abfall von ihm überwunden. Damit ist auch der Zweck der göttlichen Schickung (C. 1 f.) erreicht, u. der Leser ahnt, dass nun auch die Erlösung kommen wird. Der Dulder freilich weiss das noch nicht. Auf ihm lastet das hoffnungslose (30, 23) Leiden in seiner ganzen Schwere, u. die Frage: warum? (vgl. Ps. 22, 2) lässt seinen Geist nicht zur Ruhe kommen, bis Gott selbst entscheidend eingreifen wird. In dieser Stimmung, schmachtend nach Aufschluss, unterwirft er jetzt, abgewendet von den Freunden, im Selbstgespräch mit sich, dazwischen (30, 20—23) auch an Gott sich wendend, seine Lage einer umfassenden Betrachtung, indem er 1) anhebend mit einem Blick auf die Vergangenheit, sein früheres Leben in ungetrübtem Glück u. den damaligen Vollbesitz des göttlichen Wohlgefallens sich vergegenwärtigt C. 29, dann 2) im Gegensatz dazu von der Schmach u. dem Jammer, unter denen er jetzt vergehen muss, eine wehmüthig-ergreifende Schilderung macht C. 30, u. endlich 3) in einer langen Reihe feierlicher Betheurungen die Reinheit der Grundsätze darlegt, nach denen er bisher gelebt, u. vor dem göttlichen Gericht sich darob verantworten zu dürfen wünscht, C. 31. Durch diese Unschuldsbetheurungen, in welche er jene Entgegensetzung von Vergangenheit u. Gegenwart auslaufen lässt, zeigt er den treibenden Gedanken seiner Seele, nämlich seiner Sehnsucht nach Befreiung Luft zu machen u. die göttliche Entscheidung hervorzulocken. Darin liegt denn auch die Bedeutung dieser Rede im Zusammenhang der ganzen Entwicklung: sie ist ein Ruf zu Gott aus tiefster Seele u. damit die unmittelbare Vorbereitung zur Entscheidung. Zugleich aber indem Ijob hier, was er den Freunden gegenüber nie that, sein ganzes früheres, inneres u. äusseres, Leben vor Gott aufdeckt, ergänzt er nicht blos alles bisher über ihn Mitgetheilte in der willkommensten Weise, sondern erweckt auch durch das Bild, das er hier von sich gibt, beim Leser das Gefühl, dass dieser Mann von Gott nicht im Stich gelassen werden könne. — In der Ökonomie des Gedichtes hat dieser Monolog seine gute Bedeutung. Es kann nur als Fehlgriff bezeichnet werden, wenn man unter Tilgung von 29, 1 diese 3 Capp. zur Fortsetzung der letzten Antwortsrede an die Freunde machte (*Bick.*, *Preiss*), u. dazu noch C. 29 f. oder 29—31, 1 als spätere Einlage ausschied (*Stud. Grill*). Dass 31, 1 oder

2 sich zur Noth an 27, 6 anschliessen liesse, ist noch kein Beweis dafür, dass Cp. 31 ursprünglich dort angeschlossen war, oder Cp. 29 f. jetzt völlig zusammenhangslos dastehen. Wenn Ton u. Haltung dieser Selbstbetrachtung von den Streitreden etwas abweichen, so ist das vollkommen berechtigt; dass aber in Cp. 29 inhaltlich die Ausführungen von C. 31 vorausgenommen seien (*Grll.*), ist unrichtig, denn die Schilderung der Rechtschaffenheit Ijobs 29, 12—17 berührt sich nur mit einem Theil von Cp. 31, u. ist im übrigen (s. 29, 13 f.) unter einen andern Gesichtspunkt gestellt, als in Cp. 31.

1. Cp. 29. Der sehnsüchtige *Rückblick auf das schöne Glück seines früheren Lebens,* das aus seiner Gemeinschaft mit Gott floss, mit seiner Gerechtigkeit im Einklang stand, u. darum auch für die Dauer ihm sicher zu sein schien. Unter den Bestandtheilen dieses Glücks hebt er zwar zunächst, wie sich gebührt, als den Grund von allem die Freundlichkeit u. Gnade seines Gottes heraus; im übrigen aber betont er hauptsächlich das unbedingte Ansehen, welches er wegen seines rechtschaffenen u. menschenfreundlichen Wirkens allgemein genoss; wiederholt kommt er darauf zurück, in natürlicher Gegenwirkung der groben Verkennungen, die er jetzt von seinen Freunden zu erfahren hatte. Es sind 3 Absätze 1) V. 2—10 mit 6, 6, 6; 2) V. 11—17 mit 8 u. 6; 3) V. 18—25 mit 6, 6, 5 Stichen. In LXX fehlen V. 10. 13ᵃ. 19 f. 24ᵇ. 25. — a) V. 2—10. Die sehnsüchtige Rückerinnerung an das entschwundene Glück, als er im Genusse der segenbringenden Freundschaft Gottes, im Besitze seiner Kinder u. einer Fülle äusseren Wohlstandes, in der Versammlung des Volkes die höchste Ehre u. Achtung genoss. — V. 1 s. 27, 1. — V. 2. *Wer gibt mir gleich den Monaten der Vergangenheit, gleich den Tagen,* da u. s. w.! d. h. o dass ich solche hätte! Das Suff. in יְרָחֵנִי ist dann zweites, כִּירְחֵי u. כְּימֵי nächstes Obj., vgl. Jer. 9, 1. Jes. 27, 4. Ebenso möglich u. durch V. 4ᵃ empfohlen ist: *wer macht mich wie in den fr. M.*! d. h. *o dass ich wäre wie in* den f. M.! כִּימֵי] zum st. c. vor dem Relativsatz s. Ges. 130, 4 (s. 6, 17). יִשְׁמְרֵנִי] Iprf. der Vergangenheit; שׁמר im guten Sinn *behüten* (anders als 13, 27). — V. 3. Fortführung von כִּימֵי וג׳, wobei im 2. Gl. der Inf. in Verb. fin. übergeht, wie V. 6 f.: *als sie,* näml. *seine Leuchte* (*Ew.* 309ᶜ) *über meinem Haupte strahlte, bei seinem Licht ich Finsterniss* (*Ew.* 282ᵃ) *durchwandelte.* חֵלִּי] Inf. intr. הֵל mit Suff.; über den i Laut *Ew.* 255ᵃ. Zum Inf. Hiph. *als er seine Leuchte scheinen liess* (*Trg.*) wäre בְּהָחִלּוֹ, contrahirt בְּהִלּוֹ erforderlich; בְּהִלּוֹ als Verkürzung von בְּהָחִלּוֹ (*Böttch.* § 370; *Ges.* 67 A. 6; *Hitz.*) ist schwer anzunehmen. — Vgl. Ps. 18, 29. — V. 4 *wie ich war in den Tagen meines Herbstes* reiht sich an כִּירְחֵי u. כְּימֵי V. 2 an. חָרְפִּי] die Herbstzeit, höchstens noch mit dem Spätsommer, u. weiterhin der Winter, kann nicht Bild der Jugend, sondern nur des reiferen Mannesalters sein, wo die Früchte des Lebens reifen (vgl. V. 5ᵇ; *Ovid. Metam.* 15, 209 f.). בְּסוֹד] entw. abgekürzt aus בִּבְרִית סוֹד, oder so dass סוֹד die Kraft eines nom. act. *das Vertrautsein* zukommt: *bei Gottes Vertrautheit oder Freundschaft* (19, 19. Prov. 3, 32. Ps. 25, 14. 55, 15) *über meinem Zelte,* d. h. als er noch wie ein trauter Freund über

mir u. meinem ganzen Besitzstande waltete. An den Rathkreis (15, 8. Ps. 89, 8) Gottes d. h. Gott sammt seinen Engeln (*Hrz.*) ist hier nicht zu denken. — V. 5. עָדִי] anklingend an עֵדָה. Nach dem Nahesein Gottes nennt er als nächstes Gut seine *Kinder* (1, 19. 24, 5), die er jetzt vermisst (vgl. 21, 8. 11), u. die immer zu den Hauptgütern des Lebens gerechnet werden, wogegen die Diener (1, 15 ff.) hier besonders zu erwähnen kein Grund vorlag. — V. 6. Der Überfluss äusserer Glücksgüter, vgl. 20, 17. חֵמָה] = חֶמְאָה 20, 17; vgl. עִמִּי 22, 29. יָלִיד־] nur hier. Seine Gänge oder Schritte *badeten* gleichsam (schwammen) in lauter Sahne, u. der *Fels* sogar, der sonst unfruchtbare, *ergoss* (28, 2) *neben ihm*, also auch für ihn, ganze Bäche Öls, vgl. Dt. 32, 13; so reichlich strömte ihm überall her der Segen zu. — V. 7 schliesst die Reihe der an בִּאֲשֶׁר הָיִיתִי V. 4 angereihten Infinitivsätze, ist also nicht als temporaler Vordersatz zu V. 8 anzusehen. Zugleich leitet er hinüber zur Schilderung seines bürgerlichen Ansehens, bei der er länger verweilt. שַׁעַר] nicht (*Hitz. Hgst.*): *zum Thor hinaus* 31, 34 (Gen. 34, 24), da er selbst kein שַׁעַר, sondern nur חָצֵר (31, 34) hat, auch nicht in einer Stadt mit שַׁעַר wohnt, sondern trotz des fehlenden ה locat. (vgl. 28, 11; Gen. 27, 3) *nach dem Thor hin*, vgl. בְּרֵחוֹב im 2. Gl. Die Lesart der LXX ὄρθριος שַׁחַר *in der Frühe* (*Ew. M.r.*) ist nur scheinbar leichter; שַׁחַר im Acc. der Zeit ist sonst nicht gebräuchlich, u. Gl. 2 spricht nicht dafür. עֲלֵי־קָרֶת] nicht *bei der Stadt* (*Stick.*), da die Thore nicht bei den Städten liegen, oder gar *in die Gemeindeversammlung* (*Hitz.*), sondern *hinauf zur* (Jes. 38, 20) *Stadt*; die Städte waren gewöhnlich auf Anhöhen. Man hat sich Ij. als Bewohner des Landes zu denken; von da aus pflegte er die nahe gelegene Stadt zu besuchen (vgl. V. 25), um an den Verhandlungen der Richter oder den Rathsversammlungen im Thore (5, 4. 31, 21), u. zwar בָּרְחוֹב, auf dem weiten Platze in u. bei demselben, dem Marktplatz, Theil zu nehmen (*Hrz.*); vgl. Gen. 23. Gl. 2 setzt den Inf. im fin. fort (s. V. 3). אָכִין] 28, 27; jeder stellt sich seinen Sitz auf oder zurecht, wo er sitzen will. — Schon dieser Gang zur Volksversammlung war ihm lieb (V. 25). — V. 8. Der Satzbau löst sich von V. 4ᵃ ab u. wird selbstständig. Die Jüngeren, sobald sie ihn eintreten sahen, *versteckten sich* d. h. zogen sich ehrerbietig zurück, weil es für sie sich nicht schickte, in Gegenwart eines solchen Mannes sich vorzudrängen; *die Greise* (12, 12. 15, 10), die schon ihre Plätze eingenommen, *standen auf, blieben stehen* (vgl. 20, 19), sc. bis er sich gesetzt hatte. — V 9. עָצְרוּ] s. 4. 2. 12, 15: *sie hemmten* die Rede d. h. nicht sowohl: hörten auf zu reden, als vielmehr: hielten an sich mit Reden, verzichteten auf das Wort. *Fürsten*] Häuptlinge von grösseren Verbänden, oder die Grossen der Stadt. Sie legten sich ehrfurchtsvolles Schweigen (s. 21, 5) auf, aus Achtung für ihn u. im Bewusstsein des Gewichts seiner Rede. יָשִׂימוּ] Ipf. der Dauer in der Vergangenheit, wie V. 21. — V. 10 mit V. 9 stark synonym, (daher?) in LXX ausgelassen, wird von *Hitz.* verworfen. Er ist aber der Stichenzahl wegen nicht zu entbehren, kann jedoch vorn in נֶחְבְּאוּ (נֶחְבָּ֫אוּ), vgl. נֶחְבְּאוּ (נָסְגוּ) V. 8, dittographisch verdorben sein (*M.r.*) Aber נֶחְבָּ֫אוּ für נֶחְבְּאוּ (*GHff.*) ist gegen allen Sprachgebrauch. Zum Plur. נחבאו, auf das 2. Gl. der Subjectskette bezogen, s. 21, 21 (bei קול auch sonst zB. 1 R. 1, 41). Zu Gl. 2 s. Ez. 3, 26. Lautlos u. still hören ihm sogar die Vornehmsten zu (s. auch V. 21 f.). — b) V. 11—17 Hinweisung auf den Grund dieser Ehrfurcht vor seiner Person, näml. seine Wirksamkeit zum Besten aller Bedrängten u. seine werkthätige, aufopfernde Gerechtigkeit. — V. 11. Obj. zu שמעה u. ראה־ ist nicht die Persönlichkeit Ijobs (*Schl. Hgst.*), auch nicht sein Glück (*Ha. Del.*), sondern seine V. 12 ff. beschriebene Wirksamkeit. *Denn ein Ohr hat gehört — da pries es*, d. h. denn welches Ohr nur (von mir) *hörte, pries mich glücklich* u. s. w. ואשר] vgl. Prov. 31, 28; Cant. 6, 9. הֵעִיד] auch: einen zum Gegenstand des Zeugnisses machen, *einem bezeugen* oder *Zeugniss geben*, im feindlichen Sinn 1 R. 21, 10. 13; hier im guten. — V. 12. כי] denn bringt den Grund von ויתידני u. ויאשרני, oder auch als *dass, wie* (*Ew.*) den Inhalt von שמעה u. ראה. Die Imperfecta zur Beschreibung der Gewohnheit, ebenso V. 13. 16. ולא־עזר לו] Zustandssatz: *während sie, d. i. welche keinen Helfer hatte*; Ps. 72, 12. Andere: *und den, der k. H. h.* Zu bemerken hier u. weiterhin der Gegensatz gegen die Beschuldigungen des Elifaz 22, 6—9. — V. 13 Fortsetzung mit der neuen Wendung, dass ihm für seinen Beistand auch der Segen u. die Freude der Geretteten zu Theil wurde. אבד] wie 31, 19. Prov. 31, 6, einer der im Begriff ist unterzugehen, ein Verkommener. — V. 14. Sein Thun führt er hier auf die Grundtugend zurück, aus der es floss, um dann V. 15 ff. die Beschreibung desselben wieder aufzunehmen. Als Princip aller dieser Handlungen ist צֶדֶק die Gerechtigkeit, welche dem Nächsten leistet, was er beanspruchen kann, u. משפט ist das Recht, das er übte (Rechtssinn Mich. 3, 8). Das *Anziehen* einer Eigenschaft als eines Kleides s. v. a. sich damit rüsten u. schmücken (zB. Jes. 11, 5. 51, 9. 59, 17; Ps. 132, 9); der Mantel (1, 20) u. Kopfbund ergeben zugleich den Begriff der Auszeichnung. *Gerechtigkeit hatte ich* (damals) *angezogen u. sie mich*; durch letzteres kommt der Nebengedanke herein: in demselben Maass als ich mich bemühte sie zur Erscheinung zu bringen, gewann sie in mir Gestalt, wurde mir innerlich, erfüllte mich; das לבש ist das 2temal nur etwas geistiger gewendet, wie Jud. 6, 34. In Gl. 2 kann לבשני fortwirken; es kann aber auch Nominalsatz (der Dauer) sein. — V. 15. In Ausübung dieser Gerechtigkeit war er den Hilfsbedürftigen hilfreich, indem er ihnen mit persönlicher Dienstleistung ihre Mängel ersetzte; zum 1. Gl. vgl. Num. 10, 31. — V. 16. אב] vgl. Jes. 22, 21. 9, 5. 1 Macc. 2, 65. Das 2. Gl.: *und den Streit* (die Rechtssache) *des mir Unbekannten* (s. 18, 21) — *den erforschte ich*, sc. um ihm, wenn er Recht hatte, als Anwalt zu helfen, wie sofort in einem Folgesatz beschrieben wird V. 17. ואשברה] zur Form s. 1, 15. 19, 20. Die Ausdrücke sind entlehnt von der Bezwingung reissender Thiere, die eine Beute erjagt hatten, vgl. (4, 10 f.) Ps. 3, 8. 58, 7; der עול ist der ungerechte Richter oder gewaltthätige Unterdrücker; wenn der sein Opfer schon zwischen den Zähnen hatte, warf's ihm Ij. wieder heraus, ihn selbst unschädlich machend. Übrigens wäre unter den V. 14—17 dieser der entbehrlichste, wenn die Stichenzahl 6 hergestellt werden sollte. — c) V. 18—25. Zeichnung der darauf gegründeten Hoffnung auf Bestand seines Glückes, u. wiederholte lebhafte Vergegenwärtigung derjenigen Seite desselben, die er jetzt mit am schmerzlichsten vermisst, seiner allgemeinen Verehrung u. seines weitreichenden, immer zum Wohl der Mitmenschen angewandten Einflusses. — V. 18. *Und so* (sprach d. i.) *dachte ich: bei meinem Neste werde ich verscheiden, u. so viel wie Sand machen meine Tage.* Sich selbst mit einem Vogel vergleichend, fasst er alles, was er hatte, Familie, Haus u. Habe, zusammen als Nest; mit diesem d. h. ohne es vorher verloren zu haben, u. erst nach langem Leben dachte er einst sterben zu dürfen, nach dem bekannten Grundsatz, welcher solchen Segen dem Gerechten zusichert. עם קני] mit dem Calmus (*Mx.*, der קנה liest, *Bick.*) ist unbegreiflich. וכחול] *gleich dem Sand* (*Trg. Peš. Saad., Luth. Umb. Ges. Stick. Ren. Ha. Hgst. Mx. GHffm.*); ein geläufiges Bild unzähliger Menge (Hab. 1, 9. Ps. 139, 18. 1 R. 5, 9) s. auch *Ovid.* Metam. 14, 136 ff. (wo die Menge der Tage damit verglichen wird). Freilich leitete das Bild vom Vogel u. Nest in Gl. 1 schon frühe dazu, dem Wort חול die Bedeutung *Phönix* zuzuweisen. Die LXX haben ὥσπερ στέλεχος φοίνικος (*Vulg.*: sicut palma). Ein Pflanzenbild würde zu V. 19 gut passen. Da aber חול in keiner semit. Sprache *Palme* bedeutet, so müssten die LXX an arab. *nachl* (*Schult.*) oder eher an איל, אילה (vgl. Gen. 49, 21. Ex. 15, 27) gedacht haben. Nach andern aber soll στέλεχος φοίνικος erst Correctur für φοίνιξ sein. Nämlich im Midrasch (bei *JLevy* Neuhbr. WB. II. 23), vgl. Talm. Sanh. f. 108ᵇ wird חול auf den Wundervogel Phoenix gedeutet (s. auch *Boch.* hz. III. 810f.). Noch die Massora zu d. St. macht auf die eigenthümliche Bedeutung von חול aufmerksam, und *Qimchi* im Liber radicum unter חול bezeugt, dass die jüd. Lehrer zu Nehardea nicht כחול, sondern כחל lasen (zum Unterschied von כחול *Sand*). Von dem Phönix sagte man im griech. röm. Mythus, dass er nach langen (500jährigen) Lebensperioden auf seinem Neste verscheide oder sammt demselben verbrenne, um dann wieder aufzuleben (Herod. 2, 73; Tac. ann. 6, 28; Clem. ad Cor. I, 25; Const. Apost. 5, 7; Tert. de resurr. car. 13), daher φοίνικος ἔτη βιοῦν (Lucian Hermot. 53) zur Bezeichnung höchster Lebensdauer. Über die ältere ägyptische Gestalt des Mythus u. seine Genesis s. *Lepsius* Chronol. 170ff.; *Brugsch* in ZDMG. X. 652; *Wiedemann* in ZAeg. Spr. u. Alt. 1878 S. 89—106. Seit *Merc. Boch. Ros.* wurde jene jüdische Auslegung von vielen Neueren angenommen. Selbst etymologisch glaubte man sie begründen zu können (s. *Del.*² 382f.). Aber bis in die Zeit des B. Ij. reicht die den Griechen geläufige Gestalt des Mythus schwerlich hinauf, u. gerade Gl. a, dem zu lieb diese Deutung ersonnen ist, würde bei der Beziehung auf den Phönix unpassend sein. — V. 19f. Fortsetzung nicht der Schilderung V. 17 (*Hgst. GHff.*), sondern dessen, was Ij. dachte, in Form von Zustandssätzen an אקוע קני V. 18 angeschlossen: *meine Wurzel offen nach dem Wasser hin, u. Thau in meinem Gezweige* (14, 9. 18, 16) *nächtigend*, also ich wie ein von unten u. oben wohlbewässerter, darum ungestört gedeihender Baum (gegen 18, 16); *meine Ehre* (Würde, Ansehen) *stets neu* oder frisch *bei mir bleibend*, nicht mit den Jahren abnehmend, *u. mein Bogen*, Symbol der rüstigen Stärke u. Macht, *in meiner Hand sich verjüngend* (14, 7), ohne zu altern (vgl. Gen. 49, 24). Mit letzterem Satz leitet er zur wiederholten Vergegenwärtigung des ihm in der Erinnerung wichtigsten Guts, des hohen Ansehens, das er im öffentlichen Leben genossen hatte, hinüber V. 21 ff.; er nimmt damit V. 7—10. 12—17 in etwas anderer Weise wieder auf. So gestellt ermöglichen V. 21—27 den scharfen Contrast, in den der Anfang von Cp. 30 dazu gesetzt ist. Die Versetzung der Verse hinter V. 10 erzeugte andere Schwierigkeiten; auch Fortsetzung der Zukunftshoffnung V. 18—20 (*Mx. Stud.*) können sie nicht sein; das lassen die Prff. V. 21. 23 nicht zu. — V. 21. *Auf mich haben sie gehört u. gewartet* d. h. aufmerksam u. mit wahrer Begierde nach meinen Worten; יִחֵלּוּ Pausalform mit Dag. euph. (*Ges.* 20, 2°) für יִחֵלוּ (V. 23); u. schwiegen still zu d. h. *u. lauschten still auf meinen Rath.* — V. 22. Nachdem er gesprochen (statt דְבָרִי lässt sich auch דַּבְּרִי lesen *Mx.*), *wiederholten sie nicht* d. h. sprachen sie nicht wieder, weil sie mit ihm einverstanden waren. *Auf sie nieder träufelte meine Rede*, sc. wie ein sanfter erquickender Regen (vgl. Dt. 32, 2). Das Bild, hier nur angedeutet, wird sofort ausgeführt V. 23. *Förmlich gewartet haben sie auf mich wie auf Regen* das schmachtende Erdreich wartet. Im 2. Gl. wird Bild u. Sache vermischt. שָׁאַף == פָּעַר פֶּה Ps. 119, 131. מַלְקוֹשׁ] der Spätregen, welcher in Palästina im Frühjahr (März u. April) vor der Ernte zu fallen pflegt, u. für die Auszeitigung derselben immer heiss ersehnt wird; ein solcher war seine erquickende, befruchtende Rede. — V. 24. *Ich lachte ihnen zu* oder sie an, *da* oder *wenn sie nicht vertrauten* (absolut wie Jes. 7, 9; vgl. Ps. 116, 10) d. i. *verzagten* (24, 22), oder auch: nicht trauten, sc. meinem Rath, dass er heilsam sei (*Hitz.*); er nie rathlos u. immer heiterer Zuversicht setzte ihrem Verzagen ruhiges Lächeln entgegen, u. machte ihnen dadurch wieder Muth. לֹא יַאֲמִינוּ] Relativsatz oder auch Zustandssatz ohne וְ; Zustandssatz auch bei der Lesart וְלֹא (*Bär*), vgl. 42, 3. Jes. 33, 1. 1 Sam. 20, 2 (*Ges.* 156, 3 Anm.). Die Erkl. (*Raš., Ros. Schl. Hgst. Mx.*): *lächelte ich ihnen zu, so glaubten sie es nicht*, sc. weil sie solche Herablassung für zu viel hielten, also aus übergrosser Achtung, gibt theils einen an sich unnatürlichen Gedanken, theils passt sie nicht zum 2. Gl., wornach keine Muthlosigkeit der anderen vermocht habe, seinen Muth zu brechen, u. die Heiterkeit seines Antlitzes, den Ausdruck eines mutherfüllten Gemüths, niederzuschlagen. Dasselbe gilt gegen *verlachte ich sie, trauten sie sich nichts zu* (*Hoekst. GHff.*), auch ist שָׂחַק אֶל *arrisit*, nicht *derisit*. אוֹר פָּנִים] *Licht des Antlitzes* d. h. leuchtendes, heiteres Antlitz, vgl. Prov. 16, 15; zu הִפִּיל vgl. Gen. 4, 5 f. — V. 25. אֶבְחַר־] nicht: *ich wählte für sie den Weg*, den sie einzuschlagen hatten (*Ha. Del.*), da gerade das Wählen *für sie* nicht ausgedrückt u. Wählen nicht *bestimmen, vorzeichnen* ist, auch nicht *ich prüfte* i. W. (*Hitz.*), was בחר im B. Ij. nicht bedeutet, oder gar *wenn ich's mit ihnen hielt* (*Stud.*), sondern: ich hatte Gefallen an ihrem Weg, d. h. gern nahm ich den Weg zu ihnen (28, 23), womit zum Gedanken von V. 7 zurückgekehrt wird, wie auch das Folgende früher

Gesagtes kurz zusammenfasst: *u. sass als Haupt* (vorn oder zu oberst), *u. liess mich nieder* (thronte) *wie ein König in der Schaar seiner Krieger* (18, 12. 25, 3) nänıl. so stolz u. so ohne Widerrede als der Erste angesehen, oder vielmehr, da dieses Bild zu machtherrlich klingt, *wie einer welcher Trauernde tröstet*, also eine friedlichere u. geistigere Übergewalt ausübend zum Besten der Bekümmerten (zugleich ein Merkwort für die Drei, welche den Trauernden nicht wirklich, sondern nur vorgeblich trösteten, *Ew.*).

2) Cp. 30. Das Gegenbild oder *der Jammer der Gegenwart*, dargestellt in einer *Klagerede*, welche anhebend von der ihn treffenden empfindlichen Verachtung auch der verächtlichsten Menschen, die durch die Angriffe der göttlichen Unglücksmächte bewirkte Zertrümmerung seines Glücks, die Entstellung u. Schmerzen des Körpers ebenso wie das innere tiefste Seelenleid, kurz die ganze mit ihm vorgegangene Umwandlung in ergreifenden, Mitleid erregenden Worten zeichnet. Es sind 4 Absätze (— 8, — 15, — 23, — 31), wovon die 3 ersten durch das gleiche Wort ועתה eingeleitet sind. Gegliedert sind sie in je 2×8 Stichen; nur der erste Absatz hat $11 + 8$ St.; durch Ausscheidung von V. 3 könnte auch dort die Zahl 8 hergestellt werden. In LXX ist vieles frei u. verkürzt wiedergegeben; darum wurden später 1ᶜ. 2—4ᵃ. 11ᵇ—13ᵃ. 16ᵃ. 18ᵇ· 20ᵇ. 22ᵇ. 27 aus *Theod.* eingefügt. — a) V. 1—8. In scharfem Gegensatz zu seiner früheren Ehre u. Würde (29, 21—25) beginnt er mit der Schmach u. Verachtung, welcher er jetzt preisgegeben ist (vgl. 16, 10f. 17, 6), nicht seitens der Freunde, Verwandten u. Hausgenossen (19, 13—19), sondern seitens der niedrigsten u. verächtlichsten Menschen, die er nach ihrem Wesen u. ihrer Art näher beschreibt. Er der einst von Fürsten u. allem Volk hochverehrte ist nun verachtet u. geschmäht von den Verachtetsten! — V. 1 ein Doppelvers mit 4 Stichen. ויתה] Gegensatz zu ימי קדם 29, 2. שחקו עלי] *lachen über* einen; verschieden von שחק אל 29, 24. צעירים ממני לימים] *jüngere als ich an Tagen* (vgl. 15, 10); wie ganz anders thaten die jungen Männer einst in der Volksversammlung (29, 8)! לימים] vor אאמים, angeblich = *Gesindel!* (*GHff.*) hätte auch אשר־אנשים zurückschrecken sollen. אשר־] ist nicht s. v. a. על שית *setzen über* (*Schult. Ros. Schl.*), sondern *setzen bei* d. i. beigesellen. Ihre Väter sogar mochte Ij. nicht einmal seinen Heerdehunden beigesellen, damit sie, wie diese, seine Hirten in Hüten unterstützten; schon sie waren nutzlose unbrauchbare Menschen, u. deren Söhne wagen ihn nun zu verlachen! *Heerdenhunde* nur noch Jes. 56, 10f., aber dass der Gebrauch derselben ausländische Sitte war (*Hitz.*), folgt aus der Seltenheit der Erwähnung noch nicht. — V. 2. Das Suff. in ידיהם mag zunächst auf die Väter, muss aber zugleich auf die Söhne gehen, weil diese weiterhin (V. 3 ff.) Subj. sind. Das Suff. hat aber nicht besondern Nachdruck (*Hrz. Del.*[1]), u. ist גם nicht steigernd: *nun gar ihrer Hände Kraft*, sondern einfach fortsetzend: καί γε (LXX). *Auch, wenn ich sie hätte benützen wollen, ihrer Hände Kraft wozu mir?* d. h. *wozu sollte mir auch ihrer Hände Kraft?* An ihnen oder *für sie* (Dat. incommi.) *ist volle Reife* (5, 26) *verloren*; mag man nun כלח als *ausgereifte Kraft* oder *reifes Alter* verstehen,

die Meinung ist: es sind schwächliche kraftlose sieche Geschöpfe, die zu keiner Arbeit fähig sind. Die Conjectur כָּלֵח (für כלח), Suff. auf פה bezogen (*Olsh.*) ist unnöthig. — V. 3 f. Beschreibesätze, an עֲלֵימוֹ V. 2ᵇ angereiht, die Schwächlichkeit derselben durch die erbärmliche Nahrung, mit der sie sich in den Wüsteneien behelfen müssen, erklärend. V. 3 mit 3 Stichen. ׳בְחֹסֶר־וּבְכ׳] nicht zu V. 2ᵇ (*Mx.*) zu ziehen, auch nicht בְחֶסֶד (viele MSS. u. Ed.) zu lesen: *durch Mangel u. Hunger* (5, 22) Felsenhärte d. h. *ausgedörrt* (s. 15, 34) oder starr; *sie die dürres oder ödes Land benagen* (s. V. 17; d. h. abnagen was dort wächst, s. 24, 5). Ein גַּלְמוּד *sind eingeschrumpft* für גַּלְמוּדִים (*Hitz.*) ist erdichtet. ׳אֶמֶשׁ שׁ׳ וּמ׳] relativisch, als App. zu צִיָּה oder als weiterer Accus. zu הָעֹרְקִים, nicht aber Appos. zu עֹרְקִים (*Hgst.*). Klar ist שׁוֹאָה וּמְשׁוֹאָה (auch 38, 27. Seph. 1, 15), *Wüste u. Verwüstung* d. i. äusserste Wüstenei, sofern durch Häufung an Klang u. Bedeutung ähnlicher Wörter der Begriff der Vollständigkeit oder Steigerung ausgedrückt wird (*Ew. 313ᶜ*). Schwierigkeit macht אֶמֶשׁ (von משה, ܠܡܣ), was sonst *verwichene Nacht*, höchstens *gestern Abend* (2 R. 9, 26) als Adv. temp. bedeutet. Hiernach ist möglich: was *gestern noch reine Wüstenei* war, wo also kaum schon etwas zu finden ist; oder: *gestern schon eine reine Wüste*, wo also heute nichts mehr zu finden ist. Dagegen *längst* (wie תְּמוֹל) bedeutet אמש nicht; auch wird nichts gebessert, wenn man אֶמֶשׁ als st. c. nimmt, sei es *das Gestern der Öde* d. i. eine längst öde Gegend (*Hrz. Ha. Schl.* a.), oder *am Vorabend von Verderben u. Untergang* (*Fleisch. Vo.*). Ebenso ist אמש als Synon. von חֹשֶׁךְ (*Trg. Raš. Qi., Ges. Del. Hitz.* a.; *Ew. 286ª*) unerweislich, u. wäre *das Düster der Öde* als Obj. des Benagens, ein kaum denkbarer Ausdruck für *die finstre Öde* (Jer. 2, 6. 31). Zu trivial scheint אֶרֶץ (Joel 2, 20) für אמש (*Olsh.*); ׳אֶמֶשׁ שׁ׳ וּמ׳ als Appos. zu צִיָּה, die Mutter aller Heruntergekommenen u. Zerschmetterten (*GHff.*) setzt einen unmöglichen Sinn von ׳שׁ׳ וּמ׳. Immerhin mag der Text verdorben sein, u. immerhin kann V. 3 neben 4, oder 4 neben 3 entbehrt werden. — V. 4. מַלּוּחַ] *atriplex halimus*, Melde, Salzkraut, Meerportulak, auf salzhaltigem Boden u. in Steppen, an Mauern u. Hecken wachsendes Kraut; die jungen Blätter werden trotz ihres salzigen Geschmacks von armen Leuten gegessen (*Ri. HWB. 976*). עֲלֵי־שׂ׳] gew. *am Gesträuch*, näml. suchen u. pflücken (8, 12) sie sie, weil in der heissen Jahreszeit, wo alles verdorrt, oft nur im Schatten desselben sich eine dürftige Vegetation erhält. Und allerdings ist שִׂיחַ Gen. 2, 5 Gattungsname. Es könnte aber auch speciell der in Syrien weitverbreitete Wüstenstrauch (*Wetzst.* Reisebericht 41), eine Artemisienart, sein (arb. *šīḥ*, syr. *stḥa* u. *štḥa*, *Löw* Aram. Pflanz. S. 57), u. möglich wäre darum: *sammt* (Gen. 32, 12 u. ö.) *Artemisie* (*Sal. b. Parch., Hitz. GHff.*); zumal in Anbetracht des *Sing.* שיח. רְתָמִים] *Ginster*, ein viel zur Feuerung gebrauchter (Ps. 120, 4) Strauch der Wüsten Syriens u. Arabiens; dass man seine Wurzeln, trotz ihrer Bitterkeit, zur Noth *essen* konnte, sieht man hier. לַחְמָם] *ihr Brot*; nicht: *um sich zu wärmen* nach Jes. 47, 14 (*GHff.*), da sonst in Gl. 1 etwas vom Essen angedeutet sein müsste, u. da Ginsterwurzeln als Brennmaterial auch von Reichen geschätzt waren (*Burckh.* Syr. 791; *Rob.* Pal. I. 336).

— V. 5 ff. Ihre Verächtlichkeit (V. 1) nach einer andern Seite hin ausgeführt. Wenn sie sich aus ihren Schlupfwinkeln hervorwagen u. in den bewohnten Landstrichen blicken lassen, jagt man sie wie Diebsgesindel wieder davon. יְגֹרָשׁוּ] trotz. *Böttch.* NÄ. III. 62 f. u. *M.v.*, welche יִגְרְשׁוּ lesen wollen, ist die Erklärung *von drinnen, e medio* (vgl. aram. u. arab. *gav*) unverfänglich, zumal bei גֵּו. Ein phönik. גו *Gemeinschaft* findet sich in der neugefundenen Piraeensinschrift (Revue Archeol. 1888). *Man schreit* über sie d. i. *auf sie los wie* auf (29, 23) *den Dieb*, als wäre es der Dieb.
— V. 6 f. So dass sie ausgestossen an den schauerlichsten Orten u. in der Wildniss wohnen müssen. Im Grausigen der Schluchten (*Ew.* 313c; vgl. 41, 22) d. h. in den *grausigsten Schluchten* (so besser als ein Subst. עָרוּץ *Schrecken*, oder gar nach dem Arab. *Quere* mit *Wetzst. Hitz.* anzunehmen, obgleich einige Mss. u. Ausg. auch die Lesart עָרִיץ haben) *ist ihnen zu wohnen* (*Ges.* 114, 2 A. 2b) d. h. müssen sie wohnen, in den *Löchern* (*Höhlen*) *des Erdreichs* (28, 2) *u. der Felsen*. Die Praep. בְּ wirkt in Gl. 2 nach. V. 6 f. als Inhalt des Zurufs (יְגֹרָשׁוּ) zu nehmen (*M.v.*), passt nicht. — V. 7. שִׂיחִים] sofern sie dort ausser Nahrung (V. 4) auch Schatten suchen u. finden. יִנְהָקוּ] *sie brüllen*, wie Wildesel (6, 5) ohne dass darum ihr wildes Geschrei gerade vom Hunger ausgepresst wäre; nicht aber sollen ihre fremden barbarischen Sprachlaute (*Schl.*) damit bezeichnet werden. Das 2. Gl. jetzt meist: *unter Nesseln sind sie hingegossen* d. h. unter u. über einander hin gelagert, von סָפַח *ausgiessen* (s. 14, 19). Allein wenn Am. 6, 4. 7 סְרֻחִים von den üppigen Schwelgern so gebraucht wird, so folgt nicht, dass *hingegossen werden* überhaupt = *sich lagern* ist. Vorzuziehen ist (nach Jes. 14, 1. 1 S. 26, 19): *sie müssen sich zusammenthun, sie kommen zusammen*; unter Nesseln haben sie ihre geselligen u. anderweitigen Vereinigungen (*Trg. Vulg.*; *Ros. Ew. Hgst. Stud. GHff*). Das Pu. ist nicht auffallender, als אֻדְּבָּא 24, 4 (obwohl auch יֶאֱסֹף zu Gebot steht), u. übrigens erwartet man auch bei der andern Erklärung kein Pass., sondern ein Refl. — V. 8. Abschluss der Beschreibung: *Nachkommen von Thoren* (בֵּן coll. u. im eth. relig. Sinn, Ps. 14, 1) d. h. *Gottlosen, auch Nachkommen Namenloser* (über בְּלִי־שֵׁם *ignobilis*, vgl. 26, 2; *Ew.* 286g), *die hinausgeschlagen sind aus dem Lande*. נִכְאוּ ist = נִכּוּ; Ableitung von כָּאָה taugt hier nicht. — Obwohl die Beschreibung dieser Menschen in manchen Zügen mit der in 24, 4—8 gegebenen übereinstimmt, besteht doch der grosse Unterschied, dass die dort Gezeichneten als Opfer schnöder Ungerechtigkeit u. Gegenstand des Mitleids erscheinen, während hier es sich um Auswürflinge handelt, welche seit Generationen sich in den Wüstengegenden herumtreiben, u. der Redende für sie nur Verachtung hegt. Ein genügender Grund, beide zu vereinerleien, liegt nicht vor. Auch reichen die Aussagen V 6b. 8b nicht hin, um diese Auswürflinge gerade als Reste einer alten, durch Einwanderer ausgetriebenen Landesbevölkerung, speciell der durch die Edomiter ausgetilgten (Dt. 2, 12. 22) Horiter zu bestimmen (*JDMich. Ew. Hrz. Schl.*). Es können auch Nachkommen von Verbrechern oder sonst wie rechtlos Gewordenen gewesen sein. Es genügt zu wissen, dass zur Zeit des Vrf. es solche zigeunerartige Banden in den ans Cul-

turland angrenzenden Wüsten gegeben haben muss, so dass sie ihm als Unterlage für diese Zeichnung der verächtlichsten Menschenclasse dienen konnten. Andererseits versteht sich von selbst, dass er die Heiden (im Gegensatz gegen Israel), oder auch nur (*Hgst.*) die Nachbarvölker nicht so zeichnen konnte, wie es hier geschehen ist, dass also auch nicht (*Hitz.*) unter dem V. 9 ff. beschriebenen Thun dieser Leute gegen Ijob das Benehmen der Heiden oder der Völker ringsum gegen die Israeliten im Exil abgebildet sein kann. — b) V. 9—15. Von diesem verächtlichen Gesindel muss er nun Hohn u. roheste Behandlung erdulden, weil Gott die Schaar seiner Unglücksmächte auf ihn loslassend den stolzen Bau seines Glückes zertrümmert u. seine Hoheit ihm im Sturm davon genommen hat. — V. 9 Wiederaufnahme des Hauptgedankens von V. 1. נגינה] Saitenspiel, *Lied* zum Saitenspiel, hier: Gegenstand des Liedes, nam. *Spottliedes*, wie Ps. 69, 13. Thr. 3, 14. מלה] *das Gerede* u. Gegenstand desselben, Stichwort. Sie singen von ihm voll Schadenfreude, sie haben ihn immer im Mund, lose Reden über ihn führend. — V. 10. *Mich verabscheuend* (asynd. wie 29, 8. 20, 19) *sind sie fern weg von mir getreten*, nicht: *ferne von mir geblieben*, denn nach Gl. 2 kommen sie allerdings heran, weichen aber sofort wieder zurück, um ihm ihren Abscheu u. Ekel auszudrücken. Ij. lag ausserhalb seiner Wohnung (s. 2, 8). Ja sie haben sogar *sein Gesicht nicht mit Speichel* (7, 19) *verschont* d. h. ihm sogar in's Gesicht gespuckt (17, 6). Wäre die Meinung: sie scheuen sich nicht vor mir auszuspucken (*Hrz.*), oder: sie spucken absichtlich zum Zeichen des Abscheu's vor mir aus (*Umb. Schl.*), so wäre לפני statt מפני geschrieben. Dass jenes Gesindel, verachtet u. verfolgt von den Ansässigen u. darum auch seinerseits mit Hass gegen diese erfüllt, die Gelegenheit wahrnahm, einem Angesehenen derselben, wenn er plötzlich in's Unglück gestürzt war, sich zu nahen, ihn seine Schadenfreude fühlen zu lassen u. selbst zu misshandeln, hat nichts Undenkbares an sich, ist aber im übrigen nur beispielartige Illustration zu dem 17, 6. 16, 10 f. im allgemeinen Gesagten. — V. 11 ff. Diesen Hohn der Verachtetsten, der ein Bestandtheil seines jetzigen Leidens ist, begründet er nun seiner Möglichkeit nach (wie 16, 7—11. 19, 11 f.) mit dem Hinweis auf die durch die göttlichen Unglücksmächte über ihn gebrachte Verwandlung, u. kommt damit auf den eigentlichen Kern dessen, was er zu beklagen hat. Zwar haben die meisten Neueren geglaubt, V. 11—14 sei noch immer von dem die Rede, was jene verächtlichen Menschen an u. gegen Ij. thun. Aber 1) durch das einleitende כי V. 11 hat der Dichter sein Zurückgehen auf die tieferen Ursachen jenes ihres Thuns angedeutet; 2) Aussagen wie V. 12^b. 13 f. geben bei jener Auffassung keinen auch nur halbwegs erträglichen Sinn; vielmehr liegen 3) hier die schon 16, 9. 12 ff. 19, 12 angewendeten Vergleichungen der göttlichen Unglücksmächte mit einer anstürmenden Kriegerschaar so deutlich vor, dass nur diese selben verstanden werden können, u. 4) nur dann hat auch der abschliessende V. 15 seinen passenden Anschluss an das Vorhergehende, während er bei der andern Erklärung ganz abgerissen dasteht. Die richtigere Auffassung hat schon die (LXX) *Vulg.*, unter Neueren *Ew. Ha.*

Zöck., wenigstens für V. 12 ff. auch *GHff.*, *Stud.* (welcher letztere freilich eben darum V. 12—14 ausscheiden will). V. 11. יִ] *denn*; nicht *sondern* (*Hrz.*) oder *ja* (*Schl. Hitz.*) oder *weil*, als Grund zu V.b (*Reu. Stud. GHff.*). Für die Verba Sing. des 1. Gl. können nicht die genannten Menschen oder einer derselben (*Hrz. Kmph. Hitz.*) Subj. sein, da von ihnen sonst durchaus im Plur. gesprochen wird, sondern nur *Gott*, der aber wie gewöhnlich bei solchen Klagen nicht genannt wird. Also nicht: *ja seinen Zaum löst man u. demüthigt mich* (*Schl. Kmph.*) d. h. lässt seinem Muthwillen gegen mich freien Lauf; noch weniger: *seinen Strick* (mit dem er sein Hemd angegürtet hatte) *löst einer u. misshandelt mich* damit (*Hrz. Hitz.*). יִתְרִי] wofür Qerê, Trg., viele Mss. u. Ausg. im Text, יִתְרִי haben, ist nicht *mein Lebensseil* (*Del.*, nach 4, 21), sondern entweder *der Strick* oder *Zaum* (obgleich sonst nie für Zaum) oder *die Bogensehne* (Ps. 11, 2; LXX Vulg.). יִתְרִי] mit *Sehne*, u. nicht *Bogen* als Obj., kann unmöglich *öffnen* oder *entblössen* (LXX Vulg., *Ew.* mit Berufung auf Jes. 22, 6; Hab. 3, 9), sondern nur *lösen, losmachen* bedeuten. Deshalb übersetze nach Qerê: *denn meine Sehne hat er gelöst* (opp. 29, 20b), u. so *mich gebeugt*; nach dem Ket. aber: *seinen Zaum* oder *Strick*, mit dem er die Unglücksmächte zurückgehalten, *hat er gelöst*. Lahm genug wäre hinter V. 10 כִּי יִתְרוֹ פִתַּח וַיְעַנֵּנִי *denn draussen gaffen sie u. quälen mich* (*Mx.*). Das 2. Gl.: u. *den Zügel haben sie vor mir losgelassen* d. h. schiessen lassen, nicht: *abgeworfen* (was שִׁלַּח nicht bedeutet); auch nicht: *einen Zaum hat man von meinem Gesicht herabhangen lassen* d. h. mir einen Zaum angelegt, mich gebändigt u. gefesselt, dass ich mich nicht wehren konnte (*Ew.* nach *Vulg.*), wozu weder שׁלח, noch פָּנִי, noch der Plur. Verbi passt. Subj. in שִׁלְּחוּ könnten möglicherweise noch die zuvor geschilderten Menschen sein. Aber im Folgenden können sie nicht verstanden werden; darum auch hier nicht; sondern gemeint sind die Unglücksschaaren; das spricht dann weiter für das Ketib im 1. Gl. יַעֲנֵנִי] nicht לִפְנֵי, ist gebraucht, „weil der gelöste Zaum *ein Zaum des Respects vor Ijob* war" (*Olsh.*), vgl. Lev. 19, 32; dagegen ist רֶסֶן פָּנָי (*Hitz.*: ihren Zügel vor mir) Verschlechterung. — V. 12 ff. beschreiben nun das Thun dieser Schaaren, weshalb von da an das Iprf. mit dem Perf. wechselt. *Zur Rechten erhebt sich eine* wuchernde *Brut* oder ein *Schwarm*; פִּרְחַח (wofür auch פֶּרַח, u. in vielen Mss. u. Ausg. פִּרְחַח) kann als Coll. mit dem Plur. Verbi verbunden werden u. braucht man keinen Acc. adv. (*Ges.* 118, 5c) anzunehmen; *muthwillig* (*Hitz.*) bedeutet es nicht (denn בחוצא des *Trg.* ist Ausdeutung von פִּרְחַח). Dass sie *zur Rechten* sich erheben, ist nach Zach. 3, 1. Ps. 109, 6 zu verstehen: vor Gericht stand der Ankläger zur Rechten des Verklagten. Auch daraus ergibt sich, dass unter פִּרְחַח nicht die Auswürflinge, die mit Anklage nichts zu schaffen haben, u. auf deren Zeugniss nichts ankommt, sondern das Leidensheer gemeint ist, welchem nach 16, 8 die Kraft falscher Anklage u. falschen Zeugnisses zukommt. רַגְלַי שִׁ׳] gewöhnlich: *sie stossen meine Füsse hinweg*, d. i. treiben mich immer weiter zurück, oder auch: *sie werfen m. F. nieder*. Aber schon darum unmöglich, weil sie im 3. Gl. erst den Weg zu Ij. bahnen; sodann ist

שָׁתַּ zwar möglicherweise *fortschicken* oder *fortjagen* (14, 20), aber nicht *fortstossen*, auch nicht *niederwerfen*; *fortjagen* aber kann man zwar einen Menschen, aber nicht seine Füsse. Eher möglich wäre (*Ha.*): *nach meinen Füssen haben sie geschossen*, sofern das Verb. vielleicht aus 1 S. 20, 20, der Acc. des Ziels aus Ps. 64, 5 sich rechtfertigen liesse, u. bezüglich der Füsse man an die Erscheinungen der Elephantiasis denken könnte (s. 13, 27). Aber da שָׁלַח V. 11 in der Bedeutung *loslassen* gebraucht war, so wird man (*Ew.*, vgl. *Theod.*) רַגְלָם oder רַגְלֵיהֶם herzustellen haben: *ihre Füsse haben sie losgelassen* d. i. in schleunigste Bewegung gesetzt (s. 18, 8). Das 3. Gl.: *u. haben auf mich ihre Unglückspfade gebahnt*, fast wörtlich wie 19, 12, u. ebenso zu erklären. Unerfindlich ist, was dieser Ausdruck bedeuten sollte, wenn die insultirenden Menschen Subj. wären: als hätten sie erst eine Wegebahnung zu dem einsam liegenden Kranken u. eine Belagerung desselben nöthig gehabt, um ihm mit ihren Rohheiten beizukommen! u. als könnte man ihren Weg אֹרַח אֵיד nennen! — V. 13. *Sie haben meinen Steig*, meine Lebensbahn, auf der ich bisher mich zu bewegen gewohnt war, *zerstört* (נתס Nebenform von נתץ 19, 10), vgl. auch 19, 8. Wie sollten das jene Menschen gethan haben können! oder werden sie sich die Mühe genommen haben, dem kranken u. zu gehen unfähigen Manu seinen Weg im wörtlichen Sinne aufzureissen? Das 2. Gl.: *zu* (Zach. 1, 15) *meinem Sturze* (6, 2) *nützen* d. i. *helfen sie*, obgleich הוֹעִיל sonst nicht so gebraucht wird. Das 3. Gl.: *denen kein Helfer ist* (29, 12). Soll das heissen: allein bringen sie es zu Stande, ohne dass ihnen jemand hilft (*Stick. Ha.*), so ist das frostig u. unnütz, weil niemand Hilfe für sie erwartet; u. dass die Meinung nicht sein kann: er, Gott, hilft ihnen nicht, sieht man aus V. 19 ff.; soll es heissen: die selbst hilflosen (sofern *ein Mensch ohne Helfer* bei den Arabern so viel ist als ein von aller Welt verachteter, *Schult. Hrz. Schl. Del.* a.), so ist das in dieser Schilderung ein sehr fremdartiger Gedanke, u. wäre überhaupt nur annehmbar, wenn jene verachteten Menschen Subj. sein könnten. Aber auch: in Beziehung auf sie d. i. *vor ihnen* hilft niemand (*Ew.*), ist trotz Ps. 68, 21 unmöglich (s. 29, 12). Die Lesart scheint verdorben, sei es dass man für לָמוֹ entweder לִי oder מֵהֶם (Dt. 33, 7), sei es dass man עֹצֵר für עֹזֵר (*und nicht thut man ihnen Einhalt*) herzustellen hat (so jetzt auch *Stud. GHffm.*). Zu לֹא s. 29, 12. Hab. 1, 14. Dagegen וְלֹא צַר לָמוֹ *ohne Noth ihrerseits* (*Hitz.*) wäre unnöthig zu sagen, u. nicht einmal hebräisch. — V. 14. *Wie durch* (s. V. 5. 29, 23) *einen weiten Mauer-Riss drangen sie heran, haben unter Trümmern sich dahergewälzt*; es ist die Eroberung der Festung, was hier beschrieben wird, genau wie 16, 14 u. im selben Sinn; völlig unverständlich u. sinnlos, wenn jene elenden Menschen Subj. sein sollten! Die Deutung (*Hitz.*, s. auch ZDMG. IX 741) von פֶּרֶץ als *Waldstrom* u. שֹׁאָה als *Sturzbach* hat den sonstigen Sprachgebrauch u. den Zusammenhang gegen sich. Auch die Deutung des Gl. 1 im *Trg.* nach 2 Sam. 5, 20 wird durch רחב nicht erfordert: eine weite Bresche gibt um so Mehreren Raum zum Eindringen. תחת] sofern שֹׁאָה nicht n. actionis ist, sondern die krachend zusammenstürzenden Mauerstücke bedeutet. — V. 15. Ergebniss dieser Angriffe: die völlige

Umwandlung, die mit ihm eingetreten ist. *Wider mich gekehrt sind jähe Schrecken* (Todesschrecken 18, 11. 14. 27. 20), (über den Acc. beim Pass. *Ges.* 121, 1); möglich wäre auch: *verwandelt* (V. 21. 20, 14) *hat sich's mir* (V. 2) *zu* lauter *Schreckniss* (näml. mein früheres Glück), so dast בלהה Acc. des Products wäre (Jer. 2, 21; vgl. *Vulg.*). תרדף] nicht 2 p. m., da er zur Anrede an Gott erst V. 20 übergeht (s. dagegen V. 19), sondern 3 p. f., bezüglich auf נדבתי, wie 14. 19. 27, 20 (möglicherweise auf die unbekannte Macht, die mit dem Wind verglichen wird, *Hrz.*, s. 15, 24): *sie verjagen dem Wind gleich meine Würde*, Adel, Ehre, Ansehen (29, 20 ff.), u. *wie eine Wolke ist mein Heil*, mein glückseliger Stand, *dahingefahren*, so spurlos verschwunden (7, 9). עברה] an עב anklingend, wie Ps. 18, 13 (*Hitz.*). — c) V. 16—23. Und nun, nach solcher Verwandlung, ist für ihn die Zeit des tiefsten bittersten Leidens: Tag u. Nacht gequält von der innerlich fressenden, den Körper zerstörenden Krankheit, entstellt, von Gott in den Staub niedergeworfen, umsonst zu ihm um Hülfe schreiend, ihn nicht mehr als Freund zu erfahren bekommend, sondern als grimmigen Feind, der in Sturmesgewalt ihn vollends auflösen, u. ihn, wie er wohl weiss, zum Tode führen wird. — V. 16. *Meine Seele ergiesst sich bei mir* (s. 10, 1. Ps. 42, 5), d. h. zerfliesst mir in Thränen u. Klagen. יאחזוני] *halten mich fest*, in ihrer Gewalt. — V. 17. Zu נקר Pi. ist לילה (wie 3, 3 personificirt) Subj.: *die Nacht bohrt meine Gebeine*; wäre ein Pass. mit Acc. gemeint (bei Nacht werden gebohrt m. G.), so wäre נקר punktirt. מעלי] *von mir ab*, so dass sie sich allmählig von mir ablösen (s. V. 30), wie das bei der Elephantiasis zu geschehen pflegt (s. zu 2, 7). *Meine Nager* (V. 3) d. h. bohrende Schmerzen (nach andern: die Maden oder Würmer in den Geschwüren, s. 7, 5) *schlafen nicht*. — V. 18. יתחפש] *sich suchen lassen* d. h. *sich verkleiden, sich verstellen, sich entstellen*. ברב] hier nicht *nach Massgabe* oder *Verhältniss von* (33, 6), oder *wie* (*Hrz. Schl. Ha. Hitz. Bud.*), da man von der כתנת im allgemeinen רב nicht aussagt, u. der פה eines Kleidungsstücks sonst τὸ περιστόμιον (*Theod.*), *capitium* (*Vulg.*), *die Halsöffnung* desselben ist (Ex. 28, 32). Subj. zu den Verben kann nicht *es*, näml. *der Schmerz* sein, so dass לבושי Acc. des Produkts wäre (*Schult. Schl. Hgst.*): *es verstellt sich in mein Gewand* u. s. w., da ein Subst. wie Schmerz vorher nicht genannt ist, u. man zwar möglicherweise den anhaftenden Schmerz mit einem anliegenden Gewand vergleichen, aber ihm kein יתחפש zuschreiben kann; sondern Subj. ist לבושי, dieses aber nicht uneigentlich als *Haut* (welche nach 7, 5 durch Geschwüre sich entstellt, *Ha. Hitz. Stud.*), weil man überhaupt nicht schlechtweg *Kleid* für *Haut* sagen kann, u. das 2. Gl. der Durchführung dieses Tropus widerstrebt, sondern eigentlich als *Gewand, Anzug* (24, 7. 10. 31, 19), nam. *Oberkleid, Mantel* (da im 2. Gl. כתנת davon unterschieden wird). Gemeint ist aber nicht, dass er in Folge der Allgewalt Gottes (23, 6) sein Kleid mit dem eng anliegenden שק (s. 16, 15) *vertauschen* musste (was *Hrz.* zur Wahl gibt), weil יתחפש diesen Sinn nicht tragen kann; sondern dass die durch die göttliche Allgewalt hervorgebrachte Entstellung seines Leibes schon an seinem Kleid sich ausprägt. Nur wird man nicht blos an die Abmagerung (*Ew. Hrz. Del. Kmph. Vo.*) denken dürfen, auf die V.ᵇ schlechterdings nicht passt, sondern zugleich an die unnatürliche Schwellung anderer Glieder (*Mx. Bick.*), für die das Gewand zu eng ist, so dass es wie ein Hemdkragen *ihn umschliesst*. Die LXX legten sich aus יחדש ein יִתְפֹּשׂ, auf Gott bezogen, zurecht (vgl. 16, 8), konnten aber dann mit Gl. 2 nichts mehr anfangen. — V. 19. *Hingeworfen hat* (Hiph. von ירה) er sc. Gott (s. zu 3, 20) *mich* zum d. i. *in den Koth* (27, 16), bildliche Bezeichnung der tiefsten Erniedrigung (s. 16, 15), *dass ich Staub u. Asche gleich geworden bin* d. h. ganz in Trauer u. Schmerz versunken, vgl. 2, 8 (*Hrz.*). Die Beziehung dieser Ausdrücke auf die erdige Farbe (7, 5) der Haut des Kranken (*Ha. Schl. Del.*) hat V. 30 gegen sich; er wird von dieser Einzelheit nicht zweimal in derselben Rede sprechen. — V. 20. Die Wehmuth treibt ihn zur Anrede Gottes, auf den er durch הרני V. 19 hinübergeleitet hat. Sein Hilfsgeschrei erhört Gott nicht, vgl. 19, 5 (da er doch als Frommer das erwarten konnte 27, 9. 12, 4). Das 2. Gl.: *ich stehe da* (Jer. 15, 1) betend u. der Erhörung harrend, *u. du blickst starr mich an* (*Hrz. Schl. Del. Hgst.* a.). Freilich hat התבונן an sich (31, 1. 37, 14; Jer. 30, 24) diese Bedeutung nicht, u. als Zeichen der Nichterhörung erwartet man eher ein Wegblicken als Anstarren (7, 20 u. 16, 9 sind ganz anders). Auch wenn man עָמַדְתָּ läse (*Peš., Mx. Hitz.*), bliebe derselbe Einwand. Dagegen aber לֹא aus Gl. 1 herüberzuziehen (*Vulg. Saad., Ges. Bick.*) ist wegen des dazwischen getretenen עמדתי unmöglich, u. die Lesart zweier Mss. וַתִּתְפַּלֵּא *u. du stellst dich gegen mich* ist zu wenig bezeugt, blosse Correctur. Müssig wäre: als ich noch aufrecht stand, da nahmst du dich meiner an (*Stud.*); befremdlich u. ohne Analogie: bleibe ich stehen (nach der ersten vergeblichen Klage), so richtest du dein Augenmerk auf mich, näml. um (V. 21) mich zu befeinden (*Ew.*); unmöglich בי וְתִתְ' *dass* du mich bemerken sollst (*GHffm.*). — V. 21. *Du verwandelst dich in einen Grausamen mir, für mich* (Jes. 63, 10); Gegenbild von 29, 3f. תשטמני] wie 16, 9; תשמני einiger Mss. käme noch eher in Betracht, als תִּשְׂטְמֵנִי *geisselst mich* (*Mx.*). Ohne triftigen Grund erklärt *Hitz.* den V. für eingeschoben. — V. 22. אל־רוח] nicht mit תרכיבני (*Ew. Hrz. Hitz.*), sondern mit תשאני zu verbinden. *Du hebst mich auf* d. h. *mich aufhebend in den Wind hinein*, wie in einen Wagen, *lässest mich dahinfahren*, (27, 21), *u. lässest mich zerfliessen* (von מוג), *zergehen, zerrinnen in Sturmesbrausen*, wenn man nämlich (mit *Ew. Olsh. Del.*) תֻּשִׁיָּה (nicht תֻּשִׁיָּה *Stuhlm. Hrz.*) für תְּשֻׁאָה, תְּשֻׁאָה 36, 29 liest, u. dieses der Bedeutung nach wie שֹׁאָה Prov. 1, 27 (Ez. 38, 9) als Gewittersturm mit Donnergekrach, der Construction nach aber als Acc. der Bewegung (vgl. דֶּרֶךְ V. 23) versteht. Gemeint ist nicht Auflösung in tropfbare Flüssigkeit, sondern Vergehen in's Leere, Nichtige; es wird sofort V. 23 erklärt. Völlig matt wäre תְּשַׁדֵּנִי (*Mx.*), u. unmöglich תְּשֻׁאָה, was weder *streckst mich hin* (*Hitz.*), noch *du schreckst mich* (*Ges. Umb.*) bedeuten kann, ebenso תְּשִׁיָּה *in Zagen* (*Bötlch.* Ä. 71). Das Qerê תֻּשִׁיָּה: *lässest mir zerrinnen Einsicht* (*Hgst.*) oder *Heilsbestand* (*Theod., Ros. Vaih.*) führt aus dem Bild im Gl. 1 heraus, u. ist selbst Correctur

— V. 23. Begründung des Vorhergehenden, zugleich Erklärung des gebrauchten Bildes. Zu רֶגַע ohne folg. כִּי vgl. 19, 25; zum Begriff von שׁוּב s. 1. 21; מָוֶת u. בֵּית sind Locative nach dem Verb. der Bewegung. Über *das Versammlungshaus für alles Lebende* d. h. den שְׁאוֹל s. 3, 17 ff. Zum Inhalt vgl. 17, 11 ff. — d) V. 24—31. In solcher Lage hat man doch wohl ein Recht zu klagen, nach Mitleid u. Hilfe zu ringen, zumal wenn man früher selbst mit allen Leidenden Mitgefühl hegte u. ein besseres Loos mit Grund für sich erwarten durfte; so wallt denn auch ihm sein Inneres fortwährend von brennendem Schmerz über die geschehene Verwandlung; aufgelöst in düstere Trauer u. Klage, durch des Körpers Krankheit entstellt u. gequält, hilfesuchend u. mitleidbedürftig, steht er jetzt einsam da, in allem das Gegenbild von dem, was er einst war. — V. 24. Ein verderbter V., dem erst durch die Neueren ein nothdürftiger Sinn abgewonnen wurde. אַךְ] wie 16, 7. לֹא] hier fragend = הֲלֹא (s. zu 2, 10), u. zugleich auf das 2. Gl. (28, 17. 3, 10) sich erstreckend. בְּעִי] wegen des parallelen בְּפִידוֹ nicht Subst. *Bitte* (von בעה), was nicht vorkommt, sondern zusammengesetzt aus בְּ u. עִי (Mich. 1, 6), gewöhnlich im Pl. עִיִּים *Trümmer*, hier im Sing. eher in der Bedeutung: *Einsturz, Zertrümmerung*. בְּפִידוֹ] s. 12, 5; das Suff. auf das Subj. von יִשְׁלַח bezogen; dieses selbst ist unbestimmt (17, 5. 21, 22), ein vom Einsturz betroffener. לָהֶן] wofür לָהֶם in einigen MSS. blosse Correctur ist, hier wie לָהֵן (Ruth 1, 13. Dan. 2, 6) = *deswegen, darum.* שׁוּעַ] s. v. a. sonst שַׁוְעָה *Geschrei* (vgl. 36, 19). Den Tod hat er V. 22 f. in sicherer Aussicht, u. sagt nun: *jedoch wird bei dem Einsturz einer nicht die Hand ausstrecken? oder bei seinem Untergang — nicht darob Geschrei* d. h. schreien, um Hilfe? d. h. ist es nicht naturgemäss, in dem Selbsterhaltungstrieb des Menschen begründet, dass ein vom Einsturz betroffener unwillkürlich noch die Hand ausstreckt, um sich der Gefahr zu erwehren, oder aufschreit um Hilfe? (so in der Hauptsache *Ew. Stick. Hrz. Ha. Del. Kmph. Reu. Bick. Vo.*) Der sich so ergebende Sinn passt wohl, auch durch seine Rückbeziehung auf V. 20 (vgl. weiter 6, 1—7 u. 23, 2), u. V. 25 schliesst sich gut daran an. Im 2. Gl. liesse sich leicht לֹא יִשְׁוַע verbessern, aber auch בְּעִי im 1. Gl. ist anstössig (ob urspr. בְּשׁוֹעַ?) Ein ganz anderer Sinn ergibt sich, wenn man בְּ יָד שָׁלַח nach 28, 9. Gen. 37, 22. 1 S. 26, 9 versteht. Unter den darauf beruhenden Erklärungen (zB. *Schl. Hgst. GHff.*) ist aber ganz unbrauchbar: nur an eine Ruine woll' er nicht Hand anlegen! oder hätte sie (die Hand) an deren (der Ruine) Verderben Gewinn? (*Hitz.*); besser wäre: nur übt man gegen eine Ruine keine Gewalt mehr (als Vorwurf gegen Gott)! ist jemand im Elend, so jammert man darob (*Mat.*). Aber die Ausdrücke in Gl. 2 können auch das nicht besagen; nach Gl. 2 könnte in Gl. 1 nicht auf Gott, sondern nur auf die Freunde gezielt sein; die Freunde aber liegen in diesem Monolog ausser Wurf. — V. 25. In Form einer neuen Frage (nicht Versicherung, *Hitz.*), in der לֹא beide Glieder beherrscht, reiht er einen neuen Grund an dafür, dass er ein Recht zum Klagen u. Mitleidsuchen habe: *oder habe ich nicht geweint um den vom Unglücks-Tag Bedrängten* (der einen schweren, harten Tag hatte)? *hat sich nicht be-*

kümmert meine Seele um den Armen? vgl. 29, 12 f. 15 ff. עָנֵג] nur hier, erläutert sich durch אִם Jes. 19, 10; das Verb. in beiden Aussprachen auch jüdisch-aramäisch. Dass unter קְשֵׁה יוֹם u. אֶבְיוֹן Ij. nicht sich selbst meint (*Mx.*), dürfte einleuchten. — V. 26 begründet (nicht V. 25, sondern) sein beanspruchtes Recht auf Klage (V. 24) in neuer Weise, näml. mit der furchtbaren Enttäuschung seiner Hoffnung, die er erfahren musste (vgl. 29, 18 ff.). וָאֲיַחֵלָה] Iprf. cons. Pi. mit ָ zu lesen, denn ein Volunt. im abgekürzten Bedingungssatz (*Del.*), ist hier, nach Prf. קִוִּיתִי fremd; über ־ָה s. 1, 15. — V. 27. Der Gedanke an solche Enttäuschung führt ihn noch einmal zu seufzerartiger Schilderung seiner Lage, womit er V. 16 wieder aufnimmt. *Meine Eingeweide*, als Sitz der Gefühle u. Affekte, *sieden* (sind zum Sieden gebracht) vor heftigster Gemüthsbewegung *und* (schweigen 29, 21) *ruhen nicht; Leidenstage sind mir entgegengetreten oder haben mich überfallen.* — V. 28. *Geschwärzt gehe ich einher* (24, 10; Ps. 38, 7. 42, 10), *ohne* (8, 11) d. h. nicht durch die *Sonnengluth.* Da חַמָּה die Sonne (Cant. 6, 10. Jes. 30, 26. 24, 23) nach der Seite ihrer Gluth (Ps. 19, 7), nicht ihres Lichtes bezeichnet, so kann die Meinung nicht sein *in sonnenlosem Dunkel* (בְּלֹא אוֹר), in trostloser Finsterniss (*Ha. Del. Kmph.*); u. da von der Hautschwärze als Krankheitserscheinung erst V. 30 die Rede ist, so kann קֹדֵר nur auf das schmutzig-trübe Aussehen des Trauernden (wie 5, 11; nicht aber auf die Schwärze des שַׁחַר, von der sich von selbst versteht, dass sie בְּחַמָּה לֹא entstanden ist) bezogen werden. Die Aussprache בְּלֹא חֵמָה (*Peš. Vulg.*) kann nicht in Betracht kommen, aber auch was mit חֵמָה *Schwärze* (*GHff.*) gebessert sein soll, ist nicht einzusehen. קַמְתִּי בַקָּהָל] an den קָהָל, den er früher besuchte Cp. 29, kann man nicht denken, weil er als Aussatzkranker dort keinen Zutritt hatte; dass er mit קַמְתִּי u. הִלַּכְתִּי auf die Zeit vor seiner Erkrankung u. nach dem Verlust seiner Habe u. Familie zurückgreife (*Del.*[1]), ist durch nichts angedeutet, die Perff. sind vielmehr in dieser Schilderung aoristisch gebraucht (vgl. V. 17. 20. 27. 30); ein *quasi* hineinzudenken, u. die Aussage bildlich oder metaphorisch zu nehmen (*Schult. Wtt.*), ist ohnedem nicht erlaubt; deshalb wird בְקָהָל, wie בְּקָהָל Prov. 26, 26 eben nur den Begriff *publice* (*Hrz.*) ausdrücken: *ich stehe auf* (von Schmerz u. Trauer überwältigt) *in der Versammlung* (vor allen Leuten, so viele deren auch bei mir anwesend sind), *schreiend* (oder: um zu schreien, s. 16, 8), d. h. öffentlich, vor allen Leuten muss er vor Schmerz aufstehen u. schreiend sich Luft machen. — V. 29. *Bruder u. Genosse* s. 17, 14. Der Vergleichungspunkt ist das wimmernde, klagende Geheul, vgl. Mich. 1, 8 (*Win.*[3] II. 541), in zweiter Linie auch die Einsamkeit, in der er liegt, denn einen קָהָל hat er nicht immer um sich. — V. 30. Über die sich *schwärzlich* färbende Haut s. zu 2, 7; über מֵעָלָי zu V. 17. חָרָה] von חרר: *mein Gebein* (vgl. 19, 20) ist verbrannt u. *brennt vor* ausdörrender *Hitze* (Gen. 31, 40). — V. 31 abschliessend: *u. so ward zu Trauer* (Thr. 5, 15) *meine Cither, u. meine Schalmei zur Stimme Weinender* d. h. *zu Klagetönen.* קוֹל בֹּכִים] als Plur. von קוֹל בֶּכֶה, s. *Ew.* 270[c]. Seine ehemalige Heiterkeit u. Freude (29, 24), als deren Sinnbilder hier jene beiden Instrumente (21, 12) erscheinen.

ist in ihr trauriges Gegentheil verwandelt, u. in ganz wörtlichem Sinne verhallt so diese seine Elegie (Cp. 30) in Klagetönen. — Der nun gezeichnete jähe Fall vom höchsten Glück (Cp. 29) in äusserstes Unglück (Cp. 30) ist mit ihm vorgegangen; er ist aber sich bewusst, denselben nicht verschuldet zu haben, u. so bringt er denn jetzt

3) Cap. 31 *eine feierliche Betheuerung seiner Unschuld,* in einer langen Reihe von Schwüren. Der Anfang des Stücks erscheint abrupt u. ist sein Verhältniss zum vorigen, weil durch keine besondere Formel ausgedrückt, nicht sofort deutlich, weshalb *Stud. Grll.* meinten, es sei ursprünglich Fortsetzung von 27, 6 gewesen. Überblickt man aber seinen Inhalt, u. nimmt es als ganzes, so ergibt sich der es mit Cp. 29 f. verbindende Gedanke leicht, zumal schon in 30, 25 f. ein Vorspiel desselben lag. Die Ausführung des Thema's geschieht in der Art, dass Ij. alle bei einem Mann seiner Stellung denkbaren Sünden, feinere u. gröbere, der Reihe nach durchgeht, u. feierlich verneint, dass er sie gethan, oder auch nur die denselben gegenüberstehende Tugend nicht geübt habe. Bei passender Gelegenheit legt er auch den inneren Beweggrund, der ihn dabei leitete, dar, u. fordert bei einigen der schwereren Sünden in einem Fluch ausdrücklich die Strafe Gottes auf sich herunter, wenn das nicht wahr sei, was er versichert habe. Eine strenge Disposition ist nicht durchgeführt: obwohl einzelne Gruppen sich abheben, zB. begehrliches, unlauteres Wesen (— 8), Sünden des häuslichen Lebens (— 15), Verletzungen der Nächstenliebe (— 23), feinere Sünden (— 30), so wird doch gegen das Ende hin die Ordnung ziemlich bunt. Dem entspricht, dass auch die Stichenzahl der Absätze ungleichmässiger ist als sonst, näml. 1) $8 + 9$ in V. 1—8, 2) $8 + 6$ in V. 9—15, 3) $6 + 10$ in V. 16—23, 4) $10 + 8$ in V. 24—32, 5) $5 + 7 + 6$ in V. 33—40. Die Vermuthung, dass die urspr. Ordnung (durch Umstellungen oder Einschiebungen) gestört sei, liegt nahe; namentlich ist die Echtheit von V. 1 (*Grill*) oder von V. 1—4 (*Hatch*) oder von 25. 30. 32. 37 (*Hitz.*) bestritten, u. die Umstellung von V. 31 f. (*Grill*) befürwortet, aber die Beweise dafür sind insgemein schwach. Dagegen von V. 38—40 ist sehr wahrscheinlich, dass sie nicht mehr an ihrer urspr. Stelle stehen. In LXX Text stammen V. 1—4. 18. 23[b] 24[a]. 27[a]. 35[a]. aus *Theod.* — Für die Erkenntniss der ATl. Sittlichkeit ist diese Rede von besonderer Wichtigkeit. Denn obgleich die meisten der Tugenden, die Ij. beansprucht, auch ausserisraelitisch sind, u. obgleich er, wie sich versteht, auf mosaische Satzungen nirgends ausdrücklich Bezug nimmt, so zeigt er doch in vielen Dingen (zB. V. 1 f. 24—30. 33) ein so fein ausgebildetes sittlich-religiöses Gefühl u. ein so durchläutertes Innere, wie es nur auf dem Boden der ATl. Religion möglich war. — a) 1—8. Im Aufblick auf Gott hat er die böse Lust niedergehalten, keiner Art der Unaufrichtigkeit bei sich Eingang gestattet. — Zunächst V. 1—4 betreffend die böse Lust. Da diese Verse in jedem Wort den Stempel der Echtheit an sich tragen, so wird ihr Fehlen in der urspr. LXX eher darauf beruhen, dass der Grieche irgend einen Anstoss daran nahm, zB. weil er V 2—4 als Vorwurf gegen Gott auffasste, oder weil sie nicht mit אם beginnen. — V. 1. Mit rich-

tiger Einsicht in das Wesen der Sünde geht Ij. von der Versicherung aus, dass er über seine Sinne gewacht habe, damit sie nicht die sündliche *Lust* (als die Quelle der Sünden) in ihm anregten. Statt aller andern Sinne (Jes. 33, 15) nennt er den feinsten derselben, das Auge (vgl. V. 7). Den Augen hat er einen *Bund* d. h. Vertrag vorgeschrieben: sie mussten ihm versprechen, nicht dahin zu schauen, woher der Unschuld seines Herzens Gefahr drohen konnte (*Hrz.*). כרת] seq. לְ (statt אֶת־ oder עַל־), weil Ij. der die Bedingungen des Vertrags Vorschreibende ist (s. *Ges.* th. 718). Beispielsweise nennt er in einem Ausrufesatz mit dem wegwerfenden מָה (*Ew.* 325ᵇ) den lüsternen Blick auf eine Jungfrau: *und was werde ich* d. h. *wie sollte ich auf eine Jungfrau den Blick richten!* sc. πρὸς τὸ ἐπιθυμῆσαι αὐτήν Matth. 5, 28 (Sir. 9, 5). Eine schon an das N. T. erinnernde Schärfung des Keuschheitsgebots. — V. 2 ff. enthalten nicht einen Vorwurf gegen Gott (*Wll. Hitz. Grll.*): u. wie lohnt er mir jetzt dafür? mit dem Lohn eines Sünders, obwohl er alle meine Schritte genau kennt! Dagegen spricht sowohl die allgemeine Haltung von V. 2, als die Frageform aller 3 VV. Sondern Ij. legt (vgl. V. 14 f. 23) die Erwägungen, die ihn von solcher Sünde abhielten, u. zwar (wie V. 1ᵇ) in den eigenen Worten, in denen er sie zu denken pflegte (*Ew.* 338ᵃ), dar. *Und*, so dachte ich, *was* (ist, sc. wenn ich's thue, also) *wäre die Schickung Gottes von oben u. das Erbe vom Allmächtigen aus den Höhen* (16, 19. 25, 2)? s. 20, 29. 27, 13; Gott ist Inhaber u. Austheiler des חֵלֶק u. der נַחֲלָה der Menschen. Die Antwort auf die Frage gibt V. 3 wieder in Frageform: ist's (wär's) nicht אֵיד (18, 12. 21, 17. 30. 30, 12) für den עַוָּל (18, 21) u. s. w.? Er bekennt, dass er schon durch jene Sünde ein עַוָּל u. פֹעַל אָוֶן wäre, u. die diesen gebührende Strafe verdient hätte. נֵכֶר] *Missgeschick* s. Ob. 12. — V. 4. Diese Strafe wäre sicher, weil Gott kein Weg u. Schritt des Menschen, auch die innere böse Lust nicht verborgen bleiben kann. הוּא] mit Emphase auf Gott, den himmlischen Richter V. 2, hinweisend. Also die Gottesfurcht, näher der Gedanke an Gottes Allwissenheit u. die Überzeugung, dass er jede Sünde strafe, war es, die ihn mit solcher Strenge über seine Sinne wachen liess. — V. 5—8. Dieser Lebensregel gemäss hat er auch sich zu keiner unaufrichtigen oder betrüglichen Handlung verleiten lassen. Diesen Absatz hinter V. 9—12 zu versetzen (*Bick.*), ist willkührlich. V. 5. שָׁוְא] ist neben כַּחַשׁ die *Unlauterkeit, Falschheit* (11, 11); wie eine Person angeschaut, *mit* (עִם) der man *umgehen* kann. וַתַּחַשׁ] da חשׁה *schweigen*, vom Fusse ausgesagt, (trotz *Hitz.*) sinnlos ist, so kann hier nur eine abnorme Punktation für וַתָּחָשׁ (von חוּשׁ, הָחִישׁ) vorliegen (*Ges.* 72 A. 9; *Ew.* 232ᶜ; *Olsh.* 244ᵉ; *König* I S. 500): *u. mein Fuss auf Trug hin* d. h. zur Ausübung eines solchen *eilte*. — V. 6 ist noch nicht Nachsatz (*Del.*¹), sondern eine in die Betheurung, welche V. 7 fortgesetzt wird, eingeschobene Bekräftigung derselben, worin er Gott zur Prüfung seiner Lauterkeit auffordert. Das Subj. ist des Rhythmus wegen in Gl. 2 genommen: Gott möge mit gerechter Wage (Lev. 19, 36) mich wägen! u. er wird meine Unschuld erkennen (finden). — V. 7 setzt die Bedingung (Betheuerung) von V. 5 fort; auch wechselt mit Prf. das Iprf.

der Vergangenheit, die Gewohnheit ausdrückend (wie V. 13. 16—20. 25f. 29). Zu Gl. 1 vgl. 23, 11; über das Dages des ע Ew. 260ᵇ. דרך] der bestimmte d. h. *von Gott vorgezeichnete Weg* (23, 11), den die Menschen gehen sollen, u. von dem sie abweichen, wenn sie blos *ihren Augen* d. h. dem Sinnenreiz *nachgehen* (vgl. Num. 15, 39). מאום] *Flecken* für gewöhnliches (11, 15) מום, wie Dan. 1, 4. — V. 8 Nachsatz zu V. 5—7, worin er die dem Gelüsten nach fremdem Gut entsprechende Strafe Gottes auf sich herabruft: *so will ich säen u. ein anderer soll essen*, was ich gesäet habe, also die Frucht meiner Arbeit geniessen (Lev. 26, 16; Mich. 6, 15. Jes. 65, 22), vgl. 27, 16f.; *u. meine Sprossen* hier, nach Gl. 1, nicht die Kinder (5, 25. 21, 8. 27, 14), sondern die von ihm gepflanzten Gewächse des Bodens (Jes. 34, 1. 42, 5), so weit sie nicht in fremde Hände fallen, *mögen entwurzelt werden* (Pu.)! — b) V. 9—15. Demgemäss hat er sich auch *in häuslichen Dingen* durchaus rechtschaffen gehalten, weder im fremden Haus durch Ehebruch die Rechte des Nächsten verletzt, in voller Würdigung der Schwere solchen Verbrechens (— 12), noch im eigenen Haus herrisch die Rechte seiner Sklaven missachtet, im Aufsehen auf Gott u. in Anerkennung ihrer Würde als Geschöpfe Gottes (— 15). Mit dem Ehebruch, einer aus sinnlicher Lust entspringenden Sünde, schliesst sich dieser Absatz ebenso an den ersten an, wie mit der Ungerechtigkeit gegen die Sklaven auf den folgenden hinübergeleitet wird. — V. 9f. *Wenn mein Herz ob* (Gen. 26, 7. 9; nicht: *zu — hin*, was אל wäre) *eines* (Ehe-) *Weibes sich bethören liess, u. ich an der Thüre meines Nächsten lauerte*, bis er ausgieng u. ich hinein konnte (s. 24, 15 u. Prov. 7, 7ff.), *so soll einem andern mein Weib mahlen, u. über sie mögen andere sich krümmen!* Das 1. Gl. von V. 10 erklärt sich genügend dadurch, dass die Handmühle zu treiben das Geschäft der niedrigsten Sklavinnen (Ex. 11, 5. Jes. 47, 2) war, die ihrem Herrn in allem, auch in der Befriedigung seiner sinnlichen Lust, zu Willen sein mussten. Nach LXX Trg. Vulg. u. den Rabb. freilich wäre das Wort, wie μύλλειν u. molere, im obscönen Sinn zu verstehen, ohne dass תטחן gelesen würde (etwa *mahlen = Mühle sein*). Das 2. Gl. spricht offen von der Sache. יכרעון] aram. Plur., s. 4, 2 u. 24, 22. — V. 11f. Solche Strafe hätte er wohl verdient, denn allerdings kennt u. anerkennt er den Ehebruch als eines der schwersten u. in seinen Folgen entsetzlichsten Verbrechen. *Denn das* ist oder *wäre ein Verbrechen, u. das eine Sünde vor den Richtern* (Dt. 22, 22). היא (vgl. V. 28) auf V. 9, u. הוא auf זמה rückweisend; unnöthig conformirt das Qerê beidemal das Pron. an das Prädicat. זמה] das gewöhnliche Wort für geschlechtliche Schandthaten, zB. Lev. 18, 17. עון] der st. a. vor פלילים (Plur. von פליל) scheint ein mass. Compromiss mit פלילי עון V. 28 (was auch hier viele MSS. u. Ed. geben) zu sein; es ist unbedenklich עון herzustellen. — V. 12. *Denn* (dem כי von V. 11 gleich-, nicht untergeordnet) *ein Feuer wäre das, das bis zur Hölle* (26, 6. 28, 22) *frisst*, sofern der göttliche Fluch, der darin wirkt, nicht ruht, bis er den Mann, mit Leib u. Habe, in die verdiente Vernichtung gebracht hat (Prov. 6, 27ff. 7, 26f. Sir. 9, 9), *u. unter* oder

an all meinem Ertrag die Wurzeln tödtet d. h. vertilgend wirkt! —
V. 13 ff. Neu anhebend versichert er, gegen seine Haussklaven immer
menschenfreundlich sich benommen zu haben. אמאס] *missachtete;* über
das Iprf. s. V. 7. Da die Sklaven fast rechtlos waren, so konnte er
allerdings, *wann sie mit ihm stritten*, sich über etwas beklagten oder
etwas beanspruchten, vermöge Herrenrecht sie einfach zurückweisen,
aber das that er nicht. Übrigens gehört יאחרי rhythmisch in Gl. 2. —
V. 14 braucht man nicht als Zwischenbemerkung, wie V. 6 (*Hrz.
Ha.* a.), sondern kann es füglich als Nachsatz (vgl. ומה V. 2) nehmen,
angebend die voraus bedachte Folge, die ihm das Motiv zur Rechtsgewährung wurde: *u. was wollte ich da thun, wann Gott aufstand*
zum Gericht (19, 25), *u. wann er untersuchte* (Ps. 17, 3), *was erwiedern* (13, 22) *ihm!* Also das Motiv war die Furcht, vor dem göttlichen Richter nicht als unschuldig dastehen zu können (Lev. 19, 14),
sofern V. 15 Gott den Sklaven u. den Herrn auf die gleiche Weise
geschaffen hat, also vor Gott beide gleichberechtigt sind: eine ohne
Zweifel bemerkenswerthe Anerkennung, vgl. Mal. 2, 10. Eph. 6, 9.
עשני] *der mich schuf;* zur Sache 10, 8 ff. ויכננו] wozu אחד das Subj.,
ist zusammengezogene Form des Pil. aus ויכוננּו (*u. bereitete uns*) Ges.
72 A. 7 (vgl. 17, 4); das Suff. wird am besten als Pl. 1 p. genommen
(Ges. 58, 4); oder ist nöthigenfalls נּי‎ zu punktiren. — c) V. 16—23.
Ebenso ist er *im bürgerlichen Leben* gegen Hilfsbedürftige nie hart u. grausam gewesen, sondern hat immer die volle thätige Nächstenliebe gegen sie
geübt; wenn er gar Ansehen u. Macht zu ihrer Unterdrückung missbraucht
hätte, so möge die verdiente Strafe Gottes ihn treffen! (vgl. schon 29, 12 f.
15—17 u. dagegen des Elifaz Beschuldigungen 22, 6—9). — V. 16 f.
eine neue durch אם eingeleitete Versicherung, ohne besonderen Nachsatz
(s. zu V. 22). מנע] hier (anders als 22, 7) mit Acc. pers. u. מן der
Sache (wie Num. 24, 11) verbunden: *wenn ich Bedürfniss* (Begehr,
s. 21, 21) *Geringen verweigerte, u. einer Wittwe Augen* in vergeblichem Ausschauen nach Hilfe (11, 20. 17, 5) *schmachten liess, u. meinen
Bissen ass allein, ohne dass ein Verwaiseter davon ass!* — V. 18
hebt, ohne dass ein förmlicher Nachsatz zu V. 16 f. käme, die dort gesetzte Möglichkeit durch die Betheurung des Gegentheils auf, u. כי ist
hier = *vielmehr, nein.* Von Kindesbeinen an, d. h. so weit er zurück-
denken könne, habe er vielmehr die entgegengesetzte Handlungsweise
sich zum Gesetz gemacht, sei den Waisen ein Vater, den Wittwen (denn
nur auf אלמנה V. 16, nicht etwa auf einen weiblichen יתום, kann das
Suff. von אנחנה zurückgehen) ein Führer gewesen. Die Worte מבטן אמי
sind stark hyperbolisch, um auszudrücken, dass ihm solche Grundsätze
wie angeboren seien. Sonst ist der Ausdruck sehr kurz; in גדלני hat
das Suff. die Kraft von לּ (Ges. 117, 4 A. 3), Subj. ist יתום: *er wuchs
mir auf wie einem Vater,* u. ist schon wegen der Ähnlichkeit des
2 Gl. diese Fassung einem גִּדְּלַנִי *er ehrte mich* (Olsh.) vorzuziehen. —
V. 19 f. gehören enger zusammen, u. besagen, dass er einen Entblössten
nie unbekleidet gelassen habe. אבד] wie 29, 13. מבלי ל'] 24, 7.
ואין '] ist 2. Obj. zu אראה: *u. wie* (oder *dass*) *der Arme keine Decke*
(24, 7) *hatte.* V. 20. Die Dankbarkeit (29, 13) des Armen, den er

bekleidet, wird hier vom Dichter auf dessen Glieder, *seine Lenden*, übergetragen. Statt eines besonderen Nachsatzes zu diesen 2 Versen folgt zunächst noch ein Bedingungssatz. — V. 21 ff. Um so weniger kann er durch Missbrauch seiner Macht u. seines Ansehens Schutzlose vergewaltigt haben. Diese gröbere Sünde weist er wieder durch einen besondern Fluch zurück, den er auf sich herabruft (wie V. 8. 10). Obgleich dieser Fluch nur mit Beziehung auf V 21 formulirt ist, gibt er damit doch mittelbar auch den V. 19 f. voraufgehenden Sätzen mit אם einen kräftigen Schluss. *Wenn ich je über einen Verwaisten meine Hand geschwungen habe*, um ihn niederzuschlagen (Jes. 19, 16), *weil ich im Thore* (29, 7) *meine Hilfe sah* d. h. vermöge meines grossen Einflusses gegen denselben, wenn er klagte, vor Gericht Recht zu bekommen in sicherer Aussicht hatte, *so falle von ihrem Nacken* (כתף der obere Theil des Rückens, Nacken mit Schulterblatt, worauf man trägt) *meine Schulter, u. mein Arm werde aus seiner Röhre*, dem Schultergelenk, *ausgebrochen!* In שכמי u. קנה ist ה — die raphirte Suffixform (*Ges.* 91, 1 A. 2). Dass am Arm die Strafe vollzogen werde, ist durch V. 21 wohl begründet. — V. 23. *Denn ein Schrecken für mich* (eig. *an mich, mich ankommend*) *ist das Verderben* (V. 3) *Gottes, u. vor* (eig.: in Folge von) *seiner Hoheit* (13, 11) *bin ich unvermögend*, d. h. die Strafgerechtigkeit der göttlichen Majestät, an die er glaubt, hält sein Inneres mit solchem Schrecken vor ihr angefüllt, dass er unfähig ist solche Thaten zu verüben, oder wenn er sie verübt hätte, vor ihr noch ohne Furcht der Strafe zu bestehen (vgl. V. 2—4), so dass allerdings durch diesen V. sowohl V. 21 als 22 begründet wird. Weniger natürlich ist es, איד als Permutativ von פַחַד zu nehmen, obwohl אלי אח an Jer. 2, 19 eine Stütze hätte: *denn Schreckniss, Unheil Gottes käme mich an* (*Del. Kmph. Hitz.*). — d) V. 24—32. Auch von der Verletzung *der feineren Pflichten* gegen Gott u. den Nächsten weiss er sich vollkommen frei. Er führt dies mit neuem Ansatz in einer Reihe von versichernden Bedingungssätzen aus. Zuerst V. 24 f.: er beginnt mit dem Geiz u. der Geldliebe (vgl. den Vorwurf 22, 24), fasst sie aber sogleich in der Richtung auf, als darin ein Abfall von Gott, eine feinere Art der Abgötterei liegt (Col. 3, 5); darauf weist sowohl die Zusammenstellung mit V. 26 f., als auch die Fassung von V. 24 f. selbst hin. An goldene Götzenbilder (*GHff.*) ist nicht zu denken. *Wenn ich Gold zu meiner Zuversicht* (8, 14. 4, 6) *gemacht habe, u. zum Feingold* (28, 16) *gesagt: du mein Vertrauen* (8, 14)! also wenn ich, mit Hintansetzung des Schöpfers, irdische Schätze zum Grund meiner Hoffnung machte u. auf sie mich verliess, *wenn ich mich freute, dass mein Vermögen gross war u. dass meine Hand vieles* (Jes. 16, 14) *erreicht hatte*, also an dem Errungenen eine hochmüthige Freude hatte, ohne den Geber dieser Güter darin anzuerkennen, u. in diesem Gut, statt in Gott (22, 25), meine Befriedigung suchte u. fand! Dass V. 25 hinter 24 unnöthig, u. seine Aussage an sich unpassend sei (*Hitz.*), ist ein sehr subjectives Urtheil; auch die Abwandlung des Begriffs von כסל (gegen 8, 2. 15, 10) genügt nicht, den V als Einschub zu erweisen. — Er knüpft daran einen andern Abfall von Gott, die ungöttliche Bewunderung der schönen Gestirne u. die heimliche Verehrung derselben V. 26—28: *wenn ich das Licht* vorzugsweise d. i. Sonnenlicht (37, 21; Hab. 3, 4; φάος Odyss. 3, 355) *sah wie* (22, 12) *es leuchtet*, u. *den Mond* prächtig (Ges. 118, 5; vorausgestellte adverbiale Bestimmung zu הלך) oder *in Pracht dahinwallend, und* durch den überwältigenden Eindruck des Glanzes u. der Bewegung dieser Gestirne, auch nur *heimlich* (ein oder das andere Mal) *mein Herz* (V. 9) *bethört wurde* (Qal. wie Dt. 11, 16), u. *meine Hand an meinen Mund* heraufkommend *sich anfügte*, um von ihm geküsst den Kuss weiter zu bieten nach den Gestirnen hin, also s. v. a. *und ich die Kusshand ihnen zuwarf*, ein Zeichen der Verehrung (adoratio) 1 R. 19, 18; Hos. 13, 2! s. Win.³ I. 688. — V. 28 wird, wie V. 14, als eine die Stelle des Nachsatzes zu den Bedingungen vertretende Bemerkung (*Del. Hitz.* a.) anzusehen sein, worin er, statt die Strafe auf sich herabzurufen, seine Überzeugung von der Strafwürdigkeit solchen Thuns (vgl. V. 11f. 23) u. damit zugleich seinen innern Abscheu davor darlegt: *auch* (vgl. V. 11) *das* (8, 19) wäre eine *richterliche* d. h. vom Richter als Abgötterei zu strafende (Dt. 17, 2—7) *Sünde, denn gelogen hätte ich* (1 R. 13, 18) *dem Gott droben* (V. 2) d. h. wäre ihm untreu geworden. Dass Ij. unter den Arten des Abfalls von Gott gerade die innere Hinneigung zum Gestirndienst aufführt, scheint dadurch nahegelegt zu sein, dass „die Söhne des Ostens", zu denen er gehörte, mehr oder weniger Gestirnanbeter waren, allein von diesem Standpunkt aus würde die Bezeichnung jener Hinneigung als eines עון פלילי sich nicht erklären. Nur vom israelitischen Standpunkt aus wird jene Bezeichnung verständlich, aber eben darum kann auch hier eine feine zeitgeschichtliche Beziehung nicht verkannt werden. Von König Ahaz' Zeit an u. noch mehr unter Manasse hatte die Verehrung „des Heeres des Himmels" so viele israelitische Geister verführt (vgl. über die Reize dieses Dienstes Dt. 4, 19), u. von da an erst konnte es als ein Zeichen besonders reiner Gottesfurcht gelten, dass einer dieser Verführung noch nie, auch nicht heimlich, nachgegeben habe. — V. 29 f. Ferner hat er gegenüber vom Feinde nie Hass u. Schadenfreude empfunden, nie sein Verderben gewünscht, also auch das Gebot der Feindesliebe nicht gröblich verletzt (vgl. über diese Pflicht, die auch im AT. als eine der höchsten sittlichen Leistungen hingestellt wird, Ex. 23, 4f.; Prov. 20, 22. 24, 17f. 25, 21f.). פץ] 12, 5. 30, 24. התערר] hier: *sich erregen lassen* vor Freude, anders als 17, 8. — V. 30 fügt mit לא eine einfache verneinende Aussage an den mit אם eingeleiteten Satz V. 29 an, wodurch dieser den Sinn einer verneinenden Versicherung erhält, ohne dass zu אם ein Nachsatz zu erwarten wäre (vgl. V. 32. 18): u. *nicht gestattete ich zu sündigen meinem Gaumen* (als Werkzeug der Rede; anders 6, 30), *durch einen Fluch*, verwünschenden Schwur, von Gott *zu fordern* (1 R. 3, 11) *seine Seele*, d. h. mit einem Fluch meinem Feinde den Tod anzuwünschen. Des 2. Gl. ist Erklärung des לחכי. Ohne zureichende Gründe will *Hitz.* diesen V. ausscheiden. — V. 31 f. Auch die Pflicht der Gastfreundschaft hat er im reichsten Maasse erfüllt. Nicht um die Behandlung der eigenen Leute (*Del.*) handelt es sich (wie V. 13—15), sondern (nach V. 32) um die der Gäste.

Deshalb kann in V.ᵇ die Meinung nicht sein: *wenn wir nur einmal an seinem Tisch nicht satt würden!* (*Vulg., Hgst. Rew.* a.), sondern שָׂבֵעַ ist Part. Niph., obgleich dieses zufällig sonst nicht vorkommt, u. zwar als Acc. abhängig von מִי יִתֵּן (wie V. 35. 14, 4. 29, 2); also: *wenn nicht die Leute meines Zeltes*, meine Hausgenossen u. Gesinde, *gesagt haben* (sagen mussten): *wäre doch von seinem Fleisch ein Un-gesättigter!* d. h. wo wäre jemand zu finden, der nicht von seinem Fleisch gesättigt worden wäre! Zu מִי יִתֵּן in dieser abgeschwächten Bedeutung vgl. 14, 4; בִּשָׂרוֹ aber ist (anders als 19, 22) das Fleisch seines Schlachtviehs = מִטִּבְחוֹ 1 Sam. 25, 11; zu לֹא vor Part. s. Jer. 2, 2. 18, 15. Die LXX *Theod. Vulg.*, das eine oder das andere לֹא oder beide auslassend, haben den Sinn des V. nicht getroffen. Auch *Hitz.*, der שׂבע als Prt. nimmt (vgl. 23, 3), versteht mit Unrecht den אִישׁ (V. 29) als Subj. dazu. — V. 32 verhält sich zu 31, wie 30 zu 29. Wie sein Tisch, so stand auch sein Haus jedem offen: draussen (s. Gen. 19, 2; Jud. 19, 15) durfte kein Fremdling übernachten, u. die Thüren waren für den Wanderer geöffnet. לָאֹרַח] *nach der Strasse* zu (*Stick. Del. Vo.*) wäre umsonst gesagt, denn die Thüren bilden den Eingang von der Strasse in das Haus, u. sind also, wenn geöffnet, selbstverständlich nach der Str. geöffnet; vielmehr (mit allen Verss.) nimm אֹרַח = אֹרֵחַ oder אֹרֵחַ, s. zu 6, 18. (Vgl. übrigens zu dieser Stelle die Lobpreisung eines äg. Todten bei *Brugsch* die äg. Gräberwelt 1868 S. 32f.). *Hitz.* missdeutet den V., u. scheidet ihn dann als unecht aus. — c) V. 33—40. Schliesslich weist er auch noch die (ihm vorgeworfene) Heuchelei u. Scheinheiligkeit von sich ab; darüber, zumal hier am Ende der langen Selbstvertheidigung, von einer unheimbaren Sehnsucht nach dem Gericht des göttlichen Richters ergriffen, gibt er dieser einen beredten Ausdruck, u. wendet dann rasch um, um zuletzt durch eine eigene Verwünschung auch das noch zu betheuern, dass Unrecht oder Blutschuld an seinem Eigenthum nicht klebe. So nach dem jetzigen Text. Wahrscheinlich aber sind V. 38—40 (s. d.) zu umstellen. — V. 33f. Ij. will nicht versichern, dass er in der bisherigen Aufzählung keine ihm bekannten Sünden von sich verheimlicht habe (s. dagegen V. 34ᵇ), sondern dass er nicht zu denen gehöre, welche heuchlerisch nicht vor der Sünde, wohl aber vor der Bekanntwerdung derselben sich zu hüten bemüht sind, weil sie die öffentliche Meinung fürchten, u. daher überhaupt lieber sich zu Hause halten, also zB. die Volksversammlung nicht zu betreten wagen. Den Beweis dafür hat er eigentlich schon 29, 7ff. geliefert. כְּאָדָם] nicht *wie Adam* (*Trg., Ros. Umbr. Del. Schl. Kmph. Hitz.*), weil es sich hier um Verheimlichung vor Menschen, nicht vor Gott handelt, sondern gemäss dem durchgehenden Gebrauch von אדם in unserem Buche (u. wie Hos. 6, 7. Ps. 82, 7) *wie die Menschen* d. h. nach Menschenweise, nach Art der Welt. לִטְמוֹן] *so dass ich verbarg* (*Ew.* 280ᵈ). חֹב] poet. (mehr aram.) Ausdruck für חיק. — V. 34 ist nicht Nachsatz (*Hitz.*: ja, da hatt' ich zu scheuen), sondern gibt (vgl. 11f. 23) den Grund des Verhehlens an, näml. Furcht vor dem öffentlichen Urtheil u. der Schande: *weil ich die grosse Menge* (הָמוֹן fem. *Ew.* 174ᵇ) *scheute* (ערץ hier intrs., anders als

13, 25; zugleich mit Acc. rei) *u. die Verachtung* (12, 5. 21) *der Geschlechter*, in deren Hand die öffentlichen Angelegenheiten ruhen, *mich erschreckte* (Hiph. von חתת), *so dass ich schwieg* (29, 21. 30, 27), statt mich öffentlich hören zu lassen, also mich stille u. zurückgezogen hielt, *nicht zur Thür* (Gen. 34, 24) *hinausgehend* oder *hinausgieng*; לא אצא (in einigen MSS. ולא) ist erläuternder Nebensatz zu אדמה; zur Sache vgl. 24, 16. — V. 35—37. Ohne dass ein Nachsatz zu V. 33 f. folgte, bricht der Wunsch nach Entscheidung seiner Sache durch Gott (s. schon V. 6) mit Macht hervor. *O hätte ich einen* (s. V. 31), *der auf mich*, diese meine Betheurungen, die ebenso viele Klagen über unverdiente Leiden sind, *hörte!* er denkt dabei nicht an irgend welchen Dritten (*Böt.*), oder gar an einen Ankläger, der mit den Worten הן—ענני ihn vor Gericht lüde (*Stud.*), sondern an Gott, der ja allein hier über Wahrheit u. Unwahrheit entscheiden kann. *Sieh da ist mein Zeichen* (Ez. 9, 4) d. h. meine Unterschrift; alle seine bisherigen Betheurungen sind bildlich als eine Vertheidigungs- oder Klageschrift gedacht, welche er mit seinem Zeichen beglaubigt hiemit überreicht. Durch das Zeichen bekennt er sich förmlich zum Inhalt derselben. Dass aber dieses Zeichen gerade die alte Form des Buchstabens ת, nämlich ein Kreuz ✕ war, so wie jetzt des Schreibens Unkundige ein Kreuz als Handzeichen gebrauchen, daran braucht man nicht zu denken. Auch kann תוי nicht *mein letztes Wort*, eig. m. l. Buchstab (*Bick. GHff.*) sein, da eine Schrift doch nicht ein Alfabet ist. *Der Allmächtige erwiedere mir!* auf die einzelnen Punkte meiner Schrift, ich habe jetzt alles gesagt. וספר וג'] verbindet man am besten mit V. 36 als vorausgesetztes, durch מי— wieder aufgenommenes Nom. abs. (*Umb. Mat. Hitz. Bud.*). Sonst müsste es (über הן—ענני hinüber) als weiterer Acc. zu מי יתן verstanden werden (*Ew. Hrz. Schl. Kmph. Reu.* a.): *u.* (o hätte ich) *die Schrift, die mein Gegner geschrieben!* Von הן (*Stick. Ha. Mat. Del. Mx. Bick. Vo.*) kann ספר ר' nicht abhängen, weil er die Schrift des Gegners noch nicht hat; denn Cp. 29 f. (*Böl.*) ist keine Anklageschrift. Noch weniger kann כתב jussivisch: *u. eine Schrift schreibe m. G.!* (*Ros. Wll. Ren.*), oder futurisch (*Hgst.*) verstanden werden. Dass näml. unter dem ספר איש ריבי nicht die Beschuldigungen der 3 Freunde gegen ihn (*Del. Mat. Vo.*) zu verstehen sind, zeigt schon der Sing. איש (nicht אנשי), u. noch sicherer der Zusammenhang u. Sinn des ganzen Buchs: nicht gegen die Freunde, sondern gegen Gott klagt Ij., zumal von C. 29 an, nur gegen ihn, nicht gegen sie hat er eine Rechtssache (9, 3. 14 f. 32. 10, 2. 13, 19. 23, 6. 22. 40, 2). Vielmehr meint Ij. die (Antwort d. h. die) Gegenschrift seines göttlichen Gegners; aus ihr möchte er ersehen, welcher Schuld er ihn eigentlich anklage (10, 2. 13, 23), oder vielmehr von ihr ist er überzeugt, dass sie ihm nichts zur Last legen kann. Den Bildern zu Grunde liegt eine Gerichtsordnung, wornach Kläger u. Verklagter ihre Klage u. Vertheidigung schriftlich einreichen mussten (s. zu 13, 26). Dass das nur die ägyptische (vgl. Diod. 1, 75) gewesen sein könne (*Hrz. Hitz.* a.), ist nicht zu beweisen. — V. 36. Vor dieser Gegen- oder Anklageschrift brauchte er sich so wenig zu fürchten oder sich ihrer zu schämen, dass er sie vielmehr wie eine Trophäe oder auch wie ein Zeichen seiner Würde (Jes. 22, 22) öffentlich voll Freude u. Stolz auf seiner Schulter tragen, wie einen königlichen Ehrenschmuck um seinen Kopf winden wollte. Dass die Suffixe נּוּ‎ nicht auf den אִישׁ רִיב‎ d. h. Gott (*G Hff.*) gehen, ist selbstverständlich. אִם־לֹא‎] *fürwahr*, 1, 11. 22, 20 u. s. מִסְפָּרָיו‎] Plur., sofern die Papyrusrolle mehrere Windungen gibt. Die modale Färbung der Ipf. wie 14, 14 f. u. ö. (*Ew.* 136ᶠ). — V. 37 Fortsetzung: *die Zahl meiner Schritte* (V. 4. 14, 16). jede einzelne meiner Handlungen, so viel ihrer sind, *wollte ich ihm*, sc. dem göttlichen Gegner V. 35, der aber hier wieder wie 16, 21 u. s. zugleich als Richter gedacht ist, auf seine Fragen *kundthun* (oder auch *bekennen* Ps. 38, 19), getrost von jedem Rechenschaft geben; *wie ein Fürst*, nicht wie ein Schuldbewusster, sondern stolz u. unerschrocken, als der niemand zu fürchten hat, *ihm nahetreten!* אֲקָרֲבֶנּוּ‎] c. dupl. Acc. s. 26, 4. קָרַב‎] hier nicht trans. *einen nahe treten lassen* (*Ges. Hgst. M.r.*), sondern intens. *feierlich* oder *festen Schrittes nahen* s. Ez. 36, 8 (u. vgl. הִקְרִיב‎). Zu dem V. (dessen Echtheit *Hitz.* umsonst bestreitet) vgl. den Gegensatz 40, 4 f. 42, 6. Ohne Zweifel bilden V. 35—37 einen passenden Abschluss seiner Selbstrechtfertigung, u. schliesst sich die Antwort Gottes 38, 1 an diese Herausforderung des göttlichen Richters vortrefflich an. Wenn er also jetzt, nach diesem Schluss, in V. 38—40, noch einmal die Reihe der Betheurungen u. Verwünschungen aufnimmt, um den Vorwurf ruchloser Gewaltthätigkeit im Dienste der Habsucht (22, 6—9. 20, 19 ff.) zurückzuweisen, so ist allerdings die Vermuthung wohl berechtigt, dass die Ordnung des Textes gestört sei. — V. 38 f. Er betheuert, dass er, der Besitzer so grosser Ländereien, sein Eigenthum nicht, wie so viele Grosse (24, 2; Jes. 5, 8) auf unrechtmässige Weise an sich gebracht habe (*Hrz.*). *Wenn mein Ackerland über mich schreit*, um Rache (16, 18; Hab. 2, 11) für seinen oder seine rechtmässigen Besitzer, die ich vertrieben, *u. zusammt seine Furchen weinen* oder klagen über die Art, wie sie von ihrem früheren Herrn weg u. an mich gekommen sind, *wenn seine Kraft*, das was es vermag, seine Frucht (Gen. 4, 12), *ich gegessen habe ohne Zahlung*, ohne das Grundstück käuflich an mich gebracht zu haben, *u. die Seele seines Besitzers* (*Ges.* 124, 1) *aushauchen gemacht* (11, 20) d. i. *ausgeblasen habe*, mittelbar u. allmählig durch unausgesetzte Quälereien, oder unmittelbar u. gewaltsam (1 Reg. 21). An Vorenthaltung des Lohnes u. Misshandlung der Arbeiter u. Tagelöhner (*Ew. M.r.*) lässt sich V. 38 f. nach den Ausdrücken füglich nicht denken. — V. 40 Nachsatz u. Verwünschung, ähnlich der in V. 8. יֵצֵא‎] s. 5, 6. 14, 2. — Wenn man an der Ursprünglichkeit des Platzes dieser 3 Schlussverse festhält, so müsste man (*Ew. Ha.* a.) sie als Fortsetzung von V. 33 f. auffassen, u. V. 35—37 als Zwischensatz (wie V. 6) ansehen. Oder auch könnte man annehmen (*Hrz. Hitz.*), es habe in der Absicht des Dichters gelegen, den Ij. seine Betheurungen wieder von vorn anfangen zu lassen, um dann dadurch, dass Gott ihm (38, 1) plötzlich ins Wort fällt, einen besonderen Effekt hervorzubringen. Aber die Künstlichkeit dieser Annahmen lässt sich nicht leugnen. Wahrscheinlicher ist, dass die Verse versetzt sind. Ihr urspr. Ort aber kann nicht hinter V. 7 (*Stud.*) oder

V. 8 (*Bolduc. Del.² Mat.*) oder V. 12 (*Bud.*) oder V. 25 (*Kennic. Eichh.*) gewesen sein, weil sie dort das zu Grund liegende Ordnungsprincip (s. oben) zerstörten, auch nicht hinter V. 32 (*Mx. Bick. Grll.*), an den sie keinerlei Anschluss haben, wohl aber hinter V. 33f. (*Stuhlm. Reu. GHff.*), an deren Inhalt sich ein Beispiel heimlich begangenen Unrechts wohl anfügt, u. welche, weil selbst ohne Nachsatz, in V. 40 mittelbar einen solchen erhalten (vgl. zu V. 22). War das aber ihre ursprüngliche Stelle, dann wird die Versetzung doch nicht eine zufällige durch Abschreiber, sondern eine absichtliche gewesen sein, vorgenommen durch den, welcher die Elihureden eintrug u. deshalb die unmittelbare Herausforderung Gottes, auf die naturgemäss Cp. 38 ff. sofort folgen musste, lieber zurückstellte.

Die Schlussworte תַּמּוּ דִבְרֵי אִיּוֹב *zu Ende sind die Reden Ijobs*, von den Mass. ungeschickt in den V. hereingezogen, sind eine Unterschrift (vgl. Ps. 72, 20. Jer. 51, 64). Dass sie älter sind, als unsere ältesten kritischen Zeugen, ist nicht zu bezweifeln; aber daraus folgt nicht, dass sie vom Dichter selbst abstammen. Vielmehr da nirgends sonst im B., wo ein Redner zu reden aufhört, eine solche Unterschrift steht, da man auch keinen Grund einsieht, warum der Dichter sie hier gesetzt hätte, u. schon die LXX, um ihnen einen erträglichen Sinn abzugewinnen, sie erst umdeuten mussten (καὶ ἐπαύσατο Ἰὼβ ῥήμασιν, zu 32, 1 gezogen), so lässt sich mit Wahrscheinlichkeit ihr späterer Ursprung vermuthen; zur Gewissheit wird die Sache dadurch, dass auch C. 32—37 ein späterer Zusatz sind.

Die Reden Elihu's C. 32—37.

Nach Ijob's Aufruf an Gott erwartet man dessen Erscheinung zur Entscheidung der Sache, C. 38 ff. Aber nach der jetzigen Gestalt des Buches tritt vorher noch ein Mensch auf, um seinerseits den Streit zwischen Ijob u. den Dreien zum Austrag zu bringen. Es ist Elihu, ein junger Mann, jünger als Ijob u. seine Freunde, bisher Zuhörer des Gesprächs, welcher über den Gang desselben entrüstet vor Begierde brennt, mit seiner höheren Einsicht den Ijob ganz anders, als es die Freunde vermochten, zu widerlegen, u. zu diesem Zweck der Reihe nach 4 Reden hält, worin er an wirkliche oder angebliche bedenkliche Äusserungen in Ijob's Reden anknüpfend, 1) über Grund u. Zweck des Leidens C. 33; 2) über die göttliche Gerechtigkeit C. 34; 3) über die angebliche oder scheinbare Nutzlosigkeit der Gottesfurcht C. 35 sich ausspricht, u. zuletzt 4) in langer Erörterung u. Ermahnung den Versuch macht, dem Ij. ein Verständniss des ebenso liebreichen u. gerechten als machtvollen Waltens Gottes zu erschliessen, u. ihn auf Grund davon zur freiwilligen Unterwerfung unter Gott zu bewegen C. 36 f. Auf keine dieser Reden antwortet ihm jemand, obwohl er wiederholt dazu auffordert. Es entsteht dadurch fast der Schein, als ob Elihu das entscheidende Wort, gegen welches keine Widerrede möglich sei, gesprochen habe. In Wahrheit aber ergibt die nähere Betrachtung, dass diese ganze Elihu-Episode kein ursprünglicher Bestandtheil des Gedichtes sein kann. Denn

1. was *den Gehalt dieser Reden* u. ihren *Werth im Zusammenhang des Gedichts* betrifft, so lässt sich zwar nicht leugnen, dass Elihu darin im einzelnen manches Neue u. Beachtenswerthe beibringt, u. anderes wenigstens tiefer begründet oder mehr in den Vordergrund der Betrachtung rückt (vgl. zB. die Art, wie er den pädagogischen Zweck des Leidens oder seine Sätze von der göttlichen Gerechtigkeit u. Liebe ausführt). Aber im ganzen findet sich bei ihm kein wichtigerer Satz, der nicht entweder in dem menschlichen Streit schon berührt u. erörtert ist, oder in den folgenden Reden Gottes noch zur Sprache kommt. Vollends in der grossen Hauptfrage über den Grund des Leidens Ijobs steht er mit den Dreien wesentlich auf dem gleichen Boden. Wenn er es gleich nicht bis zu der Härte treibt, dass er aus der Grösse der Leiden auf die Grösse der Schuld schliesst, oder den Ijob bestimmter Sünden, die er begangen haben müsse, beschuldigt, so stehts doch auch ihm fest, dass niemand schuldlos leide u. die Leiden von Gott geschickt werden, um den Menschen zur Umkehr von seiner sündlichen Richtung zu treiben (32, 2f. 33, 17f. 27. 34, 37 36, 9), genau wie das die Freunde, namentlich im Anfang des Streites, immer behauptet hatten. Mögen diese, im Verlauf des Gesprächs, mehr den Strafcharakter betont haben, er dagegen nur den Besserungszweck der Leiden u. dem entsprechend den göttlichen Liebeswillen hervorheben, darin dass zuvor vorhandene Sündhaftigkeit die Schickung der Leiden veranlasse, stimmt er mit ihnen überein. Man hat zwar bemerkt, dass Elihu die Sünde nicht blos in einzelne actuelle Sünden, sondern mehr in die sündhafte Richtung u. hochmüthige Selbstüberhebung des menschlichen Herzens setze, u. hat in Anbetracht dessen, dass ja wirklich Ij. im Lauf des Gesprächs sich durch Reden gegen Gott versündigte (42, 6), das Eigenthümliche der Elihureden in dem Nachweis finden wollen, dass das Leiden über Ij. verhängt worden sei, um die tief in seinem Innern schlummernde Sünde an die Oberfläche zu rufen, u. als Thatsünde ihm zum Bewusstsein zu bringen (*Bud.*[1] 44; ähnlich schon *Schl. Kmph. Rie.* a.). Durch diese Erkenntniss des Zwecks der Leidensschickung, ihn von der latent in ihm vorhandenen Sündhaftigkeit zu läutern, sollen die Elihureden nicht blos eine wesentliche Ergänzung des übrigen Buches geben, sondern zugleich die richtige Lösung der Frage nach dem Warum? des Leidens des Gerechten enthalten. Aber abgesehen davon, dass die in jener Formel enthaltene Auffassung des blos erziehlichen Charakters des Leidens Ijobs bei Elihu nirgends zu reinlichem Ausdruck kommt, Elihu vielmehr zwischen dem Straf- u. Läuterungszweck hin- u. herschwankt, nirgends dem Ij. gegen die Drei Recht gibt, auch kein Wort der Anerkennung für das bisherige gerechte Leben des Dulders u. die von ihm bewiesene Geduld hat, kann auch nicht zugegeben werden, dass diese Auffassung des Leidens Ijobs mit den Aufstellungen des übrigen Buches verträglich wäre. Nach dem Dichter trifft den Ij. sein Leiden trotz seiner Unschuld, nicht wegen seiner latent in ihm vorhandenen Sündhaftigkeit; sonst wäre auch gar nicht einzusehen, warum er die Zusprache der Drei an Ij. im 1ten Redekreis (5, 6f. 8. 18ff. 8, 5f. 11, 13), die den erziehlichen Charakter

des Leidens geltend gemacht hat, als hier unzureichend erkennen lässt. Es kann also den Elihureden nicht die Bedeutung zuerkannt werden, dass der Dichter darin seine eigene Lösung des Problems gebe (*Stick. Schl. Hgst. Bud.* a.). Geben sie aber nicht die richtige Entscheidung, so ist überhaupt nicht abzusehen, zu welchem Zweck sie der Dichter hier eingeflochten hätte. Blos um den Ij. auf einzelne Verkehrtheiten in seinen Äusserungen während des Streits aufmerksam zu machen? aber das haben theils die Dreie schon gethan, theils leistet es nachher der erscheinende Gott selbst in viel treffenderer Weise. Oder um durch diesen vergeblichen Versuch der Lösung den Beweis herzustellen, dass Menschen mit aller ihrer Weisheit die Lösung nicht geben können, sondern nur Gott (*Ha.*)? Aber ein Beweis von der Unfähigkeit aller konnte durch die Unfähigkeit eines einzelnen nicht hergestellt werden, war auch unnöthig, weil von Anfang klar war, dass nur Gott über die Unschuld Ijobs u. über den Zweck des Leidens endgültig entscheiden kann. Auch als ein vom Dichter eingefügtes Intermezzo mit dem Zweck, die aufgeregte Stimmung der Vier zu sänftigen u. so für das Auftreten Gottes den Weg zu bereiten (*Briggs* in Presb. Review 1885 p. 353) lassen sie sich nicht deuten, denn durch den ruhig gehaltenen Monolog C. 29—31 ist dieser Zweck schon erreicht. Lässt sich aber für ein so umfangreiches Stück eine nothwendige Funktion im Zusammenhang des Ganzen nicht nachweisen, so spricht das schon genug gegen seine Zugehörigkeit zu dem ursprünglichen Gedicht.

2. Um so mehr, da *eine Reihe von andern Gründen* zum Erweise desselben Satzes zusammentrifft. a) Die Elihu-Reden, für den inneren Zusammenhang des Gedichtes entbehrlich, sind auch äusserlich mit demselben nicht verknüpft: nirgends wird auf sie hingewiesen, nirgends zurückgewiesen; im Prolog wird Elihu nicht unter den anwesenden Personen aufgeführt u. im Epilog, wo Gott den Streitenden Recht u. Unrecht zuerkennt, wird seiner nicht gedacht, letzteres um so auffallender, als Elihu doch im wesentlichen den Standpunkt der Dreie theilt. Man kann C. 32—37 herausnehmen, ohne dass irgend eine Lücke entsteht oder auch nur eine Zeile des übrigen Gedichts geändert werden müsste. b) Nicht blos entbehrlich, sondern sogar störend sind sie. Der erscheinende Gott C. 38 knüpft unmittelbar an Ijob's Rede C. 29—31 an; sie unterbrechen also den ursprünglichen Zusammenhang. Den Eindruck der Reden Gottes schwächen sie in einer vom Dichter gewiss nicht beabsichtigten Weise ab, indem sie (C. 36f.) das, was Gott dem Ij. vorhält, im ganzen u. zum Theil auch im einzelnen vorwegnehmen. Dass dem Elihu niemand antwortet, wirkt verwirrend, weil so der falsche Schein entsteht, als wäre alles, was er vorbringt, richtig u. wichtig, während er doch nichts *wesentlich* Neues sagt, u. sogar die von Ijob gethanen Äusserungen zum Theil in übertreibender u. missverständlicher Weise anführt. c) Trotz des von *Bud.*[1] 65ff. unternommenen statistischen Nachweises davon, dass Elihu mit dem urspr. Dichter in sprachlichen Dingen sich viel häufiger berühre, als man vielfach angenommen hat, bleibt es doch dabei, dass das Stück sich in Sprache u. Darstellungsweise sehr merklich von dem übrigen Gedicht

unterscheidet. „Die Sprache hat eine stärkere aramäische Färbung"; darin Absicht des Dichters zu erkennen (*Stick.*), wird dadurch verhindert, dass die Viere dialektisch sich nicht unterscheiden. „Elihu gebraucht gleichmässig gewisse Ausdrücke, Formen u. Redensarten, für welche sich ebenso gleichmässig u. ohne Unterscheidung der verschiedenen Redner, in dem übrigen Buch andere Ausdrücke finden" (*Hrz.*), vgl. zu 32, 3. 6. 10 f. 33, 18. 19. 25. 34, 13. 19. 25. 32. 35, 9. 14. 36, 2. 24. 31. Über andere sprachliche Besonderheiten vgl. zu 32, 8. 33, 6 f. 9 f. 16. 18. 20. 27 30. 34, 12. (31.) 37. 35. 6. 16. 36, 3 f. 13. 19. 21 f. 26. 33. 37, 3. 6. 16. 21. 23. Auch die Darstellungsweise ist einerseits breiter, wortreicher, andererseits künstlicher u. gesuchter, oft genug schwülstig, dunkel u. vieldeutig. Über die Art, wie sonst der Dichter die einzelnen Redner durch besondere Schlagwörter u. Lieblingsausdrücke, durch Ton u. Farbe ihrer Rede unterscheidet, geht diese Abweichung der Elihu-Reden weit hinaus. Hier redet ein minder grosser Dichter, dem Klarheit des Gedankens, dichterische Anschauung u. Herrschaft über die Sprache nicht in gleicher Weise zu Gebot standen. Auffallend genug zeigt sich dies auch wie im Bau des Verses, der öfters fast zur Prosa herabsinkt, so in der Anlage der Reden: die logische u. dichterische Gliederung entsprechen sich nicht, die Absätze sind sehr ungleichartig. Charakteristisch ist auch seine prosaische Art, zum Eingang der Reden den Streitpunkt schulmässig festzustellen, s. zu 33, 8. d) „Anklänge aus dem übrigen Buch tragen den Charakter der Nachbildung an sich; so unverkennbar der ganze Abschnitt 36, 26—37, 18, welcher erst durch die Rede Gottes C. 38 ff. angeregt ist, ebenso manche Einzelheiten in Gedanken u. Ausdruck" (*Hrz.*), vgl. zu 33, 7. 15. 34, 3. 7. 21—24. 35, 5—8. 36, 25. 37, 4. 10. 11. 22. e) Die von Anstoss nicht freie Selbsteinführung Elihu's 32, 6—33, 7; s. darüber hinter 33, 7. f) Keine ganz unwichtige Instanz ist auch die Unterschrift hinter 31, 40; man vgl. dazu Jer. 51, 64, wo ebenfalls durch die Beigabe einer Unterschrift der in C. 52 folgende Zusatz als solcher kenntlich gemacht ist.

3. *Veranlassung u. Zweck dieses Einschiebsels* aber lassen sich leicht verstehen. Ein späterer Bewunderer des B., der dasselbe selbst oft las u. es auch von andern gelesen wissen wollte, konnte sich, weil er mehr den Zweck der Erbauung als die künstlerische Betrachtungsweise verfolgte, in die Art des B. nicht mehr durchaus finden. Von den mancherlei die Ehrfurcht verletzenden Reden Ijob's gegen Gott u. über die göttliche Gerechtigkeit, obwohl sie durch die Warnungen der Freunde sowie durch das Gedicht im ganzen als verwerflich bezeichnet, auch von Ij. selbst zurückgenommen sind (42, 6), schien ihm, wenn sie nicht irreleitend wirken sollten, eine ausdrücklichere u. strengere Verurtheilung nothwendig; „der Gegenbeweis, dass Gott immer gerecht sei, war nach seiner Ansicht schärfer u. nicht blos aus äusseren Thatsachen (wie bei den Dreien), sondern auch aus inneren Gründen zu führen" (*Hrz.*); auf das von den Dreien unerklärt gelassene Räthsel, dass manche Bedrängte vergebens zu Gott schreien, glaubte er wenigstens einigermaassen befriedigend antworten zu können; ganz besonders

aber schien ihm der in diesem Gedicht in kühnster Weise gesetzte Fall eines unschuldig Leidenden mit dem wirklichen Leben unverträglich. Es empörte ihn, dass Ijob es wagen durfte, sich selbst vor Gott als gerecht darzustellen, u. niemand ihm dies so ernstlich, als es sein musste, verwies (32, 2f.). In der That, nimmt man die Menschen, wie sie wirklich sind, so wird man keinen ganz Reinen finden (womit auch der urspr. Dichter einverstanden ist, s. zu 25, 6 u. vgl. 14, 4); die Sünde steckt doch in jedem, wenn auch mehr latent oder wenn auch nur in Form der Selbstüberhebung, u. von einem unschuldigen Leiden wird auch beim Reinsten keine Rede sein können; auch er wird die göttliche Heimsuchung zu seiner Selbstdemüthigung u. sittlichen Besserung noch wohl brauchen können. Auch bei Ij. brach ja in seinen unziemlichen Reden gegen Gott die Sünde hervor. Solche Gedanken, die dem letzten Sinn des B. nicht zuwider sind, die aber herauszufinden dem Leser selbst überlassen war, schienen ihm ausdrücklicher entwickelt werden zu müssen, damit das B. wirklich aufbauend wirke. Dass aber der urspr. Dichter selbst der war, der diese Reflexionen anstellte, u. darum nachträglich Cp. 32—37 einfügte (*Kmph. Buns.*), darf man schon wegen der unter No. 2 angeführten Gründe nicht annehmen; in Wahrheit hätte er durch solche Correctur sein eigenes Werk in sich widerspruchsvoll gemacht. Vielmehr wird es ein später lebender, von tieferem Sündenbewusstsein erfüllter u. theologisch geschulterer Mann gewesen sein, der hier eingriff. Zu diesem Zweck führte er einen neuen Redner ein, einen jungen Mann, sofern eben durch seine Jugend sein bisheriges Schweigen begründet erscheinen sollte, u. die unverdorbene Jugend, noch weniger von Parteiinteresse hingenommen, einen offeneren Sinn für Wahrheit hat; aber zugleich einen an Weisheit u. Erkenntniss den Vieren überlegenen Mann, weil er schärfer sehen u. tiefer entwickeln sollte als sie alle, u. keiner mehr gegen ihn sollte aufkommen oder erwiedern können. Die Stelle, wo er ihn u. seine Reden einfügte, konnte keine andere sein, als eben die, wo die Freunde u. Ij. mit ihren Reden zu Ende waren, u. ehe Gott selbst auftritt. Hier alle Irrthümer des Ij. zurückweisend u. zugleich das Wahre an den Reden der Freunde geltend machend, erschien er dann wie einer, „welcher dem erscheinenden Gott den Weg bahnt u. das ausführlich beweist, was diesem kürzer zu vollenden genügt" (*Ew.*). Dass der Verf. diesen Redner nicht mehr so kurz u. einfach einführen konnte, sondern sich zum Eingang über Zweck u. Art desselben etwas ausführlicher aussprechen musste, war in der Sache selbst begründet (wogegen die Weitschweifigkeit der Einleitungsrede Elihu's nicht nothwendig war u. nur auf Rechnung des minder begabten späteren Dichters gesetzt werden kann), wie es auch nicht weiter auffallend ist, dass dieser Redner den Ij. mehrmals mit dem Namen anredet (33, 1. 31. 37, 14), weil er ja nicht blos ihn, sondern auch die Dreie sich gegenüber hat. Durch Einarbeitung dieser ganzen Episode hoffte er das B. für die Leser ungefährlicher u. allseitiger nutzbar zu machen. — Für die Abkunft des Stückes von einem späteren Dichter haben sich nach *Eichh. Stuhlm. Bernst. Knob. v. Cölln de Wette* die meisten Neueren entschieden, zB.

Ew. Hrz. EMeier (Theol. JB. von *Zeller* III. 366 ff.) *Heil. Ren. Del. Mat., Bleek, PKlein. Sein. Nöld. Sims. Preiss Mr. Stud. Ren. Rick. Vo. GHffm. Chey.* a., wogegen ihre Abstammung vom ursprünglichen Dichter *Schär. Ros. Umbr. Köster, Stick. Vaih. Wlt. Ha. Schl. Hgst. Zöckl. Kmph.* in den Commentaren, ferner *Berth., Jahn, Herbst. Här. Keil* in den Einl. in's AT., *Gleiss* Beitr. zur Critik des B. II. 1845, *Kosegarten* Allg. Monatsschrift für Wiss. u. Lit. 1853 S. 761 ff.; *Hengst.* E. KZ. 1856 Nr. 16—19, *Krahmer* (s. bei *Bud.*[1] 74 f.), *Räbig. Bud. Böl.* a. zu vertheidigen gesucht haben. Die Gründe aber, sowohl die welche die Vertheidiger, als die welche die Bestreiter der Ursprünglichkeit dieser Reden in's Feld führen, gestalten sich je nach ihrer Auffassung der Idee des B. bei den einzelnen wieder sehr verschieden. Die sprachliche Seite der Frage ist nach *Stick.* am sorgfältigsten bei *Bud.*[1] erörtert.

a) Die Einführung des Elihu C. 32, 1—5, und dessen erste Rede C. 32, 6—33, 33.

Die Einführung ist vom Verf. in Prosa geschrieben, aber sonderbarer Weise von den Mass. dichterisch accentuirt (s. oben S. 22). — V. 1. Die Dreie hatten schon nach C. 26 dem Ij. zu antworten aufgehört, aber der spätere Verf. erwartete wenigstens nach C. 31 noch einmal eine Antwort; auf dieser seiner Erwartung beruht seine Anknüpfung mit וישבתו. 'כי וג] *weil er gerecht war in seinen Augen* d. h. weil er keine Schuld wollte an sich kommen lassen (*Hrz.*); LXX Peš. falsch בעיניהם. — Warum V. 2—5 Interpolation sein sollen (*GHff.*), ist nicht einzusehen. — V. 2. Wie Elihu hieher kommt, wird nicht gesagt (anders 2, 11), dagegen wird ausser dem Namen seines Vaterlands auch der Name seines Vaters u. seines Geschlechtes angegeben, was der alte Dichter nicht einmal bei Ijob selbst (1, 1) that; jedenfalls eine bemerkenswerthe Abweichung von 2, 11 f., welche aus der Verschiedenheit des Erzählers sich zur Genüge erklärt, u. keinen Grund zu der Vermuthung *Lightfoot's* (opp. ed. Leusd. I. 24) u. *Ros.* gibt, dass unter diesem Elihu der Dichter des B. sich selbst, einen Judäer (*Derenb.*), versteckt u. darum seine Abkunft genauer angegeben habe. ברכאל] var. ברכיאל; in beiden Formen: Segne Gott! (*Olsh.* § 277ᵍ). Dass die Namen Elihu u. Barakhel für das Wesen des Mannes bezeichnend sein sollen (*Hgst.*; *GHff.*: Elihu = mein Gott ist es sc. der richtige), leuchtet nicht ein. בוזי] *Buz* war nach Gen. 22, 21 Bruder des 'Uṣ u. zweiter Sohn Naḥor's, also ein dem Stamm Ijob's nächstverwandter Stamm (daher LXX beisetzen: τῆς Αὐσίτιδος χώρας), aram. Ursprungs, wird aber Jer. 25, 23 unter die Araber gestellt (bei Aristeas in *Euseb.* praep. IX. 25 ist aus בוז ein Ζωβίτης geworden). Der Combinationen *Wetzstein's* (bei *Del.*² 584—587 f.) bedarf es nicht. Sonst s. zu Gen. 22, 21. רם] sonst (Ruth 4, 19. 1 Chr. 2, 9. 25) nur als judäischer Name, zu Jeraḥmeel gehörig, bekannt, weshalb *Derenb.* auch רם = ארם von ארם Ruth 2, 1. 4, 21 abzuleiten sich erkühnte; an Abkürzung aus אבר ist nicht zu denken. Die Angabe, dass *sein Zorn entbrannte* d. h. eine sittliche

Entrüstung in ihm rege wurde, wird in V.^{b} u. 3 in 2 Theile zerlegt. Auf Ijob zürnt er *wegen* (31, 9) *seines Gerechterklärens sich selbst vor Gott*, weil er sich vor Gott für gerecht hielt u. erklärte (vgl. V 1); צדק auch 33, 32, sonst nur bei Jer. u. Ez.; dagegen 27, 5 הצדיק; מן wie 4, 17; die comparative Fassung: *mehr als Gott, auf Kosten Gottes* (*Ew. Del. Hgst.* a.), wozu 40, 8 erläuternd wäre, hat ausser V 1 auch das gegen sich, dass Gottes regierende Gerechtigkeit u. des Menschen Gehorsamsgerechtigkeit überhaupt unvergleichbar sind. — V. 3. Den Dreien zürnt er, *weil sie nicht Antwort fanden u. Ijob verurtheilten*, d. h. weil sie ihn nicht zu widerlegen u. seiner Selbstgerechtigkeit (V. 2) zu entkleiden vermochten (s. V. 12 ff.), also mit im 2. Gl. nachwirkender Negation (wie 3, 10). Diese Auffassung von וירשיעו ist die nächstliegende; die gegensätzliche *u. erklärten ihn dennoch für schuldig* (*Ew. Hrz. Hitz.*) kann kaum in den Worten liegen, u. würde wie die andere: *weil sie aus Unfähigkeit zu antworten ihn verdammten* (*Del. Kmph.*), oder gar *ihn ungerecht beschuldigten* (*Hgst.*, was הרשיע gar nicht bedeutet), den Hauptanstoss von Elihu nicht treffen. Übrigens soll hier nach dem תקון ספרים (s. 7, 20) איוב für הָאֱלֹהִים stehen; zu Grund läge das Dilemma: entweder muss Ij. oder Gott Unrecht haben. [מענה nur hier u. V. 5; sonst im B. מלים oder dergleichen 8, 10. 13, 17. 23, 5 (*Hrz.*); *zweckentsprechende* Antwort (*Bud.*) bedeutet מענה für sich nicht. — V. 4 ein vorausgeschickter Umstandssatz zu V. 5, daher חִכָּה Plusq. (*Ew.* 135^a). [בדברים] gehört nicht zu איוב (Jobum loquentem *Vulg. Del.*[1]), sondern zu חכה: El. hatte aber *auf I. mit* Worten d. h. mit der Rede, die er längst gegen ihn in Bereitschaft hatte, *gewartet, weil jene* (die Drei, V. 5) *älter waren*. Der Ausdruck ist ungelenk, denn eigentlich hat er nicht blos den Ij., sondern auch die Drei abgewartet (weshalb *Hitz.* אתחיעי איוב corrigirt). [לימים] wie V. 6, vgl. 30, 1; der Beisatz hat bei צעיר u. כביר (15, 10) guten Grund, ist aber bei זקן überflüssig. — V. 5 ist in LXX zugleich mit 4^b als nicht mehr nöthig fortgelassen (vgl. V. 3). בפי] s. 2 Sam. 17, 5.

Indem nun Elihu das Wort ergreift, schickt er 1) eine lange Einleitung voraus, worin er sein Auftreten allseitig rechtfertigt, den Geist, in dem er reden will, auseinandersetzt, u. wiederholt zur Aufmerksamkeit auffordert 32, 6—33, 7, u. nimmt dann 2) die Behauptung Ijob's, dass er unschuldig leide u. Gott ohne Grund ihn wie ein Feind behandle, vor, um ihn auf die Vergeblichkeit solchen Haderns mit Gott aufmerksam zu machen u. ihm zu zeigen, dass Gott nicht feindselig gegen den Menschen handle, sondern sich ihm auf allerlei Art, namentlich im Leiden, zu verstehen gebe u. durchaus Besserungszwecke mit ihm verfolge, 33, 8—33. In LXX sind 32, 11^b. 12. 15 f. 33, 8^a. 15^b. 16^a. 19^b. 20^b. 28 f. 31^b 32 f. aus *Theod.* nachgetragen.

1) *die allgemeine Einleitung* 32, 6—33, 7. In der umständlichsten Art setzt der Redner hier 4 mal an, um alles, was er vorbereitender Weise zu sagen hat, zu erschöpfen. Nicht „bewundernswürdige Kunst" (*Schl.*), sondern eine im Vergleich mit den früheren Reden viel geringere Darstellungsgabe fällt hier auf. a) Er erklärt, dass er als der jüngste bisher zu reden sich gescheut habe, aber nun da ja doch

nicht die Jahre, sondern der Geist die rechte Einsicht geben, zu reden entschlossen sei, u. fordert Gehör V. 6—10. — V. 6. Vgl. V. 4 u. 30, 1. Die volle Nennung des Namens, wie 4, 1. 8, 1 u. s. w. זחל] sonst: sich am Boden hinziehen, *kriechen* (Dt. 32. 24. Mich. 7, 17), scheint hier *sich zurückziehen, zurückstehen* (wie arb. زحل) zu bedeuten (*Trg.* LXX); dass es geradezu *sich scheuen, fürchten* wie aram. דחל sei (so die meisten), ist wegen des folg. ואירא minder wahrscheinlich. דע] auch V. 10. 17. 36, 3. 37, 16, den Elihu-Reden eigenthümlich für das gewöhnliche דעת; dass דע u. דעה im Sprachgebrauch das Wissen Gottes oder von Gott bezeichnet habe (*Bud.*), trifft nicht zu (Jer. 3, 15. Jes. 28, 9). חוה] zwar auch 15, 17 (vgl. 13, 17), aber von Elihu häufiger (auch V. 10. 17 36, 2) verwandt, obwohl auch er (33, 23. 36, 9. 33) הגיד gebraucht; hier ist's mit doppeltem Obj. verbunden, vgl. 26, 4. 31, 37. אף־אני] auch im übrigen B. oft, neben גם־אני. — V. 7. *Ich hatte gesagt* d. i. *gedacht: mögen Tage* d. i. *das Alter reden, u. der Jahre Menge Weisheit kund thun!* Plur. ירבו wie 21, 21. — V. 8f. Aber die gehörten Reden haben ihn zur Einsicht gebracht, dass die Weisheit nicht von den Jahren, sondern vom Maass des von Gott verliehenen Geistes abhängt. אכן] *wahrhaftig,* dann wie *verum = aber, jedoch,* nur hier bei El., sonst im B. אולם u. ואולם (was übrigens El. auch gebraucht 33, 1). היא] näher bestimmt durch Rel. תבינם, ist das gemeinschaftliche Praed. zu רוח וגי und נשמת וגי: *aber der Geist im Menschen ist's u. des Allmächtigen Hauch, der sie,* die Menschen (אנוש coll.), *verständig macht;* bei der Fassung: *der Geist im Menschen ist's* d. h. thut's, macht's aus, *und d. A. H. macht sie verst.* (*Del. Hgst.*) wird dem היא eine Bedeutung gegeben, die es nicht haben kann. Auch mit 'בא אשׁר (*Hitz.*) ist 'היא בא nicht gleichwerthig. Der Geist im Menschen, das Princip des Lebens u. Denkens, ist von der נשמת Gottes nicht verschieden (s. 27, 3. 33, 4. 34, 14); alle phys. u. geistige Kraft im Menschen stellt sich der Hebräer als eine göttliche Einhauchung vor (Gen. 2, 7). An eine ausserordentliche (profetische) Begeisterung ist darum hier im 2. Gl. nicht zu denken. — V. 9. לא] verneint beide Versglieder (28, 17 30, 25). רבים] *Grosse* sind hier gemäss dem 2. Gl. die *Bejahrten,* πολυχρόνιοι LXX, wie Gen. 25, 23, aber im B. Ij. sonst nicht (vgl. צעיר V. 6, u. בער 15, 10). Geleugnet wird nicht, dass es überhaupt weise Alte gebe (12, 12), sondern nur, dass sie als Alte *eo ipso* schon weise seien u. das Recht verstehen. — V. 10. *Darum sage ich* (hiemit, *Ew.* 135ᵇ): *höre mir zu! mein Wissen kund thun will auch ich.* Die Verss. (ausser *Trg.*) u. ein paar MSS. haben zwar שמעו, als Anrede an alle, was im Grunde besser passt, u. *Hitz. Stud.* a. herstellen (*Schl.* will durch ein sonst nicht belegbares Subst. שמעה *Gehör für mich!* denselben Sinn erzielen); allein שמעה kann aus שמעו corrigirt sein, nicht umgekehrt, u. da El. doch hauptsächlich zu Ij. zu sprechen gedenkt (33, 1), so ist's wenigstens nicht unmöglich, dass er ihn hier schon, am Ende eines Absatzes, besonders zum Gehör aufgefordert hat. לי] für בי (33, 6) auch V. 17; sonst nicht im B. — Seine Beweggründe, warum er reden müsse, genauer auseinandersetzend, wendet er sich b) zunächst an die Dreie, u. sagt ihnen geradezu, dass er vergeblich auf eine Widerlegung Ijob's durch sie gewartet habe; Ij. sei nicht unwiderleglich, nur müsse man ihm mit andern Gründen beikommen V. 11—14. V. 11. Es ist eine Folge der wenig präcisen Ausdrucksweise des Vrf., dass man zweifeln kann, ob unter den דברים u. תבונה die wirklich vorgebrachten (*Stick. Ha. Schl. Reu.*) gemeint seien, denen er mit gespannter Aufmerksamkeit (29, 21) zugehört habe, oder die nicht vorgebrachten, auf die er vergeblich gewartet habe; doch scheint הוחיל u. עד mehr für die letztere Auffassung zu sprechen. Für הָחֵל, auch V. 16, ist sonst im B. das Pi. gebraucht; אָזִין = אַאֲזִין (*Ges.* 68, 2 A. 1) drückt die Dauer in der Vergangenheit aus, wie אתבונן V. 12; die Construction mit עד, weil das Obj. ein blos erwartetes ist. Die תבונות sind Reden, in denen sich die תבונה kund thut: *verständige Reden*. 'עד־תח'] ist Erklärung von עד־תבונותיכם, u. darum nicht: *während* ihr nach W. forschtet (*Hitz.*), auch nicht: *bis dass ihr die Reden* (Ijobs) *erforschtet* d. h. *prüftet* (*Ew. Hrz.* a.), sondern *Reden* zu seiner Widerlegung *ergründetet* oder ausfindig machtet. — V. 12. *Und auf euch merkte ich wohl auf* ist blosse Wiederaufnahme der Aussage von V. 11, um daran das Ergebniss: *aber sieh da keiner, der I. widerlegte, seine Worte* (wirklich oder genügend) *beantwortete von* (oder: *unter*) *euch* anzufügen; dafür spricht die Construktion mit עד; schwerlich kann (bei התבונן) עד = אֶל sein (denn 38, 18 ist verschieden), so dass die Meinung wäre: *auf euch, während ihr redetet, gab ich wohl Acht.* עֲרֵיכֶם] mit Gegenton für עֲרֵיכֶם s. *Ges.* 103, 3. — V. 13f. Die 3 konnten die ihnen vorgeworfene Unfähigkeit damit entschuldigen, dass seine Weisheit oder auch seine Hartnäckigkeit zu gross sei, u. es deshalb über eines Menschen Kräfte gehe, ihn zu überwinden. Dieser Entschuldigung begegnet er mit dem durch abmahnendes פן *dass nur nicht!* (*Ew.* 337[b]) eingeleiteten Satz: *da saget nur nicht: wir haben Weisheit getroffen*, d. h. sind bei Ij. unerwartet einer Weisheit begegnet, die uns überlegen ist; *Gott mag ihn* aus dem Felde *schlagen, nicht ein Mensch!* Also ידפנו concessive; נדף eigtl. *verjagen* (vgl. הָדַף 18, 18), hier passend gewählt, weil Ij. nach jeder Antwort der Drei immer wieder auf dem Kampfplatz erschien (*Hrz.*). Die ältere Erklärung des 1. Gl. (s. *Ros. Wtt.*) *wir haben Weisheit getroffen* d. h. gegen Ij. vorgebracht, passt weder zum 2. Gl., noch zu V. 14. — V. 14. ולא] *aber nicht*, oder indem man (*Ew.* 341[a]) den V. als Untersatz zum vorigen nimmt, in welchem (wie 42, 3) wegen des vorgetretenen לא auch das Verb. fin. vorn geblieben ist: *während* oder *da er doch gegen mich* d. h. gegen meine Ansicht *nicht aufgestellt*, vorgebracht (13, 18. 23, 4) *hat Worte* d. i. Beweise, *u. mit euren Reden* oder Sätzen *ich ihm nicht erwiedern* (13, 22) *werde, sondern mit ganz andern, besseren*. Die Erklärung (*Ros. Umbr. Hrz.*): da er gegen mich noch nicht gekämpft, so werde ich ihm mit andern, d. h. weniger leidenschaftlichen Worten erwiedern, oder die andere (*Schl.*): zwar bin ich nicht angegriffen, werde ihm aber doch, nur ganz anders als ihr, erwiedern, führt zu weit von den Gedanken des V. 13 ab, u. lässt Zusammenhang zwischen beiden Versen vermissen. — Sodann c) von ihnen sich abwendend u. sich die Sache noch einmal überlegend findet er, da sic ganz verstummt seien u. er lange genug gewartet habe, müsse er jetzt auftreten, zumal da sein Inneres, zu voll um noch zurückgehalten werden zu können, ihn zu reden dränge; nur freilich dürfe er nicht parteilich reden, was ja auch seiner Natur u. Gottesfurcht ganz zuwider wäre V. 15—22. V. 15. Erschreckt oder verwirrt sind sie, ohne mehr zu antworten (*Ew.* 349ª); *fortgewandert sind von ihnen* d. h. ausgegangen sind ihnen Worte: העתיקו also nicht trans. wie 9, 5: *man hat fortgerückt* (*Hrz. Hitz.*), sondern nach Gen. 12, 8. 26, 22 zu erklären. — V. 16. והוחלתי] nach B.Naft. hinten betont, also Prf. cons. u. (*Ew. Hrz. Del.² Hitz.* a.) fragend: *und noch länger zuwarten sollte ich* (*Ew.* 342ᶜ), *weil sie nicht redeten!* Die Betonung der vorletzten (B.Ash.): *und auch zugewartet habe ich, weil* u. s. w., d. h. durch ihr Verstummen dazu veranlasst, gibt einen lahmeren u. selbst für Elihu zu lahmen Sinn. Keinenfalls kann כי hier s. v. a. עד, oder עד כי *dass, bis dass* (*Stick. Ha.*) bedeuten, u. jedenfalls sind die beiden כי coordinirt. — V. 17. *So will denn auch ich erwiedern* (15, 2. Prov. 18, 23) *meinen Theil* (Jes. 61, 7?) d. i. ich meines Theils, so viel an mir ist, dem Ij. erwiedern. אחוה] haben die Mass. wie ein Hiph. punktirt (s. V. 20), obgleich ein solches durch Qoh. 5, 19 nicht gesichert ist; *Ew.* 192ᶜ vermuthete deshalb, sie haben ein Hiph. von der andern W. חוה beabsichtigt: *furche denn auch ich meinen Acker!* was eine sprichwörtliche Redensart sein soll. Das 2. Gl. wie V. 10. — V. 18 ff. bringen einen neuen Grund für seinen Entschluss, näml. den innern Trieb oder den Drang, seiner Gedankenfülle Luft zu machen. מלתי] für מלאתי, s. 1, 21. Der Geist seines Inneren (s. zu 15, 2), derselbe Geist, von dem er schon V. 8 redete, hat ihn beengt d. h. *drängt* ihn. — V. 19. *Wie Wein, der nicht geöffnet wird*, verschlossen ist, keine Luft hat; gemeint ist junger Wein, der noch gährt (*Vulg.*: quasi mustum absque spiraculo) u. wenn ihm nicht Luft gemacht wird, sein Gefäss zersprengt. *Wie neue Schläuche* d. h. hier doch wohl: mit neuem Wein gefüllte Schläuche, sofern man für neuen Wein neue Schl. verwendete Matth. 9, 17 (s. *Win.³* II. 415 f.) *will es platzen* (26, 8); יבקע, ein fem., beim Pass. als gramm. Obj. gedacht, wie 22, 9. Nähme man (*Hrz.*), אבות als Relativsatz zu אבות, so wäre der Sing. יבקע unerträglich. Der *Schmiedeblasebalgen* (א' חדשים) der LXX kommt gegen den mass. Text nicht auf. — V. 20. Also, weil er zu voll von Gedanken ist, als dass er sich noch halten könnte, will er reden, dass ihm *Luft werde* (1 S. 16, 23). וירוח] Prf. cons., zugleich impers. — V. 21. Dabei muss er sich aber, wie er sich wohl bewusst ist, um Unparteilichkeit bemühen: *nicht doch darf ich* (s. 5, 22) *auf jemand Rücksicht nehmen* (s. 13, 8), *noch werde ich einem Menschen schmeicheln* (eig.: *gegen ihn Schmeicheleien gebrauchen*). — V. 22. Begründung der Aussage von 21ᵇ, einmal damit dass er nicht zu schmeicheln weiss oder versteht, u. sodann weil Schmeicheln in diesem Fall vor Gott strafwürdig wäre. Zur Unterordnung des Iprf. אכנה unter ידעתי s. *Ew.* 285ᶜ, *Ges.* 120, 1ᵇ ישׂאני] das Iprf. bekommt hier durch כמעט eine modale Färbung (*Ew.* 136ᶠ): *um weniges* d. h. *leicht würde sonst mein Schöpfer mich aufheben* d. h. wegraffen. „Der bildliche Aus-

druck ist vom Wind hergenommen (27, 21; 2 R. 2, 16); auch liegt
darin ein Wortspiel mit אַשָּׂא פְנֵי־אִישׁ V. 21" (*Hrz.*). — d) Endlich nach
diesen Vorerinnerungen sich zu einer Rede an Ijob anschickend, kommt
er noch nicht zur Sache selbst, sondern leitet noch einmal ein, indem
er ihn zur Aufmerksamkeit auf seine durchaus ehrlich gemeinten Worte
einladet u. ihn voll Selbstbewusstsein auffordert, sich vor ihm, der nur
wie ein Mensch seines Gleichen, nicht wie ein Gott mit vernichtender
Übermacht, ihm gegenüber stehe, zu verantworten, wenn er könne, 33,
1—7 — V. 1. וְאוּלָם] abbrechend u. auf Neues hinüberleitend, wie
14, 18. Darüber dass er Ij. mit Namen anredet, s. S. 277. Auf *alle*
seine Worte soll er horchen, da keines vergeblich sein wird. — V. 2.
Er kündigt an, dass er bereits zu sprechen im Begriff stehe, die Zunge
am Gaumen (31, 30) schon zu reden angesetzt habe. Die ersten Worte
wie 13, 18. Übrigens wird man einen V., wie diesen, im ursprünglichen Gedicht vergeblich suchen. Als vorausgesetzter Umstandssatz zu
V. 3 (*GHff.*: indem ich öffne) gibt er sich nicht. — V. 3. Um ihn
zu der verlangten Aufmerksamkeit zu bewegen, erinnert er, dass seine
Worte Herzensgeradheit d. h. *Ehrlichkeit* (1 R. 9, 4), der getreue Ausdruck seines Innern seien, also gerade das, was Ij. an den Dreien (6,
25) vermisst hat, leisten. Im 2. Gl. ist דַּעַת שׂ׳ Acc., בָּרוּר entweder
Praedicatsaccus., sofern דעת masc. sein kann (Prov. 2, 10. 14, 6), oder
Adv. (*Ew.* 279ᵃ); Subj. aber sind die im Obj. genannten שְׂפָתִים (Gen.
9, 6. 14, 2): u. *das Wissen meiner Lippen* d. h. was m. L. wissen,
rein d. h. lauter, unverfälscht (nicht: deutlich, *Schl.*), *reden sie es.*
Möglich wäre übrigens auch: *und das W. m. L.* betreffend — *Reines
reden sie.* מִלֵּלוּ] Prf. der Gewohnheit (nicht: sie sollen reden, *Hrz.*),
oder aber wie Prs. דברה V. 2. — V. 4. עָשָׂתְנִי] *Ges.* 75 A. 19. Unzweifelhaft beruft sich hier El. nicht etwa auf eine besondere Inspira-
tion (wogegen schon die Ausdrücke עשתני u. תחיני), sondern auf seine
Menschennatur, wornach er wie ein Geschöpf so auch ein Gefäss, ein
Träger des Gottesgeistes ist (vgl. 32, 8. 27, 3). Weniger deutlich ist
der Zweck dieser Berufung, weil der V. verbindungslos dasteht. Zu
V. 3 bezogen würde er begründen, warum er wahr und aufrichtig rede;
mit V. 5 verbunden würde er das Selbstbewusstsein, mit dem er Ij.
herausfordert, motiviren. Wahrscheinlich aber ist er schon in der Richtung
von V. 6 gedacht: Elihu ist ein Mensch, wie Ijob. — V. 5. Als solcher
fordert er Ij. zur Gegenrede heraus, wenn er welche vorbringen könne.
הֲשִׁיבֵנִי] 32, 14. עֶרְכָה] durch ־ָה verstärkter Imper. (vgl. 32, 10); הִתְיַצְּבָה
dieselbe Form in Pausa; über ־ָ *Ges.* 63 A. 1. *Rüste* (sc. מִלִּין 32,
14 oder מִשְׁפָּט 13, 18) *vor mir* d. h. *mir entgegen, stelle dich!* zum
Redekampf (1 Sam. 17, 16). — V. 6f. Den Kampf mit ihm aufzunehmen, könne den Ij. nicht etwa Furcht vor ungleichen Waffen abhalten. *Sieh ich* nach deinem Verhältniss (anders als 30, 18) in Beziehung auf Gott d. h. *verhalte mich zu Gott wie du* d. h. stehe ihm
nicht näher als du, u. bin ganz deines Gleichen (*Hrz. Ew. Hitz. Hgst.* a.);
nicht aber: „ich bin Gottes wie du" vgl. 12, 16 (*Del. Vo.* a.), denn
dann genügte כָּמוֹךָ. קֹרַצְתִּי] Pu., nur hier, von קָרַץ *zwicken, kneifen,*
etwa wie der Töpfer von der Thonmasse ein Stück abkneift, um es zu

formen: *vom Thon abgestochen bin auch ich* wie du, d. h. aus Erde von Gott gebildet (10, 9), ein Irdischer. — V. 7. Beziehung auf Ijob's Äusserung 9, 34 u. 13, 21. Dabei scheint das Hap. leg. אֶכֶף *Wucht*, *Druck* (*Ges.* th. 92) absichtlich aus כַּף 13, 21 abgewandelt, wie auch V. 9 f. einiges aus Ijob's Reden freier angeführt ist. Einfach כַּף für אֶכֶף zu lesen (LXX) scheint nicht gerathen, nicht sowohl, weil mit כבד nicht כַּף, sondern יָד verbunden zu werden pflegt (*Olsh.*, s. dagegen *Bud.*[1] 125), als wegen des masc. יִכְבַּד. Dass אֶכֶף selbst als Fortbildung von כַּף *Hand* bedeuten könne (*Hitz.*), ist nicht zu glauben. — Der Eindruck, den diese lange Einleitungsrede auf den unbefangenen Leser macht, ist kein günstiger: das Selbstlob Elihu's u. die wortreiche Anpreisung dessen, was er leisten will, hat etwas Unangenehmes, dabei noch abgesehen von der Frage, ob er das Versprochene wirklich nachher auch leistet. Ganz besonders um dieser seiner Selbsteinführung willen haben deshalb nicht bloss Neuere, wie *Herder*, *Umbr Ha.*, sondern schon *Hier.*, *Greg. M.* u. a. die geringschätzigsten Urtheile über ihn gefällt, während freilich andere, *Augustin* voran, *Thom. Aq.*, *Calv.* u. s. w. voll von Lobeserhebungen für ihn sind, ja sogar den Ton seiner Rede bescheiden finden wollen. Mögen beiderlei Urtheile an Übertreibung leiden, zum mindesten geht aus diesem Schwanken der Urtheile das hervor, dass diese Person zweideutig gezeichnet u. damit verzeichnet wäre, wenn wirklich dieselbe grosse Dichterhand, die man im übrigen B. bewundert, sie geschaffen hätte. Nimmt man dagegen das Elihustück als das, was es ist, als einen Zusatz von einem späteren, weniger begabten Dichter, so wird man theils einen minder strengen Maassstab für die künstlerische Beurtheilung anlegen, theils diese ganz bei Seite lassend, in der einleitenden Rede nur die beredte u. wohlgemeinte Rechtfertigung der Gründe, die ihn zur Einschiebung des ganzen Stücks veranlassten, suchen u. finden, u. so das Anstössige zurechtlegen.

2) *Die Rede* selbst, 33, 8—33, zerfallend in Anknüpfung V. 8—11, lehrhafte Ausführung V 12—30, u. Schluss V. 31—33. In LXX sind V. 8ᵃ 15ᵇ. 16ᵃ. 19ᵇ. 20ᵇ. 28f. 31ᵇ. 32f. aus *Theod.* nachgetragen. a) Er knüpft an die ärgerliche Behauptung Ijob's an, dass er unschuldig sei, u. Gott ohne Grund wie ein Feind ihn verfolge, um sie zu widerlegen V. 8—11. Dieselbe Art, die res controversa schulgerecht vorab festzustellen, wiederholt sich 34, 5f. 35, 3f. — V. 8. אַךְ] nicht affirmativ: *ja, fürwahr* (*Hrz. Del. Hitz.* a.), sondern einschränkend, wie 16, 7: *nur* (oder *jedoch*) *hast du* in d. i. *vor meinen Ohren gesagt, und so dass ich den Laut der Worte hörte.* V. 9 ff. Es kommen nun die Äusserungen Ijob's bis V. 11, theils wörtlich, theils nur dem Sinn nach wiedergegeben. Zu V. 9 vgl. 9, 21. 10, 7. 13, 18. 23. 16, 17 23, 10. 27, 5f. בְּלִי] *ohne*, wie 31, 39 u. s. חַף] *sauber, rein*, nur hier, (aus dem aram. חוף *reiben, waschen*), von Ij. nicht gebrauchtes Wort; über die Minuskel s. *Burt.* Comm. mas. Bas. 1665. 4°. p. 149. אָנֹכִי] hat trotz der Pausa den Ton nicht zurückgezogen, damit in dem kurzen Versgl. 3 Tonstellen möglich werden. — V. 10. *Widerwärtigkeiten, Anlässe zur Feindschaft, findet er,* macht er ausfindig (1 S. 20, 21. 36), *gegen mich*. Auch תְּנוּאוֹת hat Ij. nicht gebraucht. Zum V.

vgl. 10, 13—17. 19, 11. 30, 21; zum 2. Gl. besonders 13, 24. — V. 11 wörtlich aus 13, 27; sogar das verkürzte Iprf. יָשֵׂם ist beibehalten, aber ohne וְ. Hiernach will El. an die Behauptung Ijob's, dass Gott ihn, den Unschuldigen, mit blinder Feindseligkeit behandle, anknüpfen. — b) Allein in der nun folgenden Ausführung V. 12—30 begnügt er sich, ihm solche Behauptung einfach als unrecht zu verweisen (um erst in der nächsten Rede auf ihren Inhalt genauer einzugehen), u. kommt vielmehr auf einen andern verwandten Punkt zu sprechen, näml. dass Gott dem Menschen nicht Rede stehe, ihm keine Aufklärung zukommen lasse; er sucht auszuführen, dass Gott allerdings wiederholt zum Menschen rede, zB. in Traumoffenbarungen auf dem Krankenlager, immer in der Absicht, ihn von der Sünde abzuziehen u. so vom verdienten Untergang zu bewahren, u. wenn der Mensch solchen Winken folge, schlage es immer zu seinem Heil aus. V. 12. זֹאת] zurückweisend auf V. 9—11; grammatisch Acc. zu צָדַקְתָּ; letzteres der Bedeutung nach wie 11, 2. 13, 18. *Sieh darin hast du nicht Recht, antworte ich dir*, so dass 'ז ל' כ' der Inhalt von אֶעֱנֶךָּ ist (*Ew. Schl.*). An sich möglich wäre freilich auch: *darin h. d. n. R., ich will dir antworten* (*Hrz. Del.* a.); aber das Folgende enthält keine Antwort auf den angegebenen Punkt, also liegt diese vielmehr in 'ז ל' כ'. Das 2. Gl. ist aber dann nicht Begründung zu אֶעֱנֶךָּ, sondern zu 'ז לֹא, u. die Meinung ist nicht: Gott ist zu gross für einen Menschen, um ihm zu erwiedern (*Stick. Hrz. Ha. Del. Stud.* a.), sondern: *er ist grösser als ein Mensch*, wird nicht, wie Menschen thun, jemand in blinder Feindschaft verfolgen. Den V. 12 nach LXX zu corrigiren, so dass er noch zu der durch V. 8 eingeführten Rede Ijobs gehörte (*Bick.*), liegt kein Grund vor, u. 12ᵇ passt dann gar nicht. — V. 13. רִיבוֹתָ] s. Ges. 73, 1; רִיבִית einiger Mss. (nach 13, 6) kommt nicht in Betracht: *warum hast du gegen ihn gehadert?* Das 2. Gl. ist dunkel u. schwierig. Bezieht man das Suff. von דְּבָרָיו auf Gott, was das nächstliegende ist, so will יַעֲנֶה sich nicht fügen, denn dass ענה bedeute *etwas verantworten* (*Ros. Umbr. Ges. Del.*¹ *Hgst.*) oder *wieder sprechen über eine Sache* mit Acc. der Sache (*Ew.*), ist nicht zu erweisen, letzteres auch nicht durch 40, 5, u. die Übersetzung: *alle seine Worte antwortet er nicht = mit keinem einzigen Wort antwortet er* (*Schl. Kmph.*) setzt דְּבָר für דְּבָרָיו voraus; auch kann דְּבָרִים, neben ענה, selbstverständlich nicht *Dinge, Thaten* (*Ges. Del.*¹ nach Älteren) bedeuten. Läse man aber mit Sym. יַעֲנֶה (ἀναντίρρητοί εἰσιν), so schlösse sich V. 14 nicht an. Es bleibt nichts übrig, als דְּ auf אֱנוֹשׁ V. 12 zu beziehen, oder aber (so jetzt auch *Hitz.*) geradezu דְּבָרֶיךָ (וֹ u. ד sind in der alten Schrift sehr ähnlich) herzustellen. Dann aber kann כִּי nicht den Grund, warum er nicht hadern soll (*Hrz. Ha. Hitz.*) einführen, weil sonst V. 14 einfach im Widerspruch damit stünde, sondern nur den Grund u. Inhalt des Haderns: *weil* oder *dass er auf alle seine (deine) Worte nicht antworte* (*Schl. Del.*² *Reu. Bud.*), vgl. 19, 7 u. s. — V. 14. Denn allerdings (d. h. *vielmehr*) *einmal redet Gott u. zweimal*, d. h. wiederholt (vgl. 40, 5) *redet er*, nur freilich in anderer Weise, als du es gewünscht u. erwartet hast, u. zu andern Zweck, näml. nicht um die

Selbstgerechtigkeit zu stärken, sondern um das Sündenbewusstsein zu wecken (nach dem Folgenden). Dass באחת u. בשתים nicht bedeutet *in einer Weise u. in zweien* d. h. auf mehrfache Weise (*Hrz. Stick. Del.*), sondern *einmal — zweimal* (LXX *Vulg. Peš.*) ergibt sich aus V. 29; ב (s. 1 Sam. 18, 21; Ex. 8, 28) ist gesetzt, weil nacktes אחת auch Obj. zu דבר sein könnte (s. übrigens 40, 5; Ps. 62. 12). — לא ישורנה man erwartet, dass Gott Subj. sei, gewinnt aber dann keinen passenden Sinn; denn dass Gott nicht darauf zurückkomme, es nicht wiederhole (*Vulg. Peš.*), scheint יְשׁוּבֶנָּה vorauszusetzen, u. kann in שׁוּר nicht liegen, weil es nicht *recognoscere, respicere* (*Schult. Ew.*) bedeutet (vgl. 35, 13). Demnach wird der Mensch, zu dem Gott redet, Subj. sein müssen. Aber die Meinung kann nicht sein: *wenn man es* (sc. אֹמֶר) *nicht beachtet* (*Eichh. Umb. Ha. Hitz. Hgst. Stud.*), weil dies nothwendig את davor erforderte, auch wohl nicht: *nur beachtet man es nicht* (*Ros. Hrz. Stick. Del. Vo. a.*), weil das, so allgemein gesagt, zu viel gesagt wäre, sondern: *man schaut's* (sc. das Reden Gottes) *nicht*, also: unsichtbar sc. redet er (*Schl.*). Jedenfalls ermangelt V. 14ᵇ wie 13ᵇ der wünschenswerthen Klarheit. — V. 15 ff. bringen die Erläuterung der Art, wie Gott redet, näml. 1) durch Träume V. 15—18, 2) durch Krankheit u. Engeloffenbarung V. 19 ff. — Die folg. Schilderung der Traumoffenbarung ist der des Elifaz 4, 12 ff. zum Theil wörtlich nachgebildet. — V. 15 gibt die Zeitbestimmung zu V. 16, u. wird dort durch אָז wieder aufgenommen. חזיון לילה] ist Appos. zu בחלום, sei es gleichwerthig damit (vgl. 7, 14. 20, 8), sei es davon unterschieden (LXX *Peš. Vulg.*; auch einige hbr. MSS. וּבְחֶזְיוֹן). בתרדמת *in Schlummerzuständen*, vgl. תרדמה 33, 11. — V. 16. *Er öffnet ihr Ohr* (36, 10. 15; 1 Sam. 9, 15. 20, 2. 12. 22, 8 u. s.) d. h. erschliesst ihr Verständniss u. macht ihnen (geheime) Mittheilungen. מֹסָרָם] für בְּמֹרָם (36, 10), weil den Mass. im Gegenton ein -, ungenügend schien (vgl. עֹב Jos. 2, 16, *Hitz.*). יחתם] Obj. ist nicht das Ohr (*Hitz.*: versiegelt es mit Warnung für sie), sondern מֹסָרָם, durch ב eingeführt, wie 37, 7 (verschieden von חתם mit בְּעַד 9, 7): das Siegel drücken auf etw. d. h. es versiegeln. Die Meinung ist aber nicht: u. ertheilt die Warnung an sie unter Siegel d. h. geheim (*Ges. Vo.*), oder: er prägt die Warnung an sie ihnen fest ein, indem er sie in das Ohr hineinlegt u. ein Siegel drauf drückt, dass sie nicht wieder entweiche (*Hrz. Stick. Hgst.*). Denn מֹסָר ist hier überhaupt nicht *Warnung*, weil nicht gesagt ist, wovor? u. weil גלות אזן nicht = warnen ist, sondern מֹסָר ist, wie sonst, *Zucht*, die Leidenszucht, unter der der Betreffende schon steht (wie es sich nach dem ganzen Zusammenhang nur von Offenbarungen an die von der göttlichen Zucht Getroffenen handeln kann); *ihre Zucht versiegelt* d. h. bestätigt u. bekräftigt ihnen Gott durch jenen Aufschluss, dass sie sie als Zucht, als Besserungsmittel verstehen sollen, nach 36, 10 (*Ew. Ha.*). Unpassend lasen LXX *Aq. Peš.* (*Luth. Bick. GHff.*) יחתם *er erschreckt sie*; denn weder ist מֹסָר das Mittel des Schreckens, noch Schrecken der Zweck des מֹסָר. — V. 17 f. geben den näheren u. entfernteren Zweck dieser geheimen Offenbarungen an, zunächst im Inf. c. mit ל, welcher sofort in Verb. fin. übergeht (s. zu 28, 25). להסיר א' מ'] da-

mit der Mensch wegschaffe das Thun. Unter מעשה müsste *das böse Thun* (facinus) verstanden sein, wofür kaum in 1 S. 20, 19 eine Analogie zu finden wäre, nicht aber in Stellen wie 36, 9. Gen. 20, 9. Lev. 18, 3. Jer. 7, 13. 25, 14 u. dgl. (*Bud.*), wo das Thun durch Art. od. Suff. als ein aus dem Zusammenhang bekanntes näher bestimmt ist. Da weiter in Gl. 2 Gott das handelnde Subj. ist, so muss ein zwischen אדם u. מעשה ausgefallenes מ wiederhergestellt (*Hrz. Ew. Del. Hitz.*) u. hinten ein Suff. (*Olsh.*) gelesen werden (מִמַּעֲשֵׂהוּ); *um den M. von seinem Thun abzubringen*. Das 2. Gl.: *u. Hochmuth* (s. zu 22. 29; Jer. 13, 17) *vor dem Manne zu verhüllen, so dass dieser ihn nicht sieht u. nicht von ihm verlockt werden kann, also davor bewahrt bleibe* (*Hrz.* a.), oder ihn ihm abzugewöhnen (*Del.*). Aber wie übel das ausgedrückt wäre, ist leicht zu fühlen; man wird emendiren müssen, schwerlich יִגְבַּהּ = יִגְבְּאָה *tollat* (*Böttch.* NÄ. III. 66), auch nicht יכבה (Prov. 21, 14), eher יְכַלֶּה *schwinden zu machen*, oder geradezu יְגָעֵהוּ. Nach LXX in Gl. 1 מְעִילָה für מעשה zu lesen (*Bick.*) wäre noch erträglich, aber in Gl. 2 ist וְגִוָּה מִשְׁבָּר יִפְצָה nichts als ein misslungener Versuch der LXX, dem nichtverstandenen Text Sinn abzugewinnen. — V. 18 der entferntere oder letzte Zweck: *zurückzuhalten seine Seele von der Grube* (dem Grab 17, 14) d. i. vor dem Tod zu bewahren (vgl. Ps. 16, 10. 30, 10), *u. sein Leben vom Dahinfahren* (34, 20) *durch's Geschoss* d. h. von gewaltsamem Untergang durch das göttliche Todesgeschoss. *Hirz.* u. die meisten verstehen die Phrase עָבַר בַּשֶּׁלַח (nur hier u. 36, 12), gemäss der Redensart עָבַר בַּשַּׁחַת V. 28, als *irruere in telum, hineinfahren in die Waffe*, was aber eine seltsame Vorstellung wäre. חַיָּה] in 38, 39 *Gier*, kommt bei Elihu als Synon. von נפש auch V. 22. 28. 36, 14 (*Bud.*, wie Ez. 7, 13. Ps. 78, 50. 143, 3), als *Gier, Appetit* V. 20. In solches Verderben würde er stürzen, wenn er in seinem sündigen Thun u. seiner Selbstüberhebung beharrte; indem also Gott ihm diese abzugewöhnen sucht, will er ihn zugleich vor jenem bewahren. — V. 19 ff. eine andere Art, wie Gott zu dem Menschen redet, näml. durch schwere Krankheit u. eine während derselben ihm zukommende Engelzusprache. Weil das mit besonderer Beziehung auf Ijob's Zustand gedacht ist, wird der ganze Hergang, die Erkrankung, die Engelvermittlung, der endliche günstige Erfolg sehr ausführlich u. malerisch beschrieben. Da das Reden Gottes nicht sowohl durch die Krankheit als durch die Engelvermittlung während derselben geschieht, so ist die dieser vorausgehende Krankheit im erzählenden Tempus geschildert. V. 19. וְהוּכַח וג׳] u. (*auch*) *er* (der Mensch) *wird gezüchtigt durch Schmerz auf seinem* (Kranken)*Lager u. steten Streit in seinen Gebeinen* (Gliedern). So nach dem Ketib, indem איתן, ohne Art., lose angefügt ist, eig. *einen steten* (Ges. 126, 5 A. 1ᵇ), obgleich Vᵇ. auch als Zustandssatz sich fassen liesse: indem der ריב עצ׳ beständig ist. Zum Bild vergleicht *Del.* Ps. 38, 4, u. *Hitz.* intestinum singulorum membrorum bellum (Justin 23, 2); bezüglich auf das innere Unbehagen u. die Fiebergluth. Indessen die alten Übers. sämmtlich lasen רב, ebenso die Orientalen (*Bär* 58) u. Qerê: *während die Menge seiner Gebeine* (4, 14) *so viel ihrer sind, beständig* d. h. *noch bei guter Kraft* ist

(vgl. 20, 11); die Beziehung auf Ijob's Fall wird bei dieser Lesart
einleuchtender. נִכְאָב] defectiv für אֵיתָן (vgl. 32, 18). וּכְאֵב] sonst im
B. (2, 13. 16, 6) כְּאֵב. — V. 20. *Und macht sein Lebenstrieb* (s.
V. 18) *ihm vor Brot Ekel, und seine Seele vor der Lieblingsspeise*,
d. h. hat in Folge der Krankheit die Esslust bei ihm schon aufgehört,
die Seele den Trieb nach Selbsterhaltung schon verloren. זִהֲמַתּוּ] Hap.
leg., u. Pi. hier causativ (*Ew.* 120ᶜ); wenigstens spricht die Stellung
von לֶחֶם nach חַיָּתוֹ nicht dafür, dass (*Ha.*) ein auf לֶחֶם vorausweisendes
Suff. (vgl. 29, 3) sein u. זִהֵם *Ekel haben* bedeuten soll. — V. 31. יִכֶל]
mitten unter den erzählenden Tempora nicht Jussiv mit modaler Färbung (s. 18, 9), sondern (wie Ps. 18, 12) verkürzt aus יִכְלֶה (*Ew.* 233ᵃ):
so dass sein Fleisch dahinschwindet (abzehrt) *vom Ansehen weg* d. h.
alles Ansehen verliert (vgl. 1 S. 16, 12; Jes. 52, 14. 53, 2; רֹאִי von
רֹאֶה); zu prosaisch: dass man keines mehr sieht (*Del. Hitz.* a.). In Gl. 2
lässt sich das Ketib *u. die Kahlheit seiner Glieder* nicht wohl als
Subj. zu לֹא רֻאוּ (etwa wie 32, 7. 29, 10 u. ö.) construiren. Man wird
besser mit Qerê וְשֻׁפּוּ lesen, aber nicht in der Bedeutung *morsch werden*
(*Saad. Ges. Hrz.*), die mehr aram. rabb. ist, sondern *u. kahl* (abgemagert) *wurden seine* Gebeine d. h. *Glieder, unscheinbar*, wogegen die
Fassung des רֻאוּ als Plsqprf. (neben שֻׁפּוּ) unberechtigt u. die Aussage
u. blosgelegt werden seine Gebeine, die man früher nicht sah (*Vulg.
Lichtt. Umb. Del. Hitz. Hgst.*) entsetzlich prosaisch wäre. רֻאוּ] Pual
nur hier (doch vgl. Ps. 68, 25 LXX), wohl eben weil nicht נִרְאָה, sondern „einen מַרְאֶה darbieten" der Sinn sein soll. Über das ortho-
phonische Mappiq im א s. *Ges.* 14, 1 A. 2. — V. 22 *u. so seine Seele
der Grube* (V. 18) *nahe kommt, u. sein Leben* (V. 18) *den Tod-
bringenden*, näml. nicht Schmerzen (*Ros. Schl.*), denn diesen kommt
er nicht erst jetzt nahe (V. 19), sondern Engeln, die im Auftrag Gottes
Tod u. Verderben bringen (2 S. 24, 16; Ps. 78, 49; 1 Chr. 21, 15).
— V. 23ff. Was mit dem in dem beschriebenen Zustand Befindlichen
geschieht oder geschehen kann, wird nun in einem Bedingungssatz
V. 23f. u. einem Nachsatz dazu V. 25ff. angegeben. V. 23: *wenn da,
nachdem es so weit mit ihm gekommen ist, über ihm, zu seinem Schutz
u. für ihn, ein Engel vorhanden ist, ein Mittler* (מֵלִיץ anders als 16,
20), *einer von tausend, dem Menschen kund zu thun*, was für ihn
recht ist (Prov. 11, 24. 14, 2) d. h. *seine Pflicht, u. Er begnadigt ihn
u. spricht: „erlöse ihn vom Niederfahren in die Grube* (V. 18), *gefunden habe ich ein Lösegeld."* וַיְחֻנֶּנּוּ] Suff. nicht auf Gott (*Hitz.*) bezüglich, wie schon אָם zeigt; ebensowenig ist מָצָאתִי Gottes *Bescheid* (*Hitz.*).
מַלְאָךְ] nicht ein menschlicher Gottesbote (*Schult. Ros. Wtt. Vo.* a.), sondern ein Engel (4, 18); das ergibt sich aus dem Auftrag an ihn V. 24,
ferner aus dem Gegensatz von מְמִיתִים V. 22 u. לֹא־ V. 23, auch aus
אֶחָד מִנִּי־אָלֶף, was nicht bedeuten kann: wie man unter 1000 nur
einen findet, sondern ihn als als einen vom himmlischen Heer (Ps. 68,
18; Dan. 7, 10) kennzeichnen soll. Die Vorstellung eines dolmetschen-
den oder vermittelnden (Gen. 42, 23; Jes. 43, 27; 2 Chr. 32, 31)
Engels, welcher als solcher theils den Willen Gottes dem Menschen,
theils die Wünsche u. Gebete des Menschen an Gott zu überbringen

hat, u. für den Menschen bei Gott sich verwendet, hat an 5, 1 ihre
Anknüpfung. Der Offenbarungsengel Gottes, יי מלאך (*Schl. Del.*) liegt
hier im Munde des Aramäers Elihu u. wegen אחד מני־אלף fern ab.
Mit לְהַגִּיד לֹא ־'י fängt er an, das Geschäft des Mittlers zu erläutern
(übereinstimmend mit V. 15—18 u. das dortige kurz zusammenfassend);
aber er fängt auch blos an; was weiter dazu gehört, näml. wenn Busse
eingetreten ist, diese Gott zu überbringen u. Fürbitte einzulegen, verschweigt er. Eben darum kann aber mit V. 24 noch nicht der Nachsatz (*Hrz. Ha. Del. Kmph. Reu.*) beginnen, weil darauf hin, dass der
Engel einen Menschen auf die rechte Bahn zurückweist, der Mensch
noch nicht auf dieser Bahn ist, sondern es muss ויחננו וי noch unter
die Bedingung fallen. Subj. aber zu ויחננו ויאמר ist Gott, nicht der
Engel (*Schl.*), weil diesem kein Begnadigungsrecht u. kein כֹּפֶר מָצָא zukommt, von seiner gnädigen Gesinnung gegen den Menschen aber schon
V. 23 die Rede war. vollends u. *ihn* (Gott) *anzuflehen* (*Bick.*) kann
ויה nicht bedeuten, u. die Änderung in וַיְחַדְּנֶנּוּ (*GHff.*) d. h. התחנן c.
Acc. wäre unhebräisch. Also die 2. Bedingung: u. wenn er — Gott
— ihn begnadigt, sc. weil er sich vom Engel auf den rechten Weg,
zur Busse, weisen liess, u. Gott deshalb dem Engel Auftrag zur Erlösung des Kranken gibt. פְּדָעֵהוּ] da פדע nicht vorkommt, könnte man
mit einigen Mss. פְּרָעֵהוּ *lass ihn los* lesen; aber wegen V. 28 u. weil
der מלאך nicht der Todesengel ist, nimmt man es besser als schlechte
Schreibart für פְּדָאֵהוּ (von פדא == פדה) oder Schreibfehler für פְּדֵהוּ (*Hrz.
Ew.* a.). Der כֹּפֶר, den Gott erlangt hat, ist nicht etwa ein Sühnemittel,
das der מלאך mittlerisch eingesetzt hat, sondern einfach *das Lösegeld*
(Ps. 49, 8f.), hier die auf Erkenntniss des Zweckes seines Leidens gegründete Busse des Kranken, unterstützt durch des Mittlers Verwendung.
— V. 25. Nachsatz: die Gesundheit wird wieder hergestellt zu kräftiger
Jugendfrische. רֻטֲפַשׁ] nur hier, Prf. quadril. in passiver Aussprache
(*Ges.* 56), wozu (mit Lautversetzung) theils arb. *ṭarfaša wieder ge-
nesen u. erstarken*, theils ܛܰܪܦܳܫܳܐ *zartes, schlaffes Fleisch* u. talm.
טרפשא *angelagertes Fett* (*Del., Fränkel* in ZA. III. 55) verglichen wird;
das Prf., um die plötzlich eintretende Folge zu malen. Ob man das
Prf. qdrl. durch die Correctur יִמְפַּשׁ (Ps. 119, 70) *wird feist* (*Altsch.*
in ZATW. VI. 212; *GHff.*) ersetzen darf, ist sehr fraglich. נֹּעַר] auch
36, 14, wofür sonst im B. (13, 26. 31, 18) נְעוּרִים; מִנַּעַר wohl nicht
comparativ (*Schl. Ha. Hrz. Hitz. Stud.* a.) *mehr als in der Jugend*,
weil das über V.b hinausgienge, sondern causal: *von Jugend(kraft).*
מעלמים s. 20, 11. Zum ganzen Satz vgl. 2 Reg. 5, 14. — V. 26:
das Glück seines neuen Gnadenstandes. ויעתר וג'] nicht über V. 25 rück-
greifend u. die Bedingung der Genesung nachholend (*Hitz.*), sondern:
er kann nun wieder zu Gott erhörlich beten (22, 27): er betet u. Gott
nimmt ihn wohlgefällig an, u. *lässt ihn* (der Acc. ergänzt sich aus
וירצהו) *sein* (Gottes) *Angesicht mit Jauchzen* (8, 21) *schauen* d. h.
seine Freundlichkeit wieder erfahren (opp. 13, 24). Zwar könnte וירא
als Qal auch bedeuten: *dass er* Gottes Angesicht *sieht*; aber im Folgenden ist wieder Gott Subj., u. der häufige Subjectswechsel wäre nicht
schön. Falsch: *u. er lässt sein* (des Menschen) *Gesicht Jubel an-*

schauen (= wie V. 28; Umbr. Ew.), weil פֿנים nicht sieht u. Jubel nicht geschaut wird. Auch *er erscheint vor Gott* (יֵרָאֶה Hitz.), die bekannte cultische Phrase, passt hieher nicht. *Und gibt dem Menschen seine Gerechtigkeit*, die er verloren hatte, *zurück* d. h. sieht ihn wieder als Gerechten an; nicht aber: er vergilt ihm sein Rechtthun (*Luth. Del. Vo.* nach 1 S. 26, 23), weil der eben Begnadigte noch keine Handlung der צְדָקָה aufzuweisen hat. Zur Sache vgl. die Verheissungen 5, 19 ff. 8, 21. 11, 15 ff. 22, 23 ff. — V. 27 f. Voll Freude verkündigt er im Danklied vor den Menschen, was Gott Gutes an ihm gethan hat. יָשֹׁר] muss den Sinn von שִׁיר haben (36, 24), als verkürztes Impf. (s. 18, 9) von שׁוּר = שִׁיר, ist aber vielleicht von Mass. als שׁוּר *schauen* (*Vulg.*) gemeint. עַל־אֲ] *an die Menschen* gerichtet singt er, oder: singt ihnen zu (vgl. Prov. 25, 20), öffentlich, vor allem Volk (Ps. 22, 23. 26). Von חָטָאתִי an bis zum Ende von V. 28 folgt sein Danklied: *ich hatte gesündigt u. Gerades gekrümmt, Recht in Unrecht verkehrt.* וְלֹא שָׁוָה] hier imprs.: *u. es ist mir nicht Gleiches geworden*, nicht nach Verdienst vergolten, vielmehr Gnade für Recht geworden. — V. 28. Nur das Ketib ist richtig; das Qerê will die Worte Elihu zuschreiben, der doch (laut הֵן) erst V. 29 redet. עֲבָר־בַּשַּׁחַת] *dahinfahren in die Grube*, vgl. V 18. *Und meine Lebenskraft* (V. 18) *labt sich* (3, 9. 20, 17) *am Licht*, nicht des göttlichen Antlitzes (*Del.*[1]), sondern der Oberwelt (V. 30. 3, 16. 20), schon vermöge des Gegensatzes zu שַׁחַת. — V. 29 f. Zusammenfassender Schluss. שְׁלֹשׁ] sc. פְּעָמִים, *dreimal*, vgl. 40, 5. Die Auslassung des וְ zwischen פְּעָמִים u. שָׁלֹשׁ (vgl. Jes. 17, 6) gab Veranlassung zu der Lesung שְׁלֹשׁ־פְּעָמִים, welche fast alle Verss. ausdrücken (*Hrz.*). Übrigens sagt El. hier יִפְעַל, nicht וְדִבֶּר (V. 14), indem er jetzt das göttliche Reden über den Zweck der Leidenszucht u. diese selbst zusammenfasst. Auf solche Weise, durch Krankheit u. ähnliche Heimsuchungen, verbunden mit inneren Offenbarungen über den Zweck derselben, fasst Gott den Menschen wiederholt (2 bis 3 mal) an, um ihm Sünde u. Hochmuth immer mehr zu entleiden, u. so V. 30 (vgl. mit V. 18 u. 17) ihn von dem End-Verderben, das ihm sonst gewiss gewesen wäre, zu retten. לְהָשִׁיב] *um zurückzuholen*, sofern er der שַׁחַת schon so gut als verfallen war, s. V. 18. לֵאוֹר] für לְהֵאוֹר (*Ges.* 51 A. 1), Inf. Niph. von אוֹר: *dass er umleuchtet*, bestrahlt *werde mit dem Licht des Lebens*, vgl. V. 28. Ps. 56, 14. (לָאוֹר Inf. Qal würde hier kaum genügen). — c) Aufforderung an Ijob, eine weitere Lehrrede aufmerksam anzuhören, vorausgesetzt dass er auf das eben Gehörte nichts zu seiner Rechtfertigung zu sagen habe V. 31—33. V 31 ist nicht Aufforderung zu stiller Erwägung des Gehörten (*Del.*[1]), sondern zur Anhörung von etwas Neuem. Damit es aber nicht scheine, als wolle er ihm das Wort abschneiden, fordert er ihn vorher V. 32 zur Gegenrede auf. Zu V. 32ᵃ vgl. V. 5. Das 2. Gl.: *rede, denn ich wünsche deine Rechtfertigung*, nicht sowohl: dass du dich rechtfertigest (*Hrz. Stick. Ha. Hgst.*), weil in diesem Fall das Obj. נַפְשֶׁךָ (32, 2) nicht wohl fehlen könnte, als vielmehr: ich wünsche, dich gerecht erklären (32, 2) oder besser: dir Recht geben (vgl. das Qal V. 12) zu können. Der Inf. c. ist, ohne לְ, im Acc. untergeordnet, wie 13, 3 der

Inf. abs. — V. 33. אִם־יֵשׁ] sc. מִלִּין; vgl. Gen. 30, 1. אַחֲרִשׁ] mit שְׁמַע zu verbinden: *du deinerseits*. אֲאַלְּפֶךָּ] wie 15, 5. Als Inhalt dieser Rede ergibt sich: nicht aus grundloser Feindschaft lässt Gott den Menschen oft so hart leiden, auch kann der Mensch sich nicht beklagen, dass Gott ihm über seine Zwecke dabei keine Rede stehe; vielmehr sind solche Leiden (wie die Ijobs) Schickungen des das Beste des Menschen suchenden u. wirkenden Gottes, Zucht- u. Besserungsmittel, durch die er ihm die anklebende Sünde, namentlich die Selbstüberhebung abthun u. vor dem ihm sonst drohenden Endverderben (V. 18. 24. 28) ihn retten will; auch werden sie ihm von Gott selbst durch innere Zusprachen erklärt, so dass er über ihren Zweck nicht irren kann. Das ist aber dieselbe Erklärungsweise, welche auch die Dreie im Anfang des Streites (nam. Elifaz 5, 17ff.) ausgesprochen haben; selbst die Schilderung des Gnadenstandes eines durch sein Leiden bussfertig gewordenen ist den Reden der Dreie nachgeahmt. Dass El. seine Sätze in neuer Weise ausführt, auch die inneren Offenbarungen Gottes mit hereinzieht, ändert an dem Grundgedanken nichts. Wie Ijob früher schon diesen als für ihn unannehmbar bezeichnete, so ist er es immer noch.

b) Die zweite Rede Elihu's Cap. 34.

Er geht hier von der Äusserung Ijob's, dass Gott ihn ungerecht behandle, aus, gibt seiner Empörung über solches frevelhafte Reden Ausdruck, u. sucht aus dem Wesen u. der Weltregierung Gottes zu beweisen, dass Gott nie ungerecht sein könne. Nach einem vorbereitenden Abschnitt V. 2—9, gibt er den Beweis seines Satzes V. 10—30, um schliesslich auf Grund desselben sich über die Verkehrtheit u. Strafwürdigkeit der Reden Ijob's noch einmal mit aller Entschiedenheit auszusprechen V. 31—37. In LXX sind V. 2f. 6^b. 7. 11^b. 18. 23^a. 25^b. 28—33 aus *Theod.* eingesetzt (u. zwar 6^b, obwohl schon in LXX 8^a vorhanden). — a) Allgemeine Einleitung sammt Feststellung des Streitpunktes u. vorläufigem Urtheil, V. 1—9. — V. 1—4. Er ruft zunächst die Weisen auf, ihm zuzuhören, u. gemeinschaftlich mit ihm das Recht festzustellen. V. 1. וַיַּעַן] näml. veranlasst durch das Schweigen Ijob's, s. zu 3, 2 u. dagegen 36, 1. — V. 2. Die *Weisen* u. Wissenden oder *Kundigen*, die er hier, u. die *Männer von Verstand*, die er V. 10 aufruft, sind nicht Ij. u. die Dreie (*Ros. Umb. Ha.*), denn jenem setzt er hier gerade die Weisen entgegen, u. auch die Dreie könnte er nach seinen Äusserungen in Cap. 32 nur ironisch so anreden, was hier unpassend wäre, sondern es sind unparteiische Kundige, die El. als anwesend voraussetzt (V. 34) u. hier anredet, während er V. 34 in der 3. pers. von ihnen spricht. Gemeint sind im Grund alle verständigen Leser des Gedichts, welche in göttlichen Dingen ein Urtheil haben. — V. 3. Ihre Aufmerksamkeit nimmt er in Anspruch zum Zweck des Urtheils; denn der Mensch besitzt eine natürliche Urtheilsfähigkeit, u. vermöge dieser wollen sie gemeinschaftlich das Richtige erkennen V. 4. Demnach ist unter אֹזֶן nicht ausschliesslich das Ohr Elihu's (*Hrz.*), sondern auch das der Weisen gemeint. Der Spruch ist wörtlich aus 12, 11 genommen, nur dass für לֹא יֹאכַל אִם hier לֶאֱכֹל יִטְעַם steht: *er prüft zum Zweck des Essens*, d. h. wenn er essen will. — V. 4. *Das Recht*, in der Streitsache zwischen Ij. u. Gott, *wollen wir uns erwählen* d. h. durch Prüfung herausfinden u. uns auf seine Seite stellen, *kennen lernen unter uns*, d. i. gemeinschaftlich, *was gut ist!* (1 Thess. 5, 21). — V. 5—9 stellt er die Behauptungen Ijob's, um deren Prüfung es sich handelt, fest, u. gibt sogleich seiner inneren Entrüstung darüber Ausdruck. V. 5 f. Ijob hat zwar die Gerechtigkeit Gottes überhaupt nicht geleugnet, wohl aber immer behauptet, dass *er* nicht nach dem Recht behandelt werde, dass es nicht die vergeltende Gerechtigkeit sei, aus der *sein* Fall sich erkläre, dass *er* unschuldig leide. Derartige Äusserungen hebt El. hier aus, u. greift damit zugleich auf den Anfang der vorigen Rede zurück (s. 33, 12). Doch ist nur V 5ᵇ wörtlich so von Ij. gesagt, s. 27, 2; alles andere führt El. blos dem Sinn nach an. צָדַקְתִּי] im jurist. Sinn, schuldlos, vgl. 9, 15. 20. 13, 18. — V. 6. *Trotz*: (10, 7. 16, 17) *meines Rechtes soll* (s. 9, 29) *ich lügen*, d. h. obgleich ich Recht *habe*, soll ich doch, wenn ich dasselbe *behaupte*, ein Lügner sein, etwas ansprechend, was mir nach Gottes Urtheil gar nicht zukomme (*Hrz.*; vgl. 9, 20. 16, 8); schwerlich (was *Hrz.* auch zur Wahl stellt): soll ich sagen, ich habe Unrecht, u. mich schuldig bekennen. אֲנוּשׁ] nicht Ipf. 1 p. s.: soll vergehen an meinem Pfeil unschuldig (*Hitz.*), sondern (Paʿul von אנשׁ, Mich. 1, 9; Jer. 15, 18): *unheilbar ist mein Pfeil* d. i. hier: meine Pfeilwunde (vgl. 6, 4. 16, 13; insoweit das Suff. anders als 23, 2 in ידִי) *ohne* (dass) *Vergehen oder Schuld* (vorhanden ist bei mir), wie 33, 9. — V. 6 ff. Ausdruck seiner Entrüstung über solche u. eine andere ähnliche (V. 9) Rede. — V 7. מִי־גֶבֶר] Relativsatz. לַעַג] *Hohn*, höhnende gotteslästerliche Reden. Die Redensart ist aus 15, 16 entlehnt. Die Meinung ist nicht: welcher *rechtschaffne* Mann wird so reden? (*Schl.*), sondern: wo in aller Welt ist jemand, der solche Reden führen u. sich daran laben wird? — V. 8. וְאָרַח] Prf. cons., an יִשְׁתֶּה sich anschliessend: u. *wandelt zur Vergesellschaftung mit Unheilübenden, u. zum Umgang* (31, 5) *mit Frevelmenschen*. So, wenn man (*Hrz. Hitz.*) לָלֶכֶת als Fortsetzung von לַחְבְרָה nimmt; doch lässt sich וְלָלֶכֶת auch (*Ew.* 351ᶜ) als Fortsetzung des Verb. fin. erklären. Elihu meint, dass Ij. durch seine Reden mit den Bösewichtern gemeinsame Sache mache, u. schliesst sich hiemit ganz dem Urtheile des Elifaz an, 22, 15 f. אָרַח] als fin. nur hier. לַחְבְרָה] nimmt man am besten als Inf. mit fem. Endung. — V. 9. *Denn er hat gesagt* (oder folgernd *dass er sagt*): *keinen Nutzen hat* (22, 2) *der Mann* (durch sein d. i.) *von seinem Gefallen haben* an der Gemeinschaft *mit Gott* (wie Ps. 50, 18), d. h. wenn er mit Gott gute Freundschaft pflegt. Eine solche Äusserung hat Ij. nicht gethan; er hat nur vom Frevler gesagt, dass er solche Grundsätze habe 21, 15, u. hat sich für sich zum Gegentheil davon bekannt 17, 9. 28, 28. Die angebliche Äusserung ist nur eine Folgerung aus seiner wiederholten Behauptung, dass im äusseren Ergehen der Unterschied zwischen Guten u. Bösen nicht zur Erscheinung komme 9, 22 f. 21, 7 ff. 24, 1 ff. Elihu, indem er diese Folgerung zieht, thut genau dasselbe was Elifaz C. 22

gethan hat. — b) Im Gegensatz gegen solche verkehrte Äusserungen behauptet Elihu, dass Gott nie ungerecht verfahre, sondern jedem Menschen nach seinem Thun vergelte, u. gibt mehrere Beweise für diesen Satz V. 10—30, durchaus aber nur im allgemeinen, ohne jedes nähere Eingehen auf den Fall Ijob's. — V. 10 f. Sein dem Ijob'schen entgegengestellter Satz, genau derselbe, den die Dreie durchgefochten haben. אנשי לבב] s. zu V. 2 u. 12, 3. חלילה] 27, 5; hier mit מן des Weggewünschten (Ew. 329ᵃ), wie Gen. 18, 25 u. s. ושדי] = ולשדי (Ges. 119, 5) s. 15, 3. — V. 11. כי] vielmehr, vgl. 33, 14. Gemäss dem Weg d. i. hier Wandel, Handlungsweise, eines jeden lässt er's ihn treffen (37, 13), ihm ergehen. — α) Seinen Satz, dass Gott nicht ungerecht handle, noch einmal mit Emphase wiederholend, beruft er sich dafür zunächst darauf, dass Gott der selbstständige Herr u. Schöpfer der Welt alles Lebendige in's Dasein gerufen hat u. erhält, also auf Gottes selbstsuchtlose Liebe, vermöge der ihm ungerechte Behandlung u. blinde Befeindung seiner Geschöpfe durchaus ferne liegen muss V. 12—15. — V. 12. אף־אמנם] und noch einmal wahrhaftig 19, 4. ירשיע] hier: er handelt wie ein רשע, also ungerecht; sonst bedeutet der Ausdruck verdammen s. V. 17. 29. 32, 3. Zum 2. Gl. s. 8, 3. — V. 13. ארצה] dem El. eigenthümliche Form mit tonlosem ה fem. für ארץ (Ew. 173ᵇ); ebenso 37, 12, wo zugleich klar wird, dass es nicht alte Acc. Form (Ges. 90, 2 A. a; WWright Comp. gramm. p. 141) ist. Die Meinung ist nicht: wer neben ihm d. h. wer anders als er nimmt sich (7, 18) der Erde an (Ha.)? noch auch: wer untersucht gegen ihn (den Menschen) die Erde (Ew.)? da על neben פקד jenen Sinn nicht haben kann, sondern (vgl. 36, 23. Num. 4, 27 2 Chr. 36, 23): wer hat ihm die Erde aufgetragen? zur Obhut übergeben? Antwort: niemand; er ist ihr Selbstherrscher. Gl. 2 nicht: u. wer beachtet (V. 23. 24, 12) oder bedenkt die ganze Welt (Ew. Ha.)? da der Satz ohne ein „ausser ihm" mangelhaft wäre; aber auch nicht (Saad. Hrz. Schl. Hitz. Stud.) u. wer hat auf ihn gelegt d. h. ihm auferlegt, anvertraut d. g. W.? da die Wiederholung des מי nicht erlaubt, עליו aus Gl. 1 hinzuzudenken, sondern שים setzen wird als hinstellen, gründen (38, 5. Jes. 44, 7) zu verstehen sein. Wer hat die Welt gesetzt? Antwort: niemand als Er. Demnach erinnert der V. an die Selbstherrlichkeit u. Schöpferwürde Gottes, als Prämisse zu V. 14 f. — V. 14 f. אם] setzt einen an sich undenkbaren Fall gleichwohl als möglich (Am. 9, 2 ff. Ps. 50, 12; Ew. 355ᵇ): gesetzt dass. אליו 1°] bezieht sich nicht auf den Menschen („wenn Er auf ihn strenge Acht haben wollte", Vulg. Trg., Ros.), sondern wie אליו 2° auf das Subj. zurück, also auf Gott, u. der Nachsatz beginnt nicht mit V. 14ᵇ, sondern mit V. 15. Zu ישיב אל לבו vgl. 2, 3 (die orient. Lesart ist aber ישיב, Qer. ישים, Bär S. 58); zum Ansichziehen seines Geistes u. Odems theils 33, 4. 32, 8, theils Ps. 104, 29 f. Qoh. 12, 7 Gesetzt Gott denkt nur an sich selbst, u. zieht seinen Leben wirkenden Geist zurück, so stellt die Welt bald ein ödes Bild des Todes dar; Gott thut dies aber nicht, das zeigt, wie frei er von aller Selbstsucht ist, wie er vielmehr eine Schöpferliebe zu seinen Geschöpfen hat. Dem Schluss auf die Undenkbarkeit der Ungerechtigkeit bei ihm liegt die Idee zu Grund, dass man aus Selbstsucht, aus Eigennutz gegen andere ungerecht sei (*Hrz.*). — β) Mit neuem Ansatz folgert er die göttliche Gerechtigkeit aus dem Begriff des Weltregierers, sofern ohne Gerechtigkeit die Welt gar nicht in Ordnung gehalten werden könnte, während doch die Erfahrungen im Kreise der Völker und Einzelnen von einer solchen auf unwiderstehliche Macht, unparteiische Gerechtigkeit u. vollkommene Allwissenheit gegründeten Weltregierung laut genug zeugen, V 16—30. — V. 16. Einleitende Aufforderung zu weiterer Aufmerksamkeit. Die Mass. haben בינה als Mil'el punktirt, nicht als Nom. von derselben Art wie אֱמֶת V. 13 (*Hrz.*), da ein mase. בין nicht im Gebrauch ist, sondern als verstärkten Imper., wie שִׁמְעָה, u. nahmen dann וְאִם als Wunschpartikel: *und o verstehe doch!* (*Del. Hitz. Stud.*, mit Berufung auf Gen. 23, 13, wo aber dem Imper. לֹא vorhergeht). Aber das ist gezwungen. Lies בִּינָה (mit *Trg. Pes. Vulg.* u. den meisten Erkl.): *und wenn Verstand* (Einsicht) bei dir ist, *so höre doch dies!* Allerdings wenig höflich, aber darum nicht zu beseitigen. Zum 2. Gl. s. 33, 8. — V. 17. אַף kann der Wortstellung nach nicht Obj. zu יַחֲבֹשׁ sein: *wird, wer das Recht hasst, den Zorn bändigen* oder bemeistern? d. h. nicht strafen, wo seine Strafgerechtigkeit herausgefordert ist? (*Schult. Eichh. Umb. Wlt. Hitz.*), sondern ist = *gar auch* (wie 40, 8 f.), u. יַחֲבֹשׁ ist ohne Obj. gesagt: *wird auch ein Rechtshasser bändigen* d. h. im Zaum halten, die Herrschaftszügel führen (vgl. עָצַר 1 Sam. 9, 17, u. חֹבֵשׁ ἀρχηγός LXX zu Jes. 3, 7)? wird bei Rechtshass auch Regierung möglich sein? (so die Alten, u. fast alle Neuern). Ohne Recht wäre jede Regierung ein Unding. Im 2. Gl. bilden die 2 Adj. einen zusammengesetzten Begriff (*Ew.* 270^d): *oder darfst du den Gross-Gerechten verdammen* d. h. für ungerecht erklären? Mit dieser Gegenfrage leitet er schon hinüber auf die Beschreibung der thatsächlichen Weltregierung Gottes. — V. 18 beginnt diese Beschreibung des mit Allmacht die Gerechtigkeit Handhabenden. Zwar nach der mass. Lesart הַאֲמֹר (Inf. c. mit הֲ interr.) würde hier gefragt (*Trg., Ros. Umb. Schl. Del. Hitz. Hgst.*): *zu einem Könige „Nichtswürdiger"! sagen?* sc. wäre das wohl gut oder erlaubt? u. würde die Verwerflichkeit des Verdammens Gottes damit bewiesen, dass man schon zu menschlichen Fürsten in dieser Weise nicht reden darf. Aber die Absurdität von V. 17^b erhellt an sich, ohne solche *demonstratio ad hominem*; die Beziehung von אֲשֶׁר V. 19 würde durch diesen Satz gestört; das blosse הַאֲמֹר für הֲיֵאָמֵר (Jud. 9, 2) wäre nicht zu rechtfertigen, u. müsste man wenigstens Inf. abs. הָאָמֹר (s. 40, 2) lesen. Daher ist besser (mit LXX *Vulg., Ew. Hrz.* u. den meisten Neuern) הָאֹמֵר zu sprechen, auf Gott bezüglich: der Königen oder Edeln ein בְּלִיַּעַל oder רָשָׁע entgegenschleudert, d. h. auch die Mächtigsten der Erde rücksichtslos als Sünder hinstellt, wenn sie es sind. V 19 Fortsetzung desselben Gedankens. Vgl. 32, 21. נָשָׂא] Pi., s. 21, 29; hier: *anerkennen, berücksichtigen.* שׁוֹעַ] *begütert, reich*; im B. nur bei Elihu. לִפְנֵי־דָל] *vor, im Vorzug vor dem Geringen*, s. zu 8, 12. Das 3. Gl. gibt beiläufig einen Grund für diese Unparteilichkeit (vgl. V 13—15) an: weil sie alle als seine Geschöpfe ihm gleich werth, aber auch gleich untergeben sind. — V. 20 ff. Diesen Gedanken, wie Gott mit starker Hand das Recht ausübt u. auch an Königen u. Fürsten den Frevel straft, führt El. weitläufig aus, nicht ohne polemische Beziehung auf Ijob's Rede C. 24 (*Hrz.*); vgl. damit ähnliche Gedanken, kürzer u. schöner, 11, 10 f. 21, 22. 25, 2. — V. 20. Plötzlich macht er, zum Gericht einschreitend, ihnen ein Ende, u. wunderbar. Subj. sind allerdings nach dem Zusammenhang (vgl. auch V. 23 ff.) die Mächtigen: *augenblicklich* (21, 13) *sterben sie u. mitternächtlich* (Ps. 119, 62 vgl. Ex. 11, 4) d. h. unversehens (V. 25. 27, 19 f.). יחצצו ל] gegen die Accente zu Gl. 2 zu ziehen (*Hrz. Stick. Del. Hitz.* a.) ist nicht nöthig; die Zeitbestimmung wirkt in demselben doch fort. וְיגעשו עם] nicht: *sie wanken haufenweise* (*Ew. Ha.*), weil zu viel gesagt, u. weil עם neben Fürsten das Volk bedeuten muss (s. גוי V. 29 u. עם V. 30); auch nicht: *Völker werden erschüttert* (*Hrz. Schl.*), weil hiefür עמים nothwendig wäre, sondern: *erschüttert wird ein Volk* (die Unterthanen eines Herrschers), *und geht dahin, u. man* (4, 19 u. s.) *entfernt den Starken*, d. i. entfernt wird der St., *nicht durch eine Hand* d. i. ohne Hand, ohne dass sich eine Menschenhand zu rühren braucht, durch eine höhere Gewalt (Zach. 4, 6. Dan. 2, 34; auch Ij. 20, 26). Als geschichtliches Beispiel führt *Hgst.* Ex. 12, 29 f. 14, 27, *Kmph.* 2 R. 19, 35 u. (*Bleek* Einl.[4] 543) 2 R. 25, 4 an. — V. 21—24. Solch schnelle u. sichere Gerechtigkeitspflege ist ihm möglich, weil er der Allwissende ist, jede That, selbst die verborgenste, unmittelbar sieht, auch nicht erst langer Untersuchung über Schuld u. Unschuld bedarf, sondern sogleich das Urtheil vollstrecken kann (eine Ausführung von 11, 10 f.). V. 21 s. 31, 4. — V. 22. Ob Beziehung auf 24, 13—17? Zum Gedanken vgl. Ps. 139, 11 f.; Jer. 23, 24. — V. 23. כי] ordnet sich dem כי vom V. 21 gleich. *Denn er achtet* (s. zu 4, 20; *Hitz.:* fahndet) *nicht erst noch* (wie Jes. 5, 4 u. s.) *auf einen Menschen*, zu dem Zweck *dass er* (der Mensch) *vor Gott im Gericht erscheine*, d. h. er hat nicht nöthig, einen Menschen, nachdem er seine That gethan, erst noch besonders zu untersuchen, um ihn strafwürdig zu finden. Die seltene Bedeutung von עוד *dauernd, lange* (Gen. 46, 29), welche die meisten hier annehmen, besagt in diesem Zusammenhang zu wenig. Ebenso ist שים על im militärischen Sinn 1 R. 20, 12 *einen umstellen* (*Del.*[2]) hier, wo es sich um הלך במשפט handelt, nicht angezeigt. Zur Umstellung des V. 23 hinter 28 (*GHff.*) ist keinerlei Anlass. — V. 24. Und sofort vollzieht er das Urtheil: er zertrümmert die Gewaltigen *ohne* (לא = בלא, s. auch 12, 24) *Untersuchung* näml. ihrer Vergehungen, u. stellt andere auf an ihrer Statt. לא חקר] im Sinn von *unerforschlich* (36, 26) u. gar in der Umdeutung *zahllose* (*Vulg. Peš., Luth., GHff.*) ist hier unzulässig. — V. 25—30. Nochmalige u. ausführlichere Schilderung der Art, wie er mit starker Hand u. schnell gerade gegen die Mächtigen der Erde richterlich einschreitet, um den von ihnen Misshandelten ihr Recht zu schaffen u. der Bosheit ein Ende zu machen. V. 25. לכן] *darum dass* oder *weil* bedeutet dieses Wort nie (auch Jes. 26, 14 nicht), u. kann deshalb auch das 2. Gl. nicht den Nachsatz zum 1. bilden (*Ros. Umb. Stick.* a.), sondern es knüpft das Folgende als Folgerung an das Vorhergehende an: *darum*, weil das V. 20—24 Gesagte der Fall ist, *kennt* er u. s. w., also unser *demnach, mithin, somit* (vgl. 42, 3). אֲשֶׁר] nur bei Elihu, aramäisch für hebr. כִּי oder אֲשֶׁר (über das lange ־ s. 17, 11). וַיְהִי] Perf. cons. Nähme man לַיְלָה als Obj. dazu, so dürfte man wenigstens nicht erklären: *er wandelt die Nacht*, in die sie ihre Thaten gehüllt haben, um d. h. bringt diese zu Tag (*Umb.*), sondern höchstens: *er kehrt Nacht herbei* (*Vulg., Ros. Hitz. Hgst.*) sc. des Unglücks, aber durch Ex. 10, 19 lässt sich dieses *herbei* hier noch nicht wahrscheinlich machen. Besser versteht man (so die meisten) לַיְלָה als Zeitbestimmung *Nachts*, *über Nacht* d. h. plötzlich (V. 20), u. יְדֻכָּא entweder absol. *er bewirkt Umsturz*, oder unter Ergänzung des Obj. aus רְשָׁעִים: *er kehrt* (Prov. 12, 7) sie, die Frevler, *um, dass sie zermalmt werden* (5, 4). — V. 26. Nicht anders als gemeine Verbrecher u. öffentlich straft er sie, die Hohen, ab. רְשָׁעִים] ist immer Plur. von רָשָׁע, nicht von רֶשַׁע (*Ges. Umb.* a.); תַּחַת aber ist nicht תַּחַת אֲשֶׁר (*Ros.* a.), auch nicht *inter* (*Schl.* a.), sondern *an der Frevler Statt* (V. 24), d. h. aber nicht: an der Richtstätte der Fr. (*Hrz. Ha. Hitz.*), denn für diesen vollen Ortsbegriff reicht תַּחַת nicht aus, sondern = *als gemeine Frevler* (s. V. 18), *quasi impios* (*Vulg.*). סָפַק] er *schlägt*, *züchtigt* sie; anders ist סָפַק V. 37 gebraucht. *an dem Ort von Sehenden*] wo es die Leute sehen, d. h. öffentlich vor aller Welt, also zur Schande für die Bestraften. — V. 27 f. Wie absichtlich haben sie es ja darauf angelegt, dass endlich der Klageruf der von ihnen Gedrückten zu Gott hinauf dringe, u. er genöthigt werde, einzuschreiten (*Hrz.*). Wörtlich: *sie, die darum von ihm abgewichen sind, u. alle seine Wege nicht beachtet haben, um vor* (עַל hinauf zu Jes. 17, 7. 31, 1. 2 S. 15, 4. 2 R. 25, 20) *ihn zu bringen das Geschrei des Geringen, u. dass er das Geschrei der Leidenden höre*, zu hören bekomme. אִם־לֹא] die persönliche Fassung von אֲשֶׁר genügt (s. V. 19), u. ist kein Grund, es (*Hrz. Del. Hitz.*) = כִּי zu nehmen; אִם־לֹא weist auf das Folgende (vgl. 20, 2) u. wird in לְהָבִיא וגו׳ erklärt. וישׁמע] setzt die Inf.-Construction fort, s. 33, 17. — V. 29 f. Wenn nun Gott auf solchen Nothruf der Leidenden einschreitet, Ruhe schafft, Zorngerichte hält, dass Fürsten nicht mehr herrschen u. Völker nicht mehr von schlechten Fürsten irre geleitet werden, wer will ihn deswegen der Ungerechtigkeit beschuldigen? oder wer ihn an seinem Zorne hindern? (*Hrz.*). Nämlich יַשְׁקִט u. יַסְתֵּר פָּנִים können nicht (*Stick. Schl. Mat.*) die scheinbare Unthätigkeit Gottes beim Hilfsgeschrei der Leidenden, als Gegensatz zu der vorher beschriebenen richtenden Thätigkeit besagen, weil in diesem Fall zwar die beiden Fragesätze einen guten, aber V. 30 keinen annehmbaren Sinn gäbe, sondern es muss vom Einschreiten Gottes zu dem V. 30 angegebenen Zweck die Rede sein. Das erlauben auch die Ausdrücke: יַשְׁקִט ist nicht Ruhe u. Glück spenden Ps. 94, 13 (*Hgst.*), sondern *Ruhe schaffen* gegen die schreienden Gewaltthaten der Mächtigen, vgl. Jes. 14, 7. Ps. 76, 9, wogegen *Ruhe halten* d. h. den Frevlern keine Hilfe mehr geben (*Ew.*) einen V. 28 nicht ausgedrückten Gedanken einmischt; יַסְתֵּר פָּנִים ist ohnedem immer s. v. a. die Gnade entziehen, Zorn u. Ungnade fühlen lassen. Aber auch die Fragesätze haben dann ihren guten Sinn, weil El. hier sich auf Äusserungen Ijob's wie 9, 22f. bezieht (wie in V. 19—28 auf Cap. 24): an solchen allgemeinen Strafgerichten zum Zweck der Herstellung des Rechts — wer wollte da sich stossen? ויהוא] er (Gott) seinerseits, im Gegensatz gegen die Frevler V. 27f. Die Sätze והוא ישקט (Iprf.) u. ויסתר פנים (Vol.) haben den Werth von Bedingungssätzen (Ges. 109, 2ᵇ), zu denen מי den Nachsatz bringt: *und Er schafft Ruhe — wer will verdammen* (ihn?) Das genügt, u. braucht man weder dem ירשע die Bedeutung *turbabit* (Ros.) zu geben, noch ירעש *beunruhigen* (Hitz. Del.² Stud.) herzustellen, um einen direkteren (vgl. הסתיר u. שור) Gegensatz herzustellen. מי ישורני] *wer will ihn schauen?* d. h. den Zürnenden, der sein Gesicht abgewendet hat, gnädig stimmen, ihm gleichsam Gnade abzwingen? (Hrz.). ועל־גוי וג׳] *sowohl über einem Volk als über einzelne, zumal;* es gehört zu יסתר פנים, u. ist nur des Rhythmus wegen davon getrennt. יחד] nicht mit אדם (*die Menschen insgesammt*) zu verbinden (Vulg.), sondern die unter וְ — וְ gestellten Gegensätze zusammenfassend, wie unser *beides*. — V. 30 bringt die Zweckangabe nach: מן vor dem Inf. = *dass nicht,* sich anschliessend an ישקט ויסתר V. 29; im 2. Gl. muss מן desselben Sinnes sein, also nicht von 'פ יסתר V. 29 regirt, sondern = מִהְיוֹת (wie 1 Reg. 15, 13. Jes. 7, 8 u. s.), oder = מִמְּלֹךְ, also: *dass nicht herrschen ruchlose Menschen, nicht* (herrschen) *Fallstricke des Volks;* letztere jedenfalls dieselben mit אדם חנף, u. so genannt als Veranlasser des Verderbens ihrer Völker (Ex. 10, 7. Hos. 5, 1). Die Lesart מַמְלֵךְ (Theod. Trg.) erlaubt keine richtige Erklärung von ממקשי. Als Einwendung des Gegners (Stud. GHff.) lässt sich V. 29f. nicht fassen, ohne dem Wortlaut Zwang anzuthun, u. כי V. 31 kann auch keine Entgegnung einleiten. — c) Durch die 2 Fragen des V. 29 hat El. von dem Nachweis der Gerechtigkeit Gottes umgelenkt zum Tadel derer, welche sein gerechtes Walten meistern wollen oder beklagen, d. h. (nach dem Ausgangspunkt der ganzen Rede) zu Ijob selbst (vgl. V. 17), u. spricht nun zum Schluss über die unziemlichen u. strafwürdigen Reden, die Ij. zu u. über Gott gethan hat, das Endurtheil, welches nach seiner Überzeugung die verständigen Männer über ihn fällen werden, V. 31—37. — V. 31f. Um einen brauchbaren Sinn dieser 2 sehr dunkeln Verse haben die Alten sich vergeblich bemüht. Nach den meisten Neueren würden dieselben angeben, warum Gott so gegen אדם חנף verfahre, näml. weil dieser nicht die Worte gesprochen habe, die von נשאתי an folgen, Worte der Reue u. Busse. Aber wenn auch V. 32 den Anschein eines Sündenbekenntnisses hat, u. V. 31ᵇ sich ebenso fassen liesse, so wären doch für einen א־ח, den grausamen Unterdrücker seiner Untergebenen, die Worte dieses Sündenbekenntnisses so unpassend als möglich gewählt; ohnedem motivirt man die Bestrafung eines groben Sünders mit seinen Sünden, nicht mit seiner Unterlassung der Beichte u. des Besserungsvorsatzes. Vielmehr müssen sie (Schult. Ew. Hgst. Vo.) als Worte eines mit seinem Geschick Unzufriedenen, der dasselbe nicht verschuldet zu haben behauptet, erklärt werden, u. die Anknüpfung ist durch כי gemacht, weil die Unziemlichkeit des in מי ירשיעו und מי ישורנו gezeichneten Benehmens klar gemacht werden soll. האמר] kann nur 3 Prf. S. mit ה interr.

(vgl. 21, 4; Ez. 28, 9) sein, nicht Imper. Niph. (*Stick. Ha.*) u. nicht Inf. abs Niph. statt לֵהָאֵל (*Raš. Ros. Schl. Bick. GHff.*) = *dicendum est*; Subj. dazu ist aber nicht אִם אָמַר: *denn hat er zu Gott gesagt, wie er doch sagen sollte*? (*Hrz. Hitz. Stud.*), sondern irgend wer: *denn hat je einer* (21, 22. 30, 24) *zu G. gesagt*? sagt man auch zu Gott? nicht etwa zu Menschen, sondern zu Gott, darum אֶל־אֵל voraufgestellt. Die folgenden, anscheinend (*Theod., Schult.*) vom Pfand- u. Leihwesen hergenommenen Worte: *ich empfange* (heimbezahlt) *ohne zu pfänden* (22, 6. 24, 3. 9) sprichwörtlich zu deuten: der Bezahlung bin ich sicher, ich bekomme mehr u. schneller heimbezahlt (an Strafen der Sünden), als mir lieb ist (vgl. 10, 6. 14f. 13, 26), ist zu weit hergeholt. Auch נָשָׂאתִי *habe gewuchert* (*Kmph.*) würde nichts bessern. Im spätern Sprachgebrauch ist חבל *verderbt, übel handeln* (Neh. 1, 7 vgl. Dan. 6, 23), u. נשא häufig (*Ges.* th. 917) vom *Tragen der Sünde* d. h. *der Strafe der Sünde* gebraucht, u. da hier dieses Obj. aus אִם אֶחְבֹּל sich leicht ergänzt, so kann man (*Raš. Ges. Schl. Stud.*) erklären: *ich trage* (büsse), *will* (ferner) *nicht* (mehr) *übel thun*; oder, da עוֹד kaum fehlen könnte (s. V. 32), eher: *ohne übel zu thun* (*Ew. Hgst. Reu. Vo.*), nicht aber: *ohne gethan zu haben* (הִחְבַּלְתִּי). Die Fassung (Hos. 13, 1): *ich habe mich überhoben* (*Ha. Del.*), wäre nur möglich, wenn das Ganze ein Sündenbekenntniss wäre. Dagegen unzulässig ist: *ich trage das Joch der Sündenstrafe* (*Hrz.*) oder *des Gehorsams* (*Hitz.*), *werde* (dasselbe) *nicht abwerfen*, denn חבל על war überhaupt keine Redensart (trotz Jes. 10, 27), u. נשא על (Thr. 3, 27) nicht so gewöhnlich, dass man על sogar auslassen konnte. — V. 32. בִּלְעֲדֵי vor dem relat. אֲשֶׁר (*Ew.* 333ᵇ) vertritt mit diesem zusammen das sächliche Obj. zu אֶחֱזֶה: *das was ausser dem, was ich sehe = was ich nicht sehe, lehre du mich!* sc.: belehre mich über die Schulden, die ich haben soll, von denen ich aber nichts weiss! s. 13, 23f. Im 2 Gl. ist der Nachdruck auf אִם, u. das Ungebührliche liegt darin, dass er nur bedingt, wenn er Unrecht gethan haben sollte, Besserung zusagt; ein wirklich Bussfertiger wird das unbedingt thun. In der That war das höchste, wozu sich Ij. herbeiliess, vereinzelte Verfehlungen von seiner Seite als möglich hinzustellen 7, 20. 19, 4. פָּעַל] in diesem B. nur bei Elihu, s. schon V. 10, aber 36, 23 פָּעַל wie 6, 29f. 11, 14. 13, 7. — V. 33. Fortsetzung des Tadels der ungebührlichen Stellung, die Ij. zu Gott einnimmt; er redet ihn jetzt geradezu an. Nach הֲמֵעִמְּךָ (mit *Hrz.* a.) einen Gedanken wie „sprich es aus, wie er Vergeltung üben solle" hinzuzudenken, damit die 2 folgenden Sätze mit כִּי sich als Begründung desselben verstehen lassen, ist weder nöthig noch auch räthlich, da jener Gedanke am Ende des V. wirklich ausgedrückt ist; vielmehr ist כִּי beidemal das folgernde כִּי, jedoch das 2. Mal nicht mehr blos von הֲמֵעִמְּךָ, sondern von הֲמֵעִמְּךָ כִּי מָאַסְתָּ abhängig: *soll nach deinem Sinn* (עִם wie 27, 11. 10, 13. 9, 35) *er es* (wie 33, 14) sc. das Thun der Menschen *vergelten, dass du verschmäht* d. h. zurückgewiesen, mit Unzufriedenheit aufgenommen *hast*, näml. seine Art zu vergelten, *so dass du wählen*, d. h. eine bessere Art der Vergeltung vorschlagen *musst, und nicht ich! Und was weisst du denn? rede*, oder: *und was du* nur immer (Jud. 9, 48) *weisst, sprich aus!* אני] Elihu fühlt sich als Anwalt Gottes, der dessen Sache vertritt; dass er, wie ein Profet, sein Ich in das Ich Gottes übergehen lasse (*Raš. Ros. Ew.*), braucht man nicht anzunehmen. — V. 34ff. El. seinerseits ist überzeugt, dass jeder Verständige u. Weise (s. V. 2 u. 10), der ihm zuhört, zu ihm sagen werde, wie von V. 35 an folgt. השכיל] ebenso Jer. 3, 15, sonst הַשְׂכֵּל Prov. 1, 3 u. ö., Inf. abs. Hiph. (*Ges.* 53 A. 2), der die Bedeutung eines gewöhnlichen Abstr. angenommen hat (*Hrz.*). Vielleicht war die Aussprache הַשְׂכִּיל beabsichtigt (*Olsh.*). — V. 36. Ob hier u. V. 37 die Rede verständiger Männer noch fortgeht (*Ew. Ha. Bick.*), oder Elihu von sich aus redet (so die meisten), ist nicht ganz sicher; für das erstere spricht, dass von Ij. noch immer in der 3. prs. gesprochen wird, während Elihu ihn anzureden pflegt. אבי] nicht *mein Vater!* (*Vulg.*, *Saad. Luth.*, *Hrz. Hgst.*), als Anrufung Gottes, denn El. nennt zwar mehrmals Gott „seinen Schöpfer" (32, 22. 36, 3), aber nirgends im AT. redet ein einzelner Gott אָבִי an, geschweige dass es als Interjection, etwa wie unser *mein Gott!* stehen könnte; vielmehr muss es Wunschpartikel sein (*Död. Schär. Ew. Ha. Del.* a.), wie wohl auch 1 S. 24, 12. Als solche ist es freilich nicht von angeblichem אָבָה *Wunsch* (vielmehr *wollend*) = *mein Wunsch* ist (*Trg., Qi. Umb. Schl.*), abzuleiten, auch nicht mit אֲבוֹי Prov. 23, 29 zusammenzustellen oder gar so zu lesen (*GHff.*), da dieses vielmehr *ach! wehe!* bedeutet, wohl aber mit בִּי in der häufigen Phrase בִּי אֲדֹנִי, über deren muthmassliche Ableitung sei es von בָּעָה, sei es von einer √ א־ב oder בי s. *Ges.* th. 222 u. *Wetzst.* bei *Del.*[2] 461ff., der es im Mund syrischer Araber hörte (auch flectirt: abi, jebi, tebi, nebi). Das οὐ μὴν δὲ ἀλλά der LXX, womit sie gewöhnlich אולם(!) übersetzen, beweist nicht ursprüngliches אֲבִי (*Hitz.*), da sie jene Formel auch sonst von sich aus einsetzen (27, 7 vgl. 21, 17). Eine Wunschpartikel ist hier unentbehrlich. *O würde doch Ij. fort u. fort* (23, 7) *geprüft* (7, 18), d. h. in seiner jetzigen Prüfung so lange verbleiben müssen, bis er solche Reden zu führen verlernt hat, *ob der Erwiederungen* (21, 34; näml. auf die Reden der Drei), *die unter Sündenleuten* zu Hause sind, wie man sie unter dergleichen zu hören gewohnt ist, also nach Art der Sündenleute (vgl. V. 8). ב] wie 36, 14; כ einiger Mss. ist Conjectur. — V. 37. Begründung dieses Wunsches: *weil er zu seiner Sünde*, für die er leidet, noch *Frevel hinzufügt* (durch seine Reden gegen Gott), *mitten unter uns klatscht* d. h. höhnt (27, 23), *u. viel Redens macht gegen Gott*, natürlich höhnisches, unehrerbietiges. יספק] anders als V. 26, ist aus ספק כפים (27, 23) abgekürzt, freilich nur hier so; indessen פֶּשַׁע als Obj. dazu gezogen (*Hitz.*: Abfall kräht er unter uns!) taugt gar nicht. Über das verkürzte Iprf. Hiph. ירב s. zu 18, 9.

Auch über diese Rede des El. kann nicht günstiger als über die erste geurtheilt werden. Was er beweist, ist die göttliche Gerechtigkeit im allgemeinen, u. diese haben auch die Drei immer festgehalten. Aber Ij. meinte, dass nicht alles, was in der Welt geschieht, aus der Gerechtigkeit Gottes erklärt werden könne, u. so auch sein Fall nicht. Dagegen hat El. hier nichts vorgebracht; er hat auf den besondern Fall

Ijobs sich gar nicht eingelassen, oder so weit er ihn berührte, dasselbe behauptet, was die Drei, dass er um seiner Sünde willen leide (V. 37). Die Rüge aber der unziemlichen Äusserungen Ijob's gegen Gott hatten auch schon die Drei nicht unterlassen, u. wird weiterhin (C. 38 ff.) Gott selbst aussprechen. Vollends der Wunsch V. 36 steht dem Urtheil Gottes 42, 7 geradezu entgegen.

c) Die dritte Rede Elihu's, Cap. 35.

Mit Anschluss an eine aus Ijob's Reden gezogene Folgerung, dass die Frömmigkeit dem Menschen nichts nütze, sucht er nachzuweisen, dass dieselbe allerdings ihm zum Heile ausschlage, wie ihr Gegentheil zum Schaden, V 1—8, dass aber die Fälle, wo jemand vergeblich um Rettung von Gewaltthat schreie, aus der Mangelhaftigkeit seiner Gottesfurcht sich erklären, u. vollends, wenn man in so rechthaberischer Weise, wie Ij., zu Gott rede, keine Hilfe von ihm zu erwarten sei V. 9—16. Sofern den Ausgangspunkt dieser Rede ein schon in der vorigen (34, 9) angezogener Satz Ijob's bildet, könnte sie als ein Anhang zur vorigen erscheinen; aber ganz dasselbe Verhältniss ist auch zwischen 34, 5 f. u. 33, 10 f., ohne dass man darum die zweite als einen Anhang der ersten ansehen dürfte. In Wahrheit hängen alle diese 3 Reden unter sich enger zusammen, u. die Vermuthung (*Köst. Schl.*), dass 35, 1 ein späteres Einschiebsel sein möchte, ist untreffend. — In LXX sind V. 7ᵇ—10ᵃ. 12ᵃ. 15 f. aus *Theod.* ergänzt. — V. 1 s. 34, 1. — V. 2 f. Hervorstellung der Behauptung Ijob's, die widerlegt werden soll. הזאת] vorausgestellt, weil als Obj. zu beiden Gl. des V. gehörig; es weist auf V. 3 hin, wo es durch מה כי erklärt wird. Die Meinung ist nicht: hältst du das für gültig u. glaubst vor Gott Recht zu haben damit, dass du sprichst u. s. w. (*Hrz. Hitz.*), sondern: *hast du das für Recht erachtet* (33, 10), „meine Gerechtigkeit vor Gott" *genannt* (oder: mit צדקי מאל gemeint), dass du sagst u. s. w.? Du rühmst dich immer deines Rechts gegenüber von Gott: setzest du vielleicht, fragt er höhnisch, darin die Gerechtigkeit deiner Sache, dass du die folgende Behauptung aufstellst? כי hier anders als 4, 17 u. 32, 2, nämlich comparativ zu verstehen, ist kein Grund vorhanden; auch braucht man nicht צדקתי für צדקי (*Olsh.*) zu lesen. — V. 8. Mit לך ist natürlich nicht Gott (*GHff.*) angeredet. Vielmehr ist in Gl. 1 indirekte Frage, die in Gl. 2 in direkte übergeht (ähnlicher Wechsel 19, 28. 22, 17). Da so beide Glieder getrennt sind, so kann nicht מה־אסכן auch zum 1. Gl. gehören, u. in diesem nicht מה Subj. sein (*Hrz.*), sondern מה ist Obj., u. Subj. ist nicht צדקך in V. 2 (*Del.*), sondern aus 34, 9ᵇ zu ergänzen: *was es*, das Frommsein, *dir nütze? u. was Gewinn habe ich* (21, 15) nicht: *von m. S.*, sondern comparativ *vor meiner Sünde?* d. h. durch Frommsein mehr als durch Sündigen? Übrigens s. zu 34, 9. Die Meinung der 2 Verse ist: ein wirklich Gerechter kann so nicht sprechen. — V. 4. Darauf will *ich* eine Antwort geben; אני mit Selbstgefühl hervorgehoben. אשיבך] s. 33, 32. *Deine Freunde bei dir* können nur die Drei sein; für sie ist רעים im B. der technische Ausdruck (2, 11.

19, 21. 32, 3) u. sie sind *bei ihm*; die אִישׁ אֵין 34, 8. 36, die manche (*Umbr. Del. Hgst. Vo.* a.) hier verstehen wollen, sind nicht bei ihm. Er will den Satz Ijobs besser widerlegen, als sie (s. 22, 2 ff.). — V. 5—8. Die Widerlegung. Sie ruht auf folgendem Schluss: jemandem muss die Frömmigkeit nützen, so wie die Sünde schaden. Nun ist aber Gott zu erhaben, als dass er von des Menschen Frömmigkeit oder Sünde berührt werden könnte; also kann es nur der Mensch sein, welcher von der einen den Gewinn, von der andern den Schaden hat (*Hrz.*). Damit führt er aber nur Gedanken des Elifaz (22, 2 ff.) u. Ijob's selbst (7, 20) aus. — V. 5. Er heisst ihn den Himmel u. die lichten Wolken hoch über dem Menschen anschauen, d. h. die Erhabenheit Gottes, der dort oben u. über jenen thront, bedenken. Diese Wendung ist eine Reminiscenz aus 11, 7—9 u. 22, 12. שְׁחָקִים] 38, 37; bei Elihu auch 36, 28. 37, 18. 21. — V. 6 f. Zum Ausdruck vgl. 7, 20; über den Sinn zu 22, 2 ff. תִּפְעָל־בּוֹ] zu der ungewöhnlichen Form תִּפְעָל statt תִּפְעַל s. *Ges.* 64, 2; mit בְּ = *thun an einem*, einem *anthun*, nur hier so (mit לְ 7, 20. 22, 17). וְרִבּוּ] *Ges.* 67 A. 12. אוּ] 16, 3. 38, 5 f. u. ö. — V. 8. Dem Mann wie du d. h. deinesgleichen nur ist *dein Frevel*, u. dem Menschensohn d. h. wieder dir, dem Sterblichen im Gegensatz gegen Gott (nicht etwa: dem Nächsten) *deine Gerechtigkeit*; רֶשַׁע u. צְדָקָה mit ihren Folgen gehören dem zu, der sie gethan. — V. 9. Dem V. 8 Gesagten scheint nun freilich zu widersprechen, dass so manche Klage über Gewaltthat u. Bedrückung ungehört verhallt (vgl. Ijobs Beschwerde 24, 12), so dass man wirklich denken könnte, das Unrecht werde nicht bestraft, u. die leidende Unschuld nicht gerettet, der Frevler sei also nicht schlimmer daran als der Gerechte. Diesen Einwurf macht El. hier selbst, um ihn V. 10 ff. zu widerlegen. עֲשׁוּקִים] *Bedrückung*, als Abstr. mit der Pluralform, auch Am. 3, 9; Qoh. 4, 1. יְשַׁוֵּעוּ] das Hiph. *ein Geschrei machen*, in diesem B. nur bei Elihu, neben צָעַק V. 12 (19, 7. 31, 38). מִן] beidemal den Anlass oder Grund einführend. זְרוֹעַ] wie 22, 8, als Werkzeug der Gewaltthat. רַבִּים] wenn *Grosse*, *Mächtige* (vgl. 32, 9) gemeint sein sollten (*Vulg.* u. die meisten Neueren), so wäre der Ausdruck wenigstens schlecht gewählt, da im 1. Gl. מֵרֹב *wegen der Menge* vorangeht. — V. 10—13. Widerlegung des Einwurfs: der Grund dieser Erscheinung ist in den Klagenden selbst zu suchen; nämlich, wie viele klagen, u. sind doch weit entfernt, in Gott ihr alleiniges Heil zu suchen! sie wollen nur, dass ihnen *geholfen* werde, aber um Gott sich zu kümmern, u. ihn als den Herrn aller Hilfe anzuerkennen, daran denken sie nicht; solche mögen immerhin schreien, Gott erhört sie nicht (*Hrz.*). V. 10. וְלֹא־אָמַר] *aber man* (oder: *ein solcher*) *hat nicht gesagt* vgl. 34, 31; Prf., näml. auch schon in der Zeit vor der Unterdrückung. אַיֵּה אֱלוֹהַּ] wie Jer. 2, 6. 8 Frage der Gott Suchenden (*Hrz.*). עֹשָׂי] das Suff. des Plur. nach *Ges.* 124, 1° Anm. 'וג נֹתֵן] *der durch plötzliche Rettungen Anlass für Lobgesänge verleiht in der Nacht* des Unglücks u. darum suchenswerth wäre; nicht: der in den Wundern der Nacht zu seinem Lob Anlass u. Stoff gibt (*Stick. Ha.*). — V 11. מַלְּפֵנוּ] syncopirt (*Ges.* 68, 2 A. 2), wenn nicht verschrieben aus מֵאַלְּפֵנוּ. מִן] führt nicht die Erkenntnissquelle ein, so dass hier von der durch die Thierwelt vermittelten Erkenntniss Gottes (*Ha.*), oder gar der Pflicht u. Kunst des Betens (Ps. 104, 21. 147, 9) die Rede wäre (*Del.*) nach 12, 7, denn die Erinnerung an eine so specielle Erkenntnissquelle wäre hier schwach u. dem Zusammenhang fremd, sondern מן ist compar.: *der uns unterrichtet* (15, 5) *im Vorzug vor den Thieren der Erde, u. vor den Vögeln des Himmels uns weise macht,* d. h. der uns Vernunft gibt — u. darin besteht eben unser Vorzug vor den Thieren — ihn zu erkennen, u. dessen Hand u. Wink wir daher auch in allen Verhältnissen des Lebens anerkennen sollen. — V. 12. *Da* d. h. wo es sich also mit den Menschen verhält (23, 7), schreien sie vergeblich, ohne dass Gott sie erhört, über den sie bedrückenden Übermuth der Bösen (vgl. V. 9). מפני גאון] ist nicht mit לא יענה zu verbinden, so dass hier der Hochmuth der Schreienden als Grund ihres Nichterhörtwerdens (*Hrz. Schl. Hitz.*) geltend gemacht würde, denn unmöglich können sie, die unschuldig Bedrückten, geradezu רעים genannt werden, sondern mit יצעקו (Jes. 19, 20), u. den Grund, warum Gott sie nicht erhört, deutet er V. 13 an. — V. 13 spricht den Grundsatz aus, nach welchem Gott in solchen Fällen nicht erhört. אך] gehört nicht zu שוא „das nur Eitle" (*Ha. Kmph.*), worin läge, dass Gott, was halb eitel ist, erhörte, sondern zum ganzen Satz: *nur Leerheit oder Nichtigkeit*, eitles leeres Klagen (Jes. 1, 13; *Hitz.* falsch: Verruchtheit) *erhört Gott nicht* (ein rechtes Gebet erhört er wohl), *u. der Allmächtige schaut nicht drauf* (33, 14), beachtet's nicht; לא ישורנה näml. neutrisch (34, 33. 33, 14), auf יצעקו V. 12 bezüglich; denn שוא ist masc. Unmöglich kann אך שוא für אך כי הוא שוא stehen (*Wtt. Stud.*: doch Lüge ists, dass er nicht höre; worauf V. 14 sagen soll: nein wenn du meinst, dass er's nicht achte, hat er die Strafe schon beschlossen, u. du kannst sein gewärtig sein). — V. 14 Folgerung aus V. 13 in Betreff der Nichterhörung Ijob's: nichtige Klagen erhört Gott nicht, wie viel weniger rechthaberische Herausforderungen! *Nun gar* (אף wie 4, 19) *da* (כי, wie Ez. 15, 5) *du sagst, du schauest ihn nicht* (34, 29), d. h. er entziehe sich dir absichtlich (23, 8 ff. vgl. 24, 1), *das Gericht sei vor ihm*, ihm vorgelegt, *u. du wartest darauf* (oder: *auf ihn*)! vgl. 13, 18—24. 23, 3 ff. 31, 35—37. So jetzt auch Reu. *GHff.* דין] nur bei Elihu, im übrigen B. ריב, s. zu 19, 29. תחולל] auch חיל *warten* nur bei El., sonst im B. יחל (vgl. auch zu 32, 11). Zur indirekten Rede vgl. V. 3 u. 19, 28. Dass mit תשורנו u. תחולל nicht Gott angeredet wird (*Ew.*), ergibt sich aus לו, das sonst לי heissen müsste. Ferner dass das 2. Gl. nicht Worte Elihu's zur Berichtigung u. Ermahnung an Ijob sein können: *der Streit ist vor ihm, keineswegs von ihm unbeachtet, aber du sollst seiner harren, seine Entscheidung ruhig abwarten!* (*Ros. Hrz. Schl. Del. Bud. Vo.*), oder *das Gericht ist vor ihm, harre sein nur!* (*Ha.*), ergibt sich daraus, dass dann ועתה V. 15 als Folgerungspartikel sich nicht anschliessen würde, dass diese zahme Ermahnung zu V. 15 f. u. zu dem Ton, in welchem El. zu Ijob überhaupt spricht, sehr wenig passte, so wie dass der Rythmus des V. gänzlich verloren gienge. Fasst man aber mit Rücksicht darauf אף כי im 1. Gl. als *etiamsi* (*Schl. Del.*), was jedoch אף

כִּי nie sonst bedeutet, auch Neh. 9, 18 nicht) oder als *und wenn* (*Hgst.*), so löst man den Zusammenhang zwischen V. 13 u. 14. *Hitz.*, der fälschlich V. 13 als Einwurf des Gegners fasst, zwingt dem V. 14 auf, die Erwiederung darauf sein zu müssen: *ja* (!), *wenn du sagtest* (!), *du schauest ihn nicht* (diesen correkten Ausdruck gebrauchtest; aber den hat er ja gebraucht, s. oben), *so liegt die Rechtssache ihm vor u. du magst sein harren.* — V. 15 f. Wenn also Ij. aus dem verzögerten oder unterlassenen Einschreiten Gottes gegen die Verkehrtheiten folgert, dass er sie nicht beachte (24, 12), so redet er damit eitel u. unverständlich. Manche nehmen V. 16 als Nachsatz zu V. 15 (*Ros. Stick. Schl. Ha. Reu.*), aber das erlaubt schon die Stellung des Subj. in V. 16 nicht (zu Neh. 9, 18 f. s. *Bertheau*), u. der Gedanke „aber jetzt, weil Gott noch nicht einschritt, macht Ij. eitle Worte" wäre als Abschluss der Rede wenig passend. Vielmehr muss V. 15 einen in sich geschlossenen Sinn geben, u. das 2. Gl. den Nachsatz zum ersten bilden (*Ew.* 345ᵃ), V. 16 aber ein Schlussurtheil über Ijobs Reden enthalten, wie 34, 34 ff. In V. 15ᵃ kann אַף nicht Obj. zu פָּקַד u. nicht „der Zorn Ijobs" (18, 4. 36, 13. 18) damit gemeint sein (*Ha. Kmph.*), weil daraus, dass Gott *seinen* Unwillen nicht beachtet oder gestraft hat, Ijob die Aussage des 2. Gl. nicht gefolgert hat, sondern es ist Subj. zu פָּקַד; das Suff. bezieht sich auf Gott, u. פָּקַד steht entweder ohne Obj. (wie 31, 14), oder liegt dieses in אַיִן. *Und nun weil nicht der Fall ist dass* oder *weil nicht ist was* (*Ew.* 321ᵇ) *sein Zorn gestraft hat* (das naheliegende אֵין אַפּוֹ, von *Hitz. Bud.* vorgezogen, scheint vermieden, weil es aufs Prf. ankam) d. h. weil er vermöge seiner Strafgerechtigkeit noch nicht eingegriffen hat in die V. 9 ff. geschilderten Verhältnisse, so „*weiss er nicht sehr wohl* (Ps. 139, 14) *um* (s. 12, 9), *kümmert sich nicht um den* פַּשׁ", letzteres als Worte Ijobs zu verstehen (mit Beziehung auf 24, 12), u. dem letzten Sinn nach dasselbe was 35, 3 (s. zu 34, 9), so dass er hiemit zum Ausgangspunkt der Rede zurückkehrt. Die interrogative Fassung: *sollte er nicht wissen?* (*Del. Vo. Bick.*) liegt beim Prf. יָדַע ferner. פַּשׁ] nur hier, keinesfalls *Menge* (Rabb.), wird nothdürftig erklärt theils als *Albernheit* wie רַבָּב 24, 12 (*Cocc. Ew. Hrz. Hitz.* nach arb. *fasfás, faśś, fáśúś*), theils als *Übermuth* (*Ros. Stick. Ha. Schl. Del. Hgst. Vo.*, nach פּוּשׁ, bez. arb. *faśśa*); wahrscheinlich aber ist es verdorben, u. zwar aus בְּפֶשַׁע (*Theod. Sym. Vulg.*, Houb. Reu. Stud. GHff.*), nicht aus פֶּשַׁע (*Peś.*), oder יַחְקֹר *er forscht* als Asynd. zu יֵדַע (*Böttch.* NÄ. III. 67 f.). Möglicherweise sind zwischen Gl. 1 u. 2 zwei Halbverse ausgefallen, obgleich die Unklarheit des jetzigen Textes gerade bei Elihu am wenigsten auffällt. — V. 16. Schlussurtheil. *Ijob aber eine Eitelkeit* (9, 29. 21, 34) d. h. *eitel, zu leeren, grundlosen Reden reisst er seinen Mund auf,* (anders Thr. 2, 16. 3, 46), *ohne Einsicht macht er grosse Worte,* oder aber *viele Worte,* sofern nach 36, 31 (vgl. 31, 25) יַכְבִּר bei Elihu allerdings = יַרְבֶּה 34, 37 sein kann; יַכְבֵּר (*Theod. Sym.*, auch hbr. MSS.) ist Lese- oder Schreibfehler. In Gl. 1 wäre es Künstelei, הֶבֶל als Objectsaccusativ (Ps. 66, 14) u. פֶּה, wodurch אִיּוֹב wieder aufgenommen würde, als Subj. zu verstehen (*Ew.*). — Wenn Elihu im 1. Theil dieser Rede wesentlich nur die Gedanken von Elifaz weiter ausführt, so fasst er dagegen im 2. Theil ein von Ijob hervorgekehrtes, aber von den Dreien unbeantwortet gelassenes Räthsel (dass so oft Böse herrschen u. die Unschuldigen bedrücken dürfen) an, u. *sucht* es zu lösen. Indem er aber für die Lösung keinen anderen Schlüssel weiss, als den Mangel an Gottesfurcht der Unterdrückten, zeigt er wiederum seine Unfähigkeit, sich zum Standpunkt der Lehre des Gedichtes selbst zu erheben.

d) Die vierte Rede Elihu's, Cap. 36f.

Nachdem Elihu in den bisherigen 3 Reden die groben Irrthümer Ijobs namhaft gemacht u. widerlegt hat, entwickelt er in der letzten u. längsten frei u. ausführlich, ohne ausdrückliche Anknüpfung an einen solchen Irrthum, seine Ansicht von der in den Leidenssendungen thätigen, ebenso gnädigen als gerechten Machtentfaltung Gottes, vor welcher der Mensch zu seinem eigenen Heil sich beugen müsse, indem er, nach einem kurzen Eingang 36, 2—4, ihm auseinandersetzt, wie Gott, nicht minder liebreich u. gerecht als mächtig, keinem Frommen sich entziehe, auch durch die Leiden seine Besserung u. sein wahres Beste suche, u. nur dem Trotzigen sie zum Verderben ausschlagen lasse 36, 5—15, u. ihn geradezu ermahnt, in diesem Sinne sein Leiden an sich wirken zu lassen 36, 16—25; sodann aber in eine Betrachtung u. Lobpreisung der Herrlichkeit Gottes in den Wundern der Natur übergeht 36, 26—37, 13, um wiederum mahnend dem Ijob an's Herz zu legen, wie er mit diesem unbegreiflichen Gott sich nicht messen könne, sondern in Ehrfurcht u. Demuth ihm sich unterwerfen müsse 37, 14—24. Demnach zerfällt die Rede in 2 grosse Haupttheile 36, 5—25 u. 36, 26—37, 24, in deren jedem er von der Erörterung zur Anwendung auf Ijob übergeht. — In LXX sind 36, 5ᵇ—9. 10ᵇ. 11. 13. 16. 20. 21ᵇ. 22ᵃ. 24ᵇ 25ᵃ. 26. 28ᵃ. ($ῥνήσονται\ παλ.$). 29—33. 37, 1—5ᵃ. 6ᵇ. 7ᵃ. 10ᵃ 11. 12ᵃ. 13. 18. 20ᵇ ($τηλ. — παλ.$) erst aus *Theod.* nachgetragen.

Der Eingang 36, 1—4: Elihu hat zu Gottes Rechtfertigung noch mehr, u. wie er versichert aus umfassendem Wissen Geschöpftes, unfehlbar Richtiges vorzubringen. V. 1. נפש] nicht יאמר, wie bisher, weil Ij. in C. 35 nicht zum Reden aufgefordert war (s. 34, 1). — V. 2. Eigenthümliche Ausdrücke sind hier das rein aram. כתר = hbr. חכה oder קוה, das auch Jes. 28, 10. 13 vorkommende Deminutiv (*Ew.* 167ᵃ) זעיר = מצער; über אחוך s. zu 32, 6. Ij. soll noch ein wenig warten, nicht mit seinem Sündenbekenntniss (*Hgst.*), auch nicht bis El. seine Gedanken sammle (*Hrz.*), sondern dass er ihn belehre; er soll der Belehrung noch eine Weile zuhören, *denn noch* gibts *Worte für Gott* (Dat. comm.), es ist noch mehr für Gott zu seiner Rechtfertigung zu sagen. Unpassend *Schl. Hgst.*: noch hat Gott Worte oder Antwort; frostig: noch hat Elihu (מלים) Gründe (*GHff.*). — V. 3. אשא] 32, 6. למרחוק] nicht: *fernhin* (39, 29). zu dem der gemeinen Fassungskraft fernliegenden will er sein Wissen erheben (*Del.*²), sondern *fernher* (*Ew.* 218ᵇ), wie Jes. 37, 26, will er sein Wissen entnehmen (1 R.

10, 11), *altius repetendo* (*Merc.*); in umfassender Weise, in freiem Aus- u. Überblick über die Sachen, seinem *Schöpfer* (פֹּעֵל nur hier so gebraucht) *Recht geben*, d. h. *verschaffen* (V. 6. Gen. 39, 21. 1 R. 21, 7) — V. 4. Auf das, was El. vorbringen wird, mag Ij. um so mehr warten, da es sicher nur Wahrheit u. untadelige Erkenntniss enthält. Da דֵּעָה *Wissen* u. nicht *Gesinnung*, u. תָּמִים nicht an sich schon *redlich* oder *aufrichtig* bedeutet, so ist auch תְּמִים דֵּעוֹת nicht ein *redlich Denkender* (*Ros. Umbr. Stick. Hrz. Ha. GHff.*) vgl. 33, 3, sondern einer von *vollkommenen* oder *untadeligen Erkenntnissen* (vgl. dasselbe, von Gott gebraucht, 37, 16); ein solcher, sagt er, *ist bei dir*, spricht mit dir. Er meint damit sich selbst. דֵּעוֹת] im B. nur hier (vgl. 1 S. 2, 3). — 1) *Der erste Theil* V. 5—25. a) *Die Erörterung* über das sowohl gerechte als gnädige, das Heil der Menschen bezweckende Walten des erhabenen Gottes, V. 5—15. — V. 5—7. Die leitenden Sätze darüber. V. 5. יִמְאָס] objectlos wie 42, 6; irrthümlich haben *Vulg. Luth.*, zumal da in vielen MSS. u. Ed. ְ von וְלֹא fehlt, כַּבִּיר als Obj. dazu genommen. *Siehe Gott ist* allerdings *gewaltig* (34, 17), gross u. mächtig, *aber er verschmähet nicht* (s. 8, 20), hält nichts u. niemand für zu klein, um sich darum zu kümmern, hält auch das Recht des Geringsten heilig (V. 6ᵇf.); seine Grösse thut seiner Gerechtigkeit u. Liebe keinen Eintrag (wie Ij. behauptet hat, C. 9 u. s.); ist *gewaltig an Kraft des Verstandes* (34, 34), u. vermöge dieser überlegenen Geisteskraft mit seinem Wissen alles umfassend (34, 21—24), alles mit Weisheit ordnend; s. übrigens schon 12, 13. כַּבִּיר כֹּחַ] s. 15, 10; es kann aber auch gegen die Acc. als st. c. Kette genommen werden. — V. 6. Diese wachsame Gerechtigkeit beweist er sowohl an Frevlern, sie nicht erhaltend (gegen 24, 22ff.), sondern dem verdienten Verderben anheimgebend (34, 19ff.), als auch an den leidenden Frommen (vgl. zu עָנִי V. 15 mit V. 13), ihnen ihr Recht gewährend. — V. 7. Ausführung von V. 6ᵇ, indem der צַדִּיק, von dem er die Augen (oder nach LXX V. 17 κρίμα דִּין) nicht abzieht (15, 4. 8), für die עֲנִיִּים gesetzt wird. *Und sogar bei Königen auf den* (Ps. 9, 5) *Thron — da* (*Ew.* 344ᵇ) *lässt er sie sich setzen auf immer, dass sie erhöht sind*, vgl. 5, 11; 1 Sam. 2, 8; Ps. 113, 7f. Er gibt damit an, bis wie weit sich, freilich nicht immer, aber doch in einzelnen Fällen, Gottes Fürsorge für die Gerechten erstreckt. Dagegen אֶת־מְלָכִים als Acc. zu וַיֹּשִׁיבֵם verstanden (*Vulg., Luth. GHff.*), ergibt sich eine dem Grundgedanken dieser Verse fremde Aussage; bei der Fassung: *Könige* für den Thron d. h. *die den Thron verdienen, lässt er sitzen* (*Ew.*), wird zwar die Beziehung auf die Gerechtigkeit, nicht aber die auf die Freundlichkeit Gottes gegen den Frommen festgehalten, auch ist sie sprachlich zu schwierig. — V. 8—12. Sind sie aber in Leidensbanden gefangen, so ist das eine Zucht zu ihrer Besserung, über deren Sinn sie Gott nicht unaufgeklärt lässt; wenn sie sie an sich wirken lassen, kommen sie noch zu hohem Glück, im andern Fall ereilt sie das verdiente Verderben. V. 8. וְאִם־אֲסוּרִים] das Subj. ist nicht ausgedrückt; gemeint sind die צַדִּיקִים des V. 7. Zu dem *Gefangensein mit Stricken des Elends* vgl. Jes. 28, 22; Ps. 73, 4. 107, 10, auch Ij. 13, 27. Auch die זִקִּים *Fusseisen, Fesseln* des 1. Gl. sind wohl schon bildlich gedacht (vgl. V. 13), obwohl auch die unbildliche Fassung (vgl. 12, 18) einen guten Sinn hätte, u. manche geradezu eine Anspielung auf die ins Exil geführten Gerechten hier finden. — V. 9 f. Wenn man auch in Anbetracht theils des Impf. cons., theils des Umstands, dass der Inhalt von V. 9 f. als schon aus 33, 14 —29 bekannt vorausgesetzt werden konnte, V. 9 f. noch zum Vordersatz der Bedingung ziehen könnte (*Trem. Cocc. Schult. Ew. Bick.*), so ist doch die Abzweckung dieser Rede dem nicht entgegen, schon bei V. 9 den Nachsatz zu beginnen, u. der Satzbau wird dann gefälliger. Also: *so hat er kundgethan* d. h. *thut er damit ihnen ihr Thun kund* (33, 23) sc. als ein übles (s. 33, 17), *u. ihre Missethaten, dass sie nämlich sich überhoben* (15, 25), *u. öffnet ihr Ohr für die Zucht* (33, 16), *u. sagt* (9, 7), *dass sie sich bekehren sollen* (wie V. 24. 37, 20; *Ew.* 136g) *von dem eiteln Wesen*, d. h. so ist solche Schickung für sie eine thatsächliche, zugleich durch innere Zusprachen ihnen erklärte, heilsame Mahnung zur Busse. — V. 11 f. Dann kommt alles darauf an, wie sie solche Mahnung aufnehmen. Zur Alternative vgl. Jes. 1, 19 f. (*Hitz.*). *Wenn sie da hören* auf die Zucht u. Mahnung, *u. sich unterwerfen*, sich in Gehorsam fügen (Ps. 2, 11; auch 1 R. 12, 7), *so bringen sie ihre Tage zu Ende im Glück, u. ihre Jahre in Annehmlichkeit.* בנעימים] als neutr. *amoena* s. Ps. 16, 6 (*Ew.* 172b). Statt בלי haben viele MSS. u. Edd. בלי, s. 21, 13. Zum Sinn s. 33, 25—28. — V. 12. בשלח כי] s. 33, 18. בבלי דעת] *in* oder *durch* Unverstand 35, 16 (s. 4, 21). Ihre Unbussfertigkeit macht, dass das zu ihrem Heil geschickte Leiden ihnen vielmehr den Untergang bringt. — V. 13—15 werden die beiden Classen nach ihrem Verhalten u. nach dessen Folgen für sie noch einmal einander entgegengesetzt, in umgekehrter Ordnung. Aber die Adversativpartikel vor V. 15 (von den Erkl. meist einfach hinzugedacht) fehlt; nicht einmal das vom Gegensatz getroffene Nomen ist vorangestellt. Vermuthlich ist erst nachträglich (um V. 16 nicht sofort auf V. 13 f. folgen zu lassen) eine Umstellung vorgenommen, u. stand urspr. V. 15 vor 13 f. *Er reisst den Leidenden* (V. 6) *heraus durch* (nicht: *in*, statt dessen vielmehr מ stehen müsste) *sein Leiden* (vgl. die Ausführung 33, 14—28), nicht (*Hitz.*) durch seine Demuth im Gehorchen (11a), *u. öffnet in* (33, 16) oder hier besser *durch die Drangsal* (לחץ Wortspiel zu יחלץ) *ihr Ohr* (־ָם, weil עני == עניים). ויגל] s. zu 13, 27. *Aber die unheiligen Sinnes* (34, 30) *hegen Zorn, schreien nicht wann er sie bindet* (V. 8), *so dass hinsterben muss ihre Seele in der Jugend, u. ihr Leben unter* (34, 36) *den* d. h. wie der *Geschändeten.* אף ישימו] sehr künstlich gesagt; schwerlich nach dem Arab. *nasum ponunt*, sind trotzig (*Schult.*), auch nicht: *sie legen* als Vorrath *an*, häufen *den Zorn* Gottes (IE., *Ros. Ges.* th. 1325; vgl. Rom. 2, 5) was שים sonst nie bedeutet, auch wohl nicht *setzen == wirken* (*Hgst.*), == *pflanzen* (*Hitz.*), == *anlegen* 24, 15 (*Bud.*), sondern eher mit hinzugedachtem בלב (22, 22; Ps. 13, 3; Prov. 26, 24) *sie hegen* (*Umb. Hrz. Ha. Stick. Del.* a.), oder im kriegerischen Sinn: *sie stellen auf* (1 R. 20, 12), setzen entgegen *Zorn*; jedenfalls ist unter אף der Unmuth u. die Empörung über Gottes

Wege (vgl. V. 18 u. 18, 4) gemeint. ישועי] sc. *zu Gott*, was freilich gesagt sein sollte (s. 30, 20. 38, 41), da es an sich im Ausdruck nicht liegt (s. 35, 9), u. Stellen wie Jon. 2, 3. Jes. 58, 9 nicht vergleichbar sind; s. übrigens zu V. 19. יכ̇ר] Juss., weil die nothwendige Folge ihres Trotzes ausdrückend. בנעי] s. 33, 25. קדשים] in den unzüchtigen kanaan. Gottesdiensten die männlichen Tempelhuren, deren Gesundheit frühe zerrüttet wurde; der Vergleichungspunkt ist früher Tod u. Schandtod. — b) Die *Anwendung auf Ijob mit ernstlicher Ermahnung desselben*, V. 16—25. Hier sind aber in V. 16—19 die Worte des Textes so unklar u. vieldeutig, wahrscheinlich theilweise auch verdorben, dass man auf eine sichere Auslegung fast verzichten muss. V. 16 f. Er sagt ihm zunächst, dass er durch sein langes ungetrübtes Glück u. leichtes Leben verwöhnt sich habe zum Ungehorsam im Leiden verleiten lassen, u. so sein Leiden zum Gericht über einen Unschuldigen, das nicht mehr weichen wolle, gesteigert habe. V. 16 wird jetzt gewöhnlich (*Schult. Hrz. Ha. Schl. Del. Hitz. Hgst.* a.) im wesentlichen so verstanden: *Auch dich lockt* (vielmehr: *hat gelockt* sc. durch die Leidensschickung) *er* (Gott), *entführt er aus dem Rachen der Bedrängniss in eine Weite* u. s. f. Aber abgesehen davon, dass, um *auch dich* herauszubringen, mit *Hrz.* וְאַף oder אַף אֶת statt אַף gelesen werden müsste, ist es kaum möglich הסיר hier im guten Sinn zu verstehen, da es sogleich darauf V. 18 im bösen Sinn gebraucht ist; ebenso unerträglich erscheint ein Acc. loci (רחב) nach הסיר; *herausreissen* (*Trg. Pes.* Rabb.) kann הסיר nicht bedeuten; auch הסיר (was *Hrz. Hitz.* vermuthen) wäre kein passendes Wort, u. müsste statt des Prf. das Iprf. stehen. Endlich auch die Abbildung des kommenden Glücks durch einen Tisch voll fetter Speisen wäre in diesem Zusammenhang (anders Ps. 23, 5) für einen so geistlichen Redner, wie Elihu, zu ungeistlich. Dem entgeht man, wenn man (*Ew.*; jetzt auch *GHff.*) רחב als Subj. u. הסיר in seinem gewöhnlichen Sinne nimmt. *Und auch* (19, 4), wenn man auf deinen Fall näher eingeht, *verleitet hat dich vom Mund der Noth weg* (2 Chr. 18, 31) d. h. dass du der Sprache, welche die Noth zu dir spricht, Ungehorsam (V. 11 f.) entgegensetzest (*Ew.* compar.: „noch mehr als die verzehrende Noth"; *GHff.* gar מִמְצָר Eigensinniger!), *die unbeengte Weite, u. die Ruhe*, Behaglichkeit *deines Tisches, der voll von Fettem* (Jes. 25, 6. 55, 2) *war*, sofern in deren Genuss ein leidensscheuer Sinn in ihm grossgezogen wurde. צַר] Pausalform von צָר, ebenso V. 19. רחב] wäre hier fem. (*Ew.* 174g). מוצק] mit — (var. מוּצָק, gleichwohl st. a., s. *Ew.* 160c) wie 37, 10. Jes. 8, 23; aber „eine Weite, *unter* der keine Enge" wäre sinnlos; תחת müsste wie V. 20. 34, 26 *an der Stelle von* bedeuten, u. gemeint wäre eine von keinen Beengnissen unterbrochene Weite; Weite ein bekanntes Bild des Glücks, zB. Ps. 4, 2. 18, 20. Vielleicht stand aber einst תחתך (*Bick.*): ohne Enge *unter dir* (18, 7. Ps. 18, 37). נחת] von נוח, nicht (*Hrz. Hitz.* a.) von נחת, nehmen die meisten als *Niederlassung*, metonymisch für *das was niedergelassen wird auf den Tisch*, die Speisen desselben; מלא masc., nach שלחנך gerichtet (*Ges.* 146. 1). Bei unserer Auffassung des V. sind diese Annahmen unnöthig.

V. 17. ן] nach der gewöhnlichen Erkl. gegensätzlich: *aber Frevler-urtheils bist du voll geworden — Urtheil u. Gericht werden dich ergreifen*, oder dergl., soll heissen: da (oder: wenn) du auf recht-haberisches Aburtheilen gegen Gott dich verlegt hast (verlegst), so steht dir Gottes verdammendes Urtheil u. Gericht in Aussicht. Aber dass דין in zweierlei Bedeutung genommen werden dürfe, u. dass דין Ijobs murrendes Urtheil oder Rechten gegen Gott bedeuten könne, stände noch zu beweisen. Vielmehr wird ו das fortsetzende ו sein. Durch seinen Ungehorsam gegen die Sprache der Noth ist er auf dem Weg, in die V. 13 oder wenigstens V. 12 gezeichnete Classe von Leidenden (vgl. 34, 7 f. 36) hinüberzutreten, u. sein Leiden, ursprünglich מִיסָר בָּרַשׁ, in ein דִּין רָשָׁע zu verwandeln: *und bist du vom Gericht des Frevlers* (über den Frevler) *voll geworden*, sofern sein ganzer Leib davon er-griffen ist, (wenn nicht eher: *hast du es erfüllt*, es vollends dazu ge-macht): solches *Gericht u. solche Strafe halten fest* (Ps. 17, 5), lassen dich nicht los, obtinent, vgl. zur Sache 34, 36. יתמכו] bedeutet nicht: *sie greifen Platz* (Hitz.) oder *erfassen* (Schl. Del. Vo.), da das Obj. *dich* ausgedrückt sein müsste, u. Ij. schon erfasst ist, noch gar: *greifen in einander* (Hrz. Ha. Hgst. a.), weil das, selbst wenn man יִתָּמֵכוּ (38, 20) läse, hier gar nicht passt. — V 18 f. Warnung vor solchem Benehmen. כִּי חֵמָה] *wann Grimm* ist, sei es Gottes, sei es (Hitz.) deiner, passt nicht, denn jener ist wirklich da, u. dieser darf nicht als an sich berechtigt gesetzt werden. Streiche man כִּי חֵמָה als ein Randcitat aus 19, 29, so würde der Rest des Versgl. subjectlos u. unverständlich. Man könnte חֵמָה פֶּן יְסִיתְךָ vermuthen, חֵמָה bezüglich auf דִּין רָשָׁע 17b, aber כִּי widerstrebt; חָמָס für חֵמָה (Ew.) hat hier keine Stelle. Wenn nicht vor חמה ein masc., wie כִּי, ausgefallen ist, so muss angenommen werden, dass חֵמָה, als Subj. zu יְסִית׳, obwohl fem., nachlässig mit Praed. masc. construirt ist (Prov. 12, 25; Ew. 174g). Für die Erklärung muss V.b, dessen Sinn klar ist, leitend sein: *u. die Menge des Lösegeldes berücke dich nicht!* Sein Leiden selbst als ein Bussmittel heisst ein כֹּפֶר (33, 24), u. durch die Menge oder Grösse desselben (vgl. 6, 2 ff.) soll er sich nicht zum Ungehorsam oder Trotz verleiten lassen. Dass durch שׁוֹעַ *sein Reichthum* (Prov. 13, 8. 11, 4; Ps. 49, 7—9) bezeichnet, u. er vor Verführung durch den Wahn, er könne durch seinen Reichthum sich von Gott loskaufen (Ew. Hrz. Hitz. Hgst.), gewarnt werde, ist nicht zu denken. Im 1. Gl., das ganz ähn-lich gebaut ist (über פֶּן s. 32, 13), könnte שֶׂפֶק (Paus. von שֶׂפֶק) dem רֹב des 2. Gl. entsprechen u. שׁוֹעַ חֵמָה der Abwechslung wegen für חֵמָה שׁוֹעַ gesagt sein: *denn die Hitze darf dich nicht verleiten durch Reichlichkeit*, mag man nun חֵמָה von der Hitze des Leidens (Ha.), oder dem Sprachgebrauch angemessener (21, 20. 19, 29) von der göttlichen Zornes hitze, der Urheberin seines מִסָּר דִין, verstehen. Aber שֶׂפֶק *Über-fluss* (פָּרַק 20, 22), von חֵמָה ausgesagt, wäre befremdlich, u. ist deshalb immer noch vorzuziehen שֶׂפֶק *Züchtigung* (Ges. th. 966) vgl. 34, 26: *denn Hitze*, Leidenschaft, *darf dich nicht reizen bei der Züchtigung*. Die Erklärung: *dein Ingrimm soll dich nicht zum Hohne* (vgl. 34, 37) *reizen!* (Stick. Schl. Del.[1] Reu.) oder gar zum *Einsatz*, zur Wette mit

Gott (*Hitz.*) würde ל statt בְּ erfordern (da בְּ bei חסיה vielmehr *gegen* bedeutet), u. würde den falschen Gedanken in sich schliessen, dass er *zürnen* dürfe, nur nicht *höhnen*. Auch *dich nicht verlocken im Hohnsprechen* d. h. indem du dich im Höhnen ergehst (*Del.*² *Vo.*) ist sprachlich u. sachlich zu beanstanden. Dass חמה wie 29, 6 = חמאה *Sahne* sei u. bildlich für *Reichthum* stehe (*Ew.*), muss für unmöglich gelten, selbst wenn auf V. 16ᵇ zurückgeblickt wird. — V. 19. Er sollte einsehen, dass Gott ohne die Noth ihn nicht zurechtbringen kann. שׁוע] könnte möglicherweise bei El. *Reichthum* bedeuten (vgl. 34, 19), aber sicherer ist nach 30, 24 die Bedeutung *Geschrei*. בְּצָר] ist sicher nicht = בְּצַר 22, 24f., auch nicht בְּצֵר zu lesen, sondern aus בְּ u. צר zusammengesetzt. ערך] kann zwar nach 28, 17. 19 *einem gleichkommen* bedeuten, wenn es einen Acc. bei sich hat; aber hier fehlt ein solcher, u. *ausreichen* bedeutet es nicht, auch nicht: aestimavit = *magni fecit*. Hienach fallen Erklärungen, wie: *wird ausreichen dein Reichthum* (zur Aufwägung deiner Schuld)? *O! nicht Gold u. alle Schätze* (!) *des Vermögens* (*Hrz.*; alle *Kräfte* des Verm., *Hitz.*), oder: *wird er* (Gott) *in Anschlag nehmen d. R.?* (*Ros. Umbr. Ges. Hgst.*), oder: *werden ausreichen deine Schätze? o nicht in der Noth! nicht all das Mühen der Kraft* (*Schl. Reu.*). Aber auch die von *Stick.* (*Ha. Del. Bud. Vo.*) beliebte Auslegung: *soll dich hinstellen dein Schreien ausser Bedrängniss, u. alle Anstrengungen der Kraft?* ist falsch, da *dich* nicht ausgedrückt ist, ערך nicht *stellen* bedeutet, u. לא בְּצָר nicht = בְּלא צר (8, 11. 30, 28) sein, sondern nur *ohne Noth* oder *ohne die Noth* (4, 21. 34, 20) bedeuten kann (zu geschweigen von der älteren Erklärung: *so dass du nicht* mehr *in der Noth seiest*). *Rüsten* im kriegerischen oder gerichtlichen Sinn (*Schult. Ew.*), den *Kampf aufnehmen gegen einen* liegt nach 32, 14. 33, 5. 37, 19; Jud. 20, 30; 2 S. 10, 9 u. s. nahe genug, allein dieser Sinn sollte wenigstens durch ein beigesetztes אליו, לקראתו oder dgl. angedeutet sein, u. לא בצר lässt dann keine erträgliche Erklärung zu, mag man das Subj. שׁוע als *Geschrei* oder *Reichthum* verstehen. Demnach wird in יערך Gott Subj., שׁועך Acc., u. וכל וג' Fortsetzung von לא בצר sein müssen, שׁוע aber in dem emphatischen Sinn wie V. 13 zu fassen sein: *wird* (*kann*) *er dein Bittgeschrei in Ordnung bringen*, machen dass du ein demüthiges שׁוע, wie es sein soll, zu ihm emporschickst, *ohne die Noth u.* (*ohne*) *die Kraftmittel?* Übrigens מַאֲמָץ nur hier. — V. 20f. Weitere Abmahnungen, V. 20 vor dem Herbeiwünschen des göttlichen Gerichts, V. 21 vor dem Hinübertreten auf die Bahn der Sünde überhaupt. *Lechze nicht nach* (7, 2) *der Nacht*, näml. nicht des Todes (*Hrz. Hitz. Hgst.*), weil das 2. Gl. dazu nicht passt, sondern des göttlichen Gerichts (das Ij. herbeigewünscht hat, nicht blos in Stellen wie 13, 18 ff. 23, 3 ff., sondern auch 24, 1. 12) vgl. 34, 20. 25. Die לעלות wird sofort im 2. Gl. erklärt; der Inf. mit ל ist gesetzt, weil das zu Sagende Gegenstand des Wunsches Ijobs ist: *dass* ganze *Völker auffahren* entweder in Folge der Erschütterung der Erde bei Gottes Ankunft (9, 6. 26, 11; Am. 9, 5 u. a.) oder auffliegen wie Staub im Wirbelsturm (Jes. 5, 24) *an ihrer Stelle* (V. 16. 34, 26. 40, 12).

לְהַ֯ב֯יל als Inf. Hiph. (= לְהַעֲלוֹת) s. v. a. *wegzuraffen* nach Ps. 102, 25 (*Del.*) würde תַּעֲלֶה erfordern. Schwerlich kann יעלו für יעלו עמים gesagt sein (*Vulg., Wll.*: dass Völker sich erheben an der Völker Stelle). Reine Künsteleien sind: „dass zu oberst kommen Völker mit ihrem Untern" (*Stick. Ha.*); „aufzusteigen zu ihnen, unter welchen die Völker sind" d. h. zum Himmel (*Hitz.*, u. das als Drohung!); „aufzusteigen zu den Leuten unter sich" d. h. zu den Todten im Scheol (*Hgst.*). Auch die Correctur לֵילָיִם (*Bick.*: dass sie, die Nacht, Völkern aufsteigt *plötzlich*) scheitert an תחתם. — V. 21. Er soll sich hüten, aus Unmuth u. Leidenssehen sich dem eiteln Wesen (V. 10), der Sünde, zuzuwenden, offen auf ihre Bahn hinüberzutreten (22, 15); denn, sagt er, *nach diesem hin* (אוֹן) *hast du mehr Lust als* (7, 15) *zum Leiden*. בחר] sonst mit ב oder Acc., hier mit על verbunden, wohl prägnant: בָּחַר על = בָּחַר לוֹ (*Ew.*), anders 2 S. 19, 39. Die causale Fassung des כִּי *ob des Leidens, in Folge des L.* (*Vulg., Luth. Stick.* a.) widerlegt sich aus V. 10. 34, 37. 33. 17, wornach אוֹן schon als Veranlassung des עֳנִי vorausgesetzt wird. Der Vorschlag: *denn deshalb* (damit du dich nicht zum Eiteln wendest) *wurdest du* (בֻּחַרְתָּ) *durch Leiden geprüft* (*Ew.*), scheitert (abgesehen von בחר = בחן Jes. 48, 10) an מעני (nicht בְעֳני). — Mit der ganzen Zusprache bis hicher will er ihn ermahnen, sein Leiden in anderem Sinn als er gethan hat zu tragen, u. namentlich nicht durch Murren u. Trotz die Schuld u. Strafe zu steigern. V. 22—25 weist er ihn noch (zum Ausgangspunkt V. 5 zurückkehrend, u. den 2. Theil der Rede V. 26 ff. vorbereitend) auf die unendliche Grösse Gottes hin, dessen Wege erhaben über alles Urtheil der Menschen vielmehr Gegenstand des bewundernden Preises derselben sein müssen. V. 22. ישׂגיב] *erhaben handeln* oder *wirken*, (s. 34, 12), nur hier so. Da sowohl hier als V. 23 nur seine Erhabenheit u. Unverantwortlichkeit hervorgehoben ist, wollen mit LXX manche (*Ew. Hrz. Ha. Stud. Bick.*) מורה als δυνάστης, *Herr* fassen, nach dem aram. מָרֵא (Dan. 2, 47), syr. ܡܳܪܝܳܐ, ܐܳܡܳܪܢܳܐ. arab. مَرْء. Aber die Schreibart wäre befremdlich. Man kann (mit *Trg. Peš.* u. den meisten Erkl.) מורה als *Lehrer, Lehrmeister* verstehen, mit Beziehung darauf, dass El. Gott auch sonst als Unterweiser (35, 11) u. Erzieher (33, 14 ff. 36, 9 ff.) der Menschen darzustellen liebt. Ein unvergleichbarer Meister ist er durch die souveräne Macht, die ihm für seine Zucht zur Verfügung steht. — V. 23. Im 1. Gl. ist nach dem Sprachgebrauch „etwas untersuchen, heimsuchen, strafen an einem" zwar auch möglich: *wer hat ihm je seinen Weg* (21, 31) *untersucht?* (die Verss., *SSchmid, Ew. Ha. Hitz.*), u. das 2. Gl. könnte dafür sprechen. Aber nach 34, 13 liegt näher: *wer hat ihm seinen Weg aufgetragen oder vorgeschrieben?* (*Merc. Cocc. Schult.* u. die meisten Neueren), so dass Gl. 1 seine Selbstherrlichkeit, Gl. 2 seine Unverantwortlichkeit aussagt. — V. 24. Anstatt Gott zu tadeln, sollte Ij. vielmehr daran denken, ihn würdig zu preisen, u. in das allgemeine Lob der Menschen mit einstimmen (*Hrz.*). תְּשַׂגִּיא] hier anders als 12, 23, näml. preisend *erheben*; das Impf. in modaler Färbung, wie V. 10ᵇ. שֹׁרֵר] Steigerungsform von שׁיר 33, 27 = *wiederholt besingen, in Liedern* (35, 10) *preisen*; Prf.

wie V. 25 u. 37, 24, weil es eine Erfahrungsthatsache ist. — V. 25. *Alle Leute schauen ihre Lust daran*; בּוֹ nicht auf Gott (*Hitz. GHff.*), sondern auf עָלָיו bezogen, u. חזה בּ mit dem Nebenbegriff der Freude u. Bewunderung (33, 28). Im 2. Gl. ist das *Erblicken von ferne* nicht Ausdruck der Ehrfurcht, als ob es in der Macht des Menschen läge, auch aus der Nähe darauf zu blicken; eben deshalb ist יביט dem יחזה nicht gleichgeordnet, sondern blos Rel.-Satz zu אנוש, u. אנוש ein 2. Subj. zu יחזה: der Mensch, dessen Betrachtung doch nur ein Blick aus weiter Ferne ist (*Ew. Hrz. Ha.*), wie das Ij. selbst 26, 14 ausgesprochen hat. — 2) *Der zweite Theil 36, 26—37, 24.* a) *Die lobpreisende Betrachtung* der über alles menschliche Begreifen erhabenen Grösse u. Macht Gottes in den Wundern der Natur 36, 26—37, 13. — V. 26. Der leitende Satz, vorbereitet durch V. 24ª, u. im Ausdruck zurückgreifend (wie auf V. 22, so besonders) auf V. 5. שגיא] auch 37, 23, sonst nur in den aram. Stücken des AT. ולא נדע] *u. wir wissen nicht, wie erhaben er ist*, also: für unser Erkennen zu erhaben. *Die Zahl seiner Jahre betreffend — so ist* (וְ wie 4, 6. 15, 17. 23, 12 u. ö.) *nicht Erforschung* d. h. ist unerforschlich. Seine Ewigkeit kommt hier nur als Moment seiner Erhabenheit in Betracht; eigens ausgeführt wird sie im Folgenden nicht. — V. 27 ff. betrachten einige Beispiele seines erhabenen Wirkens, zunächst V. 27 f. die wunderbare Bildung des Regens. V. 27. כי] *denn*, nicht *wann* (*Ros. Ges. Hitz. Reu.*), weil sonst die Anknüpfung an das Vorhergehende fehlte (vgl. 37, 6 mit 5). Übrigens leidet der Ausdruck auch dieses V. an Undeutlichkeit. יגרע] vgl. V. 7. 15, 4. 8; hier Pi., was jetzt die meisten auslegen; *er zieht auf*, was aber an sich noch eher bedeuten kann: *er zieht ab* eines nach dem andern d. h. *zählet ab* (LXX Peš.), oder *lässt ab* aus der obern Wassermasse (*Stick. Del.*). Für die erste Bedeutung sollte man ein beigesetztes אֵלָיו (15, 8) oder לְמַעְלָה erwarten; gleichwohl scheint die Erwähnung des א im 2. Gl. keinen andern Sinn zuzulassen. Es ist dann die Rede von der Aufziehung *der Wassertropfen* von der Erde in dem א oder den נְשִׂיאִים (vgl. Gen. 2, 6; Jer. 10, 13), *dass sie Regen seihen* oder *läutern* (28, 1) d. h. geläuterten Regen niederschlagen *auf seinen Nebel hin*, in Folge desselben (vgl. zu לְ 37, 1; Num. 16, 34). Die intrs. Bedeutung von יזק *sie sickern als Regen herab* (*Del.*) ist nicht beweisbar. — V. 28. אשר] auf מָטָר bezüglich, zugleich Acc. des Stoffs zu יזלו (Jes. 45, 8), *Ges.* 117, 4 A. 4ᵇ. שחקים] wie Prov. 3, 20. יִרְעֲפוּ] ebendort. *über viele Menschen hin*] zur Andeutung der weiten Ausdehnung des Regens u. seiner Wirkungen, vgl. 37, 12 f. — V 29—37, 5 die Wunder des Gewitters. V. 29. אף] steigernd *und gar* (vgl. 35, 14), *vollends*. אם־יבין] nicht: gross ist Gott (V. 26), *wenn man merkt auf* u. s. w. (*Schl.*), denn solche Ergänzung ist zu künstlich, sondern *wenn einer verstünde!* mit ausgelassenem Nachsatz, oder geradezu fragend wie 39, 13 (*Ew. 324ᶜ*): *ob einer verstehen mag* oder *kann?* (die alten Übers. u. die meisten Neueren), vgl. ולא נדע V. 26. מפרשי־עב] *die Ausbreitungen des Gewölks*, die Entfaltung desselben am Himmel 1 R. 18, 44 f.; Ps. 105, 39); schwerlich: *die Segel des Gewölks* (*Ew. Hitz.*, vgl. Ez. 27, 7), auch nicht *die Berstungen*, das

Reissen des Gew. beim Blitzen (*Hrz. Stick. Ha. Stud.*) von ברק = ברק. was schon nach שׁרשׁ V. 30 fern liegt, u. auch durch das 2. Gl., *das Krachen seiner Hütte* beim Donner, nicht erfordert wird, sofern hier zunächst allgemein mehrere Hauptphänomene des Gewitters namhaft gemacht werden sollen. חשׁרת] nach Ps. 18, 12. die Gott verhüllenden Gewitterwolken, in denen er, das Gewitter leitend, gegenwärtig ist. משׂאותיו] vgl. 39, 7. 30, 22. — V. 30. Mit הן *siehe* (vgl. V. 5. 22. 26; ein הן *wenn* — Ew. — passt hier wenig) geht er auf die nähere Beschreibung des Gewitters ein, u. schildert zunächst die Vorbereitung desselben im Prf. V. 30—32. עליו] nicht auf אד (*Hgst. Gllff.*), sondern auf Gott bezüglich. Gott im Gewitter sich herablassend (s. Ps. 18; Hab. 3 u. ö.) *hat über* (oder: *um*) *sich her Licht gebreitet* (vgl. Hab. 3, 3f.), hier nicht = Blitz, sondern das Licht, von dem die Blitze nur abgerissene Theile (V. 32. 37, 3) sind, u. darauf *gedeckt des Meeres Wurzeln* (28, 9. 13, 27) d. h. die aus den Gründen des Meeres aufwärts gezogenen Wassermassen in Gestalt der schwarzen Wolken (*Umbr. Ew. Del.*[2] *Vo.* a.), die denn auch den Sterblichen den Anblick seines Lichtes verhüllen, ausser wenn es in Gestalt der Blitze durchzuckt. Leichter würde sich שׁרשׁי־הים (übrigens kein naturwahres Bild) erklären, wenn zu beweisen wäre, dass mit ים auch die oberen himmlischen Wasser (*Hrz. Schl. Hitz.* a.) benannt werden konnten, s. zu 9, 8. Nach beiden Erklärungen ist כסה hier mit Acc. der Decke wie Jon. 3, 6 (*etwas zur Decke machen* oder *nehmen*) verbunden; ebenso u. zugleich mit על des Bedeckten V. 32. Mal. 2, 16 u. s. Von einem Bedecken der Meeresgründe mit Licht (*Stuhlm. De*[1]) kann keine Rede sein; das momentane Erleuchten derselben durch den Blitz nennt man nicht כסה. — V. 31 Zwischensatz. Diese beiden Dinge, Licht- u. Wassermasse, verwendet er, *denn* (כי) mit ihnen will er, je nach Umständen, strafen oder segnen (vgl. 37, 13). Diese Angabe des ethischen Zweckes würde hinter dem einleitenden V. 29 (*Olsh.*) nicht passen, u. als blos zwischeneingeschoben stört sie auch den Zusammenhang zwischen V. 30 u. 32. nicht. בם] vgl. 22, 21, auf die V. 30 genannten Erscheinungen bezüglich. למכביר] nur bei Elihu, = לרב 26, 3 (vgl. הרבה 35, 16 u. רבים Jes. 33, 23). — V. 32 an V. 30 sich anschliessend: *auf* (21, 26) *beide Hände hat er* (s. zu V. 30) *Licht gedeckt*, d. h. von der ihn umgebenden Lichtmasse die Hände voll genommen, aber wie wenn sich der Dichter gescheut hätte, diese halbmythologische Vorstellung von Gott als Blitzeschleuderer weiter auszuführen, sagt er nicht *um es zu schleudern*, sondern mehr im Geiste seiner Religion u. *es entboten gegen den Widersacher* (so zugleich ein Beispiel von ידו V. 31 beibringend). עליה] Suff. auf אור bezüglich, das hier wie Jer. 13, 16 fem. ist (einige MSS. verbessern es zu עליו); על zur Einführung der Person, der man Aufträge gibt, wie oft. במפגיע] ב im feindlichen Sinn, wie oft nach den Verbis des Schickens (zB. Ez. 7, 3) u. s.; מפגיע ἀπαντῶν (*Theod.*) kann ein *Gegner* ἐνάντιος sein (*Umb. Ew. Hrz. Reu.* a.; wie im freundlichen Sinn Jes. 59, 16 ein *intercessor*); gegen seine Feinde sendet Gott seine Blitze Ps. 11, 6; Sap. 19, 12. Als Subst. (wie מפגע, מפגיע u. drgl.) gefasst, könnte מפגיע wenigstens nicht das Obj. des Treffens (*Ha.*)

bedeuten, wofür vielmehr רִגְזָה (Olsh.) corrigirt werden müsste, sondern
nur Angriff; aber „beauftragt es mit Einschreitung" (Hitz.) setzt ein
bei צִוָּה ungebräuchliches בְּ (statt Acc.), u. „bestellt es als Strafver-
hängniss" (Arnh. Vo.) setzt ein hier ganz ungehöriges בְּ essentiae, wie
ebenso: er als ein zum Ziel Treffender entbietet es (Del.). — V. 23.
Nun fällt das Iprf. ein. Über ihn (1 S. 27, 11) den so vorbereiteten
u. heranziehenden gibt Meldung d. h. ihn meldet an sein Lärmruf (Ex.
32. 17. Mich. 4, 9) d. h. Donnerruf. Das 2. Gl. würde nach der mass.
Punktation lauten: das Heerdenvieh gibt Meldung sogar über den erst
Heraufziehenden (am Horizont nämlich), was man auf das Vorgefühl
der Thiere von einem nahenden Gewitter u. ihr ängstliches Gebahren
bei dessen Anzug (Verg. Ge. I, 373 ff.) bezieht, unter Verweisung auf
35, 11 u. 37, 8, wo El. auch auf die Thiere Rücksicht nehme (Ros.
Stick. Ew. Del. Vo.). Allein das in V. 32 u. durch רֵעַ V. 33 angedeutete Bild von dem unter Lärmruf heranziehenden gewappneten Gott
wird durch die Einmischung von מִקְנֶה zerstört; nichts gebessert wird,
sondern dazu der Rhythmus vernichtet durch die Verrückung des Atnach
hinter מִקְנֶה: „es verkündigt ihn sein Rollen der Heerde u. zwar den
heraufziehenden" (Hrz.). Auch erscheint die Bezeichnung des Viehs
durch מִקְנֶה Heerdenbesitz gerade hier wenig passend. Da קָנָה = קנא
denkbar ist u. vielleicht Ez. 8, 3 vorkommt, u. אַף Zorn sich gut zu
dieser W. fügt, so waren wohl Sym. u. Trg. auf der rechten Fährte,
wenn sie hier den Zorneseifer fanden. Ein Subst. מִקְנֶה etwa das Ge-
eifer kommt sonst allerdings nicht vor, ist aber darum nicht unmöglich,
zumal bei diesem Dichter, welcher nicht blos מַכְאוֹב 33, 19 hat, sondern
auch מַעֲבָד 34, 25, מִפְרָשׂ 36, 29, מִפְלָשׂ u. מִפְלָאוֹת 37, 16 bildet; dann
ergäbe sich: ein Zorneseifern (מִקְנֶה אַף d. h. der Donner) gibt Meldung
über den Aufsteigenden (Hu.). Sicherer aber wird man gehen, wenn
man מַקְנֶה (Part. Hiph., Hitz.) oder מְקַנֶּה (Böttch.) u. עַוְלָה (Theod. Sym.
Peš.) vokalisirt: eifern machend den Zorn (d. h. einen Zorneseiferer)
wider die Ungerechtigkeit, als App. zu dem Suff. von עָלָיו; zugleich
eine Erklärung darüber, wem sein רֵעַ gilt. So jetzt auch Bick. Reu.
GHff. Die Auslassung von על in Peš. u. mehreren MSS. hat nicht den
Werth einer Lesart. Die ältere Auslegung dieses V., noch von Schl.
vertheidigt: er zeigt ihm (dem אוֹר, das fem. war) seinen Freund,
Zorneseifer über die Frevler, hat gegen sich רֵעִי (sonst fast ausnahmslos רֵעֵהוּ), u. עָלָיו (יַגִּיד); sie empfiehlt sich wie die andere von Cocc.
Böttch., welche רֵעַ als Beschluss, Meinung (Ps. 139, 2. 17) nehmen
(:kund thut er wider ihn, den מַגִּיד, seine Meinung) auch nicht durch
den Sinn, weil nach ihr nicht eine concrete Erscheinung des Gewitters
zur Beschreibung käme, sondern nur der Gedanke von V. 32ᵇ ausge-
malt wäre. — C. 37, 1 ff. Nun angekommen bei dem Donner, ergeht
er sich in Darlegung des erschreckend erhabenen Eindrucks, den dieser
geheimnissvolle Gottesschall, zumal in seiner Abwechslung mit den
Blitzen, auf ihn u. jeden aufmerksamen Betrachter macht u. machen
muss. V. 1. Und vollends darob, ob der jetzt zu beschreibenden Ge-
wittererscheinung, zittert mein Herz u. springt auf (s. 6, 9) von seiner
Stelle, ein übertreibender u. kaum noch schöner Ausdruck für aufbeben

(s. 9, 6). — V. 2. Damit auch die Anwesenden den gleichen Eindruck davon bekommen, fordert er sie auf, einmal *genau zu hören* (13. 17. 21, 2) auf das *zürnende Brausen seiner Stimme, u. das Gemurmel, das aus seinem Munde geht.* Man findet in dieser Aufforderung ein Zeichen, dass der Dichter den Gewittersturm, in welchem nachher (38, 1) Gott erscheint, als im Anzug begriffen u. den Donner als dem Ohr schon vernehmbar dachte (*Böttch. Schl. Del. Hitz. Hgst.* a.), somit eine feine Hinüberleitung auf die Gotteserscheinung selbst. Es ist möglich, dass dem Vrf. so etwas vorschwebte. Aber klar durchgeführt ist der Gedanke nicht, denn statt nun mit dem aufziehenden Gewitter zu schliessen, gibt er von V. 6 an die Wunder der Regenzeit u. Ähnliches zur Betrachtung, V. 21 sogar die Klärung des Himmels. Dass Gott aber erst nach abgeklärtem Himmel erscheint (*Hitz.*), ist gegen 38, 1. — V. 3 f. Ausser dem Gemurmel der Donnerstimme selbst ist wunderbar ihre u. des Blitzes weite Verbreitung über die Räume unter dem Himmel hin. V. 3, u. das regelmässige Sichentsprechen von Blitz u. Donner V 4. ישרהו] nicht יְשָׁרֵהוּ, 3 p. Prf. Pi. von ישר *gerade sein*, Pi. *gerade leiten* (*Ros. Umb. Schl.*), weil dies nicht zum Donner, noch weniger zum Blitz passt, u. weil von 36, 33 an durchaus im Impf. geschildert wird, sondern Impf. Qal von שרה im Aram. = *loslassen, fahren lassen*, mit Suff. הו, auf כל oder הגה bezüglich. Der Donner, der immer mehr verhallt, scheint sich allmählig bis an die Enden des Himmels zu entfernen. אור] wie 36, 32. על־כנפות] s. 38, 13. — V. 4. *Hinter ihm* (dem אור V. 3) *her brüllt die Stimme*, er will d. h. *will er donnern mit der Stimme* (40, 9) *seiner Hoheit*, seiner erhabenen Stimme; er will das aber nicht immer, es gibt auch Blitze ohne Donner, das s. g. Wetterleuchten; *und hält sie*, die Blitze (auf אור bezogen, aber verallgemeinernd) *nicht zurück, wann seine Stimme gehört werden soll*, jedem Donner geht ein Blitz voraus. Vgl. die Auffassung der Sache in Hen. 60, 13—15. Mit Recht haben die Mass. ירעם als Vol. punktirt, wie auch ישמע diese modale Färbung haben muss, wenn ein treffender Sinn u. nicht blosse Tautologie entstehen soll. יעקבם] schon von *Trg.* richtig erklärt durch aram. עקב, was auch einige MSS. als Lesart darbieten; dass das Suff. dann nur auf die Blitze gehen kann, ergibt sich aus dem Gegensatz קלו; die Bedeutung ἐξιχνιάζειν, *investigare* (*Sym. Vulg., Ew.*: „u. er sollte sie — die Menschen, die sich ihm entziehen wollen — nicht finden?") gibt keinen zusammenhangsmässigen Sinn. — V 5. Abschluss der Beschreibung, indem der Donner unter den allgemeinen Gesichtspunkt des wunderbaren Thuns Gottes gestellt, u. dadurch zugleich auf neue Beispiele hinübergeleitet wird. ירעם] s. zu 18, 10. נפלאות] steht adverbial (*Ges.* 118, 5ᵇ), vgl. Ps. 139, 14. Sonst s. 5. 9. 9, 10. 36, 26. — V. 6 ff. An 5ᵇ knüpft er durch כי (wie 36, 27) noch eine Betrachtung der Wunder der Winter- u. Regenzeit. הוא־ארץ] nicht: *werde Erde* (*Hgst.*), oder *sei auf Erden* (LXX *Schl.*), sondern: *falle zur Erde* (*Vulg.* u. die meisten), von הוא, aramaisirend für היה, in der mehr arab. (hbr. nur in Nominalformen enthaltenen) Bedeutung *fallen*. Im folgenden Gliede wirkt כ von לשלג fort: auch zum *Regenguss*, u. *den Regengüssen seiner Kraft*, seinen gewaltigen Regengüssen, spricht er:

fallet zur Erde nieder. גשם] im Unterschied von מטר der *strömende
Regen*, zur Pluralbildung מטרות גשם s. 30, 31. Die Rede ist von den
Regengüssen, auch Schneefällen, der sogenannten Regenzeit, vom Spät-
herbst an bis zum Frühling hin. Das 3. Gl. müsste Steigerung des
2. Gl. sein; wahrscheinlich aber ist מטרות וגֶ׳ nur Variante für מטר וגֶ׳
(*Olsh. Bick. GHff.*). Dagegen עזוּ *werdet stark!* (*GHff.*) klingt nicht
hebräisch, erforderte andere Wortstellung, u. לגשם. — V. 7. Folgen
dieser Winterszeit für die Menschen, V. 8 für die Thiere. בְּיַד] ist richtig,
u. בְּעַד *hinter den Menschen* (*Hitz.*) Verschlechterung. Den Menschen
wird nach V. 7 *die Hand versiegelt* (s. 33, 16), so dass sie sie nicht
aufthun, nicht arbeiten, die gewohnte Feldarbeit nicht vornehmen können.
Ähnlich sagt *Homer* vom Winter Il. 17, 549 f.: ὅς ῥά τε ἔργων ἀν-
θρώπους ἀνέπαυσεν ἐπὶ χθονί (*Hrz.*). Das ist von Gott so geordnet,
natürlich nicht: *um zu erkennen* die Menschen d. h. auf Grund seiner
Listen sie zu mustern (*Hitz.*), sondern: *dass zur Erkenntniss kommen,
Einsicht lernen, alle Menschen seines Werks* (34, 19), d. h. nicht *seine
Arbeiter* (*Hgst.*), sondern alle von ihm geschaffenen Menschen; erkennen
sollen sie, dass sie einer höheren Hand untergeordnet sind. Der Ausdruck ist ungelenk; besser liest man, zwar nicht (*Schult.* jun., *Reisk.
Hrz.*) אֲנָשִׁים עֲשָׂיו (32, 22. 35, 10. 36, 3), was eine üble Enallage Num.
erbrächte, wohl aber (*Vulg., Olsh. Kmph.*) אֲנָשִׁים מַעֲשֵׂהוּ *alle Menschen
sein Thun erkennen*. Sonderbarer Weise wurde, was im 1. Gl. gesagt
ist, schon zur Rechtfertigung der Chiromantie gebraucht (*Wlt.*). — V. 8.
Die Thiere ziehen sich in ihre Verstecke u. Schlupfwinkel zurück, zum
Winterschlaf oder zum Schutz gegen Nässe u. Kälte. וַתָּבֹא] sc. in
weiterer Folge der V. 6 angegebenen Erscheinungen. — V. 9 f. über
die Winterstürme, Kälte, Eis. Dass חדר an sich für חַמָן 9, 9 gesetzt sein u. den *Süden* bedeuten könne (*Ros. Umb. Del. Hitz. Vo.*),
somit die Stürme hier die Süd- u. Südoststürme (Jes. 21, 1. Zach. 9,
14. Hos. 13, 15) seien, ist mit nichts zu beweisen (s. dagegen auch
V. 17), u. um so weniger zuzugeben, als auch in מזרים nicht der Begriff des Nordens liegt. Auch ein Sternbild ההדר (*GHff.*) passt nicht,
da מ doch nicht bedeuten kann: mit dem Aufgang (des Sternbilds).
Vielmehr s. über חֶדֶר zu 9, 9 u. vgl. Stellen wie Ps. 135, 7 u. Ij.
38, 22. מזרים] die Alten rathen: ἀπὸ τῶν ἀκρωτηρίων (LXX; ob ursprünglich ἀρκτῴων?), *ab arcturo* (*Vulg.*), ἀπὸ Μαζούρ (vgl. 38, 32,
Aq., auch *Trg.*), ܐܦܘܪܐ (*Peš.*); am wahrscheinlichsten Part. Pi. Pl. von
זרה: *die die Wolken zerstreuenden* u. mit dem helleren Wetter Kälte
bringenden Winde (*Ges.* th. 430). Ein (unbekanntes) Sternbild „*die
Worfler*" will *GHff.* — V. 10. Vgl. 38, 29 f. מנשמת־אל] in Folge davon,
dass ein kalter Hauch von Gott über das Wasser fährt (*Hrz.*). יִתֵּן]
nehmen die meisten impers. *es gibt* (*Ges.* 144, 2), wie Prov. 13, 10 (?);
aber da zum 2. Gl. ein Vrb. unentbehrlich ist, nimmt man besser אל
aus מנשמת אל (*Ros. GHff.*) als Subj., oder liest (*Hitz.*) יִתֵּן: *von dem
Hauche Gottes wird Eis beschafft, u. des Wassers Weite in Enge*
(36, 16. Jes. 8, 23) gegeben d. h. eingeengt von beiden Seiten oder
auch durch Gefrieren zusammengezogen (38, 30). Ein בְּ essentiae (*Umb.
Del. Hitz. Vo.*) braucht man hier nicht anzunehmen. — V. 11—13.

Über die Leitung der gewitterschwangeren Regenwolken (deren es in der 2. Hälfte der Regenzeit genug gibt) zum Segen oder Verderben der Menschen. V. 11. אף] bei El. sehr beliebt, hier: *auch, ferner* ברי־] mit √ ברי oder ב־־־ ist kein Sinn zu erzielen, mag man an *frumentum* (־ב, *Sym. Vulg.*) oder gar an *electus* (*Aq. Theod. Peš.*) denken, oder ־־ב als *Reinheit, Heiterkeit* des Himmels (*Trg.*) verstehen, denn *Heiterkeit vertreibt die Wolken* (*Ros. Umb. Hgst.*) setzt für ־־־־ eine unzulässige Bedeutung voraus, u. passt nicht zu V^b u. 12 f. Vielmehr ist ־־, allerdings nur hier, regelrecht von ־־ר abgeleitet, *die Feuchtigkeit, das Nass*; nicht aber ־־ = ראי Schaustück, Regenbogen (*Giff.*), wozu ־־־־ gar nicht passt. ־־־־] nicht „*er stürzt herab* (nach arab. *taraha* hinwerfen) mit Flüssigem die Wolke" (*deW Stick.*), denn wegen V 12 f. kann nicht hier schon vom Wolkenbruch die Rede sein, sondern: *er belastet* (vgl. ־־־) mit Nass das Gewölk; dasselbe Wunder, das schon Ijob 26, 8 ausgehoben hat. יפץ ־־] *er* (Gott) *streuet aus* d. h. lässt sich ausbreiten (38, 24) *sein Lichtgewölk*, die blitzesschwangeren Wetterwolken (vgl. 36, 29). — V. 12 f. darüber, dass Gott diese Wolken nach ethischen Zwecken leitet u. wirken lässt. והוא־] geht auf ענן oder עב des V. 11, nicht auf Gott (*Ros. Schl. Stud.*), da vom Allmächtigen ein הדרך zum Zweck der Leitung auszusagen unpassend ist. *Und das wendet sich* Kreiswendungen d. h. *hin und her* rundum (adv. Acc., wie V. 5; sonst סביב, סביבה־־), *durch seine* oder *unter seiner Leitung* (Steuerung, nach Art eines Schiffes). לפעלם — ישוב־] ein Zwecksatz; die Suff. ־ם, ־ם auf die im ענן enthaltenen Wolken oder auch Kräfte (Regen u. Blitze) bezüglich: *dass sie ausrichten, was er ihnen gebietet*. Die Beziehung des ־ם, ־ם auf die Menschen: *gemäss ihrem Thun, was nur immer er ihnen befiehlt* d. h. gemäss dem Verhalten der Menschen zu seinen Geboten, vgl. 34, 11 (*Ew. Hrz.*, wir in Ausg.³) würde zwar die Enallage Num. bei ענן (das auch V. 13 in ימצאהו singularisch erscheint) vermeiden, aber der Ausdruck כל אשר יצום 'פ wäre doch fremdartig. Die mass. Accentuation scheint zu wollen: *nach ihrer* (der Wolken) *Verrichtung, wohin nur immer er sie entbietet*. *über die weite Erdenwelt hin*] ארצה wie 34, 13; die Verbindung כל ארץ auch Prov. 8, 31. — V. 13 bringt die nöthige Erläuterung, vgl. 36, 31. Schon die Gesetze der Logik dulden es nicht, dass zwischen die Begriffe שבט u. חסד, die sich zu einander verhalten wie Unglück u. Glück, ein ganz heterogener hineintrete; demnach kann אם־לארצו kein Glied der Disjunktion sein (*Hrz.*). Also nicht: *bald zur Geissel, bald seiner Erde zu gut, bald zur Gnade* (*Ros. Umb. Del. Hgst.*). Vielmehr ist אם־לארצו untergeordneter Bedingungssatz; das Suff. von ארצו bezieht sich nicht auf שבט (*Ew.*), sondern auf Gott; ארץ ist nicht Land, da Gott mehr als ein Land hat, sondern die Erde, die sein Eigenthum (34, 13) ist: *sei es zum Stab* d. i. 21, 9 *zur Züchtigung*, wenn die oder *wenn's seiner Erde gut ist, oder zur Gnade*, zum Wohlthun, *lässt er es, das Gewölke mit seinem Blitz u. Regen, treffen*. Das zweite אם könnte entbehrt werden, u. durch Abschreibefehler hereingekommen sein. Die Lesung אם לא ימצ wenn sie nicht zufrieden sind (!), sc. mit Gott (*Hitz.*) erbrächte einen völlig unpassenden Ausdruck (trotz 34, 9), wie ימצאהו

(Inf. abs.) oder לִרְצוֹן (*GHff.*) ein unmögliches Dilemma (רצון u. חסד).
Mit V. 11—13 ist übrigens El. wieder zum Ausgangspunkt der Betrachtung, zu den Wolken 36, 27 f. zurückgekehrt. b) In *der Anwendung* V. 14—20 gibt er ihm die Unmöglichkeit zu bedenken, solche u. ähnliche Wunder Gottes auch nur zu verstehen, geschweige es darin ihm gleich zu thun, um ihn sofort von der Vergeblichkeit u. Verwerflichkeit des Haderns mit Gott u. von der Nothwendigkeit der Unterwerfung unter ihn zu überzeugen. V. 14. Er heisst den Ij. das folgende anhören, nachdenkend stille stehen u. die göttlichen Wunder betrachten, u. richtet nun (in Nachahmung von C. 38 ff.) eine Reihe ironischer Fragen an ihn V. 15 ff., welche ihm seine Unmacht gegenüber von Gott zu fühlen geben. — V. 15. בְּשׂוּם עַל] nicht nach 34, 23 (*Ros. Hrz. Ha. Del.*[1]) zu erklären; noch weniger: *wenn er sich gegen sie* (die Menschen) *richtet* (*GHff.*), sondern es bedeutet *auflegen*, nicht sowohl *aufladen* sc. die Flüssigkeit vgl. V. 11 (*Hitz. Del.*[2]), als *auflegen eine Leistung* (wie Ex. 5, 8 u. ö.), vgl. V. 12 f., somit zuletzt s. v. a. beauftragen (*Vulg.*, *Umb. Ew. Hgst. Reu. Vo.* a.). Auch ist בשׂים nicht Zusatz *wann er setzt* (*Ros. Stick. Hrz.* a.), sondern Obj. (35, 15) zu חֹק, wozu das Prf. cons. וְהוֹפִיעַ die Fortsetzung ist. Das Suff. הֶם aber geht nicht auf נפלאות (*Umb. Hrz. Schl.*), oder Wolken (*Hitz. Del.*) allein, sondern auf die zuvor genannten Phänomene (vgl. 36, 31): *weisst du darum, wie Gott ihnen Auftrag gibt, u. seines Gewölkes Licht* (V. 3. 11) *erglänzt* (3, 4. 10, 3. 22), vielleicht (aber nur hier) *erglänzen lässt* (*Ges. Hrz. Del.* a.). — V 16. עַל] führt hier, u. nur hier, das Obj. zu ידע ein (vgl. 36, 21), wie vorhin בְּ. *Verstehst du dich auf des Gewölkes Schwebungen* (מִפְלָשׂ nur hier, von פלש = פלס, gebildet wie מפרשׂ 36, 29; vgl. auch zu 36, 33; *Hitz.* erdichtet *Gliederung*), wie es im freien Luftraum schwebt, ohne vom Wasser herabgedrückt zu werden (V. 11), *die Wunderwerke des an Wissen Vollkommenen* (36, 4)? עַל wirkt im 2. Gl. nach; מפלאות nur hier, vielleicht verschrieben aus נפלאות V. 5. 14 (s. Jos. 16, 9). — V. 17 f. „Die entgegengesetzten Wunder des heiteren, sommerlichen Himmels" (*Ew.*). אשׁר nicht = כי u. von ידע (Ex. 11, 7) abhängig (*Ros. Umb. Hrz. Reu. Stud.*), noch weniger = אִם (*Schl.*), oder gar: was deine Kl. heiss sind! (*Hitz.*), sondern persönlich, u. der ganze Relativsatz seines Inhalts wegen nicht mit V. 16, sondern mit V. 18 zu verbinden, wodurch auch die Auslassung des Fragworts הֲ vor תַּרְקִיעַ sich leichter erklärt (*Bold. Ew. Stick. Del.*[2] a.): *du dessen Kleider heiss* sind oder werden, *wann die Erde in* schwüler *Stille liegt vom Süden her*; eine ironische Hinweisung auf das blos leidende Verhalten des Menschen bei Gottes Thun, als Vorbereitung auf die folg. Frage. דָּרוֹם] ein Wort des spätern Hebraismus. הַשְׁקֵט] ist, da ein Subjectssuffix fehlt, doch wohl eher intrs. oder incho. (*Ges.* 53, 2), als transitiv zu nehmen. — V. 18. *Gibst du* oder potential: kannst du geben *mit ihm*, als sein Geselle oder auch wie er (9, 26) Ausdehnung u. Festigkeit d. h. mit Beziehung auf Gen. 1, 7 f. *die Gestalt des Firmaments dem Wolkenhimmel* (35, 5), *der fest ist wie ein gegossener* (Part. Hoph. von יצק 11, 15, verschieden von V. 10. 36, 16; nach

Hitz. Subst. wie 1 R. 7, 37: Spiegel von Guss) *Spiegel* (vgl. Ex. 24, 10)? Die Spiegel der Alten waren polirte Metallplatten, Ex. 38, 8. Das ל nach dem Hiph., wie 12, 23. — V. 19 f. Da der Mensch im Wissen u. Können so weit hinter diesem erhabenen Gott zurücksteht, so wäre El. begierig zu erfahren, was einer hadernd gegen ihn vorbringen könnte; er wenigstens möchte es nicht versuchen, es wäre so viel als sich selbst den Untergang wünschen. הודיעני] Imper.; Suff. wäre auf El. u. die ihm gleichgesinnten (34, 2 ff.) zu beziehen. Aber ursprünglicher scheint הודיענו nach LXX u. babyl. Lesart im Ketib. *was wir* (Menschen) *ihm sagen sollen?*] d. h. beim Rechten mit ihm, wie aus dem 2. Gl. hervorgeht. El. selbst gibt die Antwort: *wir werden* oder *können nicht* aufstellen sc. מלים (32, 14. 33, 5) d. h. *etwas vorbringen vor* (23, 17) *Finsterniss*, hier nicht des Unglücks, sondern der Unwissenheit (gegenüber von Gottes Klarheit V. 22; auch s. Qoh. 2, 14). — V. 20. Dem El. wäre schon der Gedanke, dass Gott von seiner Bereitschaft gegen ihn zu reden Kenntniss bekäme, unerträglich; demnach יספר mit optativer Färbung: *soll's* oder *darf's ihm gemeldet werden, dass ich reden wolle?* (Hrz. Stick. Del. Hitz. a.); oder *hat je ein Mensch gesagt* (34, 31), *dass* (36, 10) *er vernichtet werden wolle?* d. h. hiesse nicht schon das das Verderben über sich herbeiwünschen? Die Erklärung des 1. Gl.: wird er auch nur Kunde davon bekommen, dass ich rede? (*Ros. Ew.* a.) könnte durch V. 24ᵇ empfohlen scheinen, aber das 2. Gl. gibt dann keinen passenden Sinn, ausser man würde in unzulässiger Weise יבלע == יִבָּלַע חֵפֶץ fassen (sprach oder klagte einer je, er werde aufgerieben?). — V. 21—24. Nun denn, da dieses wunderbaren Gottes Wesen u. Walten zwar reines Licht u. Klarheit, aber für des Sterblichen Auge zu blendend hell ist, als dass er's schauen u. erreichen könnte, so ist's des Menschen Sache, ihn zu fürchten, nicht ihn zu meistern. V. 21. Eine vielverbreitete (*Vulg. Luth., Umb. Stick. Del. Ha. Hitz.*) Auffassung nimmt ועתה im zeitlichen Sinn, u. findet zwischen Gl. a u. b einen Gegensatz: „*und jetzt* zwar *sieht man nicht das Licht, das* (obwohl es) *in den Wolken strahlt, aber ein Wind klärt sie weg*", so könne auch der jetzt verhüllte Gott sich darnach plötzlich enthüllen, so dass alles licht u. klar werde. Aber V. 22 f. dringt El. auf die Unschaubarkeit Gottes, nicht auf die spätere Offenbarung des jetzt Verhüllten; zum Ausdruck des Gegensatzes der Zeiten erwartete man im 2. Gl. ein Fut., nicht ein Praet., u. ועתה hier gegen das Ende der Rede lässt vielmehr vermuthen, dass es die Folgerung aus dem bisherigen ziehen soll, wie 35, 15. Eher könnte man an eine jetzt eben nach Klärung des Gewölkes sich vollziehende Erscheinung des Lichtglanzes Gottes am Himmel (*Hitz.*) denken, u. dann auch die Perff. als solche verstehen, s. weiter zu V. 22. Man kann aber auch (*Ros. Ew. Hrz. Hgst. Reu. Stud. Vo.* a.) לא ראו אור: *nicht haben sie je angesehen* (ohne ־, wie Prov. 23, 31) d. h. nicht sieht man an *das Sonnenlicht* (wie 31, 26) als den Hauptsatz, die beiden folgenden aber als untergeordnete Sätze auffassen: *das hell schimmert* (בהיר nur hier) *in den lichten Wolken* (V. 18) d. i. am Himmel; damit man aber die שחקים nicht als dunkle, verhüllende Wolken auffasse, wird beigesetzt:

Ijob 37, 21—23.

u. ein Wind d. i. *indem ein Wind darübergefahren ist u. sie* von allem Trüben *gereinigt hat.* Also zusammen: das reine, am entwölkten Himmel strahlende Sonnenlicht kann das sinnliche Auge nicht anschauen (ohne geblendet zu werden). Das ist dann nur die Unterlage für den V. 22f. aufgestellten Satz, dass noch viel mehr die göttliche Klarheit dem Menschen unschaubar ist. — V. 22. *Vom Norden her kommt Gold* — auf Gott ist furchtbar Glanz (Wortstellung wie Gen. 29, 2) d. h. *Gott bedeckt hehrer Glanz* oder furchtbare Majestät (Ps. 104, 1). Die Meinung dieser Zusammenstellung ist nicht klar. Nach der Kategorie der Vergleichung (*Ha.*) erklärt man: wie das Gold aus dem (dunkeln) Norden kommt, so hüllt sich Gottes Majestät in Ehrfurcht einflössendes Dunkel (*Stick. Reu.*); nach der Kategorie des Gegensatzes: der Mensch kann zwar vom Norden das Gold holen, aber Gottes Majestät ist ihm unnahbar verschlossen, eine Reminiscenz aus 28, 1. 12 (*Hrz. Ew. Schl. Del. Vo.* a.). In beiden Fällen soll זהב als Vertreter der glänzendsten Schätze, צפון als Goldland in Betracht kommen, wofür aber keine Stelle des AT., sondern nur Herod. 3, 116. Plin. 6 § 30. 33 § 66 u. ähnl. anzuführen sind, zugleich צפון als der dunkle. Indessen der Gegensatz ist frostig, u. die Vergleichung erforderte für Gl. 2 einen andern Ausdruck. Deutet man זהב bildlich (Zach. 4, 12) als Goldglanz, u. מצפון in Folge des Nordwinds, mit Beziehung darauf, dass der Nordwind die Wolken wegkläre, u. *aurea lux, aureus sol* dadurch in vollem Glanze erscheinen (LXX, Rabb., *Ros. Umb. Hgst.*), so dass Gl. 2 den Gegensatz bildete (*Bick.*: Gott bleibt in Schreckenshoheit), so erscheinen die Ausdrücke מצפון u. יאתה für diesen Sinn als schlecht gewählt, u. nach Prov. 25, 23 gebiert Nordwind vielmehr Regen. Bezieht man endlich Gl. 1 auf den Goldglanz des vom Norden her (Jes. 14, 13. Ez. 28, 14. 1, 4. Ps. 48, 3) erscheinenden Gottes (*Arnh., Böttch.* ÄL. 76; *Mat. Hitz.*), so dass das 2. Gl. den Werth von הוד נורא אשר על אלה d. h. einer erklärenden App. zu זהב hätte, so wäre doch jeder Zusammenhang mit V. 23f. abgebrochen, u. man müsste (*Hitz.*) V. 21f. als zwischen eingeschobene Beschreibung eines am Himmel jetzt eben vorgehenden Phänomens (vgl. V. 2) nehmen: eben noch hat man das Sonnenlicht nicht gesehen, aber ein Wind hat die Wolken weggeklärt, u. der Goldglanz Gottes strahlt vom Norden her auf. Mit מצפון זהב (*GHff.*) ist nichts anzufangen. — V. 23. Die in V. 21f. (nach der gew. Erkl.) bildlich beschriebene Unschaubarkeit Gottes wird in Gl. 1 (wo שדי absolut vorausgestellt ist) mit Nachdruck geltend gemacht: *den Allmächtigen, ihn finden* oder *erreichen* wir *nicht,* weder mit dem sinnlichen noch mit dem geistigen Auge (11, 7. 23, 3; Qoh. 3, 11), *ihn der gross* (36, 26) *an Kraft ist.* Gl. 2 bildet dazu den Gegensatz, indem er auf den Ausgangspunkt dieser Rede (36, 5) u. einen Grundgedanken Elihu's (Cap. 34) zurückgreift u. ihn noch einmal einschärft: *aber das Recht u. die Fülle der Gerechtigkeit beugt er nicht,* d. h. aber bei aller seiner Unbegreiflichkeit ist er doch nie ungerecht. יענה] für sonstiges ענה ist unbedenklich, obgleich nicht im A. T., sondern nur im Talm. nachweisbar (*Trg.*: יַעֲנֶה; *Aq.:* κακουχήσει), u. רב־צדקה (s. 33, 19) = *die volle u. ganze Gerechtigkeit* hindert diese Auffassung nicht. Wollte man gegen die Accente אשר־לא משפט noch von אשׁר abhängen lassen (*Vulg., Hrz. Stick. Schl. Ren.*) oder ורב lesend dieses dem שׂ׳ כ׳ ימ׳ gleichordnen (*Bick. GHff.*), u. לא יענה für sich als die Aussage zu dem Subj. י׳ שׂ׳ verstehen, entw. in der mass. Aussprache: *er beugt nicht* d. h. übt nicht Bedrückung (*Schl. Kmph.*), oder in der Aussprache יַעֲנֶה (LXX *Pes.*, einige Mss., *Ros. Hrz. Ren. Bick. GHff.*): *er erwiedert nicht*, steht dem Menschen nicht Red' u. Antwort, so hätte man im 1. Fall einen dem des 1. Gl. fremden Gedanken, der nicht einmal als Gegensatz dazu verstanden werden könnte, im 2. Fall aber ein Subj., das in seinen verschiedenen Bestandtheilen in verschiedener (begründender oder gegensätzlicher) Beziehung zur Aussage stünde, u. eine Aussage, die gegen 33, 14 ff. u. 38, 1 wäre. Will man den Rhythmus bessern, so ist als 2. Gl. ומשפט כ׳ שׂ׳, u. als 3. Gl. ורב־צדקה לא יענה zu nehmen. — V. 24. *Darum* haben ihn gefürchtet d. h. (s. 36, 24) *fürchten ihn* der Regel nach (das Impf. יראהו mit LXX *Pes. Vulg.*, oder gar den Imper. haben die Mass. mit Recht abgelehnt) *die Menschen*, unterwerfen sich seinem Thun in Gottesfurcht (28, 28). Im 2. Gl. hat חכמי־לב nicht an sich (*Hitz.*) einen schlimmen Sinn (s. 9, 4; Prov. 11, 29. 16, 21), ist auch nicht s. v. a. חכמי לבם, sondern gewinnt nur durch den Gegensatz gegen יראי י׳ (im 1 Gl.) die Bedeutung der Selbstklugen, die ohne Gottesfurcht oder gar gegen die Gottesfurcht die Dinge verstehen wollen, u. zu diesen gehören alle Tadler Gottes; solche *sieht er nicht an* (35, 13), würdigt sie keiner Aufmerksamkeit, geschweige einer Widerlegung. Die Paronomasie wie 6, 21. Übrigens kann כל־חכמי־לב nicht Subj. zu יראה sein (*Vulg., Ros. Stick.*), weil dieses יראוהו lauten müsste, auch wenn man einen Rel.-Satz annimmt. Soweit das Wort V. 24ᵇ dem Ijob gilt, wird es freilich sofort C. 38, 1 ff. widerlegt, aber es ist das nicht die einzige Stelle, in der sich zeigt, dass Elihu, wie die Dreie, den Ijob unterschätzt.

Wenn der erste Theil dieser langen Rede eine Zusammenstellung der Hauptgedanken des El. ist, so bewegt sich der zweite auf einer Bahn, die auch schon die Freunde versucht haben (zB. Cp. 5. 11. 25), und beruht im übrigen sichtbar auf Lektüre der Gottesreden Cp. 38 ff., deren einzelne Schönheiten in Inhalt u. Wendung zum Theil dadurch vorausgenommen werden.

2. *Die Erscheinung Gottes*, Cap. 38—42, 6.

Auf den Aufruf Ijob's an Gott (Cp. 29—31) erscheint dieser ihm, wie er so oft (noch 23, 3. 31, 35) gewünscht hatte, nicht zürnend oder gar zu seiner Vernichtung, sondern *für Ijob*, freilich auch nicht in dem vollen Lichte seiner Gnade, sondern noch in Wolken gehüllt u. im Wettersturm, aber doch zu ihm sich herablassend u. mit ihm redend, u. schon dadurch ihn hoch auszeichnend. Er erscheint aber nicht, wie Ijob gewünscht hatte, um über die Gründe seines Leidens ihm Aufschlüsse zu geben; von derlei sagt er ihm kein Wort. Es wird nur die thatsächliche Lösung des Räthsels mit dieser Gotteserscheinung bezweckt, nicht die Lösung für die Erkenntniss, welche vielmehr erst auf Grund der thatsächlichen u. aus dieser sich ergeben soll. Auch die volle thatsächliche Lösung bringt diese Erscheinung zunächst nicht, sondern nur die letzte Vorbereitung zu derselben. Denn noch ist Ijob nicht erlösbar, oder vielmehr er muss erst innerlich erlöst werden, ehe er auch äusserlich aus seinem Leiden entlassen werden kann. Zwar hat er sein leidenschaftliches Anstürmen gegen Gott längst aufgegeben, hat wieder Zutrauen zu ihm gefasst u. sich zu einer ruhigeren Stimmung durchgearbeitet, aber der Irrthum, dass er, weil unschuldig, ein Recht auf Glück habe u. also mit Unrecht leide, haftet ihm noch immer an (31, 35—37), u. hat ihn noch nicht einmal dazu gelangen lassen, das Unziemliche u. Sündhafte seiner gegen Gott geführten Reden klar einzusehen u. zu bereuen. Einen Mann in dieser Verfassung u. mit noch unbereuter Schuld belastet, kann Gott nicht vom Leiden befreien, sonst würde er solche Vergehung u. solchen innewohnenden Irrthum als berechtigt, wenigstens als duldbar anerkennen, damit aber die Gottesfurcht selbst untergraben. Darum muss er zunächst der Grundlosigkeit jenes Wahnes u. der Sündhaftigkeit seiner trotzigen Reden wider Gott u. seine Weltordnung überführt werden. Und darin eben liegt der Zweck, wie der Erfolg, dieser Gotteserscheinung. Was alle die Mahnungen u. Rügen der Freunde bei ihm nicht erzielen konnten, das bringt Gott sofort bei ihm zu Stande, nämlich seine Überführung u. reuige Unterwerfung, u. das nicht etwa dadurch, dass er ihm neue, bis jetzt unbekannte Dinge eröffnete, sondern indem er, erscheinend u. redend, seine göttliche Hoheit, die Ij. erkenntnissmässig längst inne hatte (9, 4—10. 12, 12—25. 26, 5—14), aber in seinem praktischen Verhalten gegen Gott nicht gebührend verwerthete, zu fühlen u. zu erfahren gibt. In dieser Aufstellung des Dichters liegt volle innere Wahrheit. Der unmittelbare Eindruck der Majestät des erscheinenden u. redenden Gottes wirkt so überwältigend, dass aller Hadermuth, alle Einbildung eigenen Rechtes in ihm sofort verschwindet, u. er beschämt in die ihm gebührende Stellung zu Gott zurückkehrt. — Gott erscheint ihm also jetzt, um ihm erst dazu zu helfen, dass er freiwillig u. aus eigenster Überzeugung in Demuth u. Reue sich ihm unterwerfe. Zu diesem Zweck bietet er sich ihm zwar zu dem von ihm gewünschten Kampfe an u. fordert ihn auf, sich dazu zu rüsten, wenn er ihn zu unternehmen noch immer Willens sei, gibt ihm aber sofort in dem, was er spricht, seine göttliche Überlegenheit in einer Weise zu fühlen, dass er im Gefühl tiefster Ohnmacht bussfertig alles zurücknimmt, was er gegen Gott geredet hat. Und zwar, da er nicht blos durch unziemliches Hadern seine Stellung gegen Gott verkannt, sondern im besondern durch Anzweifeln u. Bestreiten seiner vollen Gerechtigkeit in der Weltregierung sich verfehlt hat, so spricht Gott in jener Weise zweimal zu ihm, damit er jede der beiden Verfehlungen ausdrücklich widerrufe u. bereue.

a) Die erste Rede Gottes u. Ijob's Antwort. Cp. 38, 1—40, 5.

In einer Rede, in welcher der Dichter seine höchste Kunst entfaltet hat, in lauter Fragen voll göttlicher Ironie über die schwachen

Versuche eines Menschen ihn zu meistern, führt er, der Schöpfer u. Herr der Natur, in raschem leichtem Überblick, ihm seine ganze Schöpfung, unbelebte u. belebte, vor, nach ihren mannigfaltigen Gebieten, mit ihren geheimnissvoll wirkenden Kräften, ihren wunderbaren u. räthselhaften Erscheinungen, welche alle unabhängig vom Menschen u. doch vorhanden, ja in herrlicher Ordnung zusammengehalten u. seinem Winke folgsam, von seiner Schöpfermacht u. Weisheit, von seinem zweckvollen, allfürsorgenden Walten zeugen, Cp. 38, 4—39, 30. Hineingestellt zwischen eine einleitende Aufforderung an den verwegenen Tadler Gottes, sich zum Kampfe mit dem, den er begehrt, zu rüsten 38, 1—3, u. ein schliessliches Antwortsbegehr, wenn er noch immer mit Gott zu rechten Willens sei 40, 1f., lässt diese Fragenrede, mit welcher Gott ihn seiner Kleinheit u. Unwissenheit überführt, über ihren Sinn u. Zweck keinen Zweifel, u. thut denn auch die beabsichtigte Wirkung, dass Ij. tief beschämt seine gänzliche Ohnmacht bekennt u. nie wieder gegen Gott zu hadern verspricht 40, 3—5. Sie in 2 Reden zertheilen (38, 1—38 u. 38, 39—39, 30, *Schl.*) oder gar den Schluss (40, 1 f.) hinter 38, 38 versetzen wollen (*Köst.*), heisst ihre Anlage verkennen. Ihr grossartiger Umfang ist durch den Gegenstand (Überblick über die Wunder der ganzen Schöpfung), durch die Person des Redenden (dem die Stoffe in unerschöpflicher Fülle zuströmen) u. durch den Zweck (den vorwitzigen Tadler mit Fragen zu überschütten) bedingt u. gefordert. Durch Ton u. Haltung der einzelnen Fragen oder Aufforderungen, sowie durch Kraft, Schärfe u. Klarheit des Ausdrucks hat der Dichter es verstanden, die Rede zu einer Gottes würdigen zu machen. In 2 Haupttheilen handelt dieselbe zuerst von der Schöpfung u. unbelebten Natur, sodann von der Thierwelt. Der erste verbreitet sich über die Erschaffung der Welt, die Erde sammt Meer u. Unterwelt, die atmosphärischen Erscheinungen, den Sternen- u. Wolkenhimmel in 8. 8. 8. 6. 6. 6. 6. 6. 6. 4. 6 Stichen, der zweite führt eine Reihe von charakteristischen Vertretern der Thierwelt vor in 7. 8. 8. 8. 2 $\times$ 6. 8 + 7 10 Stichen. Deutlich ist der Umfang der Gruppen auf 8 u. 6 zugeschnitten; die Abweichungen sind vielleicht auf Einbussen oder Vermehrungen des urspr. Textes zurückzuführen. Im LXX Text stammen 38, 26. 27. 32. 39, 1[a]. 3[b]. 4. 6[b]. 8. 13—18. 28. 29[b]. 40, 1. 2 (d. h. LXX 39, 31f.) aus *Theod.* — Der Versuch, der hier gemacht ist, die überwältigenden Naturwunder in Masse zusammenzustellen u. zur Hervorbringung eines Eindrucks von der Grösse des Schöpfers zu benützen, ist unter den vielen ähnlichen im B. Ijob u. sonst in der Bibel der grossartigste u. merkwürdigste. Ruhend auf der alterthümlich-kindlichen, zugleich tief poetischen Naturanschauung, hat er noch immer nicht blos seinen dichterischen Werth, sondern auch seine unverlierbare religiöse Wahrheit. Denn mögen auch manche der hier als räthselhaft hingestellten Erscheinungen nach ihren nächsten Gründen von der Wissenschaft unserer Tage erklärt u. aus den allgemeinen Gesetzen der Natur begriffen sein, so fordern nur um so mehr diese Gesetze selbst durch ihren unveränderlichen Bestand u. ihr gewaltiges Wirken unser Staunen heraus, u. werden niemals aufhören, den religiös angeregten Menschen mit anbetender Bewunderung der höchsten Macht u. Weisheit, welche hinter allen den einzelnen Gesetzen Kräften u. Stoffen steht, zu erfüllen (s. auch *Humboldt, Kosmos*² II. 48).

Die Einleitung 38, 1—3. — V. 1. ויען] sich anschliessend an c. 31 (V. 35—37). מן־הסערה] *aus dem Sturm*, näher dem Gewittersturm, welcher, wenn Gott sich in Majestät u. als Richter der Erde naht, seine Erscheinung anzukündigen u. zu begleiten pflegt. Daraus erklärt sich der Artikel (des Gattungsbegriffes); eine Rückbeziehung auf 37, 1 ff. (*Schl. Hgst.*) ist um so weniger anzunehmen, als dort Elihu den Ausdruck סערה gar nicht gebraucht hat. Nicht leibhaftig erscheint Gott, sondern verhüllt im Gewölke des Wetters, mit seiner Donnerstimme dem Ohre vernehmbar, u. in dem hervorbrechenden Lichtglanz schaubar (42, 5). Die Zusammenschreibung von מן u. סערה scheint hier durch 40, 6 (wo mit מנסערה die Aussprache מִסְּעָרָה beabsichtigt ist) veranlasst. — V. 2. Seiner Erscheinung im Sturm entsprechend ist auch sein erstes Wort an Ij. ernst strafend. Den Mann vorfordernd u. ihm seine Stellung weisend ruft er: *wer da (Ges.* 136 A. 2) *ein Verdunkelnder d. h. verdunkelt Rath, mit Worten ohne* (8, 11 u. ö.) *Einsicht?* (s. 42, 3). עצה] ohne Art. oder Suff., *etwas, was Rath* oder *Plan ist*, im Gegensatz gegen Laune u. grundlose Willkühr, als welche Ij. früher das göttliche Thun an ihm dargestellt hat. מחשיך] Part., nicht Perf., ist hier um so treffender, als die Gottesrede eben in dem Moment einfällt, da Ij. im Verdunkeln begriffen ist. Ein Doppeltes ist's, was dem Ij. hier gesagt wird: dass sein Leiden auf einem Plan der göttlichen Weisheit beruhe (1, 11 f. 2, 3 ff.), dass er aber diesen Plan mit seinen verkehrten Reden entstellt u. verkannt (weil als planlose Willkühr dargestellt) habe. Damit ist die Richtung, in der das folg. Frageverhör sich bewegt, schon bezeichnet: nachdrücklich soll ihm seine Unfähigkeit zu Gemüth geführt werden, das Thun Gottes in der Natur, selbst in den gewöhnlichen Vorgängen derselben, zu begreifen. — V. 3. Wenn er ihn also jetzt auffordert, wie es einem Manne geziemt, *die Lenden zu gürten* d. h. sich zum Kampfe zu rüsten (12, 21), weil der jetzt da sei, den er so lange gefordert (9, 34 f. 13, 18 ff. 22. 23, 3 ff. 31, 35 ff.), u. ihm die Fragen, die er ihm vorlegen werde, zu beantworten, so kann Ij. nach jenem Winke den Spott in dieser Aufforderung nicht verkennen. כגבר] über כ, nach B.Naft. כְּ, s. *Ges.* 21 A. 2.; über כְּ nicht כַּ s. 13, 28. 16, 14.

1) *Erster Theil der Fragenrede* 38, 4—38. a) V. 4—7 Fragen über den Hergang der Schöpfung, zunächst der Gründung der Erde, deren Herstellung hier dichterisch als die Aufführung eines ungeheuren Bauwerks gedacht ist. V. 4. Wo war Ij. damals? war er bei jener Gründung zugegen oder gar selbst dabei thätig (vgl. 15, 7)? Es scheint so, da er sich so grosse Einsicht in die Weltordnung zutraut. Wohlan so wird er auch sagen können, wie es dabei zugieng, u. nach diesem Wie der Schöpfung fragen dann V. 5—7 (*Hrz.*). Als Obj. zu חפץ ist nicht ארץ אידה zu denken, sondern der durch die folg. Fragen V. 5 ff. herausgestellte Gedanke: wie es dabei zugieng. אם־יד'] *wenn du ein Verständniss davon inne hast*; zum Ausdruck Jes. 29, 24; Prov. 4, 1;

2 Chr. 2, 12; Dan. 2, 21. — V. 5. Die Ausmessung des Umfangs: *wer hat ihre Maasse* (von מדד, wie שׂום) *festgestellt, dass* (s. 3, 12) *du es wüsstest*, nicht ironisch: „denn du weisst es ja" (*Schl.*), was ידעת erforderte, *oder wer die Messschnur über sie ausgespannt?* מי fragt hier nicht sowohl nach der Person des Baumeisters, die ja bekannt ist (V. 4), als nach seiner u. seiner Thätigkeit Art: was muss das für einer gewesen sein, welcher der Erde Maasse wie die eines Baues festsetzen konnte! — V. 6. Die Grundlegung: *auf* (6, 16) *was sind ihre Säulenfüsse* (Ex. 26, 19ff., Cant. 5, 15) *oder* allgemeiner: *Pfeiler eingesenkt? oder wer hat ihren Eckstein*, den ungeheueren, *hingeworfen* (Gen. 31, 51), so leicht u. mühelos, wie der Mensch einen Stein hinwirft? Zur Sache s. 9, 6 u. 26, 7. — V. 7. Zeitbestimmung zu V. 6; der Inf. לי wird weiterhin im Verb. fin. fortgesetzt. Zu der Sitte, unter Musik u. Freudengesängen die Einsetzung des Grundsteines oder auch des Giebelsteines festlich zu begehen, s. Ezr. 3, 10. Zach. 4, 7. An die Stelle der Menschen, welche bei der Feier des Erdenbaues nicht zugegen waren, lässt der Dichter die himmlischen Schaaren, die Engel (1, 6) u. die Sterne treten; *die Morgensterne* aber nennt er, weil sich's um den Morgen der werdenden Schöpfung handelt, an welchem, in der ersten Frühe des Tages, noch die Morgensterne glänzten (*Hrz. Schl. Hitz.*); nicht aber sind hier die כני בקר die dem Morgenstern an Glanz ähnlichen Sterne (*Del.*[1] nach Jes. 13, 10). *Jubeln* wird dichterisch von den fröhlich glänzenden u. durch ihr Licht Gott verherrlichenden Sternen an sich ausgesagt (wie Ps. 19, 2 ein Verkünden, u. Ps. 148, 3 ein Lobpreisen); nicht blos mittelbar, so fern ihre Bewohner gejubelt hätten (*Ha.*); von Sternbewohnern weiss die Bibel nichts. Übrigens ist deutlich, dass bei einer sklavisch-wörtlichen Auffassung dieser Vers u. Gen. 1, 14 ff. sich widersprechen würden. Das ὅτε ἐγενήθησαν der LXX ist deutlich dogmatische Correctur, u. daraus כרא herzustellen (*Mx.*) ein Fehlgriff. — b) V. 8—11. Die Eindämmung des Meeres in seine Grenzen (vgl. dazu Prov. 8, 29. Jer. 5, 22. Ps. 104, 9). V. 8. ויסך] sich anschliessend an מי ירה V. 6: *u. wer schloss* (3, 23) in Fortsetzung des Erdbaues *mit einer Thüre* (3, 10) *das Meer ab?* seinen Behälter als ein mit einer Doppelthür verschlossenes Gefängniss gedacht. Das 2. Gl. enthält die Zeitbestimmung zum 1., welche in V. 9 fortgeht, u. in V. 10 f. in eine Beschreibung der Eindämmung übergeht (*Hrz.*). בגיחו] ist regelrechte Fortsetzung des Inf. ירה (s. V. 7), u. erklärt den Begriff von גיח: *als es hervorbrach* wie ein Kind, *herauskam aus dem Mutterschooss*, näml. dem Erdinnern, s. V. 17. — V. 9 unter Fortsetzung des Bildes von dem neugebornen Riesenkind: *als ich Gewölk zu seinem Kleide machte u. Nebeldunkel zu* seinem *Gewickel* d. i. *seinen Windeln* (Ez. 16, 4); gemeint sind die über ihm lagernden Dünste u. Nebel. — V. 10 an ואשׂים V. 9 angeschlossen: *u. ihm*, zur Einhaltung auferlegend (עד), *meine Grenze* (26, 10) *brach*, dieser kühne Ausdruck mit Beziehung auf die steilen abgeschroffenen Wandungen des Meeresbeckens, vgl. ὁηγμιν (*Ew. Del.*); *u. Riegel u. Thore setzte* (*Ew.* 232ᵍ), vgl. V. 8ᵃ. Dass שׁבר (wie חק ירה) einfach *bestimmen, festsetzen* (*Ges. Ha. Schl. Hgst. Reu. Stud.* a.)

bedeuten könne, ist nicht zu beweisen; vollends *verkünden* (*Hitz.*) ist
erdichtet; es in וְנֶאֱשִׂים (*Mx.*) oder וְנֶאֱסַף = וְאָסְפוּ (*GHff.*) zu corrigiren,
ist keinerlei Anlass; eher könnte man fragen, ob nicht חֹק die urspr.
Lesart war. — V. 11. ולא תסיף] sc. לָבוֹא, hier nicht im zeitlichen,
sondern im örtlichen Sinn: *u. nicht weiter*, nicht drüber hinaus, wie
sonst וְלֹא־תַעֲבֹר. Im 2. Gl. macht ישית Schwierigkeit. Meist (*Ros. Ges.
Hrz. Schl. Del.* a.) ergänzt man חֹק (s. 14, 13) u. versteht in ישית
ein unbestimmtes Subj.: *u. hier setze man* eine Grenze *wider deiner
Wellen Übermuth* (Ps. 89, 10), aber חק V. 10ª ist weit entfernt, u.
שית חק verbindet sich sonst mit לְ, nicht בְּ. Annehmlicher scheint: *ein
Hier setzt man entgegen dem Ü.* (*Hitz.*), aber poetischer (ohne diese
Wendung mit *man*) wird der Satz, wenn man (*Codurc., Ew.* 294ª)
יָם als Subj., u. שִׁית בְּ (vgl. שית מִן 10, 20) als *Einhalt thun* nimmt:
und hier d. h. dieser Ort *wird Einhalt thun dem Übermuth*. Die
2. prs. תָּשִׁית setzen *Trg. Peš.*; LXX übersetzen, als hätten sie וּבָךְ יִשָּׁבֵר
vor sich gehabt (daher *Mx.*: וּבָא יִשָּׁבֵר) vgl. Lev. 26, 19; *Ew.* vermuthet
יִשְׁלוּ u. *Bick.* יִשְׁבֹּת גְּאוֹן (s. aber zu 10, 20). — e) V. 12—15. Die tägliche Heraufführung des Morgenlichts u. deren Wirkung auf die nacht-
umhüllte Erde. — V. 12. Gott entbietet seit der Schöpfung jeden Tag
den Morgen u. das Frühroth: hat er, der Mensch, das auch nur einmal geleistet? מִימֶיךָ] *von deinen Tagen an* d. h. jemals, seitdem du
lebst, oder auch: an einem von (27, 6) deinen Tagen, einmal in deinem
Leben (vgl. 1 R. 1, 6). Gegen יִדַּעְתָּה שַׁחַר des Ketib ist die Lesart des
Qerê יִדַּעְתָּ הַשַּׁחַר, in Anbetracht der Artikellosigkeit fast sämmtlicher
Nomina dieser Rede nicht nothwendig, aber wegen der sonstigen Schreibung der Personalendung תָּ in dieser Rede wahrscheinlich, u. insofern
richtig, als mit בֹּקֶר nur einer der vielen בְּקָרִים, die es giebt, gemeint ist,
שַׁחַר aber immer nur eine ist (vgl. V. 29). Einen blos rhythmischen
Wechsel nimmt *Del.* an (Hab. 3, 8. Jer. 12, 12). *Seinen Ort wissen
lassen* d. i. ihm seinen Ort anweisen (*Hrz.*). Einen Akt der Schöpfung
in diesem V. beschrieben zu finden (LXX צִיָּה) hindert schon die dann
nöthige unnatürliche Deutung des 2. Gl. (*GHff.*: wars zu deiner Zeit,
dass ich entbot den Morgen, war der Morgenröthe Fundort [! מְקוֹם שַׁחַר]
dir *damals* bekannt?). — V. 13. Zwecksatz zu V. 12; Subj. zu לֶאֱחֹז
ist auf keinen Fall *du* (*Vulg., Schult.* a.), wohl auch nicht בֹּקֶר u. שַׁחַר
zusammen, sondern הַשַּׁחַר. וְיִנָּעֲרוּ] Fortsetzung des Inf., s. V. 7. Das
Morgenroth *fasst* auf einmal *die Säume* oder Zipfel *der Erde*, diese
selbst als einen ausgebreiteten Teppich gedacht, indem es mit urplötz-
licher Schnelligkeit (Ps. 139, 9) sich über das Erdganze verbreitet, u.
durch jene Anfassung *werden die Frevler von ihr abgeschüttelt* d. h.
wird bewirkt, dass die lichtscheuen Bösen, die im Dunkel der Nacht ihr
Wesen auf ihr getrieben, plötzlich unsichtbar werden (24, 16 f.), sei es
sich versteckend, sei es gefangen. רְשָׁעִים] das ע suspensum hier u. V. 15
weist trotz Talm. Sanh. 103ᵇ nicht auf eine andere Lesart hin, sondern
ist Merkzeichen für einen rabb. Einfall (*Buxt.* Comm. mass. 1665 p.
159 f.); רָשִׁים (*Geig.* Urschr. 258) oder רָאשִׁים (*Mx.*) gibt keinen Sinn,
da נִעֵר nicht *aufgerüttelt werden* bedeutet. Eine Rückbeziehung auf
24, 14—17 ist hier u. V. 15 nicht zu verkennen, u. wird hier gelegent-

lich dem Ij. auf seine dortige Beschwerde zu verstehen gegeben, wie schon durch die Naturordnung menschlichem Unrecht immer wieder gewehrt werde (*Ew.*). — V. 14f. führen den Zwecksatz in der Weise fort, dass V. 14 das 1., u. V. 15 das 2. Gl. von V. 13 weiter entwickeln. Von dem Morgenroth einmal berührt *wandelt sich die Erde gleich Siegelthon* (γῆ σημαντρίς Herod. 2, 38): wie dieser, eine gestaltlose Masse, durch die Aufdrückung des Siegels ein bestimmtes Gepräge annimmt, so u. so leicht u. schnell macht das anbrechende Licht, dass die Erde, zur Nachtzeit eine gestaltlose Masse, eine zusammenhängende Reihe von Formen u. Gestalten darstellt (*Hrz.*). ־־־־־־] Subj. kann nicht ־־־ u. ־־־ sein (*Schult. Ros.*), weil es sich hier um die Wirkung des ־־־ handelt; auch nicht die ־־־ (*Ew.*, der ־־־־־ = *sie werden hell* liest), weil diese nur einen Theil des Ganzen darstellen, sondern die Dinge auf der Erde, die durch die Aufprägung des Siegels entstandenen Formen: *sie stellen sich* dar *dem Gewande gleich* d. h. in mannigfaltigen Umrissen u. Farben, nicht (*Del.*): wie im Kleid, oder gar ־־־ für ־־־ (*M.r.*), noch weniger (*GHffm.* ־־־): wie beschämt. — V. 15. Den Bösen aber wird *ihr Licht* d. i. nach 24, 17 die Finsterniss (nach rabb. Witz ihr ־ d. h. Auge) entzogen, *u. der hohe*, zur Vollbringung der Gewaltthat aufgehobene, *Arm* (22, 8) *wird gebrochen*, sofern sie vom Licht überrascht ihn sinken lassen müssen oder entdeckt zur Bestrafung überantwortet werden. Den V. 13^b. 14^b. 15 zu streichen (*GHff.*), hat man keinen zureichenden Grund, da von V. 12 an nicht mehr von der Erschaffung der Dinge die Rede ist, u. V. 13^a 14^a einen höchst kümmerlichen Zweck von V. 12 angeben würden. Die teleologischen Ausweitungen sind dieser Rede, welche die Macht u. Weisheit Gottes ins Licht stellen will, nicht fremd, s. ausser V. 23 (von *GHff.* ebenfalls gestrichen) V. 26f. 41. Elihu mit seinen derartigen Ausführungen hat nur Andeutungen des urspr. Buchs weiter ausgesponnen. — In weiterer Folge führt er ihm fragend eine Reihe von Örtern, Dingen u. Kräften des Weltbestandes vor, ob er von ihnen ein Wissen habe? Ohne Noth will *Bick.* V. 16—21 hinter V. 11 versetzen. — d) V. 16 —18 der Erde tiefste Gründe u. äusserste Breiten (die noch kein Mensch betreten u. besehen hat, während sie Gott gegenwärtig sind, vgl. 26, 6; Am. 9, 2f.; Ps. 139, 9f. — V. 16. ־־־־] *die Quellen des Meeres* LXX, sowohl sprachlich befriedigend, sofern ־־ nur härtere Aussprache für ־־ u. ܩ ist, als sachlich nach Gen. 7, 11. 8, 2; nicht aber *Klippen* (*Schult. Hgst.*), auch nicht in ־־ (V. 37) zu ändern (*Hitz.* Bgr. d. Krit. 129; *Olsh.*; von *Hitz.* im Comm. zurückgenommen). ־־] *der tiefste Grund*, s. 11, 7. — V. 17. Mit den Gründen der Meerestiefe ist das Reich der Todten zusammengestellt, wie 26, 5f. Auch zum Gedanken vgl. 26, 6; zu ־־ 28, 22; über ־־־ zu 17, 16; über ־־־ der Unterwelt 10, 21f. — V. 18 ebenfalls Fragesatz; das ־ konnte hier, da eine Frage vorangeht, entbehrt werden (39, 2), zumal mit Rücksicht auf den Hauchlaut, mit dem der Satz beginnt (*Ges.* 150, 1). Wie Ij. nie in die Tiefen der Erde kam, noch sein Blick dorthin reichte, so hat er auch noch nicht ihre Erstreckung in die Breite oder Weite erkannt (während Gott sie ganz überschaut 28, 24). ־־] hier in seinem nächsten örtlichen Sinn *bis zu*, anders als 32, 12. Zum 2. Gl. s. V. 4. כֻלָּה] nicht nothwendig auf הָאָרֶץ (*Ros. Ha. Olsh.*), sondern eher im neutrischen Sinn auf sämmtliche Fraggegenstände von V. 16 an zu beziehen. — e) V. 19—21. Die Stätten des Lichts u. der Finsterniss, welche hier poetisch, zum Theil nach alterthümlicher Vorstellung (vgl. Gen. 1, 3 f.; Hen. 17 u. 23) als kosmische Substanzen aufgefasst sind, die von gewissen Orten aus auf geheimnissvollen Wegen über die Erde geschickt u. wieder zurückgezogen werden. V. 19. *Welches Weges wohnt das Licht?* mag man אֵי זֶה הַדֶּרֶךְ als Acc. der Richtung (*Hitz.*), oder (wegen des Artikels richtiger) als Praed. u. Subj., u. יִשְׁכָּן als frei angelehnten Rel. Satz nehmen; ebenso V. 24. 1 R. 13, 12. 2 R. 3, 8. *u. die Finsterniss — welches ist ihr Ort?*] s. 28, 1. 12. — V. 20. *Dass* (V. 5; 3, 12) *du sie*, sowohl חֹשֶׁךְ als אוֹר, *holen*, hinbringen (Gen. 27, 13. 42, 16. 48, 9) *könntest in ihr Gebiet, u. dass du verständest die Pfade zu* (28, 23) *ihrem Hause*. Da in Gl. 2 וְכִי wiederholt ist, so wird der 2. Satz nicht mit dem ersten gleichbedeutend sein, sondern Gl. 1 handelt vom Holen (gegen *Hitz.*), Gl. 2 hat das Zurückführen im Auge; dann ist aber im Gl. 1 אֶל־גְּבוּלוֹ nicht *zu ihrer Grenze*, was eher עַד־ ausgedrückt wäre, sondern *in ihr Gebiet*, das sie zu erleuchten oder zu verfinstern haben, s. weiter zu 26, 10. Verkehrt ist die Lesung תִּקָּחֶנּוּ (LXX *Mx.*). — V. 21. Das V. 19 Gefragte könnte er wissen, wenn er dabei gewesen wäre, als Gott es einrichtete; also spottend: *du weisst's, denn damals wurdest du geboren, u. deiner Tage Zahl ist* (s. 21, 21) *viel*; du bist ja von Urzeit her, schon bei der Schöpfung gewesen, s. 15, 7. אָז] seq. Impf., s. *Ges.* 107, 1 A. 1. — f) V 22—24. Schnee u. Hagel, die massenhaft bereit gehaltenen Waffen Gottes gegen seine Feinde; Licht u. Wind, die geheimnissvoll schnell sich verbreitenden. V. 22. Schnee u. Hagel, in dichten Massen zur Erde fallend, werden als in grossen Vorrathskammern des Himmels aufgespeichert vorgestellt (vgl. 37, 9; Jer. 10, 13). Sollte Ij. in diese ihre verborgenen Bildungs- u. Sammelstätten eingedrungen sein? — V. 23. Wie V. 13 ff. vom Morgenlicht, wird auch hier vom Schnee u. Hagel die göttliche Verwendung zu den Zwecken der Weltregierung beleuchtet. Er hat sie aufbehalten für *die Zeit der Drangsal* (15, 24. 36, 16. 19), sofern nicht blos der Hagel (Ex. 9, 22; Hagg. 2, 17; Sir. 39, 29), sondern auch der Schnee durch die damit verbundene Kälte u. Hemmung des Verkehrs in Palästina für Gewächse, Menschen u. Heerden sehr verderblich wirken kann; für den *Tag des Kampfs u. Kriegs*, mit Rücksicht auf Fälle wie Jos. 10, 11 u. Anschauungen wie Jes. 28, 17. 30, 30; Ez. 13, 13; Ps. 18, 14 f. 68, 15 (s. auch 2 S. 23, 20; 1 Macc. 13, 22). — V. 24. אֵי זֶה וְגוֹ׳] s. V. 19. יֵחָלֶק] s. zu 18, 9. *Welches ist der Weg,* auf dem *das Licht sich theilt, der Ostwind* (27, 21), dichterisch für Sturm überhaupt, *dahinstiebt,* sich verbreitet (Ex. 5, 12; 1 Sam. 13, 8) *über die Erde hin?* אוֹר] *Blitz* (*Schl.,* nach 37, 3 ff.) ist nicht gemeint, da V. 25 u. 35 von diesem handeln, u. יֵחָלֶק nicht *spaltet sich* bedeutet, sondern *Licht* wie V. 19, u. die Rede ist von den verborgenen Wegen d. h. der geheimnissvollen Art, in der Licht u. Wind sich so unglaublich schnell überall hin verbreiten. In so weit ist die Zusammnstellung von אֵד u. קָרִים erträglich. Die LXX geben πάχνη für אֵד, mit Unrecht (s. V. 29ᵇ); aber אֵד scheint darnach doch nicht sicher, u. wurde darum קָרָה (Ew. Dichter AB.² II. 252; Mx. Bick.) oder אֵד ὁμίχλη (GHff.) vermuthet. — g) V. 25—27: Regenguss u. Wetterstrahl von Gott nach den Zwecken seines fürsorgenden Waltens geleitet. V. 25. קִם s. zu V. 5. שֶׁטֶף] muss hier, nach Gl. b u. V. 26 f., *die Strömung* vom Himmel her d. h. *der Regenguss* sein. פִּלַּג] nicht *zutheilen* oder *abtheilen*, sondern *zertheilen, spalten*. Die dem Stromregen angewiesene Richtung nach gewissen Gegenden hin (V. 26 f.) ist als eine *Wasserleitung* oder Rinne aufgefasst, die ihm von oben herab bis zur Erde gespalten wurde, u. ebenso die Richtung des Donnerstrahls als ein für ihn durchgebrochener Weg. Das 2. Gl. wie 28, 26. Beide, שֶׁטֶף u. חֲזִיז קֹלוֹת, werden hier nur nach ihrer Segen bringenden Wirkung in Betracht genommen, denn es verbindet sich eng damit der Zwecksatz V. 26 f. In diesem ist nicht שָׁמַיִם Subj. (*Hrz. Ha.*), weil zwar möglicherweise das Gewölke הִמְטִיר Jes. 5, 6, aber nicht שֶׁטֶף, der ja selbst מָטָר ist, sondern die in מִי steckende Person, welche שֶׁטֶף u. חֲזִיז als Mittel zum Zweck benutzt. אֶרֶץ לֹא־אִישׁ] *Land ohne Menschen,* welche dasselbe bauen u. bewässern, mag man לֹא־אִישׁ als ein vom st. c. אֶרֶץ abhängiges Compositum (10, 22), oder לֹא = לְלֹא (12, 24. 34, 24) nehmen. לֹא־אָדָם בּוֹ] Relativsatz zu מִדְבָּר (vgl. Jer. 2, 6). שֹׁאָה וּמְשֹׁאָה] wie 30, 3. מֹצָא דֶשֶׁא] ist der Ort, wo frisches Gras hervorkommt, Grasboden; diesen will er von frischem Grün sprossen machen. Der Mensch, der so gerne seine eigenen Anliegen obenan stellt u. alles nach seinen engen menschlichen Gesichtspunkten beurtheilt, wird hier treffend daran erinnert, wie viel grösser der göttliche Gesichtskreis sei, u. wie Gott mit seiner Fürsorge auch die Gegenden bedenke, die keiner menschlichen Pflege sich zu erfreuen haben, damit auch hier Leben u. Gedeihen seiner Geschöpfe ermöglicht werde. — h) V. 28—30. Die Bildung des Regens, Thaues, Eises, Reifes. Wunderbar ist die Erzeugung dieser Dinge, nicht nach menschlicher Art u. gar durch Menschen, sondern durch göttliche Allmacht. V. 28 verneint den menschlichen Vater, V. 29 die menschliche Mutter. אֹב] nicht *Behälter* (*Ges. Vo.*), was als Obj. zu הוֹלִיד keinen Sinn hat, sondern *Tropfen*, nach den Verss., eig. Zusammenballung in Gestalt von Kügelchen, von אבב. מִי יְלָדוֹ] *aus wessen Leib?* בֶּטֶן wechselt hier mit רֶחֶם V. 8, vgl. 3, 11. — V. 30. "Die Erwähnung des *Eises* benutzt der Dichter, um den wundersamen Hergang der Bildung desselben, das Zufrieren, zu beschreiben. *Wie Stein verdichtet sich das Wasser, u. die Fläche der Fluth schliesst sich zusammen*. יִתְחַבָּאוּ] keinenfalls *wie im (unter) Stein verbirgt sich d. W* (*Ges. Umb.*), wohl auch nicht dialektische Nebenform von יִתְחַבְּרוּ (*Hitz. GHff.*), sondern von חבא eig. *einziehen*, Niph. *sich zurückziehen, sich verstecken* (29, 8), im Hithp. *sich zusammenziehen = sich verdichten.* יִתְלַכָּדוּ] *sich gegenseitig fangen, zusammenhalten, fest werden* (41, 9), ἔχεσθαι. Die Umstellung der beiden Verben (*Mx. Bick.*) bessert nichts, da beim Gefrieren פְּנֵי תְהוֹם nicht „verschwindet" — i) V. 31—33. Die Sternbilder, die Gesetze des Himmels u. ihr Einfluss auf die Erde. — V. 31. S. zu 9, 9. Bleibt man bei der hergebrachten Bedeutung von כִּימָה *Pleiaden* (über deren Wichtigkeit als Zeitmesser für die Nomaden u. Bauern s. *Wetzst.* bei *Del.*² 501), so wäre מַעֲדַנּוֹת *Lieblichkeiten* (von עדן) höchstens zulässig, wenn man zugleich תְּקַשֵּׁר als *Gürtel anlegen* nähme: *gürtest du Pleiadenschönheit um dich?* wie ich sie mir umlege (*Mx.*), aber solche sinnliche Anschauung von Gott ist in dieser Rede fremdartig. Darum bevorzugen die meisten die Bedeutung *Bande, Gebinde* (durch Lautversetzung von ענד 31, 36), für welche LXX *Trg.*, die Mass. (bemerkend, dass das Wort hier in anderem Sinn als 1 S. 15, 32 stehe), *Qi. Raś.*, vielleicht auch das talm. מַעֲדַנִּין *Knoten* (*Levy* III. 182 f. 31), vor allem aber das Vrb. תקשר (Pi. frequent.) sprechen: *knüpfst du das Gebinde der Pleiaden?* (*Hrz. Ew. Del.* a.), d. h. „machst du, dass dieses Häuflein Sterne sich stets zusammenfindet, stellst du sie zu dieser Gruppe zusammen?" (*Hrz.*); vgl. dazu die Anschauung der Pleiaden als eines Brillantgeschmeides bei pers. Dichtern (*Ideler* Sternnamen 147). Deutet man aber כִּימָה als *Sirius*, so lässt weder קשר noch מעדנות eine erträgliche Erklärung zu, denn das Halsband des Sirius, des Hundes des Orion, auf den Sternkarten (*Stern*) ist modern, u. *bandest du ein die Labungen des Sirius?* bezüglich auf die Nilschwelle u. -Überschwemmung, die mit dem Frühaufgang des Sirius u. Orion begann (*GHff.*), wäre keinem Ägypter, geschweige einem Hebräer verständlich gewesen. — Im 2. Gl. wird מוֹשְׁכוֹת gewöhnlich als *Bande* oder *Fesseln* (unter Berufung auf arab. *masakah*) genommen, u. auf die Bande, mit denen Orion an den Himmel gefesselt ist, bezogen, so dass nach der Möglichkeit der Auflösung des Sternbildes gefragt würde. Aber nach hbr. Sprachgebrauch ist מֹשְׁכוֹת (verschieden von לְבֵֽנָה 39, 5) eher die *Ziehenden, Zugseile* (*Trg.*), u. wird es sich darum handeln, durch Lockerung (30, 11) der Seile, an welchen Orion geschleppt wird, ihn höher am Himmel steigen oder tiefer sinken zu lassen (je nachdem der Mythus über ihn lautete). Auch bei der Deutung des כְּסִיל auf *Suhêl* d. i. Kanopus (*Saad. Gekat. Abulw.*) würde das passen. Dagegen kommen *Gürtel* des Orion (*Hitz.*, der משכות = arab. *wišâḥ* setzt), u. *Spenden* = מַשְׂכִּיּוֹת d. h. Regenspenden (*GHff.*) nicht in Betracht. — V. 32. מַזָּרוֹת] wird (nach *Trg.*) von den meisten (*Ges.* th. 869) als die (ob zwölf? s. *Jensen* Kosmol. Babyl. S. 57 ff.; *Hommel* die Astronomie der alten Chaldäer, im Ausland 1891. No. 13 f. u. 19 f.) Sternbilder des Thierkreises, von einigen (*Ha., Ri.* HWB. 1551) als die Planeten gedeutet, weil in 2 R. 23, 5 die LXX für מַזָּלוֹת Μαζουρωθ geben (wie *Theod.* hier in Ij. 38, 32), u. man demgemäss מזרות mit מזלות gleichsetzt, מַזָּל aber Pl. מַזָּלַיָּא u. מַזָּלָא, im jüd. Aramäischen (*Levy* WB. Trg. II. 20 f.) ein geläufiger Ausdruck für *Planet, Stern*, Pl. *Planeten* u. *Zodiacus* ist, wie syr. ܡܢܙܠܬܐ *Himmelszone, Zodiakalkreis*, Pl. Zodiakalbilder (*PSmith* I. 109), auch *Suidas* Μαζουρωθ als ζωδία erklärt. Trotz der Constanz der Überlieferung passen aber 2 R. 23 die signa Zodiaci nicht, sondern (weil Gegenstand der Verehrung) höchstens die Planeten. Hier, im Ij., würden beide passen, aber der Lautwechsel ist bedenklich. Die Deutung des מזרות auf den *Morgenstern* (*Vulg.*, *Luth. Hitz.*) lässt sich sprachlich so wenig begründen, wie die auf den *Wagen* (*Peš. Mx.*), u. könnte man höchstens נֵזֶר = מַזָּרוֹת (mit Rückwärtsassimilation, *Ges.* 19, 2ᶜ) *Glanzsterne* (vgl. arb. *zuhara*) deuten. Die beiden *Kronen* (vgl. ביז, *Coce. JD.Mich. Eichh. Ew.*) sc. die nördliche u. südliche, sind zu wenig hervorragende Sternbilder. Dagegen würden sachlich wohl passen die *Hyaden* am nördlichen Himmel, mit ihrem Hauptstern Aldebaran, deren Frühaufgang die Regenzeit ankündigt (*Stern, Nöld., Schrad.* in *Schenkel's* BL. V 398; *GHff.*); sprachlich dürfte man aber nicht מזרות = מזלות = מזרות *fliessen machende* (von נזל) nehmen; eher könnte man מזרים (37, 9), bezüglich auf die Stürme der Regenzeit, als *zerstreuende* deuten. Aufhellung aus dem Ass. Babylonischen gibt's zur Zeit nicht, denn *manzaltu* = *manzaztu* von *nazazu* „stehen" (*FrdDel.* Prol. 142; *Jensen* 348) ist ganz unsicher; die constellations which marked the *watches* of the night by coming successively to the meridian (*Talbot* in Transa. Soc. Bibl. Archl. 1872 S. 339 f.), oder *Mondwachten, Mondstationen* (*Del.²* Vo.), beides von *mazzarta* Wache von נזר, ist so gesucht als möglich. Gefragt wird: *führst du '? heraus* an das Himmelsgewölbe *zu seiner Zeit*, wenn es Zeit ist zu seinem, bez. ihrem Erscheinen (5, 26 Ps. 104, 27)? — *Und den Bär* (9, 9; hier als Bärin aufgefasst) *sammt* (*Ew.* 217ⁱᵈ) *seinen Jungen — leitest du sie* (Ipf. Hiph. von נחה)? Die בנים sind bei dieser Auslegung die 3 Schwanzsterne im grossen Bären, von den Arabern בנות („Töchter der Bahre" d. h. zur Bahre gehörig) genannt (*Ideler* 3. 11). An das wenig bedeutende Sternbild *Capella* (*Eichh.* Bibl. VII. 429; *Ew.²* 299; *Ha.*) wird man nicht denken dürfen; noch weniger an den *Abendstern* (*Vulg., Luth. Hitz.*), der blos nach dem Morgenstern des 1. Gl. errathen ist. Versteht man die *Pleiaden* (*Stern*, a.), so muss man die Mutter (Glucke) auf den Stern Alcyone, die בנים (Küchlein) auf die übrigen Sterne des Häufleins deuten; denn dass nicht gelesen werden kann התצִיא בעתם „lässest sie *mitten in der Zeit* d. h. pünktlich untergehen" (*GHff.*), versteht sich von selbst. Eher im Wurf läge תנחם *tröstest wegen ihrer Kinder* (*Mx. Hitz.*), doch ist uns ein diesbezüglicher Mythus nicht bekannt, es müsste denn der von *Wetzst.* bei *Del.²* 501 f. aus dem Munde der Hauranier angeführte sein. — V. 33. חקות שמים] d. h. die Gesetze, nach denen sich der Lauf der Gestirne, der Wechsel der Tages- u. Jahreszeiten, der Witterung u. s. f. bestimmt, vgl. Gen. 8, 22, auch Jer. 33, 25. 31, 35 f. — In Gl. 2 geht das Suff. ׳ auf שמים, sofern dieser als ein Herrscher aufgefasst ist (*Ew.* 318ᵃ). משׁטרו] von שׁטר *ordnen*, dann *leiten*, ist wie andere Wörter des Herrschens mit ב verbunden: *oder stellst du seine Gewalt über die Erde fest?* sofern der Himmel, seine Gestirne u. ihre Bewegungen, seine übrigen Kräfte auf die Theilung der Zeiten, das Leben der Pflanzen, Thiere u. Menschen von weitgreifender Bedeutung sind, s. Gen. 1, 14 ff. Der V. ist Abschluss von 31 f. u. leitet zugleich auf die folgends zu besprechenden Kräfte des Himmels hinüber. — k) V. 34 f. u. l) V. 36—38 über die Leitung der atmosphärischen Kräfte u. Erscheinungen nach Zwecken durch einen höchsten Willen. — V. 34. Auf Gottes Befehl lassen die Wolken ihre Wasser strömen. Das 2. Gl., aus 22, 11 wiederholt, drückt die Folge aus: *dass eine Fluth von Wasser dich bedecke.* Nicht besser wäre יענך *dir erwiedere* (*Bick.*); unpassend תכסך *sie* (die Wolke!)

bedecke (*Mx.*), — V. 35. Ebenso lassen sich die Blitze wie vernünftige Wesen von ihm verwenden. — V. 36. Gegen den Zusammenhang, welcher mit Nothwendigkeit Dinge der Luft oder des Himmels erfordert, ist die Auslegung: *wer legte in die* (Eingeweide oder) *Nieren die Weisheit, oder wer gab dem Verstande Einsicht?* (1. Trg., Rabb., die meisten christlichen Ausl., noch *Ges. deW Schl. Ren. Hgst. Bick.*); noch schlimmer wird sie, wenn man (*Vulg.*, 2. *Trg.*, *Del.*) in שכוי den rabb. Beinamen des *Hahnen* (sofern er *speculator et praeco aurorae* ist) findet, als hätte der Vrf. die Nieren u. den Hahnen zusammenordnen können! Nieren bedeutet טֻחוֹת auch Ps. 51, 8 nicht; sie sind auch nicht Sitz der Erkenntniss, sondern der Gefühle; für solche geläufige Dinge standen die gewöhnlichen Namen כליות, קרב, לב u. dgl. zu Gebot, u. eine Beziehung auf den Menschen ist nicht ausgedrückt. Die seltenen Namen weisen auf sonst nicht oder selten erwähnte Dinge hin. Da nun טחות Ps. 51, 8 von טוח *überziehen* als *dunkle, verborgene Räume* (es entspricht פָּתָם) vorkommt, so werden auch hier derartige Dinge gemeint sein, u. zwar dem Zusammenhang gemäss etwa *dunkle Wolkenschichten*, wie auch die von طلخ abgeleiteten Nomina gewisse Wolkenarten bedeuten (*Eichh. Umb. Hrz. Stick. Hitz.* a.). Das Wort שכוי aber, von der mehr aram. als hebr. W. שכה *sehen*, kann (vgl. שְׁכִיּוֹת u. מַשְׂכִּית) unstreitig eine *Erscheinung* (Phänomen) oder ein *Gebilde* bedeuten, nach dem 1. Gl. nicht sowohl *Lichterscheinung*, *Meteor*, als vielmehr *das Wolkengebilde*, die mannigfaltigen Gestaltungen, welche die Wolken annehmen. Dass auch in diesen gewisse Gesetze, also Vernunft (חכמה u. בינה) sich geltend machen, konnte man schon im Alterthum wissen (vgl. Qoh. 11, 4. Matth. 16, 2 f.), abgesehen von dem Aberglauben, der sich zu allen Zeiten daran hängte. Mit Rücksicht auf den Gegensatz des Num. zwischen טחות u. שכוי könnte man auch an den Gegensatz zwischen den *dunkeln* Mondphasen u. dem *sichtbaren* oder *vollen* Mond denken, wenn der Mond überhaupt hierher gehörte, u. dann nicht vielmehr für שכוי geradezu כסא zu lesen besser wäre. Selbstverständlich kann auch von טחות = äg. *dhuti*, Θωυτος, Hermes, *Mercur* u. שכוי *Süchi* kopt. ⲡⲓⲥⲟⲩϩⲓ, Planet Merkur (*GHff*.) hier keine Rede sein. Seiner Form nach ist שכוי, hinten betont, ein Adj. rel. von שכה. Die LXX missverstanden טחות als טווֹת, u. שכוי (שכויה) als שָׂכוּל oder עָמִית (*stickende* Weiber oder *Stickarbeit*). — V. 37. סָפַר] wie Ps. 22, 18. 139, 18 *abzählen* (sonst Qal). בחכמה] *mit Weisheit*, so dass immer das rechte Maass vorhanden ist (28, 26 f.), gehört zu beiden Fragen. 'ש נבלי] *die Schläuche* oder *Krüge des Himmels*, bei arab. Dichtern (s. *Schult.* z. d. St.) häufig vorkommende Bezeichnung der regengebenden Wolken. השכיב] eig. *hinlegen*, daher, wo von einem mit Flüssigkeit angefüllten Gefäss die Rede ist, *ausschütten, entleeren* (vgl. arb. *sakaba*). — V. 38 nähere Bestimmung zu 37ᵇ, wie V. 7 zu 6, u. V. 30 zu 29: *wann der Staub sich ergiesst* (1 R. 22, 35), durch den Regen flüssig wird, *zum Gusswerk* (vgl. 37, 18; anders 36, 16. 37, 10) *zu einer festen, wie gegossenen Masse, u. die Schollen* (21, 33) *zusammenkleben*.

2) *Zweiter Theil der Fragenrede* 38, 39—39, 30, betreffend

eine Anzahl wilder, von menschlicher Pflege unabhängiger Thiere, welche ebenso durch die Art ihrer Erhaltung, wie durch ihre mannigfaltigen wundersamen Eigenschaften u. Triebe von der Macht u. Weisheit Gottes u. dem Umfang seiner Vorsehung einen Eindruck zu geben geeignet sind. a) 38, 39—41. Die Ernährung der wilden Thiere, des grossen starken Löwen u. des kleinen schwachen Raben, „deren Bedürfniss in dem unermesslichen Ganzen wie verschwinden zu müssen scheint, u. doch mit derselben Sorge wahrgenommen wird" (Hrz.). V. 39. *Jagst du der Löwin* (4, 11) *Beute, u. der Jungleuen* (Ps. 104, 21) *Gier* (s. zu 33, 18) *füllst d. i. stillst du?* — V. 40. בְּ] *wann*, wie V. 41. סֻבָּךְ] *Dickicht*, sonst סֹךְ Ps. 10, 9. Jer. 25, 38. לְמוֹ־אָרֶב] *zur Lauer* (s. 31, 9; etwas anders 37, 8) bezeichnet den Zweck des *sich Duckens* (9, 13; Ps. 10, 10) u. *Sitzens*. — V. 41. יָלֶד] 27, 16 f. יִתְעוּ] πλανώμενοι, *vagantes* genügt vollkommen; *taumeln* (M.v. GHff.), gehört nicht her (s. Jes. 28, 7). לִבְלִי־אֹכֶל] *bei* oder *wegen Nichtfutter*, d. h. ohne Futter. Sachparallelen: Ps. 147, 9; Luc. 12, 24. — b) 39, 1—4. Die Fortpflanzung u. das Wachsthum der aller Beihilfe der Menschen entbehrenden, sogar ihrer Beobachtung entzogenen Thiere, wie Felsböcke u. Hirscharten. — V. 1. הֲיָדַעְתָּ] von dem fragenden הֲ hängen auch die Verba des 2. Gl. u. des V. 2 ab. Das *Wissen u. Beobachten* schliesst hier das sich darum Kümmern u. Annehmen, das Bestimmen u. Leiten ein. Über יָעֵל *Felsbock*, genauer Ibex Beden, Capra sinaitica s. Ri. HWB. 1547, über אַיָּלָה *Hinde* S. 619. חֹלֵל] = חֹלֵל, Inf. Pil. von חִיל, *kreisen* (s. das Pass. 15, 7); es ist Obj. zu תִּשְׁמֹר, u. שָׁמַר *beobachten, in Acht nehmen* (1 S. 1, 12. Ps. 107, 43 u. s.). — V. 2. תִּסְפֹּר] Rel.: *die Monde, die sie voll machen*, vollbringen müssen bis zur Geburt, also ihre Tragezeit. לִדְתָּנָה] mit der längeren volltönenderen Form des Suff. für das gew. לִדְתָּן, Ges. 91, 1 A. 2. — V. 3 f. Die Leichtigkeit ihres Gebärens, ohne menschliche Hilfe, u. das schnelle Heranwachsen der Jungen wird ihm vorgehalten, in einfacher Schilderung, ohne Einkleidung in eine Frage. *Sie knieen* nur hin (1 S. 4, 19), *lassen ihre Jungen* die Mutterscheide spalten (16, 13) d. h. *durchbrechen* (eig. *spalten hervor* i. J., vgl. Jes. 59, 5; *Hitz.*), *entledigen sich ihrer Wehen*, sofern sie mit der Geburt auch der Wehen los sind, so dass in diesem Fall Wehen u. Frucht der Wehen fast zusammenfallen (wie ὠδῖνες, *dolor* Ovid. her 11, 111 u. arb. habal, Pl. ahbāl). בְּנֵיהֶן] für erwartetes בְּנֵיהֶם s. zu 1, 14; ebenso V. 4. חֲבָלֵיהֶם] bildet mit חֶבְלֵיהֶם eine Paronomasie, u. braucht nicht (*Olsh.*) durch חֲבָלֵיהֶם (21, 10) ersetzt zu werden. — V. 4. Ebenso leicht u. schnell erstarken die Jungen, wachsen heran (Ez. 16, 7) *im Freien* (בַּר = בָּרָא); sie sind weggegangen u. nicht zurückgekehrt d. h. auf einmal laufen sie weg u. kommen nicht wieder. לָמוֹ] *ihnen* d. h. zu den Alten; möglich auch *sich* d. h. möchten nicht wiederkehren (s. 6, 19). — c) V 5—8. Wenn die genannten Thiere menschliche Pflege nicht brauchen, so sträuben sich sogar andere dagegen, wie der Wildesel mit seinem wunderbaren, von Gott selbst anerschaffenen Freiheitstrieb. פֶּרֶא eig. *der Schnellläufer*, עָרוֹד *der Scheue, Flüchtige* sind beides Namen des wilden Esels, ersterer der im Hebr. gewöhnliche (6, 5. 11, 12. 24, 5), letzterer der aram., daher überall im *Trg.* gebraucht (*Hrz.*). S. über dieses schöne u. merkwürdige Thier *Win.*³ II. 674f.; *Ri.* HWB. 1758f.; *Wetzst.* bei *Del.*² 507; *Ahlwardt* Chalef 341f.; schon *Xenoph.* anab. 1, 5, 2. — V. 5. חָפְשִׁי (Dt. 15, 12) ist Praedicatsaccusativ. Zum 2. Gl. s. 38, 31; *die Bande* (s. zu 12, 18) *lösen* d. i. in Freiheit versetzen, ihm die flüchtige Natur geben. — V. 6. Wörtl.: *zu dessen Behausung ich gemacht habe die Steppe, u. zu seiner Wohnung die Salzwüste.* Vgl. 24, 5. מְלֵחָה] als Gegensatz von אֶרֶץ פְּרִי Ps. 107, 34, sofern, wo Salz ist, nichts wächst Jud. 9, 45; *Verg.* Geo. 2, 238f. Übrigens leckt der Wildesel auch gern Salz. — V. 7. *Er lacht des* (5, 22) *Getümmels der Stadt* (wo der zahme Esel sich abmühen muss), weil er sich in seiner Freiheit sicher weiss; *das Gelärm* (s. 36, 29) *des Treibers* (s. 3, 18) *hört er nicht*, weil kein Eseltreiber ihn unter seine Botmässigkeit bekommt. — V. 8. יְתוּר] nach den Mass. ein Nom. verbale, sei es von יתר = *Überfluss* (*Peš.*, *Cler.* a.), sei es von תור = *das Erspähte* (*Hrz. Del. Hgst.* a.). Da aber ein solches Nom. sonst nicht vorkommt, da gegen die 1. Auslegung auch die Sache selbst spricht, sofern „*les onagres aiment surtout les montagnes pelées*" (*Pallas* in den Acta Acad. Petropol. pro a. 1777, part. post. p. 264), u. gegen die 2., dass bei der Nominalbildung יְתוּר wie יְקוּם die pass. Bedeutung sehr bedenklich ist, so ist mit *Theod. Trg. Vulg.* (*Ew. Böttch. Hitz. Mx. Reu. Stud.* a.) besser יָתוּר zu lesen, also nicht: „das Erspähte der Berge ist seine Weide", sondern *er durchspäht die Berge als seine Weide, spürt allem Grünen nach.* Er, in seiner Freiheit, sucht sich selbst sein Futter, wenn auch noch so mühsam, lieber, als sich's von einem Herrn geben zu lassen. — d) V. 9—12. *Das Wildrind.* Von der Beschreibung der Freiheitsliebe des Wildesels wird fortgegangen zur Zeichnung eines Thieres, welches wegen seiner ähnlichen Wildheit u. zugleich unbändigen Kraft der Mensch weder zähmen kann noch mag. רֵים] = רְאֵם (vgl. 8, 8) ist auf keinen Fall das Rhinoceros (*Aq. Vulg.*, durch Verwechslung mit μονόκερως); auch nicht der *Büffel, bos bubalus* (*Schult., Ges.* th. 1249, *deW Umb. Hrz. Ha. Hgst.* a.), der allerdings in Palästina (meist in sumpfigen Niederungen) sich jetzt findet, aber auch (wie anderwärts) gezähmt u. zur Feldarbeit verwendet wird (*Russell* N.G. von Aleppo II. 7; *Robins.* Pal. III. 563; *Wetzst.* a.), sondern eine *Antilopenart*, aber nicht Antilope *leucoryx* (*Bochart* hz. II. 335f.; *Eichh. Ros., Win.*³ I. 309f., *Ew. Schl. Hitz., Ri.* HWB. 355; *Mx.* a.), welche jetzt mit رم bezeichnet wird, weil wie nach des Vrf. Beschreibung, so nach Ps. 29, 6. Dt. 33, 17. Jes. 34, 7 der ראם mit dem Rind Ähnlichkeit gehabt haben muss, sondern der jetzt in Syrien *mahá* oder *baqar al-waḥᵃš* (*Lane* Ar. Lex. I. 234) genannte *Wildochs* (*Wetzst.* bei *Del.*² 507f.), wogegen der von den assyr. Königen gejagte, auf Monumenten abgebildete *rēmu* der einst im Euphrat- u. Libanon-Gebiet heimische (jetzt nach dem Kaukasus zurückgedrängte) Wisent oder Buckelochs gewesen zu sein scheint (*WHoughton* in Transa. Soc. Bibl. Archeol. V. 1877 S. 326ff.; *Hommel* Säugethiere 227. 409; *Schrad.* KGF. 135f.; *FdDel.* Prol. 16f.). Über den μονόκερως der

LXX, womit ohne Zweifel eine Antilopenart gemeint ist, s. *Del.*² 509 f. םי-] mit Dag. f. euph. (*Ges.* 22, 5 A.). ךד-ב-] Inf. c. ohne ל, s. zu 3, 8: *wird er dir dienen wollen?* אבוס] ist *Krippe, Futtertrog* (LXX *Vulg.*), nicht Stall (*Ges.*); nur dazu passt לין, denn אבוס war dem Boden so nahe, dass das Vieh, wenn es sich niederlegte, mit dem Kopf darüber hervorragte (*Hrz.*). — V. 10. רשקת] weder Acc. instr. (*Stick. Ha.*), noch Subj. zu רים (*GHff.*), sondern in Anziehung des st. c רים: *spannst du das Wildrind an seine Seilfurche*, sc. die ihm durch das Leitseil vorgeschrieben wird, d. h. zwingst du ihn, eingespannt, Furchen (31, 38) zu ziehen, wie der zahme Ochs? *Oder wird er Thalgründe* (Ps. 65, 14) *eggen hinter dir her* d. h. dir folgend, wie du ihn, ihm voran oder vorn 'zur Seite gehend, leitest. In LXX ist die Variation zwischen Pflügen u. Eggen durch Elimination des רים (oder Ersetzung durch לבי) übel beseitigt; *Hitzig's* darauf gebaute Vertauschung des בחלם mit בעצמיך (kannst du dem B. an ein Halsband sein Leitseil binden) u. des עמקים mit תלם ist hinfällig, da auch עצמים nicht *Halsband* oder *Kummet* bedeutet. — V. 11 f. Wie er sich nicht zähmen lässt, so wird auch *der Mensch* keine Lust haben, ihn bei seiner übergrossen Kraft u. Wildheit seinen Bodenertrag anzuvertrauen. V. 11. כי] *da*, sofern seine grosse Stärke ein Grund zum Misstrauen ist. יגיעך] könnte zwar (nach V. 16 u. Gen. 31, 42) die *Mühe* oder *Feldarbeit* selbst sein (*Hrz.* a.), aber der sonstige Gebrauch ist eher für das *Erarbeitete*, den *Ertrag*, so dass V. 12 erläuternd dazu ist. — V. 12. כי] *dass* (*Ew.* 336ᵇ), sofern das Obj. des Vertrauens erklärt wird. ישוב] da שוב Qal nicht *zurückbringen* bedeutet, stellt Qerê mit Recht das Hiph. her. זרעך] *deine Saat*, näml. als Ernte. Es ist zugleich zu יאסף als Obj. hinzuzudenken, denn גרנך soll doch wohl Locativ (*in deine Tenne*), nicht Obj. (*Ros. Umb. Ew. Del. Hitz.*) sein, indem man zwar die Tenne, d. h. die Früchte darin sichten (Ruth 3, 2; Matth. 3, 12), nicht aber die Tenne einheimsen kann. Gl. b ist zwar auffallend lang gegen a, aber die Abtheilung 'יא גרנך (אל) כי ישוב וזרעך] *dass er zurückkehre, u. deine Saat nach deiner Tenne sammle* (*Mx. Bick.*) ergibt für b keine gute Wortstellung. — e) V. 13—18. *Die Straussenhenne*, Eigenschaften in sich vereinigend, die der Mensch in dieser Vereinigung ihr nicht anerschaffen hätte, aber eben dadurch auf eine den Menschen überragende Weisheit des Schöpfers hinweisend. Jedoch die Rede Gottes verliert sich hier fast in eine Schilderung des Dichters: die Frage findet sich in den 6 Versen nur einmal, u. V. 17 ist gar von Gott in der 3 Pers. die Rede. Auch die Einordnung unter die Vierfüssler fällt auf. In LXX fehlte der ganze Absatz, u. die 2 × 6 Stichen weichen von dem sonstigen Schema dieser Thierschilderungen ab. Die Möglichkeit, dass V. 13 —18 (obwohl 18ᵇ geschickt auf 19 ff. hinüberleitet) ein jüngerer Zusatz sei (*Bick. Hatch*), der nicht mehr in alle hbr. Abschriften kam, u. deshalb im Exemplar der LXX fehlte, ist zuzugestehen. Freilich wäre auch nicht unmöglich, dass der griech. Übers., blos weil er רננים u. andere seltene Ausdrücke dieses Absatzes nicht verstand, ihn weggelassen hätte, wie er mit so vielen andern von ihm nicht verstandenen Stellen that. — V. 13. *Der Straussin Fittig schlägt lustig; ob's* (36, 29) wohl *eine fromme Schwinge ist u. Feder?* רְנָנִים] *schrillende Töne, Klaggeschrei* (Plur. Bezeichnung des Abstr.) ist hier poet. Name (den gewöhnlichen s. oben 30, 29) *der Straussenhenne*, wegen ihres durchdringenden Geschreis (W רנן); so mit *Vulg.* seit *Boch.* alle Erkl. Falsch *Trg.*: Auerhahn; *Qi. Luth.*: Pfau; *Aq. Theo. Sym. Peš.* sind rathlos; *GHff.* corrigirt יְמָנִים (Thr. 4, 3). נֶעֱלָסָה] 3 p. Prf. fcm. in Pausa; Niph. *sich fröhlich, lustig geberden* (s. 20, 18), vgl. bei *Hom.* ἀγάλλεσθαι πτερύγεσσιν (*Hrz.*). Der Flügel ist der Theil dieses Thieres, in welchem es die meiste Stärke hat, den es mit wunderbarer Kraft u. Schnelligkeit schwingt; daher beginnt mit diesem die Schilderung, wie V. 18 damit schliesst. חֲסִידָה] *pia*, zärtlich gegen die Jungen, mit Anspielung auf den Namen des Storchs חֲסִידָה (*Ges.* th. 502), um so eine Vergleichung mit diesem an die Hand zu geben. Wie wunderbar, dass der Strauss, in seinem Bau dem frommen Vogel (Storch) ähnlich, doch in seinem Verhalten gegen seine Jungen sich ganz anders zeigt! וְנֹצָה] das weichere Gefieder, nicht *Kralle* (*Mx.*), was mit Ez. 17, 3. 7 unverträglich ist. Die Umdeutung des נעלסה zu נַעֲצָלָה Jud. 18, 9, u. Änderung des חסידה in חֲפִירָה (*GUff.*: ist der Flügel der St. zu träge, oder fehlt ihm Fittig u. Feder? dass er überlässt etc.) ergibt nicht einmal einen passenden Sinn; אֶבְרָה für אֶבְרָה (*Hitz.*: Schwinge des Storches) ist grammatisch unzulässig. — V. 14. כִּי] folgernd (3, 12): *dass sie u. s. w.*, oder aber nach der zu verneinenden Frage von V. 13: *vielmehr, nein* (22, 2). Subj. zu תעזב u. den folg. Verba ist רננים, das seiner Bedeutung nach als fem. sing. behandelt ist (*Ew.* 318ª). Sie legt nicht, wie andere Vögel, in geschützte Nester, sondern in den nur wenig aufgescharrten Staub oder Sand, *überlässt also der Erde ihre Eier, u. brütet auf dem Staube*, eig. macht warm, erwärmt (*Ros. Stick. Del. Hgst. Mx.*), nicht: lässt erwärmen (*Schl. Hrz. Hitz.* a.) sc. durch die Sonne, da weder Suff. ausgedrückt, noch Pi. doppelt causativ, auch Sonne nicht genannt ist. — V. 15 *u. vergisst* (s. zu 3, 21), bedenkt nicht, *dass ein Fuss sie* (die Eier, vgl. 6, 20. 14, 19; *Ges.* 135, 5 A. 2) *zerdrücken, u. das Wild des Feldes sie zertreten kann.* Nämlich das Brütegeschäft beginnt nicht, ehe die gehörige Anzahl Eier gelegt ist; bis dahin sind die Eier während der Abwesenheit der Alten schutzlos preisgegeben. Aber auch im Anfang der Brütezeit sitzen sie nicht beharrlich auf den Eiern, zumal wenn die Sonne die Eier warm halten kann, sondern laufen dazwischen auch fort, u. nur gegen das Ende der Brütezeit verlässt die Straussin sie gar nicht mehr. Endlich kommt es auch vor, dass sie ihr Nest nicht mehr finden, oder weil Menschen oder Thiere Störungen daran vorgenommen haben, es absichtlich verlassen (s. auch Ḥamāsa p. 374 V. 1 c. Schol.). Die im Alterthum da u. dort verbreitete Meinung, dass der Strauss gar nicht brüte, braucht man hienach dem Dichter nicht aufzubürden. Übrigens sind die Schalen der Strausseneier sehr hart, u. gehört schon ein kräftiger Tritt dazu, um sie im Sand zu zermalmen. — V. 16. הִקְשִׁיחַ] hier fällt nicht blos das masc., mitten unter lauter fem., sondern auch das Prf. auf; also lese man entw. Inf. abs. הַקְשִׁיחַ (*Ew.*) als Stellvertreter des Verb. fin. (*Ges.* 113, 4), oder corrigire תַּקְשִׁיחַ (*Hrz.* a.): *hart behandelt sie ihre Jungen*

d. h. die Eier, aus denen die Jungen auskriechen sollen, *für nicht ihr* gehörige d. h. als wären sie nicht ihr. לא־לה] nur noch Jes. 63, 17. לא בו] = לא לו לאביו (18, 15. Hab. 1, 6), u. לְ wie 13, 24. 19, 15 (*Ew.* 217ᵈ). Im 2. Gl. könnte man erklären: (ist) *vergeblich ihre Mühe* (Jes. 49, 4), *kein Schreckniss!* d. h. es schreckt sie nicht (*Hitz.* a.). doch wäre (trotz 41, 18) dann אין פחד zu erwarten; daher eher: *vergeblich* ist oder *wird ihre Mühe* (s. V. 11) d. h. die Arbeit des Eierlegens, *ohne Furcht* von ihrer Seite d. h. ohne dass sie deshalb eine Besorgniss hat (*Ew. Del.* a.). Es ist näml. noch zu erinnern, dass die Strausse, wenn sie merken, dass ein Mensch oder Thier bei ihren Eiern gewesen ist, diese oft selbst vernichten, u. dass sie ferner oft eine Anzahl Eier in einiger Entfernung vom Neste unbebrütet liegen lassen, um später die ausgekrochenen Jungen des Nestes damit zu füttern. Sonst vgl. ausser *Boch.* u. den RWBB. auch *Wetzstein's* Bemerkungen bei *Del.*² 513 f. — V. 17. Grund dieser Gleichgültigkeit ist ihre Dummheit. השה] Prf. Hiph. mit Suff. הָ־ von נשה (11, 6): *Gott hat sie vergessen lassen der Weisheit.* חלק בבינה] *Antheil geben an* (s. 7, 13. 21, 25) *der Einsicht.* „Beides, die Dummheit des Straussen u. die aus ihr hervorgehende Lieblosigkeit gegen die Jungen ist im Morgenland sprichwörtlich geworden, daher die Redensarten: *lieblos wie ein Strauss* (Thr. 4, 3), u. *dümmer als ein Strauss,* s. *Schult.* u. *Umbr.* z. St." (*Hrz.*). — V. 18. Aber dieses selbe Thier hat noch eine andere wundersame Eigenschaft, näml. dass es, obwohl Vogel, doch nicht fliegt, sondern wie ein Vierfüssler läuft, u. zwar mit seinem Flügelschlag unterstützt so schnell, dass es vom besten Pferd nicht eingeholt wird (arab. Sprichwort: geschwinder als der Strauss). כעת] da man für *zur Zeit da* d. i. *wann* בעת (6, 17 Jer. 6, 15) sagte, so wird weder עת (Mx.) zu lesen, noch כעת = אֶת עת (*Hrz.* a.; *Ew.* 337c) zu nehmen sein; aber auch *jetzt* (*Ges. Schl.* a.) wird es hier nicht bedeuten, da auch für das Brüten u. s. w. keine Zeit bestimmt war, sondern: *zur Zeit* (*Hitz. Del.*²), wann die Zeit dazu ist, gegebenen Falls, *peitscht sie* (*Ges.* th. 816) *in der Höhe* d. h. die Luft, sc. mit den Flügeln, *lacht des Rosses u. seines Reiters* (s. V. 7). Weder ist מרוץ *Lauf* für מרום (*Hitz.*), noch כי געש במרץ קנאהו so bald er den Wetteifer der Eiferer entfacht (! *GHff.*) zu lesen. Mit Erwähnung des Pferdes wird zum Folgenden hinübergeleitet. — f) V. 19—25 das Ross, näher *das Kriegsross* (das auch von den arab. Dichtern so viel bewunderte u. besungene) mit seiner Kraft u. Schnelligkeit, seinem Stolz u. Muth. Hier treten die Fragen an Ij. wieder ein. V. 19. גבורה] ist Kraft u. Muth zugleich. רעמה] nicht *Donnerstimme, Gewieher* (*Theod. Sym. Vulg. Luth. Schl.*), weil רעם nicht Stimmorgan ist, u. תלביש nicht dazu passt, sondern *Gezitter,* meist verstanden von der *zitternden, flatternden Mähne* (*Ges. Hrz. Del.* a.), vielleicht zu beziehen auf die zitternde Bewegung des Halses sammt der Mähne, die eine Äusserung des *Kraftgefühls* (*Trg.*) u. der Lebhaftigkeit ist (s. *Schult.* z. St). *Hoheit* (*Umb., Ew.* 113ᵈ) bedeutet רעמה nicht, u. standen Wörter wie גאון, הדר, u. dgl. für diesen Begriff zu Gebot. *Layard* discov. S. 330: „sobald es den Kriegsruf hört, sprühen seine — des arab. Pferdes —

Augen Feuer, die blutrothen Nüstern öffnen sich weit, der Hals krümmt sich, u. Schweif u. Mähne heben sich empor". — V. 20. רעש] hier von der rauschenden Bewegung des springenden (galoppirenden) Pferdes, welche mit dem Springen der Heuschrecken verglichen wird, s. die umgekehrte Vergleichung Joel 2, 4. Das 2. Gl. als Beschreibe-, oder auch Ausrufesatz: *die Pracht seines Schnaubens* (Jer. 8, 16) *ein Schrecken ist!* nicht (*Hitz.*): dessen Sch. Hoheit ist, Furchtbarkeit. — V. 21. יחפרו] den Plur. von den Pferden (oder gar deren Hufen, *Del. Vo.*) zu verstehen, ist unmöglich, u. durch Stellen wie 20, 23 u. s., nicht zu erklären, da zum mindesten ישישו fortgefahren sein müsste. Vielmehr wäre (*Cocc. Ew.*) auszulegen: *sie*, die Krieger, *spähen* (V. 29) noch zaudernd (*Hitz.* will gar חברו *sie schaaren sich* lesen) *im Thale, da freut es sich*. Aber חפר ist das eigentliche Wort für das *Scharren* des Pferdes (s. *Boch.* u. *Schult.*), von den Alten hier durchaus so verstanden; es ist (mit LXX *Vulg. Peš.*) יחפר נחל] *Böttch.* Lehrb. § 1020, 2) herzustellen: *es scharrt* mit Ungeduld des Zeichens zum Aufbruch harrend *im Thalgrund*, der Ebene wo die Reiterei aufgestellt ist, *u. freut sich* (3, 22) *der Kraft* oder: *in Kraft* d. i. voll Kraft (der Artikel fehlt nach Dichterart); *zieht aus in die Schlacht der Rüstung* (20, 24) d. h. gewappnetem Feinde *entgegen*. — V. 22. Vgl. V. 7 u. 18. יחת] intrs. Iprf. Qal von חתת. חרב] sc. des Feindes, s. נשק V. 21. — V. 23 als jüngeren Zusatz auszuscheiden (*Hitz.*), liegt kein genügender Grund vor; vielmehr setzt die Zeichnung des gerüstet der Schlacht entgegengehenden Rosses neu an. Lustig schüttelt es sich, so dass Rüstung u. Waffen des auf ihm sitzenden Reiters *klirren* (רנה Nebenform von רנן). Im 2. Gl. ist להב nicht Praed. (Flamme = flammt) zu הנית וכ (*Umb. Ha.*), da für den Übergang in den Nominalsatz kein Grund vorlag, sondern st. c. zu ח׳, u. 2tes Subj. zu תרנה: die Flamme d. h. (Nah. 3, 3. Jud. 3, 22, vgl. Ij. 20, 25) die Klinge, stählerne Spitze, *der Stahl des Spiesses u. Wurfspeers*. Dass כידון *der Streitkolben* sei (*GHff.*), ist wenigstens gegen die alten Verss., u. dass עליו nicht *gegen ihn* (*Schult. GHff.*) bedeutet, versteht sich aus אשפה, was nicht für קשת oder ירה stehen kann. — V. 24. *In schütternder Hast* (V. 20) *u. Zornmuth* (nicht: im Schlachtgetümmel, Hgst.) *schlürft es den Boden*, verschlingt gleichsam im Galopp einherjagend die Erde (wie arab. *iltahama* u. lat. *vorare viam* bei Catull 35, 7); übrigens assoniren ירע u. רגז u. יאמין] nicht: *traut* (*Qi. IE., Hgst.*), sondern in seiner nächsten sinnlichen Bedeutung: zeigt Festigkeit, *hält Stand* (vgl. Verg. Ge. 3, 83 f.; *Hrz.* a.), *wann Schall des Sch.* ist d. h. *wann das Schlachthorn erschallt*. קול] *Ew.* 286 f. — V. 25. *So oft das Schlachthorn tönt, spricht es: hui!* gibt es seine Kriegslust durch Wiehern kund, *u. von ferne*, ehe es noch zum Handgemenge kommt, *riecht* d. h. *wittert* (praesagiunt pugnam, *Plin.* 8 § 157) *es den* nahen *Kampf, den Donnerruf*, die donnernden Befehle (vgl. auch V. 7 mit 36, 29) *der Feldherrn u. das Schlachtgeschrei*. Als Obj. zu יריח will רעם וכ nicht so gut passen; vielleicht ist davor ein Stichos ausgefallen (*Mx.*). Zu der ganzen Schilderung des Kriegsrosses vgl. *Verg.* Georg. 3, 75 ff., Parallelen aus arab. Dichtern bei *Schult.* u. *Umbr.* (*Hrz.*). — *g)* V. 26—30 die im Winter nach

Süden ziehenden, auf den höchsten Felsen horstenden, von luftigen Höhen herab ihre Beute erspähenden Vögel des *Habicht-* u. *Adler-Geschlechtes*. V. 26. Ob es in Folge seiner Einsicht d. h. ob es seiner Einsicht Werk sei, dass der Habicht (dessen meiste Arten Zugvögel sind, *Plin.* 10 § 21f.: epileum Graeci vocant, qui solus omni tempore apparet; caeteri hieme abeunt; doch s. *Ri.* HWB. 548f.) vor Eintritt der kälteren Jahreszeit nach Süden zu zieht? יַאְבֶר] enttonfes יַאֲבִר, wie 38, 24 (s. 18, 9); Hiph. denom., von אֶבְרָה, bedeutet *die Schwingen gebrauchen, sich emporschwingen*; nicht aber *plumescere* (*Vulg.*), oder *neue Federn bekommen* (s. dagegen Jes. 40, 31; Ps. 103, 5), wornach das 2. Gl. darauf zu beziehen wäre, dass der Habicht nach der Mauserung die Flügel gegen die Südseite ausbreitet, um durch die Wärme das Wachsthum des Gefieders zu befördern (*Greg. M.*; *Boch.* hz. III p. 9f.). Das Wunder der alljährlichen Wanderung erregt billig mehr Erstaunen, als das der Mauserung (*Hrz.*). Aus Aelian h. a. 10, 14 oder Geopon. 15. 26 die Aussage des Gl. b zu erklären (*Knobel* zu Lev. 11, 16) liegt fern ab. לְתֵימָן] warum dies das n. pr. Têmân (*GHff.*) sein sollte, ist nicht einzusehen. — V. 27. Gegenfrage. ־שֶׁר] s. zu V. 30. גָבִיהַ] = עַל גְבֹהַ 5, 7. וְכִי] = וְאִם־כִּי, und ist's auf dein Geheiss, *dass er sein Nest in die Höhe baut?* — V. 28. יִתְלוֹנָן] *sich einherbergen, einnisten*. שֵׁן־סֶלַע] *Felszahn* d. i. Felszacke, vgl. die Bergnamen Dent du midi, Dent-blanche u. a. (*Hrz.*). — V. 29. ־שֶׁר] s. zu V. 21 u. 11, 18. לְמֵרָחוֹק] hier *fernhin*, anders 36, 3. — V. 30. *Seine Jungen schlürfen Blut* statt Wasser, vgl. Aelian. h. a. 10, 14: σαρκῶν ἥδεται βορᾷ καὶ πίνει αἷμα καὶ τὰ νεόττια ἐκτρέφει τοῖς αὐτοῖς (*Hrz.*). יְעַלְעוּ] wäre Pi. von עלע, u. dieses abgekürzt aus בלע (*Ew.* 118[a]; Hitz.), Pilpel aus לעע; da aber dieses keine hiehergehörige Bedeutung hat, so ist doch eher Verstümmlung aus יְגַמְּעוּ (*Ges.* th. 750; *Olsh. Del.*[2] *Mx.* a.), abgeleitet von גמע, גבע anzunehmen. חיא] הוא (37, 6) zu lesen (*GHff.*), ist reine Verschlechterung. — Was hier vom Aasfressen als der Gewohnheit des ־שֶׁר gesagt ist, gilt mehr von den Geierarten als den Adlern, doch fressen auch die Gold- oder Steinadler frische Leichen; aber ־שֶׁר ist auch die gemeinschaftliche Benennung von Adler u. Geier, s. *Win.*[3] 1. 21, u. vgl. Matth. 24, 28; Luc. 17, 37. — Übrigens hat der Absatz 2 Stichen zu viel. Leicht könnte man V. 30 entbehren. Durch Streichung von על שן סלע V. 28[b] (unter Herüberziehung von 29[a] in 28[b]) u. von 30[a] sucht *Mx.* das Gleichmaass herzustellen.

Schluss der Gottes-Rede u. Antwort Ijobs 40, 1—5. Die LXX stiessen sich an ־שֶׁר יַעַן, liessen V. 1 weg, setzten V. 3 an seine Stelle u. deuteten V. 2 um, dass er als Anfang der Antwort Ijobs an Gott passe, die sich dann in V. 4 vollendet. Ihnen schlossen sich neuestens *Bick.* u. *GHff.* (welche beide 40, 15—32. 41, 5—26 hinter 39, 30 folgen lassen), in der Elimination des V. 1 an, *Bick.* so, dass er die doppelte Rede Gottes u. Antwort Ijobs auf eine einzige reduciren, also zunächst 40, 2. 8—14, dann 40, 4f. 42, 3—6 folgen lassen wollte, *GHff.* aber wenigstens noch 2 Reden u. 2 Antworten anerkennt, u. 40, 2—14. 42, 1ff. in ihrem Gefüge belässt. In Wirklichkeit ist der hbr. Text unanfechtbar (über 40, 15—41, 26 s. unten): die Doppelheit der

Rede Gottes u. Antwort Ijobs hat ihren guten Grund u. Sinn (s. u.), u. auch V. 1 braucht nicht beseitigt zu werden. Die Sache liegt einfach so: ohne ein Zeichen von Gott, dass er zu Ende sei u. Ij. jetzt antworten solle, durfte Ij. ihm nicht ins Wort fallen; darauf beruht V. 2, worin Gott (zum Anfang 38, 2f. zurückkehrend) ihm den Zielpunkt der ganzen Verhandlung noch einmal klar u. bündig hervorstellt. In V. 1 aber ist ויען einfache Wiederaufnahme von 38, 1: so erwiederte denn Jahve dem Ij. mit der klar u. bündig zusammenfassenden Frage V. 2. Sie lautet: *rechten mit dem Allmächtigen will der Tadler? will er noch immer, nachdem er so auf den unendlichen Abstand zwischen ihm u. Gott hingewiesen u. gewarnt ist, mit ihm rechten?* הרב] Inf. abs. von ריב, statt des Verb. fin. (*Ges.* 113, 4, b δ) wirkt hier gut, u. hält zugleich den Verwegenen, der nicht einmal angeredet wird, in gemessener Ferne; Subj. dazu ist יסר. — Das 2. Gl. fordert Antwort: *der Gott zurechtwies* oder *zur Rede stellte, antworte darauf!* Das Suff. ist als Neutr. aufzufassen, u. nicht blos auf Gl. a (*Hitz.*), sondern auf alle die ihm vorgelegten Fragen, sammt der letzten, zu beziehen, wie V. 4 zeigt. — V. 4f. Ijob's Antwort fällt entsprechend aus. Auf all die vorgelegten Fragen bekennt er V. 4 im Gefühl seiner Niedrigkeit nichts erwiedern zu können, vielmehr staunend verstummen zu müssen (21, 5. 29, 9); קלתי] *ich bin gering* oder *zu gering*. Bezüglich der Frage V. 2ᵃ verspricht er V. 5, was er mehrmals gethan, nun nicht wieder thun zu wollen, näml. gegen Gott reden u. ihn tadeln. פעמים — אחת] *einmal — zweimal* (*Ges.* 134, 6), in rhythmischer Gliederung, wie Ps. 62, 12, für *mehrmals*. ארבה] näml. gegen dich. ולא אענה] gew. u. *werde nicht* wieder *das Wort nehmen*; das muss der Sinn sein, aber *wieder* ist eingetragen, daher (mit *Hitz.*) אוסיף (29, 22. 1 S. 26, 8) u. *wiederhole nicht* zu lesen. Damit ist die gewünschte freiwillige Unterwerfung u. Rückkehr in die geziemende Stellung zu Gott erreicht. Nun kann Gott tiefer dringend noch eine zweite Ungebühr Ijobs bekämpfen.

d) **Die zweite Rede Gottes u. Antwort Ijobs, Cp. 40, 6—42, 6.**

Nicht blos gehadert hat Ij. mit Gott, u. die schuldige Ehrfurcht gegen ihn verletzt, sondern weil er dafür hielt, dass Gott ihm sein Recht nicht werden lasse, ist er speciell der Gerechtigkeit Gottes zu nahe getreten. Diese besondere Verfehlung sollte er noch besonders widerrufen u. bereuen. Darum spricht ihn Gott zum 2. mal aus dem Sturmeswetter heraus an. Ihn wieder zum Kampf aufrufend, hält er ihm den neuen Fragepunkt kurz vor, u. heisst ihn einmal selbst die Zügel der Weltregierung in die Hand nehmen u. im Dienste des Rechtes die Macht entfalten, mit der Gott den Übermuth niederbeugt u. Böse auf immer unschädlich macht 40, 7—14. Es bedarf nur dieser spottend ernsten Aufforderung, um dem Ij. sofort die gebührende Anerkennung seiner Verfehlung abzuringen: aus tiefster Überzeugung widerruft u. bereut er feierlich alles im Unverstand Gesprochene 42, 1—6. Was nach der jetzigen Textgestalt dazwischen liegt, die Schilderung der beiden

Thierungeheuer (40, 15—41, 26) ist ein späterer Zusatz, worüber hinter der Erklärung von 40, 14 das Nöthige gesagt werden wird. — Gegenüber von der 1. Rede Gottes, die sich in den Wundern der Natur bewegte, greift diese einige Züge aus Gottes Verfahren in der Weltregierung heraus. Sie ist aber nur kurz. Dass Gott mit allmächtiger Hand die Geschicke der Menschen lenkt, stand auch dem Ij. längst fest (zB. 12, 13ff.), u. konnte als zugestanden gelten. Nur an der praktischen Verwerthung dieser Wahrheit für sein Verhalten fehlte es bei Ijob, u. diese zu erzielen, genügte die ironische Zumuthung, dass der Tadler des göttlichen Regiments einmal versuchen solle, die Weltregierung selbst auszuüben. Über den Sinn dieser Wendung s. zu V 10. Mit Unrecht hat man aus dieser Wendung in Verbindung mit 42, 2 den Schluss gezogen, dass es sich auch in dieser 2. Rede nur um die Macht Gottes (*Hgst.*), oder in der 1. Rede um die Weisheit, in der 2ten um die Macht Gottes (*Bud.*[1] 15) handle. Auch die Zusammenziehung der 1. u. 2. Rede zu einer (*Bick.*) beruht auf Verkennung des besondern Thema's der zweiten. Noch weniger kann die Unechtheit der V. 6—14 (*Stud.*) damit begründet werden, dass hier die Niederbeugung der Übermüthigen u. Frevler durch Gott als zugestanden erscheine, während doch Ijob's These lautete, dass Gott dieselben straflos lasse. Nirgends hat Ij. geleugnet, dass Gott in jener Weise seine Gerechtigkeit erweise; geleugnet hat er nur, dass sie immer in jener Weise zur Erscheinung komme.

Die Rede Gottes 40, 6—14. — V. 6 s. 38, 1. — V. 7 wie 38, 3. — V. 8 fügt durch הַאַף zu לִי (V. 2) ein Neues u. fast noch Schlimmeres hinzu: *auch, sogar;* dagegen *wirklich? in der That?* (Schl. Hitz.) bedeutet הַאַף hier so wenig, als sonst (s. 34, 17). מִשְׁפָּטִי] *mein Recht* d. h. das Recht, welches ich in der Regierung der Welt übe: willst du dieses *brechen* oder *aufheben* (15, 4)? näml. indem du leugnest, dass das Recht sei, was ich thue, u. somit das, was du für Recht hältst, an die Stelle setzen möchtest. Gl. b: willst du mich der Ungerechtigkeit beschuldigen, damit du deine eigene Gerechtigkeit u. dein Recht auf ein anderes Loos behaupten kannst? — V. 9. *Oder* (8, 3. 21, 4. 23, 3) wähnst du im Ernste es an Macht Gott gleich thun zu können u. kannst du es ihm gleich thun? זְרוֹעַ als Symbol der Macht (22, 8); auch die Donnerstimme Gottes ist eine Bethätigung seiner (richterlichen) Allmacht (37, 2—5). תַרְעֵם] *willst du donnern?* machst du dich anheischig dazu? Mit den Fragen dieses V. springt Gott plötzlich von seinem Recht hinüber zu seiner Macht. Er lässt sich nicht darauf ein, dem Ij. zu erklären, wie sein Geschick sich mit der göttl. Gerechtigkeit vertrage, u. dass er ihm mit demselben kein Unrecht gethan habe; denn (S. 320) die Reden Gottes haben nicht den Zweck, die Lösung des Problems für die Erkenntniss zu beschaffen. Demgemäss ist auch die Meinung dieser Hinüberführung zur Machtfrage nicht, dass die unendliche Macht auch das unendliche Recht sei (*Hitz.* mit Verweisung auf 41, 3), in welchem Fall von einer sittlichen Schranke der Macht (s. 9, 2ff.) nicht die Rede sein könnte. Sondern Ij. soll nur auf kürzestem Weg zu der Anerkennung gebracht werden, dass es eine

Vermessenheit von ihm sei, die göttl. Gerechtigkeit beurtheilen oder tadeln zu wollen. Das geschicht so: ohne die Macht über alles ist eine gerechte Regierung der Welt nicht denkbar (was Elihu 34, 17 ff. weiter ausführt); wer Gottes Macht nicht hat, muss sich des Urtheils über Gottes Gerechtigkeit enthalten. — V. 10 ff. Scherzend ernst fordert er ihn auf, einmal den Versuch zu machen, u. mit göttlicher Macht u. Hoheit angethan das zu leisten, was Gott im Dienste seiner Gerechtigkeit leistet, allen Übermuth zu beugen u. jeden Frevler abzustrafen, „womit indirect zugleich gesagt wird, dass Gott seine Macht wirklich so gebrauche, also Ijob's Klagen über das ungerechte Glück der Frevler ungegründet seien" (Hrz.). V. 10. עדה] *lege an*, wie einen Schmuck (Ornat). הוד והדר] die Attribute der göttlichen Majestät (Ps. 104, 1; vgl. Ps. 21, 6), synonym damit hier גאון וגבה; beide Paare allitererind. — V. 11. הפץ וגו'] ströme aus (Prov. 5, 16) oder *lass sich ergiessen die* Überwallungen (21, 30), *Ausbrüche deines Zorns!* ראה] d. h. mach' es wie ich, der die Stolzen nur anblickt, und — sie sind auch gedemüthigt (Hrz.). Vgl. Jes. 2, 12 ff. — V. 12ᵃ nimmt 11ᵇ fast wörtlich auf, u. legt dadurch auf das Zusammenfallen des Anblickens u. Demüthigens einen besondern Nachdruck, wie aus demselben Grund auch ו vor הכניעהו fehlt. הדך] nur hier; die Verss. schwanken zwischen *niedertreten* u. *niederwerfen*; arab. ist hadaka = hadama einreissen, niederreissen. Zu תחתם ist nicht sowohl Am. 2, 13 als Ij. 36, 20 zu vergleichen: *an ihrer Stelle*, wo sie eben sind, urplötzlich. — V. 13ᵃ kann nach Jes. 2, 10 erklärt, oder auch auf den Grabesstaub bezogen werden. Im 2. Gl. ist mit בטמון auf den שאל angespielt; dort, wie in einem finstern Kerker, sollen sie den Anblick des Lichtes nicht mehr geniessen dürfen: *ihr Angesicht banne fest im Verborgenen* d. i. an dunklem Ort; vgl. καὶ τὴν ὄψιν αὐτοῦ πώμασον καὶ φῶς μὴ θεωρείτω Hen. 10, 5. — V. 14. *So will auch ich dich loben*, lobend an dir anerkennen, *dass deine Rechte dir hilft*, dich bei deinem Wollen u. Wünschen nicht im Stich lässt, sondern du aus eigener Macht etwas ausrichten kannst (Jes. 59, 16. 63, 5; Ps. 44, 4). Aber auch hier, wie V. 9, ist die Macht nur als nothwendige Voraussetzung der Gerechtigkeit gedacht, also als Macht in Herstellung des verletzten Rechtes. Die Rede hat hier, mit der Rückkehr zu V. 8 f., einen fühlbaren Abschluss, u. erscheint für den besondern Zweck, den Gott mit ihr verfolgt, vollkommen ausreichend. Ij., in Folge der ersten Ansprache vom Gefühle seiner Ohnmacht tief durchdrungen u. in die gebührende Unterwürfigkeit unter Gott zurückgekehrt, bedarf nur dieser kurzen neuen Mahnung, um sofort auch die besondere Sünde, die er durch Antastung der göttlichen Gerechtigkeit begangen, zu bekennen u. zu bereuen. Seine Antwort 42, 2 schliesst sich gerade an 40, 14 an, sofern er dort mit Anerkennung der Macht Gottes, wie sie seiner Gerechtigkeit zu Grund liegt, beginnt.

Die lange *Schilderung der beiden ägyptischen Thierungeheuer* (40, 15—41, 26), in welche die Rede Gottes ausläuft, kann als ein urspr. Bestandtheil derselben nicht angesehen werden (s. *Eichh.* Einl. V S. 207 ff.; *Ew.* d. B. Ijob, auch in Stud. u. Krit. 1829 S. 766 ff.

u. in Zeller's Theol. Jahrb. II. 740 ff.; *Simson* S. 20 ff.). Zwar scheint dadurch, dass Gott selbst soeben von seiner Gerechtigkeit auf die Macht hinübergeleitet hat, eine Anknüpfung für nochmalige Nachweisung der Macht Gottes aus den Thieren, die er geschaffen, gegeben zu sein; unter Beachtung der Fragen 40, 25—41, 6, sowie des Satzes 41, 25 denkt man sich als Zweck dieses Stückes, den Ij. darauf hinzuweisen, dass es sogar Thiere gebe, welche der Mensch mit seiner Kraft zu lenken oder zu bemeistern nicht im Stande sei, er also noch viel weniger dem Schöpfer dieser Thiere u. seinem Weltregiment gewachsen sein könne. Ohne Zweifel besteht so ein gewisser Zusammenhang der Schilderung mit dem Gedankenkreis von 40, 7—14, u. wird dieselbe von dem, der sie verfasste, in diesem Sinn eingefügt sein. Auch glauben aus diesem Grund noch immer die meisten Erkl. die Ursprünglichkeit dieses langen Abschnittes festhalten oder vertheidigen zu können. Aber eine schärfere Betrachtung ergibt vielmehr die Fremdartigkeit des Stücks (*Ew.*, *E.Meier*, *Vatke* Einl. 552, *Stud. Preiss*, *Grill*). Denn 1) der Sinn u. Zweck der Gottesrede erlaubt eine solche Thierschilderung hier nicht. Seine Ohnmacht u. Schwäche ist dem Ij. von Gott in seiner 1. Rede in so überwältigender Weise zu fühlen gegeben u. von Ij. in der Antwort auf diese Rede so voll u. ganz bekannt worden, dass jedes weitere Wort in dieser Richtung überflüssig wäre. Zweimal Gott über dasselbe oder fast dasselbe Thema reden zu lassen, als könnte er, was er bezweckte, nicht auf einmal fertig bringen, hiesse der Würde Gottes etwas vergeben. Menschen mögen ein Gefallen daran finden, mehrmals dasselbe auszuführen, aber Gott redet nicht so müssig u. darf es nicht. Wenn er zum 2. Mal das Wort nimmt, so will er etwas Neues sagen, u. was dieses Neue sei, gibt er 40, 8 klar genug an. Um die Anerkennung seiner Gerechtigkeit handelt es sich in seiner 2. Rede. Wenn er V. 9 —14 an den Zusammenhang von Macht u. Gerechtigkeit erinnert, so geschieht das nur, weil er nach dem von Ij. schon erlangten Geständniss seiner Ohnmacht auf diese Weise am schnellsten zum Ziele kommt. Aber gerade weil die 2. Rede Gottes die erste sammt Ijob's Antwort darauf voraussetzt u. nur noch eine Folgerung aus dem von Ij. schon Zugestandenen ziehen will, darf er sich nicht noch einmal des langen u. breiten in das Thema der 1. Rede verlieren, wie auch Ij. nach dem 40, 4 f. Gesagten nicht mehr nöthig hat, noch einmal seiner Ohnmacht überführt zu werden. Wenn er es je für nöthig erachtet hätte, seinen Mangel an *richterlicher Macht* dem Ij. noch besonders zu beweisen, so hätte er (wie V. 11—13) Beispiele aus der Menschenwelt, nicht aus der Thierwelt, in welcher jene richterliche Macht gar keine Anwendung leidet, nehmen können u. müssen. 2) Selbst angenommen, der Vrf. hätte hier Gott dem Ij. seine Machtlosigkeit noch einmal zu Gemüth führen lassen wollen, so wären doch die Beweismittel wenig passend gewählt, einmal weil überhaupt kein Thier, auch Behemoth u. Livjathan nicht, dem Menschen unüberwindlich ist (Gen. 1, 28. 9, 2; Ps. 8), u. sodann weil die 2 hier geschilderten specifisch ägyptische, dem palästinischen Leser fremde Thiere waren (anders die 38, 39—39, 30 besprochenen), u. darum erst weitläufig beschrieben werden mussten, wenn sie zum Beweise brauchbar werden sollten. 3) Die Art der Schilderung weicht von den Thierbildern der vorigen Rede stark ab. Dort wird mit einigen kräftigen Strichen das Merkwürdige u. für den Menschen Unerklärliche an den einzelnen Thieren kurz u. scharf, aber durchaus naturwahr, meist in Form von Fragen hervorgehoben, u. auch das längste Bild übersteigt nicht 7 Verse. Hier aber werden weitschweifige Beschreibungen zweier Thiere (die des Krokodils über 30 Verse umfassend) nach allen Seiten ihres Wesens, auch denen die nichts wunderbares haben (wie 40, 21 f.), gegeben, u. wird öfters das Thatsächliche durch dichterische Übertreibungen erst künstlich in's Wunderbare gesteigert (40, 17—19. 41, 11. 13. 16). Im Munde eines Menschen mögen solche blos naturgeschichtliche Beschreibungen annehmbar sein, aber nicht im Munde Gottes. Ferner, dass Gott spricht, kommt in 40, 16—23 u. 41, 5—26 gar nicht mehr zur Andeutung: so sehr verliert sich der Verf. in den Stoff u. schweift vom eigentlichen Ausgangspunkt der Rede ab. Der eine Vers 41, 3, welcher mit V. 2^b diesen Ausgangspunkt in Erinnerung bringen soll, nimmt sich aus wie ein verlorner Posten. Nicht einmal am Ende der langen Abschweifung wird der wesentliche Fragepunkt wieder aufgenommen (ganz anders 40, 1 f.), u. hat Ijobs Antwort 42, 2 an diese lange Beschreibung gar keinen Anschluss. Sodann wo die Schilderung wirklich in Fragen (40, 25—31. 41, 5 f.) oder Aufforderungen Gottes (40, 32) gefasst ist, entbehren diese der niederschmetternden Kraft u. göttlichen Ironie, welche der ersten Rede eigenthümlich ist, u. sind kaum mehr als rhetorische Form; eine Redewendung wie 41, 4, welcher an Mattigkeit nur 33, 2 gleichkommt, ist im Munde des im Sturmeswetter erschienenen Gottes geradezu unerträglich. 4) Auch in sprachlichen Dingen hat das Stück neben vielem aus dem älteren Gedicht Geschöpftem (s. zu 40, 18. 28. 30. 41, 9. 10. 15. 21. 26) oder damit Gemeinsamem (40, 17—19. 21. 41, 3. 4. 6. 14. 19 f. 22. 25.) nicht blos viel eigenthümliches, was bei der Neuheit u. Eigenthümlichkeit des Gegenstandes nicht zu verwundern ist, sondern auch manches dem alten B. entschieden fremde (s. zu 40, 23. 25. 41, 5. 15. 17. 18. 25), auch in stylistischen Dingen (41, 7. 12. 15. 18). Maass, Rundung u. klare Ordnung gehen der Darstellung ab. Die angebliche Gleichmässigkeit der strophischen Gliederung (*Mr.*) besteht in Wirklichkeit nicht, wenn man nicht Zusammengehörendes auseinander reisst u. Verschiedenartiges zusammennimmt, oder auch den Text corrigirt. Endlich 5) kann man das ganze Stück herausnehmen, ohne dass man für den Zweck der Rede Gottes oder für den Zusammenhang des Gedichtes irgend etwas vermisste. — Unter diesen Umständen genügt es auch nicht (*Stuhlm., Bernst., deWe.* in der Einl.; *Böttch.* ÄL. 80) blos 41, 4—26 für ein Einschiebsel zu erklären, oder es hinter 40, 31 einzurücken (*Bertholdt*, nach *Eichh.*). Hinter 39, 30, wohin einige das Stück versetzen wollen (*Bunsen* Gott in d. Gesch. I. 477 f.; *Bick.* u. *GHff.*, die aber 41, 1—4 als jungen Zusatz ausscheiden) hat es erst recht keine Stelle, weil nicht blos das Gleichmaass des 1. u. 2. Theils der 1. Gottesrede, sondern auch Kraft u. Eindruck derselben durch diese lange naturgeschichtliche Beschreibung aufgehoben würde. Dass im übrigen das Stück an dichterischer Kraft u. Kunst dem urspr. Buch ebenbürtig sei (*Mx. Hitz.*), kann nicht zugegeben werden, u. braucht man darum weder anzunehmen, dass der Dichter des B. selbst, nach längerer Zwischenzeit u. nachdem er aus Ägypten nach Palästina zurückgekehrt war, den Abschnitt geschrieben u. eingesetzt (*Hitz.*, der sich dafür nam. auf 41, 3 beruft, aber vergeblich, s. d.), in Wahrheit dadurch sein eigenes Werk verunstaltet habe, noch kann man *Mx.* zustimmen, welcher darauf fussend, dass 41, 1—4 einen ganz andern Gedankenzusammenhang voraussetze, 40, 24ᵇ abrupt dastehe, u. in 40, 18. 21. 41, 8. 20 sich doppelte Formulirungen desselben Gedankens finden, den Abschnitt 40, 15—41, 26 für eine Zusammenstellung von Paralipomena aus der Werkstätte des urspr. Dichters angesehen wissen will, die dieser selbst definitiv verworfen, u. erst ein späterer Sammler des Nachlasses des Dichters (wohl Mitglied der damaligen „Hiob-Gesellschaft"?) hier eingesetzt habe. Bedenkt man, dass die mancherlei Thierbilder der Gottesrede dichterisch Begabte leicht zur Nachahmung reizen mochten (s. 39, 13—18), so genügt vollkommen die Annahme, dass ein ägyptischer oder mit Ägypten bekannter Leser des B. dasselbe durch Einschiebung dieser Beschreibung merkwürdiger dortiger Thiere zu bereichern sich veranlasst fand. Welche Gedanken ihn dabei leiteten, ist oben angegeben. Vom Vrf. der Elihureden, der ganz andere Zwecke verfolgte, ist er deutlich verschieden; auch an dichterischer Fähigkeit steht er über ihm. — Im LXX sind 40, 23ᵇ. 24. 26ᵇ. 31ᵇ. 41, 4. 8ᵃ. 9. 15ᵇ. 18ᵇ. 21ᵃ. 24ᵇ (alles nach hbr. Zählung) hexaplar. Zusätze.

a) 40, 15—24 Schilderung *des Nilpferdes*. Ein Einschnitt ist nach V. 18; der Schluss V. 24 ist abrupt. — V. 15. V.a ist für einen Stichos zu lang, weshalb *Bick.* mit LXX אשר עשיתי ausscheidet; aber dann ist עמך unerträglich, da Ij. kein בהמות neben sich hat; auch עמך auszuscheiden (*Mx.*), ist gegen LXX; die 3 Worte sind zur Herstellung des Übergangs kaum entbehrlich. בהמות] den alten Übers. unklar geblieben, ist (*Boch.* hz. III. 705 ff.) das *Nilpferd* oder *Flusspferd*, vielleicht (*Jabl.*) aus einem, nicht belegten, äg. *p-ehe-mau* d. h. *Wasserochs* (ital. *bomarino*) ungelautet; seine hebr. Bedeutung wäre etwa *das grosse Vieh* oder *das Thierungethüm*. Ausser dem Namen u. dem Amphibiencharakter des Thiers spricht auch die Zusammenstellung mit dem Krokodil für das Flusspferd (*Her.* 2, 69 ff.; *Diod.* 1, 35; *Plin.* 8, § 95), u. die Beschreibung passt in *allen* Einzelnheiten nur auf dieses Thier, nicht aber (zB. V. 16. 21—24) auf den Elephanten (*Cler. Schult. JDMich.* a.), den der Vrf. noch nicht gekannt hat. Vgl. *Win.*³ II 156 f.; *Ri.* HWB. 1081 f.; über die Art, wie es gejagt wurde u. wird, auch *Erman* Ägypten 328; *Ibn Batuta* ed. Defrém. IV. 426; *Rüppell* Nubien 1829 S. 52 ff. עמך] nicht örtlich *bei dir*, dass du es vor dir hast (*Del. Vo. GHff.*), sondern *mit dir* d. h. als Genossen von dir oder *wie dich* (9, 26 vgl. 37, 18). — Die Beschreibung beginnt damit, dass es wie das Rindvieh Gras frisst; von einem so grossen u. starken Thier, zumal einem Wasserthier, sollte man eine andere Lebensart erwarten. Es lebt näml. von Wurzeln u. saftigen Pflanzen (vgl. V. 20), u.

kommt zu diesem Zweck in bevölkerten Gegenden bei Nacht, in unbevölkerten auch bei Tag aus dem Fluss oder See ans Land. — V. 16—18. Mit neuem Ansatz wird auf die Hauptsache, die ungeheure Kraft dieses riesigen Thieres, übergegangen. Seine Stärke ist so gross, dass es ganze Nilschiffe mit Menschen u. Ladung umwirft; Zeugnisse von *Abd-ul-Latif* s. bei *Ros.* Alterth. IV, 2. S. 230 ff. (*Hrz.*). אוֹן] wie 18, 7. 12. שָׁרִירִים] nur hier, nicht *die festen Theile* oder gar Knochen (*Wetzst. Hgst.*), oder die *Nabelgegend* (LXX *Vulg.*, *GHff.*), sondern die Stränge d. h. *Sehnen* u. *Muskeln*, von der W. שׁר, aus welcher auch der Name für Wurzelfasern, Wurzeln (שֹׁרֶשׁ) gebildet ist. „Diese Festigkeit der Bauchmuskeln passt nicht auf den Elephanten, der gerade am Bauch leicht verwundbar ist" (*Hrz.*). — V. 17. Durch die Vergleichung des (kurzen, dem eines Schweines ähnlichen, haarlosen, an der Wurzel sehr dicken, am Ende fingerstarken) Schwanzes mit einer Ceder wird auf die Geradheit u. Festigkeit gezielt, u. diese wird hervorgehoben, weil ein stramm gestreckter Schweif Beweis grosser Muskelkraft ist. Das Bild ist stark hyperbolisch, zumal wenn man die Kürze des Schwanzes erwägt. יַחְפֹּץ] keinenfalls *es biegt, beugt* (*Trg., Ges. Ros. Umb. Hrz. Ew. Del. Hgst. Stud.*), weil כְּאָרֶז dazu nicht passt, auch nicht *regt* (*GHff.*, der es mit יָפוּץ u. خفض zusammenbringt), sondern *streckt, steift* (LXX *Vulg. Peš., Stick. Ha. Hitz. Reu.*) abwärts zu (zu יָפוּץ vgl. خفض). פַחֲדָיו] nur hier, Dual mit Suff., aber schwerlich *testiculi ejus* (*Vulg.*, vgl. *Targ.* Lev. 21, 20), sondern (wie arb. *fachidh*, seine *Schenkel* oder *Keulen*, deren גִידִים (10, 11) ein dichtes, rankenartiges Geflechte darstellen. — V. 18. Zu אֲפִיקִים *Röhren, Rinnen* vgl. 41, 7; anders 12, 21 u. 6, 15. Dagegen נְחוּשָׁה *Erz* hier und 41, 19 wie 20, 24. 28, 2, während נְחֹשֶׁת im B. nicht vorkommt. מְטִיל] nur hier. Die גְרָמִים (nach LXX *Hitz.* Rückgrat) kann man hier als glatte Knochen von den אֲפִיקִים Röhrenknochen unterscheiden, u. מְטִיל kann sowohl Stange als Schiene sein. Jedenfalls ist Gl. b nicht blos Variante von a (*Mx.*), sondern rhythmisch unentbehrlich. — V. 19. Zusammenfassend bezeichnet er es als *Erstling der Wege* (26, 14) *Gottes* d. h. als Meisterstück seiner schöpferischen Thätigkeit, „als hätte sich die ganze Fülle der noch frischen Schöpferkraft Gottes in ihm ausgegossen" (*Hrz.*), s. Gen. 49, 3. Der Ausdruck, an Prov. 8, 22 erinnernd, aber in anderem Sinne als dort gebraucht, ist jedenfalls übertreibend; der Dichter hatte die ungeheure Körpermasse des Thiers im Sinn (es erreicht eine Länge von mehr als 13 u. eine Höhe von 6—7 Fuss, eine Dicke stärker als die des Elephanten, *Hrz.*). Über die späteren jüdischen Fabeleien, die sich zumeist an diese Stelle anschliessen, s. zu Hen. 60, 6 ff. Dass von Gott in der 3. pers. die Rede ist, ist ebenso auffallend, als 39, 17. — Das 2. Gl. V. 15ᵇ wieder aufnehmend, soll den Übergang zu V. 20 machen, wo von der Nahrung des Riesenthiers die Rede ist; ist aber schwerlich mehr heil. Nämlich הָעֹשׂוֹ wird sein Gebiss bezeichnen sollen, näher seine 2 grossen *Schneidezähne* (nach *Rüpp.* S. 55 bis zu 26 franz. Zoll lang), mit welchen es wie mit einer ἅρπη oder Sichel (*Nicand.* theriac. 566; *Nonnus* Dion. 26) Gras u. Saaten abweidet, gleichsam abmäht. Man erklärt (nach *Vulg.*) meist: *der es schuf*, reicht ihm *dar* oder auch *bringt an* an ihm *sein* (eigenthümliches) Schwert; zur Form הֲ־ s. 18, 9; zu הֶעָשׂוּ Part. c. Art. u. Suff. (Jes. 9, 12. Ps. 103, 4. Dt. 8, 14ff.) *Ew.* 290ᵈ). Aber הֶעָשׂוּ in diesem Sinn ohne הוּא oder אֲשֶׁר ist seltsam, ebenso auffallend יַעַשׂ für יֵעָשֶׂה oder יֻעָשֶׂה. Läse man (*Böttch.* NÄ III. 73) הֶעָשׂוּי == הָעָשׂוּי (wie 41, 25): *der geschaffen ist, um sein Schwert anzulegen*, so wäre auch dieser Sinn von עָשָׂה ganz singulär, u. statt des blossen Jussiv לְהַגִּישׁ zu erwarten. Unmöglich oder auf sprachlichen Fictionen ruhend sind Erklärungen, wie: jedoch sein Schöpfer *stumpft ab* sein Schwert (*Ew.*); der geschaffen ist, *ihn keck anzuschauen* (*Hitz.* לְהַרְאוֹת בּוֹ); sein Schöpfer nur bringt ihm den Tod (*Stud.*); das geschaffen ist, *seinem Festland* (!) *zu nahen* (*Glff.* יַגֵּשׁ חַרְבּוֹ). Das πεποιημένον ἐγκαταπαίζεσθαι ὑπὸ τῶν ἀγγέλων αὐτοῦ (LXX), also הֶעָשׂוּי לְשַׂחֶק־בּוֹ, vielleicht nach Vermuthung (s. שָׂחַק V. 20), oder einfach aus Ps. 104, 26 herübergenommen, selbst wenn man es als Frage fasst (*Mx.*: ist er gemacht, mit ihm zu spielen?), passt nicht zum folg. יִ־ V. 20; denn zu „es ist doch harmlos u. friedlich" (*Bick.*) darf man diesen Text nicht abschwächen. — V 20 Begründung. Ein solches Schwert hat u. braucht es, um die Masse der Pflanzennahrung, die es nöthig hat, abzumähen, nicht aber um andere Thiere anzugreifen, die vielmehr vor ihm sicher, in seiner Nähe spielen können. בּוּל] abgekürzt, wenn nicht (hinter י) verlesen, aus יְבוּל *Erzeugniss*, als von den Bergen getragenes hier s. v. a. Pflanzen, zugleich einen Gegensatz gegen die dort befindlichen Thiere bildend. Die Meinung ist nicht, dass es blos auf Bergen seine Nahrung suche (es erklimmt nur, wenn in den Feldern der Ebene nichts mehr zu finden ist oder diese überschwemmt sind, auch Anhöhen), sondern dass ganze Berge ihm seine Nahrung liefern müssen, dass es ganze Berge abweidet. Das 2. Gl. ist Zustandssatz. — V. 21—23. Sein Aufenthalt in harmloser, sicherer Ruhe am u. im Wasser. V. 21. צֶאֱלִים] *Lotusbäume*, arab. *ḍâl* oder *sidr*, der *Dûm*-baum (*Saad., Abulw.*), genauer *Lotus silvestris* seu *Cyrenaica*, in heissen u. feuchten Niederungen Ägyptens (auch des übrigen Afrika u. Syriens) wachsend, von mässiger Höhe mit stacheligten Zweigen u. pflaumenartigen Früchten, nicht zu verwechseln mit Nymphaea Lotus (*Ges.* th. 1144). Unter solchen Bäumen, oder auch *im Versteck von Rohr u. Sumpf* (8, 11) liegt das Thier, seiner Ruhe pflegend (Ammian. Marc. XXII, 15). — V. 22 (nach *Mx.* blosse Variante des V. 21). יְסֻכֻּהוּ] mit aufgelöster Verdoppelung für יְסֻכּוּ (*Ew.* 255ᵇ) von סָכַךְ, am besten als Appos. zum Subj. zu nehmen: *Lotusbäume als sein Schatten decken es* d. h. machen sein Schattendach; wäre סָכַךְ c. dupl. Acc. gedacht (was an sich möglich), so stünde eher יְסֻכֻּהוּ; das Suff. הוּ als Dat. (wie 31, 18) zu nehmen (*Hrz.*), ist hier unnöthig. Zu bemerken ist das doppelte Wortspiel von יְסֻכֻּהוּ u. צֶאֱלִים, צֶאֱלִים u. צִלֲלוֹ. *Bachweiden*] Lev. 23, 40; über den Baum s. *Ri.* HWB. 1747 — V. 23. Auch durch steigendes Wasser, selbst durch Überschwemmung lässt es sich in seiner Ruhe nicht stören, denn es kann schwimmen, u., da seine Augen, Ohren u. Nasenlöcher in derselben Ebene liegen, das Gesicht nur wenig über das Wasser erhebend, sogar im Wasser schlafen. *Sich* (s. zu 12, 14) *gewaltthätig kommt*, Gewalt übl (es liegt derselbe Tropus zu Grund wie 38, 11) *der Strom — es schreckt nicht auf* u. flieht nicht, *bleibt sorglos, wann ein Jordan an sein Maul* hervorbricht (38, 8) d. i. *andringt.* יְלֹא] Var. לֹא. יָרְדֵּן] ist hier eigenartig als Beispiel für einen *reissenden u. stark anschwellenden Fluss*, also gewissermaassen als u. appell. gebraucht; denn im Jordan selbst gab es keine Flusspferde. Übrigens ist der Stichos b etwas zu lang. — V. 24. Vom Fange des Thieres. Nicht vom Erlegen scheint die Rede zu sein: trotz seiner dicken Haut, gegen die sogar die früher gebräuchlichen Schusswaffen unwirksam waren (*Rüpp.* 55), verstand man gleichwohl schon im Alterthum (s. die Abbildung in *Ri.* HWB. 1082), wie noch jetzt in Nubien (*Rüpp.* 52), durch Anwerfen mit Harpunen u. nachherigem offenem Kampf mit ihm im Wasser es zu erlegen. Von einem solchen Kampf ist aber hier nichts gesagt, sondern nur vom Fangen desselben. Nämlich בְּעֵינָיו von יִקָּחֶנּוּ kann nicht auf נָהָר oder יַרְדֵּן gehen, u. Behemoth Subj. zu יִקָּחֶנּוּ sein (*Mx.*: er fängt ihn auf mit seinen Augen!), weil sonst Gl. b (das *Mx.* auswirft) sinnlos würde, sondern בְּעֵינָיו muss auf das Thier sich beziehen, u. das Subj. unbestimmt wer sein. Die nächstliegende Auffassung (*Trg. Vulg., Umb. Ew. Stick. Hitz.*) ergäbe die Aussage: *vor seinen Augen* (Prov. 1, 17) *fängt man es, durchbohrt mit Fangseilen* ihm *die Nase,* also über die Leichtigkeit des *Fangs* dieses gewaltigen Thiers. Weil das aber mit der Wirklichkeit nicht im Einklang steht, geben die meisten den Verben den Sinn einer ironischen Aufforderung: *man fange* einmal! oder einer Frage ohne Fragwort: *fängt man es wohl?* (*Del.²* gar: greift man es *bei seinen Augen?*). Jedoch ein ausdrücklicher Hinweis auf Ironie oder Frage dürfte, zumal beim Wechsel des Subj., nicht fehlen; ausserdem ist Gl. a zu kurz u. in Gl. b אַף für אַפּוֹ u. יִנָּקֵב ausser Pausa (*Ges.* 66 A. 1) auffallend; מוֹקֵשׁ *Sprenkel, Fallstrick* u. drgl. ist sonst kein Werkzeug, um die Nase zu durchbohren. Einige Besserung brächte מִי vor Gl. a (*Bick.*, aus פִּיהוּ אֶל heraus zu nehmen); dagegen Gl. b zu lesen יָקֻפּוּ בְּמוֹ (*Hitz.*, der אַף zu V. 25 zieht) *mit Stricken wird es umstellt,* empfiehlt sich nicht (wegen קפף Niph., wegen der Kürze des Stichos, wegen des Sinnes). Auch als Schluss der Beschreibung ist der V. matt; die LXX haben ihn nicht. Der Text scheint hier gestört zu sein. — b) 40, 25—41, 3 auf das andere Wunderthier, *das Krokodil*, übergehend, hebt der Vrf. im Anschluss an oder vielleicht im Gegensatz zu V. 24, zunächst das Unvermögen des Menschen, sich desselben zu bemächtigen, in einer Reihe von Fragen hervor, um schliesslich von da aus auf die Unmöglichkeit, mit Gott zu rechten, hinzuweisen. Dem Vrf. galt dieses Thier für unüberwindlich, u. scheint es darum fast, als hätte man es zu seiner Zeit noch nicht zu fangen verstanden; aber schon *Herod.* 2, 70 berichtet, dass die Ägypter es mit Angelhaken fiengen (vgl. Ez. 29, 4); auch durch eiserne Garne oder durch Fanggruben lernte man sich später seiner bemächtigen (s. *Schär.* z. d. St.), u. die heutigen Nubier erlegen es ähnlich wie das Flusspferd (*Rüpp.* 49 ff.). — V. 25. Das Krokodil ist nicht fangbar. תִּמְשֹׁךְ] ist hier in anderem Sinn gebraucht, als vom älteren Dichter 3, 8; dieser hätte wohl eher עוּר 7, 12 dafür gesagt. Die alte Sprache hatte für

dieses ausländische Thier keinen Namen, u. die späteren halfen sich durch
Übertragung der Ungeheuer-Namen auf dasselbe. Von Krokodilen in den
Gewässern an der Küste Palästina's weiss das AT. noch nichts (s. darüber *Robinson* phys. Geogr. 1865 S. 189). Dass mit לִוְיָתָן hier das
Krokodil gemeint sei, hat *Boch.* hz. III. 737 ff. gezeigt. תִּמְשֹׁךְ] da V.
26 ff. mit הֲ eingeleitet sind, so kann hier zu Anfang ein Fragwort nur
durch Einbusse fehlen: *ziehst du den L. an der Angel?* *Hitz.* meinte,
es durch אִם (V. 24) ersetzen zu dürfen, u. *Ew.* 324ᵃ hielt es für absichtlich weggelassen, damit תִּמְשֹׁךְ um so deutlicher auf den kopt. Namen
des Krokodils ⲡ-ⲉⲙⲥⲁϩ, aber arab. mit ت (für ⲧ) *timsáḥ* anspiele. Im
2. Gl. ist ohne Zweifel חֶבֶל die zur Angel (חַכָּה) gehörige Schnur, aber
darum darf man doch nicht erklären: kannst du *in eine Schnur ein-
senken* seine Zunge? (*Schult. Hrz. Del.* a.), weil das eine unvollzieh-
bare Vorstellung wäre, sondern: *mit der Schnur seine Z. niederdrücken,*
sofern dem Fisch, dem der Angelhaken im Schlunde oder im Maule
steckt, beim Anziehen durch die Schnur die Zunge niedergehalten wird.
Dass das Krokodil keine Zunge habe, ist ein jetzt beseitigter Irrthum
der Alten (Herod. 2, 68; Aristot., Plin. a.). Keine Besserung wäre
תַּשְׁקִיעַ (*GHff.*: senkst du die Schnur hin *seinen Zähnen?* trotz לְשֹׁנוֹ!).
— V. 26 ist vom Verfahren mit dem gefangenen Fisch die Rede. Man
zieht ihm einen אַגְמוֹן *Binse* oder Binsenschnur (σχοῖνος, *juncus*) durch
die Nase oder auch einen חוֹחַ *Dorn*, vielleicht (wie חָח) metallener
Haken, durch die Backen (Kiemen), um ihn daran zu tragen, oder um
daran einen Strick zu befestigen, u. ihn so angebunden im Wasser
lebendig zu erhalten bis zum Verkauf (*Rosenm.* Alterth. IV, 2 S. 245
nach *Bruce*). Die Meinung ist: kannst du ihn so, wie andere Fische,
behandeln? An die Zähmung unbändiger Thiere durch חָח u. Strick
(*Hrz.*, vgl. 2 R. 19, 28) ist hier nicht zu denken. תִּקֹּב] dagegen V. 24
יִקֹּב. — V. 27. תַּחֲנוּנִים יְדַבֵּר] *viel Flehens machen. Wird es zarte*
d. h. milde, sanfte Worte *zu dir reden?* Wird's dir viel gute Worte
geben, etwa Leben u. Freiheit von dir erflehen? — V. 28. Wird es
einen Vertrag mit dir abschliessen, dass es dir, wie zB. der Ochs lebens-
länglich diene u. dagegen von dir seinen Unterhalt empfange? (*Hrz.*),
vgl. 39, 9. — V. 29. Kann man gar mit ihm, wie mit einem kleinen
Vogel spielen? תִּקְשְׁרֶנּוּ] *anbinden* mit einem Faden zB. am Bein. *Catull.*
II, 1—4: *passer deliciae meae puellae* etc. (*Hrz.*). Ob Ijob נַעֲרוֹת hat
oder nicht, ist in der ganz allgemein gehaltenen Schilderung gleichgültig
(anders 19, 17). — V. 30. Die Frage wirkt fort (39, 2). Ist das
Krokodil ein Handelsartikel? *Verhandeln es die Fischer-Genossen?
theilen sie es unter die Kanaanäer?* d. h. Krämer, Kaufleute (Jes. 23.
8. Zach. 14, 21. Prov. 31, 24). יִכְרוּ] die Fischer entweder als Zunft-
genossen oder als Mitglieder der Gesellschaft, die zum Fang des Thieres
zusammengetreten ist (vgl. Luc. 5, 7. 10). עָלָיו יִכְרוּ] wie 6, 27; nicht
aber = *schmausen über es?* d. h. stellen nach einem glücklichen Fang
des Thieres einen Schmaus an? (LXX *Trg., Drus. Schult. Ros. deW.*),
weil zu כָּרָה *schmausen* 2 R. 6, 23 עַל nicht passt, u. das 2. Gl. einen
andern Gedanken an die Hand gibt — V 31 kommt wieder auf die
Unmöglichkeit, sich des Thiers zu bemächtigen, zurück. Füllst, *spickst*

du seine Haut mit Stacheln d. h. spitzigen Geschossen (שַׂכּוֹת nur hier) *u. mit Fischharpunen* (*Ges.* th. 1167) *seinen Kopf?* S. übrigens Rüpp. 50 ff. Dass „*dessen Haut mit Speeren gespickt wird* (הֲתִמָּלֵא), *u. dessen Haupt mit einem Block gesteinigt* (וּבְצִלְצַל דָּגִים) *wird*" (*Mx.*) besserer Text wäre, werden nicht viele glauben. — V. 32. שִׂים] Imper.: *leg deine Hand an es!* zum Angriff. In Gl. b ist חֹסַף Pausaussprache (*Ges.* 69, 2 A. 7); aber זְכֹר nicht Inf., von יוֹסֵף abhängig (wie 27, 1) u. vorausgestellt wie Ps. 90, 12 (*Ew. Hrz.*), sondern Imper.; der Sinn aber nicht: denke zurück an den Kampf, den du einmal versucht hast (oder: du wirst daran denken!), sondern, da מלחמה keinen Art. hat: *gedenke* (36, 24. Jes. 47, 7 Qoh. 11, 8) *ans Kämpfen! thu's nicht wieder* (V. 5)! d. h. du wirst sicher nicht zum 2. Male den Versuch machen. Aus diesem V. 32 ist zugleich deutlich, dass des Dichters Meinung nicht blos dahin geht, man könne das Krokodil nicht wie ein gewöhnliches anderes Thier fangen oder bändigen, sondern man könne es überhaupt nicht überwältigen. — C. 41, 1. Die Anrede an Ij., die bisher in Nachahmung der echten Gottesreden durchgeführt war, wird jetzt fallen gelassen u. der Aussage eine allgemeinere Wendung gegeben. Denn obgleich das Suff. von תוֹחַלְתּוֹ als Gen. Obj. sich auf das Thier beziehen könnte, so wird doch durch יֻטָל im 2. Gl., was nur vom kämpfenden Menschen ausgesagt sein kann, auf jemand in der 3. pers. hingewiesen, u. dadurch wahrscheinlich, dass auch im 1. Gl. das וֹ— Gen. Subj., auf ihn bezüglich, sei. *Sieh seine*, d. h. eines solchen, der den Kampf mit dem Krokodil wagen wollte, *Erwartung* oder *Hoffnung hat sich als trügerisch erwiesen* (Prf. in Pausa, wie 39, 13); sogar oder *schon auf seinen A. hin* d. h. *bei seinem Anblick wird* er doch wohl (die Frage wie 20, 4) *hingestreckt* (Ps. 37, 24)? näml. vor Schrecken, der die Besinnung nimmt u. die Glieder lähmt. Übrigens könnte הֲ von הֵן Dittographie sein, u. ist entbehrlich. מַרְאָיו] ist Sing., u. das י Stammbuchstabe, *Ges.* 93, 3 A. 3. Ein הֲיָטִיל *kämpfen* (*Mx. Bick.* הֲיָטִיל אֶל־מַרְאָי: ob er auch gegen meine Erscheinung kämpfen wird?) ist erfunden; הֲגַם אֶל מַרְאָיו יָטִיל (*GHff.*: könnte selbst ein Gott seine Schrecken stürzen? oder auch אֶל־מַרְאָיו nun will er gar gegen seinen Herrn schleudern sc. Worte?) ist sprachlich u. sachlich monströs. Die LXX geben ein quid pro quo. — V. 2. לֹא־אַכְזָר kann nicht = אֵין (*Hrz.*) sein; vielmehr ist der Satz unvollständig; das Subj. zu לֹא אֵין, näml. *er* oder *einer*, fehlt, kann aber in Gedanken aus 1ᵇ oder 2ᵇ leicht ergänzt werden: *nicht* wild (30, 21) d. h. *verwegen* genug, *dass er es aufregte! u. wer* (s. zu 4, 7) *wird vor mir sich stellen* d. h. mir (feindlich) entgegentreten (anders als 1, 6. 2, 1)! Sinn: wagt schon keiner, mein Geschöpf aufzuregen, wer wollte denn vollends mich, den Schöpfer, zum Streite herausfordern? (*Hrz.*). Der Vrf. will damit seine Thierschilderung an den Grundgedanken der Rede anknüpfen. וְיִגְעָרֵנוּ] nach occid. Lesart (während die orientalische יְעִירֶנּוּ d. h. Hiph. im Ketib u. יְעוּרֶנּוּ im Qerē hat) ist schwerlich als trans. Qal (das sonst nie vorkommt), sondern wie וַיְכַנֶּהוּ 31, 15 als Abkürzung von יְעוֹרְרֶנּוּ aufzufassen; הֵעִיר ist mehr = *wecken*, עֹלֵל (3, 8) mehr = *reizen*. Dagegen יְעִירֶנּוּ (*Mx.*) ist nicht bezeugt. לִפְנֵי] einige Mss. (auch

Trg.) geben לְשַׁלֵּם, auf das Krokodil bezüglich, aber wenig passend; V. 3 stände dann ganz in der Luft. — V. 3 reiht sich lose an V. 2 an: gegen Gott auftreten, also hier namentlich um Rechtsansprüche an ihn zu machen, kann man auch darum nicht, weil er einem nichts schuldig ist, da man ihm, dem Allgenugsamen, nichts gegeben hat: *wer ist mir zuvorgekommen*, sc. mit Gaben, wie aus וַאֲשַׁלֵּם hervorgeht, also *hat mir etwas zuvorgegeben* (*Vulg.* u. fast alle Erkl.), *dass ich erstatten müsste? was unter dem ganzen Himmel* (28, 24), *mein ist's;* alles mein Eigenthum s. Ps. 50, 10ff.; הוּא neutrisch wie 13, 16. 15, 9. So richtig dieser Gedanke an sich ist, so vereinzelt steht er in diesem Zusammenhang. Er regt die Vorstellung an, dass der Redner wieder auf das ethische Gebiet zurücklenken wolle, u. doch geht gleich nachher die Thierschilderung weiter. Die Vermuthung, dass V. 3 urspr. hinter 40, 14 oder 8 sich angeschlossen habe, lässt sich nicht halten, da 40, 14 einen schönen Abschluss jener Rede gibt, u. die Gerechtigkeit Gottes, um die es sich 40, 8 handelt, damit noch nicht bewiesen wird, dass er niemanden etwas schuldig ist. Man wird vielmehr urtheilen müssen, dass den Vrf. hier in der Mitte seiner überlangen Thierschilderung das Gefühl der Nothwendigkeit eines Rückbezugs auf den Grundgedanken der Gottesrede überkam, er aber dabei den eig. Fragepunkt nicht im Sinn des urspr. Dichters formulirte. — Die Fassung des 1. Gl. *wer könnte ungefährdet mir* (feindlich) *entgegentreten?* (*Mx. Bick.* הִקְדִּימַנִי nach LXX) würde dem Gl. 2 den Anschluss entziehen; auch in der Wendung: „wer tritt mir entgegen, *den ich heil liesse* (וַאֲשַׁלְּמֵהוּ)? unter'm ganzen Himmel *bliebe er mein*" (*GHff.*), wäre (auch abgesehen von den Eintragungen) Gl. 2 wenig passend. — c) V. 4—26. Die Beschreibung des Krokodils. — V. 4. Bis jetzt war nur auf die Unbezwinglichkeit des Thieres hingewiesen; sein Körperbau u. seine ganze furchtbare Art, die so merkwürdig sind, sind noch nicht beschrieben. Zu solcher Beschreibung macht V. 4 den Übergang. *Nicht will ich mit Schweigen übergehen seine Glieder* (nach 18, 13) *u. das Wort von den Kräften*, was darüber zu sagen ist (vgl. Dt. 15, 2. 19, 4), *u. die Schöne seines Baues*. Wie wenig diese prosaische, schulgerechte Ankündigung des zu Besprechenden in einer Rede Gottes passe, ist leicht fühlbar. Auch wenn man mit dem Qerê (לוֹ für לֹא) den Satz fragend nimmt: *von ihm sollte ich verschweigen?* wird nichts besser. Im Schlussglied ist zwar עֶרְכּוֹ *Einrichtung* des Körpers, Bau desselben (vgl. Jud. 17, 10), τάξις (*Aq.*), somit anders als 28, 13, annehmbar; aber חִין, gewöhnlich als Nebenform von חֵן erklärt (*Ges. th.* 500), ist bedenklich, auch darum, weil im Folgenden nicht die *Zierlichkeit*, sondern die Furchtbarkeit seines Körpers geschildert wird; חִין = חֵן (*Ew.*) erbringt nur ein Hohlmass, nicht Maass = Verhältniss; arb. *hîn καιρός* (*Schult. Hitz.*) lässt sich zu *Schicklichkeit* nicht umdeuten; passender wäre הִין *Kunst, Kunstwerk*, was aber im Hebr. nicht nachzuweisen ist; עַיִן *Aussehen* wäre zu farblos. Unannehmbar ist die Erkl. (*Mx. Bick. GHff.*, vgl. *Trg. Vulg.*): *ich will* (*GH.*: würde) *nicht schweigend ertragen sein* (näml. des Angreifers V. 3) *Geschwätz* (11, 3), *den Hochmuthsschwall* (*GH.*: heldenhafte Worte), *u. sein künstliches Gerede* (*GH.*: schönen Redestyl), da חשה c. Acc. nicht *zu etwas schweigen* u. עֶרֶךְ nicht *Gerede* bedeutet, u. steht darum die Folgerung, dass V. 1—4 interpolirt sei *(GHff.)* oder urspr. vor 38, 2 (*Bick.* nach *Mx.*) gestanden habe, in der Luft. — V. 5—9 seine Ober- u. Vorderseite, d. h. sein Panzerrücken u. sein Rachen. V. 5. *Die Fläche seines Gewandes* ist das Gewand, das seine Oberfläche darstellt (Jes. 25, 7), der geschuppte Panzer, der seine Oberseite bildet; nicht (*Schl.*) sein Gesichtspanzer. Ihn deckt ihm niemand auf. רֶסֶן] hier anders als 30, 11 ist das *Gebiss*, vgl. χαλινοί; in sein Doppelgebiss (vgl. 11, 6) dringt niemand ein. — V 6. Ausführung von V. 5ᵇ. *Die Thürflügel seines Antlitzes* d. h. die (bis hinter Augen u. Ohren reichenden) gewaltigen Kinnladen. *Rings um seine Zähne her* ist *Schrecken* (39, 20); seine Zähne, im Oberkiefer gewöhnlich 36, im untern 30, lang u. spitzig, sind um so schrecklicher anzusehen, als sie nicht von Lippen bedeckt sind. — V. 7—9. Ausführung von V. 5ᵃ. *Ein Stolz* d. h. erhaben schön (indem גאוה Hoheit ebenso ein Adj. vertritt, wie vorher אֵימָה) sind *die Schilder-Rinnen* (s. 40, 18), die gewölbten Knochenschilder, deren das Thier 17 Reihen hat, alle in Grösse symmetrisch, viereckig. Sein *Rücken* (*Umb. Hitz.*) kann גאוה nicht bedeuten; möglicherweise aber war גוה d. i. גֵוָה (20, 25) die ältere Lesart (*GHff.*), vgl. LXX *Aq. Vulg.* Im 2. Gl. ist nicht חיים ב Subj. u. סגור Praed. (*Hrz.*), weil in diesem Fall zur Herstellung der Beziehung ein בְּעָדָם *um sie* nicht fehlen könnte, sondern סגור ist dem Subj. des 1. Gl. frei beigeordnet, u. der Sing. סגור möglich, sofern סגר = אשר סגר (welche geschlossen worden ist, Acc. beim Pass.) sein kann; ähnlich V. 15ᵇ (Jes. 17, 1); חותם צר aber entw. frei untergeordneter Acc. (*Ges.* 118, 5ᶜ) *geschlossen mit engem Siegel* (*Ew. Del.*), oder Appos.: *festgeschlossen*, gleichsam *ein eng anliegendes Siegel.* Die Erklärung folgt sofort V. 8f. צר] was ein צֹל oder צֹר oder חותם צר (*Mx. Bick. GHff.* nach LXX) steinerne Siegel, Quarzsiegelstein, hier soll, ist nicht abzusehen. — V. 8. נגש hier: *sich reihen oder schliessen an etwas*, vgl. הקריבו Jes. 5, 8. רוח] *Hauch*, *Luft*, als masc. verbunden, wie 4, 15. 8, 2. 20, 3. — V. 9. איש באחיהו] vgl. *Ges.* 139, 1. ידבקו] wie 38, 38. יתלכדו] wie 38, 30. Dass V. 9, mit V. 8 fast synonym, blosse Variante von diesem sei (*Mx.*), ist aus LXX, wo er fehlt, nicht mit Sicherheit zu folgern, denn dort fehlte auch V. 8ᵃ; u. das Verhältniss von V. 8 zu 9 ist ganz, wie das von 40, 21 zu 22, welche beide auch LXX wiedergeben, oder wie 41, 19—21. — V. 10—13 allerlei merkwürdige, von seinem Kopf ausgehende Erscheinungen oder Thätigkeiten. V. 10. יָהֵל] mit zurückgezogenem Ton (s. 3, 3), Hiph. von הלל (31, 26); zum Sing. fem. s. 12, 7. Ein Subst. מהל *Aufglanz* (*Mx.*) gibts nicht. Vielmehr: *sein Niesen macht Licht erglänzen* d. h. strahlet Licht. Das Krokodil pflegt sich mit aufgesperrtem Rachen gegen die Sonne zu legen, daher der Reiz zum Niesen (*Boch.* hz. III 753f.); *der Glanz, welchen das Niesen ausstrahlt*, ist also der *in den Sonnenstrahlen erglänzende Wasserausfluss* (*Hrz.*). עטישה שהה] wie 3, 9. In der ägypt. Hieroglyphenschrift wird der Morgenanbruch durch die Krokodilsaugen bezeichnet; den Grund davon, welcher auch die hier vorkommende Vergleichung erklärt, gibt *Horus* Hierogl. 1, 68 dahin an:

ἐπειδὴ πρὸ παντὸς σώματος ζώου οἱ ὀφθαλμοὶ ἐκ τοῦ βυθοῦ ἀναφαίνονται (*Hrz.*). Die katzenaugenähnlich funkelnden Augen des Thieres schimmern mit einem röthlichen Schein durch das Wasser hervor, noch ehe der Kopf über dem Wasser sichtbar wird. — V. 11 ff. Beschreibung seines heftigen Athmens zur Zeit, wann es aus dem Wasser hervortaucht. „*Tam spiritus diu pressus sic effervescit et erumpit tam violenter, ut flammas ore et naribus videatur evomere*" *Boch.* 755. Auch *Bartram*, welcher einen aus dem Uferschilf hervorrauschenden Alligator beobachtete, sagt (Reise nach Carolina bei *Ros.* S. 250): „ein dicker Rauch strömte aus seinen weit geöffneten Nasenlöchern mit einem Geräusch, welches beinahe die Erde erschütterte" (*Hrz.*). V. 11. Feuerfunken *entgleiten* d. h. sprühen hervor. — V. 12. Aus seinen Nüstern geht Rauch aus, *gleich angefachtem* (Jer. 1, 13) d. i. unterheiztem *Topf sammt Binsen* (40, 26), d. h. als wäre ein erhitzter Topf da, sammt getrockneten oder halbtrockenen, aber darum nur um so stärker rauchenden Binsen als Brennmaterial (*Ew. Del. Bött. Vo.*). Das Bild ist nur im Umriss gezeichnet, nicht ausgeführt. Indessen נָפוּחַ bedeutet (auch Jer. 1, 13) eher *Blasen treibend, siedend*, als *angefacht*, u. in diesem Fall hat die Nennung des Brennmaterials daneben keine Stelle. Deshalb nehmen die meisten אגמון als *Kessel*; aber diese Bedeutung ist erst von den Rabb. erdacht, u. neben אגמון wäre דוד recht überflüssig. Etwas wie *erhitzt, glühend* (*Trg. Vulg., Mat.*, nach arab. 'ağama) würde besser passen, ist aber neben אגמון 40, 26 bedenklich. Wie aus den Worten „ein angefachter Binsenmeiler" (*GHff.*) herauskommen soll, ist selbst, wenn man דוד (Ez. 24, 5 vgl. Jes. 30, 33) corrigirt, nicht einzusehen. Ob יְאַגְמוֹן urspr. Lesart ist? — V. 13 gibt noch eine stärkere Hyberbel, wornach sein heisser *Athem* sogar *Kohlen entzündet*. — V. 14ᵃ charakterisirt noch mit ein Paar Worten den übrigens wenig hervortretenden *Hals* als Sitz gewaltiger Kraft, u. schliesst dann die Beschreibung der Vorder- und Oberseite des Thieres mit einer allgemeinen Bemerkung über *das Verzagen* oder die Angst, die es vor sich her verbreitet, ab. לִין *weilt* (s. zu 17, 2) u. תדוץ (nur hier; s. auch *FdDel.* Prol. 65 f.) *springt auf, hüpft* bilden einen niedlichen Gegensatz; über das zu Grund liegende Bild vgl. Hab. 3, 5; תריץ in LXX u. einigen Mss. ist matter. — V 15. Selbst die fleischigen Theile des Leibes, nam. Bauches, sind nicht wie bei andern Thieren locker herabhängend u. weich, sondern eng *anschliessend*, eine feste Masse bildend, dabei stramm oder *fest auf ihm*, als wären sie ihm angegossen, *ohne sich zu bewegen* d. h. bei den Bewegungen des Körpers zu wackeln. Sie sind nämlich ebenfalls mit harten Schuppen überzogen. Über den Sing. יצוק, nicht auf בשר allein, sondern auf 'ב מפלי bezogen, s. zu V. 7; יצוק ist hier Paʻûl (anders 28, 2. 29, 6), vgl. ידוע 11, 15. Die Negation בל kommt ausser hier im ganzen Buche nicht vor, wie auch ימוט nicht. — V. 16. Ebenso ist's in seinem Innern, auch hier alles, nam. *das Herz gegossen* d. h. fest u. hart, *wie Stein*; steigernd fügt er hinzu: *wie unterer Mühlstein*, d. h. der untere festliegende Stein der Handmühle, auf dem der obere umgedreht wurde, der darum von besonderer Härte sein musste (*Win.*³ II. 119 f.; *Ri.* HWB. 1027).

„*In belluis, praesertim quae minus sensu valent, magna est cordis firmitas, motus etiam multo tardior*" Boch. p. 758, vgl. auch *Aristot.* de part. anim. 3, 4 (*Hrz.*). Dass aber der Vrf. diese stark hyperbolische Schilderung nicht blos physisch, sondern zugleich psychisch (hartes Herz ein Zeichen des Muthes u. der Grausamkeit) verstanden wissen will, zeigt der Übergang, den er sofort zur Beschreibung seiner Unbesieglichkeit macht. Alle Helden beschämt es V. 17, allen Waffen bietet es Trotz V. 18—21. — V. 17. מִשֵּׂתוֹ] contrahirt aus מִשְׂאֵתוֹ, *von seiner Erhebung, von seinem Auffahren*, also anders als 13, 11 u. 31, 23. אלים] minder beglaubigt אֵילִים, sind *Starke, Helden*, schwerlich *Götter* (*GHff.*) im Munde dieses Vrf. יָגוּרוּ s. 19, 29. מִשְׁבָּרִים] so ohne Zweifel richtiger als מִשָּׁבְרִים, aber nicht: *vor Wunden*, denn mit blosser Verwundung kommt man bei ihm nicht davon, sondern: *vor Gebrochenheit* d. h. *Bestürzung*, Schrecken (*Vulg.*: territi, vgl. Jes. 65, 14; Prov. 15, 4), obgleich Plur. nur hier. יִתְחַטָּאוּ] *sich selbst verfehlen* (5, 24), d. h. sinnlos u. irre werden; nicht: das Ziel oder gar den Weg (zur Flucht) verfehlen. (*Hgst.*: sie entsündigen sich! sprechen vor Angst ein Vater unser!). — V. 18. מַשִּׂיגֵהוּ חֶרֶב] absolute vorausgesetzt: *der es mit dem Schwert erreichende*, hat den Werth eines Bedingungssatzes *wenn man es m. d. S. erreicht*, wozu בְּלִי תָקוּם, auf Schwert bezüglich, Nachsatz ist (*Ew.* 357c): *so kommt es nicht auf*, hält nicht Stand; חֶרֶב selbst ist dann als frei untergeordneter Acc. (s. V. 7. Mich. 7, 2. Jes. 1, 20) zu nehmen. בְּלִי] im B. Ij. nur hier zur Verneinung des Verb. fin. (s. V. 15), welcher Gebrauch überhaupt ziemlich selten ist (*Ew.* 322ᵃ). Das 2. Gl. bringt weitere Subjecte zu תָקוּם, ohne dass, wie man erwartete, בְּלִי wiederholt wäre. מַסָּע] könnte von der gew. √ נסע abgeleitet, höchstens *Bruchstein* (vgl. 1 R. 6, 7), dagegen von einem dem arab. *nasagha* entsprechenden נסע könnte es ein *Wurfgeschoss* bedeuten; *Trg.* gibt *Schleuder*, s. aber V. 20; *Streitaxt* (*Arnh.*) oder *Hammer* (*GHff.*) lassen sich nicht begründen. שִׁרְיָה] als *Panzer* wie שִׁרְיוֹן u. שִׁרְיָן (LXX *Vulg. Trg.*; die meisten Erkl.) will neben den Angriffswaffen nicht passen; man (*Del.*) hat darum arb. *sirja* u. *sirwa* (Lane 1356a. 1354a) Pfeil mit kurzer dünner nadelartiger Spitze, die durch ein Panzerhemd dringt, verglichen; *GHff.* will durch Correctur in שרידה (شريدة) die Bedeutung *Wurfspiess* erzielen. — V. 19. Subj. ist das Thier; לְ חָשַׁב wie 13, 24 u. s.; über נְחוּשָׁה s. 40, 18; רִקָּבוֹן eine jüngere Form für רָקָב (13, 28). — V 20. Ein *Pfeil* (s. zu 5, 7) bringt's nicht zum Fliehen; Schleudersteine *wandeln sich ihm* (30, 21) *zu Stoppeln*, d. h. es empfindet sie nur als St. (*Hrz.*). — V. 21 (von *Mx.* als Variante zu 20 angesehen, s. aber zu V. 9). תּוֹתָח] *Keule, Streithammer.* נֶחְשְׁבוּ] s. 18, 3; der Plur. ist auffallend; man erklärt תּוֹתָח für coll. (*Hrz.* a.), oder (*Hitz. Del.*²) für Keule u. ihre Schläge; eher dürfte נחשבו aus בְּלִי נֶחְשָׁב verderbt sein, oder ist נחשב herzustellen. וְיִשְׂחָק לְ] wie 39, 7. 18. רַעַשׁ] das Schwirren u. *Klirren* (Jes. 9, 4). כִּידוֹן] 39, 23. — V. 22—24 bringen die Beschreibung der Unterseite seines Körpers, u. setzen insoweit V. 5—16 fort, sind nur durch die an V. 16 sich anschliessende Beschreibung seiner Unbezwinglichkeit V. 17—21 davon getrennt. *Hitz.* hält sie für interpolirt, weil sie den

Zusammenhang von V. 25 f. mit 17—21 unterbrechen u. in Peš. fehlen. Aber das letztere ist, da die andern kritischen Zeugen die Verse haben, ohne erhebliches Gewicht, u. betreffend das erstere s. zu V. 25. — V. 22. תחתיו] *unter ihm*, d. h. an seinem Bauch, näm. am Untertheil des Schwanzes. חדודי חרש] *die spitzigsten* (schärfsten) *Scherben* (2, 8), s. 30, 6 (*Ges*. 133, 3 A. 1). Gemeint sind mit diesen *Scherben* die Schuppen oder Schilder der Unterseite, welche kleiner aber nicht weniger scharf sind, als die Rückenschilder; dieselbe Vergleichung bei Aelian h. n. 10, 24. Liegt das Thier im Schlamm am Ufer, so prägen sich diese unteren Schuppen in den Schlamm ein, so dass es aussieht, als wäre ein Dreschschlitten (unten mit eisernen Spitzen versehen) darauf gelegen, daher im 2. Gl.: *einen Dreschschlitten* (Jes. 28, 27) *breitet es* (17, 13) *hin auf den Schlamm* (von den alten Übers., die חרוץ als Gold nahmen, merkwürdig verkannt). — V. 23 f. von seiner Fahrt auf dem Strome. *Es bringt in's* Sieden (30, 27) *oder Schäumen die Wassertiefe; die See* (14, 11) *macht es gleich einem* d. h. gleichsam zu einem *Salbenkessel*, d. h. (nach V. 24^b) so schaumbedeckt, dass das Wasser aussieht, wie die Mischung in einem Salbentopf. *Boch*. bezieht die Vergleichung auch noch auf den moschusartigen *Geruch*, welchen das Krokodil im Wasser verbreitet; aber der Vrf. spricht nur von den *sichtbaren* Wirkungen, welche das Thier im Wasser zurücklässt (*Hrz*.). — V. 24. יאיר] kann trs. u. intrs. genommen werden: *hinter ihm leuchtet ein Pfad* oder *macht es Pfad leuchten* d. h. *zieht es eine leuchtende Bahn*, bezüglich auf den hellweissen Streifen, den es das Wasser durchschiessend zurücklässt. יחשב] *man hält* (kann aber auch יַחְשֹׁב gelesen werden) *die Fluth* (welche es durchzogen hat) *für greises Haar*, näml. ihrer Farbe wegen, vgl. die Homerische πολιὴ ἅλς Il. 1, 350; Od. 4, 405 (*Hrz*.). — V. 25 f. Abschluss, den Grundgedanken, seine Einzigartigkeit u. Unbezwinglichkeit, noch einmal hervorhebend. Meist: *nicht gibt's auf dem Staube* d. h. auf Erden, unter den Irdischen (s. zu 19, 25) *Beherrschung seiner* d. h. eine Herrschaft über es (so schon *Trg*. *Peš*.). Aber dafür erwartete man בו משל (während מָשְׁלוֹ nach Zach. 9, 10 eher bedeutete: es hat keine Herrschaft), oder aber müsste man מֹשְׁלוֹ (*Hitz*. *Stud*. *Reu*. *GHff*.) lesen: *einen Gebieter*, *Meister für es*. Möglich ist auch (LXX, *Luth*. *Umb*. *Del*. *Mx*. *Hgst*. *Vo*. *Bick*.; *Vulg*. verbindet beides) *Ähnlichkeit seiner* d. h. *seines Gleichen*. Bei ersterer Erkl. bringt Gl. b in einer Appos. die Begründung: *das geschaffen ist zum Nichterschrecken*; bei der zweiten verhält sich Gl. a wie Besonderes zum Allgemeinen. Keinenfalls fordert dieser Schluss, dass V. 17—21 unmittelbar vorausgegangen sein muss (*Hitz*.), denn auch schon 40, 25— 41, 2. 5 f. haben sich mit seiner Unbezwinglichkeit beschäftigt. Zu Part. העשו vgl. 15, 22 (auch 40, 19); einige Mss. haben העשוי. חת] lautete 6, 11 חַת; לבלי־חת *zum Nichtverzagen*, *zu Unverzagtheit*. Zwar könnte לבלי־חת (s. 30, 8) auch *schreckenslos*, *unverzagt* bedeuten, u. müsste ל dann das Product einführen: *zu einem unverzagten*, doch liegt das ferner. — V. 26 führt 25^b aus: *alles Hohe* d. h. was es in der Schöpfung Furcht- u. Achtung-Forderndes gibt, *sieht es an* (s. 40, 11) d. h. hier: sieht ihm keck in's Gesicht, wendet sich von ihm nicht ab aus Furcht; *es ist König über all die stolzmuthigen Thiere* (genommen aus 28, 8), an Muth u. Kraft allen überlegen, u. von ihnen nicht besiegbar. Mit seinem Schwanz kann es auch grosse Vierfüssler niederschlagen, *Boch.* p. 767 (*Hrz.*). יִרְאֶה] *Hitz.* will יְרַפֵּח *tritt nieder* lesen, aber gerade das thut das Krok. nicht.

Die Antwort Ijob's 42, 1—6, sich anschliessend an 40, 14. — V. 2. Da Gott 40, 9—14 seine Gerechtigkeit mit seiner Allmacht zusammengeknüpft hat, sofern erstere ohne letztere nicht denkbar ist, bleibt Ij. in der ihm von Gott angewiesenen Gedankenrichtung, wenn er seine Antwort mit ausdrücklicher Anerkennung der Allmacht Gottes beginnt. Wie diese aber dort nur als Voraussetzung seiner Gerechtigkeit gemeint war, so kann sie auch hier nur als Grundlage u. Möglichkeit seines ethischen Verhaltens in Betracht kommen: *kein Vornehmen* (oder *Gedanke*) *wird von dir abgeschnitten* d. h. ist dir verwehrt, für dich unausführbahr (vgl. Gen. 11, 6), also auch nicht etwa nur auf Kosten der Gerechtigkeit ausführbar. Insofern liegt in der Anerkennung der Allmacht zugleich das Geständniss, dass auch Gottes Gerechtigkeit nicht bestritten werden dürfe. וַיֵּדַע] s. *Ges.* 44 A. 4. Auch die alten Übers. geben die 1 p.; eine Zahl Mss. u. Ed. Complut. haben יָדַעְתִּי. מִזִּמָּה] hier im guten Sinn, vgl. זַמָּה 17, 11. — V. 3 ff. Von dieser gewonnenen Einsicht aus auf seine früheren Urtheile über die sittliche Weltordnung Gottes zurückblickend fühlt Ij. tiefe Beschämung u. Reue, welcher er jetzt Ausdruck gibt, indem er an die von ihm vernommenen u. ihm tief in die Seele gedrungenen Gottesworte anknüpft. V. 3. Gl. a ist weder interpolirt (*Mx. Bick.*), noch Aussage Ijobs (*Reu. GHff.*): „wer wollte oder dürfte ohne Einsicht Rath verhüllen?" da מִי זֶה seq. Part. eine modale Färbung des Verb. nicht ausdrückt u. לָכֵן וגו׳ sich übel anschlösse. Sondern Ij. wiederholt sich zunächst, mit leichter Variation, das Wort 38, 2, durch das ihn Gott als einen Verdunkler dessen, was wohlerwogener Plan war, bezeichnet hatte, u. folgert daraus, indem er sich's als ein Gotteswort gesagt sein lässt: *also* (s. 34, 25) *habe ich mich ausgesprochen, ohne zu verstehen*, über *für mich zu Wunderbares, ohne zu erkennen*, d. h. unverständige Äusserungen über Dinge, die für mich zu hoch sind, mir erlaubt. „Der Hauptsatz: הִגַּדְתִּי נִפְלָאוֹת מִמֶּנִּי ist der poetischen Gliederung wegen auseinandergerissen, u. jedem Theil desselben ein Nebensatz untergeordnet, wie nicht selten geschieht, zB. Ps. 18, 42" (*Hrz.*). — V. 4 (nach *Mx. Bick.* interpolirt) ist nicht eine demüthige Bitte Ijob's an Gott, durch die er sich als für Gottes Belehrung empfänglich u. darnach begierig darstellte (LXX; *Ros. Hrz. Stick. Ha. Del. Reu. Vo.*), denn noch weitere Belehrungen von Gott zu empfangen ist jetzt keine Zeit, wie ihm auch weiterhin keine gegeben werden. Er gibt auch nicht den (in Prosa durch לֵאמֹר einzuführenden) Inhalt dessen, was Ij. früher im Unverstand gesprochen hat V. 3 (*Umb. Arnh. Hitz. GHff.*), denn nirgends, auch 13, 22 f. nicht, hat Ij. dies gesprochen, auch nicht dem Sinn nach (hat vielmehr viel schärfer sich ausgedrückt), u. hätte er es früher gesprochen, so könnte er doch jetzt nicht sagen, dass er damit „für ihn zu Wunderbares geredet habe". Vielmehr da V. 6 אשאלך והודיעני in 38, 3ᵇ. 40, 7ᵇ wörtlich von Gott gesprochen ist, V.ᵃ aber (אבל — עמי) den Sinn von 38, 3ᵃ. 40. 7ᵃ, nur unter Fortlassung des Kampfbildes, wiedergibt, so ist zu urtheilen (*Ew. Schl. Hgst. Stud.*), dass V. 4, wie 3ᵃ, ein von Ij. blos angeführtes Wort Gottes enthält. Durch dieses Wort war er zum Eintritt in den von ihm oft gewünschten Rechtskampf mit Gott aufgefordert: die ihm in diesem Wort ironisch vorgehaltene Vermessenheit solcher Herausforderung Gottes erkennt er V 6 als solche an u. bereut sie, weil er (V. 5) jetzt, nachdem er Gott geschaut, eine andere Stellung zu ihm einnimmt, als damals. V 5 ist die Vorbereitung von V 6, V. 6 die eigentliche Antwort auf V. 4. V. 5 *Gemäss dem Gehör des Ohres* (28, 22. Ps. 18, 45) d. h. so wie das Ohr vom Fernen hört (*Ew.*) *hatte ich dich vernommen* d. h. von dir gehört; *jetzt aber hat mein Auge dich gesehen*. Was der auch sonst (28, 22. 29, 11) vorkommende Gegensatz zwischen Hören u. Sehen besagen will, sieht man am besten Ps. 48, 9: die blos mittelbare u. erlernte, darum mangelhafte Erkenntniss hat einer unmittelbaren, auf dem eigenen Erfahren beruhenden, darum sicheren u. lebendigen Platz gemacht. Die Thatsache der Erscheinung selbst hat ihn in Gottes Gnade und Gerechtigkeit gegen seinen Diener einen tiefen Blick thun lassen, so dass aller Zweifel und Argwohn in ihm geschwunden ist, es ihm also auch nicht mehr beikommt, im Wesen Gottes blos eine Seite anzuerkennen, die andere aber zu leugnen oder anzuzweifeln. An ein blos äusseres Sehen ist so wenig zu denken als 19, 26 f. Auch ist die Meinung nicht (*Vo. S. 6*), dass er bisher Jahve (im Gegensatz gegen אל) blos von Hörensagen gekannt habe. — V. 6. *Darum verwerfe ich* (mit ausgelassenem Obj., s. 7, 16. 36, 5) näml. was ich gethan u. geredet habe, d. h. widerrufe ich. Ein Niph. אמאס, sei es = *reprehendo me* (LXX *Sym. Vulg.*), sei es = *ich verzage* (7, 5 *Bött.*) zu lesen, ist weder nöthig noch passend. ונחמתי] ist Niph., aber nicht „ich tröste mich" (*Mx. Bick.*), sondern *ich bereue*. Sonst s. zu 2, 8. 12. — Auch durch diese schnelle u. willige Unterwerfung, ohne dass er von Gott über sein Leiden eine andere theoretische Aufklärung bekommen hat, als die allgemeine dass hier ein Rath vorliege, hat er seinen gottesfürchtigen Sinn auf's neue bewährt.

3) *Die Erlösung und Verherrlichung Ijob's*, Cap. 42, 7—17.

Nachdem Ijob von der durch Gottes Erscheinung in ihm gewirkten besseren Erkenntniss aus seine im Kampfe begangenen Fehler bekannt, widerrufen u. bereut hat, u. innerlich von den ihm noch anklebenden Irrthümern frei geworden ist, nachdem auch durch seine bedingungslose Unterwerfung die Gerechtigkeit Gottes als eine unantastbare vollkommen gewahrt worden ist, steht der vollen Gnadenerweisung Gottes gegen den treuen, bewährten Dulder nichts mehr im Wege. Sein Kampf ist ausgekämpft; er selbst ist durch den Kampf in seiner Frömmigkeit noch fester geworden. U. nun wird ihm auch der Lohn derselben gereicht: langes Leben u. reiches Glück. Sie sind auf ATlichem Standpunkt die äussere Bethätigung des göttlichen Wohlgefallens am Menschen. — Alles was jetzt noch zu geschehen hat, entwickelt sich in natürlicher

Aufeinanderfolge der Ereignisse, für deren Darstellung die einfache Erzählung genügt: die gehobene Dichtersprache weicht von hier an wieder dem gewöhnlichen Prosastyl. Den Ij. als seinen Knecht ausdrücklich anerkennend bereitet Gott zunächst den Dreien wegen ihrer lieblosen Verdächtigung seiner Unschuld die verdiente Strafe u. Demüthigung, u. verurtheilt damit auch ihre den Thatsachen zum Trotz eigensinnig durchgeführte Lehre V. 7—9. Der Held selbst aber, durch Gott von seinem Leiden befreit u. mit reichem Ersatz für alles Verlorne beschenkt, darf noch lange in allseitigem Glück auch äusserlich die Früchte seines standhaften Duldens geniessen V. 10—17. — In LXX ist V. 16b. 17 aus *Theod.* ergänzt, ebenso in V. 8 ὅτι εἰ μή — λήψομαι.

V. 7. אחר] hier = אחרי אשר als Conj.: *nachdem*, Lev. 14, 43. אל־אליפז] als an den ersten u. Wortführer unter den Dreien. אלי] *in Beziehung auf mich, von mir* Gen. 20, 2; Ps. 2, 7. נכונה] *Richtiges, Wahres*, ἀληθές LXX, vgl. Ps. 5, 10. Zu der Einschränkung auf subjectiv Wahres, *das was sie selbst für das Wahre hielten*, also *Aufrichtiges, Redliches (Ew. Hrz. Schl.)* hat man kein Recht. Allerdings war an ihren Reden die innere Wahrhaftigkeit zu vermissen (6, 25. 13, 7 ff. 21, 27. 27, 12), aber nicht dies allein fällt ihnen zur Last, sondern auch dass sie unrichtiges behauptet haben, wie umgekehrt Ij. nicht blos wegen seiner Überzeugungstreue, sondern auch wegen der Wahrheit des von ihm durchgeführten Satzes Anerkennung verdient. Von selbst versteht sich dabei, dass nicht jedes einzelne Wort der Freunde als unwahr, u. jedes einzelne des Ijob als wahr bezeichnet werden soll, sondern nur ihre beiderseitigen Aufstellungen in der grossen Frage, um die sich das ganze B. dreht, näml. über Schuld oder Unschuld Ijob's, also über den Grund der Verhängung des Leidens durch Gott. Die Abschwächung zu *ebenso richtig wie Ijob (Stud. GHff.)*, als hätte Ij. blos relativ richtig u. sie blos relativ unrichtig gesprochen, ist durch die Worte nicht angezeigt, u. nicht im Sinn des Vrf. Dass aber in dieser Frage *nicht recht geredet zu haben* ihnen als Schuld, wenn auch nur als sühnbare Schuld, angerechnet wird, setzt voraus, dass ihnen die Wahrheit zu erkennen u. zu sagen möglich war; u. möglich war es ihnen, wenn sie nur nicht dem Schein, der Furcht (6, 21) u. der hergebrachten Meinung zu viel nachgaben, u. dagegen den offenkundigen Thatsachen des Lebens u. dem Selbstzeugnisse Ijob's sich verschlossen. Sonst vgl. zu dieser Entscheidung den Wunsch Ijobs 16, 21. כעבדי] die Lesart einiger Mss. כעבדי hier u. V. 8 erscheint wie eine absichtliche Correktur; in V. 8 haben sie auch die LXX. Zu dem nachdrücklichen כעבדי noch 3mal in V. 8, s. 1, 8. 2, 3. — V. 8. Sie sollen durch Ij. ein Opfer für sich bringen lassen, ein gemeinschaftliches, weil ihre Sünde die gleiche, u. ein grosses, weil ihre Schuld gross ist (*Hfz.*). שבעה פרים וגו׳] vgl. Num. 23, 1; zur Zahl 7 auch 1, 2. אלים] = אילים, vgl. 6, 19. 19, 27. עולה בעדכם] *ein Brandopfer für euch* (6, 22) d. h. zu eurer Sühnung; vgl. zu 1, 5. ויתפלל] als Juss. כי אם] zur Abwechslung mit בעד; eig. *über euch;* nur hier so, doch s. 22, 1. כי אם] *nur*, auch ohne vorhergehende Verneinung, Ew. 356b. *Nur auf ihn werde ich Rücksicht nehmen* (Gen. 19, 21), *so dass ich nicht thue mit euch*

נְבָלָה. Das kann nicht meinen: *die* Strafe der *Thorheit euch anthue* (*Ges.* th. 844; *Ew. Hrz. Schl. Del. Mat. Reu.* a.), da נְבָלָה keinen Art. hat, auch nie (wie רָע oder חַטָּאת) die Strafe einschliesst, u. selbst עִם עָשָׂה נְבָלָה nicht Sprachgebrauch war. Auch steht nicht נְבָלָה für רָעָה (*Stck.*) in der Phrase עִם עָשָׂה רָעָה, oder für „Unerhörtes" (*Mr.*); noch weniger kann die Meinung sein: dass ich keine Thorheit an euch begehe d. h. eine Übereilung (*Hitz.*), oder mich an euch vergreife (*Hgst.*), sondern nur (*Trg. Peš., Arnh. Stud.*): *dass ich euch nicht eine Schande anthue* d. h. euch als נְבָלִים brandmarke (vgl. נָבָל, נְבָלָה, u. נְבָלָה selbst als Schandthat), näml. durch eine exemplarische Strafe. Ijob soll zu dem Opfer die priesterliche Fürbitte sprechen, u. nur um *seiner*, des Reinen, Fürbitte willen will Gott ihr Opfer gnädig annehmen u. ihre Sünde vergeben; welche Demüthigung für sie! Vgl. die Verheissung 22, 30, u. zur Wirksamkeit der Fürbitte eines Gerechten auch Gen. 18 u. 20, 7. 17. Dem Ij. aber ist damit Gelegenheit geboten, die Echtheit seiner Gottesfurcht in neuer Weise, durch Fürbitte für den Beleidiger (s. 31, 29 f.), zu bethätigen. — V. 9. פָּנָיו] · fehlt (*Ew.* 349ª), schwerlich ursprünglich (s. LXX u. 2, 11); viele Mss. haben פְּנֵי. — V. 10. (Q. שְׁבִית) שָׁב אֶת־שְׁבוּת] natürlich nicht: kehrte zurück zum Gefängniss Ijobs (noch *Hgst.*), aber auch nicht (die meisten Erkl., s. bes. *Del.*²): *wendete die Gefangenschaft oder das Gefängniss Ijob's*, mit der Erklärung: erstattete das Verlorne wieder, oder auch: machte dem Elend ein Ende. Aber wenn der Ausdruck שְׁבִית oder שְׁבוּת wirklich, von שָׁבָה abgeleitet, *Gefangenschaft* bedeutete, so konnte er doch unmöglich seine Grundbedeutung so verlieren, dass er sogar in Fällen, wie hier, wo von Gefangenschaft (trotz der Bilder 7, 12. 13, 27 u. a.) keine Rede sein kann, anwendbar war. In Wahrheit haben alle Verss. (ausser *Trg.*) hier eine Ableitung von שׁוּב ausgedrückt (*Sym.*: ἐπέστρεψε τὴν ἀποστροφὴν τοῦ Ἰώβ); dass der Ausdruck auch an andern Stellen vielmehr bedeutet *die Wendung von einem wenden* d. h. *ihn wiederherstellen*, darüber s. *Ew.* JB. V. 216 f.; *Böttch.* N. Ä. I. 65 f., u. über die gramm. Möglichkeit *Ew.* 165ᵇ; *Böttch.* Lehrb. § 464; *Olsh.* Lehrb. S. 412. 417. So auch *Kmph. Hitz. Kuen. Vo.* a. Eine hebr. √ שָׁבָה u. שׁוּב = arb. *thabá* u. *thába* sammeln, daher *die Sammlung sammeln* (*Barth* in ZDMG. XLI. 617 f.) ist Fiktion. Lächerlich ist es in Anbetracht von V. 11 ff., aus שָׁב אֶת־שְׁבוּת beweisen zu wollen, dass Ij. das gefangene Israel sei. Gemeint ist hier mit der Wiederherstellung vor allem seine Genesung. בְּהִתְפַּלְלוֹ] בְּ seq. Inf. ist auf keinen Fall בְּ des Preises (*Hrz.*) = *dafür dass*, auch nicht des Grundes = *da* oder *weil*, denn Ijob's Wiederherstellung hat einen andern Grund, sondern zeitlich zu verstehen: *als*; gerade jener Zeitpunkt der Erweisung seiner Versöhnlichkeit wurde für ihn der Wendepunkt seines Geschickes, indem zunächst in seiner Krankheit die Besserung eintrat. Dass וַיֹּסֶף יהוה אֶת־כָּל־אֲשֶׁר לְאִיּוֹב irrthümlich vom Ende des V. 9 hieher gerathen sei (*Hitz. Stud.*), ist nicht nothwendig anzunehmen, denn es hat auch an seiner jetzigen Stelle guten Sinn, u. war hinter וַיִּשָּׂא ה׳ V. 9 nicht mehr nöthig. Richtig *GIff.*: durch die Fürbitte Ijobs noch vor der Aufhebung der Krankheit ist der letzte Beweis dafür erbracht, dass der Fromme umsonst (1, 9) fromm ist. רעהו] Sing., weil es hier nicht auf die Zahl, sondern nur auf die Sache ankommt, dass einer für seinen Nächsten betet (vgl. 12, 4. 16, 21). Doch wäre (vgl. 1 S. 30, 26. 14, 48) auch ein Plur. רעיהו = רֵעֵיהוּ zulässig (*Ges.* 91, 2 A. 1). למשנה] *zum Zweifachen, auf's Doppelte* von dem, was er vorher gehabt hatte, *vermehrt* ihm Gott seinen Besitz, natürlich nicht auf einmal, sondern nach u. nach. — V. 11. Bevor diese Verdoppelung seiner Habe näher beschrieben wird, wird noch bemerkt, wie jetzt nach seiner Genesung er auch wieder zu Ehren kam, indem die Verwandten u. Bekannten alle, deren Theilnahmlosigkeit, ja Verachtung während seines Leidens er so schmerzlich gefühlt hatte (19, 13 ff.), wieder erschienen, ihm ihre Theilnahme bezeugend u. seine Gunst wieder suchend, freundschaftlich von ihm aufgenommen (die Kehrseite zu 12, 5, und ganz der Wirklichkeit des Lebens entsprechend). ויבאו] 19, 13. לפנים] *vordem*, wie oft (s. auch 21, 33). ויגידו לו] 2, 11. קשיטה] ein alterthümliches Geldstück, s, zu Gen. 33, 19. Vrf. hat den Namen aus der Pentateuchschrift B (E), wo er allein vorkommt (Gen. 33, 19. Jos. 24, 32), aufgenommen. *Luth.:* ein schöner Groschen. נזם] kann *Nasenring* (Gen. 24, 22. 47. Jes. 3, 21. Prov. 11, 22) u. *Ohrring* (Gen. 35, 4. Ex. 32, 2 f.) sein. Dass solchen Schmuck auch Männer trugen, bezeugt für die Midian Jud. 8, 24 f. Über die Sitte, bei Besuchen Geschenke zu bringen, s. *Win.*³ I. 411 f. — V. 12 schliesst sich als Fortsetzung an 10ᵇ an. ויהוה] diese Wortstellung, um das neue Subj. gegenüber von V. 11 hervorzuheben. Über אשרית u. אחרית *die frühere* u. *spätere Lebenszeit* s. 8, 7. Die Zahlen sind das Doppelte von den 1, 3 genannten. — V. 13. Die Kinder werden ihm nicht, wie die Habe, verdoppelt, wohl aber alle ersetzt (1, 2). שבענה] nach *Hrz. Olsh.* (*Ges.* 97, 1) ein Schreibfehler für שִׁבְעָה; nach *Ew.* 269ᶜ ein veraltetes Subst. שִׁבְעָן *ein Siebend* mit tonloser Fem.-Endung. Ein volles Siebend Söhne wurde ihm zu Theil; über dieses Glück ist weiter nichts zu sagen, es ist auf dem Standpunkt der Alten selbstverständlich. Anders mit den Töchtern (s. zu 1, 2), weshalb sie sofort noch besonders gezeichnet werden, u. zwar nach der Seite ihrer Schönheit. — V. 14. Die Namen, mit denen *man* sie benannte, gehen eben der allgemeinen Schätzung ihrer Schönheit Ausdruck, vgl. 15ᵃ. Nämlich ימימה ist vielleicht (wie arb. *jamāma*; *Hitz.* postulirt ein Demin. *jumaima*) *Taube, Taubenreine*, während die Verss. es mit ימים, aram. יְמָמָא *Tag* zusammenbringen: *Reine, Helle wie der Tag*; קציעה lieblich u. fein wie *Kassia*-Duft (Cant. 1, 3); קרן הפוך d. h. wo sie thätig ist, zur Erhöhung der Anmuth dienend, gleichsam ein *Büchschen* (1 Sam. 16, 1. 13) *mit Augenschminke*, dem bekannten Schönheitsmittel der morgenländischen Frauen, *Win.*³ II. 417 f. — V 15. נשים] Acc. beim Pass. להם] u. אחיהם] Pron. masc. ungenau oder vielmehr comm., wie 39, 3 u. s. נחלה] dass Ij. den Töchtern unter den Söhnen *Erbe*, erbliches Grundeigenthum anwies (s. dagegen Num. 27, 8, wornach die Töchter nur erbten, wenn keine Söhne da waren), soll nicht etwa von der Grösse seines Besitzes eine Vorstellung geben (*Hgst. Hitz.*), sondern will sagen, dass er ihnen ermöglichte, auch nach der Verheirathung unter ihren Brüdern wohnen zu bleiben (vgl. das schöne geschwisterliche Verhältniss 1, 4). — V. 16 f.

Zum vollendeten Lebensglück gehört auch, dass man erst in hohem Alter, umgeben von blühender Nachkommenschaft u. nachdem man alles, was das Leben bietet, zur Genüge gekostet, von hinnen scheidet, vgl. 5, 25 f. 24, 24 u. s. יִקְרָא] für diese gewöhnliche Form will Qerê die ungewöhnlichere תִּקְרָא; warum? ist nicht klar (s. übrigens Ez. 18, 14 u. Jos. 24, 3). Sachparallele: Gen. 50, 23, vgl. Ps. 128, 6; Prov. 17, 6. Die LXX geben 170 statt 140 Jahre, u. fügen hinter יָמִים noch hinzu: τὰ δὲ πάντα ἔτη ἔζησε διακόσια τεσσαράκοντα (var. τεσσαράκοντα ὀκτώ). Dagegen fehlt dann in LXX V. 16ᵇ u. 17. Ob jene Angabe über Ijobs Lebensalter in LXX von Anfang an stand, oder erst aus derselben Quelle wie V. 18 stammt, ist nicht auszumachen. — V. 17 זקן ושבע] im gleichen Sinn wie Gen. 25, 8. 35, 29.

In LXX folgt als V. 18 noch ein langer Zusatz, welcher besagt: es ist geschrieben, Ij. werde wieder auferstehen mit denen, welche der Herr auferwecken wird; nach der Angabe der syrischen (aram.) Schrift war er wohnhaft im Lande Ausitis auf der Grenze Idumäas u. Arabiens, u. führte früher den Namen Jobab; er heirathete eine arabische Frau u. zeugte einen Sohn Namens Ennon; er selbst war der Sohn des Ζαρέ, eines der Esausöhne, u. der Βοσόρρα, also der fünfte von Abraam an; die Könige, die in Edom herrschten, über welches Land er auch selbst herrschte, waren (Gen. 36, 32—35): zuerst Βαλὰκ ὁ τοῦ Βεώρ, seine Stadt hiess Δενναβά. nach ihm Ἰωβὰβ ὁ καλούμενος Ἰώβ. nach ihm Ἀσὼμ ὁ ὑπάρχων ἡγεμὼν ἐκ τῆς Θαιμανίτιδος χώρας. nach ihm Ἀδὰδ υἱὸς Βαράδ, der Midian im Gefilde Moab schlug, u. der Name seiner Stadt Γεθαίμ. Die Freunde aber, die zu ihm kamen, waren Ἐλιφὰζ τῶν Ἡσαῦ υἱῶν, Θαιμανῶν βασιλεύς, Βαλδὰδ ὁ Σαυχαίων τύραννος, Σωφὰρ ὁ Μιναίων βασιλεύς. Zunächst ist klar, dass dieser Zusatz nicht vom urspr. Übersetzer stammt; das erhellt nicht blos daraus, dass dieser 19, 25 ff. nicht von der Auferstehung verstanden hat (*Bick.*), sondern auch aus der Überflüssigkeit des Schlusssatzes neben 2, 11, vor allem aber aus οὗτος (Ιωβ) ἑρμηνεύεται ἐκ τῆς Συριακῆς βίβλου ἐν μὲν γῇ κατοικῶν τῇ Αὐσίτιδι κ. τ. λ. Denn dass οὗτος nicht *das B. Ijob*, ἑρμηνεύεται nicht *ist übersetzt* u. Συριακὴ βίβλος nicht *den hebr.* Text meint (*Hrz.* nach Olympiodor in der griech. Catene des Nicetas; *Bick.*, *Bleek* Einl.³ 664) dürfte ohne weiteres klar sein. Vielmehr muss diese Nachschrift zum Buch ein jüngerer Anhang sein, jedenfalls älter als *Orig.* u. *Theodotion*, in deren LXX er (nach Orig. ep. ad Afric.) stand, dagegen schwerlich so alt oder gar älter (*Nöldeke* in GGA. 1865 S. 579) als Aristeas Περὶ Ἰουδαίων. Dieser (spätestens am Anfang des 1. Jahrh. v. Ch.) hat nämlich nach des Alexander Polyhistor (c. 60 v. Ch.) Auszug (bei Euseb. praep. ev. IX. 25) bereits einige wesentliche Notizen dieser Nachschrift, also nam. dass Ijob früher Jobab hiess, Sohn der Basarra war, in Ausitis auf der Grenze von Idumäa u. Arabia wohnte, ebenso die Angaben über die 3 Freunde Ijobs. Aber bei ihm ist Ijob Sohn des Esau u. der Basarra, nicht des Ζαρέ (זֶרַח Gen. 36, 17 Sohnes des רְעוּאֵל Sohnes Esau's), also auch nicht der 5. von Abram an; auch von Ennon, Sohn Ijobs, u. von der Auferstehung hat er nichts. Zwischen Aristeas, der im übrigen die LXX zu Ijob wörtlich benützt hat (s. *Freudenthal* hellenist. Studien, II. I u. II, 1875, S. 136 ff.) u. der Nachschrift des B. Ij. liegt somit eine Fortentwicklung des haggadischen Elements. Ob dieselbe unter den Hellenisten, bei denen sie den Anfang genommen hatte (denn nur Hellenisten konnten איוב u. יוֹבֵב verwechseln), vor sich gieng, oder ob weiterhin auch die paläst. Juden darein eintraten, lässt sich a priori nicht entscheiden. Aber ἐκ τῆς Συριακῆς βίβλου weist doch auf einen Midrasch oder ein Targum hin; dass Ijob πέμπτος ἀπὸ ’Αβραάμ war, glaubte *PFFrankl* (in der Jüd. Monatsschrift 1872 S. 306 ff.) als mit dem Haggadakreis der Tannaim zusammenhängend erweisen zu können. An das gew. Targum zum B. Ijob, aus dem 4—5. Jahrh. (*Bacher* in Jüd. M.S. 1871 S. 217), ist freilich nicht zu denken, aber schon zur Zeit Gamaliels I wird ein ספר של איוב מתרגם, das Gam. verwarf, erwähnt (Tosifta Sabb. c. 14; b. Sabb. 115ᵃ; jer. Sabb. 16, 1), u. ist darunter doch wohl eher eine aram. (*Zunz* gttsd. Vortr. 62; *Derenbourg* hist. et géogr. Palest. 1867 S. 241 ff.), als eine griech. (*Grätz* Jüd. MS. 1877 S. 83 ff.) Übersetzung gemeint. Auf eine derartige Schrift scheint der Verf. der Nachschrift sich zu berufen. Dass er aber daneben auch den Aristeas, den er nicht nennt, vor sich gehabt hat, zeigt die wörtliche Übereinstimmung des Schlusssatzes über die 3 Freunde u. des Satzes ἐν μὲν γῇ κατοικῶν — ’Αραβίας mit den griech. Ausdrücken des Aristeas (s. *Frdth.*). Vielleicht aus einer wieder andern Schrift ist die Angabe über die Auferstehung erschöpft. Die ganze Nachschrift erscheint somit als aus verschiedenen Quellen zusammengelesene Sammlung von allerlei haggadischen Notizen über Ijob. Über noch spätere Legenden s. *Ew.*[2] S. 18 f. u. *Flügel* Hiob bei den Muhammedanern in *Ersch* u. *Gruber* Encyclopädie.

www.ingramcontent.com/pod-product-compliance
Lightning Source LLC
Chambersburg PA
CBHW030424300426
44112CB00009B/841